Inhalt

Lerngebiet 10.5
Soziale Beziehungen

Lerngebiet 11.1
Staatsziele und Staatsordnung

Lerngebiet 11.2
Der politische Entscheidungsprozess

Lerngebiet 11.3 Repräsentation und Wahl

Lerngebiet 11.4 Politik und Partizipation

Lerngebiet 11.5 Deutschland in Europa

Lerngebiet 12.1 Wirtschaft und Wirtschaftspolitik

Lerngebiet 12.2 Lebens- und Zukunftssicherung durch ökologisch nachhaltige Entwicklung

Lerngebiet 12.3 Internationale Beziehungen

Liebe Lehrerinnen und Lehrer, liebe Schülerinnen und Schüler,

Ein modernes Schulbuch

NETZWERK POLITIK liegt Ihnen nun in der Neufassung nach dem Lehrplan von 2004 vor. Unser neues Sozialkunde-Buch führt in Konzeption, Gestaltung und Ausstattung all das fort, was es in den letzten zehn Jahren zum führenden Werk an den beruflichen Schulen in Bayern gemacht hat. Leider steht das Fach Sozialkunde in den beruflichen Schulen vielfach im Schatten der fachlichen Ausbildung – zu Unrecht, wie wir meinen. Deshalb wollen wir, Autoren und Verlag, Ihnen ein Schulbuch anbieten, das modernsten Ansprüchen genügt und zu dem Sie während Ihrer Berufsschulzeit immer wieder gerne greifen.

Politik betrifft uns alle.

Politik betrifft uns alle. Neben prüfungsrelevanten, wirtschafts- und sozialkundlichen Inhalten vermittelt NETZWERK POLITIK in verständlicher Form einen Eindruck von der Kompliziertheit und Vernetztheit unseres gesellschaftlichen und politischen Lebens. Denn tatsächlich werden politische Entscheidungen immer schwieriger. Veränderungen an einer Stelle rufen an vielen anderen Stellen unvermutete und oft ungewollte Nebenwirkungen hervor. Wir möchten Sie ermuntern, die Dinge zu durchschauen, Ihren eigenen Standpunkt zu suchen und sich möglichst auch aktiv zu beteiligen.

Die Welt ist ein vernetztes System.

Miteinander vernetzt sind auch die Themen dieses Buches, z. B. das Ziel einer ökologisch nachhaltigen Entwicklung, das neben einem eigenen Kapitel an verschiedenen Stellen des Buches thematisiert wird. Auch die Zukunft der sozialen Sicherung und die Funktion der demokratischen Systeme sind vielfach verwoben, z. B. mit dem Thema Europa. Durch das ganze Buch hindurch zieht sich das Thema „Globalisierung": Nicht nur Kapital, Industrieprodukte und Arbeitsplätze werden über den Globus beweglich, ebenso auch Terrorismus, religiöse Auseinandersetzungen und Gefahren unsicherer Atomkraftwerke. Kaum ein Problem kann heute mehr isoliert betrachtet werden. Die Welt ist ein vernetztes System.

Lernbuch

NETZWERK POLITIK ist ein Lernbuch: Mit dem Buch sollen Sie selbstständig lernen können. Der in der schwarzen Grundschrift gesetzte Autorentext verhilft Ihnen zum Grundverständnis eines Themas. Zusammenfassungen am Ende längerer Abschnitte geben noch einmal das Wichtigste wieder. Hier sind die wichtigsten Fachbegriffe aufgelistet und übergreifende Aufgaben formuliert. Über den Text hinausgehende, weiterführende Arbeitsaufträge sind mit einem Purpur-Kasten (3.) gekennzeichnet.

Arbeitsbuch

NETZWERK POLITIK ist ein Arbeitsbuch: Ob als Hausaufgabe oder im Unterricht, die vielfältigen Materialien, die weitgehend durch Fragen erschlossen werden, dienen als Arbeitsgrundlage. Hiermit lassen sich die Themen vertieft bearbeiten und auch hinterfragen. Die direkt dem vorhergehenden Material oder Text zuzuordnenden Aufgaben und Fragen sind mit einem kleinen Quadrat (■) gekennzeichnet.

Lehrbuch

NETZWERK POLITIK ist ein Lehrbuch: Die Vielzahl der Materialien (grafische Darstellungen, Statistiken, Fotos, Karikaturen, Quellentexte) lassen dem Lehrer viel Freiraum für eine flexible und differenzierte Unterrichtsgestaltung.

Autoren und Verlag hoffen, dass die Arbeit mit NETZWERK POLITIK nicht nur als notwendige Pflicht angesehen wird, sondern Ihnen auch Freude macht. Kritik und Anregungen nehmen wir gerne entgegen.

Das Autorenteam und der Verlag

Ausbildung und Beruf

1 Das Ausbildungsverhältnis

1.1 Die Berufsausbildung im dualen System

dual (lat.):

eine Zweiheit bildend

Die Berufsausbildung findet in der Bundesrepublik Deutschland an zwei eigenständigen Lernorten statt, im Ausbildungsbetrieb und in der Berufsschule. Diese Organisationsform der Berufsausbildung wird als **duales System** bezeichnet.

Berufsausbildungssysteme in Europa:

Duale Berufsausbildung:
z.B.:
Deutschland
Dänemark

Vollzeitschulische Berufsausbildung:
z.B.:
Frankreich
Belgien
Italien

Vollzeitschulische Berufsausbildung während der Pflichtschulzeit, anschließend duale Ausbildung
z.B.:
Niederlande
Luxemburg

Betriebliche Berufsausbildung:
z.B.:
Großbritannien
Irland

Betrieb und Berufsschule sind in diesem System gleichberechtigte Partner:

Betrieb	Berufsschule
Betriebe sind sehr unterschiedlich: Im Kleinbetrieb mit teilweise nur einem Auszubildenden besteht meist eine sehr persönliche Beziehung zwischen Ausbilder und Auszubildendem. In Großbetrieben hingegen sind oftmals eigene Ausbildungsabteilungen und spezielle Ausbildungszentren eingerichtet. **Ausbilder** müssen in jedem Fall fachlich und persönlich geeignet sein, d.h. die Ausbildereignungsprüfung ablegen. Können im Betrieb nicht alle Ausbildungsleistungen erbracht werden, so wird die Ausbildung teilweise um mehrwöchige Lehrgänge in **überbetrieblichen** Ausbildungszentren ergänzt.	In der Regel wird ein oder zwei Tage in der Woche an der Berufsschule fachtheoretischer, fachpraktischer und allgemein bildender **Unterricht** erteilt. Teilweise wird der Berufsschulunterricht geblockt, wobei verschiedene Formen des Blockunterrichts möglich sind. Für bestimmte Berufe wird das gesamte erste Ausbildungsjahr an berufsbildenden Schulen durchgeführt, an Berufsfachschulen oder als Berufsgrundbildungsjahr (BGJ). Für eine Reihe von Berufen gibt es auch zentrale Fachklassen (regional, landesweit oder auch bundesweit).
Im **Berufsbildungsgesetz (BBiG)** sind alle für die Berufsausbildung wesentlichen Bestimmungen enthalten. Auf dessen Grundlage werden die **Ausbildungsordnungen** erlassen. Für die Ausbildung im Handwerk gilt außerdem die **Handwerksordnung (HwO)**. Die von der Bundesregierung erlassenen **Ausbildungsrahmenpläne** bilden die Grundlage der Ausbildung.	Für die Berufsschule erlassen die einzelnen Bundesländer ihre jeweiligen Schulgesetze und Richtlinien. Die Kultusministerkonferenz (KMK) gibt **Rahmenlehrpläne** heraus, die aber nicht verbindlich sind. Aufgrund der Kulturhoheit der Länder kann jedes Bundesland entsprechende landesspezifische Rahmenlehrpläne erlassen.

- 1. Vergleichen Sie die Ausbildungsbetriebe in Ihrer Klasse.
- 2. Welche Ausbildungsordnung bzw. welcher Rahmenlehrplan gilt für Ihre Ausbildung?
- 3. Ein neuer Ausbildungsberuf soll geschaffen werden. Wer muss in diesen Prozess eingebunden sein?

Mausklick statt Blockunterricht

Im Rahmen eines neuen Ausbildungskonzeptes für IT-Berufe führen Fachausbilder eines großen Elektronikkonzerns den Unterricht über das Internet im virtuellen Klassenzimmer durch. Zusätzlich müssen bestimmte Zeiten im IT-Ausbildungszentrum abgeleistet werden. Der Besuch einer Berufsschule soll damit überflüssig werden. Somit würden die Lehrlinge den Ausbildungsbetrieben nicht mehr wochenlang wegen des Blockunterrichts ausfallen.

Nach: Ausbildung: Job Fit, Rosenheimer Nachrichten Juli/August 2003

- 1. Sehen Sie in diesem Modell eine Alternative zum dualen System? Begründen Sie Ihre Meinung.

1.2 Das Berufsbildungsgesetz (BBiG)

Aus der Inhaltsübersicht des Berufsbildungsgesetzes:

Der Bundestag hat mit Zustimmung des Bundesrates das folgende Gesetz beschlossen:

Erster Teil	Allgemeine Vorschriften	
Zweiter Teil	Berufsausbildungsverhältnis	
	Abschnitt 1	Begründung des Berufsausbildungsverhältnisses
	Abschnitt 2	Inhalt des Berufsausbildungsverhältnisses 1. Unterabschnitt: Pflichten des Ausbildenden 2. Unterabschnitt: Pflichten des Auszubildenden 3. Unterabschnitt: Vergütung
	Abschnitt 3	Beginn und Beendigung des Berufsausbildungsverhältnisses
	Abschnitt 4	Sonstige Vorschriften
Dritter Teil	Ordnung der Berufsbildung	
	Abschnitt 1	Berechtigung zum Einstellen und Ausbilden
	Abschnitt 2	Anerkennung von Ausbildungsberufen, Änderung der Ausbildungszeit
	Abschnitt 3	Verzeichnis der Berufsausbildungsverhältnisse
	Abschnitt 4	Prüfungswesen
	Abschnitt 5	Regelung und Überwachung der Berufsausbildung
	Abschnitt 6	Berufliche Fortbildung, berufliche Umschulung
	Abschnitt 7	Berufliche Bildung Behinderter Menschen

[...]

- 2. Von wem wurde dieses Gesetz beschlossen?
- 3. Für welches Gebiet gilt daher dieses Gesetz?
- 4. Gehen Sie die Übersicht über die Inhalte des BBiG durch. Wo sehen Sie noch Freiräume bei der Berufsausbildung?
- 5. Suchen Sie Vor- und Nachteile einheitlicher Vorschriften und Regelungen für die Berufsbildung.

Durch das Berufsbildungsgesetz ist die Berufsbildung für das gesamte Bundesgebiet umfassend und einheitlich geregelt. Die Berufsausbildung findet damit in allen Bundesländern unter den gleichen Bedingungen statt. Vor allem die Stellung des Auszubildenden ist dadurch im Vergleich zu früheren Zeiten verbessert, er ist auch in Zeiten einer schlechten Ausbildungslage nicht der Willkür des Ausbildenden ausgeliefert.

§ 6 Berufsausbildung

(1) Der Ausbildende hat

1. dafür zu sorgen, dass dem Auszubildenden die Fertigkeiten und Kenntnisse vermittelt werden, die zum Erreichen des Ausbildungszieles erforderlich sind, und die Berufsausbildung in einer durch ihren Zweck gebotenen Form planmäßig, zeitlich und sachlich gegliedert so durchzuführen, dass das Ausbildungsziel in der vorgesehenen Zeit erreicht werden kann, [...]
3. dem Auszubildenden kostenlos die Ausbildungsmittel, insbesondere Werkzeuge und Werkstoffe zur Verfügung zu stellen, die zur Berufsausbildung und zum Ablegen von Zwischen- und Abschlussprüfungen, [...] erforderlich sind,
4. den Auszubildenden zum Besuch der Berufsschule sowie zum Führen von Berichtsheften anzuhalten, ...
5. dafür zu sorgen, dass der Auszubildende charakterlich gefördert sowie sittlich und körperlich nicht gefährdet wird.

(2) Dem Auszubildenden dürfen nur Verrichtungen übertragen werden, die dem Ausbildungszweck dienen und seinen körperlichen Kräften angemessen sind.

§ 7 Freistellung

Der Ausbildende hat den Auszubildenden für die Teilnahme am Berufsschulunterricht und an Prüfungen freizustellen. [...]

§8 Zeugnis

(1) Der Ausbildende hat dem Auszubildenden bei Beendigung des Berufsausbildungsverhältnisses ein Zeugnis auszustellen. [...]

(2) Das Zeugnis muss Angaben enthalten über Art, Dauer und Ziel der Berufsausbildung sowie über die erworbenen Fertigkeiten und Kenntnisse des Auszubildenden. Auf Verlangen des Auszubildenden sind auch Angaben über Führung, Leistung und besondere fachliche Fähigkeiten aufzunehmen.

§10 Vergütungsanspruch

(1) Der Ausbildende hat dem Auszubildenden eine angemessene Vergütung zu gewähren. Sie ist nach dem Lebensalter des Auszubildenden so zu bemessen, dass sie mit fortschreitender Berufsausbildung, mindestens jährlich, ansteigt.

■ 1. Kennen Sie Fälle, in denen Regelungen der obigen Paragrafen verletzt wurden? Wenn nicht, dann erfinden Sie welche.

1.3 Der Ausbildungsvertrag

Je eindeutiger die Inhalte des Ausbildungsverhältnisses niedergelegt sind, desto besser können sich die Vertragspartner darauf einstellen. Es folgt ein Auszug aus dem Berufsbildungsgesetz:

§ 4 Vertragsniederschrift

(1) Der Ausbildende hat unverzüglich nach Abschluss des Berufsausbildungsverhältnisses, spätestens vor Beginn der Berufsausbildung, den wesentlichen Inhalt des Vertrages schriftlich niederzulegen. In der Niederschrift sind mindestens aufzunehmen

1. Art, sachliche und zeitliche Gliederung sowie Ziel der Berufsausbildung, insbesondere die Berufstätigkeit, für die ausgebildet werden soll,
2. Beginn und Dauer der Berufsausbildung,
3. Ausbildungsmaßnahmen außerhalb der Ausbildungsstätte,
4. Dauer der regelmäßigen täglichen Ausbildungszeit,
5. Dauer der Probezeit,
6. Zahlung und Höhe der Vergütung,
7. Dauer des Urlaubs,
8. Voraussetzungen, unter denen der Berufsausbildungsvertrag gekündigt werden kann [...]

(2) Die Niederschrift ist von den Ausbildenden, dem Auszubildenden und dessen gesetzlichem Vertreter zu unterzeichnen.

(3) Der Ausbildende hat dem Auszubildenden und dessen gesetzlichem Vertreter eine Ausfertigung der unterzeichneten Niederschrift unverzüglich auszuhändigen.

■ 2. Ordnen Sie die Inhalte Ihres Ausbildungsvertrages zu.

Meist werden im Ausbildungsvertrag über diese Mindestangaben hinaus noch weitere Vereinbarungen oder die entsprechenden gesetzlichen Grundlagen vermerkt, so z.B.:

§ 9 Verhalten während der Berufsausbildung

Der Auszubildende hat sich zu bemühen, die Fertigkeiten und Kenntnisse zu erwerben, die erforderlich sind, um das Ausbildungsziel zu erreichen. Er ist insbesondere verpflichtet,

1. die ihm im Rahmen seiner Berufsausbildung aufgetragenen Verrichtungen sorgfältig auszuführen,
2. an Ausbildungsmaßnahmen teilzunehmen, für die er nach § 7 [Berufsschulunterricht, Prüfungen, außerbetriebliche Ausbildungsmaßnahmen] freigestellt wird,
3. den Weisungen zu folgen, die ihm im Rahmen der Berufsausbildung vom Ausbildenden, vom Ausbilder oder von anderen weisungsberechtigten Personen erteilt werden,
4. die für die Arbeitsstätte geltende Ordnung zu beachten,
5. Werkzeuge, Maschinen und sonstige Einrichtungen pfleglich zu behandeln,
6. über Betriebs- und Geschäftsgeheimnisse Stillschweigen zu wahren.

oder auch

§ 13 Probezeit

Das Berufausbildungsverhältnis beginnt mit der Probezeit. Sie muss mindestens einen Monat und darf höchstens drei Monate betragen.

§ 15 Kündigung

(1) Während der Probezeit kann das Berufsausbildungsverhältnis jederzeit ohne Einhaltung einer Kündigungsfrist gekündigt werden.

(2) Nach der Probezeit kann das Berufsausbildungsverhältnis nur gekündigt werden
   1. aus einem wichtigen Grund ohne Einhaltung einer Kündigungsfrist,
   2. vom Auszubildenden mit einer Kündigungsfrist von vier Wochen, wenn er die Berufsausbildung aufgeben oder sich für eine andere Berufstätigkeit ausbilden lassen will.

(3) Die Kündigung muss schriftlich und in den Fällen des Absatzes 2 unter Angabe der Kündigungsgründe erfolgen.

■ Untersuchen und vergleichen Sie Ihre Ausbildungsverträge im Hinblick auf die oben genannten Angaben.

Der Ausbildungsvertrag wird auf Antrag der bzw. des Ausbildenden bei der zuständigen Stelle in ein **Verzeichnis der Berufsausbildungsverhältnisse** eingetragen (BBiG § 31 ff).
Aufsichtsbehörden für die Berufsausbildung sind nach §45 BBiG die Ausbildungsberater der zuständigen Stellen, d. h. in der Regel der Industrie- und Handelskammern bzw. Handwerkskammern (§ 74 BBiG).
Sie nehmen Beschwerden entgegen, ebenso wie das Arbeitsamt, das Gewerbeaufsichtsamt oder die Berufsgenossenschaft.
Kann keine Einigung erzielt werden, so kann man sich an das Arbeitsgericht wenden (vgl. S. 20).

1.4 Schutz des jugendlichen Arbeitnehmers – das Jugendarbeitsschutzgesetz (JArbSchG)

Arbeitendes Kind in einer Lehmkuhle am Rande der peruanischen Hauptstadt Lima. Rund 1000 Kinder, teilweise erst vier oder fünf Jahre alt, arbeiten dort bis zu 12 Stunden täglich.

Übermäßige Belastung durch die Berufsarbeit kann gerade bei jungen Menschen zu gesundheitlichen Schäden sowie zur Beeinträchtigung der körperlichen und geistigen Entwicklung führen. Jugendliche treffen nicht selten Arbeitsbedingungen an, die sich in erster Linie am Leistungsvermögen Erwachsener ausrichten; sie verfügen auch noch nicht über die Leistungsfähigkeit und die Erfahrung Erwachsener. Hinzu kommen die zusätzlichen Belastungen durch die schulische und berufliche Ausbildung. Dem Schutz der jugendlichen Beschäftigten muss daher im Rahmen des Gesundheitsschutzes am Arbeitsplatz ein hoher Stellenwert eingeräumt werden. Es gilt, Jugendliche am Beginn ihres Berufs- und Arbeitslebens vor Überbeanspruchung und vor den Gefahren am Arbeitsplatz in besonderem Maße zu schützen. Diesem Ziel dient das Jugendarbeitsschutzgesetz.[...]

Vorwort des Faltblattes „Jugendarbeitsschutzgesetz" des Bayerischen Staatsministeriums für Arbeit und Sozialordnung, Familie, Frauen und Gesundheit, München, 1999

■ 1. Wovor soll das Jugendarbeitsschutzgesetz den Jugendlichen schützen?
■ 2. Weshalb muss der jugendliche Arbeitnehmer besonders geschützt werden?

Nach dem Jugendarbeitsschutzgesetz ist die Arbeit von Kindern in der Bundesrepublik Deutschland grundsätzlich verboten. Wer das 15. Lebensjahr noch nicht vollendet hat, darf demnach nur in Ausnahmen beschäftigt werden.
Ausführlich ist auch die Beschäftigung Jugendlicher geregelt:

Wichtigste Regelungen des Jugendarbeitsschutzgesetzes in Stichpunkten:

- **Mindestalter** für die Beschäftigung 15 Jahre. Jugendlicher ist, wer 15, aber noch nicht 18 Jahre alt ist.
- **Arbeitszeit** höchstens acht Stunden täglich bzw. 40 Stunden wöchentlich.
- 5 **Arbeitstage** je Woche, Beschäftigung Jugendlicher nur zwischen 6 und 20 Uhr.
- Mindestens 12 zusammenhängende Stunden **Freizeit** zwischen zwei Arbeitstagen.
- **Freistellung** für den Berufsschulbesuch (Unterrichtsbeginn spätestens 9 Uhr, mehr als fünf Unterrichtsstunden zu je 45 Minuten oder Blockwoche mit mindestens 25 Unterrichtsstunden an fünf Tagen) und Prüfungen.
- **Pausen** (mindestens 15 Minuten) spätestens nach viereinhalb Stunden Beschäftigung (viereinhalb bis sechs Std. 30 Minuten, sechs Stunden und mehr Beschäftigung 60 Minuten Pause)
- **Ärztliche Untersuchungen** vor Beginn der Beschäftigung und vor Ablauf eines Beschäftigungsjahres.
- **Mindesturlaub** je nach Alter zwischen 25 und 30 Werktagen (zu Beginn des Kalenderjahres jünger als 16 Jahre – 30 Werktage, jünger als 17 – 27 Werktage, jünger als 18 Jahre mindestens 25 Werktage)
- **Verbot** von Akkord-, Nacht-, Samstags-, Sonntags- und Feiertagsarbeit sowie von gefährlichen Arbeiten und Arbeiten unter Tage.
- **Aufsicht** durch Gewerbeaufsichtsämter, in Bergbaubetrieben durch Bergämter.

■ 3. Formulieren Sie die Stichpunkte in ganzen Sätzen aus.

Dass die Einhaltung dieser Regelungen leider nicht immer selbstverständlich ist, zeigen Schlagzeilen wie diese:

Auch Azubis im Dauereinsatz

Brötchengeber lassen jugendliche Arbeitnehmer bis zu 23 Tage ohne Wochenende schuften.

Lehrstelle statt Urlaub

Jugendliche Auszubildende verzichten auf ihre Rechte, um ihre Lehrstelle zu behalten.

- 1. Kennen Sie ähnliche Fälle?
- 2. Diskutieren Sie, wie sich die betroffenen Jugendlichen in solchen Fällen verhalten sollten.

ZUSAMMENFASSUNG

Die Berufsausbildung in der Bundesrepublik Deutschland ist als duales System organisiert und findet dementsprechend im Ausbildungsbetrieb und in der Berufsschule statt. Gesetzliche Grundlage für die einheitliche Berufsausbildung im gesamten Bundesgebiet ist das Berufsbildungsgesetz. Dort sind auch die wesentlichen Bestimmungen zum Ausbildungsvertrag enthalten, der ein Ausbildungsverhältnis begründet. Dem Schutz des jugendlichen Arbeitnehmers vor übermäßiger Belastung durch die berufliche Tätigkeit dient das Jugendarbeitsschutzgesetz, in welchem unter anderem Arbeitszeit, Arbeitsbedingungen und Mindesturlaub geregelt sind.

Fachbegriffe

Ausbilder – Ausbildungsordnung – Ausbildungsvertrag – Aufsichtsbehörden - Berufsbildungsgesetz – duales System – Handwerksordnung – Jugendarbeitsschutzgesetz – Rahmenlehrpläne – überbetriebliche Ausbildungszentren – Verzeichnis der Berufsausbildungsverhältnisse

AUFGABEN

1. Sammeln Sie Ausbildungsverträge verschiedener Ausbildungsberufe und vergleichen Sie Inhalt und Gestaltung.
2. Gestalten Sie eine Übersicht zu den Vor- und Nachteilen des dualen Systems.

2 Das Arbeitsverhältnis

2.1 Der Arbeitsvertrag – ein Arbeitsverhältnis wird begründet

Hinweis

Die Broschüre „Arbeitsrecht", Informationen für Arbeitnehmer und Arbeitgeber, kann beim Bundesministerium für Wirtschaft und Arbeit bezogen werden, Internet: http://www.bmwi.de

Ähnlich dem Auszubildenden in der Berufsausbildung befinden sich die Arbeitnehmer grundsätzlich in der schwächeren Stellung, da sie vom Arbeitgeber abhängig sind. Ihre Position soll durch arbeitsrechtliche Regelungen geschützt und aufgewertet werden.
Das zeigt sich bereits am **Arbeitsvertrag**, der die Grundlage für das Arbeitsverhältnis bildet. Entsprechend dem so genannten **Nachweisgesetz** muss der Arbeitgeber spätestens einen Monat nach dem vereinbarten Beginn des Arbeitsverhältnisses die wesentlichen Bestimmungen schriftlich niedergelegt, unterzeichnet und dem Arbeitnehmer ausgehändigt haben.

Mindestinhalte des Arbeitsvertrages:
- Name und Anschrift der Vertragsparteien
- Beginn des Arbeitsverhältnisses, eventuell Dauer
- Bezeichnung und Beschreibung der Tätigkeit
- Zusammensetzung und Höhe des Arbeitsentgelts
- Hinweis auf Tarifverträge, Betriebs- und Dienstvereinbarungen
- Arbeitsort
- Arbeitszeit
- Erholungsurlaub
- Kündigungsfristen

■ 1. Vergleichen Sie die Inhalte mit denen des Ausbildungsvertrages. Welche Unterschiede finden Sie?

Steffi K. ist bei einem Autohaus als Autoverkäuferin eingestellt.
Als es während der Urlaubszeit zu Engpässen in der Lohnbuchhaltung kommt, soll sie auf Weisung ihres Arbeitgebers dort eingesetzt werden.

■ 2. Muss Steffi in die Lohnbuchhaltung wechseln?

Aus dem Arbeitsverhältnis erwachsen beiden Vertragsparteien Pflichten:

Pflichten des Arbeitgebers		Pflichten des Arbeitnehmers
– Entlohnungspflicht	**Hauptpflichten**	– Arbeitspflicht
– Beschäftigungspflicht – Fürsorgepflicht (Schutz von Leben, Gesundheit, Persönlichkeitsrechten und Eigentum des Arbeitnehmer)	**Nebenpflichten**	– Verschwiegenheitspflicht – Wettbewerbsverbot – Treuepflicht

2.2 Schutzbestimmungen im Arbeitsrecht

Im Zusammenhang mit der Industrialisierung wurde die Arbeitskraft des Arbeitnehmers oft regelrecht ausgebeutet. Die Auswirkungen reichten von zerstörten Familien und verwahrlosten Kindern bis zu gesundheitlichem Ruin und schlechten Arbeitsergebnissen. Daher wurden nach und nach staatliche Gesetze zum Schutz des Arbeitnehmers erlassen, die bei Abschluss arbeitsrechtlicher Vereinbarungen berücksichtigt werden müssen.

Zustände wie vor 200 Jahren – heute noch möglich?

Der Chef verweigert dem Buchhalter Georg N. die normale monatliche Gehaltszahlung, weil er infolge einer Virus-erkrankung drei Wochen krankgeschrieben war.

Sachbearbeiterin Heike N. soll ohne Begründung fristlos gekündigt werden.

Die Friseuse Lisa soll ihre 2 Wochen Jahresurlaub auf die „Fenstertage" im Jahr verteilen.

Die Bewerbung von Elfriede P. bei einem Zeichenbüro (20 Beschäftigte) wird wegen ihrer Körperbehinderung abgelehnt.

Anwaltsgehilfin Susi S. kommt fast keinen Tag unter 9 Stunden aus der Kanzlei.

- 1. Sind Ihnen ähnliche Fälle bekannt?
- 2. Wie beurteilen Sie die einzelnen Zustände?

Das Arbeitszeitgesetz

Der Körper braucht eine geregelte Arbeitszeit und sinnvoll verteilte Ruhepausen, um sich ausreichend erholen zu können. Nur so kann seine Arbeitskraft über lange Zeit erhalten bleiben und Erkrankungen können vermieden werden.

Die wichtigsten Regelungen des Arbeitszeitgesetzes:
- Arbeitszeit ist die Zeit vom Beginn bis zum Ende der Arbeit ohne die Ruhepausen.
- Die regelmäßige werktägliche Arbeitszeit darf acht Stunden nicht überschreiten.
- Spätestens nach sechs Stunden Arbeit ist jedem Arbeitnehmer eine Ruhepause von 30 Minuten zu gewähren; bei mehr als neun Stunden Arbeit sind mindestens 45 Minuten Unterbrechung vorgeschrieben. Die einzelnen Pausenabschnitte müssen mindestens 15 Minuten betragen.
- Nach Beendigung der täglichen Arbeitszeit muss der Arbeitnehmer eine ununterbrochene Ruhepause von mindestens 11 Stunden haben.

Aus der Geschichte der Arbeitszeit in Deutschland

1825	82 Wochenstunden
1913	57
1918	8-Stunden-Tag gesetzlich eingeführt
2002	58,9 % aller Arbeitnehmer leisten 36–40 Wochenstunden

Weitere Informationen

http://bundesrecht.juris.de/bundesrecht/arbzg.index.html

- 3. Vergleichen Sie die Regelungen mit denen des Jugendarbeitsschutzgesetzes. Welche Unterschiede finden Sie?

Das Entgeltfortzahlungsgesetz

Der Arbeitnehmer muss auch dann wirtschaftlich abgesichert sein, wenn seine Arbeitskraft durch Krankheit ausfällt oder wenn er wegen eines Feiertages nicht arbeiten kann. Im Gesetz über die Zahlung des Arbeitsentgelts an Feiertagen und im Krankheitsfall sind dazu auch einige Voraussetzungen verlangt:

Wichtigste Regelungen des Entgeltfortzahlungsgesetzes:
- Bei unverschuldeter Arbeitsunfähigkeit infolge Krankheit wird das Arbeitsentgelt bis zu sechs Wochen weitergezahlt.
- Der Anspruch entsteht erst nach vier Wochen ununterbrochenen Arbeitsverhältnisses.
- Das Entgelt richtet sich nach der maßgeblichen Arbeitszeit ohne Sonderzulagen usw.
- Der Arbeitnehmer hat den Arbeitgeber unverzüglich über die Arbeitsunfähigkeit und deren voraussichtliche Dauer zu unterrichten.
- Dauert die Arbeitsunfähigkeit länger als drei Kalendertage, ist spätestens am darauf folgenden Arbeitstag die Vorlage einer entsprechenden ärztlichen Bescheinigung zwingend erforderlich. Der Arbeitgeber kann aber die Vorlage der Arbeitsunfähigkeit auch ab einem früheren Zeitpunkt verlangen.

Beendigung des Arbeitsverhältnisses

Beim Ende eines Arbeitsverhältnis denken die meisten Menschen zuerst an eine Kündigung. Tatsächlich gibt es aber noch etliche andere Möglichkeiten, wie z. B. die Befristung, den Aufhebungsvertrag und den Tod des Arbeitnehmers oder des Arbeitgebers.
Während sich beim **Aufhebungsvertrag** beide Vertragspartner schriftlich einverstanden erklären, dass sie den bestehenden Arbeitsvertrag – eventuell unter Zahlung einer Abfindung – auflösen wollen, erklärt bei einer Kündigung nur einer der Vertragspartner das Arbeitsverhältnis für beendet. Die Kündigung muss schriftlich erfolgen und ist erst dann wirksam, wenn sie dem Gekündigten zugeht. Der Betriebsrat muss vor der Kündigung unterrichtet werden.

Weitere Informationen

http://bundesrecht.juris.de/bundesrecht/KSchg.index.html

Kündigungsfristen

- in der Probezeit mindestens 2 Wochen
- **Grundkündigungsfrist:** 4 Wochen zum 15. des Monats oder zum Monatsende
- sind nur in Tarifverträgen verlänger- oder verkürzbar
- müssen für AG und AN gleich sein
- verlängern sich ja nach Dauer der Betriebsangehörigkeit seit Vollendung des 25. Lebensjahres auf bis zu 7 Monate

Ordentliche Kündigung	Außerordentliche Kündigung
– ist auch ohne die Angabe eines sachlichen Grundes rechtswirksam – ist an Kündigungsfrist und Termine gebunden – gilt grundsätzlich nur für unbefristete Arbeitsverhältnisse – kann durch Tarifvertrag oder Einzelvertrag ausgeschlossen werden – innerhalb einer Woche kann über den Betriebsrat schriftlich Einspruch erhoben werden	– ein wichtiger Grund muss die Fortsetzung des Arbeitsverhältnisses unzumutbar machen, z.B. schwere Beleidigung, Diebstahl, Belästigung, Arbeitsverweigerung – ist fristlos – muss die unausweichlich letzte Maßnahme sein – innerhalb von drei Tagen kann der Betriebsrat schriftlich widersprechen

[...] „Mein Arbeitgeber möchte, dass ich künftig in drei Schichten arbeite". „Mein Arbeitgeber wünscht, dass ich von Teil- auf Vollarbeitszeit wechsele, was ich aber nicht mit meinen Familienpflichten vereinbaren kann." Zwei Fälle, in denen es um „wesentliche Inhalte des Arbeitsverhältnisses" geht. Das heißt: Der Arbeitgeber kann sie nicht einseitig, gestützt auf sein Weisungsrecht lösen; ohne Zustimmung des Arbeitnehmers läuft nichts.
Willigt der Arbeitnehmer nicht ein, so kann der Arbeitgeber nur durch eine „Änderungskündigung" zum Ziel kommen: Das Arbeitsverhältnis wird offiziell gekündigt, dem Arbeitnehmer aber zugleich die Fortsetzung angeboten – zu geänderten Arbeitsbedingungen. Eine Änderungskündigung zielt also auf eine Fortsetzung des Arbeitsverhältnisses zu neuen Konditionen. [...]

Ratschläge für Arbeitnehmer, AZ, 09.02.2000

■ 1. Welche Kündigungsart wird in dem Artikel beschrieben?
■ 2. Welche Unterschiede finden Sie zu den anderen Kündigungsarten?

Das **Kündigungsschutzgesetz** gilt nur für Betriebe mit in der Regel mehr als zehn beschäftigten Arbeitnehmern und für Arbeitsverhältnisse, die ohne Unterbrechung länger als sechs Monate bestanden haben. Die Kündigung muss durch die Person des Arbeitnehmers, sein Verhalten oder durch dringende betriebliche Erfordernisse **sozial gerechtfertigt** sein.
Besonderen Kündigungsschutz genießen Betriebsratsmitglieder, Wehrdienstleistende, Schwerbehinderte, Schwangere, Mütter, Eltern in Erziehungszeit und Auszubildende.
Innerhalb von drei Wochen kann beim Arbeitsgericht eine **Kündigungsschutzklage** erhoben werden.

Das Mutterschutzgesetz

Außer dem jugendlichen Arbeitnehmer (vgl. S. 14) bedürfen auch berufstätige Mütter besonderen Schutzes im Arbeitsleben. Das Gesetz zum Schutz der erwerbstätigen Mutter verfolgt im wesentlichen zwei Ziele:

Schutz der Gesundheit von Mutter und Kind	Schutz der wirtschaftlichen Versorgung von Mutter und Kind
Während Schwangerschaft und Stillzeit	
– keine gefährdenden Arbeiten (Fließbandarbeit mit vorgeschriebenem Arbeitstempo, Akkordarbeit, Arbeiten mit schwerer körperlicher Anstrengung, Tätigkeiten mit schädlichen Einwirkungen oder gefährlichen Situationen)	– Kündigungsschutz vom Beginn der Schwangerschaft bis vier Wochen nach der Entbindung
– angepasste Gestaltung des Arbeitsplatzes, Stillpausen	
– Freistellung zur Untersuchung	– Fortzahlung des Entgelts
– völliges Beschäftigungsverbot mit Attest des Arztes, wenn das Leben von Mutter und Kind gefährdet ist	– Mutterschutzlohn
– Arbeitsunfähigkeit	– Entgeltfortzahlung und Krankengeld
Schutzfrist	
sechs Wochen vor bis acht Wochen nach der Entbindung (Bei Früh- und Mehrlingsgeburten: Bis 12 Wochen Wochen nach der Entbindung)	
– völlige Freistellung	– Mutterschaftsgeld (Krankenkasse bzw. BVA und Arbeitgeber)

Art.6 Abs. 4 Grundgesetz

Jede Mutter hat Anspruch auf den Schutz und die Fürsorge der Gemeinschaft.

Weitere Informationen

http://www.dejure.org/gesetze/MuSchG

■ **Beurteilen Sie den Umfang der gesetzlich vorgeschriebenen Schutzleistungen.**

Die werdende Mutter hat die Pflicht, ihrem Arbeitgeber die Schwangerschaft möglichst bald mitzuteilen, damit ihre Gesundheit und vor allem die des ungeborenen Kindes geschützt werden kann.

Mutterschaft bedeutet einen wertvollen Dienst für die Gemeinschaft. Dennoch ist eine weibliche Bewerberin für den Arbeitgeber immer mit der Gefahr schwangerschaftsbedingter Aufwendungen oder Unannehmlichkeiten verbunden. Beim Vorstellungsgespräch müssen Fragen nach einer Schwangerschaft jedoch nicht beantwortet werden.

2.3 Das Arbeitsgericht

Weitere Informationen:

www.arbg.bayern.de

Das Bundesarbeitsgericht befindet sich in Erfurt.

www.bundesarbeitsgericht.de

Streitigkeiten, die sich aus arbeitsrechtlichen Beziehungen ergeben, werden von den **Arbeitsgerichten** geregelt.
Zu den Streitthemen gehören u. a.

- Rechtsstreitigkeiten zwischen den Tarifvertragsparteien über die Anwendung und Durchführung von Tarifverträgen,
- Rechtsstreitigkeiten zwischen Arbeitnehmern und Arbeitgebern in Bezug auf das Arbeitsverhältnis,
- Streitigkeiten zwischen Arbeitnehmern aus gemeinsamer Arbeit.

Klageberechtigt sind alle Arbeitnehmer, auch Auszubildende.
Der Klageweg kann beim Arbeitsgericht erst dann beschritten werden, wenn bei einem außergerichtlichen Vorverfahren mündlich versucht worden ist, den Streit beizulegen **(Güteverhandlung)**.
Misslingt eine Einigung in der Güteverhandlung, findet das eigentliche Gerichtsverfahren statt, an dessen Ende das **Urteil** bzw. bei Angelegenheiten der Betriebsverfassung und der Mitbestimmung ein **Beschluss** steht.
Sind der Kläger oder der Beklagte mit diesem Urteil nicht einverstanden, so kann der **Instanzenweg** beschritten werden, d. h. der Fall wird vor dem nächsthöheren Gericht erneut verhandelt.

Rechtsmittel

Berufung:
- gegen Urteile bei Kündigungsschutzverfahren
- Beschwerdewert mindestens 600 EUR
- Berufung im Urteil ausdrücklich zugelassen

Beschwerde:
- gegen einen Beschluss

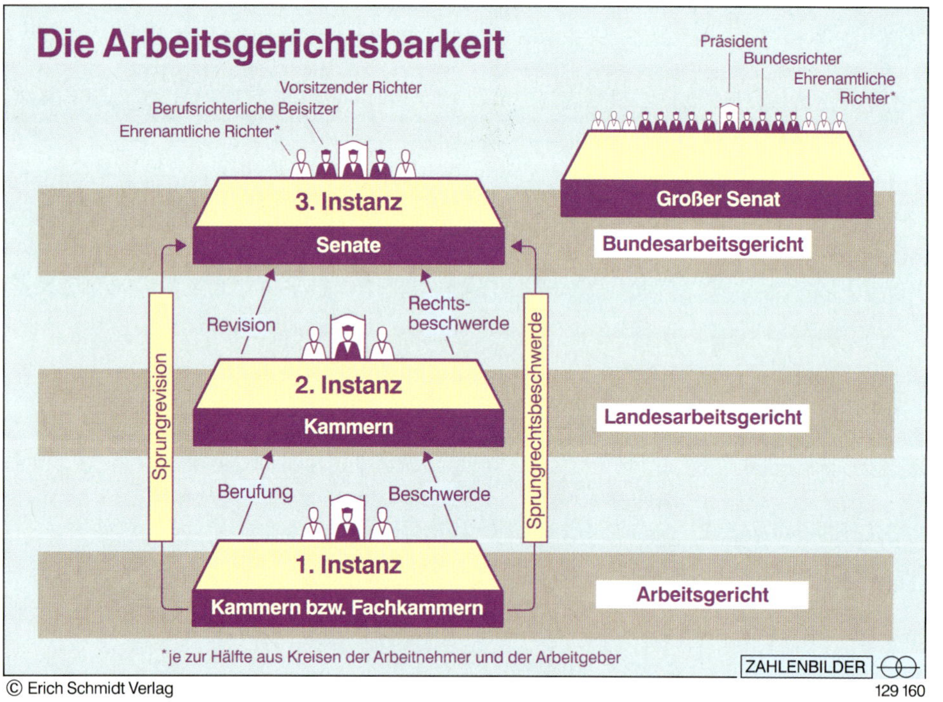

© Erich Schmidt Verlag

■ Beschreiben Sie die Zusammensetzung der Kammern und Senate.

Eine Vertretung durch einen Rechtsanwalt ist in einem Arbeitsverfahren nicht vorgeschrieben. Unabhängig vom Rechtsstreit muss bei einem arbeitsrechtlichen Verfahren jeder Prozessbeteiligte seine eigenen Kosten tragen.

ZUSAMMENFASSUNG

Der schriftliche Arbeitsvertrag, geregelt im Nachweisgesetz, begründet das Arbeitsverhältnis mit den daraus resultierenden Pflichten für Arbeitgeber und Arbeitnehmer. Damit der Arbeitnehmer im Arbeitsverhältnis vor Ausbeutung und gesundheitlichen Gefahren geschützt ist, wurden verschiedene soziale Schutzgesetze erlassen, die z.B. Arbeitszeit, Pausen, Entgeltfortzahlung im Krankheitsfall, Kündigungsmodalitäten und Mutterschutz regeln. Für die Überwachung und Einhaltung des Arbeitsschutzes sind die Berufsgenossenschaften und Gewerbeaufsichtsämter, für arbeitsrechtliche Streitigkeiten die Arbeitsgerichte zuständig.

Fachbegriffe

Arbeitsunfähigkeit – Arbeitsvertrag – Arbeitszeit – Aufhebungsvertrag – Beschäftigungsverbot – Beschluss –Freistellung – Güteverhandlung – Instanzenweg – Kündigungsfristen – Kündigungsschutzgesetz – Kündigungsschutzklage – Mutterschutzlohn– Mutterschaftsgeld – Nachweisgesetz – ordentliche/außerordentliche Kündigung – Rechtsmittel – Ruhepause – Schutzfrist – sozial gerechtfertigt – Urteil

AUFGABEN

1. Stellen Sie die Inhalte von Ausbildungs- und Arbeitsverträgen in einer Wandzeitung gegenüber.
2. Ermitteln Sie die Anschriften der Berufsgenossenschaft, des Gewerbeaufsichtsamtes und der Arbeitgerichtes für Ihren Bereich.

3 Das Tarifverhältnis

3.1 Tarifverträge

Art. 9 Grundgesetz

(3) Das Recht, zur Wahrung und Förderung der Arbeits- und Wirtschaftsbedingungen Vereinigungen zu bilden, ist für jedermann und für alle Berufe gewährleistet. Abreden, die dieses Recht einschränken oder zu behindern versuchen, sind nichtig, hierauf gerichtete Maßnahmen sind rechtswidrig.

Vorteile des Tarifvertragssystems

Der einzelne Arbeitnehmer wird sich – vor allem in Zeiten hoher Arbeitslosigkeit – schwer tun, Forderungen zur Verbesserung seiner Arbeitsbedingungen bei seinem Arbeitgeber vorzubringen oder durchzusetzen.
Schließen sich jedoch die Arbeitnehmer in einer Gewerkschaft zusammen, können sie vereint viel mächtiger auftreten und kommen sich nicht gegenseitig als Konkurrenten um die Arbeitsplätze in die Quere.
Das Grundrecht der **Vereinigungsfreiheit** (Art. 9 GG) ermöglicht es jedem Bürger, sich zu organisieren, wenn er dies möchte.

Doch Tarifverträge schützen nicht nur den einzelnen Arbeitnehmer vor der Übermacht des Arbeitgebers, als **Sammel-** oder **Kollektivverträge** für Arbeitsverhältnisse in bestimmten Geltungsbereichen ordnen sie zugleich das Arbeitsleben und geben allen Arbeitgebern für die Laufzeit des Vertrages die gleichen Bedingungen vor. Bis zum Ablauf des Vertrages kann vom Arbeitgeber verlässlich geplant werden.

Arten von Tarifverträgen

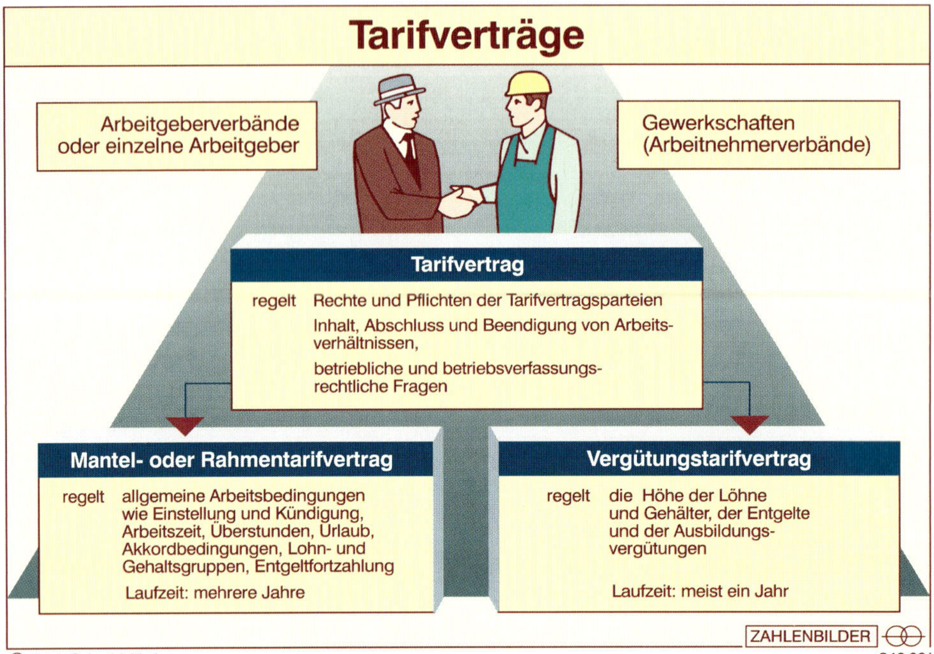

 240 021

3.2 Tarifverhandlungen und Arbeitskampf

Tarifvertragsgesetz vom 25.08.1969

§ 2 Tarifvertragsparteien
(1) Tarifvertragsparteien sind Gewerkschaften, einzelne Arbeitgeber sowie Vereinigungen von Arbeitgebern.

Tarifpartner und Tarifverhandlungen

In Deutschland erarbeiten die so genannten **Sozialpartner** Tarifverträge: die **Gewerkschaften** als Organisation der Arbeitnehmer und die **Arbeitgeberverbände** oder einzelne Arbeitgeber.

Grundlage der Tarifverhandlungen bilden Art. 9 GG sowie das **Tarifvertragsgesetz**. Hier ist festgelegt, dass Gewerkschaften und Arbeitgeberseite in Tarifverhandlungen einen Interessenausgleich erreichen sollen. Der Staat darf sich in diese Verhandlungen nicht einmischen. Diesen Grundsatz bezeichnet man als **Tarifautonomie**.

In den Tarifverträgen sind Laufzeiten bzw. Kündigungsfristen festgelegt. Ist der Tarifvertrag abgelaufen oder wurde er von einem der Tarifpartner gekündigt, legen beide Seiten ihre Forderungen dar, beispielsweise:

Arbeitgeberseite
- Kosten senken -

- Arbeitnehmereinkommen einfrieren auf bisherigem Stand
- zusätzliches Urlaubsgeld streichen
- Urlaubsvergütung kürzen
- Urlaubstage bei längeren Krankheiten und Kuren abziehen
- Freistellung an Heiligabend und Silvester als Urlaub anrechnen
- Jahressollarbeitszeit, nur darüber hinausgehende Überstunden sind zuschlagspflichtig
- betriebliche Sonderregelungen erlaubt
- Anpassung der Tarifverträge während der Laufzeit erlaubt

Arbeitnehmerseite
- Sicherung der Reallöhne -

- Erhöhung der Löhne, Gehälter und Ausbildungsvergütungen um 5,5%
- Vorziehen der vereinbarten Arbeitszeitverkürzung
- Verzicht auf betriebsbedingte Kündigungen während der nächsten 12 Monate
- Übernahme von Auszubildenden für mindestens sechs Monate

Arbeitskampf

Zunächst streben die Verhandlungspartner eine Einigung „am runden Tisch" an. Dabei wird die Arbeitnehmerseite sicherlich höhere Forderungen stellen als die Arbeitgeberseite zu Zugeständnissen bereit ist.

Kann nun keine Einigung erzielt werden, erklärt man die Verhandlungen für **gescheitert**.

Ein unparteiischer **Schlichter** kann jetzt herangezogen werden, der zwischen beiden Positionen vermitteln soll.

Ist er nicht erfolgreich, d. h. scheitert der Schlichtungsversuch, muss ein gerechter Leistungstausch regelrecht erkämpft werden, wobei es letztlich eine Frage der Kampfmaßnahmen bzw. der Druckmittel ist, welche Vorteile für die jeweilige Seite herausgeholt werden können.

Der Unternehmer, interessiert an stetiger Produktion, ist am ehesten durch „Nicht-Leistung", also durch Arbeitsniederlegungen zu treffen. Ein solcher Streik kann aber nur dann echten Druck ausüben, wenn möglichst viele Belegschaftsmitglieder gewerkschaftlich organisiert sind und sich am Ausstand beteiligen.

Zunächst gilt es jedoch, innerhalb der Gewerkschaften eine **Urabstimmung** durchzuführen, um festzustellen, ob die überwiegende Mehrheit (75 % der abstimmenden Mitglieder) der Gewerkschaftsmitglieder in den Arbeitskampf eintreten will oder nicht.

Die Arbeitgeberseite kann nämlich durchaus „zurückschlagen": Als Abwehrreaktion auf einen Streik kann die gesamte Belegschaft eines Betriebes ausgesperrt werden, d. h. von der Arbeit fern gehalten werden, Flächenaussperrungen gar wirken weit über Tarifbezirke hinaus.

Die **Aussperrung** betrifft auch Arbeitnehmer, die nicht in der Gewerkschaft organisiert sind und für die ein Arbeitsausfall natürlich auch eine Einkommenseinbuße darstellt, weil sie kein Streikgeld von der Gewerkschaft erhalten. Im Regelfall dürfen die Arbeitgeber nur noch höchstens 25 % der Arbeitnehmer des Tarifgebietes aussperren.

Wenngleich den Gewerkschaftsmitgliedern **Streikgeld** von der Gewerkschaft bezahlt wird, so müssen sie dennoch abwägen, ob das Ziel die entstehenden Einbußen rechtfertigt.

Für den **Arbeitskampf** gilt das **Gebot der Verhältnismäßigkeit**, d. h. Arbeitskämpfe dürfen nur insoweit eingeleitet werden, als sie zum Erreichen rechtmäßiger Kampfziele und des nachfolgenden Arbeitsfriedens geeignet und sachlich erforderlich sind.

Haben beide Seiten ihre Fronten abgesteckt, werden sich die Verhandlungspartner wieder am Verhandlungstisch einfinden müssen, um einen **Kompromiss** zu erarbeiten. Diese Lösung muss in einer Urabstimmung die Zustimmung der Gewerkschaftsmitglieder (je nach Satzung, meist 25 %) finden, bevor der Streik als beendet und das neue Tarifwerk als angenommen gilt.

Für die Laufzeit des neuen Tarifvertrages sind die Sozialpartner zum **Frieden** verpflichtet, d. h. es darf kein Arbeitskampf begonnen werden. (Friedenspflicht)

Warnstreik

vorübergehende Arbeitsniederlegung; darf erst nach Scheitern der Verhandlungen erfolgen

Bummelstreik

Arbeit wird nicht niedergelegt, sondern nur teilweise oder schlecht erledigt

Generalstreik

sämtliche Arbeitnehmer streiken

Voll-/Totalstreik

sämtliche Arbeitnehmer eines Wirtschaftszweiges legen die Arbeit nieder

Schwerpunktstreik

einzelne Schlüsselbetriebe/ -bereiche werden bestreikt

wilder Streik

ohne Genehmigung der Gewerkschaft; unerlaubt

■ Fassen Sie die wichtigsten Schritte des Arbeitskampfes in einem Ablaufplan zusammen.

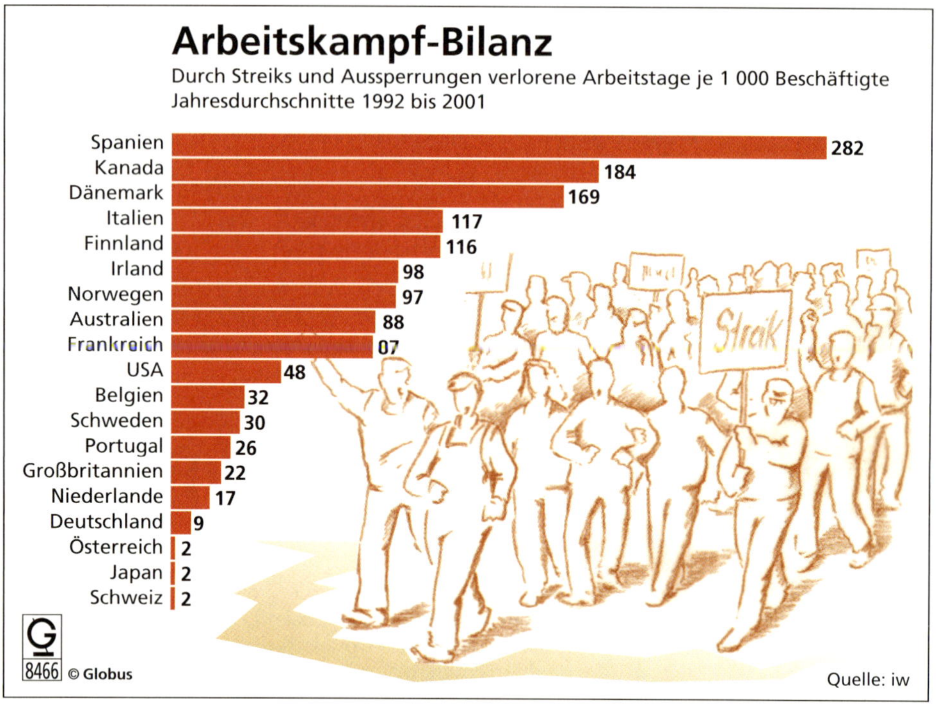

■ Beurteilen Sie die Stellung Deutschlands.

Geltungsbereich

Sofern der Arbeitgeber Mitglied in dem Verband ist, mit dem der Tarifvertrag ausgehandelt wurde, gilt dieser für alle in der entsprechenden Gewerkschaft organisierten Arbeitnehmer. Auf Antrag einer der Sozialpartner beim Bundesminister für Wirtschaft und Arbeit kann der Tarifvertrag für allgemein verbindlich erklärt werden. Er gilt dann für alle Arbeitgeber in dem Gebiet und dem Wirtschaftsbereich, für den er vereinbart wurde.

ZUSAMMENFASSUNG

Neben dem persönlichen Arbeitsvertrag des Einzelarbeitnehmers gelten für bestimmte Tarifgebiete und Wirtschaftsbereiche so genannte Tarifverträge. Sie werden von den Gewerkschaften und den Arbeitgeberverbänden als Tarif- oder Sozialpartner autonom, d. h. ohne Einmischung des Staates, miteinander ausgehandelt. Je nach Inhalt unterscheidet man Entgelt- oder Manteltarifverträge. Führen die Tarifverhandlungen zu keinem Ergebnis, kann es zum Arbeitskampf kommen, für den bestimmte Regeln gelten (Urabstimmung der Gewerkschaftsmitglieder – Gebot der Verhältnismäßigkeit – Friedenspflicht).

Fachbegriffe

Aussperrung – Friedenspflicht – Gewerkschaften – Kompromiss – Schlichter – Sozialpartner – Streik – Tarifautonomie

AUFGABEN

1. Hat sich die Tarifverhandlung zum Arbeitskampf ausgeweitet, entstehen beiden Seiten hohe Kosten. Begründen Sie diese Behauptung.
2. Bestimmen Sie in Ihrer Klasse je einen Vertreter der Arbeitnehmer- und der Arbeitgeberseite. Stellen Sie für beide Seiten Argumente im Ringen um Lohnerhöhungen zusammen. Spielen Sie Ihre „Tarifverhandlungen" durch.
3. Welche Bedeutung hat die Friedenspflicht für Arbeitgeber und Arbeitnehmer?

4 Mitbestimmung im Betrieb – das Betriebsverfassungsgesetz von 1972 in der Fassung von 2001

„Was bringt mir das Betriebsverfassungsgesetz?“

„... Beispielsweise, wenn es um den Lohn geht. Der Arbeitgeber ist verpflichtet, genau zu erläutern, wie sich das Arbeitsentgelt zusammensetzt. Ähnlich verhält es sich mit der Leistungsbeurteilung. Der Arbeitnehmer hat ein Recht darauf zu erfahren, wie seine Leistungen beurteilt werden und kann dazu Stellung nehmen. Auch erhält er Einblick in seine Personalakte. Was ihm nicht zutreffend erscheint, kann er richtig stellen und Fehlendes ergänzen. Schließlich hat er Beschwerderecht. Er kann sich direkt oder mit Unterstützung des Betriebsrates beschweren, wenn er sich benachteiligt fühlt. Durch seine Beschwerde dürfen ihm keine Nachteile erwachsen. Dies sind nur einige Gesichtspunkte ...“

„Eine ganze Menge!“

Die Jugend- und Auszubildendenvertretung

BetrVG § 70 Allgemeine Aufgaben

(1) Die Jugend- und Auszubildendenvertretung hat folgende allgemeine Aufgaben:
1. Maßnahmen, die den in § 60/1 genannten Arbeitnehmern dienen, insbesondere in Fragen der Berufsbildung und der Übernahme der zu ihrer Berufsausbildung Beschäftigten in ein Arbeitsverhältnis, beim Betriebsrat zu beantragen;
   1a. Maßnahmen zur Durchsetzung der tatsächlichen Gleichstellung der in § 60 Abs. 1 genannten Arbeitnehmer entsprechend § 80 Abs. 1 Nr. 2a und 2b beim Betriebsrat zu beantragen;
2. darüber zu wachen, dass die zugunsten der in § 60/1 genannten Arbeitnehmer geltenden Gesetze, Verordnungen, Unfallverhütungsvorschriften, Tarifverträge und Betriebsvereinbarungen durchgeführt werden;
3. Anregungen von in § 60/1 genannten Arbeitnehmern, insbesondere in Fragen der Berufsbildung, entgegenzunehmen und, falls sie berechtigt erscheinen, beim Betriebsrat auf eine Erledigung hinzuwirken ...
4. die Integration ausländischer, in § 60 Abs. 1 BetrVG genannter Arbeitnehmer im Betrieb zu fördern und entsprechende Maßnahmen beim Betriebsrat zu beantragen.

(2) Zur Durchführung ihrer Aufgaben ist die Jugend- und Auszubildendenvertretung durch den Betriebsrat rechtzeitig und umfassend zu unterrichten ...

Ralph erzählt: „Unser Jugendvertreter hat kürzlich gleich von zwei Seiten eine auf den Deckel bekommen und zwar vom Chef und vom Betriebsrat. Er befragte verschiedene Lehrlinge, die sich bei ihm über die betriebliche Ausbildung beklagt hatten. Mit den Ergebnissen seiner Befragung ist er dann zum Chef marschiert und wollte Krach schlagen. Ich weiß nicht, warum man ihm das so übel genommen hat. Haben wir den Jugendvertreter nicht dazu gewählt, dass er unsere Interessen vertritt?“

- 1. Gibt es in Ihrem Betrieb einen Betriebsrat und ggf. eine Jugend- und Auszubildendenvertretung?
- 2. Welche Wirkungsmöglichkeiten hat die Jugend- und Auszubildendenvertretung innerhalb des Betriebsrates? Informieren Sie sich dazu auch in § 70 BetrVG.
- 3. Halten Sie die Rüge, die der von Ralph genannte Jugendvertreter erhielt, für berechtigt?
- 4. Befragen Sie Ihre Mitschüler, über deren Erfahrungen mit dem Betriebsrat und der Jugend- und Auszubildendenvertretung.

Die Jugend- und Auszubildendenvertretung vertritt die Jugendlichen und Auszubildenden zwar, handelt aber nicht eigenständig und ist kein „Minibetriebsrat" für die genannte Personengruppe. Sie ist vielmehr Mitglied des Betriebsrates und hat die Aufgabe, Maßnahmen für die Jugendlichen und Auszubildenden beim Betriebsrat zu beantragen und auf deren Erledigung hinzuwirken.
Die Jugend- und Auszubildendenvertretung ist in §§ 60/61 Betr.VG geregelt:

§ 60 Errichtung und Aufgabe

(1) In Betrieben mit in der Regel mindestens fünf Arbeitnehmern, die das 18. Lebensjahr noch nicht vollendet haben (jugendliche Arbeitnehmer) oder die zu ihrer Berufsausbildung beschäftigt sind und das 25. Lebensjahr noch nicht vollendet haben, werden Jugend- und Auszubildendenvertretungen gewählt.

§ 61 Wahlberechtigung und Wählbarkeit

(1) Wahlberechtigt sind alle in § 60/1 genannten Arbeitnehmer des Betriebes.
(2) Wählbar sind alle Arbeitnehmer des Betriebes, die das 25. Lebensjahr noch nicht vollendet haben [...] Mitglieder des Betriebsrates können nicht zur Jugend- und Auszubildendenvertretern gewählt werden.

Die Zahl der Jugend- und Auszubildendenvertreter richtet sich nach der Anzahl der in § 60 BetrVG genannten, im Betrieb beschäftigten Personen:

Personen	Vertreter	Personen	Vertreter
5 - 20	1	301 - 500	9
21 - 50	3	501 - 700	11
51 - 150	5	701 - 1 000	13
151 - 300	7	mehr als 1 000	15

§ 62 ... Zusammensetzung der Jugend- und Auszubildendenvertretung

(3) Das Geschlecht, das unter den in § 60 Abs. 1 genannten Arbeitnehmern in der Minderheit ist, muss mindestens entsprechend seinem zahlenmäßigen Verhältnis in der Jugend- und Auszubildendenvertretung vertreten sein, wenn diese aus mindestens drei Mitgliedern besteht.

Mitbestimmung pro und kontra

Der Betriebsrat

Der Betriebsrat vertritt die Interessen der Arbeitnehmer gegenüber der Betriebsleitung. Arbeitgeber und Betriebsrat sollen mindestens einmal im Monat zu einer Besprechung zusammentreffen und die anstehenden Probleme einvernehmlich zu lösen suchen. In verschiedenen betrieblichen Angelegenheiten, z. B. im sozialen, personellen oder wirtschaftlichen Bereich, hat der Betriebsrat entweder ein Mitentscheidungsrecht, ein Widerspruchsrecht oder wenigstens ein Informations- und Beratungsrecht. Man spricht von Mitbestimmungs- und Mitwirkungsrechten des Betriebsrats. Die Arbeitnehmervertretung im öffentlichen Dienst heißt **Personalrat**. Der Personalrat wird nach dem Personalvertretungsgesetz von 1974 gewählt. Mitbestimmungsmöglichkeiten hat der Personalrat nur im sozialen Bereich.

Fälle, die der Betriebsalltag schrieb:

- Druckereibesitzer Amberg will, dass in der Buchbinderei Überstunden gemacht werden. Nach dem Tarifvertrag können die Arbeitnehmer zu Überstunden herangezogen werden, wobei der Betriebsrat mitzuentscheiden hat, auf welchen Zeitpunkt, für welchen Umfang und für welche Dauer diese gelegt werden. Der Betriebsrat meint, sein Mitbestimmungsrecht erstrecke sich auf die grundsätzliche Entscheidung, ob Überstunden oder nicht. Amberg ist anderer Meinung und ordnet die Überstunden einfach an.
- Programmierer Peters ist drei Monate bei Angermann beschäftigt, als dieser dem Betriebsrat mitteilt, er wolle Peters kündigen, weil die bisherigen Erfahrungen eine künftig für beide Seiten zufriedenstellende Zusammenarbeit nicht erwarten lassen. Zehn Tage nach dieser Mitteilung kündigt Angermann dem Peters, nachdem der Betriebsrat keine Stellungnahme abgegeben hatte. Der Betriebsrat hält die Kündigung für unwirksam.

Aus dem Betriebsverfassungsgesetz:

§ 87 Mitbestimmungsrechte

(1) Der Betriebsrat hat, soweit eine gesetzliche oder tarifliche Regelung nicht besteht, in folgenden Angelegenheiten mitzubestimmen: [...]
2. Beginn und Ende der täglichen Arbeitszeit einschließlich der Pausen sowie Verteilung der Arbeitszeit auf die einzelnen Wochentage;
3. vorübergehende Verkürzung oder Verlängerung der betriebsüblichen Arbeitszeit; [...]

§ 102 Mitbestimmung bei Kündigungen

(1) Der Betriebsrat ist vor jeder Kündigung zu hören. Der Arbeitgeber hat ihm die Gründe für die Kündigung mitzuteilen. Eine ohne Anhörung des Betriebsrats ausgesprochene Kündigung ist unwirksam.
(2) Hat der Betriebsrat gegen eine ordentliche Kündigung Bedenken, so hat er diese unter Angabe der Gründe dem Arbeitgeber spätestens innerhalb einer Woche schriftlich mitzuteilen. Äußert er sich innerhalb dieser Frist nicht, gilt seine Zustimmung zur Kündigung als erteilt. [...]

■ Informieren Sie sich über den Inhalt der Gesetzestexte und nehmen Sie zu den beiden Fällen (S. 26 unten) Stellung.

Der Betriebsrat hat
- **allgemeine Aufgaben (§ 80 BetrVG):**
  Der Betriebsrat hat darüber zu wachen, dass Gesetze, Verordnungen, Unfallverhütungsvorschriften, Tarifverträge und Betriebsvereinbarungen ausgeführt werden.
  Zu den allgemeinen Aufgaben gehört auch der Arbeits- und betriebliche Umweltschutz (§ 89 BetrVG).
- **das Recht zur Mitbestimmung**
  - in **sozialen** Angelegenheiten (§ 87 **BetrVG**): Mitwirkung in Fragen der Betriebsordnung und des Verhaltens der Arbeitnehmer im Betrieb, bei der Arbeitszeit- und Pausenregelung, bei der Art der Auszahlung des Lohns, bei der Aufstellung des Urlaubsplans, bei der Verwirklichung von Sozialeinrichtungen im Betrieb (z. B. einer Kantine),
  - in **personellen** Angelegenheiten (**§§ 92/102 BetrVG**): Der Arbeitgeber hat den Betriebsrat über Personalplanung und über Personalbedarf sowie über Maßnahmen zur Ausbildung zu unterrichten. Er berät mit ihm vor allem darüber, wie Härten vermieden werden können. So muss der Betriebsrat auch bei Kündigungen gehört werden.
- **das Recht zur Mitberatung** in **wirtschaftlichen** Angelegenheiten (**§ 106/111 BetrVG**):
  In Unternehmen mit i. d. R. mehr als 20 wahlberechtigten Arbeitnehmern muss der Unternehmer mit dem Betriebsrat über geplante Betriebsänderungen beraten, wenn sich daraus Nachteile für die Belegschaft ergeben. Betriebsänderungen können sein: Betriebsstilllegung, Betriebsverlegung, Zusammenschlüsse mit anderen Betrieben, grundsätzliche Änderung der Betriebsorganisation, Einführung neuer Arbeitsmethoden.

Berechtigt zur Wahl des Betriebsrates sind alle Arbeitnehmer, die das 18. Lebensjahr vollendet haben (§ 7 BetrVG).
Wählbar sind alle Wahlberechtigten, die sechs Monate dem Betrieb angehören oder als in Heimarbeit Beschäftigte in der Hauptsache für den Betrieb gearbeitet haben.
Nicht wählbar ist, wer infolge strafgerichtlicher Verurteilung die Fähigkeit, Rechte aus öffentlichen Wahlen zu erlangen, nicht besitzt (§ 8 BetrVG).
Die Anzahl der Betriebsratsmitglieder richtet sich nach der Zahl der im Betrieb beschäftigten Personen und ergibt sich aus folgender Übersicht (§ 9 BetrVG):

Wahlberechtigte Arbeitnehmer	Betriebsrats-Mitglieder	Wahlberechtigte Arbeitnehmer	Betriebsrats-Mitglieder
5 – 20	1	2 001 – 2 500	19
21 – 50	3	2 501 – 3 000	21
51 – 100	5	3 001 – 3 500	23
101 – 200	7	3 501 – 4 000	25
201 – 400	9	4 001 – 4 500	27
401 – 700	11	4 501 – 5 000	29
701 – 1 000	13	5 001 – 6 000	31
1 001 – 1 500	15	6 001 – 7 000	33
1 501 – 2 000	17	7 001 – 9 000	35

Bei mehr als 9 000 Arbeitnehmern erhöht sich die Zahl der Betriebsratsmitglieder für je angefangene weitere 3 000 Arbeitnehmer um 2 Mitglieder.

Mitbestimmung aus geschichtlicher Sicht

Aus dem Jahre 1890:
Die kaiserliche Regierung kündigt eine Regelung der Mitbestimmung an.
„Für die Pflege des Friedens zwischen Arbeitgebern und Arbeitnehmern sind gesetzliche Bestimmungen über die Form in Aussicht zu nehmen, in denen die Arbeiter durch Vertreter, welche ihr Vertrauen besitzen, an der Regelung gemeinsamer Angelegenheiten beteiligt und zur Wahrnehmung ihrer Interessen mit den Arbeitgebern und den Organen Meiner Majestät befähigt werden".

Art. 165 der Weimarer Reichsverfassung:
(1) Die Arbeiter und Angestellten sind dazu berufen, gleichberechtigt in Gemeinschaft mit den Unternehmern an der Regelung der Lohn- und Arbeitsbedingungen sowie an der gesamten wirtschaftlichen Entwicklung der produktiven Kräfte mitzuwirken. Die beiderseitigen Organisationen und ihre Vereinbarungen werden anerkannt.
(2) Die Arbeiter und Angestellten erhalten zur Wahrnehmung ihrer sozialen und wirtschaftlichen Interessen gesetzliche Vertretungen in Betriebsarbeiterräten und in einem Reichsarbeiterrat.

Streikaufruf aus dem Jahre 1919:

Generalstreik

Demokratie in den Betrieben
durch direkt und gemeinsam gewählte
Betriebsräte der Angestellten und Arbeiter!

Die Arbeit ruht bis zur Anerkennung dieser Forderungen durch Regierung und Unternehmer!

Jede Gewalttätigkeit hat zu unterbleiben!

ZUSAMMENFASSUNG

Das Betriebsverfassungsgesetz aus dem Jahre 1972 (Neufassung 2001) gilt für alle Betriebe der Privatwirtschaft mit mindestens fünf Mitarbeitern. Es regelt die Zusammenarbeit zwischen Arbeitgebern und Arbeitnehmern in sozialen, personellen und wirtschaftlichen Fragen.

Die Arbeitnehmer werden grundsätzlich durch den Betriebsrat vertreten. An den Sitzungen des Betriebsrats kann die Jugend- und Auszubildendenvertretung teilnehmen, die Mitglied des Betriebsrates ist.

Fachbegriffe

Betriebsvereinbarungen – Betriebsverfassungsgesetz – Betriebsrat – Jugend- und Auszubildendenvertretung – Arbeitsschutz – außerordentliche Kündigung – Betriebsänderung – Interessenausgleich – Einigungsstelle – Personalvertretungsgesetz

Nach dem Betriebsverfassungsgesetz bestimmt der Betriebsrat in sozialen und personellen Angelegenheiten mit. In wirtschaftlichen Fragen hat er nur ein Recht auf Mitberatung. Zu den Aufgaben des Betriebsrates gehören auch der Arbeitsschutz und der betriebliche Umweltschutz.

Eine der wesentlichen Änderungen des BetrVG im Jahre 2001 betrifft die Zusammenfassung mehrerer Unternehmen zu einem gemeinsamen Betrieb.
Von einem gemeinsamen Betrieb geht man u. a. aus, wenn zur Verfolgung arbeitstechnischer Zwecke die Betriebsmittel sowie die Arbeitnehmer von den Unternehmen gemeinsam eingesetzt werden (§ 1 BetrVG).
Diese Gemeinsamkeit kann Auswirkungen auf die Anzahl der Betriebsräte bzw. auf die Anzahl der Freistellungen haben.

Mitbestimmung gibt es nicht nur in Betrieben des Handels, des Handwerks und der Industrie, sondern auch im Öffentlichen Dienst. Die Rechtsgrundlage hierzu ist das Personalvertretungsgesetz aus dem Jahre 1974.

AUFGABEN

1. Welche Handlungsmöglichkeiten ergeben sich jeweils nach dem Betriebsverfassungsgesetz? Nehmen Sie § 89 und § 102 BetrVG zu Hilfe:
   - Tanja F. arbeitet seit einer Woche am Computer bei der Auftragserfassung. Ihre Augenbeschwerden führt sie auf den zu geringen Abstand zum Bildschirm zurück.
   - Oliver K. wurde ein neuer Arbeitsplatz im Lager zugewiesen. Ihm unterlaufen einige Fehler, woraufhin ihm gekündigt wird. Seiner Meinung nach hängen die Fehler mit der unzureichenden Einarbeitung zusammen.
2. Klären Sie folgenden Sachverhalt:
   Die Betriebsleitung möchte den Arbeitsbeginn während der Sommermonate um eine Stunde vorverlegen, damit in den kühlen Morgenstunden mehr gearbeitet wird. Der Betriebsrat spricht sich nach einer Betriebsversammlung dagegen aus, weil sich dadurch für die Kollegen, die auf öffentliche Verkehrsmittel angewiesen sind, schlechtere Verkehrsverbindungen ergeben.
3. Nennen Sie mögliche Ursachen und Gründe dafür, dass viele Arbeitnehmer die durch das Betriebsverfassungsgesetz gegebenen Mitbestimmungsmöglichkeiten nicht ausschöpfen wollen.

Arbeitswelt im Wandel

1 Arbeitswelt im Wandel

1.1 Der Wandel zur Informationsgesellschaft

Dampfmaschine von James Watt (1788, Nachbau)

Roboter

elektronisch gesteuertes Gerät

Automat

Werkzeugmaschine, die Arbeitsgänge nach Programm selbsttätig ausführt

Maschine

Gerät mit beweglichen Teilen, das Arbeitsgänge selbsttätig verrichtet

Die **Dampfmaschine** und der später erfundene Elektromotor treiben Arbeitsmittel und Transportmittel an. Innerhalb kürzester Zeit können große Warenmengen hergestellt **(Massenproduktion)** und transportiert werden. Dies löste Ende des 18. Jahrhunderts so weitreichende Umwälzungen aus, dass sie als **industrielle Revolution** bezeichnet wurden.
Gearbeitet wird fast ausschließlich nur noch außerhalb des Wohnbereiches. Neben den Handwerksbetrieben oder Manufakturen treten die Fabriken als neue Orte der Herstellung. Hier wird überwiegend mit Maschinen gearbeitet. Im 20. Jahrhundert ändern sich die technischen Verfahren (Technologien) nochmals ganz entscheidend.

Bei der **fließenden Fertigung** werden die vielen kleinen Arbeitsschritte zur Herstellung einer Ware aneinandergereiht. Die Teilschritte sind meist so einfach, dass sie auch von ungelernten Arbeitskräften erledigt werden können. Ein Fließband befördert das Werkstück von einem Arbeiter zum anderen. So kann die Herstellung schneller ablaufen.
Aber Menschen können ermüden, erkranken oder Fehler machen. Eine Maschine hingegen muss höchstens ab und zu gewartet werden. Mitunter arbeitet sie auch genauer als es ein Mensch je könnte. Auf einen längeren Zeitraum hin gesehen ist ein Automat meist kostengünstiger als die menschliche Arbeitskraft. Vor allem bei gesundheitsschädlichen oder sehr belastenden Arbeiten kann der Ersatz von Menschen durch Automaten bzw. Roboter vorteilhaft sein.

Die Dienstleistungs- und Informationsgesellschaft

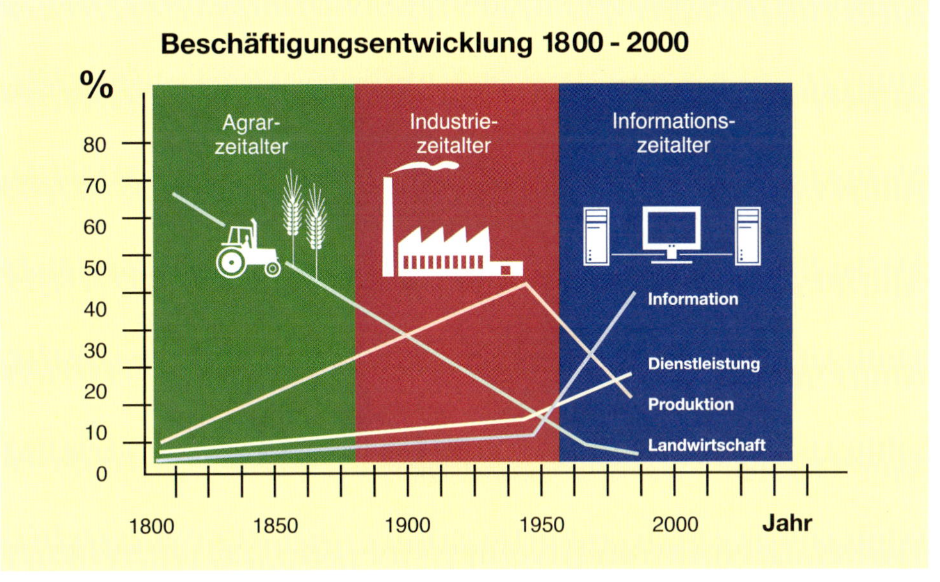

■ Ordnen Sie Ihren Ausbildungsberuf zu.

Die Volkswirtschaft verteilt sich auf vier Bereiche **(Produktionssektoren)**:
Land- und Forstwirtschaft, Industrie bzw. Herstellung (Produktion), Dienstleistung und Information. Im Laufe des 20. Jahrhunderts ging die Zahl der Beschäftigten im Bereich der Industrie wieder zurück. Die meisten Arbeitsplätze fanden sich in den Arbeitsbereichen, in denen Dienste für andere Menschen erbracht werden. Deshalb wird von einer **Dienstleistungsgesellschaft** gesprochen. Hinzu kommt jedoch ein neuer Bereich. Immer mehr Arbeitsplätze haben mit der Be- und Verarbeitung von Informationen zu tun. Neue Berufe entstehen, z.B. der Informationselektroniker und die Fachangestellte für Medien- und Informationsdienste. In diesem Zusammenhang taucht die Bezeichnung der **Informationsgesellschaft** auf.

Dampfmaschine und Elektromotor bewirkten die weitreichende und schnelle Veränderung der bäuerlichen Gesellschaft zur Industriegesellschaft. Ähnlich revolutionär wirkte sich die Mikroelektronik bei der Entwicklung zur Informationsgesellschaft aus. Mikroprozessoren können große Datenmengen schnell speichern und verarbeiten. Über elektronische Netze können diese Daten bzw. Informationen weltweit schnellstens ausgetauscht werden.

Mikrochips

Elektronische Bauteile werden auf kleinen Siliziumplättchen zu Schaltkreisen zusammengefasst.

Je mehr sich die Netze weltweit ausbreiten und verflechten, desto schwieriger gestaltet sich allerdings auch deren Kontrolle. Auch ist es mitunter fast unmöglich die große Informationsflut zu bewältigen.

- 1. Sammeln Sie weitere Beispiele für die Anwendung der Mikroelektronik.
- 2. Spielen Sie einen Tag ohne Mikroelektronik durch – was würde Ihnen fehlen?
- 3. Diskutieren Sie die Bedeutung der Mikroelektronik in Ihrem Arbeitsfeld.

1.2 Die Globalisierung

Die Weltreise einer Jeans

Die Baumwolle wird in Kasachstan oder Indien von Hand oder mit der Maschine geerntet und anschließend in die Türkei versandt.
In der Türkei wird die Baumwolle zu Garn gesponnen.
In Taiwan wird die Baumwolle mit chemischer Indigofarbe aus Deutschland gefärbt.
Aus den gefärbten Garnen werden in Polen die Stoffe gewebt.
Innenfutter und Textilkennzeichnungseinnäher kommen aus Frankreich, Knöpfe und Nieten aus Italien.
Alle Zutaten werden auf die Philippinen geflogen und dort zusammengefügt.
In Griechenland erfolgt die Endbearbeitung mit Bimsstein.
In Deutschland werden die Jeans verkauft, getragen und schließlich in die Altkleidersammlung einer karitativen Organisation gegeben.
In einem holländischen Betrieb wird die Kleidung sortiert und mit Schiffen und LKW auf den afrikanischen Kontinent gebracht.

nach: Andrea Antonowitsch Wulf, www.globalisierung-online.de

- 4. Ziehen Sie die einzelnen Wege auf einer Weltkarte nach.
- 5. Weshalb wird die Jeans nicht in einem Land gefertigt?

Durch niedrige Transportkosten, die Abschaffung von Zollschranken und die Entwicklung hochtechnisierter Kommunikation verschmelzen die nationalen Märkte zu einem gemeinsamen Weltmarkt. Die weltweite Verflechtung und Vernetzung vor allem in den Bereichen der Wirtschaft und der Kommunikation wird unter dem Begriff der **Globalisierung** zusammengefasst (vgl. auch S. 301).

Weltweiter Handel hat jedoch nicht nur Vorteile, wie z. B. größere Absatzmärkte und erweiterte Rohstoffquellen. Auf dem Weltmarkt kann sich ein Unternehmen gegen die ebenfalls weltweite Konkurrenz nur durchsetzen, wenn es günstige Preise und/oder herausragende Qualität bieten kann. Entsprechend hoch ist der Druck, die Kosten im Betrieb möglichst gering zu halten. Produziert wird daher nicht mehr unbedingt im eigenen Unternehmen, sondern durch wechselnde Hersteller dort, wo die Kosten jeweils am geringsten sind. Neben der Produktion werden oft auch andere Teilbereiche ausgegliedert und von Subunternehmen übernommen, so z. B. die Verwaltung.

globus lat.

Kugel mit Abbildung der Erdoberfläche

Europas Versicherer und Banken werden Geschäfte zunehmend ins Ausland verlagern

Frankfurt/Main – Banken und Versicherer in Europa werden in den kommenden Jahren zunehmend Geschäftsprozesse in Niedrig-Lohn-Länder verlagern. Das ist das Ergebnis einer Studie, die die Unternehmensberatung A.T. Kearney in Frankfurt vorgestellt hat. Bis 2008 können so in Europa bis zu fünf Mrd. Euro jährlich eingespart werden. Bislang hinkt die europäische der amerikanischen Finanzbranche noch fünf bis sieben Jahre hinterher. Die US-Unternehmen hätten früher mit dem so genannten „Offshoring" begonnen, weil in den Vereinigten Staaten auch die Einsparpotenziale weitaus höher sind. Robert Kremlicka, Strategieexperte bei A.T. Kearney, erwartet aber, dass der erhebliche Kostendruck, der auf den europäischen Finanzdienstleistern laste, Hauptantriebsmotor für die Verlagerung von Arbeitsplätzen werden könnte. Aktuell erwägt beispielsweise die Deutsche Bank, bis zu 5500 Jobs an externe Dienstleister „outzusourcen" oder – falls das nicht möglich ist – in Niedrig-Lohn-Länder zu verlagern. Die Studie basiert auf Interviews mit rund 120 Finanzdienstleistern in den USA und Europa. Außerdem hat die Unternehmensberatung bereits bestehende Projekte ausgewertet. „Wir waren überrascht vom Ergebnis", so Andreas Pratz, Autor der Studie. „Jeder zweite Befragte hat bereits gute Erfahrungen mit dem Thema Offshoring gesammelt". Beliebte Niedrig-Lohn Standorte seien Indien und Osteuropa. Neben niedrigen Lohnkosten spreche aus Sicht der europäischen Institute für Osteuropa vor allem die geographische Nähe. Außerdem könnten die Banken von bestehenden Harmonisierungsabkommen im Steuerbereich, der Finanzmarktaufsicht und im Datenschutz profitieren. Pratz rechnet damit, dass der Offshore-Prozess besonders für die 30 großten Banken und Versicherungen durch die EU Erweiterung im Mai 2004 weiter an Dynamik gewinnen wird. *aro*

Artikel erschienen am 30. Juli 2003, http://www.welt.de/data/2003/07/30/142535.html

- Erläutern Sie aus dem Zusammenhang die beiden Fachbegriffe Outsourcing und Offshoring.

1.3 Veränderungen der Arbeitsverhältnisse

Die Verlagerung von Arbeitsplätzen ins Ausland und die vielen Rationalisierungsmaßnahmen zur Kostensenkung in den Betrieben wirken sich natürlich auf den Arbeitsmarkt aus.

- 1. Betrachten Sie die Karikatur. Welche Vorteile bietet der abgebildete „Arbeitnehmer"?

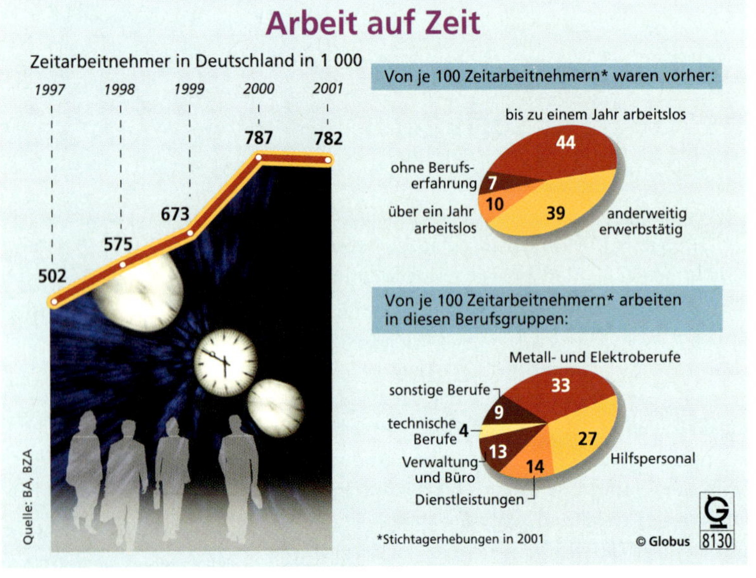

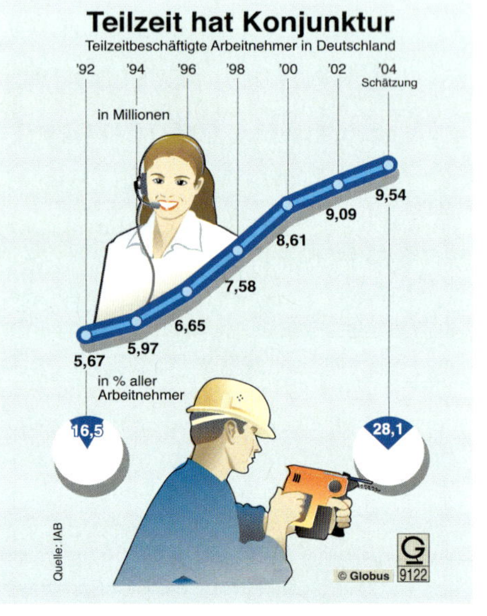

- 2. Welche Entwicklungen sind jeweils zu verzeichnen?
- 3. Wie erklären Sie sich die jeweilige Tendenz?

Auch künftig wird die Maschine nicht alle Arbeiten übernehmen können. Der Arbeitnehmer muss neben seiner Qualifikation zunehmend Flexibilität, Mobilität und Anpassungsfähigkeit beweisen, denn immer häufiger werden Arbeitsplätze gewechselt und die Anforderungen komplexer.

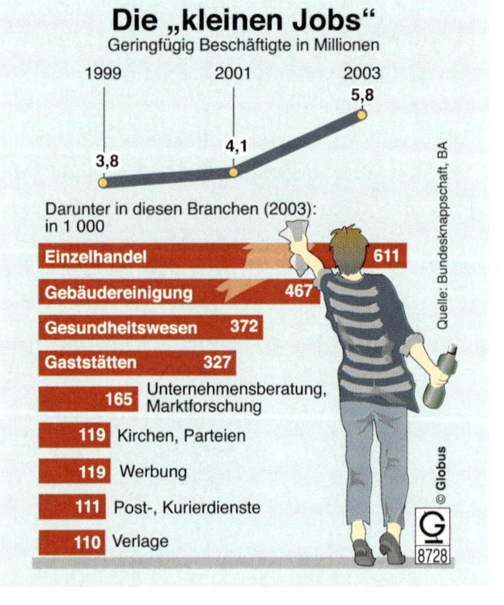

1.4 Veränderungen der Betriebsorganisation und Arbeitsplatzgestaltung

Gerade der Einfluss moderner Informationstechnologie hat Auswirkungen auf die Organisation der Arbeitsplätze.

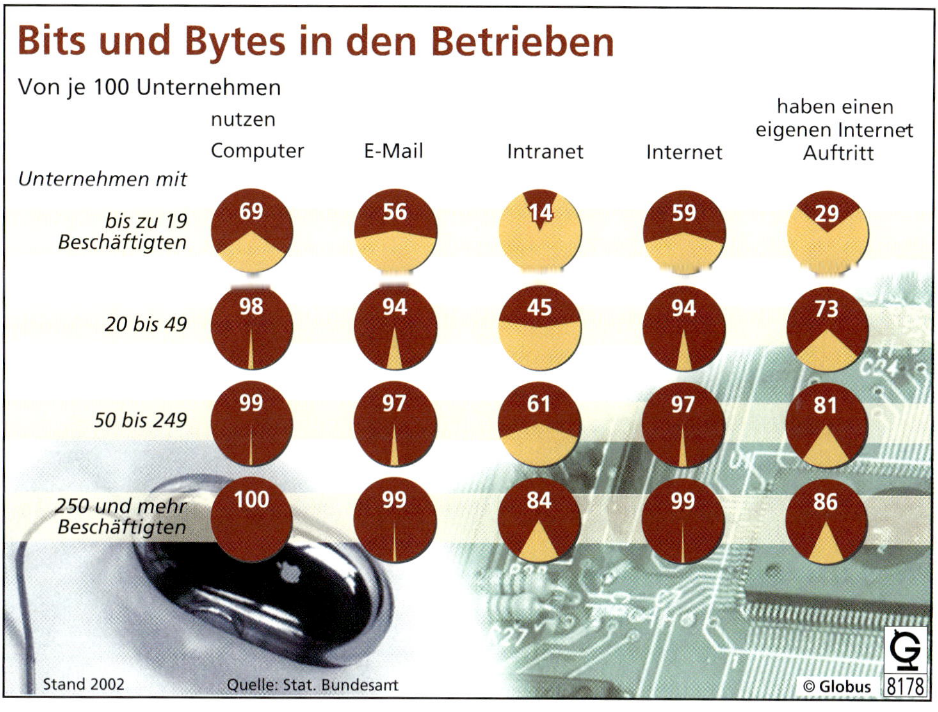

■ 1. Beschreiben Sie die dargestellte Entwicklung.

Interview mit Dr. Christoph Siemons,
Vorsitzender der Geschäftsleitung Deutsche Bank 24 AG, Berlin, zum Thema Berufsbild Sekretärin

Können Sie sich ein Leben/ den Arbeitsalltag ohne Sekretärin vorstellen?
Siemons: „Die Sekretärin im traditionellen Sinn – für Diktat, Terminverwaltung und Telefondienst – ist bei uns kaum zu finden. Viele ihrer Aufgaben sind heute anders gelöst. Einen großen Teil des Schriftverkehrs erledige ich heute selbst per e-Mail. Meine persönliche Mitarbeiterin hat statt dessen neue, erweiterte Aufgaben: Sie hält mir organisatorisch den Rücken frei, bereitet Besprechungen vor, recherchiert wichtige Informationen und begleitet die Umsetzung meiner Entscheidungen. Dieses Job-Enrichment stellt hohe Kompetenzanforderungen an die Assistenzkraft, zum Beispiel sehr gute Fremdsprachenkenntnisse und das Denken in den oft komplexen Strukturen des Marktes."

Ist Ihr Büro schon virtuell?
Siemons: „Mein Büro ist virtuell; die Kommunikation per e-Mail, Internet und Intranet ist tägliches Handwerkszeug. Mit Hilfe von Telefon- und Videokonferenzen kommunizieren wir über größere Entfernungen hinweg. Bei aller Technik steht das persönliche Gespräch im Mittelpunkt – das gilt übrigens für die interne Kommunikation wie auch für die Kommunikation mit dem Kunden."

Auszug aus: Christoph Siemons, www.forum-berufsbildung.de/presse/sekret%E4in.htm, August 2002

■ 2. Welche Aufgaben hat die Sekretärin heute zu erfüllen?
■ 3. Was bedeutet „virtuelles" Büro?

Job-Rotation

geregelter, bewusster Arbeitsplatzwechsel innerhalb eines Arbeitsbereiches; macht die AN vielseitiger einsetzbar und den Betrieb unabhängiger von der Einzelperson.

Job-Enrichment

Aufgabenbereicherung; der AN übt innerhalb seines Arbeitsplatzes verschiedene, qualitativ höherwertige Tätigkeiten aus, die bislang von mehreren stärker spezialisierten Arbeitskräften ausgeführt wurden.

Job- Enlargement

Erweiterung des Aufgabenspektrums. Mehrere Teilarbeitsgänge werden zu einer größeren Arbeitsaufgabe zusammengefasst; Gegenteil der Arbeitsteilung.

Aus dem Terminkalender eines Exportleiters in einem weltweit agierenden Betrieb (global player):

7.30 Uhr	email-Check
8.30 Uhr	Videokonferenz mit Mitarbeitern aus dem japanischen Mutterhaus
9.30 Uhr	Messevorbereitungen Indien
10.30 Uhr	Vorbereitung technischer Versuche mit russischen Kunden
13.00 Uhr	Teamsitzung zum Stand der laufenden Aufträge
15.00 Uhr	Verhandlungstermine mit Geschäftspartnern in Brasilien vereinbaren
16.00 Uhr	Abstimmungsseminar mit Kollegen/Innen der ausländischen Schwesterunternehmen
18.00 Uhr	wegen der Zeitverschiebung: Telefonat mit amerikanischen Vertretern
ab 20.00 Uhr	Abendprogramm für Kunden im Rahmen einer Versuchsbetreuung

■ 1. Welchen Anforderungen muss dieser Arbeitnehmer gerecht werden?

1.5 Problem Schattenwirtschaft

Immer mehr kleine Handwerksbetriebe vor dem Aus

Schattenwirtschaft – der am stärksten wachsende „Wirtschaftszweig"

Jugend ohne Chance – Mangelware Ausbildungsplätze

■ 2. Suchen Sie einen Zusammenhang zwischen den Schlagzeilen.

Als weiterer Wandel in der Arbeitswelt ist das Ansteigen der so genannten **Schattenwirtschaft** zu verzeichnen.

Zur Schattenwirtschaft gehören alle Tätigkeiten in der Privatwirtschaft, die zwar zur gesamtwirtschaftlichen Wertschöpfung beitragen, die aber nicht in die Berechnung des Bruttoinlandsprodukts eingehen. Für diese Tätigkeiten werden keine oder kaum Steuern oder Sozialversicherungsbeiträge entrichtet. Neben der **Schwarzarbeit** sind weitere Formen der Schattenwirtschaft die Selbstversorgung und die Nachbarschaftshilfe, aber auch kriminelle Tätigkeiten oder illegale Beschäftigung.

■ 3. Beschreiben Sie die dargestellte Tendenz (siehe Grafik unten).
■ 4. Weshalb ist der Arbeitnehmer nicht genau erkennbar? Welche Arbeit verrichtet er?

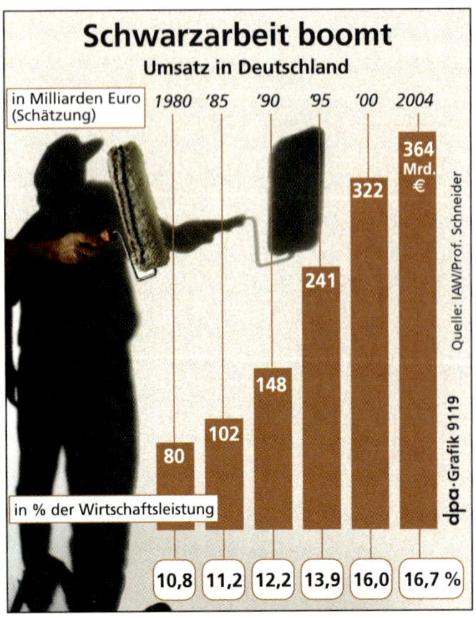

Schwarzarbeitsgesetz §1

Ordnungswidrig handelt, wer Dienst- oder Werkleistungen in erheblichem Umfange erbringt, obwohl er

1. der Mitteilungspflicht gegenüber einer Dienststelle der Bundesanstalt für Arbeit, einem Träger der gesetzlichen Kranken-, Pflege-, Unfall- oder Rentenversicherung oder einem Träger der Sozialhilfe nach § 60 Abs. 1 Satz1 Nr. 2 des Ersten Buches Sozialgesetzbuch oder der Meldepflicht nach § 8a des Asylbewerberleistungsgesetzes nicht nachgekommen ist,

2. der Verpflichtung zur Anzeige vom Beginn des selbstständigen Betriebes eines stehenden Gewerbes (§ 14 der Gewerbeordnung) nicht nachgekommen ist oder die erforderliche Reisegewerbekarte (§ 55 der Gewerbeordnung) nicht erworben hat oder

3. ein Handwerk als stehendes Gewerbe selbstständig betreibt, ohne in der Handwerksrolle eingetragen zu sein (§ 1 der Handwerksordnung).

Schwerpunkte der Schwarzarbeit sind Bau und Handwerk sowie der Hotel- und Gastronomiebereich. Die Schwarzarbeit hat bereits einen Rekordstand erreicht und wächst stetig weiter. Durch die Schattenwirtschaft entgeht dem Staat täglich 1 Milliarde Euro, die dringend zur Finanzierung gemeinschaftlicher Aufgaben gebraucht würde.
Schwarzarbeit ist jedoch auch deshalb unsozial, weil durch diese „billige" Konkurrenz Unternehmen in den Ruin getrieben werden oder keine Ausbildungsplätze mehr anbieten können.

Keine Schwarzarbeit im Haushalt...

...wenn der Arbeitgeber je 5% des Arbeitsentgelts zur Kranken- und Rentenversicherung bzw. pauschal als Steuer abführt und für die Haushaltshilfe eine Unfallversicherung abschließt. Dafür kann er maximal 510 EUR pro Jahr bei der Steuererklärung geltend machen.

- 1. Welche Ursachen werden jeweils angedeutet?
- 2. Machen Sie Vorschläge, wie diese Ursachen beseitigt werden könnten.

Neben verstärkter Information wird vor allem durch härtere Sanktionen, einfachere Abrechnungen und effizientere Kontrollen versucht werden müssen, die Schattenwirtschaft einzudämmen. Daneben wird auch eine Verringerung der Abgabenlast, also der Steuern und Lohnnebenkosten, diskutiert. Jedoch muss ebenso ein Wandel im Bewusstsein stattfinden, damit die Schwarzarbeit nicht weiterhin als Kavaliersdelikt angesehen wird.

ZUSAMMENFASSUNG

Technische Erfindungen und Entwicklungen haben zur einer Dienstleistungs- und Informationsgesellschaft geführt, die auch wirtschaftlich eng mit dem Weltmarkt verflochten ist.
Diese Globalisierung führt zu Veränderungen bei der Gestaltung von Arbeitsverhältnissen, Arbeitsplätzen und Betriebsorganisation.

Fachbegriffe

Dampfmaschine – Dienstleitungsgesellschaft – fließende Fertigung – Globalisierung – industrielle Revolution – Informationsgesellschaft – Massenproduktion – Produktionssektoren – Schattenwirtschaft – Schwarzarbeit

AUFGABEN

1. Stellen Sie die Veränderungen in der Arbeitswelt bildlich dar.

2. Suchen Sie Gründe für den hohen Anteil von Schwarzarbeit in bestimmten Branchen.

2 Arbeitslosigkeit und Arbeitsmarktpolitik

2.1 Arbeitslosigkeit – Folgen und Ursachen

Namensänderung zum 1. Januar 2004

Die Bundesanstalt für Arbeit nennt sich seither Bundesagentur für Arbeit

Arbeitslosigkeit ist ein weltweites Problem, von dem Hunderte Millionen Menschen betroffen sind. Allein in der Bundesrepublik Deutschland liegt die Zahl der Arbeitslosen bei **4,32** Millionen (Stand **Dezember 2003**), dies entspricht einer Arbeitslosenquote von 10,3 %. In den Statistiken werden, nach der Vereinigung der beiden deutschen Staaten, die Arbeitslosenzahlen für den Osten (**1,56** Mio., Quote **17,9** %) und den Westen (**2,75** Mio., Quote **8,4** %) getrennt ausgewiesen. Die **Bundesagentur für Arbeit**, mit Sitz in Nürnberg, veröffentlicht Monat für Monat die neueste Arbeitslosenstatistik des Bundesgebietes. Ein Blick auf die bloße Zahl der Arbeitslosen sagt zunächst sehr wenig aus über die vielfältigen Ursachen und die individuellen Probleme der Betroffenen.

Manche Firma bietet mit der Entlassung gleich eine Beratung für das Arbeitsleben danach an.

Die **Folgen der Arbeitslosigkeit** sind in der Regel **für die Betroffenen** sehr unangenehm und führen insbesondere bei Langzeitarbeitslosigkeit zu erheblichen finanziellen Einbußen, viele Familien verarmen. Das Selbstwertgefühl leidet und der Gang zur Arbeitsagentur oder die wiederkehrenden Bewerbungen werden als aussichtslose Tortur empfunden. Resignation macht sich breit. Vorurteile und gesellschaftliche Isolierung, die auch häufig die Angehörigen von Arbeitslosen betreffen, sind vielfach zu beobachten.

Auch **für die Gesellschaft** hat die Arbeitslosigkeit vielfältige negative Auswirkungen. So sinken die Steuereinnahmen und die Einzahlungen an die Sozialversicherungen. Gleichzeitig steigt die Zahl derer, die wegen der Arbeitslosigkeit finanzielle staatliche Unterstützung benötigen. Produktionskapazitäten sind nicht voll ausgelastet, gut ausgebildete Fachkräfte finden keine entsprechende Arbeit; neben dem persönlichen Einzelschicksal auch ein volkswirtschaftlicher Verlust.

Arbeitslosigkeit kann verschiedene Ursachen haben

Personenbedingte Arbeitslosigkeit	Alter, Krankheit oder fehlende Ausbildung des Arbeitsuchenden sind dabei wesentliche Gründe.
Saisonale Arbeitslosigkeit	Bei Berufen im so genannten Außenbereich, z. B. im Bauwesen oder beim Forst ist insbesondere im Winter diese Form von Arbeitslosigkeit zu beobachten.
Konjunkturelle Arbeitslosigkeit	In Zeiten schlechter wirtschaftlicher Lage werden weniger Arbeitskräfte gebraucht, die Zahl der Arbeitslosen steigt.
Strukturelle Arbeitslosigkeit	Diese ist dort anzutreffen, wo aufgrund von Rationalisierung und Automatisierung Arbeitsplätze wegfallen. Am Beispiel der Textilbranche lässt sich aufzeigen, dass vielfach die Produktion in Billiglohn-Länder verlagert wird, um sich am Markt Wettbewerbsvorteile zu sichern. In der Folge gehen in der Bundesrepublik Deutschland Arbeitsplätze verloren. Ferner gibt es im Bundesgebiet strukturschwache Räume mit erhöhter Arbeitslosenquote. Das sind Regionen, in denen das Arbeitsplatzangebot gering ist und nur auf wenige Wirtschaftsbereiche ausgerichtet.
Der Arbeitsmarkt in den neuen Ländern	Dieser weist viele Probleme und Besonderheiten auf. Die Umstellung des Wirtschaftssystems und die Privatisierung vieler ehemals volkseigener Betriebe führen dazu, dass die Zahl der Arbeitslosen in diesem Gebiet sprunghaft ansteigt. Bis heute fehlen viele Arbeitsplätze. Zum Teil liegt die Arbeitslosigkeit bei über 20 Prozent.
Arbeitszeiten	Vielfach sind diese noch sehr starr. Für viele Arbeitnehmerinnen und Arbeitnehmer ist es daher problematisch, die Zeiten für Familie und Beruf zu verbinden. Das Beispiel der Niederlande zeigt, dass viele Teilzeit-Arbeitsplätze (17 % bei Männern und 68 % bei Frauen) auch die Arbeitslosenquote niedrig halten, und zwar unter 5 Prozent.
Einstellungen der Menschen	Z. B. die Bereitschaft zur Mobilität oder Selbstständigkeit hat unmittelbaren Einfluss auf die Höhe der Arbeitslosigkeit.
Attraktivität des Wirtschaftsstandortes Deutschland	Der internationale Wettbewerb zeigt, dass Deutschland bereits seit Jahren nicht mehr im Spitzenfeld der gefragtesten Wirtschaftsstandorte liegt, trotz der vergleichsweise gut ausgebildeten Fachkräfte. Die hohen Löhne, langwierige Genehmigungsverfahren, vielerlei Vorschriften und auch mangelndes Vertrauen in die Reformfähigkeit des Arbeitsmarktes werden häufig als Gründe für diese Entwicklung genannt.
Fazit	Treten mehrere der genannten Ursachen gleichzeitig auf, so erhöht sich die Gefahr, arbeitslos zu werden, besonders stark.

<u>*2003 stärkster Rückgang der Beschäftigung seit zehn Jahren*</u>

Fast 400 000 Arbeitsplätze gingen verloren

Nun schrumpft auch der Dienstleistungssektor

Berlin – Die Zahl der Arbeitsplätze in Deutschland nimmt immer mehr ab. Im vergangenen Jahr sind 392 000 Stellen verschwunden und damit so viele wie seit dem Rezessionsjahr 1993 nicht mehr. […]

Nach vorläufigen Berechnungen des Statistischen Bundesamtes gingen im abgelaufenen Jahr nur noch durchschnittlich 38,3 Millionen Menschen einer Erwerbstätigkeit nach, ein Prozent weniger als im Jahr 2002. […]

Hinter den Zahlen verbergen sich zudem erhebliche Strukturveränderungen. So sind erstmals seit der Wiedervereinigung die Stellen im Dienstleistungssektor (beispielsweise Gastronomie, Transportgerwerbe, Friseure) rückläufig. Die meisten Arbeitsplätze gingen jedoch, wie schon im Jahr zuvor, in der Industrie und am Bau verloren. In der Baubranche wurde jeder 20. Arbeitsplatz gestrichen, in der Industrie wurde jede 40. Stelle gekappt. […]

Allerdings bemühte sich das Ministerium, auf eine positive Entwicklung hinzuweisen: „Erfreulich ist der Anstieg der Selbstständigen, einschließlich mithelfender Familienangehöriger.“ Tatsächlich ist […] die Zahl der Selbstständigen im vergangenen Jahr um 1,3 Prozent auf nahezu 4,2 Millionen gestiegen. Ein Grund dürften die „Ich-AGs“ sein. […]

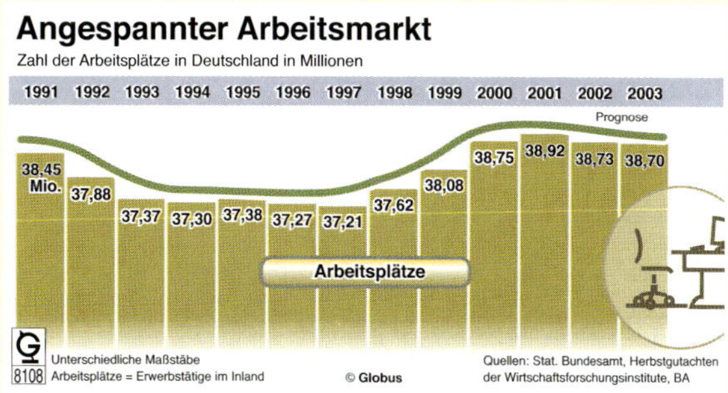

Ulf Brychcy, Süddeutsche Zeitung, 7. Januar 2004, Seite 17 (gekürzt)

Nahaufnahme der Arbeitslosigkeit

Von je 100 Arbeitslosen waren …

West		Ost
3	Jugendliche (unter 20 J.)	4
13	nur an Teilzeit interessiert	3
29	gesundheitlich eingeschränkt	21
46	keine abgeschlossene Berufsausbildung	22
49	Berufstätigkeit unterbrochen	43
37	ein Jahr und länger arbeitslos	35
23	Ältere (ab 55 J.)	18
5	ohne Berufserfahrung	3

(Mehrfachnennungen möglich)

BA, Sept. 2000

Jugendarbeitslosigkeit steigt

Im November 2002 waren 472 000 junge Menschen unter 25 Jahren arbeitslos, 42 000 mehr als vor einem Jahr. Das ist ein überdurchschnittlich kräftiger Zuwachs um 9,8 Prozent – der stärkste Anstieg unter allen Erwerbslosen-Gruppen.

Alexander Jungkunz, Nürnberger Nachrichten, 5.12.2002

Arbeitslosenquote der unter 25-Jährigen

Niederlande	6,1 %
Österreich	7,1 %
Dänemark	7,7 %
Irland	8,3 %
Deutschland	9,1 %
EU-Durchschnitt	15,1 %
Spanien	22,2 %
Griechenland	26,1 %
Italien	27,4 %

Nürnberger Nachrichten, 5.12.2002

2.2 Arbeitslosigkeit in Zahlen

Die Arbeitslosenquote (AQ)

ist ein wichtiger Gradmesser der Arbeitslosigkeit. Sie errechnet sich aus dem Verhältnis

$$AQ = \frac{\text{Arbeitslose}}{\text{Arbeitnehmer}} \times 100$$

und ist aussagekräftiger als die absolute Zahl der Arbeitslosen einer Volkswirtschaft.

Trotz vielfacher Anstrengungen gelingt es in den zurückliegenden Jahren nicht, die Arbeitslosenquote entscheidend zu senken – eine Problematik, mit der andere Staaten Europas und der Welt in ähnlicher Weise konfrontiert sind.

Die Zahl der Arbeitslosen liegt in den sechziger und siebziger Jahren in Westdeutschland meist unter einer Million. Zu Beginn der achtziger Jahre wird diese Grenze überschritten, in den Folgejahren gibt es vielfach weit über zwei Millionen Arbeitslose. Nach der deutschen Vereinigung steigt die Zahl bis auf über vier Millionen.

„Mit vereinten Kräften" (Maßnahmen des Staates und der Wirtschaft) ist es in den achtziger Jahren gelungen, eine weitere Zunahme der Arbeitslosigkeit zu verhindern. So ist die Zahl der Arbeitsplätze zwischen 1983 und 1991 um ca. 2,7 Millionen angestiegen. Seither schwankt dieser Wert zwischen 37,2 und 38,9 Millionen, eine Differenz von immerhin 1,7 Millionen Arbeitsplätzen.

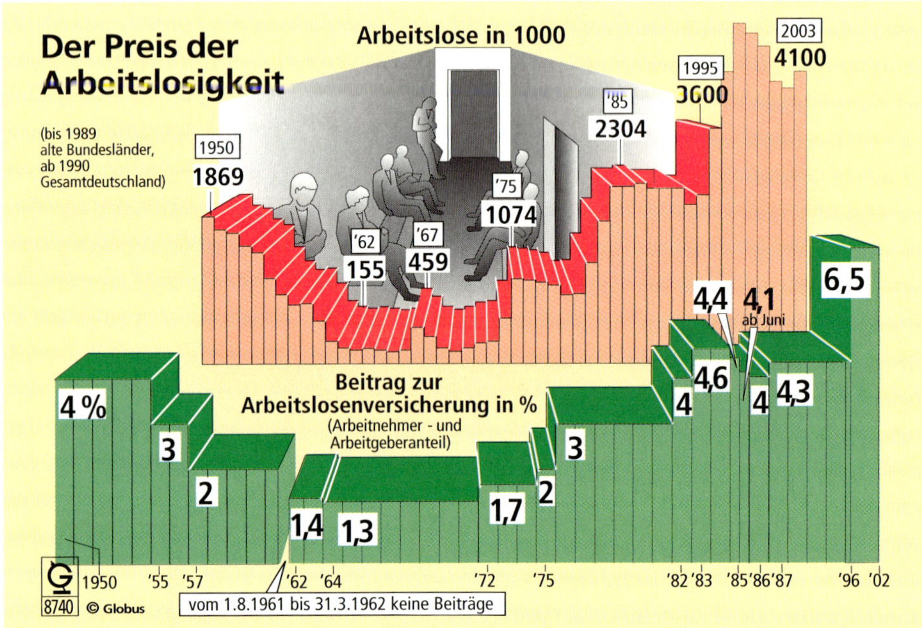

■ 1. Erläutern Sie den Zusammenhang zwischen den beiden Entwicklungsverläufen

Teilzeitarbeit ist Frauensache

Von derzeit über 5 Mio. Teilzeitbeschäftigten sind fast 90% Frauen.

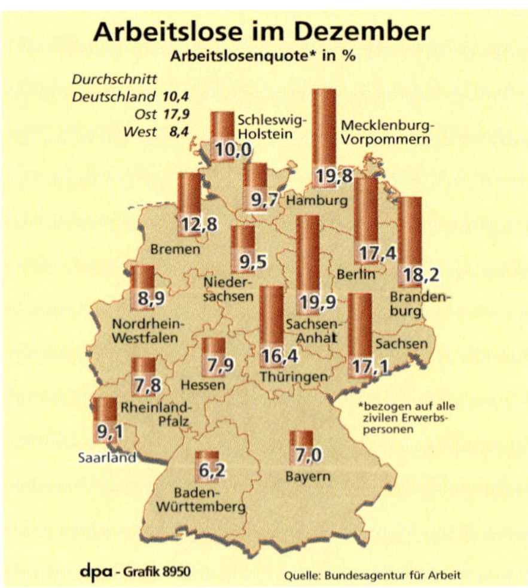

■ 2. Die Arbeitslosenquoten vom Dezember 2003 in den Bundesländern sind sehr unterschiedlich. Stellen Sie Gründe für diese Unterschiede zusammen.

■ 3. Wie erklären Sie sich die unterschiedlich hohe Arbeitlosigkeit in Bayern?

2.3 Arbeitsmarktpolitik

Wirtschaftspolitische Modelle

Die folgende Übersicht zeigt zwei unterschiedliche wirtschaftspolitische Konzepte und verdeutlicht, dass es bei der Bekämpfung der Arbeitslosigkeit keine einfachen und unumstrittenen Problemlösungen geben kann.

ARBEITSMARKTPOLITIK

Nachfrageorientierte Wirtschaftspolitik

Theoretischer Hintergrund:

- Der Staat übernimmt wirtschaftspolitische Verantwortung, insbesondere für die Beschäftigung (interventionistische Staatsauffassung).
- Das Modell geht von der Annahme aus, dass die Wirtschaftspolitik in der Lage sei, mit geeigneten Eingriffen, das Marktsystem zu stabilisieren, bzw. Marktunvollkommenheiten entgegen zu wirken.
- Vollbeschäftigung gilt als vorrangiges wirtschaftspolitisches Ziel. Der Staat strebt eine antizyklische Konjunkturpolitik an und steuert diese durch verschiedene wirtschaftspolitische Instrumente
- Arbeitslosigkeit soll z. B. auch durch kreditfinanzierte Staatsausgaben bekämpft werden.
- Gewerkschaften erwarten durch Lohnerhöhungen eine Steigerung der Kaufkraft, die dann zu vermehrter Beschäftigung führen soll.

Maßnahmen:

Beschäftigungsprogramme (z. B. Umweltschutz), Arbeitszeitverkürzung, Steuerentlastungen zur Erhöhung der Nachfrage u. ä. m.

Beabsichtigte Wirkung:

Schnell weniger Arbeitslose, sozialer Friede wird gesichert.

Kritik:

Wirkung nur kurzfristig, Staatsschulden steigen, Ursachen der Arbeitslosigkeit werden nicht beseitigt.

ZIEL: VOLLBESCHÄFTIGUNG

Beabsichtigte Wirkung:

Höhere Unternehmergewinne werden für Investitionen verwandt, neue Investitionen schaffen Arbeitsplätze und die Arbeitslosigkeit wird abgebaut.

Kritik:

Wirkung unsicher; Lasten tragen die Arbeitnehmer und die sozial Schwachen; sozialer Friede ist gefährdet. Kurzfristig kommt es eher zu noch mehr Arbeitslosigkeit.

Maßnahmen:

Gewerkschaften und Arbeitnehmer halten sich mit Lohnforderungen zurück. Der Staat gewährt Unternehmen Steuererleichterungen, um private Investitionen zu fördern. Staatsschulden werden abgebaut, indem man soziale Leistungen eingeschränkt. Wettbewerbshemmnisse werden abgebaut u. ä. m.

Angebotsorientierte Wirtschaftspolitik

Theoretischer Hintergrund:

- Dieser Ansatz sieht möglichst wenig Eingriffe des Staates in das Wirtschaftsgeschehen vor (liberalistische Staatsauffassung).
- Das Modell geht von der Annahme aus, dass marktwirtschaftliche Systeme stabil seien und auch auf dem Arbeitsmarkt zum Gleichgewicht tendieren.
- Unzureichender Wettbewerb und/oder Eingriffe des Staates in das Marktsystem führen jedoch zu Instabilität.
- Die ordnungspolitischen Aufgaben des Staates haben daher ihren Schwerpunkt im Schutz des Wettbewerbs sowie in der Privatisierung und Deregulierung.
- Arbeitslosigkeit gilt als Folge unflexibler Arbeitsmärkte und zu hoher Löhne.

- Sammeln Sie Pressemitteilungen zum Thema Arbeitsmarktpolitik und ordnen Sie Ihnen bekannte Äußerungen und Stellungnahmen von Parteien diesen unterschiedlichen Lösungswegen zu. Begründen Sie Ihren eigenen Standpunkt.

Arbeitslosigkeit in Europa

Arbeitslosenquote zur Jahresmitte 2002 in %

Luxemburg	2,4
Niederlande	2,8
Österreich	4,1
Dänemark	4,3
Irland	4,5
Portugal	4,5
Schweden	4,9
Großbritannien	5,1
Belgien	6,9
Deutschland	8,3
Frankreich	8,9
Italien	9,0
Finnland	9,3
Griechenland	10,5
Spanien	11,3

Quelle: eurostat

Beschäftigungspolitik in Deutschland

Die Sorge um den Arbeitsplatz ist heute für viele Bürgerinnen und Bürger eines der drängendsten Probleme. Die Zukunft und die Rahmenbedingungen des Arbeitsmarktes beherrschen die politische Diskussion. Ausgehend von unterschiedlichen wirtschaftspolitischen Modellvorstellungen ist daher zu entscheiden, ob die angebotsorientierte Wirtschaftspolitik oder die nachfrageorientierte Wirtschaftspolitik favorisiert wird. Beschäftigungspolitik bewegt sich somit zwischen den Mechanismen des Marktes und den Regulierungen des Staates.

Zur Bekämpfung der Arbeitslosigkeit bieten sich dem Staat verschiedenen Möglichkeiten an:

- Einzelne Betriebe oder Branchen werden durch **Subventionen** gezielt unterstützt. Damit soll die Wettbewerbsfähigkeit gestützt und die Gefahr weiterer Massenentlassungen vermieden werden, dies gilt besonders für die Bereiche Stahlerzeugung, Bergbau oder Werften.
- Ferner ist die **steuerliche Begünstigung von Investitionen** ebenso möglich wie eine gezielte Strukturpolitik in krisengeplagten Branchen und Regionen.
- Die **Vergabe öffentlicher Aufträge** kann dazu beitragen, die wirtschaftliche Lage insgesamt zu verbessern. Maßnahmen zur Arbeitsbeschaffung, wie „ABM" (Arbeitsbeschaffungsmaßnahmen), oder zur Verbesserung der Infrastruktur stellen weitere Eingriffsmöglichkeiten des Staates dar.
- **Umschulungen** und Maßnahmen der **Fort- und Weiterbildung** werden vielfach finanziell unterstützt.

Hartz-Kommission

Eine Regierungskommission unter Vorsitz des VW-Personalvorstandes Peter Hartz erarbeitet im Jahr 2002 Vorschläge zum Umbau des Arbeitsmarktes. Auf dieser Grundlage werden z. B. im Dezember 2002 zwei Gesetze für moderne Dienstleistungen verabschiedet.

Allerdings müssen diese Maßnahmen mit einem hohen Aufwand an Steuergeldern finanziert werden. Eine Gewähr, dass alle diese Anstrengungen zum gewünschten Erfolg führen, gibt es nicht.

Im internationalen Vergleich zeigt sich, dass in vielen anderen Staaten das Wirtschaftswachstum höher und die Beschäftigungsentwicklung deutlich besser ist. In Deutschland hingegen ist der Anteil der Langzeitarbeitslosen besonders hoch.

Arbeitsmarktreformen

Ab dem Jahr 2003 treten mehrere Regelungen in Kraft, mit denen der Arbeitsmarkt reformiert werden soll. Dabei geht es z. B. um Mini-Jobs und Leih- bzw. Zeitarbeit, um eine schnellere Vermittlung Arbeitsloser und schärfere Zumutbarkeitsregeln. Gesetze für moderne Dienstleistungen sollen eine spürbare Reduzierung der Arbeitslosigkeit bewirken. Die Möglichkeiten, sich selbstständig zu machen und eine eigene Firma zu gründen werden erleichtert.

Minijobs

Neue Regeln für Mini-Jobs

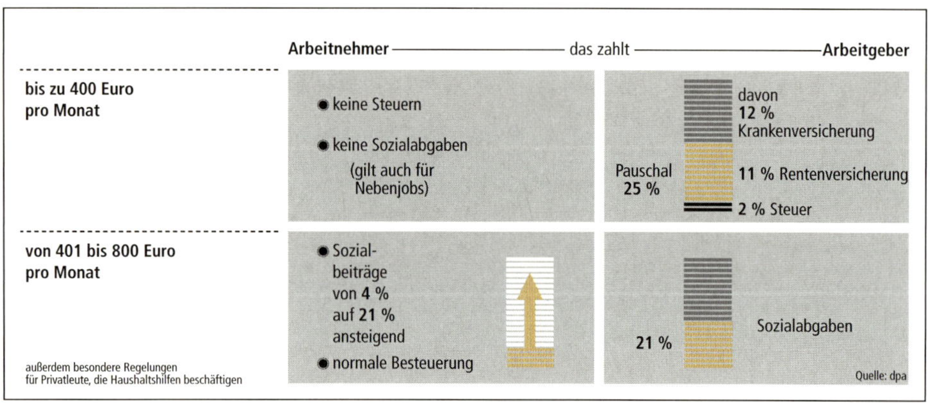

Arbeitsmarktreformen

■ Schnellvermittlung

Beschäftigte, denen der Verlust des Arbeitsplatzes droht, müssen dem Arbeitsamt die bevorstehende Kündigung sofort mitteilen. Wer eine Kündigung nicht sogleich meldet, bekommt pro Verspätungstag sieben bis 50 Euro vom Arbeitslosengeld abgezogen. Arbeitgebern wird eine Freistellungspflicht auferlegt. Arbeitslose ohne familiäre Bindungen müssen mobiler als bisher sein. Wer eine angebotene Arbeit ablehnt, muss deren Unzumutbarkeit darlegen. Zur Unterstützung der Arbeitsvermittlung werden das Internet und andere elektronische Medien ausgebaut. Damit soll die direkte Kommunikation zwischen Arbeitslosen und Arbeitgebern ermöglicht werden. Für arbeitslose Eltern und Alleinerziehende sollen die Arbeitsämter eine Kinderbetreuung vermitteln, beispielsweise durch Vereinbarungen mit den Kommunen und Landkreisen.

■ Personal-Service-Agenturen

Die Personal-Service-Agenturen (PSA) in jedem Arbeitsamt gelten als „wichtige Brücke für eine schnelle Rückkehr in den Arbeitsmarkt". Sie stellen Arbeitslose ein, verleihen sie spätestens von 2004 an als Zeitarbeiter zu den üblichen Tarifbedingungen. Tariflich vereinbarte Ausnahmen sind allerdings möglich. In den ersten sechs Wochen erhalten die Zeitarbeiter ein Entgelt in Höhe des Arbeitslosengeldes.

■ Selbstständigkeit

Schwarzarbeit soll abgebaut und in eine Existenzgründer-Welle umgelenkt werden. Dazu sollen mit der „Ich-AG" aber auch alle Kleinstunternehmer gefördert werden. Die Einnahmen unterliegen einer Pauschalbesteuerung. Die Verdienstgrenze ist bei 25 000 Euro.

■ Mini-Jobs

Die Grenze für steuer- und sozialabgabenbegünstigte Mini-Jobs steigt von 325 auf 400 Euro monatlich. Die geringfügige Beschäftigung kann auch im Nebenjob ausgeübt werden. Für haushaltsnahe 400-Euro-Mini-Jobs werden nur 12 Prozent Pauschalabgaben fällig.

■ Jobzentren

Die bisherigen Arbeits- und Sozialämter werden schrittweise zu Jobzentren umgewandelt. Deren Aufgabe ist vorrangig die effiziente und rasche Vermittlung von Stellensuchenden.

Süddeutsche Zeitung, 1.1.2003

■ Langzeitarbeitslose

Verschärfung der Zumutbarkeit: Langzeitarbeitslose, die das neue, niedrigere Arbeitslosengeld II (bisher Arbeitslosenhilfe und Sozialhilfe) erhalten, müssen künftig jeden legalen Job annehmen – auch wenn er beispielsweise unter Tarif bezahlt wird. Zuständigkeit: Künftig entweder die Bundesagentur für Arbeit oder die Kommunen – wenn diese es wollen. Erstmalige Auszahlung des Arbeitslosengelds II voraussichtlich Januar 2005.

■ Kündigungsschutz

Der Kündigungsschutz wird gelockert. Der gesetzliche Schutz gilt künftig nur noch für Betriebe mit mindestens elf Beschäftigten (bisher fünf). In kleineren Betrieben sind (nur) die neu eingestellten Mitarbeiter vom Kündigungsschutz ausgenommen. Bis fünf Mitarbeiter gilt gar kein Kündigungsschutz. Für bereits bestehende Arbeitsverhältnisse ändert sich nichts.

■ Meisterbrief

Lockerung des Meisterzwangs. Nur noch in 41 von bisher 94 Berufen wird der Meisterbrief Voraussetzung für einen eigenen Betrieb sein. Das sind aber immer noch 90 Prozent aller Handwerksbetriebe. Ferner: Gesellen mit sechs Jahren Berufserfahrung, davon vier in leitender Stellung, sollen sich auch in Meisterberufen selbstständig machen können.

Süddeutsche Zeitung, 16.12.2003

■ 1. Informieren Sie sich über weitere Details der Reformen.

■ 2. Sammeln Sie Meldungen, inwieweit diese Reformen zu einem tatsächlichen Rückgang der Arbeitslosigkeit führen.

Handwerksberufe, bei denen der Meisterzwang fortbesteht

- Maurer und Betonbauer
- Ofen- und Lüftungsbauer
- Zimmerer
- Dachdecker
- Straßenbauer
- Wärme-, Kälte- und Schallschutzisolierer
- Brunnenbauer
- Steinmetzen und Steinbildhauer
- Stuckateure
- Maler und Lackierer
- Gerüstbauer
- Schorsteinfeger
- Metallbauer
- Chirurgiemechaniker
- Karosserie- und Fahrzeugbauer
- Feinwerkmechaniker
- Zweiradmechaniker
- Kälteanlagenbauer
- Informationstechniker
- Kraftfahrzeugtechniker
- Landmaschinenmechaniker
- Büchsenmacher
- Klempner
- Installateur- und Heizungsbauer
- Elektrotechniker
- Elektromaschinenbauer
- Tischler
- Boots- und Schiffsbauer
- Seiler
- Bäcker
- Konditoren
- Fleischer
- Augenoptiker
- Hörgeräteakustiker
- Orthopädietechniker
- Orthopädieschuhmacher
- Zahntechniker
- Friseure
- Glaser
- Glasbläser und Glasapparatebauer
- Vulkaniseure und Reifenmechaniker

Süddeutsche Zeitung, 20./21.12.2003, S. 2

Mehr als eine Million neue Stellen seit April

Neues Gesetz löst Boom bei Billigjobs aus

Arbeitslosenzahl sinkt aber nur unwesentlich

Ende September 2003 gab es [...] insgesamt 5,89 Minijobs in Deutschland. [...] [S]eit die Regeln für geringfügige Beschäftigungsverhältnisse vor einem halben Jahr geändert wurden, [sind] etwa 1,03 Million neue Billigstellen entstanden, die meisten davon in der gewerblichen Wirtschaft. [...] Besonders häufig sind Minijobs bei Dienstleistungen, im Handel, in Gaststätten aber auch in der Industrie.
Möglich wurde der rasante Zuwachs durch die Minijob-Reform. [...]

Gleichwohl hat der Boom praktisch keine Auswirkungen auf die amtliche Arbeitslosenstatistik. Die Mehrzahl der neuen Teilzeit-Jobber seien Schüler, Studenten und Hausfrauen, hieß es bei der Minijob-Zentrale. „Geringfügige Beschäftigung ist typischerweise ein Zusatzverdienst", urteilt auch Martin Werding vom Münchner Ifo-Institut. Außerdem bleibt, wer nur einen Minijob hat, im Normalfall offiziell als Arbeitsloser gemeldet.

Kristina Läsker, Ulrich Schäfer, Süddeutsche Zeitung, 5.11.2003, S. 19

■ 3. Weshalb haben die weit über fünf Millionen Minijobs in Deutschland „praktisch keine Auswirkungen auf die amtliche Arbeitslosenstatistik"?

■ 4. Welchen Vorteil sehen Sie in Minijobs, und zwar
- für die Arbeitnehmer?
- für die Arbeitgeber?

Die Frage nach der Zukunft des Arbeitsmarktes beinhaltet auch die Thematik der Verteilung der Arbeit. Soll die Arbeitszeit weiter reduziert werden oder sollen die Menschen künftig länger arbeiten – und welche Personalpolitik wird von den Unternehmen in Zukunft angestrebt? Ziel bleibt dabei stets, die hohe Arbeitslosigkeit zu überwinden.

Süddeutsche Zeitung, 5.11.2003, S. 2

Wem die Stunde schlägt

Die Arbeitszeit der Deutschen ist geringer geworden, die Folgen einer Verlängerung sind umstritten

Die Debatte um die Arbeitszeit in Deutschland ist neu entfacht. Die Szenarien könnten unterschiedlicher nicht sein: Mehr arbeiten bei gleichem Lohn, um Wachstum und Jobs zu schaffen – oder weniger arbeiten für weniger Geld, um Jobs zu retten. [...]
Die Sache ist verwirrend. Auf 30 Stunden pro Woche verkürzt Opel die Arbeitszeit, wegen der Wirtschaftskrise. [...] Doch zugleich fordern immer mehr Politiker und Arbeitgebervertreter das Gegenteil: Die Deutschen sollen länger arbeiten – ebenfalls wegen der Wirtschaftskrise. [...]
Tatsächlich ist die Arbeitszeit in Deutschland gesunken: von 1956 Stunden je Erwerbstätigen im Jahr 1970 auf heute 1444 Stunden. [...] Fest steht, dass in sehr vielen Ländern länger gearbeitet wird: In den USA beispielsweise 1900 Stunden und mehr, ähnlich in Japan: Die amerikanische Wirtschaft boomt auch derzeit vorbildlich – die japanische aber keineswegs. Die Niederländer dagegen arbeiten noch weniger als die Deutschen. Dennoch ist bei Ihnen die Arbeitslosigkeit relativ niedrig: allerdings haben sie auch strikte Lohnmäßigung vereinbart. [...]
Verdi-Chef Frank Bsirske wettert, die Firmen wollten doch nur Löhne kürzen. Damit hat der Gewerkschafter Recht: Die Löhne sollen bei der Arbeitszeitverlängerung gleich bleiben, die Stückkosten für die Betriebe also sinken. Aber: Gerade das soll eben Arbeit schaffen. Betriebswirtschaftlich sei es zwar sinnvoll, so die Argumentation, bei miesen Verkaufszahlen die Arbeitszeit zu senken und zugleich die Leute nicht auf die Straße zu schicken. Volkswirtschaftlich aber sei das Gegenteil richtig: Wenn die Beschäftigten fürs gleiche Geld mehr arbeiten, sinken die Kosten und damit auch die Preise – mit dem günstigeren Angebot aber steige die Nachfrage nach den Produkten. Um die zu befriedigen, werde dann auch neues Personal eingestellt. [...]

Nina Bovensiepen, Jonas Viering, Süddeutsche Zeitung, 5.11.2003, Seite 2 (gekürzt)

■ 1. Mehr arbeiten – oder weniger? Begründen Sie Ihren Standpunkt.

Weitere Informationen

www.arbeitsagentur.de
www.bundesregierung.de

Warnung vor kopfloser Personalpolitik

„Wer entlassen wird, fehlt bald"

SZ-Umfrage unter führenden Wirtschaftsvertretern

Arbeitgeber-Präsident Dieter Hundt:
„In der deutsche Wirtschaft konnten bedauerlicherweise viele hunderttausend Arbeitsplätze nicht gehalten werden. [...]
Bei aller notwendigen Konsolidisierung dürfen wir Unternehmer nicht allein auf Kostenersparnis schauen. Für eine effiziente Wachstumsstrategie sind qualifizierte Mitarbeiter und Mitarbeiterinnen unerlässlich. Wer heute entlassen wird, fehlt möglicherweise schon morgen, wenn die Konjunktur endlich wieder anzieht, und muss dann für teures Geld ersetzt werden."

Wendelin Wiedeking, Vorstandsvorsitzender:
„Bei vielen Unternehmen stehen Entlassungen an, was in Zeiten hoher Arbeitslosigkeit nicht gerade imagefördernd ist. Aber nicht nur deshalb sollte der Personalabbau gründlich überlegt sein. [...] Erfahrene Mitarbeiter sind durch nichts zu ersetzen. Sie sind das wichtigste Kapital für die Zukunft." [...]

Roland Berger, Unternehmensberater,
sieht „das Kapital unserer Wohlstandsgesellschaft in den Köpfen der Menschen". Dieses Kapital werde nur dann erhalten und gemehrt, „wenn die Menschen Arbeit haben und sich dadurch weiterbilden". Daran sollten, fordert Berger, Politik, Tarifparteien und Unternehmer stets denken: Die Politik, in dem sie Rahmenbedingungen für ein Wirtschaftswachstum setze, [...] die Tarifparteien, in dem sie keine Lohnzuwächse zuließen, die über dem Produktivitätsanstieg liegen. Und den Unternehmen empfiehlt der Berater, [...] intelligente Maßnahmen des Stellenabbaus. Wer mangels Wachstum zu Arbeitsplatzabbau gezwungen sei, um zu überleben, solle dabei „stets dreierlei tun":

- Erstens seine wesentlichen Know-how-Träger durchfüttern bis zum Ende der Krise – auch zu Lasten des Gewinns,
- zweitens mit allen übrigen Mitarbeitern reduzierte Arbeitszeiten bei angepasstem Lohn vereinbaren und
- drittens dazu mit ihnen für diese unfreiwillige Freizeit unbezahlte Weiterbildung vereinbaren.

Marc Beise, Süddeutsche Zeitung, 24./25./26.12.2002 (gekürzt)

■ 2. Welche Forderungen richtet der Unternehmensberater Roland Berger an die
- Politik,
- Tarifpartner,
- Unternehmen?

Nehmen Sie zu den einzelnen Punkten Stellung.

2.4 Anforderungen an den Einzelnen

Bedeutung von Bildung und Ausbildung

Statistiken, wissenschaftliche Untersuchungen und vor allem auch die Lebenserfahrung zeigen, dass die Chancen am Arbeitsmarkt immer dann gut sind, wenn man als junger Mensch einen Ausbildungsberuf erfolgreich abgeschlossen hat. Arbeitskräfte mit Berufsabschluss werden insbesondere in Zeiten ungünstiger Wirtschaftslagen seltener arbeitslos als Ungelernte, haben ein höheres Einkommen und können aufgrund ihrer Kenntnisse und Fertigkeiten vielfältig und eigenverantwortlich eingesetzt werden. Bildung sollte auch als ein Gut betrachtet werden, das jeden Menschen bereichert, sich jedoch nicht mit materiellen Maßstäben messen lässt.

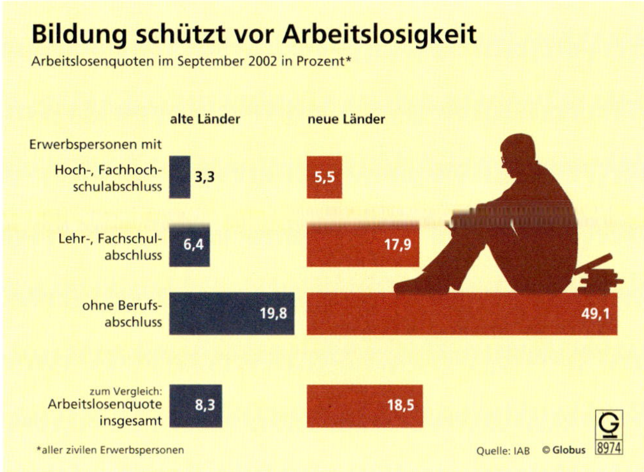

Ein übergeordnetes Ziel in allen Berufsausbildungen ist heute die Vermittlung von **Schlüsselqualifikationen**, wie die Erziehung zum Mitdenken, Mitentscheiden und Mitverantworten im täglichen Arbeitsprozess. Berufsqualifikationen, die in Zukunft wichtig sein werden, sollen bereits heute Teil der Ausbildung junger Menschen sein.

Im Anschluss an eine erfolgreiche Berufsausbildung eröffnen sich attraktive Möglichkeiten innerhalb des beruflichen Bildungssystems. Die Gründe für anschließende Bildungsmaßnahmen sind ebenso zahlreich wie vielfältig. Der z. T. rasante technische Fortschritt führt zu einem ständigen Anwachsen neuen Fachwissens, vielfach veraltet Spezialwissen innerhalb weniger Jahre. Allein diese Entwicklung zeigt, dass von Fachkräften eine ständige **Fort- und Weiterbildung** verlangt wird. Man spricht in diesem Zusammenhang auch vom **lebenslangen Lernen**.

Aufstiegsmöglichkeiten im Betrieb, ein beruflicher Einsatz im Ausland oder der Wunsch nach verantwortungsvolleren und noch anspruchsvolleren Aufgaben sind Gründe, weshalb die Angebote beruflicher Bildung so zahlreich wahrgenommen werden.

Nach erfolgreicher Berufsausbildung können weiterführende berufliche Schulen besucht werden. Grundsätzlich kann unterschieden werden zwischen **berufsqualifizierenden Bildungsgängen**, z. B. Meister- und Technikerschulen oder Fachakademien und **studienqualifizierenden Bildungsgängen**, wie Fachoberschule (FOS) oder Berufsoberschule (BOS).

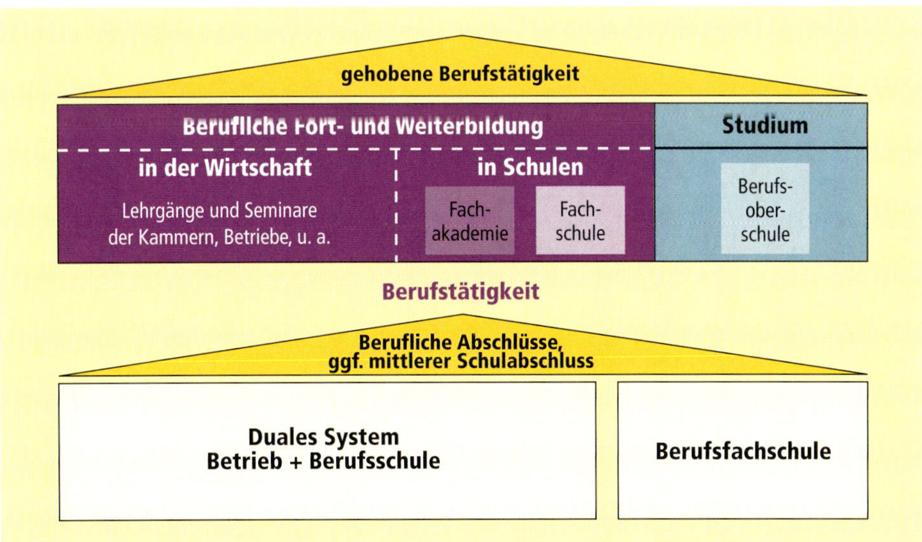

Quelle: Bayerisches Staatsministerium für Unterricht und Kultus: Welche Schule ist die richtige, 2002

Schlüsselqualifikationen

Damit sind Fähigkeiten gemeint, die sich als „Instrumente" (Schlüssel) zur Erschließung noch nicht bekannter Fachgebiete eignen. Schlüsselqualifikationen sind in allen Berufen von großer Bedeutung. Dazu gehören u. a.
- Selbstständigkeit
- Fähigkeit zur Teamarbeit
- Verantwortungsbereitschaft
- Fähigkeit zur Problemlösung
- Denken in Zusammenhängen

Lebenslanges Lernen

Lebenslanges Lernen ist heute in nahezu jedem Beruf dringend notwendig. Besonders gefragt sind zz. Kenntnisse im Umgang mit elektronischer Datenverarbeitung und Sprachkenntnisse, dies gilt insbesondere für Englisch.

Abschluss = Anschluss!

„In einem durchdachten gegliederten System, das die individuelle Begabung und nicht die Ideologie in den Vordergrund rückt, gibt es keinen Abschluss, der nicht gleichzeitig Anschluss ist."

Josef Kraus, Präsident des Deutschen Lehrerverbandes

Diese Schulen stehen auch Ihnen offen:

- Die **Fachschulen (FS)** sind Einrichtungen zur Vertiefung der beruflichen Kenntnisse nach abgeschlossener Berufsausbildung. Die Fachschulen gliedern sich in zahlreiche Formen und Fachrichtungen, z. B.: Schulen, die zum Meister, zum Techniker, zum Wirtschaftsinformatiker oder zum technischen Kaufmann führen.
- Die **Fachakademien (FAK)** bereiten auf eine gehobene Berufslaufbahn vor, z. B. in der Wirtschaft oder in der Sozialpflege. Wer sie besuchen will, muss in der Regel einen mittleren Schulabschluss und eine abgeschlossene Berufsausbildung nachweisen. Ferner wird der Nachweis einer praktischen Tätigkeit verlangt. Die Ausbildung dauert mindestens zwei Jahre.
- Die **Fachoberschule (FOS)** bereitet auf ein Studium an der Fachhochschule vor und gliedert sich in fünf Ausbildungsrichtungen: Technik; Agrarwirtschaft; Wirtschaft, Verwaltung und Rechtspflege; Sozialwesen; Gestaltung. Sie dauert zwei Jahre und schließt mit der Fachhochschulreife ab. Zugangsvoraussetzung ist ein mittlerer Schulabschluss.
- Die **Berufsoberschule (BOS)** gliedert sich in vier Fachrichtungen (Technik, Agrarwirtschaft, Wirtschaft und Sozialwesen) und dauert 2 Jahre (bzw. 3 Jahre, falls die 1-jährige Vorstufe besucht wird). Vorraussetzung für die Aufnahme ist eine abgeschlossene Berufsausbildung bzw. mindestens fünfjährige Berufstätigkeit sowie ein mittlerer Schulabschluss. Bereits nach einem Jahr kann die Fachhochschulreife erworben und die BOS verlassen werden. Nach zwei Jahren wird die fachgebundene Hochschulreife erreicht, mit einer zweiten Fremdsprache (Französisch, Latein, Italienisch, Spanisch oder Russisch) die allgemeine Hochschulreife.

Der Beratungslehrer

an Ihrer Schule weiß Bescheid zu allen Fragen der beruflichen Bildung und berät Sie umfassend. Informieren lohnt sich!

Weitere Informationen

www.km.bayern.de
www.schulberatung.bayern.de

Näheres zu einzelnen Schularten unter

www.km.bayern.de/nav/start/schule.html

Vielfältige Fortbildungsmöglichkeiten werden auch von außerschulischen Einrichtungen angeboten, z. B. von IHK, Handwerkskammern und Innungen, von Volkshochschulen, privaten Trägern und Betrieben.

Mobilität und Flexibilität sind gefragt

Jeder einzelne Arbeitnehmer hat Möglichkeiten, seine berufliche Zukunft eigenverantwortlich zu sichern. Vielfach ist dabei **Mobilität** gefragt, d. h. eine Veränderung des Wohnorts, hin zur Region des Arbeitsplatzes. Insbesondere von Arbeitslosen wird Mobilität inzwischen eingefordert, ansonsten wird das Arbeitslosengeld gekürzt oder ganz gestrichen.

Arbeitslose ohne Familie müssen umziehen

Wohnungswechsel für einen neuen Job gilt als zumutbar

Grundsätzlich gilt ein Umzug zur Aufnahme einer neuen Beschäftigung für einen Arbeitslosen als zumutbar, es sei denn, ein „wichtiger Grund" stehe dem entgegen. Ein solcher Grund kann sich insbesondere aus „familiären Bindungen" ergeben. Übersetzt heißt das: Arbeitslosen mit einem berufstätigen Ehegatten, aufsichtsbedürftigen Kindern oder betreuungsbedürftigen Angehörigen ist ein Umzug in aller Regel nicht abzuverlangen.

Für Arbeitslose ohne familiäre Bindungen, bedeutet die Neuregelung nicht zwangsläufig, dass ihnen ein Umzug vom ersten Tag der Arbeitslosigkeit zuzumuten ist. Hier besteht Entscheidungsspielraum für den Vermittler, der eine Prognose dazu treffen muss, ob eine Beschäftigungsaufnahme in den ersten drei Monaten der Arbeitslosigkeit innerhalb des zumutbaren Pendelbereichs zu erwarten ist. Ist dies der Fall, so wird ein Umzug vom vierten Monat der Arbeitslosigkeit zumutbar. Bei negativer Prognose muss allerdings vom ersten Tag an Umzugsbereitschaft bestehen.

Wolfgang Büser, Süddeutsche Zeitung, 8. Januar 2003, (gekürzt)

- Diskutieren Sie Pro und Kontra von Mobilität.

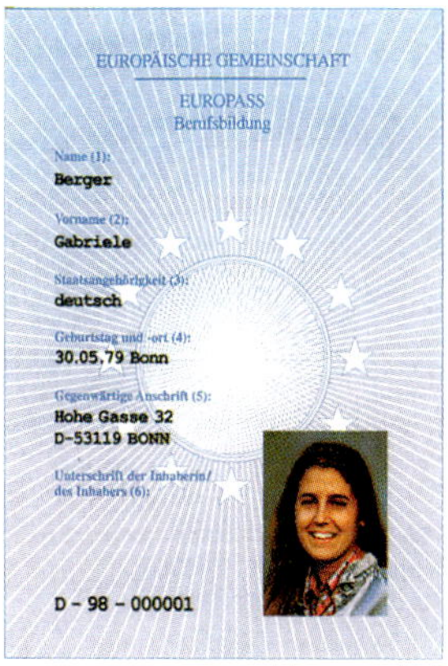

Der gemeinsame europäische Binnenmarkt bietet vor allem jungen Menschen interessante Ausbildungs- und Arbeitsmöglichkeiten. Seit 1993 ist es Arbeitnehmern und ihren Angehörigen möglich, in jedem EU-Mitgliedstaat eine Beschäftigung aufzunehmen, was als Freizügigkeit bezeichnet wird.

Entsprechend des Grundsatzes gegenseitigen Vertrauens wird die Berufsausbildung eines anderen EU-Staates grundsätzlich anerkannt. Im Europass-Berufsbildung werden die Dauer, die vermittelten Fachinhalte und eventuell die Ergebnisse eines Auslandsaufenthaltes bescheinigt.

Das Leben und Arbeiten im Ausland erweitert nicht nur die beruflichen Perspektiven, es bringt zudem die Völker einander näher und bereichert in jedem Fall die persönliche Erfahrung.
Auch die europäische Wirtschaft profitiert durch den gegenseitigen Wissensaustausch von der Mobilität der Arbeitnehmer/innen.
Wer im europäischen Ausland eine Ausbildung oder ein Praktikum machen möchte, kann sich an die Stelle, die für die Ausbildung zuständig ist, oder an das entsprechende europäische Berufsberatungszentrum wenden. Informationen hierzu erteilt jede Arbeitsagentur. Von der Europäischen Union werden auch spezielle Ausbildungsprogramme angeboten.

Europass Berufsbildung

http://www.europass-berufsbildung.de

Die Bestimmungen zu der Frage, welche Tätigkeiten für Arbeitnehmer zumutbar sind, werden angesichts der hohen Arbeitslosigkeit seit Jahren verschärft. Den Arbeitnehmern damit mehr **Flexibilität** abverlangt.

Weitere Informationsquellen

Zentralstelle für Arbeitsvermittlung
Feuerbachstr. 40–43
60325 Frankfurt
Tel. 069/71111438
www. arbeitsamt.de/zav
http://europa.eu.int/comm/education/leonardo.html
www.eurogate2000.de

Arbeitslose

Ja zu jedem Job

Nach einer zweijährigen Übergangsfrist, also von 2005 an, gibt es Arbeitslosengeld nur noch zwölf Monate lang, für über 55-Jährige maximal 18 Monate lang. Danach rutscht der Arbeitslose in die Arbeitslosenhilfe, die ab Januar 2005 mit der Sozialhilfe für alle erwerbsfähigen Empfänger zum Arbeitslosengeld II zusammengelegt werden soll. Der Regelsatz beträgt dann 345 Euro in West- und 331 Euro in Ostdeutschland pro Monat. [...] Langzeitarbeitslose bekommen Arbeitslosengeld II und müssen grundsätzlich jeden Job annehmen – auch Minijobs und Teilzeitarbeiten. Sozialgerichte und Tarifparteien könnten aber verhindern, dass es tatsächlich zu Billiglöhnen kommt. Wer ein zumutbares Angebot ablehnt, dessen Regelleistung wird um 30 Prozent (also rund 100 Euro) gekürzt. [...] Jugendliche bekommen in diesem Fall gar nichts mehr.

Süddeutsche Zeitung, 20./21.12.2003, S. 2 (gekürzt)

Die empfohlenen Rezepte ...

... laufen ohnehin auf die einfachsten aller Möglichkeiten hinaus. Dem Arbeitslosen zu sagen: Verkauf dich billiger, arbeite länger, vergiss Frau und Kind und stehe deinem Arbeitgeber zur Verfügung, wann immer er dich braucht – das ist einfach.
Wer fragt, wie wir unter den Bedingungen der Globalisierung Humanität, Demokratie, soziale Gerechtigkeit und Solidarität ins 21. Jahrhundert hinüberretten können, wer so fragt, wird angestaunt, als käme er von einem anderen Stern. Ich habe übrigens keine befriedigende Antwort auf diese Frage, wäre aber schon sehr froh, wenn diese Frage überhaupt noch gestellt und öffentlich diskutiert würde.

Christian Nürnberger, Journalist, Autor der Süddeutschen Zeitung

PZ, Nr. 95, 9/98

- Welche Werte sieht der Journalist Christian Nürnberger durch die weltweite Arbeitslosigkeit in Gefahr?

ZUSAMMENFASSUNG

Fachbegriffe

Personenbedingte, saisonale, konjunkturelle, strukturbedingte Arbeitslosigkeit – Arbeitslosenstatistik – Arbeitslosenquote – Mini-Jobs – Personal-Service-Agenturen – Job-Zentren – Ich-AG – Umschulung – Lebenslanges Lernen – Mobilität – Berufsausbildung – Schlüsselqualifikationen – Fort- und Weiterbildung

Eine der Hauptsorgen der Bürgerinnen und Bürger gilt dem Arbeitsplatz. Derzeit sind mehr als vier Millionen Menschen in Deutschland ohne Arbeit, das entspricht einer Arbeitslosenquote von über zehn Prozent. Dabei gibt es große regionale Unterschiede. Während in Bayern etwa sieben Prozent arbeitslos sind, liegt diese Zahl in einigen Ländern bei annähernd 20 Prozent. Trotz Wirtschaftswachstums gehen in Deutschland täglich Arbeitsplätze verloren. Rationalisierungen und ein harter internationaler Wettbewerb sind dafür wichtige Gründe. Doch es gibt noch weitere Ursachen. Fachleute sprechen z. B. von personenbedingter, von saisonaler, konjunktureller oder von struktureller Arbeitslosigkeit. In allen Fällen sind die Folgen für die Betroffenen sehr belastend. Insbesondere Langzeitarbeitslose verarmen und werden häufig zu Sozialhilfeempfängern. Verminderte Einnahmen bei Steuern und Sozialversicherungen belasten die Gesellschaft. Gleichzeitig müssen Folgekosten der Arbeitslosigkeit finanziert werden.

Die Arbeitsmarktpolitik bewegt sich zwischen zwei wirtschaftspolitischen Modellen, dem nachfrageorientierten Konzept und dem angebotsorientierten. Der Staat kann versuchen, die Arbeitslosigkeit durch gezielte Eingriffe zu bekämpfen, z. B. durch Subventionen, steuerliche Begünstigungen oder öffentliche Aufträge und damit wichtige Nachfrageimpulse zu setzen. Der hohe finanzielle Aufwand hierfür verschärft jedoch die Schuldensituation des Staates. Mit verschiedenen Reformen des Arbeitsmarktes will der Gesetzgeber den Arbeitsmarkt ab 2003 nachhaltig reformieren. Minijobs (bis 400 bzw. 800 Euro) und Leiharbeit werden neu geregelt, ebenso sollen die Vermittlungen Arbeitsloser beschleunigt und die Zumutbarkeit verschärft werden. Die Möglichkeiten sich selbstständig zu machen werden erleichtert, z. B. mit der Lockerung des Meisterzwanges und der Einführung der Ich-AG.
Vor diesem Hintergrund sind die Möglichkeiten des einzelnen Arbeitnehmers, Arbeitslosigkeit eigenverantwortlich und aktiv abzuwehren, besonders wichtig. Eine solide Berufsausbildung in einem anerkannten Ausbildungsberuf ist ein wichtiger Grundstein. Daran sollte sich ein Prozess lebenslangen Lernens anschließen. Mobilität und Flexibilität werden für den Einzelnen am Arbeitsmarkt immer wichtiger, wobei der gemeinsame europäische Binnenmarkt jungen Menschen interessante Ausbildungs- und Arbeitsmöglichkeiten eröffnet.

AUFGABEN

1. Befragen Sie Arbeitslose in Ihrem Bekanntenkreis nach
   a) Ursachen,
   b) persönlichen Folgen,
   c) Perspektiven.
   Stellen Sie die Ergebnisse in einer Wandzeitung oder Collage zusammen.
2. Werten Sie aktuelle Arbeitslosenstatistiken aus und gehen Sie auf Besonderheiten Ihrer Region bzw. Ihres Berufsfeldes ein.
3. Informieren Sie sich über Möglichkeiten der Fortbildung in Ihrem Beruf
   a) in der Presse,
   b) beim Arbeitsamt,
   c) bei privaten und öffentlichen Trägern.
   Welche Kosten wären dabei von Ihnen selbst zu übernehmen?
4. Welche Bedeutung hatten und haben Fremdsprachen in Ihrem Beruf,
   a) vor etwa 10 Jahren,
   b) heute,
   c) in Zukunft?
   Sammeln Sie Informationen, z. B. in der Firma, bei Kammern oder aus Fachzeitschriften. Gestalten Sie damit eine Wandzeitung.
5. Stichwort: Datenverarbeitung in Ihrem Beruf.
   In welchen Arbeitsbereichen wird die Datenverarbeitung in Ihrem Beruf bzw. an Ihrem Arbeitsplatz eingesetzt?
6. Setzen Sie Ihre Gedanken oder Erfahrungen zum Thema Arbeitslosigkeit zeichnerisch um, z. B. in einer Karikatur, einem Comic oder in einer Collage.

Soziale Sicherung

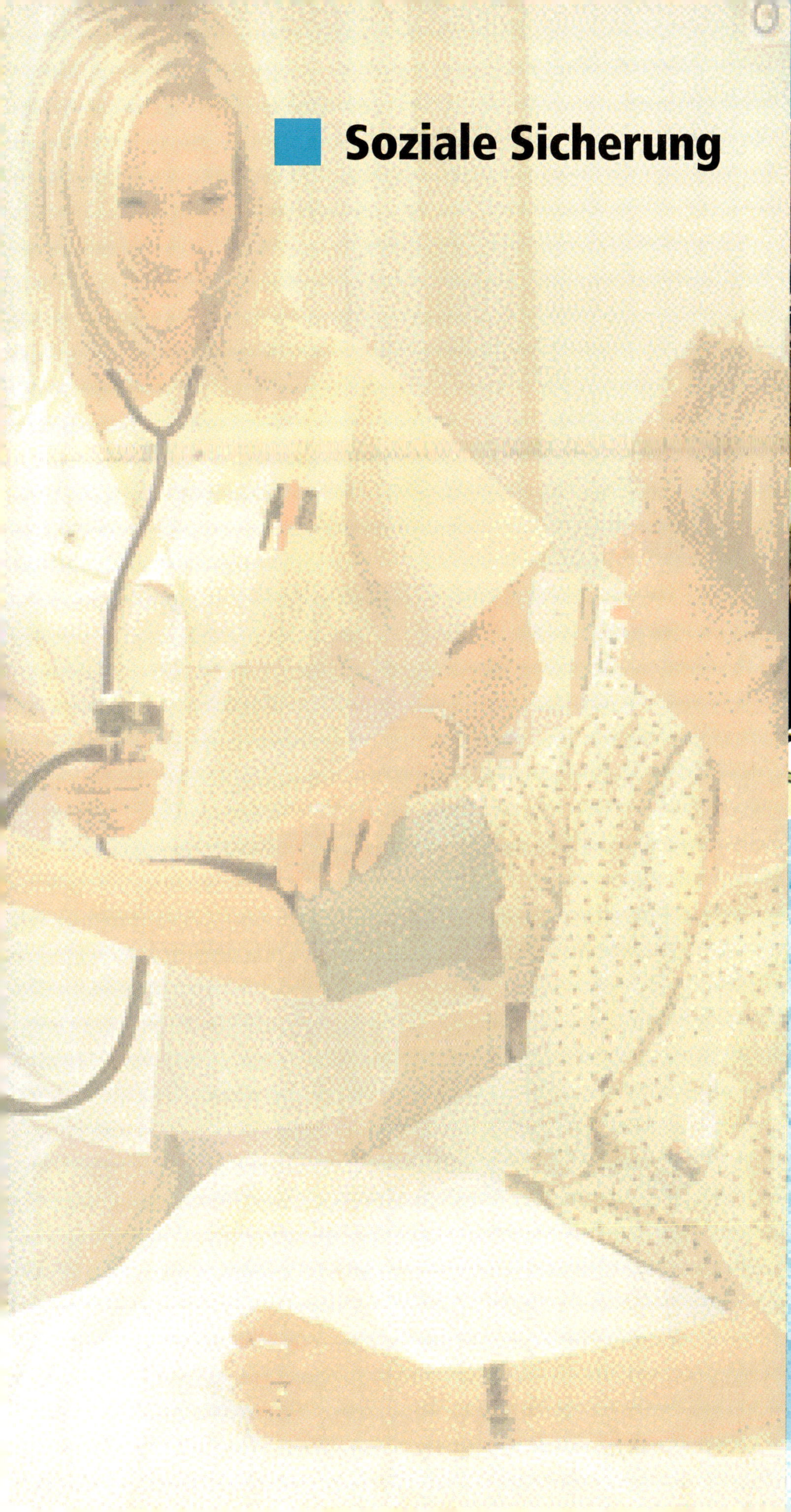

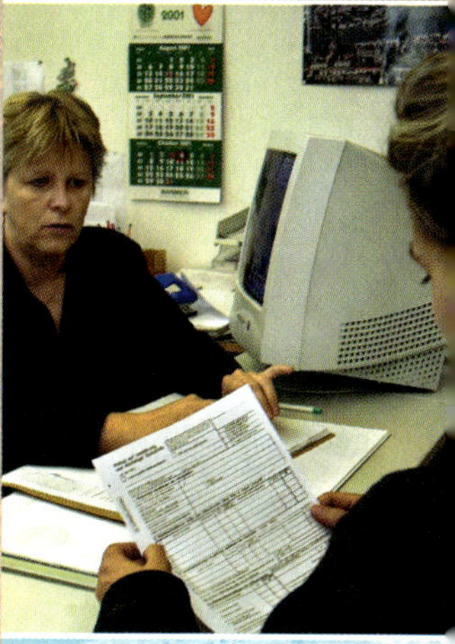

1 Bedeutung und Notwendigkeit

Es gibt Wechselfälle des Lebens, die jeden treffen können:

„Worin sehen Sie die Bedeutung der Sozialversicherung?" Aussagen zu der Frage:

- „Mit 65 Jahren kann ich aufhören mit dem Arbeiten, sonst müsste ich bis an mein Lebensende malochen."
- „Einen Arztbesuch könnte ich mir ohne Versicherung kaum leisten, schon gar nicht einen Krankenhausaufenthalt – bei diesen Tagessätzen."
- „Sollte mich ein Arbeitsunfall arbeitsunfähig machen, müsste ich selbst schauen, wie ich weiterkomme."
- „Ich war zweimal arbeitslos, ohne die Hilfe des Arbeitsamtes wäre ich nicht über die Runde gekommen."

Bernd S., 19 Jahre, gerät bei regennasser Straße mit seinem Pkw ins Schleudern, prallt gegen einen Baum und wird schwer verletzt.

Kosten des Verkehrsunfalls:

Totalschaden am Auto	10 000 EUR
Krankenhauskosten	18 000 EUR
Arztkosten	5 300 EUR
Verdienstausfall	2 500 EUR
Insgesamt	35 800 EUR

Von einem Arbeitsunfall kann jeder Arbeitnehmer betroffen sein.

Aus dem Statistischen Jahrbuch (2002)

- Bilanz der Verkehrsunfälle in Bayern (2002)
  1 280 Tote
  83 645 Verletzte
- Zahl der Arbeitslosen 2002
  Bayern 332 417
  Deutschland 3 851 635

www.destatis.de

1. Kennen Sie in Ihrem Bekanntenkreis ähnliche Schicksale?
2. Welche Einrichtungen helfen in solchen Fällen?
3. Erfolgen die Hilfen gnadenhalber oder haben die Betroffenen einen Anspruch auf Hilfe?

Das soziale Netz

In der Bundesrepublik gibt es zahlreiche gesetzliche Regelungen, die den Bürgern im Not- oder Krankheitsfall Hilfe gewähren. Die Voraussetzungen für diese Leistungen sowie deren Ausmaß werden im Sozialgesetzbuch der Bundesrepublik Deutschland beschrieben. Da es mittlerweile eine Vielzahl solcher Hilfen gibt, spricht man auch von einem **sozialen Netz**, das den Einzelnen schützt.

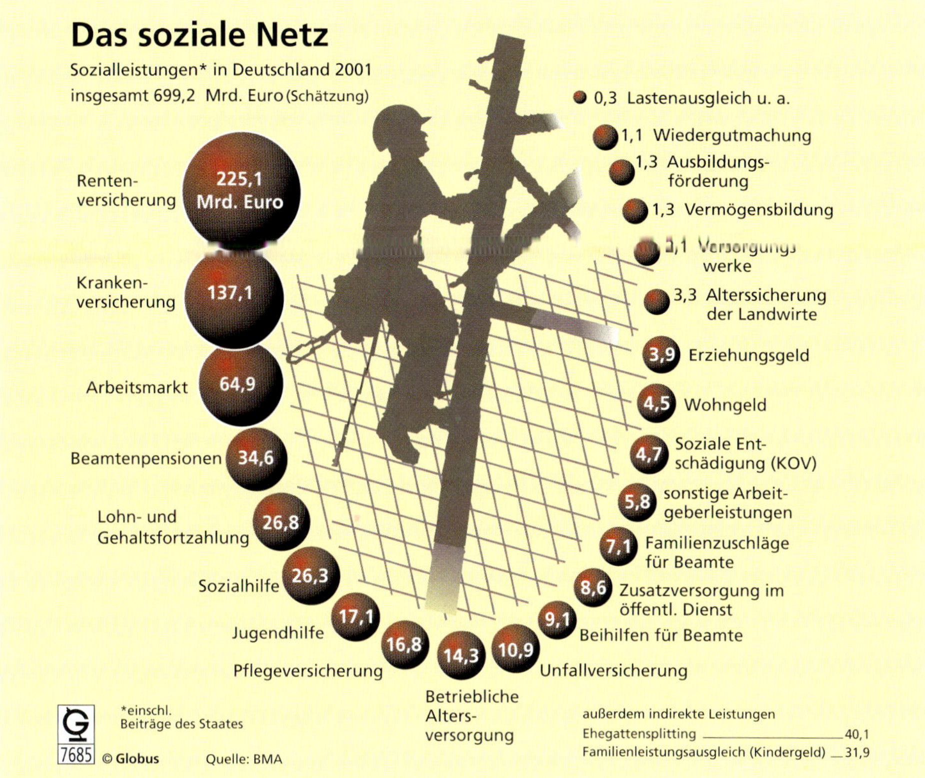

- 1. Welches sind die fünf größten Posten im Netz?
- 2. Welche Posten werden in der Zukunft wohl eher wachsen, welche werden in ihrem Umfang eher abnehmen? Begründen Sie.

Zur geschichtlichen Entwicklung

Die Anfänge des deutschen Sozialversicherungssystems beginnen in den Achtzigern des 19. Jahrhunderts. Die Arbeitnehmer genießen damals keinerlei rechtlichen Schutz. Wenn Ihnen am Arbeitsplatz ein Unfall zustößt, ist dies ihr eigenes Problem. Der Arbeitgeber ist nicht verpflichtet, eine Entschädigung zu zahlen. Wer alt wird oder krank ist und deshalb nicht mehr arbeiten kann, hat ebenfalls Pech. Es gilt die Devise: Wer nicht arbeitet, bekommt auch kein Geld.

Gegen dieses Ausgeliefertsein regt sich immer mehr Protest. Die Arbeiter organisieren sich zunehmend in Gewerkschaften und politischen Parteien und fordern Schutzmaßnahmen und eine Verbesserung ihrer sozialen Lage.

Auch von kirchlicher Seite wird auf die ungesicherte Lage der Arbeiter hingewiesen und es werden sowohl von der katholischen als auch von der evangelischen Kirche zahlreiche soziale Einrichtungen geschaffen, so z. B. der Caritasverband und die Diakonie.

Der entscheidende Fortschritt wird durch das Eingreifen des Staates ermöglicht. Unter dem Reichskanzler Otto von Bismarck werden die ersten Gesetze zur sozialen Absicherung verabschiedet.

Aus dem Sozialgesetzbuch der Bundesrepublik Deutschland:

§ 9 Wer nicht in der Lage ist, aus eigenen Kräften seinen Lebensunterhalt zu bestreiten oder in besonderen Lebenslagen sich selbst zu helfen [...] hat ein Recht auf persönliche und wirtschaftliche Hilfe, die seinem besonderen Bedarf entspricht, ihn zur Selbsthilfe befähigt, die Teilnahme am Leben in der Gesellschaft ermöglicht und die Führung eines menschenwürdigen Lebens sichert.

Meilensteine der Sozialpolitik

1883	Krankenversicherung
1884	Unfallversicherung
1889	Rentenversicherung
1924	Anfänge der Sozialhilfe
1927	Arbeitslosenversicherung
1952	Betriebsverfassungsgesetz
1954	Kindergeld
1957	Dynamisierung der Rente
1971	Ausbildungsförderungsgesetz (BAföG)
1985	Erziehungsgeld
1995	Pflegeversicherung

Otto von Bismarck (1815-1898)

Bismarck ist erster Reichskanzler des 1871 gegründeten Dt. Reiches.

Am 18. Mai 1889 rechtfertigt Bismarck (1815-1898) vor dem Reichstag, warum er eine gesetzlich verankerte Rentenversicherung fordert:

„Wenn wir 700 000 kleine Rentner, die vom Reiche ihre Renten beziehen, haben, gerade in diesen Klassen, die sonst nicht viel zu verlieren haben und bei einer Veränderung irrtümlich glauben, dass sie viel gewinnen können, so halte ich das für einen außerordentlichen Vorteil; ... Wir beugen damit einer Revolution vor, die in 50 Jahren ausbrechen kann, aber auch schon in 10 Jahren, und die, selbst wenn sie nur für ein paar Monate Erfolg hätte, ganz andere Summen verschlingen würde als unser Vorbeugungsmittel."

aus: Hans Rothfels, Bismarck und der Staat. Ausgewählte Dokumente, Darmstadt: Wissenschaftliche Buchgemeinschaft 1953

Aus diesen Anfängen entsteht im Laufe der Zeit ein umfangreiches System der sozialen Sicherung, das heutige soziale Netz. Der Staat zeigt sich verantwortlich für die soziale Lage seiner Bürger. Dies wird auch deutlich durch das so genannte Sozialstaatsgebot im Grundgesetz.

Organisationsformen der sozialen Sicherung

Die zahlreichen Sozialleistungen lassen sich nach drei Organisationsformen unterscheiden: Vorsorge, Fürsorge und Versorgung.

Vorsorge	Fürsorge	Versorgung
Hierzu gehören die Sozialversicherungen, mit denen für den Fall von Krankheit **vorgesorgt** werden soll. Beispiel: Rentenversicherung Krankenversicherung Pflegeversicherung	Der Staat **sorgt für** die Bedürftigen, die sich nicht selbst helfen können. Beispiel: Sozialhilfe Wohngeld	Der Staat **versorgt** seine Bürger, die für ihn gearbeitet haben. Beispiel: Beamtenpension Kriegsopferrente

Fürsorge nach dem Subsidiaritätsprinzip

Die Fürsorge wird erst nach einer Prüfung der Bedürftigkeit gewährt.
Bevor der Staat hilft, wird auch geprüft, ob nicht kleinere soziale Einheiten, z. B. die näheren Verwandten helfen können.
Erst wenn diese dazu nicht in der Lage sind, darf die übergeordnete Einrichtung, hier: der Staat, eingreifen. (Subsidiaritätsprinzip)

Neben diesen Prinzipien bzw. Organisationsformen gibt es zwei weitere Bereiche gesetzlich verankerter Sozialleistungen, die zum sozialen Netz gehören:

a) Gesetze zur sozialen Förderung
Hierbei werden den Bürgern Hilfen geboten, damit sie ihre Fähigkeiten und Kenntnisse erweitern, um später bessere Verdienstmöglichkeiten zu erhalten oder um finanzielle Krisen besser durchstehen zu können.
Beispiele hierfür sind das Arbeitsförderungsgesetz, das Bundesausbildungsförderungsgesetz sowie die Gesetze zur Förderung des Wohnungsbaus und der Vermögensbildung.

b) Gesetze zum Schutz der Arbeitnehmer
Hierzu gehören z. B. das Kündigungsschutzgesetz, das Mutterschutzgesetz und das Jugendarbeitsschutzgesetz.

■ **Überlegen Sie, warum die Gesetze zur sozialen Förderung, wie z. B. das BAföG oder die staatliche Förderung von vermögenswirksamen Leistungen, zur sozialen Sicherung der Bürger beitragen.**

2 Die gesetzlichen Sozialversicherungen

2.1 Arbeitslosenversicherung

Dagegen ist niemand gefeit

Ein halbes Jahr ist es nun schon her, seit sie ins Personalbüro gebeten worden ist. Was das heißt, ist ihr sofort klar gewesen. Wie hatte der Personalchef noch gesagt: „Sie finden doch sofort wieder etwas Geeignetes, Fräulein Feil, aber Sie wissen ja, die wirtschaftliche Situation fordert nun mal ihre Opfer. Wir müssen umdenken, neu organisieren. Der Weltmarkt fordert von uns, dass wir konkurrenzfähig werden müssen. Unser aufgeblähter Personalstand muss bereinigt werden. Wir bedauern es außerordentlich, Sie haben stets gut gearbeitet." – Ein billiger Trost für jemanden, der seitdem auf der Straße steht.

Das Arbeitsamt hilft

Seit 1927 gibt es in Deutschland die gesetzliche Arbeitslosenversicherung. Den Anspruch auf Hilfe erwirbt jeder Arbeitnehmer mit seinem Versicherungsbeitrag. Dessen Höhe hängt ab von der allgemeinen Wirtschaftslage. Zurzeit beträgt der Beitragssatz 6,5 % des Bruttolohns. Arbeitgeber und Arbeitnehmer zahlen je die Hälfte des Beitragssatzes.

Träger der Arbeitslosenversicherung

Die Bundesagentur für Arbeit in Nürnberg und die Arbeitsagenturen

Weitere Informationen

www.arbeitsagentur.de
Bundesagentur für Arbeit, Nürnberg

Anspruch auf Arbeitslosengeld hat nur der Versicherte, der arbeitslos ist, sich arbeitswillig zeigt, mindestens 15 Stunden in der Woche arbeiten will und der die **Anwartschaft** erfüllt. Er muss sich persönlich bei der Arbeitsagentur melden und Arbeitslosengeld beantragen.

Anwartschaft

Die Anwartschaft gilt im Normalfall erfüllt, wenn der Arbeitslose innerhalb der drei Jahre vor der Arbeitslosigkeit wenigstens 360 Kalendertage in einer beitragspflichtigen Beschäftigung gestanden hat.

Der Arbeitslose ist verpflichtet, alle Möglichkeiten zu nutzen, um wieder Arbeit zu finden, das heißt, er muss gegenüber der Arbeitsagentur auch **Eigenbemühungen** nachweisen. Dazu gehören z. B. eigene Bewerbungen bei Firmen oder Zeitungsinserate.

Die **Zumutbarkeitsgrenze** für eine von der Arbeitsagentur angebotenen Stelle ist in den letzten Jahren mehrmals angehoben worden. So muss der Arbeitslose bereit sein, auch eine etwas geringer bezahlte Tätigkeit aufzunehmen. Er muss evtl. auch eine andere als die bisherige Berufstätigkeit ausführen sowie einen weiteren Weg zur Arbeit hinnehmen. Wenn er dies nicht akzeptieren will, drohen ihm **Sperrfristen**, das heißt, das Arbeitslosengeld wird dann für zwölf Wochen gesperrt. Weitere Gründe für das Sperren sind:

- Der Arbeitnehmer hat selbst das vorherige Arbeitsverhältnis gekündigt.
- Er lässt durch sein Verhalten beim von der Arbeitsagentur vermittelten Vorstellungsgespräch erkennen, dass er die Stelle nicht will.
- Er ist nicht bereit, an einer Weiterbildungsmaßnahme teilzunehmen.

Die wichtigsten Geldleistungen der Bundesagentur für Arbeit (2002):

	mit Kindern	ohne Kindern
Arbeitslosengeld	67 %	60 %
Arbeitslosengeld II	57 %	53 %
Kurzarbeitergeld	67 %	60 %
Unterhaltsgeld bei beruflicher Bildung	67 %	60 %
	des letzten Nettogehalts	

Sobald ein Arbeitsloser sich arbeitslos gemeldet hat, übernimmt die Bundesagentur für Arbeit die Beitragszahlungen.

Das Arbeitslosengeld wird höchstens ein Jahr lang bezahlt. Bei Arbeitslosen, die älter als 55 Jahre sind, sind es maximal 18 Monate. Eventuelle Sperrfristen verkürzen die angegebenen Zeiträume.

Weitere Informationen

www.arbeitsagentur.de
www.bmbf.de
www.sofortprogramm.de

Arbeitslosengeld II

Die Arbeitslosengeld II wird gewährt, wenn jemand nach einem Jahr kein Arbeitslosengeld mehr erhält und noch keine Stelle gefunden hat. Die Dauer des Anspruchs auf Arbeitslosengeld II ist zeitlich unbegrenzt. Sie wird jedoch nur für ein Jahr bewilligt, wobei die Voraussetzungen in dieser Zeit regelmäßig überprüft werden. Kurz vor Ende des Jahreszeitraums muss der Antrag auf Fortzahlung neu gestellt werden.

Ein grundsätzlicher Unterschied zum Arbeitslosengeld besteht darin, dass das Arbeitslosengeld II aus Steuermitteln bezahlt wird und nicht aus den Beiträgen zur Arbeitslosenversicherung. Aus diesem Grund wird beim Antrag auf Arbeitslosengeld II stets auch die Bedürftigkeit des Arbeitslosen geprüft. Besitzt er eigenes Vermögen, muss er dieses zunächst in Anspruch nehmen.

Während des Bezugs von Arbeitslosengeld oder Arbeitslosengeld II bezahlt die Arbeitsagentur die Beiträge für die Kranken-, die Pflege- und die Rentenversicherung.
Weitere Hilfen der Arbeitsagentur
- Beratung bei der Wahl des Bildungsweges und des Berufes.
- Individuelle Förderung der beruflichen Bildung (Ausbildung, Fortbildung, Umschulung).
- Sicherung von Arbeitsplätzen, z. B. durch Kurzarbeitergeld im Falle eines konjunkturellen Einbruchs oder durch Schlechtwettergeld bei Bauberufen im Außenbereich.
- Bei der Einstellung von Langzeitarbeitslosen erhalten die Betriebe zeitlich begrenzte Lohnkostenzuschläge bis zu 80 %.
- Spezielle Maßnahmen, wie das Sonderprogramm „Jump" gegen die Jugendarbeitslosigkeit. Das Programm gilt für Jugendliche unter 25 Jahren.

Was Unternehmen vom Nachswuchs verlangen

Unternehmen messen diesen 17 Eigenschaften von Ausbildungsstellenbewerberinnen und -bewerbern im kaufmännischen Bereich Bedeutung zu zu (in Prozent):

Leistungsbereitschaft	100
Einstellung zur Arbeit	100
Zuverlässigkeit	97
Verantwortungsbewusstsein	97
Konzerntrationsfähigkeit	97
Teamfähigkeit	95
Logisches Denken	95
Initiative	95
Selbstständiges Lernen	94
Zielstrebigkeit	93
Kommunikatives Verhalten	92
Planvolles Arbeiten	90
Motivation	88
Kritikfähigkeit	84
Beständigkeit	83
Belastbarkeit	83
Kreativität	76

Quelle: Institut der deutschen Wirtschaft Köln (IW) 1998, zitiert nach: Sozialpolitik 2001/2002. Ein Heft für die Schule. Hg. vom Bundesministerium für Arbeit und Sozialordnung: Wiesbaden, S. 9.

JUMP = Jugend mit Perspektive

JUMP verfolgt zwei Ziele:
- Jugendliche ohne Lehrstelle sollen in eine Ausbildung vermittelt werden oder Hilfen zur Ausbildung erhalten.
- Arbeitslose Jugendliche erhalten Angebote zur Qualifizierung, damit sie leichter in ein Beschäftigungsverhältnis gelangen.

JUMP: Maßnahmen des Sofortprogramms

Teilnehmer im Mai 2002	
37 105	Eingliederung mit Lohnkostenzuschüssen
16 245	Qualifizierungs-ABM*
10 031	Nach- und Zusatzqualifizierung
9 331	Außerbetriebliche Ausbildung
5 068	Hinführende Maßnahmen
4 509	Arbeit und Qualifizierung**
1 908	Trainingsmaßnahmen
1 053	Nachholen des Hauptschulabschlusses
223	Beschäftigungsbegleitende Hilfen

* Arbeitsbeschaffungsmaßnahmen
** für (noch) nicht ausbildungsgeeignete Jugendliche

Bundesministerium für Arbeit und Sozialordnung, in: Sozialpolitik 2002/2003. Ein Heft für die Schule, Wiesbaden S. 9.

2.2 Die gesetzliche Unfallversicherung

Zunächst hat er gar nichts gemerkt. Langsam kommt es ihm, dass der rote Farbstoff an der Fräsmaschine nichts anderes als sein Blut sein könne. Nun spürt er auch, dass mit seinen Fingern irgendetwas nicht in Ordnung ist. Ein dumpfer Schmerz zieht sich langsam, aber ungeheuer deutlich den Arm herauf. Halb ohnmächtig registriert er, wie ihm seine Kollegen den Notverband anlegen. Das Martinshorn des Rettungswagens kommt immer näher. „Der Arme! Die ganze Hand ist verstümmelt. Seine Maschinen kann er für immer vergessen“, hört er noch, ehe ihn das Bewusstsein verlässt.

Rangliste der häufigsten Berufskrankheiten

1. Hautkrankheiten
2. Bandscheibenschäden
3. Lärmschwerhörigkeit
4. Asbestlunge
5. Atemwegserkrankungen
6. Meniskusschäden
7. Quarzstaublunge
8. Infektionen
9. Chronische Bronchitis

Quelle: Bundesarbeitsministerium

Als Arbeitsunfälle gelten nicht nur die Unfälle am Arbeitsplatz, sondern auch Wegeunfälle auf dem direkten Weg vom und zum Arbeitsplatz. Auch Berufskrankheiten gehören zum Bereich der Unfallversicherung. In der gesetzlichen Unfallversicherung sind alle Arbeitnehmer pflichtversichert. Daneben gilt der Schutz der gesetzlichen Unfallversicherung auch für jene Personenkreise, die im Interesse des Gemeinwohls tätig sind, wie Schöffen, Tätige in der Wohlfahrtspflege sowie alle Kindergartenkinder, Schüler und Studenten.

Die gefährlichsten Berufe

Ausfalltage als Folge von Arbeitsunfällen je Versicherten

5,8	Artisten, Berufssportler
5,5	Gerüstbauer
4,4	Dachdecker
4,4	Zimmerer
4,3	Betonbauer
4,2	Waldarbeiter
3,9	Gleisbauer
3,6	Sprengmeister
3,4	Erd-, Kies-, Sandgewinner
3,4	Maurer
3,3	Formstein-, Betonhersteller
3,3	Metallzieher
3,3	Kranführer
3,3	Formgießer
3,3	Bauhilfsarbeiter, Bauhelfer

Quelle: Allgemeine Ortskrankenkasse, 1999

Erfolge der Berufsgenossenschaften

Die Unfallhäufigkeit konnte in den vergangenen 30 Jahren um 60 Prozent gesenkt werden.

Ein Heft für die Schule. Hg. vom Bundesministerium für Arbeit und Sozialordnung: Wiesbaden, S. 21.

Die Kosten für die gesetzliche Unfallversicherung tragen für ihre Beschäftigten ausschließlich die Arbeitgeber oder der Staat, z. B. für die Schüler und Studenten.
Die Höhe des Versicherungsbeitrages richtet sich nach den Unfallgefahren, der Berufstätigkeit und der Unfallhäufigkeit am Arbeitsplatz.

■ Erklären Sie, warum die Unternehmer auch aus finanziellem Eigeninteresse dafür Sorge tragen, dass die Zahl der Arbeitsunfälle in den Betrieben zurückgeht.

2.3 Die gesetzliche Krankenversicherung

Grundsatz der Solidarität

Die gesetzliche Krankenversicherung ist eine Solidargemeinschaft, bei der die Stärkeren die Schwächeren schützen.
Die Beiträge richten sich nach der Höhe des Einkommens der Versicherten, die Leistungen sind dagegen für alle Mitglieder gleich.

Zunächst waren es nur Schmerzen beim Gehen. Später hatte sie auch Schmerzen beim Liegen. Schließlich konnte sie es nur noch mit Schmerztabletten aushalten.
Der Arzt stellt fest, dass ein neues Hüftgelenk eingesetzt werden muss. Zwei Wochen im Krankenhaus und 3 – 4 Wochen für die Rehabilitation sind unvermeidbar.

§ 27 Abs. 5 SGB V:

Krankenbehandlung. Versicherte haben Anspruch auf Krankenbehandlung, wenn sie notwendig ist, um eine Krankheit zu erkennen, zu heilen, ihre Verschlimmerung zu verhüten oder Krankenbeschwerden zu lindern. Die Krankenbehandlung umfasst

1. ärztliche Behandlung einschließlich Psychotherapie […],
2. zahnärztliche Behandlung einschließlich der Versorgung mit Zahnersatz,
3. Versorgung mit Arznei-, Verband-, Heil- und Hilfsmitteln,
4. häusliche Krankenpflege und Haushaltshilfe,
5. Krankenhausbehandlung,
6. Leistungen zur medizinischen Rehabilitation und ergänzende Leistungen. […]

- 1. Welche Leistungen hat die Patientin nach § 27 SGB von der gesetzlichen Krankenversicherung zu erwarten?
- 2. Je nach Land schwanken die Beitragssätze der einzelnen AOKs zwischen 12,9 % und 15,5 % (2004). Wie erklären Sie sich diese Unterschiede? Informieren Sie sich, wie hoch der Beitragssatz „Ihrer" Ortskrankenkasse ist.

Höhe der Beitragsbemessungsgrenze (Jahr 2004)

Monatseinkommen 3 487,50 EUR

Aufbau der AOKs (Allgemeine Ortskrankenkassen)

AOK-Bundesverband

▼

17 Landes-AOKs;
eine AOK je Bundesland,
nur in NRW 2 AOKs:
AOK-Rheinland und
AOK-Westfalen-Lippe

Häufig erkranken Menschen so schwer, dass sie nicht in der Lage sind, zu arbeiten und für ihren Lebensunterhalt zu sorgen. Oft sind auch längere Krankenhausaufenthalte erforderlich. Es entstehen finanzielle Belastungen, z. B. die Arzt- und Krankenhauskosten sowie der Verdienstausfall, die die meisten nicht alleine aufbringen können. Deshalb wurde die gesetzliche Krankenversicherung eingeführt, der etwa 90 % der Bevölkerung angehören. Pflichtversichert sind u. a. alle Arbeiter und Angestellten bis zu einer bestimmten Verdienstgrenze, der so genannten **Beitragsbemessungsgrenze**, sowie alle Arbeitslosen, Auszubildenden, Studenten usw. Ehepartner und Kinder der Versicherten sind beitragsfrei mitversichert, sofern sie nicht selbst berufstätig sind.

Fünf Aufgaben der gesetzlichen Krankenversicherung

Förderung der Gesundheit	Behandlung von Krankheiten	Verhütung und Früherkennung	Hilfen für werdende Mütter	Zahlung von Krankengeld
Aufklärung über Gesundheitsgefährdung. Z. B. des Rauchens oder der Drogen.	Übernahme der Behandlungskosten beim Arzt und Zahnarzt, der Medikamente, der Krankenhauskosten und evtl. von Kuren. Bei einigen Leistungen muss der Versicherte einen Teilbeitrag zahlen.	Vorsorgeuntersuchungen für Kinder, Gesundheitsuntersuchungen zur Früherkennung von Herz-, Kreislauf u. a. Erkrankungen, Krebsvorsorgeuntersuchungen	Vor- und Nachsorgeuntersuchungen sowie alle Arznei-, Heil- und Hilfsmittel.	Ab der siebten Krankheitswoche übernimmt die Krankenkasse den Einkommensausfall. Sie zahlt Krankengeld.

AOK, Aus gutem Grund, Bonn, 2001, S. 10/11

Zur Finanzierung der gesetzlichen Krankenversicherung

Die Höhe der Krankenkassenbeiträge hängt vom Einkommen ab. Wer viel verdient, zahlt mehr als jemand, der nur ein geringeres Einkommen hat. Allerdings ist eine Obergrenze festgelegt, die Beitragsbemessungsgrenze, die jährlich angepasst wird. Wer diese erreicht hat, zahlt den höchsten Beitragssatz, auch wenn sein Einkommen weiter steigt. Die Beiträge selbst teilen sich der Arbeitgeber und der Arbeitnehmer; jeder zahlt 50 Prozent. Wer arbeitslos ist, braucht keine Beiträge zu zahlen. Die übernimmt das Arbeitsamt. Auch Rentner zahlen Krankenkassenbeiträge.

Ein großes Problem stellen die seit Jahren steigenden Krankenkassenbeiträge dar, die sich u. a. als Folge der älter werdenden Gesellschaft und der neuen Möglichkeiten der Medizin ergeben.

Beitragssätze für die gesetzlichen Krankenkassen

14 – 15 % des Bruttogehalts

2.4 Die gesetzliche Rentenversicherung

Nach 43 Berufsjahren hat es Johann N. geschafft. Er geht mit 65 Jahren in Rente und genießt den Ruhestand, auch wenn er jetzt weniger Geld erhält als vorher.

Behindertengerechter Arbeitsplatz in einem öffentlichen Unternehmen.

Träger der Rentenversicherung

sind die Versicherungsanstalten:
- Die Bundesversicherungsanstalt für Angestellte in Berlin
- Die Landesversicherungsanstalten für gewerbliche Arbeitnehmer
- Bundesknappschaft
- Seekasse
- Bundesbahnversicherungsanstalt
- Landwirtschaftliche Alterskasse

Die Rentenversicherung ist grundsätzlich als Vorsorge für das Alter gedacht. Die Altersrente erhält, wer die Altersgrenze – in der Regel das 65. Lebensjahr – erreicht hat. Wer vorher krank wird oder einen Unfall hat und nicht mehr arbeiten kann, erhält eine so genannte **Erwerbsunfähigkeitsrente**. Damit dieser Fall selten eintritt, unterstützen die Rentenversicherungsträger verschiedene Maßnahmen, die es ermöglichen, dass der Verletzte oder Kranke wieder einen Beruf ausüben kann. Dazu gehören

- medizinische Rehabilitationsmaßnahmen, d. h. spezielle Behandlungen, die die Wiederherstellung der Gesundheit zum Ziel haben,
- Umschulungen, wenn man den ursprünglich erlernten Beruf nicht mehr ausüben kann.

Gründe für erstmaligen Rentenbezug

	Männer	Frauen
Berufs- und Erwerbsunfähigkeit	38 %	18 %
Flexible Altersgrenze	30 %	31 %
Normale Altersgrenze	18 %	49 %
Arbeitslosigkeit	14 %	2 %

Der Generationenvertrag besagt:

Was eine Generation von der älteren erhalten hat, schuldet sie später der jüngeren. Gleichzeitig darf sie später von der jüngeren fordern, was sie der älteren gegeben hat.

Wichtige Begriffe zur Rentenversicherung

Dynamisierung der Renten: Jährlich werden die Renten an die allgemeine Lohnentwicklung angepasst.

Flexible Altersgrenze: Langjährig Versicherte können wählen, ob sie ab dem 63. oder ab dem 65. Lebensjahr in Ruhestand gehen wollen. Wer vor dem 65. Lebensjahr die Rente in Anspruch nimmt, muss dauerhaft Minderungen in Kauf nehmen.

Die beiden neuen Förderungen der Altersvorsorge:

Die private Altersvorsorge wird durch staatliche Zulagen (Grundzulage, Kinderzulage) unterstützt. Dabei muss der Sparer einen gewissen Prozentsatz (bis 2008 von 1 % auf 4 % ansteigend) seines sozialversicherungpflichtigen Vorjahreseinkommens in einen anerkannten Vorsorge-Vertrag einzahlen.

Betriebliche Altersvorsorge (die so genannte Eichel-Förderung)
Bei der betrieblichen Altersvorsorge (BAV) wird der Sparer mit Steuervorteilen und Sozialabgabenfreiheit unterstützt.

Informationen aus dem Internet

www.bmgs.bund.de
www.bfa.de
www.vdr.de

Der Generationen-Vertrag

Erst im Jahre 1957 wurde im Zuge einer grundlegenden Reform der Rentenversicherung das so genannte Umlageverfahren schrittweise eingeführt. Das bedeutete, dass von nun an die von den Versicherten und ihren Arbeitgebern erhobenen monatlichen Beiträge nicht mehr auf die hohe Kante gelegt, sondern sofort wieder zur Finanzierung der laufenden Renten verwendet wurden. Das Ganze nannten erfindungsreiche Politiker den Generationenvertrag, mit dem die Beitragszahler Anwartschaften auf Rentenzahlungen in der Zukunft erwerben sollten. Diesem Verfahren lag die Überlegung zu Grunde, dass es auch später noch genügend Beitragszahler geben würde, die dann wieder die Renten der vorherigen Generation zu finanzieren hätten.

Claus J. Schmidt, Gesicherte Zukunft planen, Ausgabe 2002/2003, S. 10

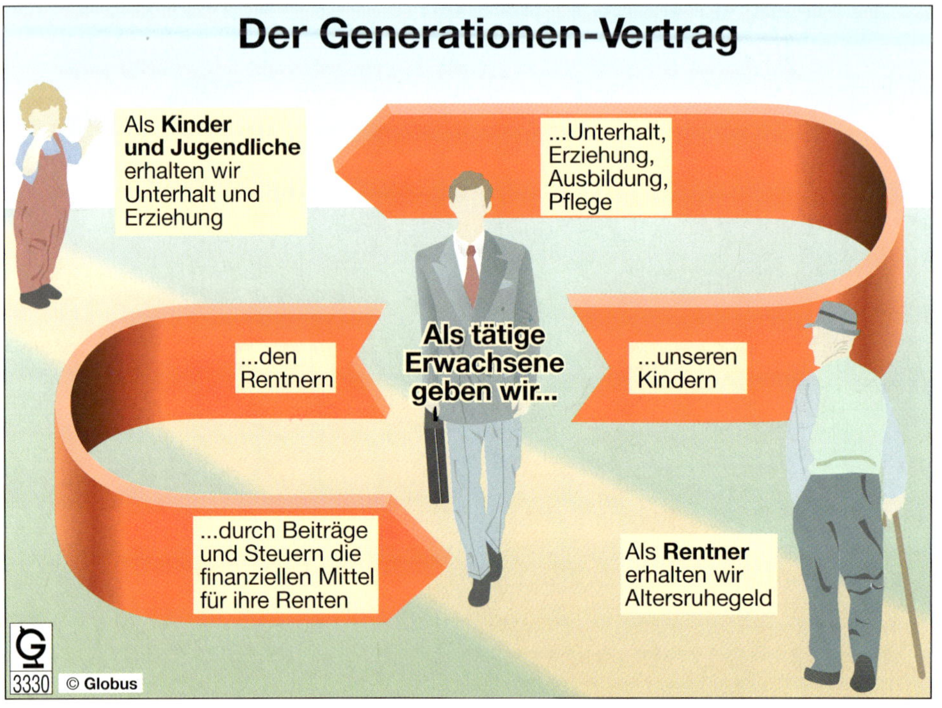

Drei Säulen der Alterssicherung

1. Säule	2. Säule	3. Säule
Die bisherigen Regelsysteme • gesetzliche Rentenversicherung • Beamtenpension • berufsständische Alterssicherung	Die Zusatzsysteme der betrieblichen Alterssicherung • betriebliche Altersversorgung • Zusatzversorgung im öffentlichen Dienst	Die private Altersvorsorge • Lebensversicherung • Aktienfonds • Immobilien

1. Informieren Sie sich, in welchem Gesamtumfang jede der drei Säulen zur Alterssicherung beiträgt.
2. Informieren Sie sich über die Bedingungen und das Ausmaß der staatlichen Förderung beim Aufbau einer privaten Altersversorgung

2.5 Die gesetzliche Pflegeversicherung

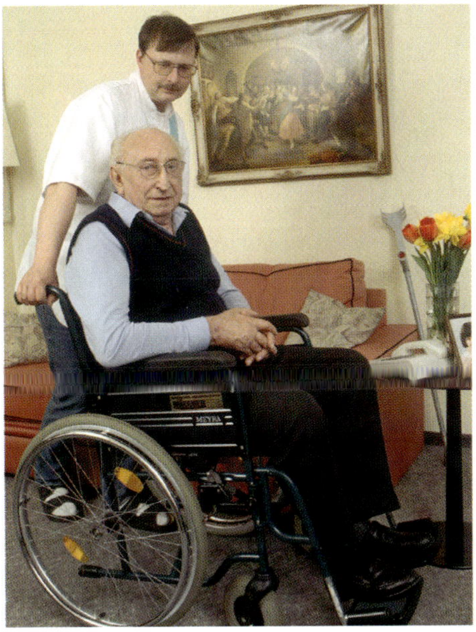

Der medizinische Fortschritt macht es möglich: Die Menschen leben länger. Nach aller Erfahrung bedeutet dies aber auch, dass es in Zukunft mehr Menschen geben wird, die im Alter Hilfe und Pflege benötigen. Die Betreuung der Alten innerhalb der Familie ist in unserer Gesellschaft seltener geworden, da die Generationen häufig nicht mehr zusammen wohnen und ältere Menschen oft in ihren eigenen Wohnungen bleiben wollen. Außerdem sind in vielen Familien beide Elternteile gezwungen zur Arbeit zu gehen und sehen somit keine Möglichkeit, pflegebedürftige Angehörige mitzuversorgen.
Aus diesen Gründen kommt es 1995 zur Einführung einer gesetzlichen Pflegeversicherung. Damit gibt es jetzt finanzielle Hilfen bei der Unterbringung in einem Pflegeheim oder für die Familienangehörigen, die einen Angehörigen zu Hause pflegen.

Die Pflegeversicherung

Seit dem 1.4.1995 gibt es Leistungen aus der Pflegeversicherung für die häusliche Pflege und seit dem 1.7.1996 für Pflegebedürftige in Heimen. Die Pflegeversicherung ist Pflicht für alle krankenversicherten Bürger.

Was sie leistet:

Häusliche Pflege

	Übernahme der Kosten für ambulante Pflegedienste (Sachleistungen) monatlich	Zuschuss für pflegende Angehörige, Nachbarn oder Freunde (Geldleistung) monatlich
Pflegestufe I (erheblich Pflegebedürftige; mind. 1,5 Std./Tag)	384 Euro	205 Euro
Pflegestufe II (schwer Pflegebedürftige; mind. 3 Std./Tag)	921 Euro	410 Euro
Pflegestufe III (Schwerstpflegebedürftige; mind. 5 Std./Tag)	1 432 Euro	665 Euro

Sach- und Geldleistungen können auch kombiniert in Anspruch genommen werden. Daneben gibt es ergänzende Leistungen bei Ausfall der Pflegepersonen, bei Tages- und Nachtpflege sowie Kurzzeitpflege.

Stationäre Pflege in Heimen	monatlich
Pflegestufe I (erheblich Pflegebedürftige; mind. 1,5 Std./Tag)	1 023 Euro
Pflegestufe II (schwer Pflegebedürftige; mind. 3 Std./Tag)	1 279 Euro
Pflegestufe III (Schwerstpflegebedürftige; mind. 5 Std./Tag)	1 432 Euro

Was sie kostet:

- Der Pflegeversicherungsbeitrag liegt bei **1,7 %** des Bruttoverdienstes bis zur Beitragsbemessungsgrenze von **3 375 Euro (2002):**
  Die eine Hälfte **(0,85 %)** zahlt der Arbeitnehmer*, maximal **28,69 Euro monatlich,** die andere Hälfte zahlt der Arbeitgeber (zum Ausgleich wurde ein Feiertag, der Buß- und Bettag, gestrichen).
  (*In Sachsen, wo kein Feiertag gestrichen wurde, übernimmt der Arbeitnehmer **1,35 %**.)
- Rentner zahlen **0,85 %** der Rente, die Rentenversicherung übernimmt die andere Hälfte.
- Beschäftigte, die freiwillig gesetzlich pflegeversichert oder privat pflichtversichert sind, erhalten einen Beitragszuschuss vom Arbeitgeber.

Quelle: BMG, AOK, BEK © Globus 7450

■ 1. Die Pflegeversicherung wurde als fünfte gesetzliche Sozialversicherung erst 1995 eingeführt. Nennen Sie Gründe, warum sie früher offenbar nicht so dringend gebraucht wurde wie heute.

■ 2. Experten warnen vor Finanzierungsproblemen bei der Pflegeversicherung. Nennen Sie Gründe für diese Befürchtung.

Lebenserwartung

Jahr	Männer	Frauen
2000	75 Jahre	81 Jahre
2050	81 Jahre	87 Jahre

www.destatis.de

Pflegekosten im Pflegeheim

Ein Heimplatz kostet durchschnittlich 2 500 EUR im Monat (2003).

Träger der Pflegeversicherung

Krankenkassen, z. B. AOK

Häusliche Pflege: Zahl der Leistungsbezieher 2002

Pflegestufe I	698 000
Pflegestufe II	437 000
Pflegestufe III	127 000

Pflegeversicherung, BM für Gesundheit und Soziale Sicherung, Berlin 2003, S. 5.

Informationen aus dem Internet

www.bmgs.bund.de
www.vdr.de

ZUSAMMENFASSUNG

Fachbegriffe

Arbeitsförderungsgesetz – Arbeitslosenversicherung – Arbeitsunfall – Beitragsbemessungsgrenzen – Fürsorge – Generationenvertrag – Krankenversicherung – Pflegeversicherung – Rentenversicherung – Solidarität – Sozialversicherungsträger – Sperrfristen – Subsidiarität – Unfallversicherung – Versorgung – Vorsorge

Die gesetzliche Sozialversicherung dient der materiellen Absicherung von Risiken des Arbeitslebens. Als Pflichtversicherung für die Mehrheit der Arbeitnehmer umfasst sie im Einzelnen die Krankenversicherung einschließlich der Pflegeversicherung, die Rentenversicherung, die Arbeitslosenversicherung und die Unfallversicherung. Auch Arbeitslose sind automatisch pflichtversichert.

Die Träger der gesetzlichen Sozialversicherung sind Körperschaften des öffentlichen Rechts und verwalten sich selbst. Alle 6 Jahre wählen die Versicherten (ab 16 Jahre), Rentner und Arbeitgeber die Vertreterversammlung, die ihrerseits wieder die Mitglieder des Vorstandes bestimmt. Ihre Aufgaben sind ihnen durch Gesetz und Satzung zugewiesen und sie beziehen sich im Wesentlichen auf Finanz- und Personalfragen.

Besonders bei der Renten- und Krankenversicherung, in Zukunft verstärkt auch bei der Pflegeversicherung, gibt es zunehmend Probleme mit der Finanzierung. Die Beitragssätze steigen oder können nur beibehalten werden, wenn Leistungen gekürzt werden.

Überblick über die gesetzlichen Sozialversicherungen (Stand 2004)

	Krankenversicherung	Pflegeversicherung	Unfallversicherung	Arbeitslosenversicherung	Rentenversicherung
pflichtversicherter Personenkreis	Auszubildende, Wehrdienstleistende, Behinderte, Arbeiter und Angestellte bis zu einem bestimmten Einkommen	alle Mitglieder der gesetzlichen und freiwilligen Krankenversicherung	Auszubildende, Schüler, Studenten, alle Arbeiter und Angestellten	Auszubildende, alle Arbeiter und Angestellten	Auszubildende, alle Arbeiter und Angestellten, Kindererziehende, Selbstständige auf Antrag
Versicherungsleistungen	Arztkosten, Arzneien, Krankenhauskosten, Kuren, Entbindungskosten, Krankengeld	gestaffelt nach 3 Pflegestufen: Pflegegeld bei Einsatz ambulanter Pflegedienste	Kosten für Heilbehandlung, Übergangsgeld, Berufshilfe, Unfallrente	Arbeitslosengeld, Arbeitslosengeld II, Aus- und Fortbildung, Umschulung	Altersruhegeld, Hinterbliebenenrenten, Erwerbs- und Berufsunfähigkeitsrenten
Beitragsentrichtung	ca. 14,5 % des Bruttolohnes; Arbeitnehmer und Arbeitgeber je die Hälfte	1,7 % des Bruttolohnes; Arbeitnehmer und Arbeitgeber je die Hälfte	Beitrag abhängig von Gefahrenklasse und Betriebsgröße; nur Arbeitgeber	6,5 % des Bruttolohnes; Arbeitnehmer und Arbeitgeber je die Hälfte	19,5 % des Bruttolohnes; Arbeitnehmer und Arbeitgeber je die Hälfte
Versicherungsträger	Krankenkassen (z. B. AOK)	Pflegekasse, der Krankenversicherung angegliedert	Berufsgenossenschaften; Bund, Länder, Gemeinden	Bundesagentur für Arbeit in Nürnberg und die Arbeitsagenturen	Landesversicherungsanstalten (LVA) Bundesversicherungsanstalt (BfA)
	Die gesetzliche Sozialversicherung ist eine Pflichtversicherung; deshalb besteht für die Versicherten eine Meldepflicht. Diese wird je nach Versicherungsart vom Arbeitgeber oder Arbeitnehmer ausgeübt.				

AUFGABEN

1. Bei welcher gesetzlichen Sozialversicherung spielt der Generationenvertrag eine wichtige Rolle?
2. Bei welcher Sozialversicherung ist es der Grundsatz der Solidarität?
3. Bei welcher Sozialleistung (siehe Grafik: Das soziale Netz, S. 51) wird der Grundsatz der Subsidiarität beachtet?
4. Suchen Sie nach Gründen, warum die fünf gesetzlichen Sozialversicherungen als Pflichtversicherungen eingeführt wurden und nicht etwa auf freiwilliger Basis.
5. Warum gibt es diese Pflicht nicht für Bezieher sehr hoher Einkommen, z. B. bei mehr als 6 000 EUR im Monat?
6. Berechnen Sie, wieviel Prozent Ihrer Ausbildungsvergütung für die gesetzlichen Sozialversicherungen bezahlt werden müssen.

3 Die soziale Sicherheit – in die Krise geraten

Kaum ein Thema bewegt die Menschen in Deutschland derart, wie die Fragen der Kostenentwicklung und der Zukunft der sozialen Sicherheit. Mit dem über Jahrzehnte stetig gewachsenen Wohlstand hat sich ein System an Sozialleistungen entwickelt, das heute an die Grenzen der Finanzierbarkeit gestoßen ist. Die Abgabenlast für die Berufstätigen ist über viele Jahre ständig gestiegen, was zu einem Sinken der realen Netto-Löhne führt. Gleichzeitig steigen für die Unternehmen die Lohnnebenkosten, d. h. die Arbeitgeberanteile zu den Sozialversicherungen.

DER SPIEGEL 39/2003, S. 110

Teures Handwerk

Wie sich der Preis einer Handwerksstunde zusammensetzt; Beispielrechnung

DER SPIEGEL 39/2003, S. 112

Die Krise des Sozialstaates hat viele Ursachen, die miteinander verwoben sind. Die steigende Lebenserwartung, bei gleichzeitig sinkender Lebensarbeitszeit, immer weniger Kinder und damit weniger künftige Beitragszahler sind wesentliche Auslöser des heutigen Problems.

Arithmetik

aus dem Griechischen; Begriff für die Zahlenlehre bzw. das Rechnen mit Zahlen.

Sozialpolitik geht alle an!

Mit wachsendem Wohlstand wurde [...] das soziale Netz enger geknüpft: Der moderne Sozialstaat sorgt mit seinem Sicherungssystem für die Absicherung von Lebensrisiken. Seine Grundlage ist die Solidarität zwischen den Bevölkerungsgruppen und den Generationen. Das heißt, die Beiträge aller kommen im Notfall dem Einzelnen zu Gute. [...]

Aber der Sozialstaat ist neuen und großen Belastungen ausgesetzt. Wir alle leben länger, nicht zuletzt, weil die medizinische Versorgung immer besser wird. So steigen die Kosten für Altersvorsorge und Gesundheit. Verschärft wird die Situation durch den anhaltenden Geburtenrückgang. Gleichzeitig gibt es durch Arbeitslosigkeit zu wenige Arbeitnehmerinnen und Arbeitnehmer, die die Beiträge einzahlen. Die Folge: Das Geld wird knapp. Der Staat hat Mühe, die sozialen Sicherungssysteme, auf die alle Beitragszahler einen Anspruch haben, auch zu finanzieren.

Immer lauter werden deswegen die Stimmen, die eine Reform des Sozialstaates fordern, der sich den neuen Anforderungen anpassen muss. Das heißt in erster Linie: Neben die staatliche Fürsorge treten die private Vorsorge und die Eigenverantwortung.

Sozialpolitik, Ein Heft für die Schule, Ausgabe 2003/2004, S. 3, gekürzt

- 1. Welche Ursachen werden für die Belastungen des Sozialstaates angeführt?
- 2. Welche grundlegenden Anforderungen werden an jeden Einzelnen gestellt? Konkretisieren Sie aus Ihrer Sicht die Formulierungen des Textes.

Unter dem Motto „Agenda 2010 – Die Zukunft gestalten“ hat die Bundesregierung ein Programm erarbeitet, mit dem die künftige Entwicklung der sozialen Sicherheit gestaltet und Reformschritte eingeleitet werden sollen.

3.1. Soziale Sicherheit – ein Konflikt zwischen den Generationen?

Wir haben ein Problem

Deutschland vergreist. Immer weniger Junge müssen für immer mehr Alte sorgen. Wenn wir nichts ändern, bricht unser ganzer Staat zusammen. Noch können wir die Katastrophe abwenden. Doch dafür müssen Alte und Junge sich zusammenraufen.

Tatsache ist:
Ein richtiger „Generationenvertrag" ist in Deutschland nie unterschieben worden. Der Begriff beschreibt nur die Funktionsweise des Rentensystems, bei dem die alte Generation von dem lebt, was die junge Generation an Sozialabgaben bezahlt. Das Prinzip ist so simpel wie anfällig: Sind die Generationen nicht gleich groß, zahlen mal wenige für viele und mal viele für wenige. Momentan stehen wir vor dem Wechsel von vielen Zahlern zu wenigen, was das System bald unfinanzierbar macht.

Tatsache ist:
Doppelverdiener ohne Kinder zahlen zwar hohe Geldbeträge ins Sozialsystem ein, leisten aber nur den halben Beitrag, der nötig ist, um die Umlagefinanzierung am Leben zu halten. Deswegen müssen sie rechtzeitig vorsorgen und fürs Alter sparen. Die jetzt Alten, die schon in Rente sind, haben diese Gelegenheit nicht mehr. Sie haben sich auf die Rentenversicherung verlassen und können jetzt nicht mehr unbegrenzt zur Kasse gebeten werden.

„Wieso die ganze Aufregung? Ich mache euch doch schließlich einen Arbeitsplatz frei."

„Ihr seid undankbare Egoisten. Wir haben das Land nach dem Krieg doch erst wieder aufgebaut."

Tatsache ist:
Die Praxis der Frühverrentung hat das gesetzliche Rentenalter von 65 Jahre ausgehebelt. Im Schnitt gehen die Deutschen mit knapp über 60 in den Ruhestand. Bei gleichzeitig steigender Lebenserwartung hat das die Zahl der Rentner schnell steigen lassen. Arbeitsplätze hat die Frühverrentung kaum gebracht, denn in der Regel wurden Mitarbeiter in Rente geschickt, deren Jobs dann abgebaut wurden. Die dadurch gestiegenen Lohnnebenkosten haben weitere Arbeitsplätze vernichtet.

„Wieso abgeben? Für meine Kinder und Enkel habe ich auch auf vieles verzichtet und damit mehr für die Rente geleistet als ihr."

„Generationenvertrag? Der gilt nicht mehr. Ich bekomme von meinen hohen Rentenbeiträgen doch sowieso nichts zurück."

„Wir haben 40 Jahre in die Rentenversicherung eingezahlt. Das Geld steht uns jetzt zu."

„Unsere Sozialabgaben sind viel zu hoch. Auch die Rentner müssen etwas abgeben."

„Wieso sollen wir euch euren Urlaub finanzieren? Den können wir uns selbst doch schon nicht mehr leisten."

„Wieso dürft ihr mit 57 schon aufhören zu arbeiten? Wegen eurer Frührente muss ich noch bis 70 schuften."

Tatsache ist:
Niemand zahlt Geld in die Rentenversicherung ein, das dann am Kapitalmarkt angelegt wird, damit es nach Jahrzehnten wieder zurückgezahlt wird. Die umlagefinanzierte deutsche Rentenversicherung lebt in Wirklichkeit von der Hand in den Mund. Die Rücklagen reichen nicht mal, um einen Monat lang die Renten zu bezahlen. Tatsache ist auch: Das deutsche Steuer- und Sozialsystem bestraft Familien mit Kindern. Obwohl die nachfolgenden Generationen so enorm wichtig für das Rentensystem sind, beteiligt sich der Staat fast nicht an den Erziehungskosten.

Jan Boris Wintzenburg, STERN 37/2003, Seite 27-36 (Auszug)

Aufgrund des ungünstigen Altersaufbaus der Bevölkerung in Deutschland ergeben sich offenbar Probleme:

- 1. Finden Sie die jeweils zusammengehörigen Argumente heraus und ordnen Sie diese den Tatsachen-Feldern zu.
- 2. Äußern Sie Ihre persönliche Meinung und formulieren Sie Vorschläge für Lösungsansätze.

3.2. Krisenursachen

Veränderte Rahmenbedingungen innerhalb der Gesellschaft lösen die Krise der Sozialversicherungen aus. Um wirkungsvolle Lösungsansätze zu erarbeiten ist es notwendig, die Ursachen des Problems näher zu betrachten.

Demographischer Wandel

Die demographische Entwicklung in Deutschland

Die Frage, ob eine Bevölkerung wächst oder schrumpft, ob die Menschen älter werden, wie viele Leute ein- oder auswandern und wie sich die Altersstruktur verändert, bestimmen die Zukunft jeden Staates. Die Demographie zeigt, ob genügend Junge da sind, die für die Renten der Alten arbeiten, sie pflegen wenn sie krank werden. Und sie zeigt, ob genügend Kinder geboren werden, um das Gleiche für die zu tun, die heute noch jung sind. Außerdem bestimmt sie zu großen Teilen das Wirtschaftswachstum, die Innovationskraft und die gesamte Lebensweise einer Gesellschaft.

Die Demographie kann zumindest bis zum Jahr 2050 ziemlich genaue Vorhersagen treffen. Die Bevölkerungsentwicklung ist träge wie ein großes Schiff, und die Faktoren sind denkbar einfach: Es ist eine Statistik auf Leben und Tod. Diejenigen, die in 30 Jahren die Rente finanzieren, sind heute schon geboren. Mehr können es nicht mehr werden. Auch die Zahl derjenigen, die in 65 Jahren in Rente gehen wollen, steht bereits fest. Es sind die in diesem Jahr neugeborenen Kinder. Für 2050 hat das Statistische Bundesamt folgende Prognose berechnet:

- Deutschland wird 68,5 Millionen Einwohner haben. Heute sind es 82,4 Millionen.
- Fast 40 Prozent werden über 60 sein. Ihre Zahl steigt um 6,6 Millionen.
- Nur jeder siebte Deutsche wird noch unter 20 sein. Heute ist es jeder Fünfte.
- Auf 100 Deutsche zwischen 20 und 60 kommen 85 Senioren.
- Das Durchschnittsalter liegt bei über 50 Jahren.
- Die Lebenserwartung von Senioren beträgt bei Männern 83,7 (zu heute plus 4,5) Jahre und bei Frauen 88,2 (plus 4,7) Jahre.

Deutschland vergreist! Für all die Politiker, die das Problem damit wegbügeln, das sei alles nur eine Prognose und es werde ja doch ganz anders kommen, haben die Bevölkerungswissenschaftler eine schlechte Nachricht: Genauso wird es kommen, wenn wir nichts dagegen tun! Für die Prognose hat das Statistische Bundesamt lediglich drei Annahmen gemacht:

- Jede Frau bringt weiterhin im Durchschnitt 1,4 Kinder zur Welt – wie in den vergangenen 25 Jahren.
- Die Lebenserwartung steigt weiterhin gleichmäßig um zwei bis drei Monate pro Jahr.
- Die Zahl der Zuwanderer bleibt bei knapp 200 000 pro Jahr – wie im Durchschnitt der vergangenen 50 Jahre.

Nur wenn wir an einem oder mehreren dieser Faktoren etwas verändern, wird auch die Zusammensetzung oder Zahl der Einwohner unseres Landes in der Zukunft anders aussehen. Ändert sich an den Zahlen nichts, ist Deutschland, so wie wir es heute kennen, schlicht nicht überlebensfähig.

Jan Boris Wintzenburg, STERN 37/2003, S. 29 ff. (Auszug)

Demographie

ist die Wissenschaft, die sich mit der Bevölkerungsstatistik befasst, z. B. mit dem Altersaufbau, der Lebenserwartung und den Vorhersagen für die künftige Entwicklung.
Hergeleitet wird der Begriff Demographie aus dem Griechischen („demos" = das Volk und „graphein" = aufzeichnen).

„Kinder kriegen die Leute sowieso."

Diesen Glaubenssatz des Altkanzlers Konrad Adenauer hat die Generation der heutigen 30- bis 45-Jährigen gründlich widerlegt. Rund 26 Prozent der 1960 geborenen Frauen sind kinderlos, unter den Akademikerinnen sogar 42 Prozent.

DER SPIEGEL, 2/2004, S. 39

Bevölkerungsprognose

Nach einer österreichischen Studie wird die Bevölkerungszahl von Old Europe bei anhaltendem Trend in den nächsten 100 Jahren von 376 Millionen auf 290 Millionen Menschen zurückgehen. Weltweit herrscht die entgegengesetzte Tendenz vor. UNO-Statistiker rechnen für die kommenden drei Jahrhunderte mit einer weiteren Zunahme der Erdbevölkerung von jetzt 6,3 auf 9 Milliarden. In dieser Zeitspanne werde sich der Anteil der Europäer fast halbieren, der Anteil der Afrikaner nahezu verdoppeln.

DER SPIEGEL, 2/2004, S. 40

1. Welches Problem wird mit der Karikatur verdeutlicht?
2. Auf welchen Annahmen beruht die für das Jahr 2050 berechnete Vorhersage?

Szenario

abgeleitet von den Szenen eines Films (Szenenfolge). Übertragen auf die Sozialwissenschaft bedeutet Szenario quasi: Was könnte sein?

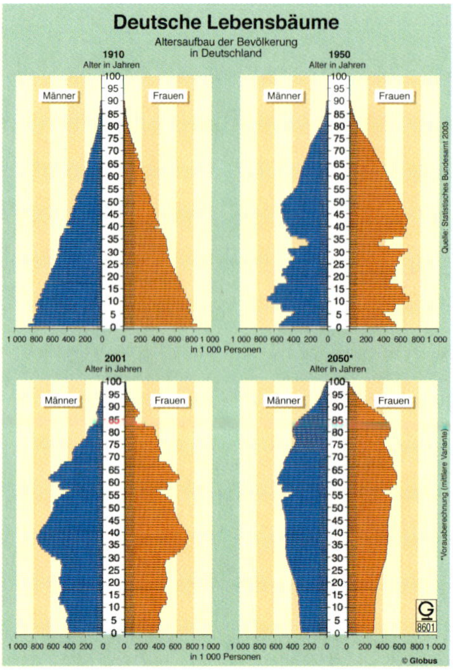

1. Begründen Sie, weshalb der Generationenvertrag im Jahre 1910 besser zu erfüllen war als gegenwärtig?
2. Beschreiben Sie die Veränderungen, die für das Jahr 2050 ablesbar sind.
3. Welche Folgen werden in dem Szenario für das Jahr 2050 beschrieben?
4. Welcher Altersgruppe gehören Sie im Jahre 2050 an?
5. Wie würden Sie sich Politikern gegenüber äußern, falls diese die dargestellten Probleme wegen anstehender Wahlen verdrängen sollten?
6. Welche persönlichen Konsequenzen könnten sich für Sie aus diesem Szenario ergeben?

Demographie ist das große Thema unserer Zeit

Bei der gemeinnützigen Bertelsmann-Stiftung [...] beschäftigen sich seit einem Jahr Experten intensiv mit den bevorstehenden Veränderungen, den Konsequenzen [...] und den Gegenmaßnahmen. Ihr Szenario für den schlimmsten aller Fälle zeichnet ein beängstigendes Bild von unserem Land im Jahr 2050:

- Der Staat ist bankrott.

Weil immer weniger Menschen arbeiten, sinken die Steuereinnahmen unaufhörlich. Gleichzeitig brauchen Rentenkasse und Krankenversicherungen immer höhere Zuschüsse. Der Staat ist überschuldet. Für Theater, Parks, Museen sind keine Mittel da. Selbst der Unterhalt von Straßen, Schulen oder Universitäten klappt nicht mehr. [...] Und auch auf Ersparnisse ist kein Verlass mehr: Schließlich will jeder an sein Geld, verkauft Aktien und Wertpapiere oder Immobilien. Das drückt die Preise. [...]

- Die Sozialsysteme brechen zusammen.

Weil Rentner weniger Beiträge an die Krankenversicherung zahlen als Arbeitnehmer, fehlen den Krankenkassen die Beiträge. Die Rentner bangen jeden Monat um ihr Geld. [...]

- Die Unternehmen wandern ab.

In der alternden Gesellschaft sinkt die Nachfrage: Rentner kaufen weniger Handys, machen nicht jede Mode mit, fahren keine Sportwagen. Der einst so wichtige deutsche Markt wird für Unternehmen uninteressant. [...] Die Folge: Die Produktion wird ins Ausland verlagert, innovative Produkte werden zum Beispiel in Indien oder China hergestellt.

- Vollbeschäftigung bleibt ein Traum.

Arbeit wird immer teurer. Deswegen brechen gerade im mittleren Einkommensbereich die Arbeitsplätze schneller weg, als die Zahl der Arbeitnehmer sinkt. Hochqualifizierte werden auch weiterhin benötigt, doch die „normalen" Produktionsjobs wandern mit den Unternehmen ins billigere und zukunftsträchtigere Ausland. Was bleibt, sind Billigjobs ohne soziale Absicherung.

- Das Land stirbt.

In ein vergreistes Land mit hohen Steuern wandert niemand ein. Wer gut ausgebildet und jung ist, macht sein Glück besser in den USA oder in Asien. Das gilt auch für Deutsche, die in großer Zahl auswandern werden, was den Niedergang der Sozialsysteme beschleunigt. Eine Abstimmung mit den Füßen. [...]

Viel zu dramatisch? So wird es nie kommen? „Das ist ein Szenario, das zeigt, was passieren kann, wenn wir nicht rechtzeitig etwas tun und immer nur auf die drängendsten Probleme reagieren", erklärt Projektleiter Andreas Esche von der Bertelsmann-Stiftung. „Wir können diese Entwicklung noch abwenden, müssen aber schnell das Ruder herumreißen, um den Supertanker Deutschland vom Kollisionskurs abzubringen. Das wird umso schwerer und schmerzhafter, je später wir damit beginnen. [...]

In der Politik sind solche Szenarien bekannt. Landauf, landab veröffentlichen Wirtschaftsprofessoren, Bevölkerungswissenschaftler und Sozialforscher mahnende Studien und Gutachten, in denen vor der demographischen und ökonomischen Katastrophe gewarnt wird. Bisher ist die Resonanz allerdings mau: zu kompliziert und vor allem zu langfristig. Alles, was über die nächste Wahlperiode hinausgeht, ist nur von geringem Interesse für die Politiker. „Demographie ist das große Thema unserer Zeit", sagt Andreas Esche. „Es werden viele Reformen notwedig sein. Und die müssen koordiniert und auch flankiert werden, damit sie nicht im politischen Prozess zerrieben werden. Wir versuchen, sie in ein schlüssiges Gesamtkonzept zu bringen."

Einiges aus den Szenarien ist heute schon Realität: steigende Sozialabgaben, sinkende Leistungen, steigende Staatsschulden, Kürzungen bei Theatern, miese Schulen, verwahrloste Stadtviertel.

Wer heute um die 30 ist, den trifft es am härtesten: Rund 100 000 Euro wird diese Altersgruppe im Schnitt mehr ins Steuer- und Sozialsystem einzahlen, als sie an Leistungen daraus beziehen wird. Das Rentenalter wird vermutlich deutlich höher liegen – bei 67 oder noch höher –, und das Thema Vorruhestand wird sich nur noch in Geschichtsbüchern finden.

Jan Boris Wintzenburg, STERN 37/2003, S. 29 ff.

Massenarbeitslosigkeit und sinkende Lebensarbeitszeit

Die Arbeitslosenquote von über zehn Prozent bedeutet, dass in Deutschland derzeit mehr als vier Millionen Menschen keine Arbeit haben. Dies führt bei den Sozialversicherungssystemen zu hohen Beitragausfällen. Anders formuliert: Bei Vollbeschäftigung könnten die Beitragssätze zu den Sozialversicherungen insgesamt niedriger sein.
Speziell bei der Arbeitslosenversicherung besteht ein unmittelbarer Zusammenhang zwischen dem Ausmaß der Arbeitslosigkeit und der Höhe des Beitragssatzes. Dieser liegt seit langem bei über sechs Prozent und damit weit über den Werten jener Zeiten, als die Arbeitslosigkeit in Deutschland deutlich niedriger war (vgl. Seite 40).

Auch die insgesamt sinkende Lebensarbeitszeit führt dazu, dass die Menschen nicht mehr so lange in die sozialen Sicherungssysteme einzahlen. Viele Ausbildungszeiten haben sich verlängert und immer weniger Menschen arbeiten tatsächlich bis zur gesetzlichen Rentenaltersgrenze von 65 Jahren. Dies bewirkt einerseits einen Ausfall an Beiträgen und andererseits sind an diesen Personenkreis bereits Renten zu zahlen, und zwar früher als vorgesehen.

Gestiegene Lebenserwartung

Bezog z. B. ein Rentner, im Jahre 1960 seine Rente durchschnittlich zehn Jahre lang, bevor er starb, so hat sich diese Bezugsdauer auf heute 16 Jahre erhöht. Und sie steigt möglicherweise bis auf 20 Jahre an.

Gesicherte Zukunft planen, Ausgabe 2002/2003, S. 15

Kürzere Lebensarbeitszeit

Während früher ein durchschnittlicher Arbeitnehmer vom Beginn seiner Lehre bis zum Ausscheiden aus dem Arbeitsleben vier bis fünf Jahrzehnte lang seine Rentenversicherungsbeiträge zahlte, haben sich diese Beitragszeiten inzwischen erheblich verkürzt. Immer mehr Menschen durchlaufen nämlich eine immer bessere und damit auch immer längere Berufsausbildung, sodass sie erst relativ spät ins Arbeitsleben eintreten. Auf der anderen Seite gingen immer mehr Menschen früher als vorgesehen in Rente, sodass auch deshalb weniger Beiträge in die Rentenkasse flossen. Diese an beiden Enden der durchschnittlichen Arbeitsbiographie entstandene Lücke hat die Beiträge zur Rentenversicherung deutlich klettern lassen.

Gesicherte Zukunft planen, Ausgabe 2002/2003, S. 15

Kostenexplosion im Gesundheitswesen

Dank moderner Medizin kann heute in vielen Krankheitsfällen den Menschen besser geholfen werden. Zum medizinischen Standard gehören inzwischen z. B. sehr präzise Diagnosemöglichkeiten, modernste Operationstechniken, künstliche Körpergelenke, Transplantationen von Organen oder hoch wirksame Medikamente. Gleichzeitig steigen die Kosten im Gesundheitswesen, in manchen Bereichen explosionsartig. Zu fragen wäre beispielsweise: Ist das, was medizinisch und technisch machbar geworden ist, auch tatsächlich immer notwendig? Verhalten sich die Patienten in Deutschland insgesamt wirklich gesundheits- und kostenbewusst?

Ausgaben der gesetzlichen Krankenversicherung in Deutschland

Jahr	Ausgaben (Mrd EUR)
1960	4,6
1970	12,2
1980	45,9
1990	68,4
2000	124,4

■ Welche Kritik wird mit der Karikatur geäußert?

MEINUNGEN ■ VORURTEILE ■ TATSACHEN ■ FEHLVERHALTEN ■ MEINUNGEN

PATIENTEN

Wer krank ist, erwartet eine optimale Behandlung, schließlich zahlt er jeden Monat seinen Beitrag („Vollkaskomentalität").

Verordnete Medikamente werden häufig nicht genommen, Pillen wandern auf den Müll.

Alle mit erhöhtem Krankheitsrisiko sollten einen höheren Kassenbeitrag zahlen, insbesondere Raucher.

Die Kosten einer Behandlung sind nicht transparent genug, da die Patienten keine Rechnungen vom Arzt erhalten.

Viele erwarten beim Arztbesuch, dass sie ein Medikament verordnet bekommen.

ÄRZTE

Es gibt ca. 300 000 Ärzte in Deutschland – zu viele?

Die Ausbildung von Ärzten ist eine der längsten, wird aber als zu wenig praxisbezogen kritisiert. Fortbildungen werden angeblich insgesamt zu selten wahrgenommen.

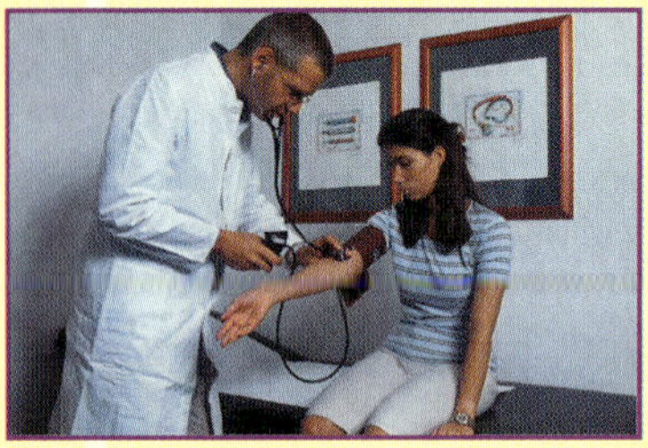

Sind die Honorarvorstellungen mancher Ärzte zu hoch?

Arztpraxen: Personalaufwand, teuere medizinische Geräte und hohe Mieten steigern die Kosten.

Unnötige Mehrfachuntersuchungen und zu teuere und zu häufige Verschreibungen werden immer wieder beklagt.

Haben die Mediziner zu wenig Zeit für den einzelnen Patienten? In den Krankenhäusern gibt es lange Dienstzeiten und viele Überstunden.

Geht die ganzheitliche Betrachtungsweise des Patienten durch den Arzt allmählich verloren?

Der zunehmende Wettbewerb um den Patienten könnte kostensenkend wirken.

Kostensteigerungen im Gesundheitswesen – es gibt viele Gründe

GESUNDHEITSSYSTEM

Ein gesundheitsbewusstes Patientenverhalten wird durch das System eigentlich nicht belohnt.

Überflüssige Untersuchungen und Verschreibungen werden im Prinzip nicht unterbunden.

Junge, Gesunde, Gutverdienende werden von preiswerteren (Betriebs-)Krankenkassen oder von Privatversicherungen umworben. Damit wird das Solidaritätsprinzip Schritt um Schritt ausgehöhlt.

Der Anteil der Verwaltungskosten vieler Krankenkassen gilt als zu hoch.

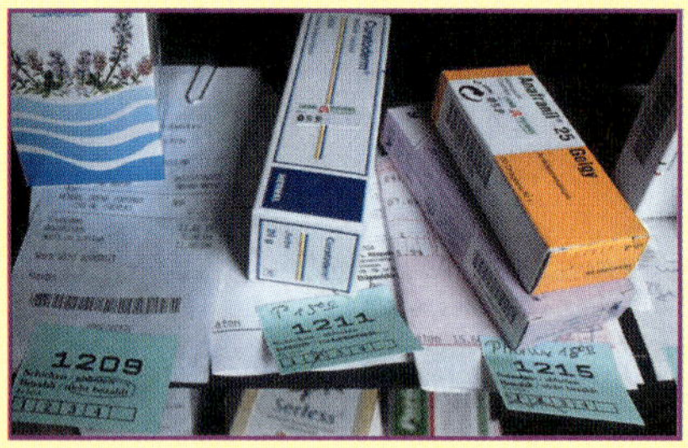

PHARMA-INDUSTRIE

Die Preisgestaltung von Medikamenten ist umstritten. Manche Präparate sind in anderen Ländern deutlich günstiger.

Forschungs- und Entwicklungskosten wirken sich auf die Preisgestaltung aus.

Die Gewinne der Pharma-Industrie werden von manchen als zu hoch angesehen. Die Aktionäre jedoch erwarten stets „ordentliche" Gewinne.

Über 50 000 Apotheker in Deutschland – zu viele?

MEINUNGEN ■ VORURTEILE ■ TATSACHEN ■ FEHLVERHALTEN ■ MEINUNGEN

- ■ 1. Nehmen Sie kritisch Stellung zu den einzelnen Äußerungen. Es wäre auch denkbar, dass Sie zu dieser Thematik Experten einladen, z. B. den Vertreter einer Krankenkasse.
- ■ 2. Welche Erwartungen haben Sie persönlich an ein Gesundheitssystem?
- ■ 3. Sammeln Sie aktuelle Beispiele für die Kostenexplosion im Gesundheitswesen.

3.3 Lösungen in Sicht?

Im November 2002 setzt die Bundessozialministerin Ulla Schmidt eine Regierungskommission ein. Diese erarbeitet unter Leitung des Finanzwissenschaftlers Bert Rürup Vorschläge zum Umbau des Sozialstaates, z. B. zur Renten-, Kranken- und Pflegeversicherung. In der gesamten Gesellschaft und in den politischen Parteien verstärken sich in der Folge die Diskussionen um die Zukunft der sozialen Sicherheit. Für die Standpunkte der Opposition sind die von der CDU-Parteikommission, unter Vorsitz des ehemaligen Bundespräsidenten Roman Herzog, erarbeiteten Ergebnisse maßgeblich.

Aufgrund der unterschiedlichen Mehrheitsverhältnisse in Bundestag und Bundesrat gestaltet sich die Kompromissfindung zwischen den politischen Parteien sehr schwierig. Die Vielschichtigkeit der Gesamtproblematik wird wohl dazu führen, dass sich die Reformtätigkeiten über viele Jahre hinziehen und zu zahlreichen Einzelentscheidungen führen werden. Die Bedeutung der privaten Vorsorge, als Bestandteil der sozialen Absicherung, wird dabei künftig zunehmen.

Entwicklung des Beitragsatzes
in Prozent des Bruttoarbeitsentgelts

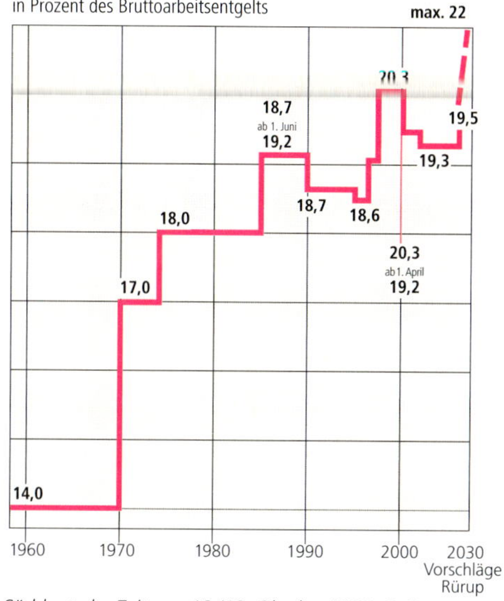

Süddeutsche Zeitung, 18./19. Oktober 2003, S. 5

Rentenversicherung

Zur Lösung des Problems bieten sich zunächst drei grundlegende Varianten an: höhere Beitragssätze, ein späterer Renteneintritt und eine geringere Rentenhöhe.

1. Höhere Beitragssätze?

Ein weiter steigender Beitragssatz würde die Netto-Löhne der Beschäftigten noch weiter senken und gleichzeitig die Lohnnebenkosten erhöhen. Damit würde sich die Arbeit in Deutschland weiter verteuern, zu Lasten der Wettbewerbsfähigkeit. Daher gilt diese Möglichkeit als politisch nicht gewollt und kaum durchsetzbar.

2. Lebensarbeitszeit verlängern?

Zu diesem Lösungsansatz gibt es vielfältige Meinungen und Vorschläge.

IM JAHRE 30 NACH RÜRUP

Nur drei Prozent erreichen das Rentenalter

Als Otto von Bismarck im Jahre 1889 das gesetzliche Rentenalter auf 65 Jahre festlegt, erreichen nur drei Prozent der Bevölkerung dieses Alter.

■ **Für wie realistisch halten Sie die Karikatur?**

Der Streit um die Lebensarbeitszeit

Länger arbeiten oder weniger Geld bekommen

[...]
Eine längere Lebensarbeitszeit scheint unvermeidlich: Wer länger lebt, muss auch länger arbeiten. Es wird gefordert, die gesetzliche Altersgrenze, die heute bei 65 Jahren liegt, auf 67 oder vielleicht sogar auf 70 Jahre zu erhöhen. Das ist eine Möglichkeit – eine andere wäre, sich mit weniger Rente zufrieden zu geben. Bei einer freiheitlichen, kapital-fundierten Lösung der Alterssicherung sind es die Individuen, die zwischen diesen Alternativen entscheiden. [...]
Das ist bei einer zwangsweisen, umlage-finanzierten Alterssicherung anders. Werden die Menschen älter, muss der Staat entscheiden, wie diese zusätzliche demographische Last auf Erwerbstätige und Rentner aufgeteilt wird. Mit der gesetzlichen Altersgrenze trifft er eine Vorentscheidung. [...]
Die Vorstellung ist weit verbreitet, dass der Preis einer höheren Lebenserwartung entweder niedrigere Renten oder eine längere Lebensarbeitszeit sind. [...]
Untersuchungen zeigen allerdings, dass die Deutschen niedrigere Renten längeren Arbeitszeiten vorziehen. Das wirkt sich auch auf die individuelle Entscheidung aus, vor Ablauf der gesetzlichen Altersgrenze in den Ruhestand zu gehen. Wer sich aus freien Stücken dafür entscheidet, muss Abschläge bei der Rente in Kauf nehmen. [...]
Die künftigen Finanzprobleme der Alterssicherung ließen sich erheblich entschärfen, würde die faktische Altersgrenze der gesetzlichen genähert. Das erfordert allerdings einen flexiblen Arbeitsmarkt, der ältere Arbeitnehmer auch in Arbeit bringt.
[...]
Wer eine längere Arbeitszeit will, darf nicht nur auf die gesetzliche Altersgrenze schielen. Länger arbeiten, über ein ganzes Leben betrachtet, kann auch der, der früher berufstätig wird. Das ist nur möglich, wenn Kinder früher eingeschult werden und die Ausbildung kürzer und effizienter wird. Länger arbeiten können die Menschen aber nur, wenn genügend Arbeitsplätze vorhanden sind.

Norbert Berthold, Süddeutsche Zeitung, 30./31.8.2003, S. 17

Vorschläge der Rürup-Kommission

- Das gesetzliche **Renteneintrittsalter** soll von derzeit 65 auf 67 Jahre angehoben werden. Dies soll aber erst von 2011 bis 2035 in kleinen Schritten von einem Monat pro Jahr erfolgen. Für eine längere Lebensarbeitszeit müssten Anreize für Arbeitnehmer geschaffen werden.
- Auch bei 67 Jahren soll wie bisher ein um drei Jahre **vorgezogener Rentenbezug** möglich sein unter Inkaufnahme von Abschlägen. Die geltende Abschlagshöhe von 0,3 Prozent für jeden Monat früheren Rentenbeginns gilt als ausreichend. Ausnahmen darf es nicht geben.

Augsburger Allgemeine, 19.8.2003, S. 7

Bundeskanzler will Frührente begrenzen

Augsburg/Berlin (dr/ap/dpa). Bundeskanzler Schröder will vor einer Erhöhung des Rentenalters auf 67 Jahre alle Möglichkeiten ausschöpfen, den Vorruhestand einzuschränken. Schröder bekräftigte, zunächst komme es darauf an, den Unterschied zwischen dem tatsächlichen Rentenalter von rund 60 und dem gesetzlichen Alter von 65 Jahren zu verringern.

Dies sei auch Sache der Wirtschaft, sagte der SPD-Chef: „Denn die entlässt ja Leute, die 55 oder älter sind – auch schon jüngere." Wenn diese Differenz verringert werden könnte, wären nach den Worten Schröders „schon viele Probleme gelöst".

Augsburger Allgemeine, 29.8.2003, S. 1

- 1. Welche Möglichkeiten werden aufgezeigt, um die Lebensarbeitszeit zu verlängern?
- 2. Wie bewerten Sie die Vorschläge?

3. Niedrigere Renten?

Langfristig ist mit einem insgesamt niedrigeren Rentenniveau zu rechnen. Dazu trägt auch der sogenannte **Nachhaltigkeitsfaktor** bei. Demnach sollen künftig die Renten nicht mehr ähnlich wie die Löhne steigen. Entscheidend wird das Verhältnis von Beitragszahlern zu Leistungsempfängern sein. Nimmt also die Zahl der Rentner zu, so sinkt quasi die Rente.

Entwicklung des Brutto-Standardrentenniveaus in Prozent

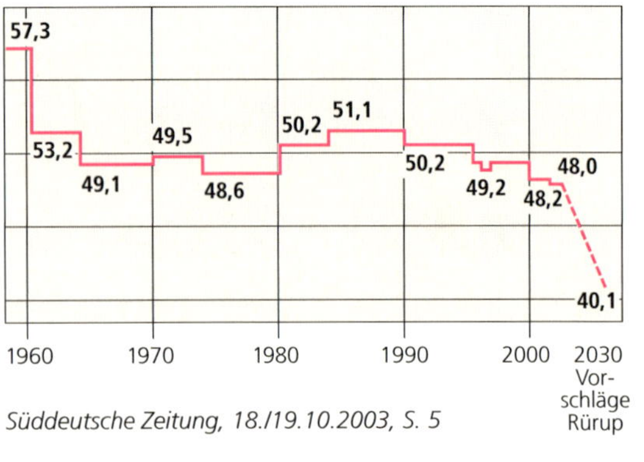

Süddeutsche Zeitung, 18./19.10.2003, S. 5

4. Mehr Gerechtigkeit zwischen den Generationen?

In Zusammenhang mit der Rentendiskussion ergeben sich weitere ungelöste Fragen, etwa die nach der Generationengerechtigkeit oder wie die Kinderlosigkeit vieler Menschen aus Sicht der Rentenversicherung zu bewerten sei.

Generationengerechtigkeit

Ausgerechnet das umlagefinanzierte deutsche Rentensystem belohnt den Verzicht auf Kinder am höchsten. Denn seit je zahlen Arbeitnehmer mit Kindern die gleichen Rentenbeiträge und erwerben die gleichen Anwartschaften wie ihre kinderlosen Altersgenossen. Weil so der Zusammenhang zwischen Altersvorsorge und Kinderaufzucht gänzlich verloren ging, habe das System „auf dramatische Weise die gesellschaftlichen Normen verändert", sagt Sozialreformer Sinn. Weil Eltern zugleich die künftigen Beitragszahler großziehen, sorgen die Sozialabgaben für eine stete Umverteilung der Einkommen von Familien zu Gunsten von Kinderlosen.

An die 100 000 Euro sei ein Kind für die Rentenversicherung der Zukunft wert, kalkuliert Sinn. Über die Anrechnung von Erziehungszeiten erhielten die Mütter (und selten die Väter) mit der Rente gerade mal 11 Prozent dieser Summe zurück – und das auch nur, wenn sie 80 Jahre alt werden.
Nach Ansicht Sinns und der meisten seiner Fachkollegen geht die andauernde Debatte über die Generationengerechtigkeit folglich am Kern des Problems vorbei: An Gerechtigkeit mangele es weniger zwischen Jung und Alt als zwischen Kinderlosen und Eltern innerhalb der jeweiligen Generation, gleich welchen Alters.

Jochen Bölsche, Petra Bornhöft, Annette Bruhns, Horst von Buttler, Anke Dürr, Dietmar Hipp, Hans Michael Kloth, Alexander Neubacher, Norbert F. Pötzl, Harald Schumann, Claudia Voigt. In: DER SPIEGEL 2/2004, S. 44

Stoiber: Rentenbonus für Kinder

Augsburg (dr). Die Union will bei der Rentenreform Familien mit Kindern deutlich entlasten. Dies hat der CSU-Vorsitzende, Bayerns Ministerpräsident Edmund Stoiber, [...] angekündigt.

„Wer Kinder hat und Rentenbeiträge zahlt, erbringt eine Doppelleistung, für die man ihn nicht erst im Alter entlasten muss", sagte Stoiber. Die Union erwägt deshalb, die Familien mit Kindern direkt bei den Rentenbeiträgen zu entlasten. „Es wäre zum Beispiel denkbar, dass man die Rentenbeiträge von Familien mit Kindern monatlich um einen bestimmten Betrag senkt, der ihnen aus Steuern gutgeschrieben wird." Stoiber sprach sich ausdrücklich dagegen aus, kinderlose Ehepaare als Ausgleich höher zu belasten. „Die Erziehungsleistung, die beitragszahlende Familien mit Kindern erbringen, muss aus dem Haushalt honoriert werden". Ein solcher Schritt sei notwenig, weil das Bundesverfassungsgericht eine Entlastung der Familien mit Kindern bei der Pflegeversicherung vorgeschrieben habe. Dies müsse für alle Sozialversicherungen gelten. [...]

Detlef Drewes, Augsburger Allgemeine, 1.9.2003, S. 1

1. Erklären Sie, weshalb die Autoren von einer mangelnden Gerechtigkeit zwischen Eltern und Kinderlosen ausgehen, und zwar innerhalb der jeweiligen Generation?
2. Welchen Vorschlag würden Sie unterstützen, um mehr Generationengerechtigkeit zu erzielen?

5. Vorschläge der Expertenkommissionen

RÜRUP-KOMMISSION

RENTENVERSICHERUNG

- Das gesetzliche **Renteneintrittsalter** steigt von 65 auf 67 Jahre.
- Einführung eines **„Nachhaltigkeitsfaktors"** ab 2005. Das Zahlenverhaltnis Beitragszahler/Rentner dämpft die künftige Rentenentwicklung.
- Anhebung des Finanzpolsters (Schwankungsreserve) der Rentenversicherung.
- Vereinfachung der **Riester-Rente**.

REALISIERUNGS-CHANCEN

Über die Notwendigkeit von Reformen auf Grund der demographischen Entwicklung herrscht Einigkeit, auch die vorgeschlagenen Maßnahmen überschneiden sich in vielen Einzelpunkten. Viele Rentenmaßnahmen bedürfen nicht der Zustimmung des Bundesrates.

HERZOG-KOMMISSION

RENTENVERSICHERUNG

- Das gesetzliche **Renteneintrittsalter** steigt von 65 auf 67 Jahre. Alternativ abschlagsfreier Renteneintritt nach 45 Beitragsjahren.
- Einführung eines **„demographischen Faktors"**. Das Zahlenverhältnis Beitragszahler/Rentner beeinflusst die künftige Rentenentwicklung.
- **Basisrente** 15% über dem Sozialhilfeniveau nach 30 Versicherungsjahren.

Armin Mahler, Alexander Neubacher, Christian Reiermann, Michael Sansa, Janko Tietz, DER SPIEGEL 42/2003, S. 34

Krankenversicherung

In langwierigen Verhandlungen einigen sich Regierung und Opposition über Reformen des Gesundheitswesens, die zum 1. Januar 2004 in Kraft treten. Um den Beitragssatz zu senken werden z. B. erhöhte Zuzahlungen vereinbart und eine Praxisgebühr beschlossen.

Das Hausarztmodell

Als Lotse im Gesundheitssystem sollte der Hausarzt im Krankheitsfall die erste Anlaufstelle sein. Schließlich kennt er den Patienten am besten. Auf diese Weise könnten z. B. teuere Mehrfachuntersuchungen vermieden werden.

Bittere Pillen für Versicherte

Der Kompromiss zur Gesundheitsreform dürfte vielen schwer im Magen liegen

Berlin

[...] Eine ganze Nacht lang hatten SPD-Gesundheitsministerin Ulla Schmidt, CSU-Vize Horst Seehofer und ihre Delegationen noch über Details der Reform gebrütet. „Es waren die schwierigsten Verhandlungen, die ich je geführt habe", gestand Seehofer später. Die größte Sozialreform seit der Wiedervereinigung soll das chronisch difizitäre deutsche Gesundheitswesen in den nächsten Jahren um rund 20 Milliarden Euro entlasten – vor allem auf Kosten von Versicherten und Patienten. [...]

- **Beitragssatz:** Er soll zum Jahreswechsel von durchschnittlich 14,3 auf 13,6 Prozent sinken. Die ursprünglich anvisierten 13 Prozent werden nun erst 2007 erreicht. Um Durchschnittsverdiener und Familien nicht zu überfordern, hat man entschieden, die erforderlichen Einsparungen über mehrere Jahre zu verteilen. Ohne Reform, so Seehofer, wären die Kassenbeiträge zum Jahreswechsel auf mehr als 15 Prozent gestiegen.
- **Zuzahlungen:** Patienten müssen in Zukunft bei allen medizinischen Leistungen zehn Prozent dazuzahlen, auch beim Arztbesuch. Als Faustregel gilt: Mindestens fünf Euro, maximal zehn Euro. Beim Arzt und beim Zahnarzt gilt eine Obergrenze von zehn Euro pro Fall und Quartal. [...] Im Krankenhaus sollen Patienten täglich zehn Euro zuzahlen, und zwar für maximal 28 Tage im Jahr. Bei Medikamenten gilt ebenfalls eine Rezeptgebühr von zehn Prozent und eine Obergrenze von zehn Euro. Insgesamt soll kein Versicherter mehr als zwei Prozent seines Bruttoeinkommens (abzüglich eines Kinderfreibetrages von rund 3500 Euro pro Kind) bezahlen müssen, chronisch Kranke maximal ein Prozent. Kinder und Jugendliche sind von allen Zuzahlungen befreit.
- **Zahnersatz:** Er wird aus dem Leistungskatalog der gesetzlichen Krankenkassen gestrichen. [...] Versicherte können wählen, ob sie die neue Pflicht-Zusatzversicherung bei einer Krankenkasse oder einer Versicherungsgesellschaft abschließen. Geschätzte Kosten: Zwischen 7,50 und zwölf Euro pro Kopf und Monat.
- **Krankengeld:** Die Herausnahme aus dem Leistungskatalog der Kassen wurde ins Jahr 2007 verschoben. Dann müssen die Beschäftigten alleine für das bisher je zur Hälfte von Arbeitgebern und Arbeitnehmern finanzierte Krankengeld aufkommen. Von den bis dahin angepeilten 13 Prozent Kassenbeitrag würden die Unternehmen dann noch 6,08 und die Arbeitnehmer 6,92 Prozent tragen.
- **Apotheken, Pharmaindustrie:** Ein Apotheker darf in Zukunft bis zu drei Filialen betreiben, der Versandhandel von Medikamenten wird zugelassen. [...] Für rezeptfreie Medikamente gibt es keine Preisbindung mehr. [...]
- **Ärzte:** Ihnen droht im nächsten Jahr nicht nur eine Nullrunde. Wer sich nicht regelmäßig fortbildet, muss künftig auch mit Abschlägen beim Honorar rechnen, im Extremfall sogar mit dem Entzug der Zulassung. [...]

Rudi Wais, Allgäuer Zeitung, 23.7.2003

NIE WAR ES SO WERTVOLL WIE ÜBERMORGEN.

- 1. Nehmen Sie Stellung zu den einzelnen Reformpunkten.
- 2. Erklären Sie die Aussage der Karikatur mit eigenen Worten.

Trotz der Gesundheitsreform im Jahre 2004 setzt sich die Diskussion um die Zukunftsform der Krankenversicherung fort. Zwei Modelle werden meist genannt, die Bürgerversicherung und die pauschale Gesundheitsprämie (Kopfpauschale). Die soziale Ausgewogenheit, eine Stärkung der Eigenverantwortlichkeit und die denkbare Einbeziehung zusätzlicher Einkunftsarten, wie Zinsen und Mieten, werden in diesem Zusammenhang diskutiert.

RÜRUP-KOMMISSION

KRANKENVERSICHERUNG

In der Frage eines Systemwechsels in der Krankenversicherung kam die Rürup-Kommission zu keinem gemeinsamen Votum. Zur Wahl steht:

- entweder eine **Kopfpauschale,** die unabhängig von Einkommen oder Alter der Versicherten fällig wird. Solidarausgleich für Geringverdiener aus Steuermitteln;
- oder eine **Bürgerversicherung,** in die alle, auch Beamte und Selbständige, einzahlen. Bei der Bürgerversicherung sollen sämtliche Einkünfte, etwa auch Mieten und Zinsen, zu Grunde gelegt werden.

REALISIERUNGS-CHANCEN

Der Streit über eine Kopfprämie oder die Bürgerversicherung zieht sich quer durch die Parteien. Einem Systemwechsel müssten sowohl Bundestag als auch Bundesrat zustimmen. Eine Entscheidung ist derzeit unwahrscheinlich. Denkbar sind eher weitere Reformen innerhalb des bestehenden Systems.

HERZOG-KOMMISSION

KRANKENVERSICHERUNG

- Eine **Kopfpauschale** von rund 260 € soll ab 2013 den einkommensabhängigen Krankenversicherungsbeitrag ablösen.
- **Ausgleichszahlungen** aus Steuermitteln für Geringverdiener.
- Der **Arbeitgeberanteil** wird eingefroren und dem Arbeitnehmer steuerfrei als Lohn ausgezahlt.
- Das **Krankengeld** wird vom Arbeitgeber finanziert.
- Für **Zahnbehandlungen** muss eine private Versicherung abgeschlossen werden.

Armin Mahler, Alexander Neubacher, Christian Reiermann, Michael Sansa, Janko Tietz, DER SPIEGEL 42/2003, S. 34

Eine Gesundheitsreform, die garantiert wirkt:

- Sport treiben
- gesund essen
- viel Bewegung
- drogenfrei und rauchfrei leben

Pflegeversicherung

Auch bei der jüngsten Sozialversicherung kündigen sich bereits Reformen an.

Pflege: Grüne wollen eine Radikalreform

Berlin (dpa). Grünen-Fraktionschefin Göring-Eckardt hat eine radikale Reform der Pflegeversicherung gefordert. Es sei „nicht gerecht“, dass die Versicherung unabhängig vom Einkommen „gleiche Leistungen für alle vorhält“. Rentner und Besitzer großer Erbschaften sollten stärker an den Pflegekosten beteiligt werden. Direkte Pflegeleistungen müssten die gesetzlichen Krankenkassen bezahlen. Das Bundessozialministerium wies die Forderungen zurück.

Allgäuer Zeitung, 7.8.2003, S. 1

Ein Pflegefall

Die Pflegeversicherung, erst 1995 als fünfte Säule des Sozialsystems eingeführt, ist binnem kurzem selber zu einem Pflegefall geworden. Die Einnahmen reichen nicht aus, um mit den Ausgaben Schritt zu halten. Mit fatalen Folgen. Der Leistungsanspruch der Versicherten schrumpft; immer mehr Pflegebedürftige landen in der Sozialhilfe, was ja vermieden werden sollte. Nur dank des Polsters aus den Anfangsjahren kann der Beitragssatz stabil gehalten werden. Noch.
Katrin Göring-Eckardt, die forsche Fraktionschefin der Grünen, fordert als erste offen die Abschaffung der Pflegeversicherung und geißelt ihre Einführung als „politischen Fehler“. Auch wenn die Regierung abwiegelt, Göring-Eckardt hat eine Debatte eröffnet, die überfällig ist. [...]

Martin Ferber, Allgäuer Zeitung, 7.8.2003, S. 2

RÜRUP-KOMMISSION

PFLEGEVERSICHERUNG

- Höhere Beiträge für **Rentner.**
- Aufbau eines **Kapitalstocks** über individuelle Konten.
- **Regelmäßige Anpassung** des Leistungsniveaus (Dynamisierung).
- Langfristige **Stabilisierung** des heutigen Beitragssatzes.

REALISIERUNGS-CHANCEN

Trotz Übereinstimmung bei der groben Reformlinie gibt es zahlreiche Streitpunkte.

HERZOG-KOMMISSION

PFLEGEVERSICHERUNG

- Erhöhung des **Versicherungsbeitrags** von 1,7% auf 3,2 zum Aufbau einer Kapitaldeckung.
- **Regelmäßige Anpassung** des Leistungsniveaus (Dynamisierung).
- Aufgabe eines **Feiertags bzw. Urlaubstags** zur Reduzierung der Lohnnebenkosten.

Armin Mahler, Alexander Neubacher, Christian Reiermann, Michael Sansa, Janko Tietz, DER SPIEGEL 42/2003, S. 34

3.4. Möglichkeiten der privaten Vorsorge

Ein langfristig sinkendes Rentenniveau oder zunehmende Zuzahlungen und Eigenbeteiligungen bei den Kosten des Gesundheitswesens bedeuten, dass die Möglichkeiten privater Vorsorge immer wichtiger werden. Der Grundgedanke ist ziemlich einfach: Wer frühzeitig und in eigener Verantwortung vorsorgt, wird im Alter, bei Krankheit und anderen Wechselfällen des Lebens besser gestellt sein. Hauptsächlich geht es dabei um eine Ergänzung zu den sozialen Sicherungssystemen. Der Staat gewährt zu einer Reihe von Maßnahmen finanzielle Unterstützungen, denn auch er hat ein Interesse daran, dass Bürgerinnen und Bürger privat vorsorgen und somit den Sozialstaat eines Tages nicht beanspruchen müssen.
Es ist jedoch zu prüfen, wie viel des Einkommens für private Vorsorge verfügbar ist und welche Angebote für die eigene Lebenssituation besonders geeignet sind.

Immobilienbesitz
Viele Familien in Deutschland kaufen eine Wohnung oder ein Haus. Dazu ist ein gewisses Startkapital notwendig, je mehr, desto besser. Banken, Bausparkassen oder Versicherungen finanzieren die restliche Kaufsumme. In einem Finanzierungsplan wird dann festgelegt, welche Zinsen zu zahlen und bis zu welchem Zeitpunkt die Schulden getilgt sein sollen. Mit einer Immobilie kann man sich langfristig einen Vermögenswert schaffen und hat im Alter die Gewissheit, keine Miete mehr zahlen zu müssen. Mit der Eigenheimzulage und Förderungsmöglichkeiten des Bausparens unterstützt der Staat diese Form der privaten Vorsorge.

Tilgungsplan für ein Hypothekendarlehen in Höhe von 50 000,– €
– dargestellt in Zeitabständen von 5 Jahren –
7,5% Zins, 1% Tilgung, Laufzeit = 29,6 Jahre

Jahr	Darlehensstand €	Jährlich zu zahlen €	davon Zinsen €	davon Tilgung (Rückzahlung) €
1	50 000	4 250	3 750	500
5	47 763	4 250	3 582	668
10	43 883	4 250	3 291	959
15	38 313	4 250	2 877	1 376
20	30 318	4 250	2 274	1 976
25	18 840	4 250	1 413	2 837
30	2 360	2 460	100	2 360
		125 710	75 710	50 000

Nach: Akademische Arbeitsgemeinschaft, Geldtipps, Handbuch der günstigen Geldanlage, 2003, Seite 1 (12), Untergruppe 10a, Auszug

Anmerkung: Der Zinssatz von 7,5% entspricht einem langjährigen Durchschnittswert. Derzeit sind die Zinsen niedriger, so dass die jährliche Belastung geringer wäre als in der Tabelle dargestellt. Da jedoch Znissätze üblicherweise für etwa 5 bis 10 Jahre vereinbart werden, muss das Darlehen nach Ablauf der Zinsbindung zum dann üblichen Zinssatz verlängert werden.

Sparen

Regelmäßiges und konsequentes Sparen führt ebenfalls zur Bildung eines eigenen Vermögensaufbaus. Es hängt von der persönlichen Risikobereitschaft und den Renditeabsichten ab, welche Sparform gewählt wird. Sparverträge oder Bundesschatzbriefe gelten dabei als sehr sichere Anlage. Höhere Gewinne können sich beim Kauf von Aktien ergeben, jedoch besteht gleichzeitig auch das Risiko, Teile seines Kapitals zu verlieren. Wer beispielsweise im Jahre 2000 bei sehr hohem Kursstand kaufte, musste über Jahre Verluste hinnehmen. Finanzprofis raten daher, niemals alles auf eine Karte zu setzen. Wer sein Erspartes auf mehrere Verträge oder Aktien aufsplittet, der verteilt bzw. reduziert sein Risiko.

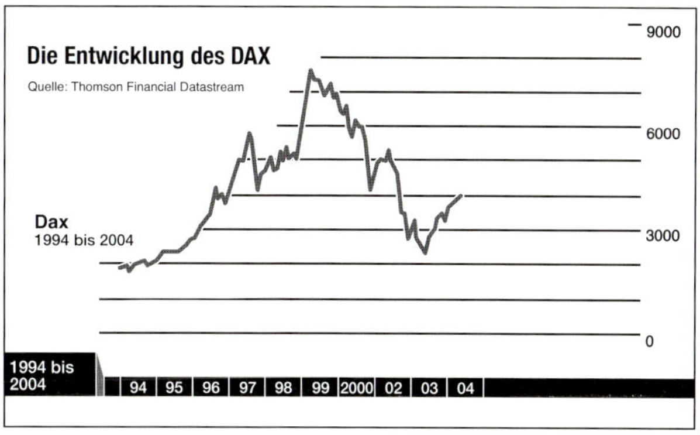

Der Deutsche Aktienindex (DAX)

zeigt die langfristige Entwicklung der Aktienkurse. Zu beachten ist, dass es neben den Gewinnaussichten auch das Risiko von Verlusten gibt.

Mit kleinen Raten zum großen Geld

Jeden Monat etwas zurücklegen – ein guter Vorsatz, der sorgfältig geplant sein will. Ob es nun das erste Einkommen ist, von dem regelmäßig etwas abgezweigt werden soll, die Oma Geld für ihre Enkel auf die Seite legt, oder die Eltern, die einen Kapitalstock für die spätere Ausbildung ihrer Kinder oder ihre Altersvorsorge aufbauen müssen – es lohnt sich, systematisch zu sparen, [...] auch mit niedrigen Beträgen [...]

Was aus € 100,– monatlich im Laufe der Jahre wird

nach so viel Jahren	eigene Zahlung in €	Endkapital in € bei einer Verzinsung pro Jahr von ...			
		3%	5%	7%	8%
5	6 000	6 474	6 810	7 163	7 345
10	12 000	13 980	15 502	17 208	18 137
15	18 000	22 681	26 596	31 298	33 994
20	24 000	32 768	40 754	51 060	57 294
25	30 000	44 462	58 824	78 777	91 529

Das Endkapital ergibt sich dabei jeweils unter Berücksichtigung von Zins und Zinseszinsen, setzt also voraus, dass die zum Jahresende angefallenen Zinsen ebenfalls (zum ursprünglichen Zins) wieder angelegt werden.

Die Tabelle zeigt die angenehme Seite hoher Zinsen: Der am Laufzeitende angesparte Betrag steigt mit zunehmender Verzinsung beträchtlich. [...] Vielen Sparern fehlt die Vorstellung davon, wie konsequentes Sparen über lange Zeiträume auch bei kleineren Beträgen zu einem ansehnlichen Kapital führt.

Beispiel:
Eltern verwenden von ihrem monatlichen Kindergeld einen Betrag von € 150,– für einen Ansparplan. Nach 15 Jahren beträgt bei einer angenommenen Verzinsung von 3% das Vermögen € 34 022,–, während es bei 7% Rendite auf € 46 947,– anwächst. Eine Verzinsung von 8% führt zu einem Betrag von € 50 991,– – ein Wert, der in der Vergangenheit mit guten Aktienfonds durchaus zu erzielen war. Die Eigenleistung während dieser 15 Jahre beträgt übrigens € 27 000,–. [...]

Akademische Arbeitsgemeinschaft, Geldtipps, Handbuch der günstigen Geldanlage, 2003, Seite 1 (20) und 1 (21), Untergruppe 4a

Staatlich geförderte private Vorsorge

Der Staat unterstützt seit Jahren vermögenswirksame Leistungen als spezielle Form des Sparens. Die „Riester-Rente", benannt nach dem ehemaligen Bundesarbeitsminister, und die so genannten Betriebsrenten (vgl. Seite 58) werden ebenfalls von staatlicher Seite finanziell gefördert. Auf diese Weise will man Anreize schaffen, damit möglichst viele Beschäftigte vorsorgen, als Ergänzung zur gesetzlichen Rente.

Sparhilfe vom Staat

Vermögenswirksame Leistungen (VL) sind Geldbeträge, die der Arbeitgeber für den Arbeitnehmer direkt in einen bestimmten Sparvertrag anlegt. Als Anlageprodukte kommen unter anderem in Frage: Wertpapier-Sparverträge, Bausparverträge, aber auch ganz normale Banksparverträge oder Kapitallebensversicherungen. [...]
Bei Investment- oder Bausparverträgen fördert der Staat die Vermögensbildung bis zu einer bestimmten Einkommenshöchstgrenze [...] mit der so genannten Arbeitnehmer-Sparzulage.
[...]
Dazu kommen noch je nach Branche und Tarifvertrag Zuschüsse vom Arbeitgeber. Vergleichsweise wenig gibt es im öffentlichen Dienst, wo sich vL-Sparer mit 6,65 Euro pro Monat begnügen müssen. Deutlich mehr bietet die westdeutsche Metall- und Elektroindustrie mit 26,59 Euro. Traditionelle Spitzenreiter sind die Beschäftigten im privaten Bank- und Versicherungsgewerbe, die von ihren Arbeitgebern pro Monat 40 Euro für die Vermögensbildung bekommen.

Thomas Hammer, Süddeutsche Zeitung, 16./17.8.2003, S. 25

■ 1. Wer vermögenswirksame Leistungen über Jahre spart, verzichtet zunächst auf einen Teil seines Einkommens. Welche Meinung haben Sie zu dieser Form des Sparens?

Sparmöglichkeiten – nicht für alle?

Immer weniger Menschen in Deutschland haben die notwendigen finanziellen Spielräume, ihnen bieten sich kaum Möglichkeiten der privaten Vorsorge. Dieser Personenkreis wird daher von Kürzungen im Bereich der Sozialversicherungen besonders betroffen sein.

Verbraucher haben weniger Geld

43 Prozent der Haushalte können nicht einmal 100 Euro im Monat sparen

Hamburg (AP) – Die Deutschen haben immer weniger Geld zur freien Verfügung. Rund 43 Prozent der Haushalte könnten neben ihren üblichen Lebenshaltungskosten nicht einmal 100 Euro monatlich zurücklegen, selbst wenn sie es wollten, heißt es in einer am Montag in Hamburg vorgestellten Verbraucher-Analyse für das Jahr 2003. Vor zwei Jahren lag dieser Anteil nur bei 37,3 Prozent. [...]
Mehr als ein Fünftel der deutschen Haushalte hatte im Jahr 2001 noch mehr als 300 Euro monatlich zur freien Verfügung, mittlerweile gehören aber nur noch 16,9 Prozent zu den Betuchteren. Der finanzielle Spielraum der Bevölkerung werde immer enger, so die Folgerung der Studie. [...]

Süddeutsche Zeitung, 9.9.2003, S. 24

■ 2. Die Sparquote lässt sich erhöhen durch Senkung von Ausgaben, z. B. durch Konsumverzicht oder durch zusätzliche Tätigkeiten, z. B. Überstunden oder Nebentätigkeiten, wie Mini-Jobs. Welche Möglichkeiten sehen Sie in Ihrer Situation?

3.5. Individualversicherungen – sinnvoll oder überflüssig?

Die Unwägbarkeiten des Privatlebens können mit diversen Versicherungen individuell abgesichert werden. Es gilt, in Eigenverantwortung abzuwägen, welcher Versicherungsschutz in einer bestimmten Lebenssituation sinnvoll erscheint und welchen Betrag man monatlich hierfür erübrigen will und kann.

Grundsätzlich sollten Risiken versichert werden, die im Schadensfall zu besonders großen finanziellen Problemen führen können, z. B. bei Haftpflichtschäden. Weniger sinnvoll wäre es, einen Versicherungsschutz anzustreben für Gegenstände, die man gegebenenfalls auch aus eigener finanzieller Kraft bei einem Schaden ersetzen könnte. Dies gilt z. B. für die Vollkaskoversicherung älterer Fahrzeuge oder im Urlaub für das Reisegepäck. Da die Versicherungsbranche ihre Produkte verkaufen möchte, liegt es jeweils am Verbraucher, sich zu informieren, zu vergleichen und kritisch Kosten und Nutzen gegenüber zu stellen.

Von besonderer Bedeutung sind die Angebote der privaten Versicherungsunternehmen für all die Personenkreise, die nicht der gesetzlichen Versicherungspflicht unterliegen. Selbstständige beispielsweise sind auf private Krankenkassen angewiesen.

Private Versicherungsunternehmen finanzieren sich nach dem Prinzip des Gleichgewichts von Einnahmen und Ausgaben. War der Schadensverlauf günstiger, werden Beitragsrückerstattungen gewährt oder Beiträge gesenkt. Übertreffen jedoch die Ausgaben die Einnahmen, müssen die Beiträge erhöht werden. Im Gegensatz zu den gesetzlichen Sozialversicherungen ist die Höhe der Prämie nicht vom Einkommen, sondern vom Risikograd abhängig.

Bei manchen Versicherungen ist die Prämie auch abhängig von der Höhe der Selbstbeteiligung, z. B. bei der Fahrzeugvollversicherung. Dabei gilt: Je höher die Selbstbeteiligung, desto geringer die Prämie. Verursacht der versicherte Fahrzeughalter einen Unfall, bei dem sein eigenes Auto beschädigt wird, so muss er einen Teil des Schadens selbst tragen. Erst das, was über seine Selbstbeteiligung hinausgeht, wird von seiner Fahrzeugvollversicherung übernommen.

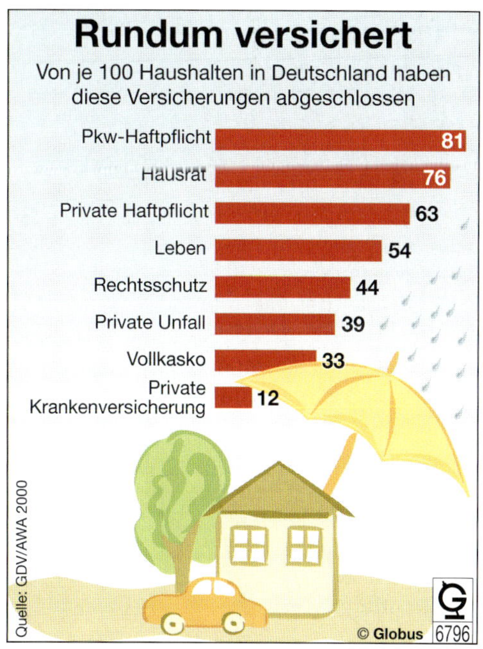

Karl Valentin soll einmal Folgendes formuliert haben:

„Eine Versicherung ist etwas, was man eigentlich nie brauchen müssen möchte, aber doch einfach wollen muss, weil man sie immer brauchen tun könnte."

Versicherbar ist so ziemlich alles

Letztlich ist es nur eine Frage des mit mathematischen Mitteln errechenbaren Risikos und der Versicherungsprämie: Fußballer versichern ihre Beine, Pianisten ihre Finger und Models ihre Figur. Vielleicht kennen Sie aus der Presse weitere Beispiele.

Hoffentlich nicht falsch versichert

Sicher kann ganz schön teuer sein. Da schadet es nichts, von Zeit zu Zeit zu fragen: Brauche ich diese Versicherung wirklich?

Mehr als 125 Milliarden Euro Beiträge flossen 2000 in die deutsche Versicherungswirtschaft. [...] Dabei ist gar nicht sicher, dass all diese Policen auch wirklich notwendig sind. Oder es werden zu hohe Beiträge gezahlt. Auf der anderen Seite fehlt in vielen Haushalten der entscheidende Versicherungsschutz. Überprüfen Sie selbst, welche Versicherungen für Sie sinnvoll sind und worauf Sie verzichten können.

FAST IMMER ÜBERFLÜSSIG

- Eine **Glasbruchversicherung** – ein solcher Schaden tritt selten ein und wirft kaum jemanden um.
- Eine **Insassen-Unfallversicherung** – weil sie durch die Kfz-Haftpflichtversicherung weitgehend abgelöst wurde und außerdem eine normale private Unfallversicherung Auto-Unfallschäden mit einschließt.
- Eine **Reisegepäckversicherung** – weil sie mehr Ausschlüsse als Leistungsgründe kennt.
- Eine **spezielle Urlaubs-Haftpflicht- und Unfallversicherung** – weil solche Risiken in den Ferien meist nicht größer sind als in der übrigen Jahreszeit – und weil außerdem die Versicherungssummen für den Ernstfall zu niedrig sind.

EMPFEHLENSWERT

- **Für alle:**
  Eine **Privat-Haftpflichversicherung** sollte wirklich jeder haben. Sie schützt vor (möglichen) Millionenforderungen, wenn Sie oder ein Mitglied Ihrer Familie einem anderen einen körperlichen oder Sachschaden zufügen.
  Eine **Hausratversicherung**. Wer 600 € pro Quadratmeter Wohnfläche versichert, muss im Schadenfall nicht befürchten, er sei „unterversichert" (was eine geringere Zahlung zur Folge hätte).
- **Für Autofahrer:**
  Eine **Kfz-Haftpflichtversicherung**. Sie ist obligatorisch und schützt wie die Privathaftpflicht gegen unkalkulierbare finanzielle Unfallfolgen.
- **Für Hausbesitzer:**
  Eine **Wohngebäudeversicherung** sollte für Sie als Hausbesitzer selbstverständlich sein, wenn Sie nach einem Brand oder einer Überschwemmung nicht auch finanziell „im Freien" stehen wollen.
  Eine **Öltankversicherung** wird vor allem für Behälter unter der Erde abgeschlossen, weil hier besonders hohe Schäden eintreten können (Grundwasserverunreinigung).
- **Für Tierfreunde:**
  Eine **Haftpflichtversicherung für Hund oder Pferd** schützt gegen Schäden, die das Tier verursacht. Sie kann dieselbe Bedeutung haben wie die private Haftpflichtversicherung.
- **Für Urlauber:**
  Eine **Auslandsreise-Krankenversicherung** ist beinahe ein „Muss" – egal, ob Sie gesetzlich oder privat krankenversichert sind. Für die gesetzlich Krankenversicherten kann sie der einzige Schutz sein (etwa in Ländern, mit denen kein Sozialversicherungsabkommen besteht).
- **Für Familien:**
  Eine **Risiko-Lebensversicherung** empfiehlt sich, wenn Sie eine Familie zu versorgen haben, die im Falle Ihres Todes finanziell abgesichert sein soll.

INDIVIDUELL PRÜFEN

- Eine **Kapital-Lebensversicherung** schließen diejenigen ab, die bequem und sicher (wenn auch nicht mit der höchstmöglichen Rendite) ihren Ausstieg aus dem Erwerbsleben sowie ihre Familie finanziell absichern wollen.
- Eine **private Rentenversicherung** – neben der gesetzlichen Rentenversicherung – kann vor allem mit Blick auf die geplante steuerliche Förderung der privaten Altersvorsorge sinnvoll sein.
- Eine **Berufsunfähigkeitsversicherung** ergänzt die Ansprüche aus der gesetzlichen Rentenversicherung. In den ersten fünf Jahren einer Berufsunfähigkeit kann sie gegebenenfalls ein Vollersatz sein.
- Eine **private Krankenversicherung** ist im Regelfall nur für Selbstständige und solche Arbeitnehmer bedeutsam, die nicht (mehr) versicherungspflichtig sind und nicht die freiwillige gesetzliche Krankenversicherung gewählt haben.
- Eine **Unfallversicherung** schützt zum Beispiel Hausfrauen und Kinder gegen Invalidität; Arbeitnehmer können sich durch eine solche Police auch gegen Unfallfolgen in der Freizeit versichern. Allerdings: Eine private Berufsunfähigkeitsversicherung schließt dieses Risiko bereits mit ein.
- Eine **Kfz-Teilkaskoversicherung** wird wichtig, wenn Ihr Auto oder Motorrad gestohlen wurde.
- Eine **Kfz-Vollkaskoversicherung** schließen Sie ab, wenn Sie Ihr (selbstverschuldetes) Unfallrisiko hoch einschätzen.
- Eine **Fahrradversicherung** kann sinnvoll sein, wenn Sie eine „High-tech"-Ausführung fahren.
- Eine **Rechtsschutzversicherung** lässt Sie juristischen Streitigkeiten gelassen entgegen sehen.

gesichertes Leben 4/2001, S. 4 u. 5

1. Befragen Sie Freunde und Familienangehörige nach deren Versicherungsschutz und den monatlichen Kosten.
2. Informieren Sie sich bei Versicherungsgesellschaften nach Preisen und Leistungen für einzelne Individualversicherungen.
3. Vergleichen Sie die Versicherungsbedingungen („Kleingedrucktes") verschiedener Anbieter, auch im Hinblick auf Leistungsausschlüsse und wahrheitswidrige Angaben in einem Versicherungsantrag.

■ 1. Welche Kritik wird mit der Karikatur geäußert?

Der Versicherungsschutz sollte der jeweiligen Lebenssituation angepasst werden. Insbesondere in der Familienphase wird der Abschluss einiger Versicherungen als besonders empfehlenswert betrachtet. Hingegen haben Alleinstehende, egal ob jung oder alt, einen eher geringeren Bedarf an Individualversicherungen.

Wer braucht welche Versicherung?

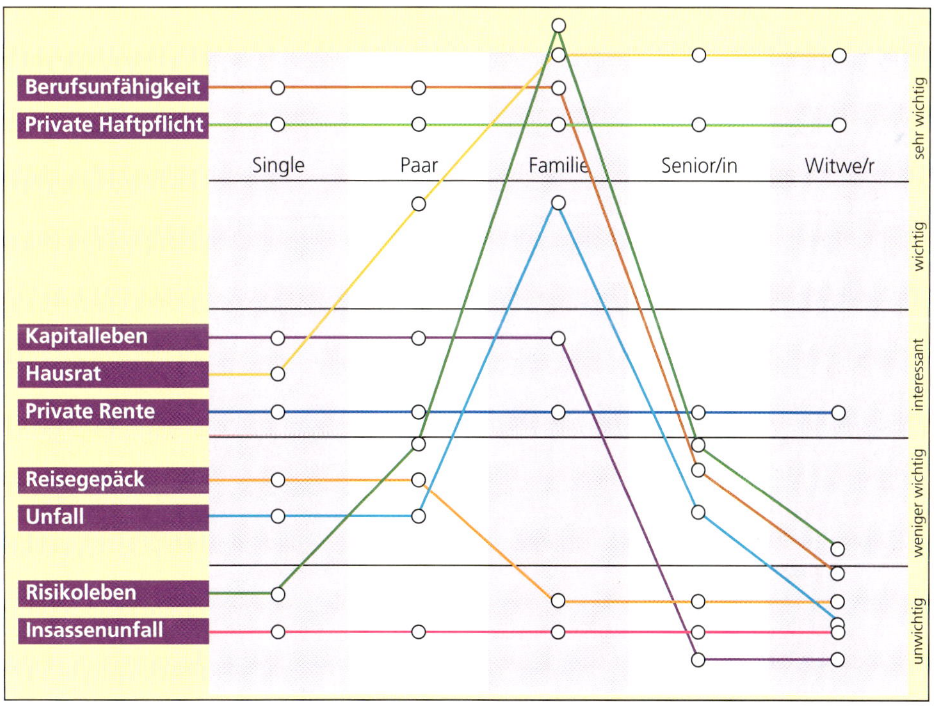

Capital, H. 12, 1997, S. 256 f.

■ 2. Suchen Sie nach Erklärungen für die einzelnen Kurvenverläufe.

Pflichten des Versicherten

Um den Versicherungsschutz nicht zu gefährden, sollten Sie
- Ihrem Versicherer jeden Schaden sofort schriftlich und außerdem vollständig und wahrheitsgemäß melden,
- alles tun, um den Schaden zu mindern,
- zur Aufklärung des Tatbestandes die entsprechenden Auskünfte erteilen und, falls möglich, Belege vorlegen,
- bei Brand und Einbruchdiebstahl der Polizei unverzüglich Anzeige erstatten,
- ohne Zustimmung Ihres Versicherers keine Ansprüche des Geschädigten anerkennen,
- einen Todesfall innerhalb von 48 Stunden melden,
- Fahrzeuge nur in verkehrssicherem Zustand und mit gültiger Fahrerlaubnis nutzen,
- im Antrag auf eine Kranken- oder Lebensversicherung Fragen zum Gesundheitszustand wahrheitsgemäß und vollständig beantworten.

Bundesaufsichtsamt (Berlin)

Die privaten Versicherungen werden von dem Bundesaufsichtsamt in Berlin kontrolliert. Diese Behörde kann auch von den Bürgern als Beschwerdeinstanz angegangen werden. Häufige Anfragen beziehen sich darauf, ob in einem gewissen Schadensfall überhaupt Versicherungsschutz besteht oder warum die Regelung eines Schadensfalles so lange dauert. Die Überprüfung einer Beschwerde ist kostenlos.

ZUSAMMENFASSUNG

Fachbegriffe

Demographischer Wandel – Agenda 2010 – Geburtenrate – Lebensarbeitszeit – Kostenexplosion – Rentenreform – Rürup-Kommission – Herzog-Kommission – Nachhaltigkeitsfaktor – Generationengerechtigkeit – Gesundheitsreform – Bürgerversicherung – Kopfprämie – private Vorsorge – Immobilienbesitz – Sparverträge – vermögenswirksame Leistungen – Riester-Rente – Betriebsrente – Individualversicherungen

Die Systeme der sozialen Sicherheit befinden sich in einer schwierigen Krise und sind an die Grenzen der Finanzierbarkeit gestoßen. Steigende Abgaben belasten die Netto-Löhne und hohe Lohnnebenkosten verteuern insgesamt die Arbeitsstunden in Deutschland, was die internationale Konkurrenzfähigkeit erschwert. Eine wichtige Ursache für diese Entwicklung liegt im Altersaufbau der Gesellschaft. Die Menschen werden älter und die Geburtenrate hat sich seit den 60-er Jahren deutlich reduziert. So müssen bereits jetzt immer weniger Junge die Renten der Alten zahlen. Dieses Problem wird sich in den kommenden Jahrzehnten noch verschärfen, der Generationenvertrag ist gefährdet. Die anhaltende Massenarbeitslosigkeit und eine sinkende Lebensarbeitszeit führen zu Einnahmeausfällen bei den Sozialversicherungen und gleichzeitig zu erhöhten Belastungen, z. B. für die Arbeitslosen- und die Rentenversicherung. Im Gesundheitswesen steigen die Kosten seit langem, wofür es unterschiedlichste Gründe gibt.

Die von der Bundesregierung eingesetzte Rürup-Kommission erarbeitet Lösungsvorschläge, ebenso die Herzog-Kommission für die CDU. Es beginnt zwischen den politischen Lagern ein intensives Ringen um einvernehmliche Entscheidungen. Bei der Rentenversicherung sollen die Beitragssätze möglichst nicht weiter erhöht, jedoch die Lebensarbeitszeit verlängert werden. Langfristig wird das Rentenniveau fallen, auch wegen des eingeführten Nachhaltigkeitsfaktors. Demnach sinkt die Rente, wenn die Zahl der Beitragszahler abnimmt bzw. die der Rentner zunimmt.

Um die Beitragssätze zur Krankenversicherung zu senken, tritt ab 2004 eine Gesundheitsreform in Kraft, z. B. mit höheren Zuzahlungen oder der neu eingeführten Praxisgebühr. Zahnersatz wird künftig gestrichen und soll privat abgesichert werden. Als weitere Reformschritte werden die Einführung einer Bürgerversicherung oder einer pauschalen Gesundheitsprämie (Kopfpauschale) diskutiert. Auch die Finanzierung der Pflegeversicherung gilt inzwischen als gefährdet, so dass es in diesem Bereich ebenfalls Reformbedarf gibt.

Künftig wird die private Vorsorge immer bedeutsamer werden, als Ergänzung zu den Sozialversicherungen. Viele Familien streben mit einer Immobilie an, im Alter mietfrei zu wohnen. Regelmäßiges Sparen ermöglicht die Bildung eines gewissen Vermögenswertes, sei es z. B. als Sparvertrag oder als Aktienanlage. Der Staat unterstützt durch Zuschüsse die Vermögensbildung. Besonders bekannt sind die vermögenswirksamen Leistungen, das Bausparen oder die „Riester-Rente". Bedenklich ist, dass derzeit über 40 Prozent der deutschen Haushalte nicht in der Lage sind, wenigstens 100 Euro zu sparen. Damit wird private Vorsorge für viele kaum verwirklichbar sein.

Die finanziellen Folgen der Risiken des Privatlebens können individuell versichert werden. Wichtig wäre, dass der Versicherungsschutz auf die persönliche Lebenssituation und die finanziellen Möglichkeiten abgestimmt ist. Auch sollten vor allem solche Risiken abgesichert werden, die mit hohen finanziellen Folgen verbunden sein können.

Es ist zu erwarten, dass die Gesamtthematik der sozialen Sicherheit auch in den nächsten Jahren ein zentraler politischer Problembereich sein wird.

AUFGABEN

1. Soziale Sicherheit heute – und vor 50 Jahren:

1.1. Befragen Sie ältere Mitmenschen nach deren Erinnerungen und dokumentieren Sie diese Äußerungen. Laden Sie Zeitzeugen in Ihre Klasse ein.

1.2. In welchen Bereichen könnten Sie sich heute am ehesten Abstriche bei den sozialen Leistungen vorstellen? Gestalten Sie mit den Ergebnissen Ihrer Überlegungen gemeinsam eine Wandzeitung. Lassen Sie genügend Platz, damit andere die Vorschläge kommentieren können.

1.3. Welche Reformen sind Ihrer Meinung nach derzeit vordringlich? Begründen Sie Ihre Auffassung.

Recht

1 Das Recht in Gesellschaft und Staat

1.1 Aufgaben des Rechts

Das Recht umfasst alle Lebensbereiche der Menschen und ordnet sie.

Fall
„Achtung, auf der A8 kommt Ihnen ein Falschfahrer entgegen; fahren Sie äußerst rechts und überholen Sie nicht!"

Was ist passiert? Ein Autofahrer hat sich nicht an die **Straßenverkehrsordnung** gehalten und damit andere Menschen gefährdet. Die Missachtung von Ordnungen betrifft immer auch andere Menschen. Auf einsamen Almwegen ist Linksfahren vermutlich bedeutungslos.

Das Recht ordnet das Zusammenleben der Menschen

Von jung auf erfährt und lernt der Mensch, wie man mit anderen Menschen zusammenlebt und überlebt. Er wächst in soziale Gemeinschaften hinein, wie Familie, Schule und Arbeitswelt. In diesem Netz von Beziehungen haben sich eingefahrene und dauerhafte Verhaltensmuster herausgebildet, die anerkannt und beachtet werden.
Die Erwartungen in Bezug auf das Handeln der Mitglieder einer Gesellschaft nennt man **Normen**. Manche Normen werden als **Gesetze**, **Verordnungen** und **Satzungen** besonders verankert bzw. verbindlich festgelegt. In der Regel räumen sie **Rechte** ein oder legen **Verpflichtungen** auf: Recht auf Fürsorge, Erziehung, Bildung oder die Pflicht Bildungseinrichtungen zu besuchen oder den Wehrdienst abzuleisten.
Wenn diese Gesetze in einem sach-logischen Zusammenhang stehen, sprechen wir von **Ordnung**. Wir kennen die Schulordnung, die Straßenverkehrsordnung oder die Gewerbeordnung. Die Gesamtheit aller Gesetze, mit denen wir die Beziehungen der Menschen untereinander regeln, ist die **Rechtsordnung**. Problematisch werden Ordnungen dann, wenn sie zum Selbstzweck werden: Ordnungen sind Mittel, um bestimmte Ziele zu erreichen, wie z. B. Sicherheit auf den Straßen, Freiheit und Gerechtigkeit im Staatswesen, Friede zwischen Menschen und Gruppen.

Die Rechtsordnung als Teil der Sozialordung:

Rechtsordnung
(positives Recht)
auf Grundlage der „Gerechtigkeitsidee"

- **Sitte**
  erlernte Regeln für bestimmte Verhaltensweisen
- **Moral**
  erlernte innere Einstellungen

- Gesetze
- Rechtsverordnungen
- Autonome Satzungen

Gewohnheitsrecht
(ungeschriebenes Recht)

Soziale Normen

sind Regeln, die das Verhalten der Menschen in einer Gesellschaft bestimmen.

Sitte

Als Sitte bezeichnet insbesondere die Soziologie das erwartete Mussverhalten in einer Gesellschaft. Die Menschen leisten ihr Folge, weil sie sich innerlich dazu verpflichtet fühlen.

Brauch

Dies ist eine Verhaltensnorm mit Sollcharakter; ihre Einhaltung ist erwünscht (z. B. Geschenke, Kleidung, Jahresgedächtnisse, Riten).

Recht

ist die Rechtsordnung, d. h. die Gesamtheit aller Rechtsvorschriften; sie regeln die Beziehungen der Menschen untereinander und zum Staat.

Recht sichert Frieden

Die Sicherung des Friedens leistet die Rechtsordnung auf dreifache Weise:

- Gewaltanwendung ist dem Einzelnen untersagt; der Staat besitzt ein **Gewaltmonopol**.
- Die Bürger müssen ihr Recht bei **staatlichen Gerichten** suchen und mit Hilfe **staatlicher Gewalt** durchsetzen. Dafür muss der Staat Rechtsvorschriften zur **Konfliktlösung** bereitstellen. So können Streitigkeiten „rationalisiert", d. h. auf sachliche Standpunkte reduziert und nur mit Sachargumenten ausgefochten werden.
- Das Recht hilft zur **Konfliktvorbeugung**. Wenn jeder weiß, welche Voraussetzungen zu erfüllen sind, um eine bestimmte Leistung zu erhalten, wann der Staat eingreifen darf oder was strafbar ist, bestehen Sicherheiten, die viele Konflikte erst gar nicht entstehen lassen (Vorbeugungsfunktion).

Goethe:

„Nur das Gesetz kann uns die Freiheit geben."

Recht sichert und begrenzt die Freiheit

Das Recht schützt

- **die Bürger vor den Übergriffen des Staates:** Insbesondere die Geschichte der Menschenrechte und der Verfassungen spiegelt die Bemühungen wider, der Willkür staatlicher Macht Grenzen zu setzen: Die Garantie der Grundrechte, der Gewaltenteilung sowie die Bindung staatlicher Gewalt an Gesetz und Recht (Art. 1 (3) GG) und das Verwaltungsrecht schützen den persönlichen Freiheitsraum der einzelnen Bürger.
- **die Bürger vor Übergriffen anderer:** Indem die Rechtsordnung die Freiheit des Einzelnen beschränkt, schafft sie „Freiheit für alle". Jedem alle Freiheiten zuzugestehen, würde zur Herrschaft der Macht des Stärkeren führen, in Wahrheit also zu einem Zustand der Unfreiheit. Vergangene und gegenwärtige Diktaturen haben gezeigt, wozu Menschen fähig sind, wenn ihnen alle Machtmittel in die Hände gegeben werden. Freiheit für jeden kann es in einer begrenzten Welt, in der viele miteinander auskommen müssen, nur um den Preis von Freiheitsbeschränkungen geben, die allen gleichmäßig und gleichermaßen verbindlich durch die **Rechtsordnung** auferlegt werden müssen.
  Insbesondere das **Strafrecht** als ein Mittel der sozialen Kontrolle greift tief in die Freiheiten und das Ansehen von Betroffenen ein; das **Zivilrecht** schützt vor unerlaubten Handlungen. Viele verwaltungsrechtliche Normen haben freiheitsschützende und -beschränkende Wirkung (Baurecht, Gewerberecht).
- **die Freiheit des Einzelnen**, sein privates, soziales und wirtschaftliches Leben grundsätzlich selbst zu gestalten (Privatautonomie). Jeder Bürger kann **Rechte** und **Pflichten** begründen, verändern oder übertragen. Im Rahmen der **Vertragsfreiheit** kann jeder Volljährige Inhalt und Form von Verträgen weitgehend frei gestalten. Den Rahmen dazu bieten des **Grundgesetz** und das Bürgerliche Recht.

Freiheit

besteht darin, alles tun zu können, was nicht einem anderen schadet.
Diese „Formel" für Freiheit ist während der französischen Revolution entstanden.

Privatautonomie

Die Menschen bestimmen selbst über ihre Rechtsbeziehungen und deren Inhalt.

Artikel 2 Grundgesetz: Freiheit der Person

(1) Jeder hat das Recht auf die freie Entfaltung seiner Persönlichkeit, soweit er nicht die Rechte anderer verletzt und nicht gegen die verfassungsmäßige Ordnung oder das Sittengesetz verstößt.

Recht strebt nach Gerechtigkeit

„Nichts ist geregelt, was nicht gerecht geregelt ist."

(Abraham Lincoln)

1. Sollen alle Bürger gleich hohe Steuern bezahlen?
2. Soll das Kindergeld für alle Kinder gleich hoch sein?
3. Soll jede(r) für gleiche Arbeit den gleichen (Netto-)Lohn bekommen?

Gerechtigkeit

heißt: „Gleiches gleich und Ungleiches ungleich zu behandeln".

Bundesverfassungsgericht

Einkommensumverteilung

Verteilung von Volkseinkommen über staatliche Zuwendungen, Steuernachlässe, Freibeträge oder Sozialhilfen.

Für nicht wenige Menschen ist Gerechtigkeit identisch mit **Gleichheit**. Dass diese Gleichsetzung problematisch ist, kann z. B. die Antwort auf eine aktuelle Frage geben: „Sollen alle Arbeitnehmer im Alter die gleich hohe Rente erhalten?"

Die oberste Rechtsprechung vertritt folgenden Gerechtigkeitsbegriff: „Gleiches soll gleich, Ungleiches soll ungleich behandelt werden." Das bedeutet, Bürger mit gleicher **Leistung** oder **Bedürftigkeit** müssen gleich behandelt werden; sind Leistungen oder Bedürftigkeit unterschiedlich, dürfen sie **nicht** gleich behandelt werden.

Daraus leitet die Gesetzgebung und Rechtsprechung drei Begriffe von Gerechtigkeit ab:

ausgleichende Gerechtigkeit	austeilende Gerechtigkeit	soziale Gerechtigkeit
im Verhältnis von Bürger zu Bürger:	**im Verhältnis Staat – Bürger:**	**verankert im Art 20/1 und 28/1: Rechts- und Sozialstaat:**
Sie verlangt im **Zivilrecht** Gleichwertigkeit von Leistung und Gegenleistung, von Rechten und Pflichten. Dies wirkt sich auf das Schuldrecht bzw. Schadensersatzrecht aus (§§ 311 ff BGB). Im Hinblick darauf wurden die Rechte der Verbraucher beim Verbrauchsgüterkauf gestärkt. (§§ 474 BGB)	Bürger mit gleicher Leistungsfähigkeit oder Bedürftigkeit müssen gleich behandelt werden; sind diese Bedingungen ungleich, dürfen sie nicht gleich belastet oder begünstigt werden, z. B. dürfen Bewerber mit gleichen Schulabschlüssen nach dem Beamtenrecht nicht unterschiedlich behandelt werden.	Soziale Gerechtigkeit ist demnach Maßstab gesetzlicher Regelungen. Im Rahmen der **Einkommensumverteilung** wird über Steuern, Subventionen und sozialen Leistungen des Staates das soziale Ungleichgewicht gemindert, die eine freie Marktwirtschaft mit sich bringt. (z. B. für allein Erziehende, Familien mit Kindern)

In der gegenwärtigen Diskussion zum „Umbau des Sozialstaates" ist die Verteilung der Lasten zwischen Arbeitgebern und Arbeitnehmern, zwischen Jung und Alt eine Frage der **gerechten Verteilung** von Ansprüchen und Verpflichtungen geworden.

Gerechtigkeit bedeutet nicht „Gleichmacherei".

Die Grundrechte binden die Staatsgewalt

Das Grundgesetz „gewährt" keine Grund- bzw. Menschenrechte, sondern „bekennt" sich zu „unveräußerlichen Menschenrechten" und konkretisiert diese in einzelnen Grundrechten. Diese Rechte gründen auf der Würde des Menschen und seiner Natur; sie gehören zur Natur des Menschen von Anfang an, sind älter als jeder Staat und damit „vorstaatliches Recht". Ohne die Beachtung von Menschenrechten ist menschliches Zusammenleben nicht denkbar.

Artikel 1 Grundgesetz

(1) Die Würde des Menschen ist unantastbar. Sie zu achten und zu schützen ist Verpflichtung aller staatlichen Gewalt.

(2) Das deutsche Volk bekennt sich darum zu unverletzlichen und unveräußerlichen Menschenrechten als Grundlage jeder menschlichen Gemeinschaft, des Friedens und der Gerechtigkeit in der Welt.

(3) Die nachfolgenden Grundrechte binden Gesetzgebung, vollziehende Gewalt und Rechtsprechung als unmittelbar geltendes Recht.

Die Grundrechte stehen Einzelpersonen zu. Sie sind in den jeweiligen Verfassungen der Staaten verbürgt. Bestimmte Grundrechte, wie z. B. Menschenwürde oder der Gleichheitsgrundsatz, werden als überstaatliche Rechte angesehen, weil sie unabhängig von der staatlichen Anerkennung gelten. Sie sind mit dem Menschsein verbunden; deshalb nennt man diese Grundrechte auch **Menschenrechte**. Diese Rechte bezeichnet das Grundgesetz in Artikel 1, Abs. 2 als „unverletzlich und unveräußerlich" und „als Grundlage jeder menschlichen Gemeinschaft".

Die als **Bürgerrechte** bezeichneten Grundrechte, wie z. B. Versammlungsfreiheit, Vereinigungsfreiheit, Freizügigkeit oder Berufsfreiheit, gelten nur für deutsche Bürger.
In der Verfassung der Bundesrepublik Deutschland (GG) stehen die Grundrechte bewusst am Anfang (Art. 1–17). Damit wird ihre überragende Bedeutung für die gesamte staatliche Ordnung und das Zusammenleben der Menschen betont. Grundrechte binden nach Art. 1, Abs. 3 die Gesetzgebung, die vollziehende Gewalt und die Rechtsprechung als unmittelbar geltendes Recht gegenüber dem Staat.

Diese Grundrechte sind Grundlagen unserer gesamten Rechtsordnung, sie „binden" die Rechtsordnung in dem Sinne, dass kein Gesetz, keine Verordnung oder Satzung den Grundrechtsnormen widersprechen darf.

1.2 Der natürliche Ursprung der Menschenrechte

Michelangelo – die Erschaffung des Menschen, Vatikan, Sixtinische Kapelle.

Menschenwürde

„Der Mensch orientiert sich als einziges Wesen der Schöpfung mit dem Verstand an letzten Werten und ist so zu sittlicher Verantwortung, Personalität und Freiheit berufen. Der Mensch hat diese Würde von Gott, dem höchsten geoffenbarten Wert."

Thomas von Aquin

Menschenrechte

... sind den staatlichen Rechtsordnungen vorgegebene Rechte, die allen Menschen dieser Welt zustehen.

Von den Naturrechten zu den Menschenrechten

Die Naturrechtslehre sagt im Prinzip, dass jeder Mensch angeborene Rechte besitzt, die ihm niemand nehmen kann, auch nicht der Staat. Man sagt, diese seien älter als alle Staaten dieser Welt und nicht an Raum und Zeit gebunden.

Naturrecht

leitet sich aus der Natur des Menschen ab, ist mit der Vernunft, die allen Menschen zu eigen ist, erkennbar und für alle Menschen und Zeiten gültig.

Schon die Philosophen der Antike und des Mittelalters lehrten die Freiheit und Gleichheit aller Menschen auf Grund ihrer Natur. Christliche Philosophen, wie z. B. Thomas von Aquin, griffen diese Ideen von den natürlichen Rechten aller Menschen auf: „Gott schuf den Menschen nach seinem Ebenbild". Dieser göttliche Ursprung bedinge die prinzipielle Freiheit und Gleichheit aller Menschen.

Die Philosophen der Aufklärung, wie z. B. Kant, John Locke oder Rousseau, entwickelten wesentliche, bis heute gültige Prinzipien der Menschenrechte:

- Menschenrechte sind unverzichtbar, nicht an staatliche Gunst gebunden.
- Die Vernunft bestimmt, was natürliche Rechte der Menschen sind. (Kant)
- Recht auf Leben, Freiheit, Gleichheit und Eigentum sind die fundamentalen Rechte aller Menschen.
- Mit den Prinzipien der Volkssouveränität und Gewaltenteilung sollen diese Rechte vor der Staatsgewalt geschützt werden. (Locke, Rousseau)

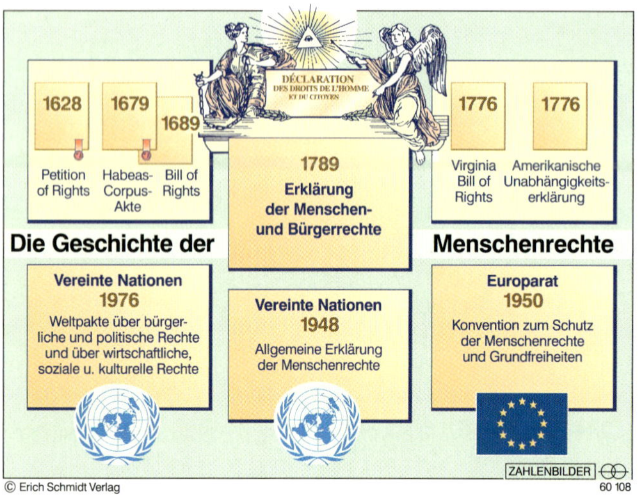

Menschenrechte müssen erstritten werden

Zu Menschenrechten im Sinne des positiven Rechts wurden die Ideen des Mittelalters und der Aufklärung erst, als sich die Obrigkeiten – freiwillig oder dazu gezwungen – verpflichteten, diese natürlich begründeten Rechte als rechtswirksam und schutzwürdig anzuerkennen. Dieser Prozess ist weltweit bis heute nicht abgeschlossen.

ZUSAMMENFASSUNG

Fachbegriffe

Rechtsordnung – Normen – Sitte – Moral und Recht – Gewalt-Monopol – Gerechtigkeit – ausgleichende, austeilende und soziale Gerechtigkeit – Verordnungen – Satzungen

Das oberste Prinzip des Rechts heißt: Ordnung schaffen – Ordnung im zwischenmenschlichen Bereich und im Verhältnis von Bürgern und Staat. Daher unterscheidet die Rechtsordnung zwischen öffentlichem und privatem Recht. Mittel dieser Ordnung sind Gesetze, Verordnungen und Satzungen. Im Rahmen dieser Rechtsordnungen werden den Bürgern und dem Staat Rechte und Verpflichtungen auferlegt.

Ordnung existiert nicht um ihrer selbst willen; sie ist lediglich Mittel zum Zweck. Zweck bzw. Ziel dieser Ordnung sind:

- Sicherung des Friedens zwischen den Bürgern und zwischen Bürgern und Staat,
- Sicherung und Begrenzung der Freiheit der Bürger untereinander und zwischen Bürgern und Staat,
- Verwirklichung von Gerechtigkeit. Gerechtigkeit bedeutet hier nach dem Prinzip der obersten Rechtsprechung des Bundesverfassungsgerichts: „Gleiches soll gleich, Ungleiches soll ungleich behandelt werden". In diesem Sinn unterscheidet die Gesetzgebung nach: ausgleichender, austeilender und sozialer Gerechtigkeit.

AUFGABEN

1. Nennen und erläutern Sie Beispiele aus dem Alltag, in denen nach dem oben genannten Gleichheitsprinzip vorgegangen wird (Steuerrecht, im Rahmen der Umverteilung oder im schulischen Bereich).
2. Erläutern Sie anhand einer Schulordnung, Hausordnung oder Straßenverkehrsordnung wie das Recht Ordnung schafft.
3. Nennen Sie je ein Beispiel, in welchem Bereich das Recht Ihre Freiheit schützt und in welchem Bereich Ihre persönliche Freiheit zu Gunsten anderer eingeschränkt wird.
4. In welchem öffentlichen Bereich wird die friedenssichernde Aufgabe des Rechts sichtbar?

2 Zweige der Rechtsprechung – Gerichtsbarkeiten

Fälle

1. Ein PKW-Fahrer missachtet an einer Kreuzung Ihre Vorfahrt und verursacht an Ihrem Fahrzeug einen Schaden von 4800,00 EUR. Der Verursacher streitet die Schuld ab, seine Versicherung verweigert die Zahlung.
2. Sie wurden verletzt; die Polizei war nicht am Unfallort. Sie stellen einen Strafantrag.
3. Sie haben ein Grundstück erworben.

Gerichtsbarkeit

ist die Ausübung der Rechtsprechung und Rechtspflege.

- 1. Bei welchem Gericht verklagen Sie den Verursacher des Schadens (Fall 1)?
- 2. Vor welchem Gericht wird möglicherweise verhandelt (Fall 2)?
- 3. Bei welchem Gericht beantragen Sie eine Eintragung ins Grundbuch (Fall 3)?
- 4. Welche der drei Fälle ist: strafbar, freiwillig, streitig?

Das Grundgesetz nennt neben der gesetzgebenden Gewalt (Legislative) und der ausführenden Gewalt (Exekutive) die **rechtsprechende** Gewalt (Judikative, Art. 20/2).
In der Bundesrepublik Deutschland wird die rechtsprechende Gewalt durch das Bundesverfassungsgericht als oberstem Bundesgericht, den Bundesgerichten und den Gerichten der Länder ausgeübt (Art. 92 GG).
Für die obersten **Bundesgerichte** schreibt die Verfassung die Zweige der Rechtsprechung vor:

Artikel 95: Oberste Gerichtshöfe des Bundes

(1) Für die Gebiete der ordentlichen, der Verwaltungs-, der Finanz-, der Arbeits- und der Sozialgerichtsbarkeit errichtet der Bund als oberste Gerichtshöfe den Bundesgerichtshof, das Bundesverwaltungsgericht, den Bundesfinanzhof, das Bundesarbeitsgericht und das Bundessozialgericht.

Das Bundesverfassungsgericht

Das Bundesverfassungsgericht ist ein gegenüber allen anderen Verfassungsorganen sebstständiger und unabhängiger oberster Gerichtshof des Bundes:

Zuständigkeit (Art. 93 GG):	– Auslegung des Grundgesetzes – Feststellung der Verfassungsmäßigkeit von Gesetzen – Verfassungsbeschwerden einzelner Bürger wegen Verletzung von Grundrechten durch staatliche Gewalt – Verfassungsbeschwerden von Gemeinden – Verwirkung von Grundrechten – Verfassungswidrigkeit von Parteien – Wahlprüfungsangelegenheiten
Wirkung der Entscheidungen:	Die Entscheidungen binden alle staatlichen Gewalten und Bürger. Sie haben teilweise Gesetzeskraft.
Wahl:	Die Richter werden für 12 Jahre je zur Hälfte vom Bundestag und vom Bundesrat gewählt.

Arten der Gerichtsbarkeit

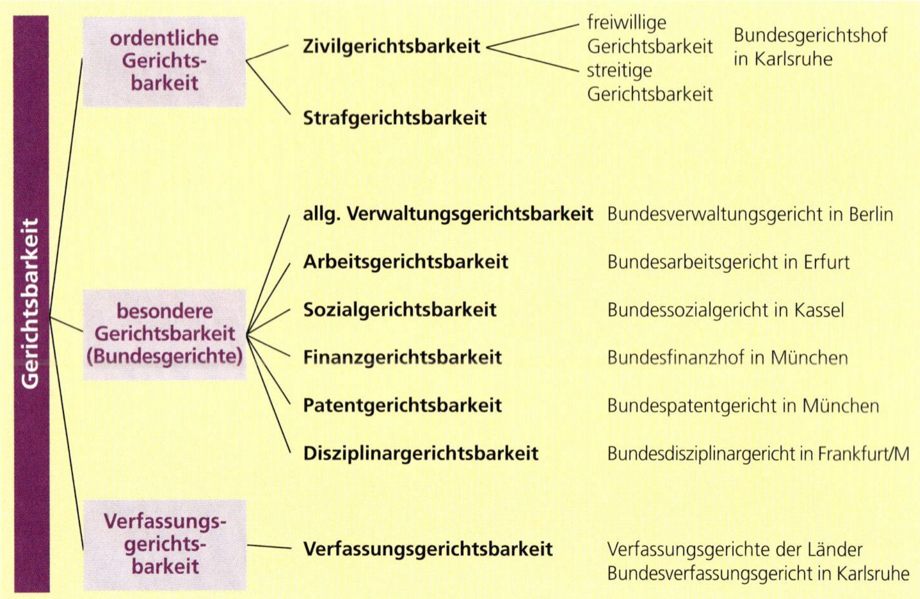

Streitige und freiwillige Gerichtsbarkeit

In der **streitigen Gerichtsbarkeit** gibt es stets Kläger und Beklagte, die um ihre Rechte streiten. Im Verfahren werden Anträge gestellt, die durchgesetzt werden sollen.

In der **freiwilligen Gerichtsbarkeit** werden auf Antrag einer Partei Rechte begründet, verändert oder beendet. Zunehmend werden auch Streitsachen behandelt, die nur von Richtern gelöst werden können (z. B. Familien- oder Erbrechtsauseinandersetzungen).

Zivilgerichtsbarkeit

streitige Gerichtsbarkeit	freiwillige Gerichtsbarkeit (nichtstreitige ...)
Streitentscheidungen für zivilrechtliche Rechtsstreitigkeiten Verwirklichung und Durchsetzung des materiellen Privatrechts	1. unstreitige Verfahren: a) Antragsverfahren: Handelsregistersachen, Nachlasssachen, Grundbuchsachen, Vereinssachen b) Amtsverfahren: Vormundschaftssachen, Personenstandssachen 2. streitige Verfahren: a) privatrechtlich: Familiensachen b) öffentl.-rechtl.: Zulassung v. Anwälten, Anerkennung ausländischer Ehescheidungen 3. Urkundstätigkeiten: über Rechtsgeschäfte und Erklärungen
Organe: ordentliche Gerichte: Amts-, Land-, Oberlandesgerichte, Bundesgerichte	**Organe:** Amtsgerichte, Notare, Standesämter, Jugendämter und Bürgermeister

Rechtspflege

Gesamtheit aller mit der Rechtsprechung tätigen Organe:
Gerichte
Justizverwaltung
Staatsanwaltschaft
Rechtsanwälte
Notare
Gerichtsvollzieher
Rechtspfleger
Ministerien
Bezirke
Kreise
Gemeinden

Rechtsanwalt

Er übt einen freien Beruf aus und ist berufener und unabhängiger Berater und Vertreter in allen Rechtsangelegenheiten.
Er ist in der Regel bei den Amtsgerichten, einem bestimmten Landes- oder auch Oberlandesgericht zugelassen. Ebenfalls hat er die Befähigung zum Richteramt und Schlichter.

Notar

Als Organ der Rechtspflege ist er auf dem Gebiet der freiwilligen Gerichtsbarkeit tätig; vor allem ist er zuständig für Beurkundungen. Er wird bestellt von der Landesjustizverwaltung und muss die Befähigung sowohl zum Richteramt als auch zum Schlichter besitzen.

Richter-Erfahrung

Bekanntlich gibt es drei Dinge, die man beginnt, ohne zu wissen, wie sie enden:
– eine Ehe,
– eine Revolution,
– einen Prozess.

Zuständigkeit der Gerichte und Instanzen (Rechtsmittelzug) in Zivilsachen

Zuständigkeit / Instanzen	Vermögensstreitwert bis 5000,00 EUR; Mietstreitigkeiten; Zwangsvollstreckungen Konkurse/Vergleiche	Familiengericht: Kindschafts-, Güter-, Sorge- und Unterhaltssachen	Vermögensstreitwert über 5000,00 EUR; Patente und Erfindungen	Handelssachen über 5000,00 EUR; Scheck- und Wechselstreitigkeiten; Gesellschaften und Wettbewerb
1. Instanz	Amtsgericht Einzelrichter	Amtsgericht Einzelrichter (Familiengericht)	Landgericht Zivilkammer	Landgericht Kammer für Handelssachen
Berufungsgericht 2. Instanz	Landgericht Zivilkammer	Oberlandesgericht Zivilsenat (Familiengericht) Beschwerde, Berufung	Oberlandesgericht Zivilsenat	
Revisionsgericht 3. Instanz		Bundesgerichtshof Zivilsenat	Bundesgerichtshof Zivilsenat	

Zuständigkeit der Gerichte und Instanzen (Rechtsmittelzug) in Strafsachen

Zuständigkeit / Instanzen	leichte Kriminalität bis 6 Monate Freiheitsentzug	mittlere Kriminalität bis 3 Jahre Freiheitsentzug	schwere Kriminalität mehr als 3 Jahre Freiheitsentzug	Kapitalverbrechen, Tötung (Mord, Totschlag), Kindestötung	Staatsschutz: Hoch- und Landesverrat, Völkermord
1. Instanz	Amtsgericht Einzelrichter als Ermittlungs- und Strafrichter	Amtsgericht Schöffengericht erw. Schöffenger.	Landgericht Gr. Strafkammer	Landgericht Gr. Strafkammer als Schwurgericht	Oberlandesgericht Staatsschutzstrafsenat
Berufungsgericht 2. Instanz	Landgericht Kleine Strafkammer	Landgericht Gr. Strafkammer			
Revisionsgericht 3. Instanz	Oberlandesgericht Strafsenat	Oberlandesgericht Strafsenat	Bundesgerichtshof Strafsenat	Bundesgerichtshof Strafsenat	Bundesgerichtshof Strafsenat

Ehrenamtliche Richter/in der Strafgerichtsbarkeit: Schöffen — Berufsrichter — Bundesrichter

Nach: Mayer-Lexikon, Staat, S. 159

Rechtspfleger

Er ist Beamter im gehobenen Dienst und nimmt zur Entlastung von Richtern und Staatsanwälten bestimmte Aufgaben wahr: Vormundschafts- und Nachlasssachen, Mahnverfahren, Strafvollstreckung.

Rechtsmittel

- **Berufung**
  findet statt gegen Urteile erster Instanzen.
  Sie führt zu einer neuen Verhandlung und Entscheidung über die Grundlagen des Streits.
- **Revision**
  Verhandlung und Entscheidung einer höheren Instanz über die korrekte Einhaltung der Verfahrensregeln und rechtliche Beurteilung des Sachverhaltes (Gesetzesverletzungen).
- **Beschwerden**
  richten sich gegen Zurückweisungen von Gesuchen in einem Verfahren.

Anwaltszwang

In Zivilsachen vor Amts- und Landgerichten besteht kein Anwaltszwang.
Vor Landgerichten besteht Anwaltszwang.

Aufgaben und Aufbau der besonderen Gerichtsbarkeit

Fälle

1. Ein Schüler klagt gegen den Bescheid einer staatlichen Fachschule, weil er nicht aufgenommen wurde.
2. Ein Auszubildender klagt gegen seinen Ausbildungsbetrieb, weil er nach Abschluss der Berufsausbildung nicht übernommen wurde, obwohl ihm dies mündlich zugesagt wurde.
3. Das Finanzamt erkennt die Anschaffung eines Computers nicht als steuermindernde Ausgabe an. Ein kaufm. Angestellter klagt deshalb gegen den Steuerbescheid.
4. Die Sozialversicherungsbeiträge wurden vom Arbeitgeber nicht ordnungsgemäß überwiesen. Arbeitnehmer Groß klagt gegen seinen Arbeitgeber.

■ Bei welchen Gerichten müssen die Klageschriften eingereicht werden?

Überblick

Verwaltungsgerichtsbarkeit	Finanzgerichtsbarkeit	Arbeitsgerichtsbarkeit	Sozialgerichtsbarkeit
Entscheidungen in öffentlich-rechtlichen Angelegenheiten, soweit nicht Sozial- oder Finanzgerichte zuständig sind	Entscheidungen in Streitigkeiten über Steuern und Zölle	Entscheidungen in Rechtsstreitigkeiten zwischen Arbeitgeber, Arbeitnehmer und Tarifvertragspartnern	Entscheidungen in Angelegenheiten der Renten-, Kranken-, Arbeitslosen-, gesetzlichen Unfall- und Pflegeversicherung
Verwaltungsgericht Oberverwaltungsgericht Bundesverwaltungsgericht in Berlin	Finanzgericht Bundesfinanzhof in München	Arbeitsgericht Landesarbeitsgerichte Bundesarbeitsgericht in Erfurt	Sozialgericht Landessozialgericht Bundessozialgericht in Kassel
Die Kammern entscheiden mit drei Berufs- und zwei ehrenamtlichen Richtern.	Die Senate entscheiden mit drei Berufs- und zwei ehrenamtlichen Richtern.	Die Kammern entscheiden mit einem Berufs- und zwei ehrenamtlichen Richtern (Arbeitgeber- und Arbeitnehmervertreter).	Die Kammern entscheiden mit einem Berufs- und zwei ehrenamtlichen Richtern.

Verwaltungsakt

Ein Verwaltungsakt ist jede Verfügung, Entscheidung oder andere hoheitliche Maßnahme, die eine Behörde zur Regelung eines Einzelfalles auf dem Gebiet des öffentlichen Rechts trifft und die auf unmittelbare Rechtswirkung nach außen gerichtet ist.
(z. B. Zeugnis oder Baugenehmigung)

Grundsätze bei gerichtlichen Verfahren (Prozessmaximen)

	Zivilprozess	Strafprozess
1. Einleitung eines Verfahrens	Bürger entscheiden frei über die Einleitung eines Verfahrens, d. h. ob ein Prozess stattfindet oder nicht.	Der **Staatsanwalt** entscheidet über Klageerhebung. **Legalitätsprinzip:** Er ist verpflichtet dazu. **Opportunitätsprinzip:** Es steht in seinem Ermessen (Bagatell). **Anklageprinzip:** Wo kein Kläger, da kein Richter.
2. Hauptverfahren	**Mündlichkeit:** Die Parteien verhandeln vor Gericht mündlich (in Ausnahmefällen schriftlich möglich). **Unmittelbarkeit:** Nur das in der Verhandlung Vorgetragene ist Grundlage der Entscheidung. **Öffentlichkeit:** Grundsätzlich hat jeder Bürger Zugang zu Verhandlungen. Ausnahmen: Familien-, Kindschafts- und Jugendstrafsachen. **Aufklärungspflicht:** Der Richter hat auf vollständige Aufklärung über sachlich und prozessual wichtige Tatsachen hinzuwirken. **Rechtliches Gehör:** Jede Partei muss Gelegenheit haben zur sachlichen Äußerung; sonst liegt ein Verfahrensmangel vor. **Freie Beweiswürdigung:** Das Gericht entscheidet frei, ob eine Behauptung für wahr oder nicht wahr gehalten wird. Bei der Urteilsbegründung ist anzugeben, welche Gesichtspunkte für die richterliche Entscheidung leitend waren.	

Prozessmaximen

Grundregeln für gerichtliche Verfahren mit dem Ziel, alle Prozesse in etwa der gleichen Weise zu führen.

Staatsanwalt

Beamter mit Befähigung zum Richteramt.
Er führt die Ermittlungen, erhebt Anklage, vertritt die Anklage in der Hauptverhandlung und veranlasst die Vollstreckung.

ZUSAMMENFASSUNG

Die Vielzahl der Rechtsnormen wird eingeteilt in Rechtsgebiete: das Privatrecht und das Öffentliche Recht. Nach den Rechtsgebieten richtet sich auch die Zuständigkeit der Gerichte, nämlich die Zivil-. bzw. Strafgerichtsbarkeit (= ordentliche Gerichtsbarkeit). Daneben steht die „besondere Gerichtsbarkeit" mit der Verwaltungs-, Arbeits-, Sozial-, Finanz- und Patentgerichtsbarkeit.

Das Privatrecht regelt die Rechtsbeziehungen zwischen den Bürgern als gleichrangigen Rechtsträgern. Das Öffentliche Recht regelt die Beziehung zwischen dem Staat als Hoheitsträger und dem Bürger; beide stehen in einem Über-/Unterordnungsverhältnis. Das Öffentliche Recht ist zwingend, d. h. es kann nicht frei gestaltet werden wie das Privatrecht. Im Alltag überschneiden sich jedoch beide Rechtsgebiete; so können dann für einen Sachverhalt (Unfall) zwei Verfahren notwendig sein.

Fachbegriffe

Privatrecht – Öffentliches Recht – Privatautonomie – Rechtspflege – Staatsanwalt – freiwillige Gerichtsbarkeit – Notar – Rechtspfleger – Laienrichter – Schöffe – Instanz – Revision – Berufung – Rechtsmittel – Delikt – Ordnungswidrigkeit – Verbrechen – Vorsatz – Fahrlässigkeit

Neben der sog. „streitigen Gerichtsbarkeit" kennen wir die „freiwillige Gerichtsbarkeit": Sie umfasst Sachverhalte, die eher Verwaltungscharakter besitzen, wie z. B. Grundbuchsachen, Nachlassangelegenheiten, Vereins- und Handelsregistersachen sowie Beurkundungen.

Die Zivil- bzw. Strafgerichtsbarkeit liegt bei den Amts-, Landes-, Oberlandesgerichten sowie beim Bundesgerichtshof. Die zweite bzw. dritte Instanz dient der Berufung bzw. Revision gegenüber den unteren Instanzen. Das Verfahren vor den genannten Gerichten ist im Prozessrecht geregelt. Dabei laufen die Verfahren nach bestimmten rechtsstaatlichen Prinzipien ab: Mündlichkeit, Öffentlichkeit, Aufklärungspflicht und freie Beweiswürdigung im Hauptverfahren.

In einem Strafverfahren muss geklärt werden, ob eine Straftat vorliegt; eine strafbare Handlung ist bestimmt durch: Rechtswidrigkeit, Schuld und Erfüllung der gesetzlich festgelegten Tatbestände.

AUFGABEN

1. Ein Rechtsanwalt hat im Terminkalender folgende Prozesse notiert. Vor welchen Gerichten finden die Verhandlungen statt?
   - Pfau gegen Kaub: Forderung 2 800,00 EUR
   - Fichte gegen Herb: Mietforderungen 3 800,00 EUR
   - Hick: schwere Körperverletzung
   - Landwirt Dachs gegen die Gemeinde Kaub wegen Verweigerung einer Baugenehmigung
   - Rupp-Rupp: Scheidungsklage
2. Welches Rechtsmittel muss Kaub einlegen, wenn er mit einem Urteil des Amtsgerichts wegen Schadenersatz nicht einverstanden ist?
3. Gegen welche Prozessregeln wird in folgenden Fällen verstoßen:
   - Der Richter nimmt bei seinem Urteil Bezug auf Äußerungen eines Zeugen bei der Vorermittlung.
   - Der Richter hat übersehen, den Beklagten vor dem Urteil zu hören.
   - Bei einem Beleidigungsprozess werden nur die engsten Angehörigen zugelassen.

3 Rechte und Pflichten im Jugendalter

Rechtsfähigkeit

bedeutet, selbst (als Person oder künstliches „Gebilde" (= Juristische Person)) Träger von Rechten und Pflichten sein zu können.

Minderjährigkeit

Wer das 18. Lebensjahr noch nicht vollendet hat, ist minderjährig.

Geschäftsfähigkeit

ist die Fähigkeit, selbstständig rechtswirksame Willenserklärungen abgeben zu können.

Willenserklärungen

sind Willensäußerungen, die eine Rechtswirkung erzielen sollen.

Rechtsgeschäft

eine oder mehrere Willenserklärungen mit gezieltem „Erfolg" (Vertrag, Kündigung).

Teilnahme am Rechtsleben – Rechtsfähigkeit

Die Rechtsfähigkeit ist die Grundvoraussetzung, um am Rechtsleben teilnehmen zu können. Deshalb bestimmt das Bürgerliche Gesetzbuch mit § 1, wer ab welchem Zeitpunkt rechtsfähig ist.

BGB § 1 Beginn der Rechtsfähigkeit

Die Rechtsfähigkeit des Menschen beginnt mit der Vollendung der Geburt.

Rechtsgeschäfte Minderjähriger – Geschäftsfähigkeit

Unsere Rechtsordnung stattet einen Neugeborenen nicht mit allen Rechten und Pflichten aus, die ihr zur Verfügung stehen. Unbegrenzte Rechte zu genießen hieße, unbegrenzte Pflichten übernehmen zu müssen. Ein Kind könnte z. B. die Rechtsfolgen aus Verträgen nicht überblicken; eine unbegrenzte Teilnahme an öffentlichen Veranstaltungen kann unabsehbare sittliche Folgen haben; die volle Haftung für Delikte brächte sicherlich große finanzielle Schwierigkeiten für einen Minderjährigen.

Die **Geschäftsfähigkeit** legt fest, ab welchem Alter ein Minderjähriger bzw. eine Minderjährige ohne Einwilligung oder Genehmigung seiner gesetzlichen Vertreter (Eltern) gültige Verträge abschließen kann.

Edis Ärger mit der Lederjacke

Einwilligung

ist die Zustimmung im Voraus.

Genehmigung

ist die Zustimmung nach Abschluss eines Rechtsgeschäftes.

- 1. Hätte Edi seine Eltern fragen müssen? (Edi ist 12 Jahre alt.)
- 2. Muss der Verkäufer das Geld für die Jacke wieder zurückgeben?

Folgende Paragraphen des BGB sind nötig, um das Rechtsproblem zu lösen:

§ 104 BGB Geschäftsunfähigkeit
Geschäftsunfähig ist, wer nicht das siebente Lebensjahr vollendet hat […]

§ 106 BGB Beschränkte Geschäftsfähigkeit Minderjähriger
Ein Minderjähriger, der das siebente Lebensjahr vollendet hat, ist […] in der Geschäftsfähigkeit beschränkt.

§ 108 BGB Vertragsschluss ohne Einwilligung
Schließt ein Minderjähriger einen Vertrag ohne […] Einwilligung des gesetzlichen Vertreters, so hängt die Wirksamkeit des Vertrages von der [nachträglichen] Genehmigung des Vertreters ab.

§ 110 BGB Bewirken der Leistung mit eigenen Mitteln (Taschengeldparagraf)
Ein von dem Minderjährigen ohne Zustimmung des gesetzlichen Vertreters geschlossener Vertrag gilt als […] wirksam, wenn der Minderjährige die […] Leistung mit Mitteln bewirkt hat, die ihm zu diesem Zweck oder zur freien Verfügung von dem Vertreter […] überlassen worden sind.

Stufen der Geschäftsfähigkeit

- geschäftsunfähig
  - bis 7. Lebensjahr
  - kein Rechtsgeschäft möglich
- beschränkt geschäftsfähig
  - vom 7. – 18. Lebensjahr
  - Rechtsgeschäfte nur mit Zustimmung der gesetzlichen Vertreter möglich
  - Ausnahme: Taschengeld
- voll geschäftsfähig
  - ab 18. Lebensjahr
  - alle Rechtsgeschäfte möglich

Ergebnis
- Edi ist 12 Jahre alt und damit beschränkt geschäftsfähig (§ 106 BGB).
- Da er keine Genehmigung seiner Eltern hatte, wäre der Vertrag unwirksam (§ 108 BGB).
- Da er aber die Jacke von „seinem Geld“ – vermutlich Taschengeld – gekauft hat, ist die Genehmigung der Eltern nicht nötig. Er könnte also die Jacke behalten (§ 110 BGB).

Haftung Minderjähriger – Deliktfähigkeit

Fallbeispiel
Ein 12-jähriger Realschüler macht mit seinen Eltern Ferien auf einem Bauernhof. Beim Spielen auf der Wiese lässt er ein Gatter offen; einige Kühe laufen auf die nahe gelegene Autobahn. Eine Kuh wird von einem LKW erfasst und getötet.

Kinder

sind Minderjährige, die noch nicht das 14. Lebensjahr vollendet haben.

Jugendliche

sind Minderjährige zwischen dem 14. und dem 18. Lebensjahr

Heranwachsende

sind Volljährige zwischen dem 18. und dem 21. Lebensjahr

Volljährige

[…] wer das 18. Lebensjahr vollendet hat.

■ Von wem kann der Bauer Schadenersatz verlangen?

Grundsätzlich muss jeder Mensch, der einen Schaden verursacht hat, diesen Schaden wieder gutmachen. Diese Selbstverständlichkeit findet ihren Niederschlag im § 823 des Bürgerlichen Gesetzbuches:

§ 823 BGB Schadenersatzpflicht

Wer vorsätzlich oder fahrlässig das Leben, den Körper, die Gesundheit, die Freiheit, das Eigentum oder ein sonstiges Recht eines anderen widerrechtlich verletzt, ist dem anderen zum Ersatz des daraus entstandenen Schadens verpflichtet. […]

Mündigkeit

Wer nicht mehr unter der elterlichen Sorge oder einer Vormundschaft steht, ist mündig.

Deliktfähigkeit

ist die Fähigkeit, sich durch unerlaubte Handlungen (Delikte) selbst zum Schadensersatz verpflichten zu können.

Wie schon im vorherigen Abschnitt im Zusammenhang mit der Geschäftsfähigkeit erwähnt, räumt unsere Rechtsordnung jungen Menschen mit zunehmendem Alter und damit zunehmender Fähigkeit zur Verantwortung zusätzliche Rechte ein, bürdet ihnen aber andererseits auch zusätzliche Pflichten auf. Eine dieser Pflichten heißt: Wer schädigt, der haftet. Dabei gehen wir von drei Stufen aus:

Deliktunfähige	Bedingt Deliktfähige	Voll Deliktfähige
Kinder bis zum 7. Lebensjahr – sie haften grundsätzlich nicht, sind also nicht schadenersatzpflichtig (Ausnahme: wenn es „recht und billig ist“)	Minderjährige zwischen dem 7. und 18. Lebensjahr – sie haften, wenn sie einsichtsfähig sind, d. h. wenn sie eine Handlung als widerrechtlich erkennen konnten. – sie haften nicht, wenn sie nicht einsichtsfähig sind.	Volljährige haften grundsätzlich für angerichtete Schäden

Strafmündigkeit

Wer für eine begangene Straftat selbst zur Verantwortung gezogen werden kann, ist strafmündig.

Schuldfähigkeit

setzt voraus, dass jemand zur Tatzeit reif genug war, das Unrecht einzusehen und nach dieser Einsicht zu handeln.

Strafrechtliche Verantwortung – Strafmündigkeit

Bei einer widerrechtlichen Handlung muss nicht nur Schadenersatz an den Geschädigten geleistet werden; im Vordergrund stehen hier Sühne und Vergeltung für die Verletzung gültiger Rechtsnormen.

Allerdings kann nach unserem **Strafrecht** nur derjenige für eine von ihm begangene Straftat zur Verantwortung gezogen werden, der für **schuldfähig** gehalten wird (vgl. Seite 94). Diese strafrechtliche Verantwortung bezeichnen wir als Strafmündigkeit. Wiederum steigt der Grad der Verantwortlichkeit mit zunehmendem Alter.

Strafunmündigkeit	Minderjährige bis zum 14. Lebensjahr sind strafunmündig. Sie sind also selbst für schwerste Straftaten nicht strafbar.
Bedingte Strafmündigkeit	Jugendliche, also Minderjährige zwischen dem 14. und 18. Lebensjahr, sind nur dann strafrechtlich verantwortlich, wenn sie zur Tatzeit das Unrecht der Tat einsehen konnten (Einsichtsfähigkeit). (vgl. Jugendstrafrecht S. 96)
Volle Strafmündigkeit	Volljährige sind uneingeschränkt strafmündig. Ist der Täter allerdings zur Zeit der Tat noch nicht 21 Jahre alt, kann für ihn das Jugendstrafrecht angewandt werden.

ZUSAMMENFASSUNG

Zunehmende Rechte und Pflichten mit dem Alter

Übersicht: Rechtsfähigkeit – Geschäftsfähigkeit – Deliktfähigkeit – Strafmündigkeit

Geburt	■ Rechtsfähigkeit – Träger von Rechten z. B. Recht am Eigentum, Recht zu erben, Anspruch auf Pflege und Unterhalt durch die Eltern, Anspruch auf Erziehung, Recht zu leben – Träger von Pflichten z. B. Pflicht zu Dienstleistungen im elterlichen Haushalt, Pflicht zum gegenseitigen Beistand bei Geschwistern und Eltern ■ Parteifähigkeit ■ Strafunfähigkeit bis zur Vollendung des 14. Lebensjahres ■ Geschäftsunfähigkeit
7 Jahre	■ Beginn der beschränkten Geschäftsfähigkeit (§§ 106 ff. BGB) ■ Beginn der beschränkten Deliksfähigkeit (§ 828 II BGB)
12 Jahr	■ Möglichkeit: Änderung der Religionszugehörigkeit mit Zustimmung der Eltern ■ Kinobesuch bis 22:00 Uhr möglich
14 Jahre	■ alleiniges Entscheidungsrecht über die Religionszugehörigkeit ■ strafrechtliche Verantwortung nach dem Jugendgerichtsgesetz
16 Jahre	■ Eidesfähigkeit ■ Testierfähigkeit (§§ 2229 I, 2247 IV BGB) ■ Pflicht zum Besitz eines Ausweises (Personalausweis und/oder Reisepass → § 1 PersAusG) ■ Ehemündigkeit (§ 1302 BGB), wenn Eltern und Vormundschaftsgericht zustimmen ■ Recht, bestimmte Beschäftigungen aufzunehmen ■ Recht, die Fahrerlaubnis für Klasse 4 und 5 zu erwerben ■ Kinobesuch bis 23:00 Uhr ■ Besuch von Gaststätten und öffentlichen Tanzveranstaltungen (vgl. §§ 3, 4, 5, 9 JSchÖG) ■ Fahrerlaubnis Führerscheinklassen A_1, L, M und T
18 Jahre	■ Volljährigkeit (vgl. §§ 2, 2229 BGB) ■ volle Geschäftsfähigkeit ■ volle Deliktsfähigkeit (§ 828 II BGB) ■ Ehemündigkeit (§ 1303 BGB) ■ Prozessfähigkeit ■ Wahlrecht ■ Straffähigkeit (Bestrafung nach §§ 1, 105, 106 JGG möglich) ■ Ende der elterlichen Sorge bezüglich Aufsicht, Haftung, gesetzliche Vertretung, Vermögenssorge ■ Recht, die Fahrerlaubnis für Klasse A, C, CE, B, BE, C_1, C_1E ■ Beginn der Wehrpflicht (§ 1 WehrpflG)
21 Jahre	■ volle Straffähigkeit (§ 1 II JGG) ■ Recht für die Fahrerlaubnis der Klassen D, DE, D_1 und D_1E

Fachbegriffe

Rechtsfähigkeit – Geschäftsfähigkeit – Deliktfähigkeit – Mündigkeit – Strafmündigkeit – Schuldfähigkeit – Heranwachsende – Taschengeld

AUFGABEN

1. Ein Dreijähriger macht eine größere Erbschaft. Ein Verwandter fühlt sich erbrechtlich benachteiligt und klagt. Wer ist in diesem Fall der Beklagte? Begründen Sie Ihren Standpunkt.
2. Ein Sechsjähriger tauscht mit einem Freund eine wertlose Briefmarke gegen eine wertvolle Marke. Sein Vater ist einverstanden. Einige Tage darauf bemerkt der Vater des Freundes den Irrtum und verlangt die wertvolle Marke zurück. Kann er dies?
3. Die siebzehnjährige Tina kauft sich vom Geldgeschenk ihrer Großmutter eine Pelzjacke. Muss sie in diesem Fall die Zustimmung ihrer Eltern einholen?
4. Ein Fünfzehnjähriger nimmt ohne Erlaubnis das Fahrrad eines Mitschülers: Er dreht damit einige Runden und verletzt dabei einen kleinen Jungen schwer, das Fahrrad ist erheblich beschädigt. Kann der Mitschüler Schadenersatz von ihm verlangen? An wen müssen sich die Eltern des verletzten Jungen wenden, wenn sie Schadenersatz einfordern wollen? Könnten sie Strafanzeige erstatten?
5. Diskutieren Sie die Vor- und Nachteile des Führerscheinerwerbs bereits mit 17 Jahren.

4 Strafen und Strafverfahren

Fall

Der 19-jährige N. nimmt ohne Wissen seines Vaters dessen PKW und unternimmt mit seiner Freundin eine Fahrt ins Blaue. Außerhalb des Stadtgebietes übersieht er beim Linksabbiegen einen vorfahrtberechtigten Radfahrer und schleudert ihn ca. 20m in eine Wiese; dieser ist bewusstlos und wird mit erheblichen Knochenbrüchen und einer blutenden Schädelverletzung in ein Krankenhaus gebracht.

Die Beteiligten werden sich Fragen stellen:
- Liegt eine Straftat vor?
- Kann man von Vorsatz oder Fahrlässigkeit sprechen?
- Muss ich vor Gericht? Welche Strafe erwartet mich?
- Werde ich vielleicht noch nach dem Jugendstrafrecht behandelt?

Ordnungswidrigkeit

ist eine rechtswidrige Tat, bei der keine Strafe, sondern eine Geldbuße verhängt wird.

Verbrechen

sind rechtswidrige Taten, die mit einer Freiheitsstrafe von mindestens einem Jahr geahndet werden.

Vergehen

sind rechtswidrige Taten mit einer Freiheitsstrafe von unter einem Jahr.

Vorsatz

heißt, mit Wissen und Wollen eine rechtswidrige Tat begehen.

Fahrlässigkeit

bedeutet, eine ungewollte Rechtsverletzung zu begehen. Dies ist der Fall bei mangelnder Umsicht und Nachlässigkeit.

„Auge um Auge, Zahn um Zahn" – Schon das alttestamentarische Rechtsgefühl verlangt, dass eine Unrechtstat auch mit einer angemessenen Wiedergutmachung gesühnt wird. Auch das **Strafrecht** hat die wesentliche Aufgabe, das friedliche Zusammenleben der Menschen zu gewährleisten und den Rechtsfrieden wieder herzustellen (vgl. S. 97). Mit dem Strafrecht verfolgt der Staat Straftaten.

Wann liegt eine Straftat vor?

Bei einem Strafverfahren muss zweifelsfrei festgestellt werden, ob z. B. im obigen Fall eine strafbare Handlung vorliegt. Das Gericht muss prüfen, ob **alle drei** folgenden Merkmale einer strafbaren Handlung vorliegen:

strafbare Handlung

- **Erfüllung eines Straftatbestandes** nach dem Strafgesetzbuch (z. B. StGB § 223)
- **rechtswidrige Handlung:** wenn sie im Gesetz als rechtswidrig genannt wird und kein Rechtfertigungsgrund vorliegt, z. B. Notwehr
- **schuldhaftes Handeln** des Täters
  Vorsatz oder Fahrlässigkeit
  Schuldunfähigkeit:
  - Kinder unter 14 J.
  - seel. Störung
  - mangelnde Einsichtsfähigkeit

Rechtsfolgen einer Straftat

Wer eine Straftat verübt, muss rechtlich dafür einstehen.

Rechtsfolgen

- **Freiheitsstrafe** von einem Monat bis lebenslang (§§ 38 f. StGB)
- **Geldstrafe** mind. fünf aber höchstens 360 Tagessätze, je nach wirtschaftl. Verhältnissen (§ 40 StGB)
- **Nebenstrafe** z. B. Fahrverbot als Fahrzeughalter oder -führer wenn eine Freiheitsstrafe verhängt wurde (§ 44 StGB)
- **Nebenfolgen** z. B. Verbot zur Bekleidung öffentl. Ämter (§ 45 StGB)

§ 223 StGB Körperverletzung

(1) Wer eine andere Person körperlich misshandelt oder an der Gesundheit schädigt, wird mit Freiheitsstrafe bis zu fünf Jahren oder mit Geldstrafe bestraft.

(2) Der Versuch ist strafbar.

Ablauf des Strafverfahrens

Fall
Ein Fall für den Staatsanwalt:

Brennholz gestohlen
Kempten (p). Frisch geschlagene Fichtenholzstücke wurden am Sonntag oder Montag im Aybühlweg in Höhe des Sportparks entwendet. Hinweise zu dem Diebstahl erbittet die Polizei unter [...].

Allgäuer Zeitung vom 3.11.2003

Ein Strafverfahren wird in mehrere Verfahrensabschnitte unterteilt:

- Ermittlungsverfahren
- Zwischenverfahren
- Hauptverfahren
- Rechtsmittelverfahren
- Vollstreckungsverfahren

1. Ermittlungsverfahren

Das Ermittlungsverfahren führt die Staatsanwaltschaft durch. Ermittelt wird – u. a. mit Hilfe der Kriminalpolizei – durch Vernehmungen, Gutachten, Durchsuchungen. Das Ermittlungsverfahren führt entweder zur Einstellung oder zur Erhebung einer öffentlichen Klage.
Eingestellt wird ein Verfahren bei nicht nachweisbarer Straftat oder wegen Geringfügigkeit. Es kann auch mit Auflagen eingestellt werden, wie z. B. Wiedergutmachung des Schadens.

↓

2. Zwischenverfahren

Hier prüft das Gericht nach Prüfung der Akten, ob die Klage der Staatsanwaltschaft zugelassen werden kann.

↓

3. Hauptverfahren

Es beginnt mit dem Eröffnungsbeschluss und der Zulassung der Anklage. Die Verhandlung beginnt mit dem Aufruf zur Sache. Die Anwesenheit der Beteiligten wird festgestellt, die Zeugen auf ihre Wahrheitspflicht hingewiesen; der Angeklagte wird über seine persönlichen Verhältnisse vernommen. Nun verliest der Staatsanwalt die Anklageschrift.
Der Angeklagte kann sich zur Sache äußern. Es folgt die Beweisaufnahme. Die Tat ist dem Angeklagten zu beweisen; er braucht nicht selbst seine Unschuld unter Beweis zu stellen.
Nach Beendigung der Beweisaufnahme halten Staatsanwalt und der Verteidiger ihre Schlussvorträge. Auch der Angeklagte kann sich dann nochmals äußern.
Nach der Beratung des Gerichts erfolgt die Verkündigung des Urteils und die Belehrung über die Rechtsmittel. (Revision und Berufung)

↓

4. Vollstreckungsverfahren

Der rechtskräftigen Verurteilung folgt schließlich das Vollstreckungsverfahren. Die ausgesprochene Geldstrafe wird eingefordert, die Freiheitsstrafe vollzogen und Anordnungen vollstreckt.

Strafanzeige

Mitteilung eines Verdachts einer Straftat

Strafantrag

Aufforderung eines Verletzten oder gesetzlich dazu Berechtigten, dass er die Strafverfolgung wünscht (§ 77 StGB)

Jugendstrafverfahren – Besonderheiten

Fall

Polizei nimmt brutale Jugendbande fest

Zwei 15-Jährige sind Freitagnacht in Moosach Opfer von Straßenräubern geworden. Die beiden waren auf dem Weg von einem Sportgelände nach Hause, als ihnen fünf Jugendliche in den Weg traten und Bargeld von ihnen verlangten. Einer zog einen 20-Euro-Schein aus der Hosentasche, den ihm einer der Räuber aus der Hand riss. Als die beiden fliehen wollten, wurden sie eingeholt; einen der 15-Jährigen traten die Täter so zusammen, dass er ärztlich versorgt werden musste. Die Polizei konnte die fünf Räuber im Alter zwischen 15 und 20 Jahren schnell fassen. *math*

Martin Thurau, Süddeutsche Zeitung vom 31.10.2003

Vergleich

Beide Streitparteien rücken von ihren ursprünglichen Standpunkten ab und einigen sich.

Das Verfahren gegen Jugendliche wird vom Erziehungsgedanken geprägt (§§ 3-104 JGG). Grundsätzlich gelten auch für Jugendstrafverfahren die Prinzipien des allgemeinen Strafrechts bzw. Verfahrensrechts. Daneben sind jedoch folgende Besonderheiten hervorzuheben:

- **Jugendliche** sind strafrechtlich nur verantwortlich, wenn sie zur Tatzeit sittlich und geistig so reif waren, dass sie das Unrecht der Tat einsehen konnten. (§ 3 JGG)
- Im **Vorverfahren** muss die Persönlichkeit und das Umfeld des Jugendlichen ermittelt werden. Schule und Erziehungsberechtigte sind zu hören. Die Jugendgerichtshilfe ist heranzuziehen (§ 38 JGG).
- Der **Staatsanwalt** sieht von einer Verfolgung ab, wenn bereits Erziehungsmaßnahmen ergriffen wurden oder ein Jugendrichter Auflagen macht (z. B. Lokalverbot).
- **Untersuchungshaft** gilt als letzter Ausweg, weil sie erzieherisch schädlich sein kann; Unterbringung in einem Erziehungsheim ist möglich.
- Die **Hauptverhandlung** ist nicht öffentlich. Auch der Angeklagte kann zeitweilig von der Verhandlung ausgeschlossen werden.
- Bei **geringer Schuld** kann der Staatsanwalt das Verfahren an einen Jugendrichter abgeben.
- Im Hauptverfahren kann es zu einem so genannten **vereinfachten Verfahren** kommen, wenn z. B. keine Jugendstrafe zu erwarten ist. Dann ist kein Staatsanwalt anwesend; es erfolgt kein Eintrag in das polizeiliche Führungszeugnis.

Jugendgerichte

sind mit besonderen Jugendrichtern und -staatsanwälten besetzte Strafabteilungen der Amts- und Landgerichte, die über alle „Verfehlungen" von Jugendlichen und Heranwachsenden in erster Instanz zu entscheiden haben.

Eigene Jugendgerichte

Das Jugendstrafrecht ersetzt nicht das Erwachsenenstrafrecht; das **Strafgesetzbuch** ist auch für Jugendliche Maßstab für Straftatbestände. Das **Jugendgerichtsgesetz** ergänzt das allgemeine Strafrecht lediglich durch jugendspezifische Sonderbestimmungen, insbesondere hinsichtlich **verfahrensrechtlicher** Besonderheiten. Das Jugendhilferecht ergänzt das Verfahrensrecht durch die Mitwirkung der Jugendbehörden bei gerichtlichen Verfahren.

Jugendhilfe

ist der Überbegriff für Leistungen zur Förderung und Erziehung junger Menschen neben Familie, Schule und Berufsausbildung sowie Leistungen zur Unterstützung der Familie.

An den Jugendgerichten sind besondere Richter und Staatsanwälte eingesetzt, die „erzieherisch befähigt und in der Jugenderziehung erfahren sein müssen" (§ 37 JGG). Ebenso wie Jugendrichter sollen auch die Jugendschöffen (Laienrichter) erzieherisch befähigt und in der Jugenderziehung erfahren sein. Sie werden in einem besonderen Verfahren auf vier Jahre gewählt.

Berufsrichter

in der Hauptverhandlung mitwirkende Laienrichter (Jugendschöffen)

* in Bayern ist das Bayer. Oberste Landesgericht zuständig.

1.Instanz	**Amtsgericht** Amtsrichter als Jugendrichter	Schöffengericht (Jugendschöffengericht)	**Landgericht** Strafkammer (Jugendkammer)	**Oberlandesgericht** wie nach allgemeinen Strafverfahren **5 Berufsrichter**
Berufungsinstanz	**Landgericht** Jugendkammer **1. Berufsrichter** **2. Schöffen**		keine Berufung	
Revisionsinstanz	**Oberlandesgericht *** Strafsenat wie nach allg. Strafverfahren (wer allerdings eine zulässige Berufung eingelegt hat, kann gegen das Berufungsurteil nicht mehr Revision einlegen)		**Bundesgerichtshof** Strafsenat wie nach allg. Strafverfahren	

Strafzwecke

Die Strafe soll die Schuld des Täters ausgleichen und ihm die Möglichkeit zur Sühne geben; sie soll die verletzte Rechtsordnung wahren und den Rechtsfrieden wieder herstellen.
Im Einzelfall können mit der Höhe der Strafe verschiedene Strafzwecke verfolgt werden, die grundsätzlich das Ziel haben künftigen Straftaten vorzubeugen.

Zweck des Strafrechts

Abschreckung der Allgemeinheit	Abschreckung des Täters	Vergeltung und Sühne	Schutz der Gesellschaft	Resozialisierung
(Generalprävention) Ziel, andere von einer Straftat abzuhalten	(Spezialprävention) Abschreckung vor erneuter Straffälligkeit	Die Strafe wird zur Sühne, weil über sie die Gesellschaft mit dem Täter „versöhnt" wird.	Das Funktionieren der Rechtsordnung soll garantiert werden.	Wiedereingliederung in die Gesellschaft durch Erziehung und Gewissensbildung; Schaffung von Bindungen an Beruf, Familie (Bewährungshelfer)

Jugendstrafrecht als Erziehungsrecht

Das Jugendstrafrecht ist vorwiegend ein Erziehungsrecht. Der Jugendliche soll davor geschützt werden, sich selbst durch rechtswidriges Verhalten zu schaden. Alle Maßnahmen zielen darauf ab, den jugendlichen Straftäter davor zu bewahren, dass er erneut eine Straftat begeht.
Der Jugendliche soll mit den „Spielregeln" der Gesellschaft vertraut gemacht werden; dies bedeutet letztlich eine „Einpassung" in die Gesellschaftsordnung (Sozialisation) und eine Anerkennung ihrer Werte wie Freiheit, Eigentum, Leben, Gesundheit, Schutz der Rechte anderer usw.
Die **Resozialisierung** ist ein wichtiger Strafzweck des § 46 StGB:

§ 46 Grundsätze der Strafzumessung

(1) Die Schuld des Täters ist Grundlage für die Zumessung der Strafe. Die Wirkungen, die von der Strafe für das künftige Leben des Täters in der Gesellschaft zu erwarten sind, sind zu berücksichtigen.

(2) Bei der Zumessung wägt das Gericht die Umstände, die für und gegen den Täter sprechen, gegeneinander ab. Dabei kommen namentlich in Betracht:
die Beweggründe und die Ziele des Täters,
die Gesinnung, die aus der Tat spricht, und der bei der Tat aufgewendete Wille,
das Maß der Pflichtwidrigkeit,
die Art der Ausführung und die verschuldeten Auswirkungen der Tat,
das Vorleben des Täters, seine persönlichen und wirtschaftlichen Verhältnisse
sowie
sein Verhalten nach der Tat, besonders sein Bemühen, den Schaden wiedergutzumachen, sowie das Bemühen des Täters, einen Ausgleich mit dem Verletzten zu erreichen.

Die Wirkungen, die von einer Strafe für das künftige Leben des Täters in der Gesellschaft zu erwarten sind, müssen besonders bei Jugendlichen in der Strafzumessung berücksichtigt werden. Dies bedeutet, dass die Art der Strafe, ihre Höhe und der Strafvollzug auf die **Wiedereinordnung** des Täters in die Gesellschaft auszurichten sind. Hier sind insbesondere die gerichtlich bestellten Erziehungsbeistände (z. B. Vertreter des Jugendamtes, Erzieher und Lehrer) wichtige Vertrauenspersonen.

Heranwachsende

Alter: 18–21 Jahre
Einzelfallprüfung, ob der Täter nach Reifegrad oder der Art seiner Tat nach dem Jugend- oder Erwachsenenstrafrecht zu bestrafen ist.
Grundsätzlich gelten die Vorschriften des Jugenstrafverfahrens auch für Heranwachsende.

Ausnahmen sind:
- Die Verfahren sind öffentlich.
- Es gibt keine so genannten „vereinfachte Verfahren".
- Eine Einweisung in ein Erziehungsheim ist unmöglich.

Kleine Jugendkammer

1 Richter
2 Schöffen

Große Jugendkammer

3 Richter
2 Schöffen

Jugendgerichtliche Maßnahmen und Strafen

Ziel jeglicher Jugendhilfe ist der eigenverantwortliche und gemeinschaftsfähige Mensch (§ 1 KJHG). Auch die jugendgerichtlichen Maßnahmen orientieren sich an diesen Leitvorstellungen. Die Auswahl aus dem Maßnahmenkatalog soll sich in erster Linie nicht an der Schwere der jugendlichen Verfehlung orientieren, sondern sie soll sich nach der Wirkung auf seinen weiteren Lebensweg richten. Darin kommt der Erziehungscharakter der Maßnahmen zum Ausdruck.

Übersicht der Maßnahmen und Strafen im Jugendstrafrecht

1. vorläufige Maßnahmen	– Unterbringung	zur Klärung der Verantwortlichkeit des Beschuldigten, z. B. in einer jugendpsychiatrischen Abteilung einer Nervenklinik (– 6 Wochen)
	– einstweilige Heimunterbringung	wenn Jugendstrafe zu erwarten ist (Wiederholungsgefahr)
	– Untersuchungshaft	nur in Ausnahmefällen, z. B. bei Fluchtgefahr, Verdunkelung, Wiederholungsgefahr
2. Erziehungsmaßregeln (§§ 9 ff. JGG)	– Weisungen – Erziehungsbeistand – Heimerziehung	Gebote und Verbote, z. B. Lokalverbot, Arbeitsleistungen, Umgangsverbot, Verkehrsunterricht (vgl. § 10 JGG)
3. Zuchtmittel (§§ 13 ff. JGG)	– Verwarnung – Auflagen	– Schadenswiedergutmachung – „Zwangsspende" – Entschuldigung
	– Jugendarrest	– Freizeitarrest, Kurzarrest, Dauerarrest (vgl. § 16 JGG)
4. Jugendstrafe (§§ 17 ff. JGG)	– Freiheitsentzug	nur bei – schwerer Schuld – schädlichen Neigungen mind. 6 Monate – max. 5 Jahre Kapitalverbrechen bis 10 Jahre
	– Bewährung	bei Jugendstrafen bis zu 2 Jahren möglich

5 Außergerichtliche Streitbeilegung

5.1 Schlichtung

Schlichtung ist eine Form der außergerichtlichen Streitbeilegung. Nach dem „Bundesgesetz zur außergerichtlichen Streitbeilegung“ (§ 15a EGZPO) können die Länder Landesgesetze erlassen, die im Einzelnen die Verfahren regeln. Grundsätzlich ist diese „obligatorische“ Streitbeilegung vorgesehen bei zivilrechtlichen Streitigkeiten bis zu 750,00 EUR, in Fällen von Nachbarstreitigkeiten und Verletzungen der persönlichen Ehre außerhalb der Medien. Dieses Verfahren ist vor Anrufung eines Amtsgerichtes verpflichtend.
Zuständige Schlichtungsstellen haben die Bundesländer einzurichten. In Bayern und Baden-Württemberg sind Rechtsanwälte, Notare sowie Schlichtungsstellen der Kammern, Innungen und Berufsverbände als Schlichtungsstellen anerkannt. Weitere Gütestellen sind bei Amtsgerichten eingerichtet.
In den übrigen Bundesländern nennt man diese Schlichtungsstellen Schiedsmänner oder -frauen. Auch in diesen Ländern sind diese Schiedspersonen aufzusuchen, bevor ein Gericht angerufen werden kann.
Die Schlichtungsstelle unterbreitet einen Vorschlag, den die Parteien anerkennen oder ablehnen können. Die Kosten dieser Verfahren sind von Land zu Land unterschiedlich.

Schlichtung

Der Schlichter unterbreitet einen Vorschlag, den die Parteien annehmen oder ablehnen können.

Schiedsverfahren

Die Parteien stellen das „Schiedsgericht“ selbst zusammen und unterwerfen sich von vornherein dem Schiedsspruch.

Gesetz zur Förderung der außergerichtlichen Streitbeilegung

§ 15a. Einigungsversuch vor Gütestelle

(1) Durch Landesgesetz kann bestimmt werden, dass die Erhebung der Klage erst zulässig ist, nachdem von einer durch die Landesjustizverwaltung eingerichteten oder anerkannten Gütestelle versucht worden ist, die Streitigkeit einvernehmlich beizulegen.
1. in vermögensrechtlichen Streitigkeiten vor dem Amtsgericht über Ansprüche, deren Gegenstand an Geld oder Geldeswert die Summe von 750 Euro nicht übersteigt.
2. in Streitigkeiten über Ansprüche aus dem Nachbarrecht nach den §§ 910, 911, 923 des Bürgerlichen Gesetzbuchs und nach § 906 des Bürgerlichen Gesetzbuchs […]
3. in Streitigkeiten über Ansprüche wegen Verletzung der persönlichen Ehre, die nicht in Presse oder Rundfunk begangen worden sind.

5.2 Mediation

Mediation ist ein freiwilliges Verfahren zur außergerichtlichen Streitbeilegung mit Hilfe eines neutralen (allparteilichen) Dritten, dem Mediator. Ziel ist die Abwendung eines gerichtlichen Verfahrens und eine Mediationsvereinbarung, die von den Konfliktparteien unterschrieben wird. Durch Mediation sollen die Parteien lernen, wieder „friedlich“ miteinander umzugehen und für alle tragbare Lösungen zu finden. Das Verfahren der Mediation ist formal grundsätzlich gleich und gliedert sich in eine Vorbereitungs-, eine Durchführungs- und eine Entscheidungsphase. Anwendungsgebiete sind vor allem: Ehestreitigkeiten, Arbeits- und Wirtschaftskonflikte, Täter-Opfer-Ausgleich, Schul- und Gesundheitsmediation. Für viele Konflikte des Alltags ist das Verfahren der Mediation denkbar.
Von Berufs wegen sind Rechtsanwälte und Notare besonders geeignet als Mediatoren tätig zu sein. Psychologen bilden Praxisgemeinschaften mit den genannten Personengruppen.

mediation

(engl.) Vermittlung

Mediator/Mediatorin

Person, die in einem Konfliktfall zwischen den Parteien vermittelt

Mediant

Partei in einem Mediationsverfahren

- 1. Warum eignen sich Nachbarschaftsstreitigkeiten und Beleidigungen besonders für außergerichtliche Verfahren?
- 2. Erläutern Sie den Unterschied zwischen Schlichtung und Mediation.
- 3. Machen Sie sich kundig über Mediation (Internet) und versuchen Sie im Rollenspiel eine schüler- oder praxisnahe „Mediation“.

ZUSAMMENFASSUNG

Einem Strafverfahren geht stets eine strafbare Handlung voraus. Eine Straftat liegt vor, wenn der Straftatbestand eines Gesetzes erfüllt ist (StGB), wenn die Handlung im Gesetz als rechtswidrig eingestuft ist und wenn die Handlung schuldhaft begangen wurde.

Die Rechtsfolgen von Straftaten sind im StGB genau festgelegt: Freiheitsstrafen, Geldstrafen, Nebenstrafen und Nebenfolgen (vgl. §§ 38-45 StGB).

Fachbegriffe

Strafrecht – strafbare Handlung – schuldhaftes Handeln – Tatbestand – Fahrlässigkeit – Vorsatz – Ordnungswidrigkeit – Vergehen – Staatsanwalt – Jugendgericht – Jugendhilfe – Resozialisierung – Jugendkammer

Seinen Beginn nimmt ein Strafverfahren mit den Ermittlungen der Staatsanwaltschaft. Der Staatsanwalt prüft auch, ob ein Verfahren eingestellt wird oder nicht.

Im Zwischenverfahren prüft das Gericht, ob die Klage der Staatsanwaltschaft zugelassen wird.

Im Hauptverfahren trägt der Staatsanwalt die Anklage vor; es folgt die Beweisaufnahme, die Stellungnahme der Staatsanwaltschaft und der Verteidigung sowie das Schlusswort des Angeklagten.

Nach der Beratung des Gerichts folgt die Verkündigung des Urteils mit der Rechtsmittelbelehrung.

Jugendstrafverfahren sind vom Erziehungsgedanken geprägt. Deshalb sind sie von besonderen Prinzipien geprägt:

- Strafrechtlich verantwortlich ist der Jugendliche nur, wenn er zur Tatzeit sittlich und geistig so reif war, das Unrecht der Tat einzusehen.
- Im Vorverfahren müssen die Persönlichkeit und das Umfeld des Jugendlichen ermittelt werden.
- Untersuchungshaft ist letzter Ausweg, weil diese erzieherisch als schädlich angesehen wird.
- Die Hauptverhandlung ist nicht öffentlich.
- Die Jugendgerichtshilfe des Jugendamtes ist heranzuziehen.
- Besondere jugendgerichtliche Maßnahmen sind: Erziehungsmaßregeln, Erziehungshilfen, Zuchtmittel wie Verwarnung oder Auflagen, Jugendarrest, Freiheitsstrafen, Maßregeln zur Besserung, wie z. B. Heimunterbringung in psychiatrischen Anstalten oder Erziehungsanstalten.

AUFGABEN

1. **Erklären Sie den Unterschied zwischen Jugendlichen und Heranwachsenden.**
2. **Worin kommt der Erziehungsgedanke im Jugendstrafrecht zum Ausdruck?**
3. **Suchen Sie nach geeigneten Beispielen für „Weisungen" oder „Auflagen" bei den Maßnahmen der Jugendgerichte.**
4. **Machen Sie sich kundig über das Jugendamt vor Ort und vereinbaren Sie dort einen Besuch.**
5. **Welche Meinung hat die Öffentlichkeit vom Sinn der Strafen, welche Vorurteile bestehen?**
6. **Machen Sie sich kundig über Ihr zuständiges Amtsgericht. Vereinbaren Sie einen Gerichtsbesuch. Vereinbaren Sie einen Gesprächstermin bei einem Staatsanwalt oder Richter und evtl. Schöffen.**

LERNGEBIET 10.5

Soziale Beziehungen

1 Persönlichkeitsentwicklung durch Sozialisation

a) Meinungen

- „Kinder, deren Eltern sich streiten, sollten der Familie entzogen werden und in ein Heim kommen, in dem Ruhe und Ordnung herrscht."
- „Melanie war die ersten drei Jahre ihres Lebens immer nur in Heimen. Jetzt kann sie einem kaum in die Augen blicken, geschweige denn eine ordentliche Antwort geben. Immerhin ist sie schon drei, da haben meine Kinder schon in ganzen Sätzen geredet."
- „Er darf erst wieder zum Sport, wenn die Fünf in Mathe weg ist."
- „Sein Ausbilder ist peinlich darauf bedacht, dass er freundlich ist, wenn er mit zum Kundenservice geht."
- „Die Sturheit hat er von seinem Großvater, die kann ihm keiner abgewöhnen."

b) Zwei Biografien

„Ich hatte bislang viel Glück im Leben, toi, toi, toi. Meinen Eltern konnte ich mit allem kommen, und wenn's wirklich mal brenzlig wurde, da halfen mir die Großeltern aus der Patsche. Meine Schwestern wollten mich miterziehen, aber da hab' ich mich gewehrt. Im Kindergarten fühlte ich mich sehr wohl, und in der Grundschule hatte ich eine Lehrerin, die mich mochte, weil ich so neugierig war. Auch im Gymnasium fiel es mir nicht schwer. Die Klasse hielt zusammen, am Schluss war ich sogar Klassensprecher. Auch die Lehrer waren freundlich. Trotzdem war ich froh, wenn ich mich nachmittags auf dem Bolzplatz austoben konnte. Nach dem Abitur fand ich einen Ausbildungsplatz als Mediengestalter, wurde nach der Lehre übernommen und habe jetzt einen Job, der mir viel Freude bereitet. In die Firma gehe ich gern. Meist habe ich mit Kunden zu tun. Gestern hatten wir französische Gäste in der Firma, da konnte ich als Dolmetscher aushelfen.
Dem Mannschaftssport bin ich treu geblieben, inzwischen spiele ich Hockey. Wir mischen auf Bezirksebene mit. Und was ich früher nicht für möglich gehalten hätte: Ich bin jetzt in eine politische Partei eingetreten. Vielleicht kandidiere ich eines Tages für den Gemeinderat, wer weiß?"

Das Leben hat mir manchmal ganz schön mitgespielt. Das fing schon zu Hause an. Der Vater war immer wieder arbeitslos und griff zur Flasche. Es gab viel Streit. Meine älteren Brüder hauten dann immer ab. Später trennten sich die Eltern. Wer mehr Schuld hat, weiß ich nicht, ist mir auch egal. Ich fand die Schreierei jedenfalls blöd und noch blöder war, dass keiner Zeit für mich hatte. Ich durfte mich immer allein am Fernseher amüsieren.
In der Schule konnten mich die Lehrer nicht leiden, weil ich mich angeblich nicht am Unterricht beteiligte. Ehrlich gesagt, die Schule war mir egal, ich ging nicht gerne hin und hatte da auch keinen Freund. Manchmal machte auch ich blau. Bei der Lehrstellensuche hatte ich Pech. Meine Noten im Hauptschulabschluss waren zu schlecht. Zeitweise jobbte ich an der Tankstelle. Jetzt habe ich eine Stelle im Lager eines Warenhauses, eine bescheuerte Arbeit, aber die Kohle stimmt wenigstens. Zur Wahl? Nein da gehe ich nicht hin, die Politiker machen doch sowieso was sie wollen. Denen bin ich genauso egal wie allen anderen. Ganz gut verstehe ich mich mit einigen aus der Clique, ihnen geht es wie mir. Unter ihnen fühle ich mich eigentlich ganz wohl. Abends hängen wir meist am Brunnen rum. Wenn wir ein Bier zu viel haben, wird's aggressiv. Ehrlich gesagt, ich glaube nicht, dass ich blöd bin. Aber ich habe eben zu nichts Lust. Wozu auch, wer kann mit mir schon was anfangen?

- 1. Welche Aussagen (a) betonen stärker die Erbanlagen und welche die Umwelteinflüsse?
- 2. Setzen Sie sich mit den Aussagen kritisch auseinander, entwickeln Sie ggf. eine Gegenmeinung und begründen Sie diese.
- 3. Wodurch unterscheiden sich die Haltungen der Schreiber der beiden Biografien (b)?
- 4. Warum fühlt sich der Schreiber der zweiten Biografie in der Clique „eigentlich ganz wohl"? Was müsste er tun, um seine Lage zu ändern?
- 5. Mit welchen Maßnahmen versucht „die Politik" die Entwicklung junger Menschen positiv zu beeinflussen.

Dem Menschen sind bestimmte Anlagen von Geburt an mitgegeben, u. a. der Körperbau oder die Bereitschaft zu bestimmten Wesenszügen. Entscheidend aber ist, was die Umwelt aus diesen Anlagen macht. Aus dem Zusammenwirken von Erbanlagen, der Umwelt, in der er aufwächst, und der Selbststeuerung, entwickelt sich die Persönlichkeit des Menschen. Die Anlagen werden durch das Milieu positiv oder negativ beeinflusst.

Sozialisation

allmähliches Hineinwachsen des Menschen in die Gesellschaft

Die Bedeutung der **Sozialisation** wird deutlich an dem berühmten Fall „Kaspar Hauser". Der 16-Jährige tauchte 1828 ohne Begleitung in Nürnberg auf und erregte großes Aufsehen, weil er sich völlig linkisch und in keiner Weise seinem Alter gemäß benahm, obwohl er körperlich normal entwickelt war.

Kaspar Hauser

gab an, zwölf Jahre lang in einem Kellerverlies in völliger Isolierung und ohne jeglichen menschlichen Kontakt aufgewachsen zu sein. Der junge Mann war in seiner seelisch-geistigen Entwicklung zurückgeblieben und konnte weder einen Beruf erlernen noch in die Gesellschaft eingegliedert werden.

Psychologen sprechen heute vom Kaspar-Hauser-Komplex, wenn bei Menschen Entwicklungsstörungen bestehen, welche auf fehlende soziale Bindungen zurückzuführen sind, z. B. bei mangelnder Erlebnisfähigkeit sowie bei Gemüts- oder Kontaktarmut. Auch in der vergleichenden Verhaltensforschung beispielsweise wird der Name des merkwürdigen Sonderlings in Anspruch genommen. Mit „Kaspar-Hauser-Versuchen" will man bei Tieren feststellen, ob bestimmte Verhaltensweisen angeboren oder erst nach der Geburt, im Nest sozusagen, erworben werden.

An vorderster Stelle bei der menschlichen Sozialisation steht die Familie. In ihr lernt der junge Mensch Vertrauen und die Grundlagen des sozialen Verhaltens, in ihr erhält er seine Erziehung, die ihn prägt für das ganze Leben. Eine anregende Familienatmosphäre ist entscheidend für die seelisch-geistige Entwicklung und somit auch für die Intelligenz.

Über die Familie hinaus gibt es zahlreiche Felder, die ebenfalls zur Sozialisation beitragen, so z. B. Kindergarten, Schule, Vereine (z. B. Sport- oder Musikvereine), Ausbildungsbetrieb, aber auch die Gruppe Gleichaltriger (peer-group), in der man sich vor allem im „kritischen Alter" besonders verstanden fühlt. Die Sozialisation des Menschen endet nicht mit einem bestimmten Zeitpunkt, sondern findet während des ganzen Lebens statt.

Da eine vernünftige Sozialisation für die Einzelmenschen und darüber hinaus für die gesamte Gesellschaft eine entscheidende Rolle spielt, muss sich auch die Politik ihrer annehmen und die Lebensbedingungen junger Menschen so fördern, dass sie so positiv wie möglich verlaufen kann. Entscheidende Bereiche auf Bundes-, Landes- und Kommunalebene sind Sozial- und insbesondere Familienpolitik, Schul- und Bildungspolitik, Sportförderung, Kulturpolitik, Ausbildungswesen u. a.

2 Rollen und Rollenerwartungen

Janes Vater ist Lehrer an einer Berufsschule, die Mutter Hausfrau. Haus und Garten machen viel Arbeit. Die beiden Schwestern sind jünger als Jane. Mit der mittleren Reife in der Tasche begann Jane eine Ausbildung als Druckerin. Jetzt ist sie bald fertig mit der Lehre. Sie geht zum Blockunterricht in die Berufsschule, ist Klassensprecherin und SMV-Mitglied, obwohl die meisten Drucker Jungs sind. Auch im Betrieb wurde sie gewählt und zwar als Jugendsprecherin – ein Job, der ihr freilich nicht nur friedliche Stunden beschert. In der Freizeit spielt sie Volleyball. Derzeit stehen Bezirksmeisterschaften an. Jane ist auch verantwortlich für das Training einer Kindergruppe. Sie hat einen netten Freund, der gern tanzen geht, und sie hat etliche gute Freundinnen, die sie immer einladen. Manchmal kann sie sich durchaus vorstellen, was der Vater meint, wenn er immer von Stress redet.

- 1. Welche Rollen ergeben sich aus der Beschreibung von Jane?
- 2. Beschreiben Sie Erwartungen, die mit der jeweiligen Rolle Janes verknüpft sind.
- 3. Warum denkt Jane in ihrem Alter an Stress?

Der Mensch spielt – entsprechend seiner Zugehörigkeit zu Gruppen – im Verlaufe seines Lebens vielerlei Rollen: in der Familie, in der Schule, im Beruf, im Verein, aber auch bedingt durch seine Nationalität oder gar seine Hautfarbe. Das Rollenverhalten wird bestimmt durch Erwartungen aus der Gruppe. Dabei können die Verhaltensweisen in verschiedenen Rollen sehr unterschiedlich, ja geradezu gegensätzlich sein.

Stereotype

Vorurteil, vorgefasste Meinung über eine bestimmte Gruppe oder Schicht.

Verbunden mit den Erwartungen an die Rollen sind auch Vorurteile, Klischeevorstellungen und so genannte **Stereotype**. Diese sind besonders riskant, weil sie den Rollenträger sehr oft festlegen und einer Verhaltensänderung trotz bester Vorsätze im Wege stehen können.
Ganz besonders verhängnisvoll sind ethnische Vorurteile, d. h. Antipathien, die auf fehlerhaften, starren Verallgemeinerungen beruhen. Sie können zum Ausdruck gebracht – häufig z. B. in Form von Witzen – oder nur gefühlt werden, sie können sich gegen eine Gruppe als Ganzes oder auch nur gegen ein Mitglied der Gruppe richten.
Der Mensch muss sich seiner Rollen bewusst werden und muss wissen, dass er sich in verschiedenen Rollen bewegt. Nur dann kann er sein Rollenverhalten positiv ausgestalten.
In einer Gruppe bestehen ganz bestimmte Werte und Normen, die von den Gruppenmitgliedern anerkannt werden und die die Gruppe zusammenhalten. Daraus entsteht ein Wir-Gefühl, das die Gruppe gegenüber anderen Gruppen abgrenzt.

2.1 Rollenkonflikte

Janes Freund hat Karten zu einem Jazzkonzert ergattert. Dumm ist nur, dass das Konzert am Montagabend stattfindet. Da nämlich hat Jane Volleyballtraining. Und weil die Bezirksmeisterschaften vor der Tür stehen, sind die letzten Trainingseinheiten ganz entscheidend. Nun ist guter Rat teuer. Jane möchte den Freund nicht enttäuschen. Sie kann aber auch nicht schon wieder beim Training fehlen, denn Volleyball ist ein Mannschaftssport. Und morgen gibt es schon wieder ein Problem: Genau zu der Zeit, in der sie ihre „Küken" trainieren soll, ist Betriebsversammlung und da kann sie als Jugendsprecherin nicht fehlen!

- 4. Beschreiben Sie die Schwierigkeiten, in die Jane geraten kann.
- 5. Ist es Ihnen schon ähnlich ergangen wie Jane? Wie haben Sie sich verhalten?

Huber ist im Betrieb vorwiegend zuständig für die Ausbildung. Acht junge Leute hat er auf die Abschlussprüfung vorzubereiten und wie die Firmenleitung meint, auch zu erziehen. Bei den Jugendlichen hat er einen Stein im Brett, denn er hat nicht nur fachlich „eine Menge drauf", er denkt auch nicht so kleinlich und „macht nicht gleich Stress", wenn mal was daneben geht. Die Jugendlichen wiederum sind, wie man halt so ist in diesem Alter: Sie nehmen's mitunter nicht so genau mit der Ordnung und der Pünktlichkeit. Einige sind der Firmenleitung schon aufgefallen. Und der Abteilungsleiter hat unmissverständlich zum Ausdruck gebracht, dass Huber den jungen Leuten nicht so viel durchgehen lassen dürfe. Huber weiß, dass ihm die jungen Leute „die Erziehung nur abkaufen", wenn sie Vertrauen zu ihm haben. Den starken Mann jedenfalls will er nicht spielen, das bringt nichts. Andererseits muss er den Burschen schon einiges abverlangen, um die Ausbildungsziele nicht zu gefährden.

- 1. Welche Erwartungen haben a) die Lehrlinge und b) die Firmenleitung an den Ausbilder?
- 2. Beschreiben Sie die Gegensätze, die aus den Erwartungen deutlich werden?
- 3. Welche Erwartungen hat der Ausbilder an sich selbst?
- 4. Warum fühlt der Ausbilder sich manchmal „nicht ganz wohl in seiner Haut"?

Mit der Zugehörigkeit zu einer Gruppe und durch die Erwartungen an die Rolle können Konflikte entstehen. Psychologen sprechen von Rollenkonflikten. Diese können ihre Ursache haben

a) in unterschiedlichen Erwartungen an eine Rolle (wie im Fall von Ausbilder Huber) oder

b) durch gegensätzliche Erwartungen aus verschiedenen Rollen (wie im Fall von Jane).

Der Rollenträger muss sich in seinem Verhalten dann i. d. R. in eine Richtung entscheiden. Er weicht dorthin aus, wo er weniger Schwierigkeiten zu befürchten hat.

2.2 Über den Umgang mit Konflikten

a) Aussagen:

- „Wenn du diesmal nicht mit ins Konzert gehst, dann ...", sagt Janes Freund.
- „Wenn du nicht zum Training kommst, dann ...", sagt die Mannschaftsführerin.
- „Wenn Sie den Azubis keine ordentlichen Manieren beibringen, dann ...", sagt der Chef.

- 5. Vervollständigen Sie die Aussagen.
- 6. Auf welchen gemeinsamen Nenner lassen sich die Aussagen bringen?
- 7. Wie beurteilen Sie die dabei angewandte Wenn-Dann-Methode?

b) Ein Dialog – zwei Möglichkeiten

Wiederholt erscheint Silvia mit erheblicher Verspätung zum Berufsschulunterricht. Der Lehrer stellt Silvia deshalb zur Rede. Das Gespräch kann auf verschiedene Weisen ablaufen.

- **Möglichkeit 1:**

  Lehrer: Wenn Sie ständig zu spät kommen, verpassen Sie jedesmal die Besprechung der Arbeitsaufträge. Ich muss sie Ihnen immer gesondert erklären. Das bin ich langsam leid.

  Silvia: Ich gehöre nun mal zur Redaktion der Schülerzeitung, mit der die Schule groß herauskommen soll. Und da haben wir augenblicklich viel zu tun. Deshalb bin ich nicht pünktlich.

  Lehrer: Ich weiß, dass die Schülerzeitung wichtig ist, aber der Unterricht ist auch wichtig. Sie werden Probleme bei der Prüfung bekommen, wenn Sie das weiter auf die leichte Schulter nehmen.

  Silvia: Die schriftlichen Arbeiten habe ich ja wohl alle geschafft, oder? Ich seh' gar nicht ein, warum ich mich abhetzen soll, nur weil Sie mir Ihre Einführung nicht wiederholen wollen.

  Lehrer: Ich hab' mir das eine ganz Weile angesehen. Von nun an sind Sie pünktlich, sonst sind Sie draußen. Wenn Sie die Prüfung ablegen wollen, kommen Sie pünktlich.

  Silvia: Nun gut, ich werde mich künftig beeilen und wenn's nicht klappt, muss ich halt die Mitarbeit bei der Schülerzeitung hinhauen.

- **Möglichkeit 2:**

  Lehrer: Wenn Sie ständig zu spät kommen ...

  Silvia: Ich gehöre nun mal zum Redaktionsstab der Schülerzeitung und da ...

  Lehrer: Ja, ich verstehe. Sie sind mit Ihrer Arbeit an der Zeitung stark unter Druck, so dass es sich manchmal gar nicht vermeiden lässt, etwas verspätet zu kommen.

  Silvia: Ja, so ist es. Aber ich möchte noch etwas sagen. Es könnte so aussehen, als hielte ich Ihren Unterricht für nicht wichtig. So ist es nicht.

  Lehrer: Nun ja, Sie waren sonst ja immer pünktlich. Das hat sich jetzt zwar etwas geändert, wird aber bald vorüber sein, ja?

  Silvia: Ja, spätestens in zwei Wochen. Dann bin ich wieder pünktlich.

  Lehrer: Unser Problem wird sich also bald von selbst lösen?

  Silvia: Ja.

  Lehrer: Eigentlich stört mich Ihr Zuspätkommen gar nicht so sehr. Was mich aber sehr stört ist, dass ich Ihretwegen immer meine Arbeit unterbrechen muss, wenn Sie dazwischenplatzen. Haben Sie eine Idee, wie man das ändern könnte?

  Silvia: Ja. Ich werde Marion mein kleines Tonbandgerät geben und sie wird es bei Ihrer Einführung laufen lassen. Dann werde ich mir Ihre Anweisungen auf dem Band anhören und niemanden mehr stören.

  Lehrer: Marion sollte das Gerät dann einfach vorn ans Pult stellen. Ja, so machen wir das.

  Silvia: Ich werde mich morgen so gut es geht beeilen.

Nach Thomas Gordon: Lehrer-Schüler-Konferenz. Hoffmann und Campe: Hamburg 1977, S. 155ff.

- 1. Wodurch unterscheiden sich Dialog 1 und 2?
- 2. Welchen Vorteil hat die Methode 2?
- 3. Versuchen Sie, mit Hilfe eines Rollenspiels die Methode 2 anzuwenden.

Werden Rollenerwartungen nicht erfüllt, dann besteht die Gefahr, dass „die andere Seite" mit Sanktionen droht oder diese auch anwendet.
Die Rollenträger müssen
- die unterschiedlichen Erwartungen erkennen,
- vernünftig mit ihnen umgehen,
- Konflikte für normal halten,
- sich bemühen, entsprechende Situationen auszuhalten
- und eine für alle annehmbare Lösung anstreben.

Dies gelingt nur, wenn der Rollenträger weiß, was er will, über ein entsprechendes Selbstwertgefühl verfügt und sich vernünftig ausdrücken kann.
Wenn die eine Seite auf Grund von Sanktionen unterliegt und nachgeben muss, ist der Konflikt nur „unter den Teppich gekehrt". Bei späterer Gelegenheit wird er wieder aufbrechen und eine friedliche Lösung noch schwerer zu finden sein.
Konflikte zwischen Einzelpersonen sowie zwischen Gruppen sind unvermeidlich. Es kommt darauf an, dass die unterschiedlichen Einstellungen und Vorstellungen so dagelegt werden, dass sich die Konfliktparteien nicht verletzen. Es ist wenig sinnvoll, bei Meinungsunterschieden die andere Seite „niederzumachen". Vielmehr kommt es darauf an, einen Kompromiss zu finden, mit dem beide Seiten „leben können".
Besonders bedenklich sind Sanktionen vor allem, wenn politische Großgruppen (z. B. starke Nationen) unterlegene Gruppen unterdrücken, wie dies unter den Völkern im Verlauf der Weltgeschichte immer wieder geschehen ist und noch immer geschieht.

ZUSAMMENFASSUNG

Fachbegriffe

Clique – Kaspar-Hauser-Komplex – Kaspar-Hauser-Versuche – Klischeevorstellungen – Kompromiss – Konflikt – Peer-Groupe – Sanktionen – Sozialisation – Stereotype

Die Entwicklung des Menschen, sein Hineinwachsen in die Gesellschaft und sein Verhalten hängen ab von ererbten Anlagen, vom Kulturraum, in den er hineingeboren wird sowie vom Einfluss seiner unmittelbaren Umgebung (Milieu). Von grundlegender Bedeutung ist dabei die Familie. Aber auch andere Gruppen, denen er angehört (z. B. Schulklasse oder Verein) beeinflussen sein Wesen und seine Sozialisation. Es gehört zu den Aufgaben des Staates, die Voraussetzungen für eine möglichst positive Entwicklung und Sozialisation junger Menschen zu schaffen. Dazu sind entsprechende politische Maßnahmen (u. a. Sozial- und Bildungspolitik) erforderlich.
Aus der Zugehörigkeit zu den Gruppen ergeben sich die verschiedenen Rollen, die der Mensch im Verlauf seines Lebens spielt. Auf Grund gegensätzlicher Erwartungen an diese Rollen können sich Konflikte ergeben. Die Erwartungen werden mitunter von Sanktionen begleitet, wenn ihnen der Rollenträger nicht entspricht.
Eine besonders problematische Form von Erwartungen resultiert aus Vorurteilen, weil sie dem Rollenträger i. d. R. nicht gerecht werden. Vorurteile wirken sich auf das zwischenmenschliche Verhältnis meist verhängnisvoll aus.
Konflikte müssen menschenwürdig geregelt werden, in dem Lösungen gesucht werden, die beide Konfliktparteien akzeptieren können. Solche Lösungen werden als Kompromisse bezeichnet.

AUFGABEN

1. Berichten Sie von einer Auseinandersetzung, die Sie – als Außenstehender oder Beteiligter – selbst erlebt haben.
   - Welche „Rollen" waren daran beteiligt?
   - Welche Erwartungen waren an die Rollenträger gerichtet?
   - Gab es „am Ende" einen Kompromiss?

2. Führen Sie in der Klasse ein Rollenspiel durch, das den Verlauf einer Auseinandersetzung (z. B. über den Verstoß gegen die Hausordnung o. ä.) zum Inhalt hat. Berücksichtigen Sie dabei die Gesichtspunkte der oben (bei 1) aufgeführten Teilaufgaben.

Präsentation

Eine Plakatwand zum Arbeitsthema „Familie" S. 108 ff. soll präsentiert werden.
*Die Plakate werden im Unterricht in **Gruppen** erarbeitet.*
Wie Sie die Gruppen einsetzen, bleibt Ihnen überlassen.

Sie können
- *pro Gruppe jeweils ein Teilziel der Unterrichtseinheit bearbeiten und die Gruppenergebnisse zum Schluss in einer gemeinsamen Redaktionskonferenz zusammenfügen*

oder
- *innerhalb eines jeden Teilziels die Detailaufgaben in Gruppen bearbeiten. Die Detailaufgaben sind jeweils unter den Teilkapiteln aufgeführt.*

Wenn Ihre Klasse die Unterrichtseinheit nicht in eine Präsentation umsetzen will, kann sie auch im alltäglichen Unterrichtsverfahren erarbeitet werden. Dann sollten vor allem das Gespräch und die Diskussion vorherrschen.

Tipps zur Erstellung einer Präsentation mit Plakaten

Sammeln Sie Material

- Besorgen Sie DIN-A1-Papierbögen (mindestens 5), verschiedenfarbige Plakatkartons, Klebestifte, Scheren, breite Filzstifte in verschiedenen Farben, Fotos – auch selbst geschossene –, Karikaturen, Zeitungs- und Illustriertenausschnitte, Statistiken, die sich mit dem Thema Familie befassen.
- Benutzen Sie auch das Internet.
- Die Sammelarbeit wird einige Zeit in Anspruch nehmen. Aus dem Gesammelten muss das Brauchbarste ausgewählt werden.

Gestalten Sie das Material

- Erwecken Sie Aufmerksamkeit und führen Sie den Betrachter mit Ihren Gestaltungsmitteln gleichsam durch Ihre Ausstellung.
- Verwenden Sie dazu verschiedene Schriftgrößen; versetzen Sie sich dabei in die Rolle des Betrachters, der die Texte aus ca. 1m Abstand lesen können soll. Maschinengeschriebenes muss daher um ein Vielfaches vergrößert werden.
- Benutzen Sie Farben, Pfeile, Unterstreichungen, Kästen u. a., um Wichtiges herauszustellen.
- Erstellen Sie kurze prägnante Texte.
- Die fertigen Plakate werden zu einer „Ausstellung" zusammengefügt und dem Publikum präsentiert.

Klären Sie inhaltliche Fragestellungen

- Material und Gestaltung dienen der inhaltlichen Klärung des Themas. Der Inhalt steht im Vordergrund.
- Auch die Formulierungen der Überschriften sollen die Neugier des Betrachters wecken.. Lassen Sie sich „fesselnde" Formulierungen einfallen.
- Die Bild- und Textmaterialien sollen schließlich Antworten auf einige Hauptfragen geben und die Antworten veranschaulichen. Erste (langweilige) Arbeitsfragestellungen könnten folgende Überschriften sein:
  - Wie sehen/sahen Familien aus?
  - Welche Leistungen erbringen Familien?
  - Wie wurde/ wird in Familien erzogen?
  - Wie steht es um die Kinderzahl?

3 Die Familie – Erwartungen und Aufgaben

Familiale Lebensformen

Ehepaare mit Kind/ern (traditionelle Familie), Adoptiv-, Stief- oder Pflegefamilien, Alleinerziehende (Väter oder Mütter) mit Kind/ern, Patchwork-Familien, kinderlose Ehepaare, Zwei-Berufe-Familie, Wochenendfamilie, Familie mit Hausmann, Familie mit Tagesmutter

Neue Elternrollen

Gleichgeschlechtliche Paare mit Kind(ern), eingetragene Partnerschaft mit der Möglichkeit eines Partners, ein Kind zu adoptieren

Nichtfamiliale Lebensformen

z. B.: Single, WG (Wohngemeinschaft), Wochenendbeziehung

3.1 Erfahrungen mit der eigenen Familie

Mareike, fast 18 Jahre
Ich halt es mit meinen Alten nicht länger aus, vor allem mit meinem Vater, dem Oberspießer. Seit ich auch meine Zunge piercen ließ, dreht er durch. Sobald ich 18 bin, zieh ich aus, nehm mir ein Zimmer. Nichts wie weg aus dieser muffigen Bande.

Elvis, 19 Jahre
Mein Vater hatte vor zwei Jahren einen Herzinfarkt. Seit dem fühlen wir fünf uns noch enger verbunden als vorher schon. Meine jüngeren Geschwister unterstützen Mutter, wie ich`s mir nie vorgestellt habe. Und die schweren Arbeiten im Garten sind jetzt meine Sache. Gemeinsam sind wir ... – Sie wissen schon.

Martin, 20 Jahre
Da wäre ich schön blöd, wenn ich mein „Hotel Mama" aufgeben würde. Nach der Arbeit steht das Essen auf dem Tisch. Mutter macht meine Wäsche, und das gern, wie sie versichert, und mein „Kinderzimmer" kostet mich keinen Cent.

- 1. Das Verhältnis der Jugendlichen zu ihrer bisherigen Familie ist vielschichtig. Diskutieren Sie die unterschiedlichen Stellungnahmen der jungen Leute. Tragen Sie aus Ihren Erfahrungen mit Familien positive und negative Einschätzungen von Familiensituationen bei.
- 2. Fast jede Familie wird mit nicht alltäglichen Herausforderungen konfrontiert (Hausbau, Krankheit, Arbeitslosigkeit, Unfall ...).
  Auf welche Leistung, die Ihre Familie erbracht hat, sind Sie besonders stolz? Schreiben Sie in großer Schrift die Leistung in einem Satz auf einen Zettel ohne Namen und kleben Sie ihn auf das Plakat Nr. 1. Es trägt die Überschrift: „Alle Achtung! Da hat sich meine Familie bewährt."
  Diskutieren Sie einige der Leistungen und stellen Sie Überlegungen an, wer außerhalb der Familie in Notfällen die Aufgaben hätte übernehmen können/müssen.

3.2 Einschätzungen zu Familie und Ehe

a Wesentliches Merkmal der Familie ist die Gemeinschaft in der Generationenfolge. Mindestens zwei Generationen leben zusammen, wobei es sich um ungleiche Partnerschaft handelt, wo zunächst alle Verantwortung bei den Erwachsenen liegt [...] Auch Familien von Alleinerziehenden oder solche Familien, wo andere Erwachsene die Rolle der eigentlichen Eltern übernehmen sind voll gültige Familien [...] Die unterschiedlichen Familienstrukturen sind so lange kein wesentlicher Wertunterschied, wo die Aufgabe an den Kindern wirklich erfüllt wird [...] Es gibt sehr viele Alleinerziehende, die Kinder intensiv fördern und lebenstüchtig machen. Und es gibt viele so genannte intakte Familien, die das nicht tun.

Nach: Horst Birkhölzer, Vortrag am 23.6.1998, Hesselberg. Zitiert nach: www.eaf-bayern.de

b Wir sollten den Begriff Familie so weit wie möglich fassen. Familie ist immer auch das Zusammenleben über Generationen hinweg. Familie ist unabhängig davon, ob die Eltern verheiratet sind oder nicht. Sie sind genauso eine Familie, wie wir von Familie reden, wenn Erwachsene mit ihren pflegebedürftigen Eltern zusammenleben. Es gibt Alleinerziehende und Patchwork-Familien. Aber 78 Prozent der Kinder leben in Familien, bei denen die Eltern verheiratet sind und sie leibliche Geschwister haben.

Nach: Renate Schmidt, Bundesfamilienministerin: Ausnahmetatbestand Kind. Interview. In: Fluter, Nr. 6.4.2003. Bundeszentrale für politische Bildung, Seite 28

c Die Ehe allein ist – trotz aller Einschränkungen, wenn sie scheitert – jene gesellschaftliche Grund-Institution, die durch alle Wirren der Geschichte hindurch über ein öffentliches abgegebenes lebenslanges Treueversprechen zwischen einem Mann und einer Frau für die Kinder einer Gesellschaft die höchste Wahrscheinlichkeit hat für Dauerhaftigkeit und Zuverlässigkeit der Eltern-Kind-Liebesbeziehung, für die „gute" Einführung in die Welt, für das Erlernen von Bindungen, das die Voraussetzung bildet für ihre spätere Fähigkeit, Partnerschaft einzugehen, für die ganze Erziehung.

Nach: Johannes Pechstein: Es geht um das Kind. In: Kirche und Gesellschaft Nr. 232, S. 4, J. P. Bachem Verlag, Köln 1996

1. In den Beschreibungen der Familie (Texte a, b, c) werden unterschiedliche Schwerpunkte gesetzt, die verschiedene Einstellungen und Wertvorstellungen erkennen lassen.
   Stellen Sie die Schwerpunkte heraus und schreiben Sie in Stichworten auf das Plakat Nr. 2, was die einzelnen Autoren betonen. Überschrift: „Die Familie – unterschiedlich beleuchtet".
2. Stellen Sie Fragen nach der Haltung zu Familie und Ehe in Ihrer Klasse so, dass folgendes Ergebnis mit Zahlen ergänzt werden kann.

In unserer Klasse sind:	
Für Familie:	
– davon für Familie ohne Kinder	
– davon für Familie mit Kindern	
Für eine andere Lebensform:	
Keine Angaben:	

   Werten Sie die Befragung anonym aus und stellen Sie das Gesamtergebnis an der Plakatwand auf Plakat 2 vor.
3. Diskutieren Sie: Warum scheuen sich manche jungen Paare zu heiraten? Was spricht für die Ehe?

3.3 Familienformen im Wandel

In der handwerklich und bäuerlich geprägten Welt der vorindustriellen Zeit – in Dörfern bis hinein in die Mitte des 20. Jahrhunderts – war die **Großfamilie** üblich, in der häufig mehrere Generationen und Verwandte (ledige Onkel, Tanten) in einem Haushalt zusammen lebten und oft auch zusammen arbeiteten.

Die heute in Deutschland vorherrschende Form der Familie ist die eheorientierte **Kleinfamilie**. Zu ihr gehören Vater, Mutter und die heranwachsenden Kinder (Kernfamilie). Das Beziehungsverhältnis zwischen Eltern und Kindern ist auf Dauer ausgerichtet. Die Großeltern leben selten in der Nähe und können deshalb meist nicht helfend einspringen.

Neue Familien entstehen, weil die Scheidungszahlen in den letzten Jahren stark ansteigen und weil zunehmend mehr junge Leute trotz eines oder mehrerer Kinder nicht heiraten. Nichtheirat und zerbrochene Ehen führen oft dazu, dass Kinder von nur einem Elternteil aufgezogen werden müssen. Wenn Alleinstehende heiraten oder Geschiedene, Verwitwete wieder heiraten und eigene Kinder mitbringen, bilden sich neu zusammengesetzte Familien.
Der gesellschaftliche Wandel hat daneben weitere Formen partnerschaftlichen Zusammenlebens hervorgebracht, die nicht als Familie angesehen werden (vgl. S. 108).

Gesellschaftlicher Wandel

bedingt u. a. durch Änderung der Wertvorstellungen, geringeren Einfluss der Kirchen, Unsicherheiten auf dem Arbeitsmarkt, Mobilität, leicht zugängliche Empfängnisverhütung, freizügigere Gesetzgebung

Welche Lebensform die beste ist für Partner und Kinder, hängt letztlich ab von der Liebe, dem Verantwortungsbewusstsein innerhalb der jeweiligen Lebensgemeinschaft und ihrem Zusammenhalt. Der besondere Schutz des Staates jedoch gilt nach dem Grundgesetz der Familie.

3.4 Was Familien leisten

Die betriebswirtschaftlichen Leistungen der Familie kommen zunächst den eigenen Familienmitgliedern zugute, sie entlasten jedoch auch den Staat und die Gesellschaft. Das wird offenkundig, wenn beim Versagen einer Familie Ämter und öffentliche Institutionen (z. B. Jugendamt, kirchliche Dienste) die bisherigen Leistungen der Familie übernehmen müssen.

- **Nennen Sie materielle Aufgaben, die Familien zu erfüllen haben. Halten Sie sich zunächst an die Karikaturen und erweitern Sie das Thema im Gespräch. Erstellen Sie Plakat 3 mit der Überschrift: „Die Familie erfüllt Grundbedürfnisse". Belegen Sie diese mit Stichwörtern und Bildern.**

3.5 Gefordert oder überfordert – die Erziehungsarbeit der Eltern

Die Familie ist für den Menschen die wichtigste Gruppe in seinem Leben. Aus ihr kann er sich letztlich nie ganz entfernen. Sie prägt ihn entscheidend über Vererbung bzw. bewusste und unbewusste Einflussnahme. In der intakten Familie erfährt der junge Mensch in der Regel Liebe, Geborgenheit, Verständnis, Mitgefühl, Schutz und Fürsorge. Werte wie Vertrauen, Selbstsicherheit, Toleranz werden im täglichen Umgang erlebt. Hier entwickelt er seine Persönlichkeit und seine Fähigkeit, sich mit anderen zurecht zu finden. Erziehung ist die verantwortungsvolle Hineinführung Jüngerer durch Ältere ins Erwachsenenleben.
Eltern haben nach dem Gesetz die Pflicht, ihre Kinder zu begleiten und zu erziehen.

§ 1626 Bürgerliches Gesetzbuch

(1) Der Vater und die Mutter haben das Recht und die Pflicht, für das minderjährige Kind zu sorgen [...]
(2) Bei der Pflege und Erziehung berücksichtigen die Eltern die wachsende Fähigkeit und das wachsende Bedürfnis des Kindes zu selbstständigem verantwortungsbewusstem Handeln.
Sie besprechen mit dem Kind, soweit es nach dessen Entwicklungsstand angezeigt ist, Fragen der elterlichen Sorge und streben Einvernehmen an.

Erziehungsstile

Wie (in welchem Stil) Erziehung geschieht, ist üblicherweise bis zum Eintritt des Kindes in Kindergarten oder Schule allein Sache der Eltern.
Manche Eltern sind pädagogisch unsicher, ja hilflos bei der Erziehungsarbeit. In den früheren Großfamilien war die Erziehung nicht auf die Eltern konzentriert, sondern verschiedene Personen wirkten durch den täglichen Umgang mit. In der Kleinfamilie entfällt diese Entlastung der Eltern. Für unsichere Eltern gibt es in einigen Städten Vorbereitungskurse für die Erziehungsaufgabe (Erziehungsführerschein).
Grundsätzlich gilt: Wenn Erziehung von Liebe, Gelassenheit, Vernunft und zeitlicher Zuwendung getragen ist, sollte sie gelingen.

Jeder hat seinen Erziehungsstil, und der unterscheidet sich garantiert von dem des Partners, der Oma oder der Lehrerin. Einer hilft und unterstützt viel, aber tadelt auch häufig. Ein anderer lobt gern, lässt aber das Kind sonst einfach machen. [...]
Wenn ein Kind verschiedene Erziehungsstile erlebt, ist das gar nicht so schlecht. [...] Für das Kind muss einigermaßen vorhersehbar sein, dass die Mama in bestimmten Fällen nachsichtig reagieren wird, der Papa aber streng. Oder umgekehrt. [...]
Kinder dürfen ruhig erleben, dass ihre Eltern gelegentlich zu verschiedenen Urteilen kommen. Sie lernen dadurch dass es im Leben nicht nur eine Wahrheit gibt, nicht immer ein eindeutiges Richtig oder Falsch. Eine Grundvoraussetzung für Toleranz.

Nach: www.eltern.de/familie_erziehung/erziehung/erziehungslexikon/erziehungsstile.html

Die Art, wie erzogen wird, hängt nicht nur von der individuellen Auffassung der Eltern ab, sondern wird vom gesellschaftlichen Umfeld mitbestimmt. Es gibt Erziehungsziele und -stile vor.
Aus der Fülle der typischen Erziehungsstile seien drei modellhaft aufgezeigt:

a) der autoritäre:

Er war der herkömmliche „deutsche" Erziehungstil zur Zeit des Kaiserreichs, zur Zeit des Nationalsozialismus, bis in die 60er Jahre des 20. Jahrhunderts und in weiten Kreisen der DDR. Der Erziehungsstil, den der Nationalsozialismus forderte, wollte den widerspruchslosen gehorsamen Menschen formen, der sich der Gruppe und ihrem Führer unterordnet. Befehl, strenger Gehorsam, keine Widerrede, körperliche Züchtigung, Anerkennen der Abhängigkeit von Vorgesetzten, keine „schwächlichen" Gefühlsäußerungen, Kollektiv vor Einzelmensch, starke Betonung der so genannten Sekundärtugenden, wie Ordnung, Pünktlichkeit, Disziplin, Höflichkeit u. a. waren die Grundsätze des autoritären Erziehungsstils

b) der antiautoritäre:

Er verbreitete sich in der Folgezeit der so genannten 68er-Studentenbewegung. Kennzeichen: weitestgehende Freiheit des Kindes, Kind sich selbst überlassen, Angstfreiheit, Selbstverwirklichung ohne Grenzen, Individuum hat uneingeschränkt Vorrang vor sozialen Gruppen oder vor Strukturen und Personen, weitgehende Ablehnung der Sekundärtugenden als Erziehungsziele.

c) der partnerschaftliche:

Ihn streben verantwortungsvolle Erzieher in den letzten Jahrzehnten immer bewusster an. Die Erziehung muss heute dem Gesetz nach gewaltfrei erfolgen. Der junge Mensch soll sich in Verantwortung sehen gegenüber sich selbst und anderen, er soll eigenständig denken und entscheiden, demokratische Spielregeln im Alltag leben. Es wird auf das Gleichgewicht zwischen den Bedürfnissen und Wünschen des Einzelnen und denen der Gesellschaft (Selbstbehauptung und Toleranz) geachtet. Kennzeichen: Abmachungen und Übereinkunft in Konfliktfällen, sinnvolle Beachtung der Sekundärtugenden, Begründung von Erziehungsmaßnahmen, konsequente Haltung der Eltern.

Gewaltfreie Erziehung

„Gesetz zur Ächtung der Gewalt in der Erziehung" seit 2000 als Leitlinie ins Bürgerliche Gesetzbuch eingefügt. Es ist verboten, sein Kind zu schlagen, zu verspotten, einzusperren, anzupöbeln, tagelang anzuschweigen oder zu misshandeln. Wer so handelt, schüchtert sein Kind ein, verringert sein Selbstbewusstsein und macht sein Kind selbst zum Gewalttäter.
Verstöße werden nicht strafrechtlich verfolgt, aber jeder Mensch mit Zivilcourage hat ein Recht einzugreifen, wenn er sieht, dass Eltern ihr Kind schlagen.

Was das Kind für sein Verhalten, seine Weltsicht und seine Lebenseinstellung übernimmt, hängt weniger von Verboten und mündlichen Hinweisen ab als vielmehr vom Vorbild und Vor-Leben der Eltern, die das kleine Kind letztlich unbewusst imitiert. Dabei sind die ersten Lebensjahre von entscheidender Bedeutung.

Dem Staat und der Gesellschaft muss viel daran gelegen sein, dass gute Erziehungsarbeit geleistet wird. Gesellschaftswissenschaftler stellen provozierend fest: Was in Elternhäuser und Schulen investiert wird, kann an Gefängnissen eingespart werden.

Geheime und offene Miterzieher

Großeltern, Nachbarn, Freunde, Kindergarten, Schule, Betrieb, Gleichaltrige (Cliquen), „Stars", Fernsehen, Jugendzeitschriften, Konsumwerbung

Erziehung erfolgt aber nicht nur durch die Familie. Mit steigendem Lebensalter wirkt eine ständig wachsende Menge von Einflüssen verschiedener **„Miterzieher"** von außen auf die Heranwachsenden ein (so genannte Sozialisationsinstanzen). Die Einflussnahme geschieht offen und verdeckt. Den Medien muss dabei ein besonderes Augenmerk gelten: Ob es gelingt, durch Medienerziehung und politische Einflussnahme Kinder und Jugendliche vor Gewalt verherrlichenden, sexistischen, aber auch verdummenden Sendungen zu bewahren, ist fraglich. Der Antrieb muss letztlich vom Jugendlichen ausgehen, der die Machenschaften des Mediengeschäfts selbstbewusst und kritisch zu durchschauen lernt.

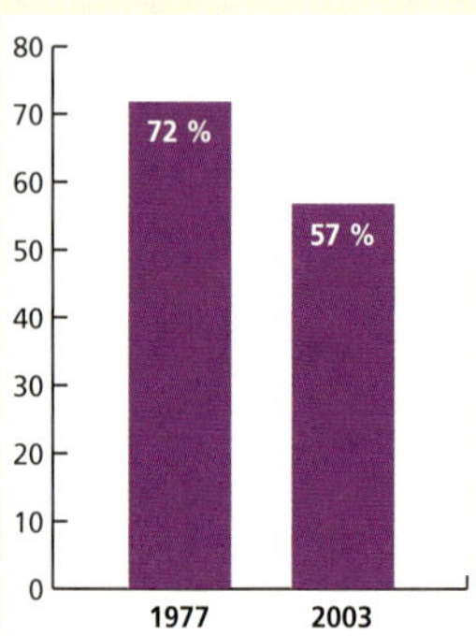

1977 lebten 72% der deutschen Bevölkerung in Familienhaushalten mit Kindern.

2003 waren es nur noch 57%.

- **1. Sammeln Sie passende Fotos, Karikaturen und Zeitschriftenausschnitte und fügen Sie diese zu einer Collage unter dem Titel „Erziehungsstile" zusammen.**
- **2. Heften Sie auf das vierte Plakat unter dem Titel „Geheime Miterzieher" Seiten von Zeitschriften, die Sie als geheime Miterzieher einschätzen.**

3.6 Deutschland – feindliches Kinderland?

Die Familie ist ein privater Raum, der dem Blick der Öffentlichkeit und der Kontrolle durch die Gesellschaft weitestgehend entzogen ist. Ob Paare Kinder zur Welt bringen, ist ihre ureigene Entscheidung.

Für die meisten Eltern bedeuten Kinder privates Glück und eine Perspektiven für die Zukunft. Während zu Beginn des 20. Jahrhunderts Haushalte mit mehr als drei Kindern eine Selbstverständlichkeit waren, ist die Geburtenrate in Deutschland zu Beginn des 21. Jahrhunderts auf einen statistischen Wert von 1,3 Kinder pro Frau zurückgegangen. Nur wenn jede Frau durchschnittlich 2,1 Kinder bekäme, bliebe die Bevölkerungszahl einer modernen Gesellschaft langfristig konstant.

Zahlen nach: www.schader-stiftung.de/gesellschaft_wandel/416.php

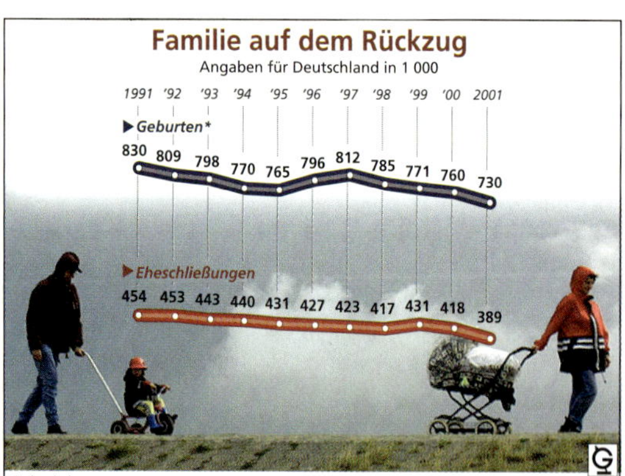

Eine Entwicklung, die die Generationenfolge nicht mehr sichert, macht die Kinderzahl zur **gesellschaftlichen Frage**. Dass Familien für genügend Nachwuchs sorgen, ist für die Gesellschaft von höchstem Interesse: Ein Volk ist darauf angewiesen, dass genügend Kinder geboren und aufgezogen werden.

Zurzeit sterben jedes Jahr mehr Deutsche als geboren werden. Im europäischen Vergleich liegt Deutschland mit seiner Geburtenzahl weit hinten.

Die Politik hat das Nachwuchsproblem lange Zeit in seinen Folgen für die Gesellschaft vernachlässigt. Sie muss durch eine familien- und kinderfreundliche Politik den bedrohlichen Auswirkungen entgegenwirken.

Meinhard Miegel: Die deformierte Gesellschaft. Propyläen Verlag: München 2002, S. 84

Wir brauchen einen Bewusstseinswandel: Zählt in unserer Gesellschaft nur der berufstätig Erfolgreiche, oder zählt auch der gesellschaftlich etwas, der Kinder erzieht? Heute wird die normale Familie in der Gesellschaft eher auf die Seite geschoben! Grundvoraussetzung einer stabilen gesellschaftlichen Balance ist, dass wir eine kinderfreundliche Gesellschaft sind.

Dr. Edmund Stoiber, bayerischer Ministerpräsident am 7. Juli 2000, zitiert nach: www.familienhandbuch.de/cmain/f_Programme/a_Familienpolitik/s_329.html

- Diskutieren Sie Gründe für die sinkende Geburtenzahl. Stellen Sie diese stichwortartig zusammen und übertragen Sie Ihre Ergebnisse auf Plakat 5 „Mehr Kinder braucht das Land!" unter der Teilüberschrift „Der Geburtenrückgang – viele Gründe". Veranschaulichen Sie Ihre Ergebnisse mit dem gesammelten Bildmaterial.

ZUSAMMENFASSUNG

Die Familie ist die erste und kleinste soziale Einheit in unserer Gesellschaft. Der Begriff Familie hat sich in den letzten Jahrzehnten ausgeweitet. Neben die eheorientierte Kernfamilie, in der immer noch die Mehrzahl der Bevölkerung lebt, ist eine Reihe anderer Lebensformen getreten, die auch die Rolle der traditionellen Familie übernehmen und als neue Familien gelten.

Fachbegriffe

Erziehungsstile – Geburtenrate – Generation – Großfamilie – Kleinfamilie

Familien erbringen vier wesentliche Leistungen:
- Sie ermöglichen ein gemeinsames Leben und Wirtschaften ihrer Mitglieder, indem sie für Nahrung, Wohnung, Kleidung und andere Grundbedürfnisse sorgen.
- Sie geben ihren Mitgliedern ein seelisches Zuhause, das Halt und Nestwärme, ein Gefühl der Zusammengehörigkeit und Geborgenheit umfasst.
- Sie erziehen die Kinder und begleiten sie beim Hineinwachsen in die Gesellschaft (Sozialisation).
- Sie sorgen für Nachkommen und damit neue Mitglieder der Gesellschaft.

Familien tragen entscheidend zur Stabilisierung und Sicherung der gesamten Gesellschaft bei. Die Kinder von heute sind die späteren Eltern, die Staatsbürger von morgen, die Träger der Wirtschaft, die Zahler der Renten- und anderen Sozialversicherungen.
Gesellschaft, Wirtschaft und Politik müssen den Wert der Familie – ob mit oder ohne Ehe – erkennen. Gerade in wirtschaftlich schwierigen Zeiten brauchen junge Leute vorteilhafte Rahmenbedingungen, die sie zur Gründung und Aufrechterhaltung stabiler Familien mit Kindern ermuntern.

AUFGABEN

1. Erfinden Sie für die gesamte Plakatwand, eine große Überschrift, die Interesse weckt, und stellen Sie die gestalteten Plakate in der Aula Ihrer Schule aus. (Gegebenenfalls setzen Sie auch die folgenden Einheiten zur Familie in eine Präsentation um. Sie müssen dann die Plakate nach eigenen Ideen und mit eigenen Texten gestalten. Die Ausstellung würde nicht nur umfangreicher, sondern auch eindrucksvoller.)
2. Geben Sie den Betrachtern auf einem leeren Plakat Gelegenheit, ihre Meinung zu den veröffentlichen Unterrichtsergebnissen kund zu tun. Überschrift: „Stellungnahmen zu unserem Projekt ‚Familie'".

Familie

ist ein Beziehungsverhältnis zwischen Eltern und Kindern, seien diese ehelich oder nichtehelich, minder- oder volljährig, Adoptiv-, Stief- oder Pflegekinder.

Ehe

Lebensgemeinschaft zwischen Mann und Frau, die rechtlich anerkannt ist. (rechtl. und soziales Gebilde) (§ 1353 BGB)

Lebenspartnerschaft

Nach dem „Gesetz zur Beendigung der Diskriminierung gleichgeschlechtlicher Gemeinschaften" (Lebenspartnerschaftsgesetz LPartG) vom 16.2.2001 können zwei Personen gleichen Geschlechts eine auf Lebenszeit angelegte „Lebenspartnerschaft" begründen.

Rechtswirkungen:
- Eine eingetragene Lebenspartnerschaft hat eheähnlichen Charakter.
- Die Partner können einen gemeinsamen Namen wählen.
- Sie schulden einander Fürsorge und Unterhalt.
- Im Todesfall steht dem Überlebenden ein Erbrecht zu.
- Die Partnerschaft kann nur gerichtlich aufgehoben werden.
- Eine Partnerschaft muss vor einer „zuständigen Behörde" geschlossen werden. (§ 1 LPartG)

Ehefähigkeit

Nur Geschäftsfähige können eine Ehe eingehen. (§ 1304 BGB)

Ehemündigkeit

Das Familiengericht kann ab dem 16. Jahr die Ehemündigkeit erklären, wenn der künftige Ehegatte volljährig ist.

4 Rechtliche Stellung von Ehe und Familie

Das Ehe- und Familienrecht im Bürgerlichen Gesetzbuch regelt die Ehe, beginnend mit dem Verlöbnis bis zur Ehescheidung. Für die Eheschließung gibt es ein eigenes Ehegesetz (EheG). Inhalt des Eherechtes ist auch das eheliche Güterrecht. Das Familienrecht regelt die Rechtsbeziehungen zur Verwandtschaft, dazu gehört das Eltern-Kind-Verhältnis, die Stellung nichtehelicher Kinder, die Adoption und die Vormundschaft.

Die Vermögensverhältnisse nach dem Tod einer Person regelt das Erbrecht, ein eigenes Buch des BGB.

Schutz von Ehe und Familie in der Verfassung

Art. 6 GG

(1) Ehe und Familie stehen unter dem besonderen Schutz der staatlichen Ordnung.
(2) Pflege und Erziehung der Kinder sind das natürliche Recht der Eltern und die zuvörderst ihnen obliegende Pflicht. Über ihre Betätigung wacht die staatliche Gemeinschaft.

Art. 124 Verfassung des Freistaates Bayern

(1) Ehe und Familie sind die natürliche und sittliche Grundlage der menschlichen Gemeinschaft und stehen unter dem besonderen Schutz des Staates.

Grundsätzlich ist die Ehe nach dem Bürgerlichen Recht (§ 1353 BGB) eine Lebensgemeinschaft von Mann und Frau, die auf Lebensdauer angelegt ist. Als „Grundzelle der staatlichen Gemeinschaft" und ihrer unverzichtbaren Funktion in der Pflege und Erziehung der Nachkommenschaft genießt sie den Schutz des Grundgesetzes und der Verfassungen der Länder.

institutionelle Garantie	Die Verfassung garantiert diese Form des Zusammenlebens von Mann und Frau in einer Familie. Sie räumt ihr das Grundrecht vor störenden Eingriffen des Staates ein. Geschützt ist die Form der Ehe als Einehe von Mann und Frau, die Einverständniserklärung bei der Schließung der Ehe, die lebenszeitliche Dauer. Der Staat muss die Selbstverantwortlichkeit der Familie respektieren.
Grundrechte der Eltern:	Art. 6 (2) hebt den Vorrang der Eltern bei der Pflege (körperliches Wohl) und Erziehung (Bildung, geistige Entwicklung, Ausbildung) hervor. Sie bestimmen – die Religionszugehörigkeit – den Erziehungsstil – die Schullaufbahn Pflege und Erziehung sind das **natürliche** Recht der Eltern und ihre Pflicht, also ein Naturrecht, nicht vom Staat geschaffenes Recht.
Wächteramt des Staates	Das Wort „zuvörderst" (Art 6 (2)) lässt erkennen, dass auch der Staat Aufgaben eines Erziehungsträgers hat (z. B. Schule). Er hat über die Erziehung und Pflege der Eltern zu wachen, angesichts der Tatsache, dass Eltern auch versagen können. Bei „Versagen" der Eltern oder „Verwahrlosung" der Kinder kann der Staat eingreifen und die Kinder von den Eltern trennen.

Namensrecht
Da das bisher gültige Namensrecht, bei dem der Familienname des Mannes dominierte, verfassungswidrig war, gilt nach dem Spruch des Bundesverfassungsgerichts eine neue Regelung, die dem Gleichberechtigungsgrundsatz des Art. 3 GG gerecht wird.

Frau Müller kann Frau Müller bleiben

Neues Namensrecht gebilligt

Bonn (ap).
Frau Müller und Herr Schulze werden künftig auch nach ihrer Heirat Frau Müller und Herr Schulze heißen können und für ihre Kinder einen von beiden Namen frei wählen können. Der Bundestag verabschiedete das neue Namensrecht, das den Ehepartnern freie Entscheidung über den Familiennamen erlaubt.

Die wichtigsten Regelungen:

- Ehepartner „sollen“ zwar einen gemeinsamen Familiennamen wählen, müssen das aber nicht. Mann und Frau können stattdessen entweder ihren Geburtsnamen oder den zur Zeit der Heirat geführten Namen aus einer früheren Ehe behalten.
- Wird ein gemeinsamer Ehename gewählt, muss das der Geburtsname der Frau oder des Mannes sein. Allerdings kann der Ehepartner, dessen Namen nicht der Familienname wurde, seinen Namen anfügen.
- Haben die Eltern keinen gemeinsamen Ehenamen vereinbart und können sie sich nicht auf einen Geburtsnamen für die Kinder einigen, kann das Vormundschaftsgericht angerufen werden, das dann einem der beiden Elternteile das Recht zuspricht, den Namen zu bestimmen.

Augsburger Allgemeine vom 29.10.1993

Unterhaltspflicht

Unterhaltspflicht bedeutet, dass eine Person verpflichtet ist, für eine andere Person den Unterhalt ganz oder teilweise aufzubringen. Das sind Aufwendungen für Nahrung, Wohnung, Kleidung, Gesundheitsfürsorge, gesellschaftliche Bedürfnisse, Freizeit, Bildung und sonstige Erziehungsmaßnahmen. Der Unterhalt muss der jeweiligen Lebensstellung des Bedürftigen angemessen sein (§ 1610 BGB).

Bedürftig

ist, wer außerstande ist, sich angemessen zu unterhalten, (§ 1602 BGB) z. B. vermögenslos, arbeitslos, erwerbsunfähig, kreditunwürdig.
Ehegatten haften vor Verwandten.

Unterhaltsanspruch

kraft Gesetzes

- zwischen Ehegatten (§ 1360 BGB)
- zwischen Personen einer aufgelösten oder für nichtig erklärten Ehe (§ 1361 BGB)
- zwischen Verwandten in gerader Linie (§ 1601 BGB)
- zwischen dem Vater und der Mutter eines Kindes nicht miteinander verheirateter Eltern (§ 1615 I BGB)

durch Vertrag

- zwischen Partnern einer nicht ehelichen Lebensgemeinschaft

Unterhaltspflicht zwischen Verwandten

Verwandte in gerader Linie sind verpflichtet, einander Unterhalt zu gewähren, d. h. Eltern müssen den Kindern, Großeltern den Eltern und deren Abkömmlingen und jeweils umgekehrt Unterhalt leisten.

Die Reihenfolge der Unterhaltsverpflichteten ist in § 1606 BGB festgeschrieben:

1. Stufe	Ehegatte (§ 1608 BGB), bzw. geschiedener Ehegatte des Bedürftigen (§ 1584 BGB)
2. Stufe	Kinder des Bedürftigen (§ 1606 I BGB)
3. Stufe	Eltern des Bedürftigen (§ 1606 II BGB)
4. Stufe	Großeltern des Bedürftigen (§ 1606 II BGB)

Verwandtschaft

Rechtsbeziehungen zwischen natürlichen Personen, die auf Abstammung beruhen

a) **gerade Linie**
   Großeltern
   Eltern
   Kinder
   Enkel
b) **Seitenlinie**
   Geschwister
   Onkel
   Neffen

Düsseldorfer Tabelle

Sie wird herausgegeben vom OLG Düsseldorf im Benehmen mit den OLG in Deutschland. Den Familiengerichten und Jugendämtern dient sie als Richtschnur für die Festsetzung des Unterhaltes ehelicher und nichtehelicher Kinder. (letzte Fassung ab 1/02)

Als Richtlinie für „angemessenen Unterhalt" findet insbesondere die „Düsseldorfer Tabelle" Anwendung.

Mindestbedarf ehelicher Kinder nach dem Nettoeinkommen des Unterhaltspflichtigen in EUR:

Nettoeinkommen des Barunterhaltspflichtigen		Altersstufen in Jahren (§ 1612 a Abs. 3 BGB) 0–5	6–11	12–17	ab 18	Vomhundertsatz
		Alle Beträge in EUR				
1	bis 1300	188	228	269	311	100
2	1300–1500	202	244	288	333	107
3	1500–1700	215	260	307	355	114
4	1700–1900	228	276	326	377	121
5	1900–2100	241	292	345	399	128
6	2100–2300	254	308	364	420	135
7	2300–2500	267	324	382	442	142
8	2500–2800	282	342	404	467	150
9	2800–3200	301	365	431	498	160
10	3200–3600	320	388	458	529	170
11	3600–4000	339	/411	485	560	180
12	4000–4400	358	434	512	591	190
13	4400–4800	376	456	538	622	200
	über 4800	nach den Umständen des Falles				

Stand 1.1.2002

Güterstand

ist die rechtliche Aufteilung des Vermögens der Ehepartner.

Eheliches Güterrecht

Die Eheschließung wirkt sich auf das Vermögen der Ehegatten aus. Das Ehegüterrecht des Bürgerlichen Gesetzbuches gibt den Ehegatten mehrere Möglichkeiten, ihre Vermögensverhältnisse zu regeln, indem sie einen bestimmten Güterstand vereinbaren. Nach dem Gleichberechtigungsgesetz sind drei Güterstände möglich:

- Zugewinngemeinschaft (= gesetzlicher Güterstand),
- Gütertrennung,
- Gütergemeinschaft.

Zugewinn

Endvermögen abzüglich Anfangsvermögen.

Eheschließung BGB § 1363 ff.

gesetzlicher Güterstand

Er gilt immer, wenn die Ehepartner nichts anderes vereinbart haben.

Zugewinngemeinschaft:

1. Gütertrennung: eingebrachtes Gut bleibt getrennt
2. Zugewinnausgleich bei Tod, Ehescheidung, vorzeitiger Teilung.

Beispiel:
Die Ehefrau bringt 100 000,00 EUR in bar, der Ehemann ein Haus im Wert von 800 000,00 EUR in die Ehe ein.
Er erwirbt 200 000,00 EUR hinzu, die Ehefrau 20 000,00 EUR
Zugewinnausgleich für die Frau: 90 000,00 EUR

vertraglicher Güterstand

- Die Ehegatten können ihre güterrechtlichen Verhältnisse durch einen Ehevertrag mit notarieller Beurkundung regeln.
- Er muss im Güterrechtsregister des Amtsgerichts eingetragen sein.

Gütertrennung

Jeder Ehegatte verwaltet sein Vermögen selbst, haftet nur für eigene Schulden.

Gütergemeinschaft

Sie entsteht nur durch Ehevertrag: Das gesamte Vermögen wird Gemeingut.

Vermächtnis

Zuwendung von Vermögensteilen durch ein Testament an eine Person, die nicht Erbe ist. Damit entsteht eine Forderung an einen Erben, das „Vermächtnis" zu erfüllen.

Testierfähigkeit

haben nicht:
- Personen unter 16 J.
- Geisteskranke
- Geistesschwache
- unter Bewusstseinsstörungen Leidende

Erbfolgen

Der Erblasser kann sein Vermögen durch eine „letztwillige Verfügung" verteilen (gewillkürte Erbfolge); ist dies nicht der Fall, tritt die gesetzliche Erbfolge nach den fünf Erbordnungen in Kraft:

ERBFOLGEN

Gewillkürte Erbfolge:

TESTAMENT: – freie Bestimmung des/der Erben (§§ 1937 ff. BGB)

ERBVERTRAG: – Erbe können der Vertragspartner oder Dritte sein. (§§ 194 ff. BGB)

Gesetzliche Erbfolge (§§ 1922 ff. BGB):
(Erben sind: Ehegatte, Verwandte, Staat)

1. **Ordnung:** Abkömmlinge: Kinder, Enkel, Adoptierte (Ehegatte: 1/4 bzw. 1/2 je nach Güterstand)
2. **Ordnung:** Eltern, Geschwister, Neffen (Ehegatte: 1/2)
3. **Ordnung:** Großeltern, Onkel, Tanten usw. (Ehegatte: 1/2 und Abkömmlingenanteil)
4. **Ordnung:** Urgroßeltern und deren Abkömmlinge
5. **Ordnung:** Entfernte Voreltern und deren Abkömmlinge

Pflichtteil

Werden Kinder, Ehegatten oder Eltern von der Erbfolge ausgeschlossen, erhalten diese die Hälfte des gesetzlichen Anspruchs.

Der Ehegatte hat nach dem gesetzlichen Erbrecht nur dann einen Erbanspruch, wenn er bei Eintritt des Erbfalls noch mit dem Erblasser verheiratet war.

Ehelichkeit

Ehelich ist ein Kind, das während der Ehe oder innerhalb von 302 Tagen nach ihrer Auflösung geboren ist.

Grundprinzipien der Erbfolge

- Die gesetzliche Erbfolge tritt in Kraft, wenn keine „gewillkürte Erbfolge" vorliegt.
- Nichteheliche Kinder haben grundsätzlich das gleiche Erbrecht wie eheliche Kinder.
- Es gilt die Gesamtrechtsnachfolge, d. h. Vermögen und Schulden werden vererbt.
- Der Erbe kann die Erbschaft innerhalb von 6 Wochen ausschlagen.
- Letztmöglicher Erbe ist das Bundesland, in dem der Erblasser zuletzt wohnte.
- Ein Erbe der höheren Rangordnung schließt jeden Erben der niedrigeren Rangordnung von einer Erbschaft aus.

Nichtehelichkeit

Ein Kind gilt als nichtehelich, wenn seine Eltern zum Zeitpunkt der Geburt nicht verheiratet waren.

Auflösung der Ehe

Eine Ehe kann aufgelöst werden durch:

1. gerichtliche Aufhebung, z. B. bei Irrtum über eine Person, Täuschung oder Drohung (z. B. falsche Altersangabe)
2. Scheidung auf Antrag beim **Familiengericht** am Amtsgericht (Anwaltszwang)

Erbfolge

Gesamtnachlassfolge des/der Erben in das Vermögen und die Verbindlichkeiten des Erblassers. gem. §§ 1922 ff. BGB.

Zerrüttungsprinzip

Einziger Scheidungsgrund ist das Scheitern der Ehe, d. h. wenn
- die eheliche Lebensgemeinschaft nicht mehr besteht
- und nicht mehr erwartet werden kann, dass die Ehegatten sie wieder herstellen.

Härteklausel

(§ 1569 BGB)

Eine Ehe soll nicht geschieden werden – obwohl sie gescheitert ist –, solange deren Aufrechterhaltung im Interesse der minderjährigen Kinder ausnahmsweise notwendig ist oder für den Partner eine schwere Härte darstellt.

Nach dem Familienrecht (§§ 1564 ff. BGB) ist eine Scheidung zulässig, wenn eine Ehe **zerrüttet** ist; ein jeweiliges Verschulden ist nicht erforderlich. Ein Scheitern wird vermutet, wenn folgende Bedingungen gegeben sind:

Antrag auf Scheidungsurteil

Scheidungsgrund:

Das Scheitern der Ehe, d. h. es besteht keine Lebensgemeinschaft mehr und eine Wiederherstellung ist auch nicht zu erwarten.

Maßstab für das Scheitern: Das Getrenntleben der Partner mit dem erkennbaren Willen der Ablehnung der ehelichen Lebensgemeinschaft.

- Bei Trennung von weniger als 1 Jahr: Scheidung nur in besonderen Härtefällen.
- Bei einer Trennung von mindestens 1 Jahr: Scheidung möglich, wenn beide Ehegatten einverstanden sind.
- Bei einer Trennung von mindestens 3 Jahren: Scheidung kann von einem Ehegatten allein durchgesetzt werden, falls nicht besondere Härte dies ausnahmsweise verbietet.
- Bei einer Trennung von 5 Jahren: Scheidung kann unter allen Umständen erzwungen werden.

ZUSAMMENFASSUNG

Fachbegriffe

Güterstand – Verwandtschaft – Gütertrennung – Unterhaltsanspruch – Zugewinn – Düsseldorfer-Tabelle – Erbfolge – Pflichtteil – Zerrüttungsprinzip – Schuldprinzip

Der Staat schützt besonders im Artikel 6 GG Ehe und Familie, weil sie als „Grundzelle der staatlichen Gemeinschaft" angesehen werden. Sie ist für die Pflege und Ernährung der Nachkommenschaft unverzichtbar. Demgegenüber genießen die so genannten „Lebensgemeinschaften" keinen grundrechtlichen Schutz.

Ehe- und Familienrecht betrachtet die Eheschließung als einen „familienrechtlichen Vertrag", aus dem gegenseitige Rechte und Pflichten erwachsen. Ehefähig sind Volljährige, in Ausnahmefällen Minderjährige ab 16 Jahren.

Bei der Namenswahl sind beide Partner gegenüber früher relativ frei. Sie können die jeweiligen Geburtsnamen dem Ehenamen voranstellen.

Die Ehegatten sind einander unterhaltspflichtig, ebenso besteht Unterhaltspflicht gegenüber Verwandten gerader Linie.

Die Eheschließung wirkt sich auch auf das jeweilige Vermögen aus. Die Ehepartner können Zugewinngemeinschaft als gesetzlichen Güterstand, Gütertrennung oder Gütergemeinschaft vereinbaren.

Die Erbfolge können Ehegatten mit Testament regeln oder die gesetzliche Erbfolge wählen.

Schließlich regelt das Ehe- und Familienrecht die Auflösung der Ehe. Es wird nicht mehr nach der Schuld an der Trennung gefragt; was zählt, ist allein die festgestellte „Zerrüttung" der Ehe. So ist nach einem Trennungsjahr die Scheidung relativ leicht möglich.

AUFGABEN

1. Welche Personen gehören zu einer Familie?
2. Wie kann man den Geburtsnamen in den gemeinsamen Familiennamen einbeziehen?
3. Zwei Eheleute haben im Ehevertrag nichts geregelt, wie sieht die Güterrechtslage bei einer Trennung aus?
4. Was zählt alles zum „Unterhalt"? Wann muss Unterhalt bezahlt werden?
5. Nach einem Streit will sich der Ehemann scheiden lassen; er hat eine Freundin im Nachbarort. Er beantragt die Scheidung. Kann er dies?
6. Welches Gericht ist für Familiensachen zuständig?

5 Die Familie in einer sich wandelnden Gesellschaft

Alles wie gehabt? Die Rollen von Mann und Frau

Ist es nur ein Wunsch vieler Familien oder bereits Realität? Gemeinsam die Kinder erziehen, den Haushalt miteinander führen und dies mit der Berufsausübung verbinden – offenbar sind für dieses Ziel noch viele „Steine" aus dem Weg zu räumen. Früher, in der Generation der Eltern und Großeltern waren die Geschlechterrollen meist klarer verteilt. Der Mann verdiente das Geld, die Frau führte den Haushalt und erzog die Kinder.

Geschlechterrollen

Die Frauen und Männern gesellschaftlich zugewiesenen, vermittelten und verfestigten Verhaltensmuster.

Geschlechterverhältnisse

Die Beziehungen und ungleiche Aufteilung der Macht zwischen Frauen und Männern, die für eine bestimmte Gesellschaftsordnung charakteristisch sind.

Sie kochen, putzen und räumen auf

Mindestens ein Fünftel der Männer in [...] Deutschland wollen nach neuesten Studien ihre Rolle verändern. Aber nicht nur böser Wille und ungenügend finanzierte familienpolitische Angebote hindern Männer an mehr Vatersein, Haus- und Familienarbeit. – Es sind in erster Linie die in den Arbeitsmarkt und die Unternehmenskultur eingeschriebenen idealtypischen männlichen Lebens- und Berufsbiographien. [...] Fast die Hälfte der in einer Untersuchung in der Bundesrepublik befragten Haus- und Teilzeitmänner berichtet von massiven innerbetrieblichen Widerständen. [...]

Leistung und berufliches Fortkommen werden an physische Präsens im Betrieb auch weit nach dem offiziellen Feierabend gekoppelt. Der „Erziehungsurlauber" gilt bei Kollegen als nicht männlich, die Teilzeit arbeitenden Männer sind für ihre Vorgesetzten nicht produktiv, nicht leistungsbereit und nicht engagiert. [...]

Peter Döge, Das Parlament, Nr. 3-4, 21. Jan. 2000, S. 13 (Auszug)

Perspektiven für die Zukunft der Arbeit

Zu Wochenbeginn sieht die Verlagsangestellte Inge S. einen Berg von Arbeit vor sich liegen: für die Firma, die Familie, die Nachbarin und die Selbsthilfegruppe. Und sie weiß [...], dass Arbeit mehr ist als Erwerbsarbeit.

Sie sieht die ungleiche Arbeitsverteilung zwischen Mann und Frau. Frauen verrichten in der Bundesrepublik Deutschland $^2/_3$ der unbezahlten und $^1/_3$ der bezahlten Arbeit, sind häufiger teilzeitbeschäftigt, arbeiten für geringeren Lohn.

Außerdem kann Inge S. die permanente Mehrfachbelastung durch Beruf, Familie und Haushalt nicht attraktiv finden. Einen Ausweg sieht sie nicht. Von Freundinnen weiß sie, dass die Entscheidung für eine Familienpause leicht zur Einbahnstraße werden kann, und auch die Alterssicherung ist betroffen von Unterbrechungen der Berufstätigkeit.

Elisabeth Redler, Das Parlament, Nr. 3-4, 21. Jan. 2000, S. 2 (Auszug)

- 1. Beschreiben Sie die Männer- und Frauenrollen (z. B. im Haushalt und in der Kindererziehung), die Sie meist antreffen.
- 2. Welche Männer- bzw. Frauenrolle wünschen Sie sich für die Familie, die Sie vielleicht einmal selbst gründen werden.
- 3. Welche Auswirkungen hat die Arbeitsmarktsituation auf das Rollenverhalten der Geschlechter? Inwieweit sehen Sie realistische Veränderungschancen?
- 4. Entwickeln Sie eine Art „Fahrplan der kleinen Schritte", so dass sich die gewünschten Geschlechterrollen entwickeln können.

Beruf und Familie – miteinander vereinbar?

Berufstätige Eltern mit einem oder mehreren Kindern sind häufig zwischen Erziehungsaufgaben und den Anforderungen der Arbeitswelt hin und her gerissen. Insbesondere bei Müttern ist eine Mehrfachbelastung zu beobachten. Die niedrigen Geburtenzahlen und die Kinderlosigkeit vieler Paare können als Beleg dafür gewertet werden, dass die Menschen oftmals Berufsausübung und Familie für unvereinbar halten.

Umfrage: Zeit für Kinder

„Wie oft haben Sie ein schlechtes Gewissen, weil Sie glauben, wegen ihrer Berufstätigkeit zu wenig Zeit für Ihr Kind zu haben?"

sehr oft/oft	**43%**
gelegentlich	**26%**
fast nie/nie	**31%**

NFO Infratest für den SPIEGEL vom 9. bis 11. Dezember, 251 befragte berufstätige Männer und Frauen mit Kindern unter 18 Jahren

DER SPIEGEL 2/2004

„Wie schafft ihr das bloß?"

Frauen haben die Wahl: Karriere, Kinder – oder den Kompromiss

[...]
Arbeiten, Mutter werden oder beides ? Wie soll man leben, heute, als Frau in Deutschland?
Spätestens mit Mitte dreißig stehen alle Frauen vor dieser Frage. Bei Deutschlands Akademikerinnen allerdings stellt sie sich offenbar schärfer als bei anderen. Häufiger denn je verweigern sie die Mutterrolle. 42 Prozent haben keine Kinder, sagt die aktuelle Statistik. Dabei sollten diese Frauen, so wünschen es Bildungsforscher, die geistige Elite von morgen großziehen: Die Pisa-Studie hat gezeigt, dass der Schulerfolg der Kinder unmittelbar mit dem Bildungsgrad der Mutter zusammenhängt. Wenn sich aber zu viele Akademikerinnen ins Kinderzimmer zurückziehen, ist das auch eine Katastrophe. Gut ausgebildete Menschen wie sie sind das wichtigste Potenzial der rohstoffarmen Industrienation Deutschland. Und es wurde eine Menge in sie investiert: Ein Studienplatz kostet bis zu 175 000 Euro. [...]
Diese Zerrissenheit zwischen Arbeit und Familie empfinden viele berufstätige Frauen auch deshalb so stark, weil ihre Rolle in Deutschland noch immer nicht selbstverständlich ist. Nur neun Prozent der westdeutschen Frauen wagen es, ganztags in den Beruf zurückzukehren, bevor der Nachwuchs drei Jahre alt ist. Solche Frauen begegnen schnell dem Vorwurf, ihre Kinder zu vernachlässigen – vor allem, wenn der Beruf ihnen auch noch Spaß bringt. Oft kommt der Vorwurf von den Geschlechtsgenossinnen, die jetzt Vollzeitmütter sind. [...]
Belegt dagegen ist, dass es vielen Frauen schwer fällt, nach der langen Zeit des Erziehungsurlaubs wieder in den Beruf einzusteigen, und der Mangel an Betreuungsplätzen macht es noch schwieriger. Kindergärten haben meist starre Öffnungszeiten, Arbeitgeber verlangen aber Flexibilität. [...]
Die Organisation des Alltags bleibt bei Familien fast immer an den Frauen hängen. [...] Nur zwei Prozent der Männer gehen in Erziehungsurlaub, Tendenz stagnierend, seit Jahren. Bei der Teilzeit sieht es ähnlich entmutigend aus. [...]

Anke Dürr, Claudia Voigt: DER SPIEGEL 2/2004, S. 49-53 (Auszüge)

- 1. Beschreiben Sie die „Zerrissenheit zwischen Arbeit und Familie", z. B. aus eigenem Erleben oder aufgrund von Beobachtungen und Berichten aus Ihrem Umfeld.
- 2. Stellen Sie Lösungsansätze dar, die Sie für denkbar halten.

Kinder – ein Armutsrisiko?

Paare mit doppeltem Einkommen haben meist keine wirtschaftlichen Sorgen. Werden Kinder geboren, so fällt häufig das zweite Gehalt weg, zumindest teilweise. Bei vielen werden die finanziellen Spielräume dann sehr eng. Zwar gibt es für Familien staatliche Unterstützungen, jedoch entstehen auch Kosten durch Kinder, z. B. für eine größere Wohnung, für Nahrung, Kleidung, Spielzeug und später für die Ausbildung.

Armutsfalle Kind
Einkommenssituation 2004 von Durchschnittsverdienern mit einem Jahresbrutto von **30 000 Euro**

Angaben in Euro	Single, kein Kind	Ehepaar, 1 Kind	Ehepaar, 2 Kinder	Ehepaar, 3 Kinder
Nettoeinkommen einschließlich Kindergeld	18 412	23 847	25 695	27 543
Betrag, den der Staat als **Existenzminimum** steuerlich freistellt, inklusive Betreuungsaufwand	7 664	21 136	26 944	32 752
Betrag, um den das Nettoeinkommen über oder **unter dem Existenzminimum** liegt	+ 10 748	+ 2 711	- 1 249	- 5 209

Hohe Betreuungskosten, niedrige Einkommen – der Teufelskreis hat Kinderreichtum zum größten Armutsrisiko in Deutschland werden lassen. „Es gibt viele Methoden, sich dauerhaft zu ruinieren", sagt Hellmut Puschmann, Ex-Präsident des Caritasverbandes, „eine der erfolgversprechendsten in Deutschland ist die Gründung einer mehrköpfigen Familie." Bei einem Durchschnittseinkommen von 30 000 Euro im Jahr muss eine vierköpfige Familie heute mit weniger Geld auskommen, als ihr das Steuerrecht als Existenzminimum zubilligt; daran ändert auch die jüngste Steuerreform nichts.

Frank Ossenbrink, DER SPIEGEL 2/2004, S. 43 und 48

Neue Formen des Zusammenlebens

Kinder und Jugendliche wachsen nach wie vor überwiegend in einer Vater-Mutter-Kind-Familie auf. Jedoch sind ebenso auch andere Lebensformen häufig anzutreffen, dazu gehören unter anderem gleichgeschlechtliche Paare mit Kindern.

Katharina, 19 Jahre, lebt mit ihren Eltern in der Nähe von Stuttgart.

Katharina

„Wir sind zu viert, meine Eltern, mein Bruder und ich. Ich habe zwar noch Tanten und Onkel, aber weil die weiter weg wohnen, habe ich nicht viel mit ihnen zu tun. Mein Bruder ist vor zwei Jahren, gleich nach dem Abitur, ausgezogen, das hat aber nicht viel verändert. Wir verstehen uns immer noch sehr gut, schreiben uns regelmäßig E-Mails und telefonieren. [...]“

Norman, 16 Jahre, lebt in einer Pflegefamilie in Halberstadt, Sachsen-Anhalt.

Norman

„Als ich noch bei meiner richtigen Ma' gewohnt habe, war mein Leben ziemlich chaotisch. Ich war in der fünften Klasse und konnte nicht lesen, nicht schreiben und nicht rechnen. Ich habe nie Hausaufgaben gemacht, in der Schule nichts kapiert und bin schließlich einfach nicht mehr hingegangen. Meine Ma' hat das kaum interessiert, sie war mit der Erziehung von mir und meinen drei Geschwistern einfach überfordert. Als sie im Krankenhaus war, hat mich das Jugendamt in einer Pflegefamilie untergebracht, wo ich nur ein paar Wochen wohnen sollte. Inzwischen bin ich aber schon zweieinhalb Jahre hier. [...]“

Johanna, 20 Jahre, lebt in Erfurt. Ihr Vater hat ihre Mutter verlassen, noch ehe Johanna geboren war.

Johanna

„Meine Mama war 19, als sie schwanger wurde, mein Vater 32. Für meine Mutter war er die große Liebe, aber sie für ihn nur eine Affäre. Er fühlte sich zu jung für ein Kind und hat meine Mama während der Schwangerschaft verlassen. [...] Wenn ich zurückschaue muss ich sagen: Ich hatte eine glückliche Kindheit und habe nichts vermisst. Von der Mutter erzogen zu werden, die einem die ganze Aufmerksamkeit und Zuwendung schenkt, ist auf jeden Fall besser, als mit Eltern zu leben, die sich nicht wirklich lieben.“

Thomas, 16 Jahre, lebt in einer sozialpädagogischen Wohngruppe im Cornelius-Werk in Burg, Sachsen-Anhalt.

Thomas

„Nach der Scheidung meiner Eltern vor vier Jahren habe ich bei meiner Mutter gelebt. Das war am Anfang ganz okay, aber dann hat sie sich einen neuen Mann gesucht, und mit dem bin ich nicht klar gekommen. Ich hab' mich auch deswegen mit meiner Mutter bald nur noch gestritten. Wenn sie Alkohol getrunken hatte, gab es auch Schläge. Nachdem ich ein paar Mal zu Hause rausgeflogen bin, bin ich zum Kinder- und Jugendnotdienst gegangen, weil ich ja irgendwo schlafen musste. Eine Frau vom Jugendamt hat mich dann gefragt, ob ich in einem Heim leben will. Ich habe sofort zugesagt und es bis heute nicht bereut, obwohl es in den letzten Jahren ziemlich schwierig war. [...]“

In Andreas' Familie leben vier Generationen in einem Haus in der Nordpfalz. Der 23-Jährige ist vor sechs Jahren ausgezogen.

Andreas

„Wenn man mit so vielen Menschen unter einem Dach lebt, muss man viele Regeln beachten. Man muss früh aufstehen, pünktlich zum Essen kommen und darf nach zehn Uhr abends keine laute Musik mehr hören, weil die Ur-Oma sonst nicht schlafen kann. Ich durfte nicht rauchen und nicht das anziehen, was ich wollte. Irgendjemand fühlte sich immer gestört. Das hat mich total gestresst. Deswegen bin ich mit 17 zu meiner Freundin gezogen. [...]“

Julia, 25 Jahre, lebt zusammen mit ihrem Freund in München.

Julia

„Ich habe einen Bruder, eine Mutter, eine Stiefmutter, einen leiblichen Vater, einen Stiefvater, einen Ersatzvater, zwei leibliche und zwei Stiefgroßmütter, eine beste Freundin, die meine Cousine wurde (nicht umgekehrt), elf Tanten und Onkel und 13 Cousins und Cousinen. Sie leben auf drei Kontinenten verteilt. Meine Familienverhältnisse versteht kein Außenstehender, und ich muss selbst manchmal noch nachdenken, wie wir alle zusammengehören. Als ich geboren wurde, gab es nur meine Mutter, meine Oma und mich. Zu meinem leiblichen Vater hatte ich damals bereits wenig Kontakt. [...]“

Christiane Kretschmer, Dana Toschner, Jan Keith, Julia Landvogt, Bundeszentrale für politische Bildung, fluter Nr. 6, April 2003, S. 4-10 (Auszüge)

Starten Sie eine Umfrage über die familiären Situationen in Ihrer Klasse.

1. Sie sollten zunächst Ihre eigene Lebenssituation in ähnlicher Weise wie in diesem Text beschreiben. Dies wäre auch anonym möglich, falls dies Einzelne wünschen, z. B. ohne Namensnennung und als Computerausdruck.
2. Werten Sie die Häufigkeit einzelner Lebensformen aus und dokumentieren Sie alle Äußerungen.

6 Familienpolitik

Wie kommen Sie an das Kindergeld?

Um Kindergeld zu bekommen, müssen Sie einen Antrag stellen. Die Familienkassen bei den Arbeitsämtern (bei öffentlichen Arbeitgebern deren Familienkassen) helfen ihnen gerne weiter.

Wie hoch ist das Kindergeld?

Sie erhalten pro Monat
- für die ersten drei Kinder jeweils 154 EUR
- für jedes weitere Kind 179 EUR.

Kindergeld wird unabhängig vom Elterneinkommen gezahlt.

Vollwaisen

erhalten für sich selbst 154 EUR Kindergeld im Monat, wenn für sie keine andere Person Anspruch auf Kindergeld oder eine vergleichbare Leistung hat. Das gilt auch für Kinder, die den Aufenthaltsort ihrer Eltern nicht kennen.

Finanzielle Unterstützungen

Familien mit Kindern werden in Deutschland vom Staat gefördert. Dies geschieht durch direkte Zahlungen, wie Kindergeld, Erziehungsgeld und die Kinderzulage oder indirekte Unterstützungen wie Steuerermäßigungen.

Das Kindergeld

Wer Kinder hat und in Deutschland wohnt, hat Anspruch auf Kindergeld. Dies gilt auch für Ausländer, wenn sie eine gültige Aufenthaltserlaubnis besitzen. [...]

Leben die Eltern getrennt oder sind sie geschieden, so wird das Kindergeld an denjenigen gezahlt, bei dem das Kind lebt. Aber was ist mit Kindern, die nicht bei den Eltern leben? Dann erhält im allgemeinen derjenige das Kindergeld, in dessen Haushalt die Kinder leben oder der den überwiegenden Unterhalt für sie trägt. Möglicherweise können Sie jedoch auch dann Kindergeld bekommen, wenn das Kind älter ist als 18 Jahre. Die „Altersgrenze" liegt bei 27 Jahren, wenn der junge Mensch noch zur Schule geht oder einen Beruf erlernt und seine Einkünfte und Bezüge nicht mehr als 7680 € im Kalenderjahr betragen. [...] Zur Ausbildung zählt auch eine kurzfristige Übergangszeit zwischen zwei Ausbildungsabschnitten, z. B. ein freiwilliges soziales oder ökologisches Jahr nach den jeweiligen Förderungsgesetzen oder ein Freiwilligendienst im Aktionsprogramm „Jugend" der EU. [...]

Das Bundeserziehungsgeld

[...] Oft unterbrechen oder verringern Mütter und Väter für einige Jahre ihre Erwerbstätigkeit, damit sie sich vorrangig um ihre Kinder kümmern können. Damit diese Leistung auch finanziell anerkannt wird, können Mütter und Väter seit Anfang 1986 Erziehungsgeld erhalten. Das Bundeserziehungsgeld wird bis zur Vollendung des 24. Lebensmonats Ihres Kindes gezahlt.

Im Anschluss an das Erziehungsgeld des Bundes wird in [...] Bayern Landeserziehungsgeld gezahlt. Je Kind beträgt das Bundeserziehungsgeld maximal 307 EUR im Monat. Alternativ ist auch ein Budget von bis zu 460 EUR monatlich möglich, dann aber nur bis zum 1. Geburtstag des Kindes.

Die Kinderzulage

Die Kinderzulage (früher Baukindergeld) erhalten Familien, die eine eigene Wohnung oder ein Haus gebaut oder gekauft haben, bis zu acht Jahre lang zusätzlich zum normalen Kindergeld, und zwar neben der staatlichen Wohnungsbau-Grundförderung. [...] Sie beträgt 800 € pro Kind und Jahr. [...]

Bundesministerium für Gesundheit und Soziale Ordnung, Soziale Sicherheit im Überblick, 1. Juli 2003, S. 2 bis 4 (Auszüge)

- Trotz dieser staatlichen Unterstützungen bleibt die Geburtenrate ziemlich niedrig. Wie erklären Sie sich diesen Sachverhalt?

Ausgewählte Werte aus der allgemeinen Monatslohnsteuertabelle – zur Vereinfachung in dieser Darstellung auf gerade Euro-Beträge gerundet

Bruttolohn	Lohnsteuerklassen			
	I und IV ledig verheiratet	II ledig mit Kind	III verheiratet	V verheiratet
1 000	24	-	-	218
1 500	148	99	-	384
2 000	292	236	66	586
2 500	450	387	181	821
3 000	621	552	320	1061

Verheiratete können zwischen folgenden Kombinationen wählen:
- für beide jeweils Steuerklasse IV; empfehlenswert bei etwa gleichem Verdienst
- die Kombination III und V; zu bevorzugen bei einem Hauptverdienst und einem Nebenverdienst

Die Tabelle zeigt, dass z. B. Ledige mit Kind (Lohnsteuerklasse II) oder Verheiratete mit Kind und einem Verdienst (Lohnsteuerklasse III) relativ wenig Lohnsteuer zahlen.

Betreuungsmöglichkeiten für Kinder

Die Elternzeit, früher Erziehungsurlaub genannt, soll Berufstätigen die Erziehung und Betreuung von Kindern erleichtern und ist im Bundeserziehungsgeldgesetz geregelt.

Die Elternzeit

Die neue Elternzeit setzt [...] ein bestehendes Arbeitsverhältnis voraus. Die Eltern können jetzt, wenn sie wollen, die bis zu dreijährige Elternzeit für ein Kind ganz oder zeitweise auch gemeinsam nehmen. Mit Zustimmung des Arbeitgebers lässt sich außerdem bis zu einem Jahr der Elternzeit übertragen auf die Zeit zwischen dem 3. und 8. Geburtstag des Kindes. Jeder Elternteil, der Elternzeit nimmt, kann bei Vorliegen der Voraussetzung bis zu 30 Stunden wöchentlich arbeiten. Zu den Voraussetzungen gehört, dass das Arbeitsverhältnis bereits länger als 6 Monate besteht, im Unternehmen regelmäßig mehr als 15 Mitarbeiter beschäftigt sind, die Teilzeit 15-30 Wochenstunden beträgt und keine dringenden betrieblichen Gründe entgegen stehen. Darüber hinaus hat der Arbeitnehmer das Recht, nach der Elternzeit zu der Arbeitszeit zurückzukehren, die vor Beginn der Elternzeit galt. [...]

Bundesministerium für Gesundheit und Soziale Ordnung, Soziale Sicherheit im Überblick, 1. Juli 2003, S. 5

Besonders bedeutsam für die Entscheidung zum Kind ist für viele Paare, ob die **Kinderbetreuung** auch in späteren Jahren gegeben ist. Einrichtungen wie Kinderkrippe, Kindergarten und Kinderhort sind daher für viele unverzichtbar. Die **Ganztagsschule** betreut die Kinder auch am Nachmittag und stellt für manche Familien ein wichtiges schulisches Angebot dar. Derzeit wird diese Form der Beschulung nicht in allen Bundesländern gleichermaßen und vor allem nicht überall flächendeckend angeboten.

Baby-Boom

Beim Kinderkriegen brechen die Frauen im münsterländischen Laer Rekorde. Sie können Job und Familie leichter vereinbaren – weil die Gemeinde ihnen Arbeit abnimmt.

[...]
Mit mathematisch genau 13,5 Neugeborenen pro 1 000 Einwohner gehört Laer zu den geburtenstärksten Orten der Republik. [...] Der Bundesschnitt lag 2002 bei 8,7 Neugeborenen.

In Laer gibt es keinen Supermarkt, keinen MCDonald's – aber fünf öffentliche Einrichtungen, die Eltern viel Arbeit abnehmen: darunter eine Ganztagsgrundschule, mehrere Tagesstätten, die bis zum Nachmittag die Kinder betreuen, und eine Elterninitiative, die Kinder von vier Monaten bis sechs Jahre aufnimmt und ebenfalls öffentlich gefördert wird. Jeder in Laer, der einen Betreuungsplatz benötige, bekomme auch einen. [...]

Wenn die Pharma-Referentin Susanne Schiek, 37, am Nachmittag ihren vierjährigen Sohn Conner aus der Kindertagesstätte „Löwenzahn" abholt, hat sie bereits einen ganzen Arbeitstag hinter sich: zehn Verkaufsbesuche bei Ärzten, rund hundert Kilometer Autofahrt, und abends beantwortet sie noch Post von Medizinern.

Dennoch schafft die Frau den täglichen Balanceakt zwischen Job und Familie.

Sie traut sich sogar noch mehr zu: Im Dezember erwartet Susanne Schiek Nachwuchs. „Ich würde bestimmt nicht noch ein Kind bekommen", sagt sie, „wenn die Ganztagsbetreuung hier nicht so toll wäre."

[...] Reina Dewulf, 36, die mit ihrem Mann vor 14 Jahren nach Laer gezogen ist, wollte eigentlich überhaupt keine Kinder bekommen. „Mir sagten alle Freundinnen: ‚Dann musst du zu Hause hocken.'" In Laer sei ihr die Entscheidung aber „richtig leicht gefallen". Ihre Söhne Henning, 2, und Timon, 3, gehen seit einem Jahr bis nachmittags in den Kindergarten – während die Versicherungsfachwirtin arbeitet.

Dass Kinder in Laer einen solchen Stellenwert genießen, ist klare politische Absicht. Der [...] Politiker Schimke, Jurist und Landesvorstandsmitglied im Kinderschutzbund, konzentrierte 1999 den Wahlkampf auf das Familienthema – und gewann. [...]

Auf die fruchtbare Ortschaft sind sogar schon Sozialwissenschaftler aufmerksam geworden.

Mit seiner gezielten Familienpolitik hätte Laer „die Zeichen der Zeit erkannt", meint Kerstin Schmidt, Demographieforscherin bei der Bertelsmann-Stiftung. Schmidt tüftelt für Kommunen Konzepte aus, mit denen sie den Bevölkerungsschwund bekämpfen können. [...]

Kindersegen im Münsterland
Geburten 2002: je 1 000 Einwohner

Gemeinde Laer	13,5
zum Vergleich	
Niedersachsen	9,5
Baden-Württemberg	9,4
Bayern	9,2
Rheinland-Pfalz	8,6
Berlin	8,5
Sachsen	7,2
Thüringen	7,1
Brandenburg	6,8

Quellen: Statistische Landesämter

Andrea Brandt, DER SPIEGEL 44/2003, S. 87

■ Falls Sie Kommunalpolitiker wären: Wie könnte Ihr Konzept aussehen, um junge Familien mit Kindern zu unterstützen?

Der Politik in Frankreich ist es gelungen, die Geburtenrate auf 1,9 Kinder pro Frau anzuheben. Zum Vergleich: Dieser Wert liegt in Deutschland bei 1,4. Möglicherweise könnte die französische Familienpolitik ein Modell für andere Staaten in Europa sein.

Ein Blick nach Frankreich

Wie es anders geht, demonstrieren die Franzosen. Voriges Jahr verblüfften sie die europäischen Nachbarn sogar mit Nachrichten über gravierende Engpässe in Entbindungskliniken: Über 800 000 Kinder wurden geboren, im Schnitt 1,9 Kinder pro Frau – Spitze auf dem Kontinent.
Der Babyboom ist [...] die Frucht einer Familienpolitik, die Paris konsequent fortsetzen will – auch um den Preis wachsender Verschuldung.
Eine Milliarde Euro macht die Regierung [...] von diesem Jahr an etwa für eine „Geburtsprämie" locker, 800 Euro pro Kind soll es geben. [...]
Im Zentrum der Umverteilung steht in Frankreich eine Familienkasse, die ein üppiges Arsenal an Zuschüssen bereithält: Geburtsbeihilfen, Erziehungsgeld, Wohngeld, Unterstützung zum Schuljahresbeginn sowie für Alleinerziehende. Einige Hilfen sprudeln erst ab dem zweiten Kind, das Kindergeld spielt eine Nebenrolle.
Flankiert wird das staatliche Füllhorn, das zehn Millionen Haushalte versorgt, von einer betont familienfreundlichen Steuerpolitik. [...] Jedes Kind verringert die Steuerschuld erheblich, Durchschnittsverdiener mit drei Kids zahlen dank Kindersplitting überhaupt keine Einkommensteuer mehr. Obendrein können sie mit einem Aufschlag bei der Rente rechnen. [...]
Neben der materiellen Hilfe gehört die Kinderbetreuung zum Kern französischer Familienpolitik. Folge: Viele junge Mütter steigen wenige Monate nach der Geburt wieder in den Beruf ein. Das Kind kommt zu einer Tagesmutter oder in die Kinderkrippe, beides wird bezuschusst.
Neben der traditionellen Ganztagsschule gibt es die Vorschule, die „école maternelle", die nahezu jedes Kind von seinem dritten Geburtstag an besucht. Immerhin jedes zweite Kind unter drei Jahren findet einen Platz in einer Krippe.

DER SPIEGEL 2/2004, S. 45-47 (Auszüge)

ZUSAMMENFASSUNG

In einer sich ständig wandelnden Gesellschaft stehen auch die Familien vor Veränderungen und neuen Herausforderungen. Im Bereich von Beruf, Haushaltsführung und Kindererziehung haben sich die Rollen von Frau und Mann gewandelt, wenngleich in den meisten Fällen doch die Frauen die Kinder betreuen. Nur wenige Männer beantragen Elternzeit, aus unterschiedlichen Gründen unterlassen dies die meisten. Daher sind auch häufig die Frauen von Mehrfachbelastungen durch Familie und Beruf betroffen. Besorgniserregend ist, dass in Deutschland Familien mit mehreren Kindern verstärkt von Armut bedroht sind, da viele Familieneinkommen unterhalb des sogenannten Existenzminimums liegen. Neben der traditionellen Vater-Mutter-Kind-Familie gibt es verschiedene weitere Lebensformen. Der Staat unterstützt Familien mit Kindern durch Zahlung von Kindergeld oder Erziehungsgeld sowie über Steuerermäßigungen. Die Schaffung von Kinderbetreuungsmöglichkeiten und das Angebot der Ganztagsschulen zählen ebenso zu den sozialstaatlichen bzw. familienpolitischen Maßnahmen.

Fachbegriffe

Geschlechterrollen – Armutsrisiko – Formen des Zusammenlebens – Kindergeld – Erziehungsgeld – Kinderzulage – Steuerermäßigungen – Elternzeit – Kinderbetreuung – Ganztagsschule

AUFGABEN

1. **Informieren Sie sich über Familienpolitik in anderen europäischen Staaten, z. B. in den Herkunftsländern von Mitschülern. Vergleichen Sie einzelne Maßnahmen. Versuchen Sie, die Unterschiede heraus zu arbeiten und zu bewerten.**
2. **Stellen Sie Teilbereiche der Familienpolitik in Form einer Zeichnung, eines Comics oder einer Karikatur dar. Thematisieren Sie dabei z. B. ein Problem, das Sie besonders beschäftigt oder eine Lösungsmöglichkeit, die sie gerne hätten.**

Staatsziele und Staatsordnung

Szenario (Schiffbrüchigenexperiment)

Stellen Sie sich vor, Sie haben sich nach einem Schiffbruch mit einer Gruppe von 20 Personen auf eine einsame Insel gerettet. Eine Rettung erscheint in naher Zukunft aussichtslos. Auf der Insel gibt es ausreichend Wasser und Essen. Des Weiteren leben auch Tiere auf der Insel, die aber nur nachts eine Gefahr für Ihre Gruppe darstellen.

Einzelarbeit
Stellen Sie zehn Regeln auf, die das Zusammenleben der Inselbewohner ordnen und sicher gestalten.

Gruppenarbeit
Einigen Sie sich in Ihrer Gruppe auf zehn gemeinsame Regeln und notieren Sie diese leserlich auf Moderationskarten. Präsentieren Sie Ihre Ergebnisse der Klasse.

Klasse
Einigen Sie sich auf zehn gemeinsame Klassenregeln.

Übernehmen Sie nun folgende Tabelle als Hefteintrag und ergänzen Sie die fehlenden Spalten

Unsere 10 gemeinsamen Ordnungsregeln

	Ordnungsregel	Welche Behörden/Institutionen übernehmen die Einhaltung dieser Regel in der Bundesrepublik Deutschland?
1	Z. B. : Du sollst nicht stehlen.	Polizei, Gerichte
2		
3		
4		
5		
6		
7		
8		
9		
10		

Szenario

Auf der Insel macht sich die Gewissheit breit, dass die Gruppe nicht mehr von der Insel gerettet werden kann. Deshalb soll auf der Insel ein Staat gegründet werden.

Gruppenarbeit

Gründen Sie einen Staat.
Beachten Sie folgende Gesichtspunkte:

- Wer übernimmt die Macht (Regierung)?
- Wie werden verbindliche Regelungen (z. B. Gesetze, Verordnungen, ...) getroffen?
- Wer entscheidet bei Streitigkeiten?
- Wie werden die „Staatsaufgaben" wie zum Beispiel die Verwaltung finanziert?
- Wer kümmert sich um alte, schwache und kranke Menschen?

Gestalten Sie ein Paket mit den wichtigsten Gesichtspunkten Ihres Staatsaufbaus. Präsentieren Sie Ihr Ergebnis und begründen Sie Ihre Entscheidungen.

Klasse

- Vergleichen Sie den Staatsaufbau der Insel mit dem der Bundesrepublik Deutschland indem Sie überlegen, wer in Ihrem Staat die Rolle des Bundestages, des Bundesrates, der Bundesregierung, des Bundespräsidenten und des Bundesverfassungsgerichtes übernimmt.
- Stellen Sie die Verwaltung und die sozialen Sicherungssystem der Bundesrepublik Deutschland mit denen der Insel gegenüber.
- Überlegen Sie, warum Ihr Staatsaufbau evtl. etwas anders aussieht als der der Bundesrepublik Deutschland.

1 Staatliche Ordnung – eine Notwendigkeit

Der Begriff „Staat"

(lateinisch Status = Zustand) Erstmals wurde dieser Begriff von Machiavelli (Italien, 15. Jahrhundert) verwendet für den Zustand der herrschaftlichen und machtmäßigen Organisation einer Landschaft oder einer Stadt. Heute versteht man unter Staat im weiteren Sinne ein politisches Gemeinwesen, einen politischen Verband bzw. die soziale Verbindung einer Gruppe zu einer umfassenden Leistungsgemeinschaft, die durch Institutionen (Einrichtungen) gesichert ist.

nach Herder, Lexikon Politik

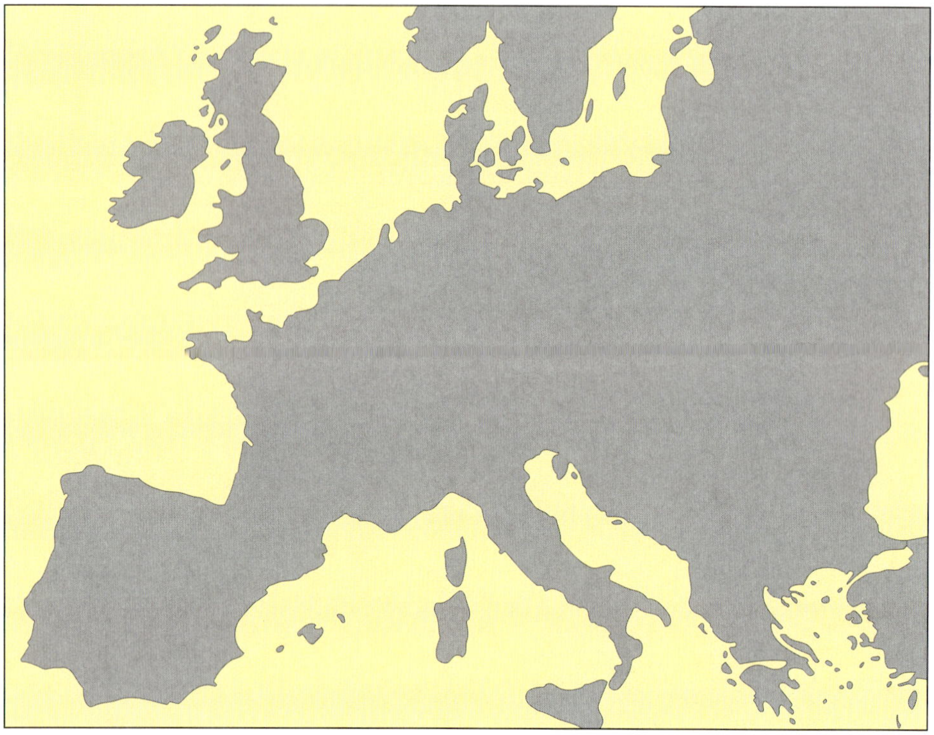

■ Weshalb ist die Orientierung auf dieser Landkarte Europas ungewohnt erschwert?

Der Staatsbegriff

Wenn wir von einem **Staat** sprechen, so meinen wir damit zunächst einmal ein abgegrenztes Gebiet, das von einer bestimmten Volksgemeinschaft bewohnt wird. Diese Gemeinschaft steht unter einer gemeinsamen, von anderen Gemeinschaften unabhängigen Herrschaft.

Wie die Geschichte gezeigt hat, können sich **Staatsgebiete** verändern, z. B. durch die militärische Besetzung eines fremden Staatsgebietes durch eine andere Macht (vgl. die Okkupation Kuwaits durch den Irak 1990) oder z. B. infolge der völligen Aufhebung der staatlichen Existenz (vgl. den friedlichen Beitritt der DDR zur Bundesrepublik Deutschland am 3.10.1990).

Die Bundesrepublik Deutschland

Fläche: 357.020 qkm
Einwohner: über 82 Millionen
Staatsform: parlamentarische Bundesrepublik

Das **Staatsvolk** wird von der Gemeinschaft der Menschen gebildet, die dieselbe Staatsangehörigkeit besitzen, und ist nicht immer gleichzusetzen mit einer **Nation** (lat. nasci = geboren werden), d. h. mit einer Gemeinschaft von Menschen, die sich durch gemeinsame Sprache, Geschichte, Abstammung und gemeinsame Kulturgüter verbunden fühlen. Ein Mensch muss nicht ausschließlich Bürger eines Staates sein; in Deutschland beispielsweise besteht die Möglichkeit der doppelten Staatsbürgerschaft.

Staaten dieser Erde

Die Zahl der Staaten, sie liegt bei etwa 207, schwankt ständig, da sich Staaten vereinigen (vgl. BRD – DDR) und teilen können (vgl. Tschechoslowakei).

Die **Staatsgewalt** schließlich wird auch als **Gebietshoheit** bezeichnet, weil sie nur im eigenen Staatsgebiet ausgeübt werden darf. Dabei ist der Staat nach außen hin **souverän**, d. h. dass fremde Staaten keine Hoheitsmacht auf einem anderen Staatsgebiet ausüben dürfen und sich nicht in die inneren und äußeren Angelegenheiten des anderen Staates einmischen dürfen.

2 Die Aufgaben des Staates

„Der Staat ist ein Geschöpf des Menschen. Darum ist der Staat um des Menschen willen da – und nicht der Mensch um des Staates willen. Menschen ohne Staaten sind denkbar – Staaten ohne Menschen sind undenkbar. Der Mensch ist ein Ziel: kein Mittel. Der Staat ist ein Mittel: kein Ziel. Der Wert des Staates ist genauso groß wie sein Dienst am Menschen …“

von Coudenhove-Kalergi, Richard, Totaler Mensch, totaler Staat, Wien 1965

Viele Aufgaben übersteigen die Kraft einzelner Bürger oder einzelner gesellschaftlicher Gruppen. Hier ist die Gemeinschaft gefordert. Damit der Staat, das politische Gemeinwesen, seine **Aufgaben** erfüllen kann, muss er über die nötige Macht verfügen.

Art. 20 (2) Grundgesetz

Alle Staatsgewalt geht vom Volke aus. Sie wird vom Volke in Wahlen und Abstimmungen und durch besondere Organe der Gesetzgebung, der vollziehenden Gewalt und der Rechtsprechung ausgeübt.

Das Volk als Souverän überträgt seine Macht auf die gewählten Vertreter. Diese sollen die Aufgaben, die sich der Gemeinschaft stellen, angehen. Dabei stehen ihnen nur begrenzte Mittel zur Verfügung.

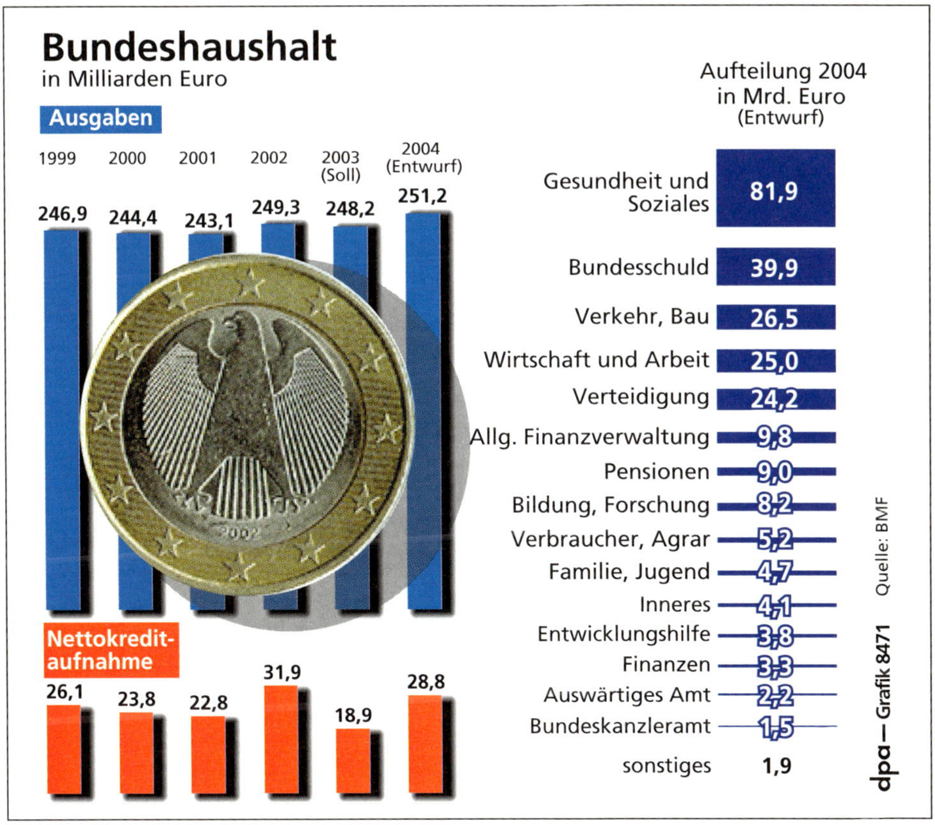

Haushaltsplan des Bundes

Art. 110 GG

(1) Alle Einnahmen und Ausgaben des Bundes sind in den Haushaltsplan einzustellen; …
Der Haushaltsplan ist in Einnahme und Ausgabe auszugleichen.

(2) Der Haushaltsplan wird für ein oder mehrere Rechnungsjahre, nach Jahren getrennt, vor Beginn des ersten Rechnungsjahres durch das Haushaltsgesetz festgestellt.
[…]

- 1. Welche Aufgaben spiegeln sich in diesem Bundeshaushalt wider?
- 2. Welche finanzielle Gewichtung ist erkennbar?

Der Staat gibt Sicherheit und Ordnung

Lisa-Marie ist 17 Jahre alt. Sie darf den Abend bis 23:00 Uhr im Jugendzentrum ihres Heimatdorfes verbringen. Anschließend will sie mit dem Rad nach Hause fahren. Ihre Eltern erlauben dies nicht.

Otto besucht die zweite Klasse einer Grundschule. In seiner Klasse dürfen die Kinder nicht alleine die Toilette aufsuchen.

Familie Pelzer bewohnt eine Parterrewohnung. Wenn es im Sommer sehr heiß ist, würden sie gerne die Terrassentüre und die Rollläden offen lassen.

Herr Müller hat sein Auto in der Parkbucht abgestellt. Am Morgen sind auf einer Seite der Lack verkratzt und der Seitenspiegel abgerissen.

Die Mitglieder des staatlichen Gemeinwesens haben ein Bedürfnis nach Sicherheit und Ordnung im Inneren ihrer Gemeinschaft, damit sich der Einzelne möglichst frei entfalten und wohl fühlen kann. Ein solch geordnetes, friedliches Zusammenleben der Menschen stellt sich jedoch nicht unbedingt von selbst ein. Die von der Gemeinschaft getroffenen Vereinbarungen werden nicht immer von allen Mitgliedern respektiert.

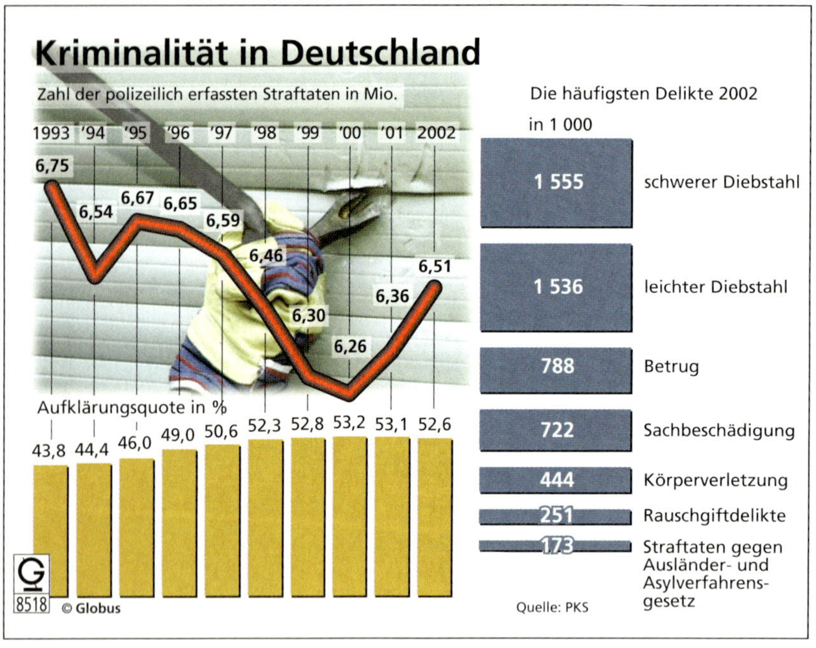

- 1. Welche Delikte sind am häufigsten?
- 2. Beschreiben Sie die Tendenz.
- 3. Wie oft haben Sie selbst schon die Regeln der Gemeinschaft missachtet?

Die meisten Bürger haben bereits einmal Vorschriften oder Gesetze übertreten, sei es z.B. beim Schwarzfahren oder Missachten der Straßenverkehrsordnung. Aus eigener Erfahrung wissen sie, dass Regeln vor allem dann beachtet werden, wenn ihre Einhaltung sanktioniert wird.
Der Staat muss über bewaffnete Organisationen wie die **Polizei** verfügen, um die Einhaltung der Regelungen notfalls mit Gewalt zu sichern und den Schutz der Allgemeinheit zu gewährleisten. Gewaltanwendung ist dabei ein Vorrecht des Staates **(Gewaltmonopol)**, der einzelne Bürger darf nicht selbsttätig Zwang und Gewalt ausüben, es sei denn, er befindet sich in einer Notwehrsituation.

Sind die Bürgerinnen und Bürger in Deutschland sicher, wenn es mehr Polizeipräsenz, mehr Recht des Staates, Telefone und Wohnungen abzuhören, wenn es Rasterfahndung, Videoüberwachung, elektronische Fingerabdrücke und alle technischen Kontroll-Finessen gibt?
Ja, sagen die, die sich bedroht fühlen von Terrorismus und organisierter Kriminalität. Die Angst haben vor Überfällen, Einbrüchen und Vandalismus. Die sich nachts nicht auf die Straße wagen und in ständiger Furcht um ihre Kinder leben.
Nein, sagen die, denen das Weniger an Freiheit deutlich zu viel ist und verweisen auf die Unkontrollierbarkeit von Selbstmordattentaten und Amokläufen, die nicht vorhersehbar und damit nicht zu verhindern seien. Auf die geringe Effizienz teurer Beruhigungsmaßnahmen, um derentwillen sie nicht ihre Privatsphäre einschränken lassen mögen. Auf die Schreckensvision eines Orwell'schen Überwachungsstaats, der nur noch Marionetten schützt.

www.wahlthemen.de/wahlthemen der Bundeszentrale für politische Bildungsarbeit

George Orwell

(1903–1950)

1949 wird der Roman „1984" des englischen Autors veröffentlicht, in dem er das abschreckende Bild einer totalitären Zukunftsgesellschaft zeichnet, in welcher die Staatsbürger vom „Big Brother" völlig überwacht leben, keine Privatsphäre mehr haben und durch eine „Neusprache" manipuliert bzw. gleichgeschaltet werden.

■ 1. Welche Argumente werden gegenüber gestellt?
■ 2. Zu welcher Position tendieren Sie selbst?

Letztlich kann der Staat jedoch nie völlige Sicherheit garantieren. Gerade im Hinblick auf die inneren Feinde unseres Staatswesens wird es immer darauf ankommen, wie überzeugt jeder Einzelne von uns zu den Grundwerten unserer Demokratie steht.

Unser Staatswesen muss jedoch nicht nur gegen Feinde von innen gewappnet sein. Aus wirtschaftlichen, politischen, religiösen oder ideologischen Gründen können Staaten von anderen Staaten angegriffen werden. Der angegriffene Staat wird versuchen, die Freiheit seiner Mitglieder zu bewahren und sich zur Wehr zu setzen.

Art. 87a GG

(1) Der Bund stellt Streitkräfte zur Verteidigung auf. Ihre zahlenmäßige Stärke und die Grundzüge ihrer Organisation müssen sich aus dem Haushaltsplan ergeben.

Für ein paar Jahre sah es fast so aus, als wäre das Thema äußere Sicherheit in Deutschland, in Europa, kein Thema mehr. Die Mauer gefallen, die Grenzen offen, der Ost-West-Konflikt zwar nicht gelöst, aber nur noch im Rückblick bedrohlich. Die Feindbilder Geschichte, Kriege ein Problem weit entfernter Teile der Welt. Selbst die Diskussion, ob nicht Militärbündnisse aufzulösen, Armeen zu reduzieren, Waffen zu vernichten seien, weil sie nicht mehr gebraucht würden, war für einige Zeit kein Tabu mehr. Deutschland, umgeben von Freundesland.
Für kurze Zeit friedliche Zeiten?

Die Konflikte auf dem Balkan – Krieg, räumlich näher als jemals nach Ende des Zweiten Weltkriegs. Die Völkermorde auf dem afrikanischen Kontinent und anderswo – spätestens mit der Einrichtung internationaler Gerichtsbarkeiten eine Angelegenheit aller Menschen. Die Wanderungsbewegungen infolge der immer größeren Differenzen zwischen armen und reichen Gebieten auf dem Globus – für Viele eine drohende Gefahr, dass die bestehenden Verhältnisse auch nach außen nicht zu halten und zu behalten sein werden.
Der 11. September – nicht nur das Ende des Scheins von Sicherheit, auch eingeforderte und eingelöste Solidarität.

www.wahlthemen.de/wahlthemen der Bundeszentrale für politische Bildungsarbeit

■ 3. Auf welche Bedrohungen weist der Text hin?

Kein Staat existiert für sich allein. Wenngleich die Bundesrepublik Deutschland nicht direkt angegriffen wird, so ist sie doch durch die Einbindung in internationale Bündnisse zu Einsätzen gefordert.

Justitia

(lat.) altrömische Göttin des Rechts; Verkörperung der Gerechtigkeit

Amoklauf von Erfurt

Am 26.04.2002 erschießt am Erfurter Gutenberg-Gymnasium ein ehemaliger 19-jähriger Schüler 16 Menschen. Anschließend tötet er sich selbst.

Der Staat entwickelt und schützt die Rechtsordnung

Die Gesellschaft wandelt sich ständig. Die allgemein verbindlichen Regelungen für das Zusammenleben müssen der Entwicklung angepasst werden. Der Staat passt die Rechtsgrundlagen an die geänderten Verhältnisse an und entwickelt sie weiter. Entsprechend werden Anwendung und Auslegung dieser Rechtsgrundlagen durch Verwaltungen und Gerichte entsprechend angeglichen.

Neues Jugendschutzgesetz in Kraft getreten

Di, 01.04.2003

Das neue Jugendschutzgesetz ist am 1. April 2003 zeitgleich mit dem Jugendmedienschutz-Staatsvertrag in Kraft getreten.
Das neue Jugendschutzgesetz sieht unter anderem eine Alterskennzeichnung für Computerspiele und strengere Regelungen beim Tabakkauf vor.
In dem Gesetz sind erstmals das „Gesetz zum Schutze der Jugend in der Öffentlichkeit und das Gesetz über die Verbreitung jugendgefährdender Schriften und Medieninhalte zu einem einheitlichen Jugendschutzgesetz zusammen geführt worden.
Diese Gesetzgebung auf Bundesseite ging Hand in Hand mit einem Jugendmedienschutz-Staatsvertrag der Länder. Nach dem Amoklauf von Erfurt waren vor allem schärfere Regelungen für Videofilme und Computerspiele mit gewaltverherrlichenden Elementen notwendig geworden, die mit dem jetzt verabschiedeten Jugendschutzgesetz und dem Jugendmedienschutz-Staatsvertrag verschärft werden. [...]

Pressemitteilung der Bundesregierung unter www.bundesregierung.de

- 1. Welcher Anlass wird als Ursache für die Gesetzesänderung genannt?
- 2. Welche Änderungen werden hervorgehoben?

Der Staat sichert soziale Mindeststandards

Nicht alle Bürger oder Bevölkerungsgruppen im Staat verfügen über die gleichen Chancen im Lebensalltag. Im obersten Leitsatz unserer Verfassung verpflichtet sich der Staat jedoch der Menschenwürde, weshalb er dafür Sorge tragen muss, dass allen Mitgliedern der Gemeinschaft menschenwürdige Lebensverhältnisse ermöglicht werden.
Wo es der Einzelne allein nicht schafft, muss das Gemeinwesen mit seinen entsprechenden Einrichtungen und Mitteln das wirtschaftliche und soziale Minimum absichern.

aus dem Bundessozialhilfegesetz

§1

(1) Die Sozialhilfe umfasst Hilfe zum Lebensunterhalt und Hilfe in besonderen Lebenslagen.

(2) Aufgabe der Sozialhilfe ist es, dem Empfänger der Hilfe die Führung eines Lebens zu ermöglichen, das der Würde des Menschen entspricht.
Die Hilfe soll ihn soweit wie möglich befähigen, unabhängig von ihr zu leben; hierbei muss er nach seinen Kräften mitwirken.

§2

(1) Sozialhilfe erhält nicht, wer sich selbst helfen kann oder wer die erforderliche Hilfe von anderen, besonders von Angehörigen oder von Trägern anderer Sozialleistungen, erhält.

- 3. Welchem Ziel soll die Sozialhilfe dienen?

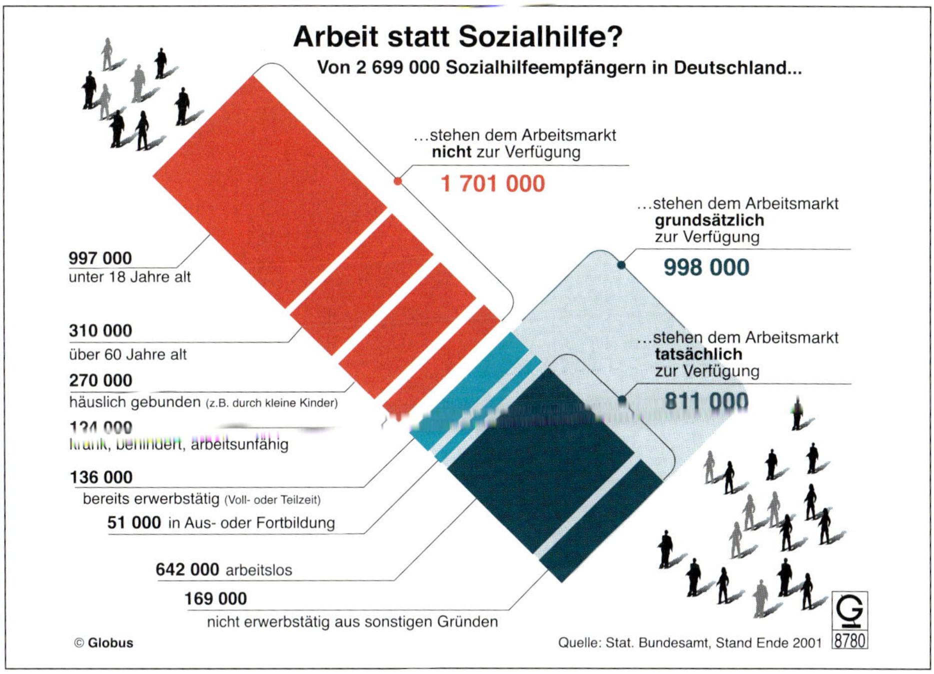

Wortspiele

Das Netz unter dem Hochseilartisten soll diesem im Fall eines Sturzes das Leben bewahren. Entsprechend will das soziale Netz den Bürger vor dem sozialen Absturz schützen.
Sind die Knoten allerdings nicht eng genug geknüpft, kann es passieren, dass Einzelne „durch das Netz fallen".
Andererseits gibt es leider immer wieder Zeitgenossen, die das soziale Netz als soziale „Hängematte" missbrauchen und sich auf den Leistungen der Gemeinschaft „ausruhen".

Die Sicherung sozialer Mindeststandards kostet den Staat eine Menge Geld. Leider wird das so genannte **soziale Netz** von einigen „schwarzen Schafen" mit einer „sozialen Hängematte" verwechselt. Gerade in Zeiten finanzieller Knappheit des Staates tauchen daher immer wieder Forderungen nach einer Verschärfung der Anspruchsberechtigungen bzw. der Kontrolle auf.

Der Staat bemüht sich um eine Förderung der wirtschaftlichen Entwicklung

Alle Aufgaben des Staates wollen finanziert sein. Außerdem sind in Zeiten wirtschaftlicher Depression mit hoher Arbeitslosigkeit, vielen Betriebsauflösungen, geringen Steuereinnahmen und entsprechenden Sparmaßnahmen des Staates der soziale Frieden und das Wohl der Allgemeinheit in Gefahr. Daher sind die Vertreter des Staates, allen voran die Bundesregierung, in die Pflicht genommen, alle Anstrengungen zu unternehmen, um die wirtschaftliche Entwicklung zu fördern.

Wirtschaftswachstum in Deutschland

2001	+ 0,8%
2002	+ 0,2%
2003	0,0%
2004	+ 1,5% (erwartet)

Quelle: IWF

Der Staat sorgt für eine funktionierende Verwaltung

Die Beschlüsse, die in Gesetzen und Verordnungen gefasst wurden, dürfen nicht nur auf dem Papier stehen, sondern müssen in die Wirklichkeit umgesetzt werden. Zur Ausführung der verschiedensten Aufgaben werden passende Einrichtungen, z. B. Ämter und Strukturen (z. B. Verwaltungsabläufe) gebildet und organisiert.
Mit Hilfe der Verwaltung müssen die Regeln der Gemeinschaft durchgeführt und natürlich auch kontrolliert werden. Dabei zeigen sich mitunter Schwächen und Probleme der bestehenden Regelungen, auf welche die politische Führung hingewiesen werden kann.

Der Staat schützt die natürlichen Lebensgrundlagen

■ 1. Informieren Sie sich über die möglichen Folgen von Abgasen und wilden Müllkippen für Umwelt und Gesundheit.

Es zeigt sich leider immer wieder, dass manche Menschen oder ganze Bevölkerungsgruppen aus Eigennutz, Profitgier, Bequemlichkeit oder Unwissenheit unsere natürlichen Lebensgrundlagen in Gefahr bringen oder gar vernichten. Nur die Gemeinschaft hat die Macht und die Mittel, wirkungsvoll für den Schutz von Natur und Umwelt einzutreten.

Weitere Informationen

www.bmu.de

Art. 141 Bayerische Verfassung

(1) Die Denkmäler der Kunst, der Geschichte und der Natur sowie die Landschaft genießen öffentlichen Schutz und die Pflege des Staates, der Gemeinden und der Körperschaften des öffentlichen Rechts.

(2) Der deutsche Wald, kennzeichnende Orts- und Landschaftsbilder und die einheimischen Tier- und Pflanzenarten sind möglichst zu schonen und zu erhalten.

Gesetz zum Schutz vor schädlichen Umwelteinwirkungen durch Luftverunreinigungen, Geräusche, Erschütterungen und ähnlichen Vorgängen (Bundesimmissionsschutzgesetz)

§ 1 Zweck des Gesetzes

(1) Zweck dieses Gesetzes ist es, Tiere und Pflanzen, den Boden, das Wasser, die Atmosphäre sowie Kultur- und sonstige Sachgüter vor schädlichen Umwelteinwirkungen[...] zu schützen und dem Entstehen schädlicher Umwelteinwirkungen vorzubeugen.

■ 2. Welche Gemeinsamkeiten zeigen die beiden Gesetzestexte?

ZUSAMMENFASSUNG

Fachbegriffe

Gebietshoheit - Gewaltmonopol – Nation – soziales Netz – Souverän – Staat –Verfassung – Verwaltung

Ein Staatswesen ist gekennzeichnet durch ein Staatsgebiet, das darin wohnende Staatsvolk und dessen Herrschaftsform. In der Verfassung sind die wichtigsten Grundregeln zur Organisation eines Staates niedergelegt. Die Staatsgemeinschaft muss die Aufgaben erfüllen, die der Einzelne allein nicht bewältigen kann. Die Volksvertreter müssen mit den zur Verfügung stehenden Mitteln Sicherheit und Ordnung schaffen, die Rechtsordnung entwickeln, soziale Mindeststandards sichern, die wirtschaftliche Entwicklung fördern, für eine funktionierende Verwaltung sorgen und die natürlichen Lebensgrundlagen schützen.

AUFGABEN

1. Das Wort Staat taucht öfter im Zusammenhang mit Tiervölkern auf, so z. B. bei „Bienenstaat" oder „Ameisenstaat". Wo sehen Sie Gemeinsamkeiten, wo Unterschiede zum menschlichen Staat?
2. Sammeln Sie Zeitungsartikel und Fotos zu den einzelnen Aufgabengebieten des Staates. Gestalten Sie damit entsprechende Collagen.

3 Die Bundesrepublik Deutschland – eine wertgebundene, freiheitliche Demokratie

3.1 Der Verfassungsstaat

Bei der Gründung eines Staates müssen dessen Organisation sowie die Richtlinien und Maßstäbe staatlichen Handelns festgelegt werden. Für die Leitung des Staates durch die Staatsorgane sind grundlegende Rechtsnormen nötig. Meist sind derartige Prinzipien in einem Dokument, der „Verfassung" des Staates zusammengefasst. Die Verfassung der Bundesrepublik Deutschland heißt **Grundgesetz**. Als oberste Norm, die über dem Bundes- und Landesrecht steht, ist es auf längere Sicht angelegt.

Im Laufe der Entwicklung des deutschen Verfassungsstaates werden wesentliche Anregungen englischer und französischer Denker bzw. Institutionen übernommen. Mit dem Grundgesetz für die Bundesrepublik Deutschland entwickelt der Parlamentarische Rat 1948/49 eine neue, wertgebundene politische Ordnung für die drei westlichen Besatzungszonen Deutschlands. Dabei wird versucht, die Fehler der früheren Verfassung von Weimar zu vermeiden. Auch die schlimmen Erfahrungen mit dem Dritten Reich finden starke Berücksichtigung.

3.2 Das Menschenbild des Grundgesetzes

Dieser Grundordnung liegt letztlich die Vorstellung zugrunde, dass der Mensch in der Schöpfungsordnung einen eigenen selbstständigen Wert besitzt und Freiheit und Gleichheit dauernde Grundwerte der staatlichen Einheit sind. Daher ist die Grundordnung eine wertgebundene Ordnung. Sie ist das Gegenteil des totalen Staates, der als ausschließliche Herrschaftsmacht Menschenwürde, Freiheit und Gleichheit ablehnt.

aus dem Urteil des Bundesverfassungsgerichts zum Verbot der Sozialistischen Reichspartei, SRP, vom 23. Oktober 1952

- Das Verbot der SRP wird mit dem Verstoß gegen die demokratische Grundordnung begründet. Welche Vorstellungen und Werte des Grundgesetzes werden im Urteil hervorgehoben?

Das Grundgesetz sieht den Menschen im Spannungsfeld zwischen Individuum und Gemeinschaft:

Inhalt des Grundgesetzes für die Bundesrepublik Deutschland vom 23. Mai 1949 (146 Artikel)

I. Die Grundrechte
II. Der Bund und die Länder
III. Der Bundestag
IV. Der Bundesrat
IVa. Gemeinsamer Ausschuss
V. Der Bundespräsident
VI. Die Bundesregierung
VII. Die Gesetzgebung des Bundes
VIII. Die Ausführung der Bundesgesetze und die Bundesverwaltung
VIIIa. Gemeinschaftsaufgaben
IX. Die Rechtsprechung
X. Das Finanzwesen
Xa. Verteidigungsfall
XI. Übergangs- und Schlussbestimmungen

Der Parlamentarische Rat

Er erarbeitet zwischen September 1948 und Mai 1949 das Grundgesetz und besteht aus 65 Abgeordneten aller westdeutschen politischen Parteien, gewählt von den Landtagen der westdeutschen Länder, zuzüglich 5 Vertretern Berlins als Gäste. Sie haben die Vorgaben der drei westlichen Besatzungsmächte zu berücksichtigen.

Individuum

(lat. „das Unteilbare")
Unter einem Individuum versteht man den Mensch als Einzelwesen mit all seinen jeweiligen Besonderheiten.

Das höchste Gut jeder einzelnen Person dieser Gemeinschaft ist ihre Würde. Sie verweist die scheinbar grenzenlose Freiheit des Einzelnen in Schranken. Um die Würde jedes Menschen zu achten, ist es erforderlich, dass der Freiheit des Einzelnen Grenzen gesetzt werden. Die Freiheit des einen findet da ihr Ende, wo sie die Würde und die Freiheit eines anderen beeinträchtigt.

Die Würde des Menschen

Zu ihrer Verwirklichung gehören zumindest:
- Willens- und Entscheidungsfreiheit
- Wertgleichheit aller Personen
- Geistes- und Gewissensfreiheit
- Individualität
- Handlungsfreiheit
- soziale Gerechtigkeit
- Selbstbestimmung
- räumliche Privatsphäre

nach: Hans-Joachim Hitschold: Staatskunde, Grundlagen für die politische Bildung, 12. überarbeitete Auflage, Stuttgart 2003, S. 140

Art. 2 Grundgesetz

(1) Jeder hat das Recht auf die freie Entfaltung seiner Persönlichkeit, soweit er nicht die Rechte anderer verletzt und nicht gegen die verfassungsmäßige Ordnung oder das Sittengesetz verstößt.

Eingebunden in die Gemeinschaft des Staates erwachsen dem Individuum bei allem Respekt vor seiner persönlichen Freiheit und Eigenständigkeit aber auch Pflichten, so zum Beispiel:

Art. 4 Grundgesetz

(1) Das Eigentum und das Erbrecht werden gewährleistet. [...]
(2) Eigentum verpflichtet. Sein Gebrauch soll zugleich dem Wohle der Allgemeinheit dienen.
(3) Eine Enteignung ist nur zum Wohle der Allgemeinheit zulässig.[...]

3.3 Die Grundrechte

Die Menschenwürde muss vom Staat durchgesetzt werden

z. B. Beschäftigtenschutzgesetz vom 24.06.1994

§ 1 Ziel des Gesetzes ist die Wahrung der Würde von Frauen und Männern durch den Schutz vor sexueller Belästigung am Arbeitsplatz.

Art. 1 GG Menschenwürde

(1) Die Würde des Menschen ist unantastbar. Sie zu achten und zu schützen ist Verpflichtung aller staatlichen Gewalt.

Kind wollte nicht essen – 3 Tage lang im Keller gefesselt

Tochter jahrelang vom Vater missbraucht

Kranke Oma vergessen – bettlägerige Frau verhungert

1. **Inwiefern wurde Ihrer Meinung nach in diesen Fällen gegen die Würde des Menschen verstoßen?**
2. **Welche politischen und sozialen Umstände müssen gegeben sein, damit ein würdevolles menschliches Dasein möglich ist?**

Artikel 1 des Grundgesetzes verkündet die **Würde des Menschen** rechtsverbindlich als Ziel allen staatlichen Wirkens. Die Würde des Menschen, nicht nur die des deutschen Staatsbürgers, zu achten und zu schützen, ist oberste Richtschnur für das staatliche Handeln. Mit dieser Auffassung vom Menschen folgen die Schöpfer der Verfassung einer langen Reihe politischer Denker und Philosophen von der Antike bis zur Neuzeit.

Die Menschenwürde ist vor allem auch in der christlichen Lehre vom Menschen begründet. Im Grundgesetz findet sich zwar keine Definition der Menschenwürde, aber sie erfährt eine Auslegung durch die Rechtsprechung. Auch wenn sich mancher dessen nicht bewusst ist, so ist doch jeder Mensch Träger der Menschenwürde von der Geburt bis zum Tode. Die Achtung der Menschenwürde wurde absichtlich an den Anfang des Grundgesetzes gesetzt. Alle weiteren Verfassungsgrundsätze haben sich diesem Leitsatz unterzuordnen, der die oberste Norm darstellt.

Art. 1 GG Menschenwürde

(2) Das deutsche Volk bekennt sich darum zu unverletzlichen und unveräußerlichen Menschenrechten als Grundlage jeder menschlichen Gemeinschaft, des Friedens und der Gerechtigkeit in der Welt.

(3) Die nachfolgenden Grundrechte binden Gesetzgebung, vollziehende Gewalt und Rechtsprechung als unmittelbar geltendes Recht.

- 1. Zwischen welchen Rechten wird in beiden Sätzen unterschieden?
- 2. Was verstehen Sie unter „unveräußerlichen" Rechten?

Menschenrechte sind Naturrechte

Die Wurzeln dieser Idee reichen zurück bis in die Antike, politische Bedeutung erlangte sie aber erst im Zeitalter der Aufklärung (17./18. Jh.).
Man geht davon aus, dass der Mensch ein vernunftbegabtes, mit einem Gewissen ausgestattetes Wesen ist. Daher stehen ihm von Natur aus bestimmte Rechte zu, die nicht erst von einer staatlichen Gemeinschaft zuerkannt werden müssen.
Der Staat kann sich nicht über diese Naturrechte hinwegsetzen.

An den Artikel 1 unserer Verfassung schließen sich unmittelbar die Grundrechte an, von denen die Menschenrechte als Naturrechte an den Anfang gesetzt sind. Sie schützen den Einzelnen vor Übergriffen der staatlichen Macht.

Bürgerrechte stehen Staatsbürgern zu	Menschenrechte stehen allen Menschen zu
Freie Berufswahl Art. 12 Freizügigkeit Art. 11 Vereinigungsfreiheit Art. 9 Versammlungsfreiheit Art. 8	Meinungsfreiheit Art. 5 Glaubens-, Bekenntnis- und Gewissensfreiheit Art. 4 Allgemeine Persönlichkeitsrechte z. B. Art. 2

Grundrechte
in der deutschen Verfassung

Freiheitsrechte gewährleisten die persönliche Freiheit und Entfaltung der Persönlichkeit
z. B. Art. 17 Petitionsrecht

Gleichheitsrechte sichern die rechtliche Gleichheit der Menschen
z. B. Art. 3 Gleichheit vor dem Gesetz

Unverletzlichkeitsrechte gewähren Schutz gegen die Staatsgewalt
z. B. Art. 10 Brief- und Telefongeheimnis und Art. 6 Schutz der Ehe und Familie

- 3. Lesen Sie die Menschenrechtsartikel im Grundgesetz nach. Welche Gemeinsamkeit taucht in den Formulierungen auf?

Grundrechte dienen dem Schutz vor Willkürmaßnahmen des Staates. Sie gelten jedoch nicht völlig unbeschränkt, wie die folgenden Beispiele belegen:

Grundrechtsähnliche Bestimmungen im GG

z. B.
Art. 33 Gleicher Zugang zu öffentlichen Ämtern
Art. 38 Wahlrecht
Art. 101 Anspruch auf gesetzlichen Richter
Art. 103 Anspruch auf rechtliches Gehör vor Gericht
Art. 104 Schutz vor willkürlicher Verhaftung

Art. 2. GG

(1) Jeder hat das Recht auf die freie Entfaltung seiner Persönlichkeit, **soweit er nicht die Rechte anderer verletzt und nicht gegen die verfassungsmäßige Ordnung oder das Sittengesetz verstößt.**

Art. 8. GG

(1) Alle Deutschen haben das Recht, sich ohne Anmeldung oder Erlaubnis friedlich **und ohne Waffen** zu versammeln.

Art. 18. GG

Wer die Freiheit der Meinungsäußerung, insbesondere die Pressefreiheit, die Lehrfreiheit, die Versammlungsfreiheit, die Vereinigungsfreiheit, das Brief-, Post- und Fernmeldegeheimnis, das Eigentum oder das Asylrecht **zum Kampfe gegen die freiheitliche demokratische Grundordnung missbraucht, verwirkt diese Grundrechte.** Die Verwirkung und ihr Ausmaß werden durch des Bundesverfassungsgericht ausgesprochen.

- 4. Benennen Sie die Einschränkungen, die in diesen Grundrechten enthalten sind.

„Autoschlüssel! Führerschein!" Zeichn. Haitzinger

Auch die Freiheits- und Grundrechte leben von dem, was wir aus ihnen machen. Sie verkümmern, wenn sie nur als eigene Ansprüche gegen den Staat verstanden werden. Ihre tiefere Bedeutung liegt in den Rechten, die jeder dem anderen zugesteht.

Richard von Weizsäcker, Staatsakt zu 40 Jahren Grundgesetz

Art. 19 GG

(2) In keinem Fall darf ein Grundrecht in seinem Wesensgehalt angetastet werden.

Verfassungsbeschwerde

Jedermann, der sich durch die öffentliche Gewalt in seinen Grundrechten verletzt fühlt, kann beim Bundesverfassungsgericht Verfassungsbeschwerde erheben.

■ Welchen Sachverhalt greift die Karikatur auf? Welche Verbindung besteht zu dem Zitat Weizsäckers?

Als **unmittelbar geltendes Recht** können die **Grundrechte** vor Gericht eingeklagt werden. Sie dürfen zwar gewissen Beschränkungen unterworfen werden, z. B. im Notstandsfalle. Art. 19 GG schreibt aber vor, dass sie niemals in ihrem Wesensgehalt verändert werden dürfen. Den Grundrechten muss sich alles staatliche Handeln, bei der Gesetzgebung ebenso wie bei deren Ausführung oder bei der Rechtsprechung, unterordnen. Der Grundsatz der Menschenwürde gebietet, dass sie nicht nur als Abwehr-, sondern auch als Anspruchsrechte zu sehen sind, ist doch die Würde des Menschen bei fehlendem Existenzminimum beeinträchtigt. Somit geben die Grundrechte neben dem Schutz vor der Willkür des Staates zugleich den Handlungsrahmen für die staatliche Ordnungsmacht vor, z. B. im Hinblick auf den sozialen Schutz des Einzelnen.

ZUSAMMENFASSUNG

1949 verkündet der Parlamentarische Rat das Grundgesetz für die Bundesrepublik Deutschland, eine Verfassung, die eine wertgebundene Grundordnung beinhaltet.
Oberster Wert und Richtschnur allen Handelns ist die Menschenwürde (Art. 1 GG). Sie steht an der Spitze der Verfassung und erhebt den Menschen zum Zweck des Staates. Ihr folgen in den nächsten Artikeln die Menschen- bzw. Grundrechte. Grundrechte dürfen in ihrem Wesensgehalt nicht geändert werden.

Fachbegriffe

Bürgerrechte – Menschenbild – Menschenrechte – Menschenwürde – Naturrecht – Parlamentarischer Rat - unmittelbar geltendes Recht

AUFGABEN

1. Erläutern Sie die wesentliche Bedeutung der Freiheit für unsere Demokratie.
2. Skizzieren Sie die wesentlichen Inhalte dieses Kapitels in einem Schaubild oder Mind-Map

4 Der Kern unserer Verfassung

4.1 Strukturprinzipien der Bundesrepublik Deutschland

So mancher Staat beruft sich in seiner Verfassung zwar auf die Menschenrechte, lässt ihnen aber im weiteren staatlichen Rahmen keinen Platz zur Ausgestaltung. Nicht zuletzt um der Bedeutung der Grundrechte gerecht zu werden, haben die Verfassungsväter **vier Strukturgrundsätze** des Staates durch den Artikel 20 fest im Grundgesetz verankert.

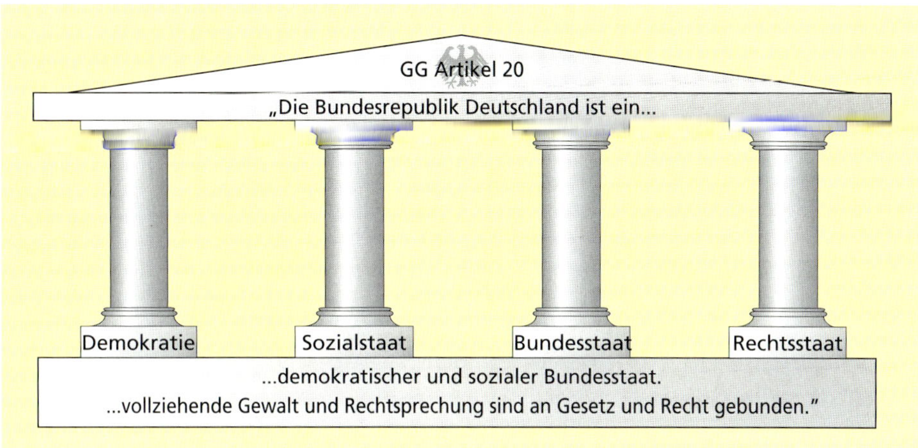

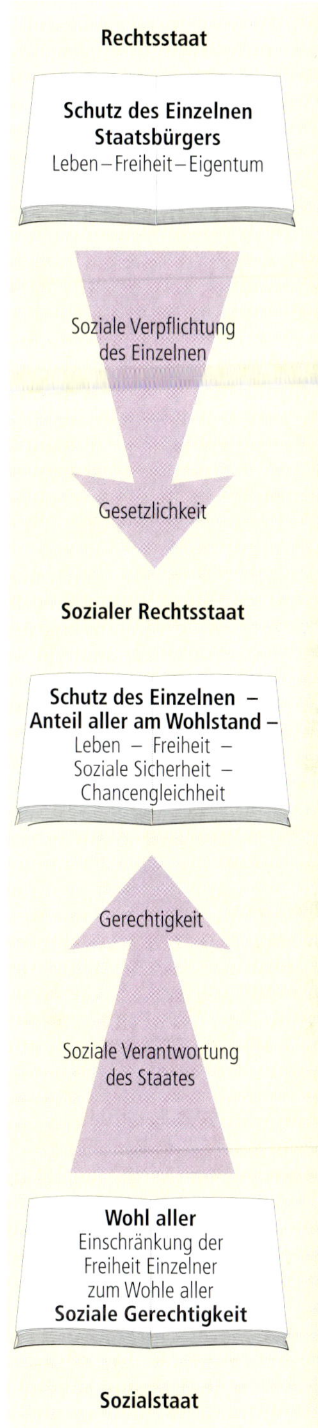

Die Bundesrepublik Deutschland ist eine Demokratie

So lässt sich die freiheitliche demokratische Grundordnung als eine Ordnung bestimmen, die unter Ausschluss jeglicher Gewalt- und Willkürherrschaft eine rechtsstaatliche Herrschaftsordnung auf der Grundlage der Selbstbestimmung des Volkes nach dem Willen der jeweiligen Mehrheit und der Freiheit und Gleichheit darstellt.

aus dem SRP-Urteil des Bundesverfassungsgerichts vom 23.10.1952

Das Volk bestimmt selbst, es trägt als **„Souverän"** (= unumschränkter Alleinherrscher) die Herrschaftsgewalt. Dabei ist der Wille der Mehrheit entscheidend. In der **repräsentativen** Demokratie überträgt das Volk die Staatsgewalt auf seine Vertreter, die Repräsentanten auf Zeit.

Die Bundesrepublik Deutschland ist ein Sozialstaat

Inwieweit der Staat den sozialen Grundgedanken ausbaut und der Forderung nach sozialer Gerechtigkeit nachkommt, liegt laut Bundesverfassungsgericht vor allem in der Entscheidung des Gesetzgebers. Aus der Sozialstaatsklausel im Art. 20 GG lassen sich keine direkten sozialen Grundrechte ableiten. Gesetze und öffentliche Leistungen haben jedoch sicherzustellen, dass die menschliche Würde nicht durch materielle Ungleichheit beeinträchtigt wird. Dazu müssen das Wohl aller Bürger gefördert und die Lasten möglichst gleichmäßig verteilt werden. Dies kann zu Spannungen zwischen der persönlichen Freiheit des Einzelnen und dem Gemeinwohl führen.

Die Bundesrepublik Deutschland ist ein Bundesstaat

Der Gesamtstaat umfasst 16 Gliedstaaten, die Länder.

Die Bundesrepublik Deutschland ist ein Rechtsstaat

Alle staatlichen Maßnahmen brauchen eine rechtliche Grundlage, durch die rechtlichen Folgen einer Handlung vorausberechenbar werden. So können sich die Bürger auf den Staat und seine Gesetze verlassen. Im Gegensatz zur Weimarer Verfassung anerkennt das Grundgesetz ausdrücklich vorstaatliche Rechte, die höherwertiger sind als das Recht, das der Staat setzt.

4.2 Gewaltenteilung dient der Machtkontrolle

Die Aufteilung der Staatsgewalt auf drei unabhängige Organe oder Personenkreise geht zurück auf den englischen Philosophen John Locke und den französischen Schriftsteller, Rechts- und Staatsphilosophen Charles de Montesquieu. Die uneingeschränkte Macht ihrer zeitgenössischen Herrscher regt sie zu diesen Überlegungen an. Sie wollen die Machtkonzentration in einer Hand verhindern und eine wirksame Machtkontrolle ermöglichen. Dies setzt allerdings eine echte Unabhängigkeit der drei Gewaltenträger voneinander voraus.

Gesetzgebung Legislative	Gesetzausführung Exekutive	Rechtsprechung Judikative

Neben der **horizontalen** Gewaltenteilung besteht eine **vertikale** Aufteilung. Man versteht darunter, dass die Macht auf die verschiedenen Ebenen der einzelnen Staatsgewalten verteilt wird.

Welche Staatsorgane verfassungsgemäß die einzelnen Gewalten verkörpern, ist im folgenden Schaubild verdeutlicht:

Bundestag und Bundesrat sowie die Parlamente der einzelnen Bundesländer sind die Gesetzgeber, die Legislative (von lateinisch Lex = Gesetz). Sie beschließen Gesetze, in denen das Zusammenleben der Bürger und deren Verhältnis zum Staat geregelt werden. Die Gesetze bilden die Grundlage für die Tätigkeit aller staatlichen Organe. Sie müssen vom Papier in die Wirklichkeit umgesetzt werden. Für den Vollzug der Gesetze sind gemäß der Verfassung die Bundes- und Landesregierungen sowie die Verwaltung zuständig. Die Gesetze dienen zudem den Gerichten als Grundlage ihrer Rechtsprechung.

Die Verfassungswirklichkeit zeigt nicht immer eine klare Trennung der Gewalten. Die Mehrheit des Parlaments gehört meist dem gleichen Parteienfeld an wie die Regierung. In der Regel sind Regierungmitglieder deshalb zugleich Abgeordnete des Parlaments; Beamte der jeweiligen Bundesministerien erarbeiten Durchführungsbestimmungen von Bundesgesetzen. Damit sind die legislative und die exekutive Gewalt ineinander verwoben. In solchen Fällen spricht man von Gewaltenverschränkung.

Verfassungsorgane des Bundes

(vgl. S. 165 ff.)
- Bundestag
- Bundesrat
- Bundesregierung
- Bundespräsident
- Bundesversammlung
- Bundesverfassungsgericht

Beispiele für Gewaltenüberschneidung bzw. Gewaltenverschränkung

Art. 63/54 GG
Bundestag wählt Bundeskanzler, Bundesversammlung wählt Bundespräsident.

Legislative – Exekutive

Art. 94/95 GG
Richterwahlausschüsse des Bundestages wählen die Bundesrichter.

Legislative – Judikative

Art. 93 GG
Bundesverfassungsgericht kann Gesetze aufheben.

Judikative – Legislative

Art. 80 GG
Bundes- bzw. Landesregierungen dürfen Rechtsverordnungen erlassen (wirken wie Gesetze).

Exekutive – Legislative

4.3 Die Bundesrepublik Deutschland – eine abwehrbereite Demokratie

Der Reichsminister David (SPD) antwortet auf die Frage, ob die Weimarer Verfassung auch im Sinne der Monarchisten geändert werden dürfe:
„(Die Verfassung) … gibt Ihnen die Möglichkeit, auf legalem Wege die Umgestaltung in ihrem Sinne zu erreichen, vorausgesetzt, dass Sie die erforderliche Mehrheit des Volkes für Ihre Anschauungen gewinnen."

In der Verfassung der Weimarer Republik (1919–1933) genießen auch die Feinde der Freiheit volle Freiheit. Diese politische Arglosigkeit führt in die Diktatur des Nationalsozialismus mit ihren schrecklichen Folgen. Nach dieser Erfahrung legt der parlamentarische Rat im Grundgesetz fest, dass die Freiheit nicht grenzenlos sein darf und dass die wesentlichen Bestandteile der Verfassung geschützt werden müssen.

Art. 79 Grundgesetz

(3) Eine Änderung dieses Grundgesetzes, durch welche die Gliederung des Bundes in Länder, die grundsätzliche Mitwirkung der Länder bei der Gesetzgebung oder die in den Artikeln 1 und 20 niedergelegten Grundsätze berührt werden, ist unzulässig.

- 1. Lesen Sie die angesprochenen Teile der Verfassung.
- 2. An welche Werte ist unsere freiheitliche demokratische Grundordnung unabänderlich gebunden?

Im Gegensatz zum Weimarer Staat ist die Bundesrepublik Deutschland eine freiheitliche Demokratie, die an bestimmte Werte gebunden ist. Dieser Kern des Grundgesetzes ist nicht nur dadurch geschützt, dass er nicht verändert werden darf. Wer diese Werte unserer Grundordnung nicht achtet, wird zu ihrem Feind erklärt. Und gegen Feinde der freiheitlichen demokratischen Grundordnung kann vorgegangen werden. Dadurch wird die Bundesrepublik Deutschland zur abwehrbereiten Demokratie:

Art. 9. Abs. 2 GG

Vereinigungen, deren Zwecke oder deren Tätigkeit den Strafgesetzen zuwiderlaufen oder die sich gegen die verfassungsmäßige Ordnung oder gegen den Gedanken der Völkerverständigung richten, sind verboten.

Art. 18 GG

Wer die Freiheit der Meinungsäußerung, insbesondere die Pressefreiheit, die Lehrfreiheit, die Versammlungsfreiheit, die Vereinigungsfreiheit, das Brief-, Post- und Fernmeldegeheimnis, das Eigentum oder das Asylrecht zum Kampfe gegen die freiheitliche demokratische Grundordnung missbraucht, verwirkt diese Grundrechte. […]

Art. 21 Abs. 2 GG

Parteien, die nach ihren Zielen oder nach dem Verhalten ihrer Anhänger darauf ausgehen, die freiheitliche demokratische Grundordnung zu beeinträchtigen oder zu beseitigen oder den Bestand der Bundesrepublik Deutschland zu gefährden, sind verfassungswidrig. […]

- 3. Was wird durch diese Bestimmungen geschützt?
- 4. Für wie wirkungsvoll halten Sie die jeweilige Abwehrmöglichkeit?
- 5. Unterscheiden Sie das Vereinigungsverbot Art. 9, 2 GG von der Verfassungswidrigkeit einer Partei nach Art. 21, 2 GG. Worin besteht der Unterschied?

Grundsätze der freiheitlichen-demokratischen Grundordnung

- Achtung vor den Menschenrechten (vor allem vor dem Recht der Persönlichkeit auf Leben und freie Entfaltung)
- Volkssouveränität
- Gewaltenteilung
- Verantwortlichkeit der Regierung
- Gesetzmäßigkeit der Verwaltung
- Unabhängigkeit der Gerichte
- Mehrparteienprinzip
- Chancengleichheit für alle politischen Parteien mit dem Recht auf verfassungsmäßige Bildung und Ausübung einer Opposition

nach dem SRP-Urteil des Bundesverfassungsgerichts von 1952

Parteiverbote in der Bundesrepublik Deutschland

1952 Sozialistische Reichspartei (SRP)
1956 Kommunistische Partei Deutschlands (KPD)

Im Gegensatz zu anderen verfassungsfeindlichen Organisationen müssen die Parteien, die als verfassungsfeindlich angesehen werden, vom Bundesverfassungsgericht verboten werden. Ein Verbot durch den Bundesinnenminister reicht nicht aus. Auch hierin zeigt sich die besondere Bedeutung der Parteien (vgl. S. 190 ff.).

ZUSAMMENFASSUNG

Fachbegriffe

Bundesstaat – Exekutive – horizontale/vertikale Gewaltenteilung – Gewaltenverschränkung – Judikative – Legislative – repräsentative Demokratie – Souverän – Sozialstaat – Strukturgrundsätze – Rechtsstaat

Die Artikel 1-20 des Grundgesetzes bilden den Kern unserer Verfassung. Dieser Verfassungskern ist nicht veränderbar. Somit ist die Bundesrepublik Deutschland bleibend als Demokratie, Bundes-, Rechts- und Sozialstaat gekennzeichnet. Diesen Grundprinzipien entspricht auch die Aufteilung der Staatsgewalt zum Zwecke der Machtkontrolle, wobei eine vertikale und horizontale Gewaltenteilung zu unterscheiden sind. Unsere Demokratie kennt jedoch noch weitere Kontrollmöglichkeiten, so z. B. unabhängige Gerichte. Als wehrhafte Demokratie ist sie bereit, Feinden der freiheitlichen demokratischen Grundordnung mit verfassungsgemäßen Mitteln entgegenzutreten.

AUFGABEN

1. Verdeutlichen Sie mit einer Zusammenstellung, inwiefern sich die Weimarer Republik ihren Feinden gegenüber wehrlos zeigte.
2. Erstellen Sie zu diesem Kapitel eine Lernkartei.

5 Gefahren für die Demokratie

- 1. Beschreiben Sie den dargestellten Sachverhalt.
- 2. Woraus besteht der „Sessel Demokratie"?

Weitere Informationen zum Bundesamt für Verfassungsschutz

www.verfassungsschutz.de

Demokratische Grundüberzeugungen bilden die Basis für unsere Verfassung:

1. Das Volk hat das Recht, die Staatsgewalt (in Wahlen und Abstimmungen und durch besondere Organe der Gesetzgebung, der vollziehenden Gewalt und der Rechtsprechung) auszuüben und die Volksvertretung in allgemeiner, unmittelbarer, freier, gleicher und geheimer Wahl zu wählen.
2. Die Gesetzgebung ist an die verfassungsmäßige Ordnung und die vollziehende Gewalt und die Rechtsprechung an Gesetz und Recht gebunden.
3. Eine parlamentarischen Opposition darf gebildet und ausgeübt werden.
4. Die Regierung kann abgelöst werden und ist gegenüber der Volksvertretung verantwortlich.
5. Die Gerichte sind unabhängig.
6. Jegliche Gewalt- und Willkürherrschaft wird ausgeschlossen.
7. Die im Grundgesetz aufgeführten Menschenrechte werden gewahrt.

Diese Grundwerte unseres Staates werden jedoch nicht von allen politischen Kräften mitgetragen. Die Gegner unserer freiheitlichen Demokratie wollen dieses System ganz oder teilweise beseitigen. Vor allem in Zeiten wirtschaftlicher Krisen erleben sie Zustimmung und Zulauf.

Gefahren gehen vor allem von Extremismus bzw. Radikalismus, von religiös motiviertem Terrorismus und von demokratiefeindlichen Sekten aus.

5.1 Extremismus

Alle Bestrebungen, die gegen die freiheitlich demokratische Grundordnung gerichtet sind und die wesentlichen Verfassungsgrundsätze beseitigen oder außer Kraft setzen wollen, werden als Extremismus bezeichnet. Dabei sind Rechts-, Links- und Ausländerextremismus voneinander zu unterscheiden.

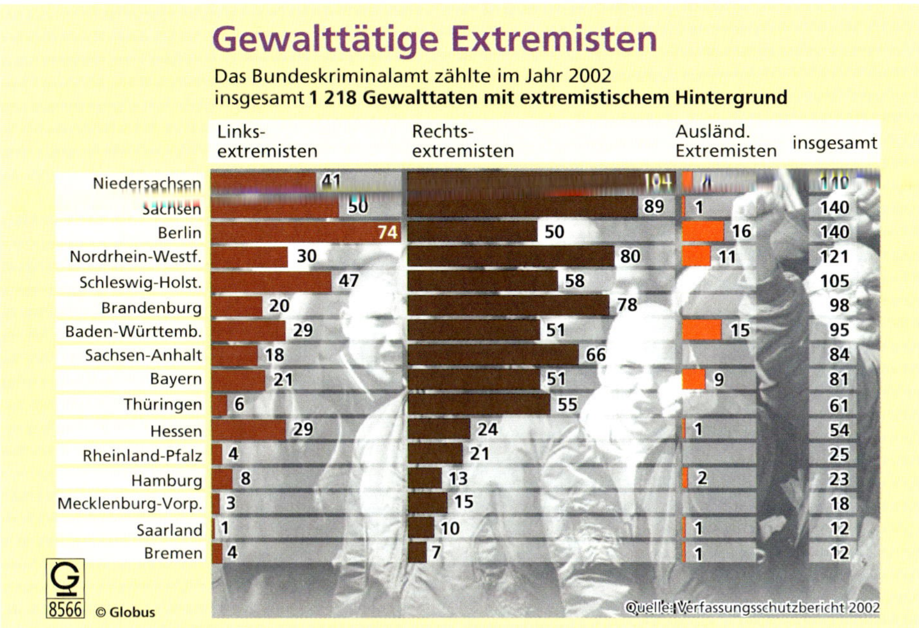

■ 1. Beschreiben Sie die dargestellte Entwicklung.

Von vielen Seiten wird versucht, Erklärungen dafür zu finden, wo die **Ursachen** für extremistisches bzw. radikales Verhalten zu suchen sind:

Psychologische Erklärungsansätze, z. B.	Politisch-gesellschaftliche Erklärungsansätze, z. B.	Geschichtliche Erklärungsansätze, z. B.
– Verlust eigener Lebenserfahrungen – Abgrenzung pubertierender Jugendlicher gegenüber der Erwachsenenwelt – Verlust sozialer Bindungen und Kontrollen – Überforderung durch Individualisierung – Orientierungsdefizite – Realitätsverweigerung infolge der Überforderung durch die komplexe Lebenswelt – Erziehungsfehler, persönliche Negativerfahrungen	– gesellschaftlicher Umbruch – verschärfte Konkurrenz – Perspektivlosigkeit (z. B. infolge von Arbeitslosigkeit) – Bedrohungsängste – Fehlen politischer Leitbilder – Politikverdrossenheit – Erfahrung persönlicher Machtlosigkeit – Wertewandel hin zu Egoistenmentalität und Konsumismus	– ungenügende Aufarbeitung der nationalsozialistischen Vergangenheit – gesellschaftliche Tabuisierung bestimmter Themenbereiche – Probleme nationaler Identität

nach: Politischer Radikalismus bei Jugendlichen, Handreichungen für die Schulen in Bayern, Bayerisches Staatsministerium für Unterricht, Kultus, Wissenschaft und Kunst, 1996, S. 25 f.

■ 2. Welche Faktoren erscheinen Ihnen besonders bedeutsam?

extrem

(lat.)
äußerst, ungewöhnlich, radikal

radikal

(lat.-fr. eigentl. „an die Wurzel gehend")
vollständig, gründlich und ohne Rücksichtnahme, hart

Rechtsextremismus

Die Ideologie des Rechtsextremismus lehnt die Grundgedanken der Freiheit und Gleichheit aller Menschen ab.

Folgendes Gedankengut ist charakteristisch für die Ideologie des Rechtsextremismus :
- Der Wert eines Menschen hängt von seiner Zugehörigkeit zu einer Nation oder Rasse und von seinem Nutzen für die Gemeinschaft ab.
- Der Staat und ein ethnisch homogenes Volk verschmelzen zu einer einheitlichen „Volksgemeinschaft". Dies entspricht einer vorgegebenen natürlichen Ordnung.
- Die staatlichen Führer handeln intuitiv nach dem einheitlichen Willen des Volkes.

Daraus leiten sich vor allem ab:
- Die Ablehnung und Ausgrenzung von Fremden und von denjenigen, die sich für die Interessen und Rechte ausländischer Mitbürger einsetzen,
- ein aggressiver antiparlamentarischer Nationalismus, der gerechtfertigt wird mit diffusen Gefühlen eigener Benachteiligung und allgemeiner Ungerechtigkeit und der sich gegen die politische und gesellschaftliche Ordnung der Bundesrepublik richtet,
- die Rechtfertigung des Einsatzes körperlicher oder einschüchternder psychischer Gewalt als „Recht des Stärkeren" in einem Alltag, der als politische Kampfzone und nicht als bürgerschaftliches Miteinander empfunden wird.

nach: www.verfassungsschutz.niedersachsen.de

Welche Stichworte lassen sich hervorheben?

Mit dem Rechtsextremismus sind neben Schlagworten wie Nationalismus, Rassismus, Antisemitismus, Führertum bzw. Militarismus auch Intoleranz und Unterordnung untrennbar verbunden.

Skinhead

Skins
Skinheads heben sich äußerlich durch kahl geschorene Köpfe, Bomberjacken, Springerstiefel und Baseballschläger ab. Ihre Bewegung entstand als proletarische, antibürgerliche Protestbewegung in Großbritannien und teilt sich in Oi!-Skins, S.H.A.R.P.-Skins, Red-Skins und vor allem rechtsextremistische Skins.

Revisionisten
Revisionisten leugnen die Kriegsschuld, Judenverfolgung und -vernichtung, rechtfertigen den Antisemitismus und verherrlichen angebliche Leistungen des NS-Staates.

Neonazis
(Kurzform für „neue Nationalsozialisten")
Neonazis verherrlichen die Ideologie des Nationalsozialismus.

Rechtsextreme Parteien
- Deutsche Volksunion (DVU)
- Nationaldemokratische Partei Deutschlands (NPD)
- Die Republikaner (REP)

Um die erstrebten Ziele durchzusetzen, ist man auch bereit Gewalt anzuwenden. Diese kann sich grundsätzlich gegen alles wenden, was nicht dem eigenen Selbstbild entspricht.
Der Verfassungsschutz verzeichnet derzeit etwa 134 rechtsextreme Organisationen und Personenzusammenschlüsse mit insgesamt rund 50 000 Mitgliedern. Darunter befanden sich Ende 2001 an die 10 400 gewaltbereite Personen.

Linksextremismus

Die Gruppe der Linksextremen spaltete sich auf in marxistisch-leninistische Organisationen und gewaltorientierte autonome und terroristische Bestrebungen.

Linksextremisten greifen die in der Französischen Revolution proklamierten Werte der Freiheit und Gleichheit in radikaler Zuspitzung auf und wollen die Menschheit aus Abhängigkeiten befreien und jegliche Herrschaftsverhältnisse abschaffen.

In ihrer politischen Analyse stimmen Linksextremisten darin überein, dass das demokratische System der Bundesrepublik Deutschland von Kapitalinteressen dominiert und auf Herrschaftsabsicherung ausgerichtet sei. Ein solches System halten sie für grundsätzlich nicht reformierbar.

Die tagespolitischen Aktivitäten linksextremistischer Vereinigungen sind deshalb in der Regel auf die Förderung des revolutionären Potenzials und die Erhaltung des revolutionären Spielraums ausgerichtet. Alle linksextremistischen Organisationen stimmen darin überein, dass ein solcher revolutionärer Umsturz ein internationales Zusammenwirken revolutionärer Kräfte erfordert (Internationalismus).

Linksextremisten eint darüber hinaus der Glaube an die Utopie und Machbarkeit einer in sich befriedeten, klassenlosen Gesellschaft, die eine von Klassenkämpfen geprägte Geschichte zum Abschluss bringt und mit der kommunistischen Gesellschaft die höchste Stufe menschlichen Zusammenlebens erreicht.

www.verfassungsschutz.niedersachsen.de

- 1. Welche Ziele verfolgen die Linksextremisten?
- 2. Mit welchen Mitteln wollen sie diese Ziele erreichen?

Während in den 70er, 80er Jahren und zu Beginn der 90er Jahre terroristische Vereinigungen wie die „Rote Armee Fraktion“ (RAF) und die „Revolutionären Zellen“ (RZ) unter dem jeweiligen Gruppennamen die Verantwortung für Anschläge übernahmen, entstanden in den folgenden Jahren autonome Gruppen, die sich anders als „herkömmliche“ terroristische Vereinigungen in Taterklärungen zu Anschlägen ständig wechselnde Aktionsnamen („no-name-Konzept“) geben. [...]

Aktuelle Ermittlungsverfahren des Generalbundesanwalts wegen des Verdachts der Mitgliedschaft in einer terroristischen Vereinigung richten sich deshalb gegen verschiedene autonome Gruppen, die entweder der militanten „Anti-AKW-Bewegung“ oder „Aktiven militanten Zusammenhängen“ gegen die „Umstrukturierung“ und „Großmachtrolle der Bundesrepublik Deutschland“ angehören.

www.generalbundesanwalt.de/strafe/links.php (31.10.2003)

Autonomie der Lebensweise, Spontaneität und Selbstorganisation sind zentrale Begriffe des Gesellschaftskonzeptes des Anarchismus. Nach diesem Gesellschaftskonzept organisiert sich menschliches Zusammenleben selbst ohne staatliche Ordnung und errichtet eine herrschaftsfreie Gesellschaft. Aus diesem Begriff der Autonomie leitet sich der Name „autonomen Gruppe“ ab.

Linksextremisten, vor allem Autonome, sehen das kapitalistische System als Ursache für soziale Ungerechtigkeit, für Ausbeutung und Unterdrückung.
Ihr Kampf richtet sich daher gegen den nach ihrer Ansicht faschistisch-rassistischen bzw. imperialistischen Staat, das Militär, Gentechnik und Globalisierung ebenso wie gegen sexuelle Unterdrückung.

Imperialismus

(lat.-fr.)
Bestrebung einer Großmacht, ihren politischen, militärischen und wirtschaftlichen Macht- und Einflussbereich ständig auszudehnen

Terror

(lat.)
Verbreitung von Angst und Schrecken durch Gewaltaktionen

Linksextreme Parteien

- Deutsche Kommunistische Partei (DKP)
- Marxistisch-Leninistische Partei Deutschlands (MLPD)
- Kommunistische Plattform (KPF) der PDS

Linksextreme Gruppen

z. B.
- Linksruck
- Rote Hilfe e.V.

Symbol für Anarchie

Sekte

1. kleinere, von einer christlichen Kirche oder einer anderen Hochreligion abgespaltene religiöse Gemeinschaft
2. philosophisch oder politisch einseitig ausgerichtete Gruppe

Organisationen und Einrichtungen der SO

z. B.
- Kirchen (orgs)
- Celebrity Centers (CCs)
- Missionen
- World Institute of Scientology Enterprises (WISE)
- Association for better Living and Education (ABLE) mit NARCONON und CRIMINON
- Kommission für Verstöße der Psychiatrie gegen die Menschenrechte (KVPM)

5.2 Demokratiefeindliche Sekten

Seit mehreren Jahren steht die Scientology-Organisation (SO) unter Beobachtung des Verfassungsschutzes. Dieser hat etliche Anhaltspunkte für Bestrebungen dieser Organisation gefunden, die sich gegen die freiheitliche demokratische Grundordnung richten.

Ziel der Scientology-Organisation ist die Erschaffung eines neuen Menschen scientologischer Prägung und einer neuen ausschließlich nach scientologischen Richtlinien funktionierenden Welt. Scientology strebt die Weltherrschaft an. Die Notwendigkeit einer „Scientologisierung" der Gesellschaft sei damit begründet, dass die Welt in ihrer derzeitigen Erscheinungsform zum absoluten Untergang verurteilt sei. Die Errettung liege allein in der Anwendung scientologischer Technologie, womit die Organisation einen Absolutheitsanspruch auf den einzig wahren Heilsweg erhebt.

nach: www.verfassungsschutz.niedersachsen.de

■ **Worin sehen Sie Reibungspunkte mit unserer Grundordnung?**

Die Lehre des Wissens („Scientology") erfand der amerikanische Science-Fiction-Autor Lafayette Hubbard (1911–1986) . Sie basiert unter anderem auf der von ihm entwickelten Selbsthilfemethode Dianetik, die ungenutztes geistiges Potenzial und wahre Fähigkeiten des Menschen freisetzen soll. Im Lernlabor soll der Mensch durch dressurähnliches Training umprogrammiert werden bis er perfekt funktioniert, kontrollierbar und zukünftig abhängig ist.
Jedes Mitglied unterwirft sich einem strengen Kontroll- und Disziplinarsystem und akzeptiert uneingeschränkt alle Anweisungen und Befehle, die von übergeordneter Stelle kommen. Im scientologischen Rechtssystem fehlen Menschen- und Grundrechte als Abwehrrechte des Bürgers gegen den Staat und unabhängige Gerichte. Rechte bzw. eine Existenzberechtigung bekommen nur „ehrliche Menschen", die sich der SO verschrieben haben, alle anderen Personen sind rechtlos. Ein übergeordneter, unkontrollierter Geheimdienst „Office of Special Affairs" (OSA) ergreift Maßnahmen gegen die Gegner der SO, die in eigenen Arbeits- und Straflagern im Ausland enden können.
Die Organisation ist streng hierarchisch strukturiert und überall auf der Welt aktiv, um Einfluss auf Wirtschaft, Politik und Staat zu bekommen.

ZUSAMMENFASSUNG

Die freiheitliche demokratische Grundordnung unseres Staates wird von Extremisten, Terroristen und einigen Sekten angefeindet. Während Rechtsextreme die Freiheit und Gleichheit aller Menschen ablehnen, wollen Linsextremisten diese Werte radikal verwirklichen und jegliche Herrschaft abschaffen. Demokratiefeindliche Sektenanhänger beabsichtigen eine Errichtung ihres Herrschaftssystems auch in unserem Land.

Fachbegriffe

Autonomie – Extremismus –Imperialismus – Links-/Rechtsextremisten – radikal – Scientology – Terror

AUFGABEN

1. Recherchieren Sie im Internet Möglichkeiten und Maßnahmen des Verfassungsschutzes.
2. Diskutieren Sie Möglichkeiten, Jugendliche gegen extreme Ideen stark zu machen.

Der politische Entscheidungsprozess

Gemeinde

Gemeinden sind vielfältig: Metropolen, Großstädte, Mittelstädte, Kleinstädte, Marktflecken, Dörfer, Verwaltungsgemeinschaften .
Gemeinden können völlig selbstständig (kreisfrei) sein oder einem **Landkreis** angehören.

Landkreise erfüllen für kreisangehörige Gemeinden Aufgaben, die für sie organisatorisch und wirtschaftlich nicht tragbar wären, z. B. Müllwesen, Krankenhaus ...

Gemeinden und Landkreise werden **Kommunen** genannt.

Selbstverwaltungsrecht

Artikel 28 Abs. 2 GG
Den Gemeinden muss das Recht gewährleistet sein, alle Angelegenheiten der örtlichen Gemeinschaft im Rahmen der Gesetze in eigener Verantwortung zu regeln.

1 Politische Entscheidungen nah am Bürger – die Selbstverwaltung der Gemeinden

Entscheidungen zu treffen, gehört wesentlich zum Mensch-Sein und zu seiner Freiheit. In unserem Privatleben haben wir eine Menge zu entscheiden:

- Kann ich mir ein Handy leisten? Wenn ja, welches?
- Soll ich nach der Lehre den Betrieb wechseln?
- Können wir uns ein Haus bauen oder wohnen wir weiter in Miete?
- Will ich einmal eine Familie gründen?

Manche der Fragestellungen sind unbedeutend, manche wiegen schwer. Manche gehen allein Sie etwas an, und allein Sie haben die Folgen der Entscheidung zu tragen. Bei anderen wird Ihre Auffassung zwar angehört, aber es entscheidet eine Mehrheit oder eine Autoritätsperson, z. B. die Mutter.
Im öffentlichen Leben müssen ebenfalls Entscheidungen gefällt werden.

Soll…

A …Deutschland Truppen für die Terrorbekämpfung im Ausland bereitstellen?
B …die Ferienordnung der deutschen Länder geändert werden?
C …das Städtische Hallenbad wegen fehlender Finanzmittel vorübergehend geschlossen werden?

Die Entscheidungen dieser politischen Fragen wirken sich auf die Bevölkerung aus und müssen deshalb auf verschiedenen Entscheidungsebenen verantwortungsvoll diskutiert und abgestimmt werden. Frage A und B ist auf der Ebene des Bundes bzw. der Länder zu entscheiden. Frage C könnte Tagesordnungspunkt 1 einer Ratssitzung einer mittelgroßen Gemeinde sein (Einladung auf S. 149).

1.1 Die Eigenverantwortung der Gemeinden

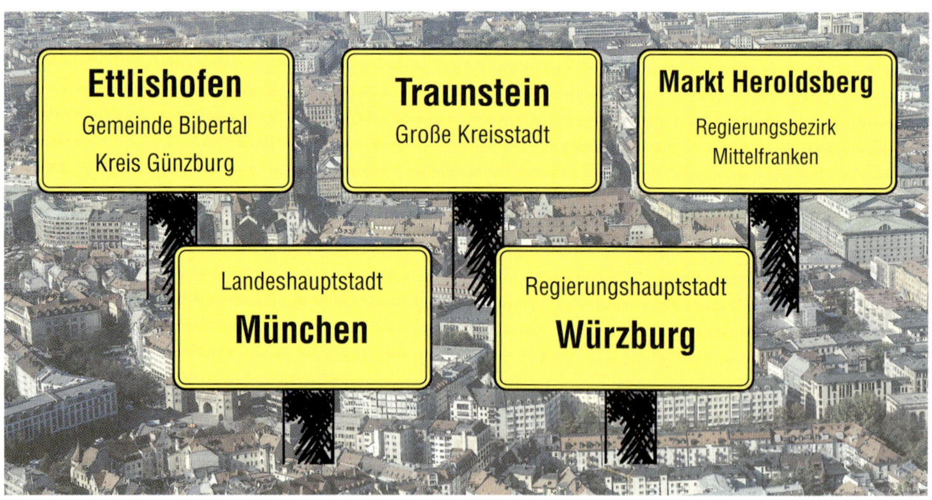

Neben Bund und Land – oft als „der Staat" bezeichnet – haben die Gemeinden hoheitliche Rechte und können die Angelegenheiten der örtlichen Gemeinschaft in eigener Verantwortung regeln. Dies wird als kommunale Selbstverwaltung bezeichnet.
Die Kommune ist die politische Ebene, die den Bürgerinnen und Bürgern am nächsten ist und deren Entscheidungen sie Tag für Tag „hautnah" erleben.

Worüber in Gemeinden entschieden werden muss, verdeutlichen die Tagesordnungspunkte einer Stadtratssitzung.

Zusammenwirken von Gemeinderat und Gemeindeverwaltung

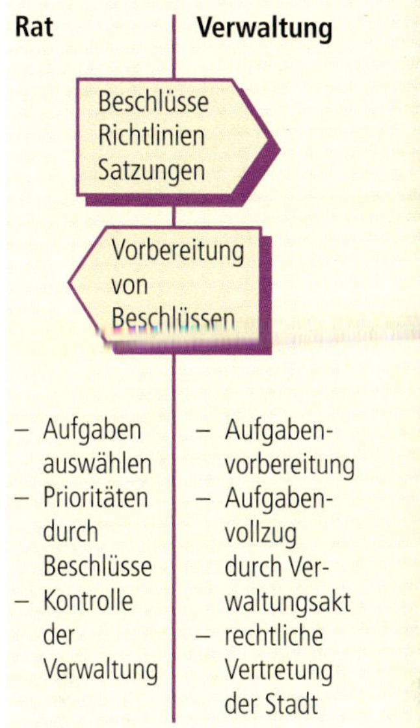

Einladung zur Stadtratssitzung

am Montag, den 11. Mai 20.., um 17:30 Uhr,
im Großen Sitzungssaal des Rathauses in ...

SITZUNGSGEGENSTÄNDE

Öffentliche Sitzung:

1) Vorübergehende Schließung des Städtischen Hallenbades
2) Reduzierung der Straßenbaumaßnahmen in der Unterstadt
3) Verabschiedung des innerstädtischen Radwegekonzeptes
4) Änderung der Satzung über Friedhofsgebühren der Stadt
5) Wirtschaftsplan der städt. Wasserwerke für das Wirtschaftsjahr 20..
6) Einleitung von sulfathaltigem Abwasser in die städt. Sammelkläranlage durch die Firma ... – Erhöhung der Einleitungsgebühren
7) Neuanlage eines Kinderspielplatzes „Am Birkenhof“
8) Altenheim Heilig-Geist – Finanzpläne für 20.. und 20..
9) Durchführung der Europa-Wahl 20.. ; neue Wahllokale

Nichtöffentliche Sitzung:

10) Veräußerung eines städtischen Gewerbegrundstücks
11) Einstellung einer Musiklehrerin für die Städt. Musikschule

1.2 Die Entscheidungskräfte in den Gemeinden

Zwei Organe sind für die Regelung der örtlichen Angelegenheiten zuständig:

Gemeinderat	Gemeindeverwaltung
Er befasst sich v. a. mit noch ungeregelten Problemen der Gemeinde, für die er Lösungen herbeiführen muss. Er sieht sich vornehmlich als politisches Gremium. Er setzt sich zusammen aus Vertretern/innen der Fraktionen verschiedener Parteien und unabhängigen Gruppierungen, die von den Bürgern/innen gewählt wurden. Der **Bürgermeister** ist stimmberechtigtes Mitglied seines Rates.	Sie arbeitet in unterschiedlichen Sachgebieten (z. B. Kämmerei, Ordnungsamt, Bauamt) auf der Grundlage vorgegebener Entscheidungen und Regelungen. Die Mitarbeiter sind Beamte, Angestellte und Arbeiter. Der **Bürgermeister** ist der Leiter der Verwaltungsbehörde.

Unterschiedliche Gemeindeordnungen in den Ländern

In Bayern:
Die Süddeutsche Ratsverfassung

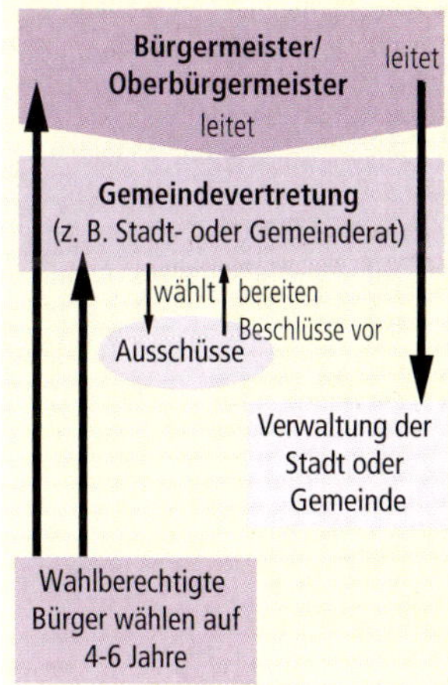

■ Der Gemeinderat wird oft als Gemeindeparlament bezeichnet, weil er die „örtlichen Gesetze“ (= Satzungen) für die örtliche Gemeinschaft beschließt. Daneben entscheidet er aber vor allem Einzelmaßnahmen. So gesehen ist der Gemeinderat ein Organ der **gesetzgebenden** und zugleich der **ausführenden** Gewalt. Welche Tagesordnungspunkte der Gemeinderatssitzung oben sind dem Bereich der Gesetzgebung, welche dem Bereich der Ausführung zuzurechnen?

1.3 Unterschiedliche Aufgaben

Die Gemeinde hat eine Fülle von Aufgaben zu erledigen, auf deren Ausführung ihre Bürgerinnen und Bürger, aber auch der Staat angewiesen sind.
Neben den Aufgaben, die sich aus dem Selbstverwaltungsrecht (= Aufgaben des eigenen Wirkungskreises) ableiten, haben die Gemeinden Aufgaben, die ihnen von Bund oder Land übertragen werden.

Aufgaben des eigenen Wirkungskreises		Aufgaben des übertragenen Wirkungskreises
Freiwillige Aufgaben Bei diesen Aufgaben kann die Gemeinde selbst entscheiden, **ob** und **wie** sie die eine oder andere Aufgabe löst: Betrieb eines Hallenbades, Jugendfreizeitstätte, Einrichtung von Sport- und Grünanlagen, Altenheime, öffentl. Nahverkehr, städt. Straßen, Büchereien, Abfallbeseitigung...	**Pflichtaufgaben** Bei diesen Aufgaben kann die Gemeinde nur bestimmen, **wie** sie eine Aufgabe löst: Bau und Unterhalt von Grund- und Hauptschulen, Feuerwehr, Sozialhilfe, Wasserversorgung...	**Weisungsaufgaben (= Auftragsangelegenheiten)** Diese Aufgaben müssen von der Gemeinde ausgeführt werden, ohne dass sie über das „Ob" und „Wie" befinden kann: Durchführung von Wahlen, Standesamt, Gewerbeaufsicht, Pass- und Meldewesen, Bauaufsicht...

■ 1. Ordnen Sie die einzelnen Tagungspunkte der Gemeinderatssitzung (s. S. 149) dem jeweiligen Aufgabenbereich zu.

Leiter: Erster Bürgermeister **Hoheitsverwaltung**		**Vertreter:**	Zweiter Bürgermeister		Dritter Bürgermeister **Leistungsverwaltung**
Amt 1 Allg. Verwaltung	**Amt 2 Finanzen und Controlling**	**Amt 3 Stadtbauamt**	**Amt 4 Kultur**	**Amt 5 Tourismus**	**Stadtwerke**
Sachgebiet 10 Büro des Bürgermeisters, Haupt- und Personalverwaltung, Internationale Beziehungen	**SG 20** Kämmerei, Stadtkasse	**SG 30** Stadtplanung, Wirtschaftsförderung	**SG 40** Kulturveranstaltungen, Kulturförderung	**SG 50** Tourismusmarketing, Gäste- u. Kurbetreuung	Wasserversorgung Abfallbeseitigung Verkehrsbetriebe Linienverkehr
Sachgebiet 11 Standesamt, Bestattungswesen	**SG 21** Steuern, Abgaben	**SG 31** Bauverwaltung	**SG 41** Museen, Ausstellungen, Stiftungen		
Sachgebiet 12 Bürgerdienste, Meldewesen, Wahlen, Soziales	**SG 22** Bundesleistungszentrum, Eishockey	**SG 32** Hoch- und Tiefbau	**SG 42** Archive		
Sachgebiet 13 Öffentliche Sicherheit, Ordnung, Schulen, Kinderbetreuungs- und Jugendeinrichtungen, Sport, Verkehrsbehörde		**SG 33** Liegenschaften	**SG 43** Stadtbibliothek		
Sachgebiet 14 Information und Kommunikation		**SG 34** Umwelt- und Naturschutz, Grünordnung			Quelle: Angelehnt an den Organisationsplan im Internetauftritt der Stadt Füssen

■ 2. In welchem Büro (Sachgebiet) „werden Sie als Bürger vorstellig",
- wenn Sie die Kanalgebühren reklamieren wollen?
- wenn Sie sich trauen lassen wollen?
- wenn Sie für Ihre Rockband Geld brauchen?
- wenn Sie die Härte Ihres Trinkwassers wissen wollen?

1.4 Modell einer Entscheidungsfindung

Neubau der Grundschule „Hinter den Gärten" aus Geldnot verschoben

Rotstift für die Stadtgärtnerei: Kein Blumenschmuck am Marktplatz mehr

Wird Hallenbad dicht gemacht?

Besucher entsetzt: Öffentliche Toilette seit gestern zu

Kehrdienst der Stadt eingestellt – Bürger müssen selbst fegen

Der Gemeinderat hat bei Tagesordnungspunkt 1 eine Frage des eigenen Wirkungskreises, eine freiwillige Aufgabe, zu entscheiden. Die vorausgehenden Zeitungsmeldungen aus dem Lokalteil weisen auf den Hintergrund hin, vor dem die Entscheidung gefällt werden muss.

- **Spielen Sie die Stadtratssitzung mit der Klasse als Rollenspiel und kommen Sie in der Frage „Muss das Hallenbad vorübergehend geschlossen werden?" zu einem Ergebnis.**
- **Verteilen Sie die Rollen in etwa nach der Vorgabe unten, tauschen Sie Argumente aus – in der Vorgabe angedeutete und selbst erdachte. Begründen Sie Ihre Stellungnahme.**

Teilnehmer aus der Verwaltung	*Diskussionsbeiträge/Interessenlagen*
Bürgermeister Mack:	Sinkende Zuwendungen von Seiten des Landes und des Bundes, weggefallene Steuereinnahmen
Stadtkämmerer Hirner:	Jährliches Defizit des Hallenbades 120 000 EUR
24 Stadträte und -innen verschiedener Fraktionen	
Partei X	
Gemeinderat Geiger:	Begeisterter Turmspringer, Mitglied des Sportausschusses des Stadtrats
Gemeinederätin Wutz:	Ihre Freundin bewirtschaftet das Cafe im Hallenbad
Gemeinderat Streng:	Nacht- und Nacktbaden sofort einstellen, kürzere Öffnungszeit
Partei Y	
Gemeinderat Steffen:	Hinweis auf die zahlreichen stadtnahen Baggerseen
Gemeinderat Stier:	Nur Winterbetrieb, Bibliothek zeitweilig schließen
Partei Z	
Gemeinderat Fiebach:	Eintrittspreise erhöhen
Gemeinderätin Holusch:	Öffnungszeiten ändern, Mutter von 3 Kindern
Unabhängiger Block	
Gemeinderätin Dr. Dröge:	Kindersport nötig, Fehlhaltungen bei Jugendlichen

Vorsicht: Hinter Stellungnahmen mancher Politiker, auch solcher, die ihre Meinung als persönliche ausgeben, können verdeckte Interessen und Absichten bestimmter Gruppen stehen. Diese Tatsache ist im politischen Entscheidungsprozess immer zu beachten.

- **Stimmen Sie ab und stellen Sie das Ergebnis dar.**

1.5 Kommunen in finanzieller Krise

Bundespräsident mahnt Hilfe für Städte an

„Krise bedroht Fundament der demokratischen Ordnung“

In überraschend deutlicher Weise hat Bundespräsident Rau die Benachteiligung der Kommunen durch Bund und Länder kritisiert. Er mahnte Hilfe für die notleidenden Städte an ... und sagte: „Bund und Länder weisen den Städten immer neue Aufgaben zu, leider ohne die dafür nötigen Gelder mitzuüberweisen.“

Süddeutsche Zeitung, 15.5.2003, S. 7 (gekürzt)

Wenn beispielsweise vom Bund Änderungen bei der Sozialhilfe beschlossen werden, schlägt dies sofort auf die Gemeindefinanzen durch, weil die Sozialhilfe von den Kommunen bezahlt werden muss. Auch das Land bürdet den bayerischen Gemeinden Mehrkosten auf, etwa bei der Ganztagsbetreuung an den Schulen. Nach dem Finanzierungsschlüssel trägt das Land nur 40% der Kosten, weitere 40% müssen die Kommunen tragen und 20% die Eltern. Gelten müsste – so der Bayerische Gemeindetag –: Wer die Musik bestellt, bezahlt sie auch.

dpa, Gemeinden wollen nicht länger Zahlmeister sein. In: Süddeutsche Zeitung, 30.9.2003, S. 4 (leicht abgeändert)

Der Bayerische Gemeindetag

wie der Deutsche Sädtetag, sind **kommunale Spitzenverbände**. Sie vertreten die Interessen der Mehrzahl der deutschen Städte bzw. bayerischen Gemeinden.

- Welcher wichtige Grund für die schlechte Finanzausstattung der Gemeinden wird in den beiden Zeitungsartikeln angesprochen?
  Der letzte Satz des zweiten Textes beschreibt das so genannte Konnexitätsprinzip. Was ist damit gemeint?

Die Gemeinden und ihre Spitzenverbände fordern von Bund und Ländern eine dringend nötige Reform der Gemeindefinanzen. Diese müsste in zwei Richtungen gehen:

- Die Steuerverteilung zwischen den politischen Ebenen muss neu geregelt werden. Bestimmte Steueranteile müssen von vornherein den Gemeinden zustehen.
- Mit den Aufgaben, die der Gemeinde übertragen werden, muss auch deren Finanzierung zugesichert werden.

Ca. 75 % der Bundesgesetze wirken sich als Pflicht- und Weisungsaufgaben auf der Gemeindeebene aus und müssen größtenteils von den Gemeinden organisatorisch, personell und finanziell verkraftet werden.

Bundes- und Ländervorschriften engen in unehmendem Maße die freie Entscheidung der kommunalen Parlamente (Gemeinderat, Kreisrat) ein. Es besteht die Gefahr, dass das Selbstverwaltungsrecht der Gemeinden ausgehöhlt wird und sie zu bloßen Verwaltungsorganen des Staates deformiert werden.

Die Finanzausstattung hält nicht mit den übertragenen Aufgaben Schritt, deshalb müssen freiwillige Aufgaben eingeschränkt werden. Die Mängel erleben die Bürgerinnen und Bürger hautnah.

Die Selbstständigkeit der Kommunen unter Druck

ZUSAMMENFASSUNG

Die Gemeinden in Deutschland können „Angelegenheiten der örtlichen Gemeinschaft" in eigener Verantwortung regeln. Dabei sind sie an die vorgegebenen Bundes- und Landesgesetze gebunden. Ihren größten Gestaltungsspielraum haben sie bei den **freiwilligen Aufgaben**. Bei den so genannten **Pflicht- und Weisungsaufgaben** müssen sie ausführen, was ihnen der Bund oder das Land überträgt.
Jedes Land beschließt für seine Gemeinden die **„Gemeindeordnung"**. Diese gibt den Rahmen vor für die Organisation und den Umfang der Aufgaben der kommunalen Selbstverwaltung.
In Bayern gilt die **„Süddeutsche Ratsverfassung"**. Gemeinderat und Bürgermeister werden hier von den Bürgerinnen und Bürgern direkt für vier Jahre gewählt. Der Bürgermeister führt den Vorsitz im Gemeinderat und ist gleichzeitig Chef der Verwaltung.

Fachbegriffe

Kommunale Selbstverwaltung – Annexitätsprinzip – Kommunale Spitzenverbände – Deutscher Städtetag

Die finanzielle Überlastung der Kommunen beeinträchtigt ihr im Grundgesetz verankertes Selbstverwaltungsrecht in immer stärkerem Maße. Eine Reform der Gemeindefinanzen wird von verschiedenen politischen Seiten angestrebt. Es soll erreicht werden, dass die Ebene, die der Gemeinde eine Aufgabe überträgt, auch für deren Finanzierung aufkommt (Annexitätsprinzip).

AUFGABEN

1. Besuchen Sie mit der Klasse eine Gemeinderatssitzung Ihres Schulorts (oder eine Kreistagssitzung in Ihrer Kreisstadt). Verteilen Sie die Tagungspunkte an Gruppen, die das jeweilige Ergebnis festhalten. Besprechen Sie Ergebnisse, Verlauf und Wortbeiträge einzelner Gemeinde-/Kreisräte.
2. Laden Sie Gemeinderäte oder Verwaltungsbeamte Ihrer Gemeinde in den Unterricht ein, und bitten Sie die Gäste, zu einer aktuell anstehenden kommunalen Entscheidung Stellung zu nehmen.
3. Verfolgen Sie in Fernsehen und Presse, wie die Gemeindefinanzreform behandelt wird und wie sie ausfällt.

Weitere Informationen

www.staedtetag.de
www.bpb.de/publikationen/07COHL,0,0,Unterschiedliche_Kommunalverfassungen_in_den_Laendern.html
(Informationen zur politischen Bildung, Heft 242)

2 Föderalismus in der Bundesrepublik Deutschland

2.1 Die Bundesrepublik Deutschland – ein Bundesstaat

Herr Hansen wird von seiner Firma versetzt von Kiel an der Ostsee, seinem bisherigen Familienwohnsitz, an die Donau nach Regensburg. Die Familie muss Ende Juli umziehen. Also auch Kathrin, 14 Jahre, und ihr Bruder Sven, 17 Jahre. Nach monatelangem Murren stellt Kathrin voller Freude fest, dass ihr die längsten Sommerferien ihres Lebens bevorstehen: Schleswig-Holstein hat vom 30. Juni bis 9. August schulfrei und Bayern vom 28. Juli bis 8. September – juhu, zehn Wochen Ferien. Das tröstet ein wenig über den Abschied von Freundinnen und Freunden hinweg. Sven ist verunsichert: Er weiß nicht, was in der Berufsschule und der neuen Lehrstelle auf ihn zukommt.

Dass innerhalb Deutschlands solche Unterschiede bestehen, liegt am besonderen staatlichen Aufbau der Bundesrepublik: Sie besteht aus einzelnen Ländern. Jedes Land in Deutschland kann z. B. über sein Schulsystem selbst entscheiden und es nach eigenen Vorstellungen gestalten. Die Folge: Von Bundesland zu Bundesland unterschiedliche Schularten, unterschiedliche Lehrpläne, unterschiedliche Prüfungen …

Dass auch das Niveau der Schulleistungen innerhalb Deutschlands uneinheitlich ist, beweisen die Platzierungen der einzelnen Länder bei der so genannten PISA Studie (2001).

Die PISA Studie

(Programme on International Student Assessment) bewertet, inwieweit Schülerinnen und Schüler gegen Ende ihrer Pflichtschulzeit Kenntnisse und Fähigkeiten erworben haben, die für eine aktive Teilhabe an der Gesellschaft unerlässlich sind. Die deutschen Schüler belegen unter 32 Nationen hintere Plätze.

Lesen	Mathematik	Naturwissenschaften
1. Bayern	1. Bayern	1. Schleswig-Holstein
2. Niedersachsen	2. Schleswig-Holstein	2. Baden-Württemberg
3. Schleswig-Holstein	3. Mecklenburg-Vorpommern	3. Bayern
4. Rheinland-Pfalz	4. Baden-Württemberg	4. Sachsen
5. Baden-Württemberg	5. Sachsen	5. Niedersachsen
6. Sachsen	6. Niedersachsen	6. Thüringen
7. Nordrhein-Westfalen	7. Thüringen	7. Mecklenburg-Vorpommern
8. Thüringen	8. Saarland	8. Berlin
9. Saarland	9. Rheinland-Pfalz	9. Rheinland-Pfalz
10. Hessen	10. Hessen	10. Saarland
11. Berlin	11. Nordrhein-Westfalen	11. Nordrhein-Westfalen
12. Mecklenburg-Vorpommern	12. Berlin	12. Hessen
13. Hamburg	13. Sachsen-Anhalt	13. Hamburg
14. Sachsen-Anhalt	14. Hamburg	14. Brandenburg
15. Brandenburg	15. Brandenburg	15. Bremen
16. Bremen	16. Bremen	16. Sachsen-Anhalt

Süddeutsche Zeitung, 5.8.2003

- 1. Nach der PISA Studie haben es beim Schulwechsel nach Bayern Schüler mancher Länder besonders schwer, andere leicht. Welche?
- 2. Wo stehen die Schüler Ihres Bundeslandes bei diesem „Wettbewerb"? Was kann man aus diesen Platzierungen schließen?
- 3. Wozu kann ein derartiger Vergleich nützen?
- 4. Berichten Sie über Erfahrungen beim Schulwechsel in ein anderes Bundesland, die Sie oder Bekannte von Ihnen ggf. gemacht haben?

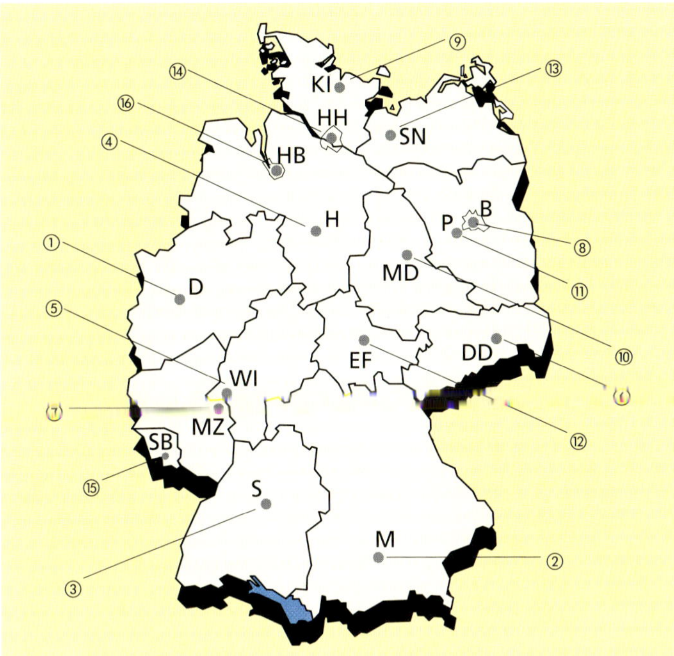

Landeshauptstadt (Autokennzeichen)	Rangfolge nach Einwohnern in Mill.	Fläche in qkm (auf-, abgerundet)	Mitglieder im Bundesrat
D	18,01	34 081	6
M	12,23	70 548	6
S	10,52	35 751	6
H	7,93	47 616	6
WI	6,02	21 114	5
DD	4,42	18 413	4
MZ	4,03	19 847	4
B	3,39	892	4
KI	2,79	15 763	4
MD	2,61	20 446	4
P	2,60	29 477	4
EF	2,43	16 172	4
SN	1,77	23 172	4
HH	1,71	755	3
SB	1,07	2 568	3
HB	0,86	404	3

■ 1. Nennen Sie anhand der Karte und der Autokennzeichen die einzelnen Länder der Bundesrepublik Deutschland von 1 bis 16 und ihre Hauptstädte. Die Tabelle auf S. 154 hilft dabei.

■ 2. Stellen Sie mit Hilfe der obenstehenden Tabelle Vergleiche an.

Der Bundesstaat: Bündnis zwischen Gesamtstaat und Gliedstaaten

Die Bundesrepublik Deutschland ist, wie es ihr Name sagt, ein Bundesstaat. 16 Gliedstaaten, die Länder, bilden den Gesamtstaat, den Bund. „Die Länder sind als Glieder des Bundes Staaten mit eigener – wenn auch gegenständlich beschränkter – nicht vom Bund abgeleiteter, sondern von ihm anerkannter staatlicher Hoheitsmacht" (Urteil des Bundesverfassungsgerichts). Sie sind also nicht große Selbstverwaltungskörper, wie z. B. Landkreise oder Verwaltungsbezirke, sondern eigenständige Staaten mit eigenen Verfassungen, die selbstständig neben dem Grundgesetz des Gesamtstaates gelten. Innerhalb der Länder haben die Gemeinden das Recht, sich selbst zu verwalten.

Die Bundesstaatlichkeit ist im Grundgesetz **unantastbar** garantiert. Auch eine Zwei-Drittel-Mehrheit im Parlament könnte die **föderative** Ordnung nicht beseitigen. Diese Absicherung beruht auf den Erfahrungen im Nationalsozialismus, wo mit dem „Gesetz über den Neuaufbau des Reiches" 1934 alle Hoheitsrechte der Länder auf das Reich übertragen wurden. Damit war einer von mehreren Schritten zur Diktatur getan.

Föderative Verfassungen haben u. a. die Schweiz (mit ihren Kantonen), Österreich (mit seinen Bundesländern) und die USA (mit ihren Staaten).

Aufgabenteilung und Bürgernähe

In föderativ aufgebauten Staaten kommt es auf ein ausgewogenes Verhältnis zwischen Gesamtstaat und Gliedstaaten an. Daher gilt in Deutschland der Grundsatz, die Aufgaben zwischen den drei politischen Ebenen (Bund, Länder, Gemeinden) aufzuteilen. Bei öffentlichen Maßnahmen ist demnach immer zunächst die Stelle zuständig, die dem Bürger am nächsten ist. Damit werden manche politischen Entscheidungen dem betroffenen Bürger verständlicher.

Staatsform

Artikel 20 GG
(1) Die Bundesrepublik Deutschland[1] ist ein ... Bundesstaat.

Föderalismus

(von lat. foedus = Bund, Bündnis) ist das Gestaltungsprinzip für einen bundesstaatlichen Staatsaufbau.
- föderativ, föderal = bundesstaatlich ausgerichtet
- Föderalist = Verfechter des Föderalismus

Die größere Einheit darf keine Aufgaben übernehmen, die eine kleinere Einheit zufrieden stellend erfüllen kann. Wenn der Landkreis beispielsweise einen Deponiestandort sucht und auf seinem Gebiet festlegt, hat nicht die Landesregierung in diese Entscheidung einzugreifen. Erst wenn die kleinere Einheit überfordert ist oder wenn allgemein gültige Regelungen notwendig werden, schreiten die übergeordneten Einheiten ein. Deshalb kann ein Gemeinderat nicht die Sicherheitsbestimmungen für das Kernkraftwerk in seinem Ort beschließen; sie werden auf Landes- und Bundesebene festgelegt. Dieser Grundsatz, das so genannte **Subsidiaritätsprinzip**, sichert den kleineren Einheiten Zuständigkeiten und Rechte zu; die größere Einheit leistet in vielen Bereichen nur Beistand (= lat. subsiduum).

Modelle des föderativen und des zentralen Staatsaufbaus

Der Einheitsstaat: Alle Macht der Zentrale

Im Gegensatz zum Bundesstaat steht der Einheitsstaat. Hier ist alle Hoheitsgewalt in einer zentralen Stelle konzentriert. Deshalb wird dieses Bauprinzip Zentralismus genannt. Der Zentralstaat kennt keine Gliedstaaten; seine Verwaltungsbezirke führen nur die Anweisungen der Zentrale aus. Einheitsstaaten in Europa sind beispielsweise Frankreich (mit der Zentrale Paris), Italien (mit der Zentrale Rom), Großbritannien (mit der Zentrale London); auch das Dritte Reich und die DDR sind Einheitsstaaten gewesen.

Selbst wenn die Zentralmacht bestimmten zusammengehörigen räumlichen Gebieten (Regionen) eine gewisse Eigenständigkeit in Sprache, Kultur, Wirtschaft zugesteht, so fehlt diesem Regionalismus jedoch letztlich die politische Hoheitsmacht. Dadurch unterscheidet sich Regionalismus wesentlich vom Föderalismus.

In Zentralstaaten ist es zuweilen schwierig, die verschiedenen historisch, stammesmäßig und sprachlich anders geprägten Volksgruppen „bei der Stange zu halten"; denn extreme Minderheitengruppen wollen eine Loslösung vom Zentralstaat oft mit Gewalt durchsetzen. Die Gefahr der Abspaltung ist für zentral ausgerichtete Staaten größer als für bundesstaatliche. Ansätze für ein Umdenken in die föderative Richtung werden in manchen europäischen Einheitsstaaten sichtbar, z. B. in Italien.

2.2 Die Aufgabenverteilung zwischen Bund und Ländern

- Ordnen Sie die Ämter und Behörden den fünf Ebenen zu, die in der Randspalte auf S. 157 unter dem Stichwort „Die Gewaltenteilung" genannt sind.

Die Aufteilung der Gewalten in der Bundesrepublik Deutschland

Das Verhältnis zwischen Bund und Ländern wird vor allem dadurch bestimmt, wie die drei staatlichen Gewalten, v. a. die Gesetzgebung und die Finanzen (Steuereinnahmen) unter den Bündnispartnern aufgeteilt werden.

Die **Legislative** liegt im überwiegenden Maße beim Bund, d. h. der Großteil der Gesetze wird vom Bundestag beschlossen; die Zuständigkeit der einzelnen Landtage ist auf einige wenige Gesetzgebungsgebiete beschränkt (vgl. S. 158). Die Landesregierungen (Ministerpräsident und Fachminister) – in den Stadtstaaten Berlin, Hamburg, Bremen Senat genannt – können jedoch über den Bundesrat auf die Gesetzgebung des Bundes Einfluss nehmen; der Bundesrat setzt sich aus Mitgliedern der Landesregierungen zusammen (vgl. S. 169 f.).

Die **Exekutive**, v. a. die Verwaltung, hat ihren Schwerpunkt bei den Ländern.
Deshalb sind die meisten Behörden Einrichtungen der Länder.

Im Bereich der **Judikative** sind die Zuständigkeiten des Bundes und der Länder miteinander gekoppelt, d. h. Gerichte der Länder und des Bundes arbeiten zusammen.

Die Gewaltenteilung

Zu der so genannten horizontalen Aufteilung der staatlichen Hoheitsmacht (vgl. S. 140) tritt in der föderativen Ordnung die vertikale Aufteilung auf die verschiedenen politischen Ebenen des Gemeinwesens:
- Gemeinde
- Landkreis
- Bezirk (in Bayern)
- Land
- Bund

Der Kampf um die Finanzen

Für fast jede politische Maßnahme wird Geld benötigt, ob auf Bundes- , Länder- oder Gemeindeebene. Es wird von den Steuerzahlern aufgebracht.

Finanzausgleich zwischen den Bundesländern

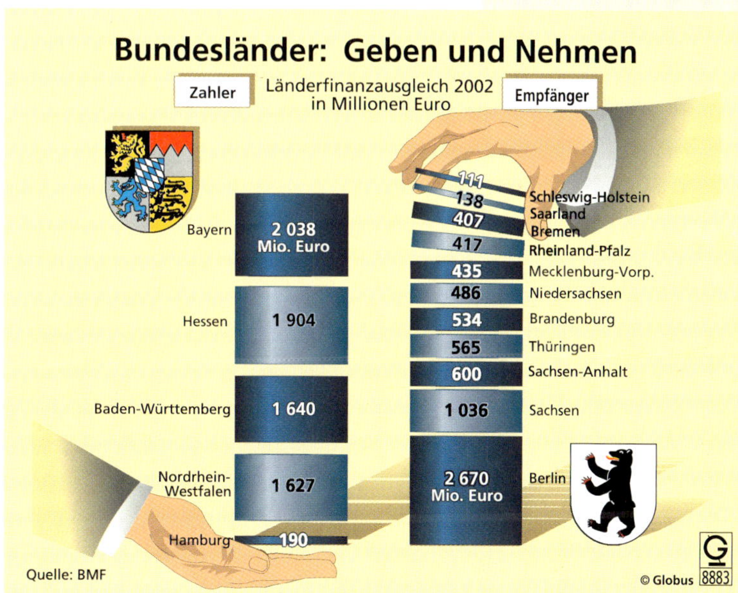

Bestimmte Steuerarten fließen ganz dem Bund zu (z. B. Mineralölsteuer), andere ganz den Ländern (z. B. Kraftfahrzeugsteuer). Die ertragreichsten Steuern (z. B. die Mehrwertsteuer, Lohn- und Einkommensteuer) werden zwischen den drei Ebenen aufgeteilt. Vor allem um deren richtige Verteilung wird zwischen den drei Ebenen gerungen.

Die einzelnen Länder in Deutschland unterscheiden sich hinsichtlich ihrer Wirtschaftskraft sehr stark und infolgedessen auch hinsichtlich ihrer finanziellen Möglichkeiten, ihre Aufgaben gegenüber den Bürgern zu erfüllen. Damit dieses Ungleichgewicht zwischen „armen" und „reichen" Länder sich nicht zu sehr auf die Lebensverhältnisse auswirkt, schreibt das Grundgesetz einen angemessenen Finanzausgleich zwischen den Ländern vor.

Die Vereinigung Deutschlands hat den Verteilungskampf verstärkt, weil gewaltige Summen in die neuen Länder fließen. Diese Mittel sind erforderlich, damit die Lebensverhältnisse in den neuen Bundesländern an jene in den alten Bundesländern angepasst werden können.

Vorrang des Bundesrechts

Artikel 31 GG:
Bundesrecht bricht Landesrecht.

Kompetenzverlagerung

„Die Rahmengesetzgebung des Bundes muss weg, weil es trotz aller verfassungsrechtlichen Begrenzungen nicht gelungen ist, dem Bund von Regelungen bis ins Detail abzuhalten. Sie … ist das Beispiel schlechthin für eine reformhemmende Verschränkung der Zuständigkeiten von Bund und Ländern. Kein Mensch durchschaut mehr, wer eigentlich für was verantwortlich ist."

Erwin Teufel, Ministerpräsident von Baden-Württemberg, Handelsblatt, 28.07.2003. S. 4

Die Legislative im Bundesstaat

Die Gesetzgebung des Bundes

Für Sachgebiete, die im Interesse des Gesamtstaates liegen, darf nur der Bund Gesetze erlassen.	**Ausschließliche Gesetzgebung des Bundes**	Beispiele: auswärtige Angelegenheiten, Verteidigung, Staatsangehörigkeit, Aus- und Einwanderung, Währung, Grenzschutz
In bestimmten Bereichen können Bund und Länder bei der Gesetzgebung „konkurrieren". Die Länder dürfen dabei Gesetze erlassen, solange eine Sache vom Bund nicht gesetzlich geregelt ist. Der Bund hat allerdings diesen Vorrang weitgehend ausgeschöpft.	**Konkurrierende Gesetzgebung des Bundes**	Vgl. Artikel 74 GG Beispiele: Erzeugung und Nutzung der Kernenergie, öffentliche Fürsorge, Arbeitsrecht, Ausbildungsbeihilfen, Straßenverkehr, Abfallbeseitigung, Luftreinhaltung
Für bestimmte Sachgebiete stellt der Bund Rahmenrichtlinien auf. Innerhalb dieses Rahmens können die Länder nach eigenem Ermessen die Einzelheiten gesetzlich festlegen. Oft lässt der Rahmen des Bundes den Ländern jedoch kaum Gestaltungsspielraum.	**Rahmengesetzgebung des Bundes**	Vgl. Artikel 74 GG Beispiele: Beamtenrecht, Naturschutz, Landschaftspflege, Raumordnung, Wasserhaushalt

Die Gesetzgebung der Länder

Die Länder haben nur in wenigen Bereichen eine eigenständige Gesetzgebung.	**Gesetzgebungskompetenz der Länder**	Beispiele: „Kulturhoheit" (Schulwesen, Museen, Rundfunk und Fernsehen), Kommunalwesen (Organisationsrecht für Städte, Gemeinden, Landkreise), Polizeirecht, Gesetz über Sonn- und Feiertage, Denkmalschutz

Die schleichende Entmündigung der Länder durch die Gesetzgebung des Bundes hat den Landtagen nur wenig Spielraum für eigenständige Landespolitik gelassen. Zu den wenigen verbliebenen Bereichen zählt der Kultur- und Schulsektor.

Andererseits können die Länder über den **Bundesrat**, in dem sie mit unterschiedlicher Stimmzahl vertreten sind (vgl. S. 155, Tabelle, rechte Spalte), in die Gesetzgebung des Bundes eingreifen. Dabei kommte es immer wieder zu parteipolitischen Differenzen zwischen dem eigentlichen Gesetzgeber, dem Bundestag, und dem von einer ggf. anderen Mehrheit bestimmten Bundesrat.

2.3 Bayern und der Bund

Der Freistaat Bayern ist flächenmäßig das größte Land der Bundesrepublik und hinsichtlich seiner Bevölkerungszahl das zweitgrößte (vgl. Tabelle S. 155). Die Wirtschaftskraft des Landes liegt deutlich über der der meisten anderen Länder. Es zählt deshalb schon seit einigen Jahren zu den Zahlern beim Finanzausgleich der Länder (vgl. Schaubild S. 157). Mit der Zahl von 6 Stimmen im Bundesrat kann es ein gewichtiges Wort bei der Gesetzgebung des Bundes mitreden (vgl. S. 155). Was allerdings die grundsätzliche Verlagerung der politischen Entscheidungskraft zu Gunsten des Bundes angeht, ist auch Bayern betroffen. Ministerpräsident Stoiber bemängelt: „Über Jahrzehnte hinweg hat die Verflechtung der politischen Kompetenzen zwischen Bund und Ländern und die Vermischung der Aufgabenfinanzierung die föderale Struktur geschwächt. Die Länderparlamente … waren die Verlierer. In den letzten Jahrzehnten ging Handlungsspielraum der Landespolitik verloren, wurden die Gestaltungsmöglichkeiten der Länderparlamente bei der Gesetzgebung massiv beschnitten."
(Edmund Stoiber: Regierungserklärung des Bayerischen Ministerpräsidenten. 22.03.2000.)
Der Kompetenzwirrwarr zwischen Bund und Ländern führt teilweise zur Selbstblockade des politischen Systems. Jetzt besteht offenbar die Bereitschaft, über Parteigrenzen hinweg, Wege aus dem deformierten Föderalismus zu suchen. „Aufgaben- und Ausgabenverantwortung müssen künftig in einer Hand liegen. Wer die Musik bestellt, soll sie auch bezahlen", fasst der CDU-Abgeordnete Röntgen eine Kernforderung zusammen.
Was auch für das Verhältnis Land – Bund gelten sollte, haben die Wähler in Bayern in einem Volksentscheid (2003) mehrheitlich entschieden: Das Land Bayern muss den Gemeinden bei übertragenen Aufgaben die Finanzierung mitliefern (Konnexitätsprinzip).

2.4 Die Bundesstaatlichkeit auf dem Prüfstand

Unleugbar einige Schwächen:

– „Die politischen Entscheidungsprozesse dauern oft recht lange."

– „17 Regierungen, Parlamente und Verwaltungen kosten mehr Geld als eine Zentrale."

– „Gewisse Uneinheitlichkeiten zwischen den Ländern können sich bei Umzügen von einem Land ins andere auf einzelne Bürger negativ auswirken." (Auch positiv!)

– „Durch Verflechtungen von Kompetenzen von Bund und Ländern wird die Politik kompliziert, schwerfällig und für Bürger undurchschaubar."

Starke Argumente dafür:

+ „16 Länder bedeuten 16 Mittelpunkte, in denen vielfältige wirtschaftliche, kulturelle und politische Aktivitäten ablaufen. Landsmannschaftlich geprägtes Leben kann dabei eher erhalten werden als in einer gleichförmigen, zentral gesteuerten Gesellschaft."

+ „Die staatlichen Stellen eines Gliedstaates sind mit den regionalen Problemen und Bedürfnissen der betroffenen Bürger eher vertraut als Stellen in einer fernen Zentrale. So können vor Ort sachgerechte Entscheidungen gefällt werden."

+ „In kleineren Einheiten bleibt Politik für den Bürger eher überschaubar und verstehbar. Der Grundsatz der Subsidiarität belässt Zuständigkeiten – soweit möglich – auf der unteren Ebene. Dadurch steht der Bürger den politischen Entscheidungen näher."

+ „Im Bundesstaat ist die Macht doppelt geteilt: horizontal und vertikal. Dadurch wird die Macht besser kontrolliert und ihrem Missbrauch vorgebeugt."

+ „Der Bürger kann von seinem Wahlrecht häufiger Gebrauch machen; das bedeutet mehr Demokratie."

+ „Zwischen den Gliedstaaten herrscht ein gesunder Wettbewerb und in Maßen eine gewisse Experimentiermöglichkeit. So können Fehlentwicklungen bundesweit vermieden und positive Erfahrungen von anderen Ländern übernommen werden."

Außen perfekt, innen defekt

Reparaturarbeiten am deutschen Föderalismus

... Der Föderalismus als Konstruktionsprinzip des deutschen Staates funktioniert nicht mehr so, wie er funktionieren sollte. ... Die Länder selber haben nicht mehr viel zu gestalten und zu regeln, aber dafür dürfen die Länderregierungen bei sehr vielen Bundesgesetzen mitentscheiden. Die Länder haben ihre Entmachtung der Landtage durch die Bundesgesetzgebung mit der Machtergreifung des Bundesrates in der Bundespolitik ausgeglichen. Das hat zur extremen Parteipolitisierung des Bundesrats geführt. ... Und der Bürger weiß nicht mehr, wer wofür verantwortlich ist. ... Es ist nicht mehr feststellbar, wer gesetzgeberische Fehler zu vertreten hat. Wenn der Wähler nicht mehr weiß, wer wofür Verantwortung trägt, kann er auch nicht sachgerecht wählen.

Herbert Prantl, Süddeutsche Zeitung, 13.10.2003 S. 2 (gekürzt und abgeändert)

■ 1. Was regelt das Annexitätsprinzip?

■ 2. Welches Problem für den Wähler spricht der Journalist Prantl in seinem Leitartikel an?

ZUSAMMENFASSUNG

Die Bundesrepublik Deutschland ist **föderativ** aufgebaut. Die Staatsgewalt ist aufgeteilt auf den Bund und die einzelnen Länder. Sie sind Staaten mit eigenständiger gesetzgebender, ausführender und richterlicher Gewalt. Ihre Hoheitsmacht, zwar zugunsten des Bundes beschränkt, leiten sie nicht vom Bund her. Die staatlichen Aufgaben sind zwischen Bund und Ländern aufgeteilt:

- Im Bereich der **Gesetzgebung** hat der Bund mehr Zuständigkeiten als die Länder. Über den Bundesrat können die Länder an der Gesetzgebung des Bundes mitwirken.
- Im Bereich der **Verwaltung** haben die Länder ihren Aufgabenschwerpunkt. Das beruht vor allem darauf, dass sie sowohl ihre eigenen Gesetze wie auch die Bundesgesetze ausführen müssen.
- Die **Gerichtsbarkeit** der Länder ist mit der des Bundes gekoppelt (Instanzenweg vom Amtsgericht zu Gerichten des Bundes).

Fachbegriffe

Föderalismus – Bundesstaat – Gesamtstaat – Gliedstaat – Bund – Land – staatliche Ebenen – Subsidiarität – Einheitsstaat – Zentralismus – Regionalismus

Politiker und Bürger stehen mehrheitlich hinter dem föderativen Staatsaufbau. Allerdings hat das bundesstaatliche Staatssystem in den letzten vierzig Jahren zahlreiche Veränderungen erfahren, die auf eine politische Schwächung der Länder hinausliefen. Deshalb werden Rufe nach einer Reform des Föderalismus immer lauter. Vor allem die süddeutschen Länder wollen den Finanzausgleich, die unklaren Gesetzgebungskompetenzen und die Stellung der Länder in der Bundespolitik (Bundesrat) neu gestalten. Als **Vorteile des Föderalismus** gelten vor allem: der Schutz vor Machtmissbrauch, das nähere Verhältnis der Bürger zu den Politikern, die häufigere Möglichkeit der Bürger zu wählen, die Ausrichtung der Politik auf regionale Fragen und der Grundsatz der Subsidiarität.

AUFGABEN

1. **Welche wesentlichen Unterschiede bestehen zwischen einem zentralen und einem föderativen Staatsaufbau?**
2. **Verfolgen Sie in verschiedenen Zeitungen Stellungnahmen von Politikern unterschiedlicher Parteien zu Fragen und Kritik des föderalen Systems. Bei welchen können Sie Tendenzen hin zum Zentralstaat feststellen?**
3. **Informieren Sie sich über die Zusammensetzung der bayerischen Regierung unter www.BayerischeStaatsregierung.de**

3 Wie ein Gesetz entsteht

Ein Problem wird erkannt

Raucherquote	1993	1997	2002
12- bis 15-jährige Jungen	11 %	15 %	18 %
12- bis 15-jährige Mädchen	12 %	19 %	21 %
16- bis 19-jährige Männer	44 %	50 %	44 %
16- bis 19-jährige Frauen	36 %	41 %	45 %

Pressemitteilung der bzga (Bundeszentrale für gesundheitliche Aufklärung) vom 17.12.2002

■ 1. Welche Probleme deuten Foto und Tabelle an?

■ 2. Mit welchen Mitteln könnte diesen Entwicklungen begegnet werden?

Ein Vorschlag wird gemacht

Aus dem Gesetzesantrag der Abgeordneten Dr. Maria Böhmer u. a. vom16. Mai 2002 im deutschen Bundestag

Jugendschutz stärken

Junge Menschen stellen die Zukunft des Staates und der Gesellschaft dar. Sie leben jedoch in einer Welt von Erwachsenen und auf Erwachsene ausgerichteten Welt. Zwischen ihren Interessen und den Anforderungen einer modernen Informations- und Kommunikationsgesellschaft besteht ein zunehmendes Spannungsverhältnis.
Jungen Menschen müssen aber Chancen und Lebensbedingungen eingeräumt werden, die ihren speziellen Entwicklungsbedürfnissen gerecht werden. Gerade Jugendliche dürfen in ihrem Recht auf freie Entfaltung der Persönlichkeit und auf positive Entwicklungsumstände nicht durch jugendgefährdende Faktoren benachteiligt oder eingeschränkt werden.
Besonders für Kinder und Jugendliche muss gewährleistet werden, dass Informationen und Kommunikation frei sind von Ausgrenzung, Manipulation, extremistischen Tendenzen und sozialer Einseitigkeit. ...
Dringend notwendig ist eine breite Allianz in der Gesellschaft gegen die zunehmende Faszinationswirkung und hemmungslose Darstellung von Gewalt ...

Bundestagsdrucksache 14/9027

Was ist ein Gesetz?

Ein Gesetz im Rechtssinn ist eine Regel für das Zusammenleben der Menschen, deren Einhaltung durch staatliche Sanktionen gesichert wird.

■ 3. Welchen Veränderungen soll die Gesetzeslage angepasst werden?

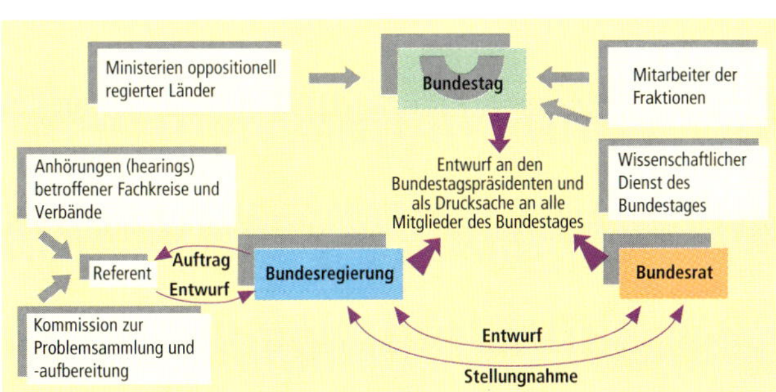

Unsere Gesellschaft wandelt sich ständig. Entsprechend müssen auch die Regelungen, die die Gemeinschaft betreffen, angepasst werden.

Verbandsliste des Bundestages

In dieser öffentlichen Liste sind alle Verbände eingetragen, die Interessen gegenüber dem Bundestag oder der Bundesregierung vertreten, z. B. Deutscher Beamtenbund.

Wissenschaftliche Dienste des Bundestages

Neun Fachbereiche, in denen wissenschaftliche Mitarbeiter als Berater und Gutachter für die Abgeordneten tätig sind.

■ 4. Beschreiben Sie, von welchen Organen Entwürfe für ein Gesetz eingebracht werden können und an wen diese Entwürfe weitergeleitet werden.

■ 5. Verfolgen Sie in der Darstellung zurück, wo bei der Erstellung einer Gesetzesvorlage Einflüsse von außen zur Geltung kommen können.

Eine **Gesetzesinitiative** kann von der Bundesregierung, dem Bundestag oder vom Bundesrat ergriffen werden. Bundesregierung und Bundesrat müssen sich ihre Entwürfe gegenseitig zur Stellungnahme vorlegen. Der Bundestag hingegen kann seine Vorlagen direkt einbringen, sofern mindestens 5 % der Bundestagsmitglieder den Entwurf unterstützen.

Amtliches Protokoll

236. Sitzung des Deutschen Bundestages am Donnerstag, den 16. Mai 2002

...

Zusatzpunkt 10
Erste Beratung des von der Fraktion SPD und BÜNDNIS 90/DIE GRÜNEN eingebrachten Entwurfs eines Jugendschutzgesetzes (JuSchG)
– Drucksache 14/9013 –

Zusatzpunkt 12
Beratung des Antrags der Abgeordneten Dr. Maria Böhmer, Maria Eichhorn, Ilse Aigner, weiterer Abgeordneter und der Fraktion der CDU/CSU
Jugendschutz stärken
– Drucksache 14/9027 –

Überweisungsbeschluss:
Ausschuss für Familie, Senioren, Frauen und Jugend (f)
Innenausschuss
Rechtsausschuss
Ausschuss für Bildung, Forschung und Technikfolgenabschätzung
Ausschuss für Kultur und Medien
...

- 1. Wer brachte die Entwürfe jeweils ein?
- 2. Welche Beschlüsse wurden im Bundestag gefasst?

Ein Gesetzentwurf muss beraten werden

Frühestens vier Tage nach der Verteilung des Entwurfs kann die erste **Lesung** des Gesetzesentwurfs im Bundestag stattfinden. Meist wird hier lediglich beschlossen, welcher Bundestagsausschuss den Entwurf federführend beraten soll und welche weiteren Ausschüsse an den Beratungen beteiligt werden.

Der **federführende Ausschuss** kann sich zusätzliche Informationen beschaffen und legt schließlich einen Bericht und eine Empfehlung vor, welcher Beschluss gefasst werden sollte.

Der Ausschuss für Familie, Senioren, Frauen und Jugend hat in seiner 90. Sitzung am 15. Mai 2002 die Durchführung einer Anhörung zu den o. g. Vorlagen beschlossen, die am 3. Juni 2002 als 91. Sitzung stattfand.

Hierzu waren Sachverständige folgender Einrichtungen eingeladen:
Bundesschülervertretung
Freiwillige Selbstkontrolle der Medien
Unterhaltungssoftware Selbstkontrolle
Geschäftsführer der Gesellschaft für Medienpädagogik und Kommunikationskultur
Bundesprüfstelle für jugendsuchtgefährdende Schriften
Vorsitzender der Bundesarbeitsgemeinschaft Kinder- und Jugendschutz
Landschaftsverband Rheinland
Verband deutscher Zeitschriftenverleger e.V.
Kommissariat der Deutschen Bischöfe

- 3. Welche Interessengruppe fehlt Ihrer Meinung nach?

Die Vorlagen wurden in der 93. Sitzung am 6. Juni 2002 abschließend beraten. Die Beratungen führten zu folgendem Ergebnis:		
Annahme des Gesetzentwurfs auf Drucksache 14/9013 in geänderter Fassung mit den Stimmen der Fraktionen SPD und BÜNDNIS 90/DIE GRÜNEN gegen die Stimmen der Fraktion der PDS bei Stimmenthaltung der Fraktionen der CDU/CSU und FDP	Ablehnung des Gesetzentwurfs auf Drucksache 14/8956 mit den Stimmen der Fraktionen SPD und BÜNDNIS 90/DIE GRÜNEN gegen die Stimmen der Mehrheit der Fraktion der CDU/CSU und der Fraktionen der FDP und PDS	Ablehnung des Antrags auf Drucksache 14/9027 mit den Stimmen der Fraktionen SPD, BÜNDNIS 90/DIE GRÜNEN und PDS gegen die Stimmen der Fraktionen der CDU/CSU und FDP

■ 1. Fassen Sie die Empfehlung des Ausschusses mit eigenen Worten zusammen.

Ist die **Beschlussempfehlung** verteilt und hat der federführende Ausschuss seinen Bericht vorgelegt, findet frühestens am zweiten Tag darauf die zweite Lesung im Parlament statt, bei der die einzelnen Vorschriften des Ausschussentwurfs beraten werden. Über Stellungnahmen und Anträge, die jeder Abgeordnete stellen kann, wird abgestimmt. Die Opposition kann die Anträge stellen, mit denen sie im Ausschuss unterlegen ist, sodass ihre Politik einer breiten Öffentlichkeit dargestellt wird.
Werden in der zweiten Lesung weitreichende Änderungen verlangt, kann die Vorlage nochmals an den Ausschuss zurückverwiesen werden, ansonsten schließt sich gleich die dritte Lesung an. Deren Schwerpunkt liegt auf der allgemeinen Aussprache, auf der Debatte zur Rechtfertigung und Begründung der beabsichtigten Stimmabgabe.

Tagesordnungspunkt 32	
Zweite und dritte Beratung des von den Fraktionen SPD und BÜNDNIS 90/ DIE GRÜNEN eingebrachten Entwurfs eines Jugendschutzgesetzes (JuSchG) – Drucksache 14/9013 –	Annahme des Gesetzentwurfs auf Drucksache 14/9013 in der Fassung der Nummer 1 der Beschlussempfehlung auf Drucksache 14/9410 Annahme des Entschließungsantrags auf Drucksache 14/9458
Zweite und dritte Beratung des von den Abgeordneten Uta Titze-Stecher, Werner Lensing, Sylivia Voß, Hildebrecht Braun (Augsburg) und weiteren Abgeordneten eingebrachten Entwurfs eines Gesetzes zur Änderung des Gesetzes zum Schutze der Jugend in der Öffentlichkeit (Jugendschutzgesetz- JÖSchG) – Drucksache 14/8956 – – Drucksache 14/9410 (Beschlussempfehlung) –	Ablehnung des Entschließungsantrages auf Drucksache 14/9395 Ablehnung des Gesetzentwurfs auf Drucksache 14/8956 in zweiter Beratung gemäß Nummer 2 der Beschlussempfehlung auf Drucksache 14/9410

aus dem Amtlichen Protokoll der 243. Sitzung des Deutschen Bundestages am Freitag, den 14. Juni 2002, www.bundestag.de

■ 2. Welcher Entwurf wurde als Gesetz angenommen?

Bei mehrheitlicher Zustimmung wird aus dem Entwurf in der Schlussabstimmung ein „Gesetz", das an den Präsidenten des Bundesrates übersandt wird.

Der Bundesrat wirkt mit

■ 3. Beschreiben Sie den unterschiedlichen Weg von Einspruchs- und Zustimmungsgesetzen.

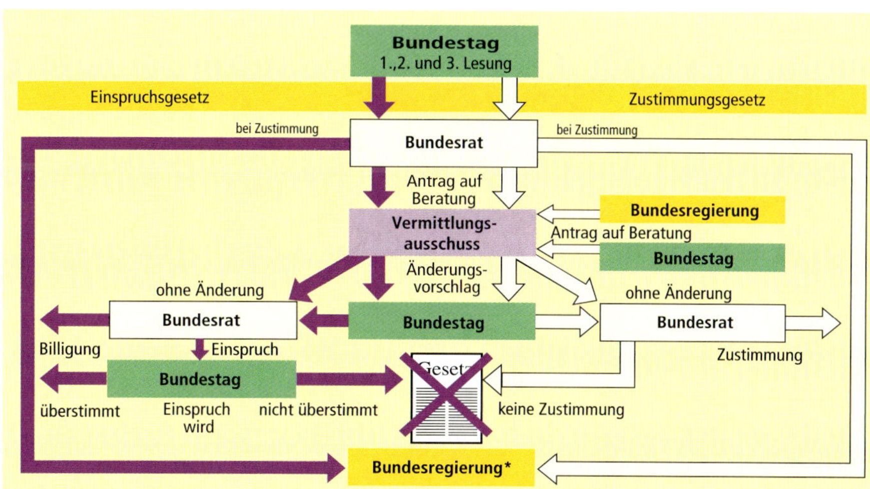

* Der Gesetzentwurf wird dann von der Bundesregierung an den Bundespräsidenten zur Gesetzesausfertigung weitergegeben.

Vermittlungsausschuss

Der Vermittlungsausschuss ist paritätisch zusammengesetzt aus je 16 Mitgliedern des Bundestages und des Bundesrates. Jedes Bundesland ist durch ein Mitglied vertreten, bei der Wahl der Bundestagsmitglieder wird das Fraktionsstärkeverhältnis berücksichtigt.

Bei einfachen Gesetzen (Einspruchsgesetze) kann der Bundesrat **Einspruch** erheben. Diesen kann der Bundestag zurückweisen. Allerdings muss im Bundestag mindestens die Mehrheit den Einspruch überstimmen. Sollte der Einspruch des Bundesrates mit 2/3-Mehrheit erfolgt sein, dann ist sogar die 2/3-Mehrheit der anwesenden Bundestagsmitglieder notwendig.

Bei **Zustimmungsgesetzen** hingegen kann eine Ablehnung des Bundesrates nicht aus dem Weg geräumt werden, in einem solchen Fall ist das Gesetz am Bundesrat gescheitert. Meist wird jedoch eine Beratung im **Vermittlungsausschuss** zwischengeschaltet. Diesem gelingt es in vielen Fällen durch Änderungen des Entwurfs eine Einigung zu erzielen. Zustimmungsgesetze sind nur solche Gesetze, die nach einer ausdrücklichen Vorschrift im Grundgesetz der Zustimmung durch den Bundesrat bedürfen. Die Verwaltung der Bundeswehr und des Luftverkehrs, die Besoldung und Versorgung der Angehörigen des öffentlichen Dienstes sowie die Kernenergie sind beispielsweise Bereiche, in denen Gesetze nur mit Zustimmung des Bundesrates erlassen werden können.

Gesetze treten in Kraft

Die Urschrift des Gesetzes wird zunächst von den betroffenen Ministerien und dem Bundeskanzler gegengezeichnet. Anschließend wird es dem Bundespräsidenten zugeleitet, welcher es **ausfertigt**, d. h. überprüft, ob der Gesetzestext verfassungsmäßig zustande gekommen ist. Schließlich kann das Gesetz im **Bundesgesetzblatt** verkündet werden und nach 14 Tagen in Kraft treten.

ZUSAMMENFASSUNG

Fachbegriffe

Ausschuss – Beschlussempfehlung – Bundesgesetzblatt - Einspruchs-/Zustimmungsgesetz – federführend – Gesetz – Gesetzesinitiative – Lesung –Vermittlungsausschuss

Das Recht, Gesetzesvorlagen einzubringen, haben die Bundesregierung, die Abgeordneten des Bundestages und der Bundesrat. Sind die Vorlagen im Bundestag eingebracht und nach der Ausschussarbeit in den drei Lesungen beraten bzw. verabschiedet, werden sie im Bundesrat weiter beraten. Dessen Einfluss hängt davon ab, ob es sich um ein einfaches oder um ein zustimmungspflichtiges Gesetz handelt. Bei Unstimmigkeiten zwischen Bundestag und Bundesrat kann ein Vermittlungsausschuss angerufen werden. Hat das Gesetz Bundestag und Bundesrat passiert, wird es vom zuständigen Minister und vom Bundeskanzler unterzeichnet und dem Bundespräsidenten zur Ausfertigung zugeleitet. 14 Tage nach der Verkündigung im Bundesgesetzblatt tritt es in Kraft, sofern kein anderer Termin genannt wird.

AUFGABEN

1. **Welche Bedeutung hat die gegenseitige Stellungnahme von Bundesrat und Bundestag bei der Gesetzesinitiative?**
2. **Gestalten Sie ein Ablaufschema zum Gesetzgebungsprozess.**

4 Die obersten Bundesorgane

4.1 Der Bundestag – eine Volksvertretung

Denn mit dem **Parlament** als Forum der Nation sollte sich unser Volk identifizieren können. Es ist unser gemeinsames Haus, mit jetzt einem Eingang für Parlamentarier und Besucher ... Deshalb werden wir in diesem neuen, offenen Parlamentsgebäude weiter hart an den Problemen arbeiten und uns so weit zusammenfinden, dass Menschenverträgliches und das Bestmögliche für Deutschland daraus erwachsen ...

aus der Rede der damaligen Präsidentin des Deutschen Bundestages Frau Prof. Rita Süßmuth, anlässlich der Einweihung des neuen Plenarsaals am 30. Oktober 1992 in Bonn

Forum

(lat.) Markt- und Versammlungsplatz in den römischen Städten der Antike

Artikel 77 GG

(1) Die Bundesgesetze werden vom Bundestag beschlossen.

■ Von wessen Arbeitsplatz ist die Rede?

Nach Artikel 20 Abs. 2 unseres Grundgesetzes wählt sich das Deutsche Volk besondere Organe zur Gesetzgebung. Als Organ zur bundesweiten Gesetzgebung dient der Deutsche Bundestag.

Die Befugnisse des Bundestages im Überblick

Der Bundestag als Gesetzgeber

• Gesetzesinitiative (Gesetzesvorlagen werden eingebracht)	Art. 76 (1) GG
• Beschlussfassung über Bundesgesetze	Art. 77 (1) GG
• Antrag auf Einberufung des Vermittlungsausschusses	Art. 77 (2) GG

Der Bundestag als Wahlorgan

Die anderen obersten Bundesorgane werden gewählt:

• Bundespräsident (s. S 171)	Art. 54 GG
• Bundeskanzler	Art. 63 GG
• Hälfte der Mitglieder des Bundesverfassungsgerichts (durch einen Wahlmännerausschuss)	Art. 94 (1) GG
• Mitglieder des Richterwahlausschusses	Art. 95 (2) GG

Der Bundestag als Kontrolleur

• Herbeirufung eines Regierungsmitglieds („Zitierungsrecht")	Art. 43 (1) GG
• Einsetzen eines Untersuchungsausschusses	Art. 44 GG
• Zustimmung zu Staatsverträgen	Art. 59 II. (2) GG
• Konstruktives Misstrauensvotum	Art. 67 GG
• Vertrauensfrage	Art. 68 GG
• Feststellung des Haushaltsgesetzes (Budgetrecht)	Art. 110 GG
• Rechnungskontrolle	Art. 114 II.(2)GG
• Genehmigung von Bundesanleihen	Art. 115 GG
• Interpellationsrecht	
– Kleine Anfrage	§ 104 GOBT
– Große Anfrage	§§ 100-105 GOBT
– Mündliche Anfragen in der Aktuellen Stunde	§ 105 GOBT

Weitere Rechte des Bundestages

- Entgegennahme des Eides
- Anklage des Bundespräsidenten
- Feststellung des Spannungsfalles
- Feststellung des Verteidigungsfalles

Der innere Aufbau des Bundestages

Ins Parlament werden Abgeordnete verschiedener Parteizugehörigkeit gewählt:

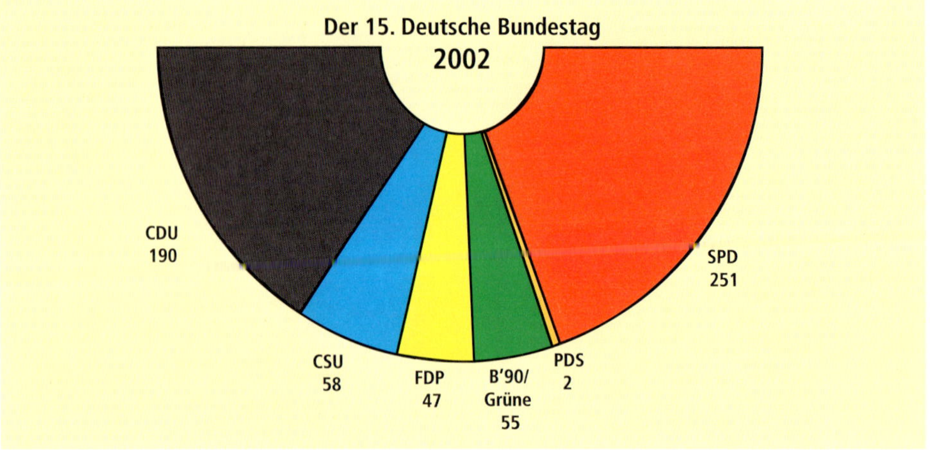

■ 1. Versuchen Sie, die Begriffe „Fraktion", „Koalition" und „Opposition" zu erklären.

Vereinigungen von Bundestagsmitgliedern, die derselben Partei angehören, bezeichnet man als **Fraktion**. Nach der Geschäftsordnung des Bundestages kann eine Fraktion aber nur dann gebildet werden, wenn ihr mindestens 5 % der Mitglieder des Bundestages angehören. Die Abgeordneten der PDS/Linke Liste erreichen im zweiten gesamtdeutschen Parlament diese Mindestzahl nicht. Die Parlamentsmehrheit hat ihnen deshalb den Status einer **Gruppe** zuerkannt.

Der **Abgeordnete**, Mitglied einer Fraktion oder Gruppe, besitzt ein **freies Mandat**, was bedeutet, dass er bei Entscheidungen einzig seinem Gewissen unterworfen ist. Seine Unabhängigkeit ist jedoch eingeengt: durch den Wählerwillen in seinem Wahlkreis, durch die Verbände und durch die so genannte **„Fraktionsdisziplin"**. Denn in den Fraktionen werden die politischen Entscheidungen beraten und vorbereitet, der einzelne Abgeordnete erhält den Rat und die Kenntnisse spezialisierter Fraktionskollegen als Abstimmungshilfe.

Die Fraktionsdisziplin darf aber nicht in einen Zwang ausarten, der den Abgeordneten zu bestimmten Haltungen nötigt.

Eine politische Gruppe, die mit vielen unterschiedlichen Stimmen spricht, mag sich hier und dort Sympathien erwerben, ihre politische Wirkung steigert sie dadurch gewiss nicht. Und so ist es nicht, wie oft zu Unrecht behauptet worden ist, ein Zeichen der Schwäche oder Abhängigkeit der Abgeordneten gegenüber Fraktion oder Partei, wenn sie sich einer in der Fraktion mit Mehrheit beschlossenen Haltung anschließen, sondern es ist Ausdruck der fundamentalen politischen Einsicht, dass Geschlossenheit ein wichtiges Element in der Auseinandersetzung um das Vertrauen der Wähler ist. Dass diese Überlegungen eine Grenze haben, wo das Gewissen im Sinne vor Art. 38 des Grundgesetzes, also eine tief verwurzelte Grundüberzeugung, einen Abgeordneten nötigt, eine bestimmte Haltung einzunehmen, ist unbestritten und in zahlreichen Fällen in unserer praktischen Arbeit sichtbar geworden. Aber allgemein sollte man sich hüten, die Tatsache der einheitlichen Abstimmung der Fraktion als Ausdruck beklagenswerter Unselbstständigkeit einzelner Abgeordneter anzusehen. Sie ist ein notwendiges und legitimes Instrument der politischen Willensbildung.

Karl Carstens, ehemaliger Bundespräsident, vor dem Deutschen Bundestag

■ 2. Fassen Sie zusammen, wie der ehemalige Bundespräsident die Fraktionsdisziplin bewertet.

■ 3. Welche Gegenargumente sind denkbar?

Weitere Informationen

www.bundestag.de
www.bundeswahlleiter.de

Art. 38 Abs. 1 Grundgesetz

„Sie (die Abgeordneten) sind Vertreter des ganzen Volkes, an Aufträge und Weisungen nicht gebunden und nur ihrem Gewissen unterworfen."

Die Unabhängigkeit des Abgeordneten wird unterstützt

- **Indemnität** Art. 46 (1) GG
  Abgeordnete dürfen für bestimmte Handlungen nicht zur Verantwortung gezogen werden.
- **Immunität** Art. 46 (1) GG
  Abgeordnete dürfen wegen strafbarer Handlungen während ihrer Amtszeit nicht verfolgt werden.
- **Zeugnisverweigerungsrecht**
  Art. 47 GG
  Der Abgeordnete braucht über bestimmte Personen oder Tatsachen, die ihm in seiner Funktion anvertraut wurden, nicht auszusagen.
- **Anspruch auf angemessene Entschädigung** Art. 48 GG

Ein Arbeitstag eines MdB
(Mitglied des Bundestages)

8:30 Uhr:	Zeitungs- und Postdurchsicht
9:00 Uhr:	Arbeitskreis der Fraktion zur Sozialpolitik
12:00 Uhr:	Mittagessen; Journalistengespräch Empfang einer Gruppe Bürger aus dem Wahlkreis
14:00 Uhr:	Fraktionssitzung
17:00 Uhr:	Wichtige Korrespondenz
18:00 Uhr:	Erstellung einer Rede für eine Bundestagsdebatte
20.00 Uhr:	Durcharbeiten der Drucksachen Erstellen eines Kommentars für eine Fachzeitschrift

Artikel 48 (3) GG

Die Abgeordneten haben Anspruch auf eine angemessene, ihre Unabhängigkeit sichernde Entschädigung.

Die monatlichen Diäten der Abgeordneten

steuerpflichtige Entschädigung	7 009 EUR
steuerfreie Kostenpauschale	3 503 EUR

(Stand Oktober 200[illegible])

Einnahmen und Ausgaben eines Mitglieds des Bundestages (MdB)

(Beispiel)

Einnahmen:

MdB-Entschädigung (steuerpflichtig, wird ohne Urlaubs- und Weihnachtsgeld zwölf Mal im Jahr gezahlt)		7009,00 EUR
Kostenpauschale (steuerfrei, dafür können keine Werbungskosten geltend gemacht werden)		3503,00 EUR
Gesamteinnahmen		10512,00 EUR
Ausgaben (durchschnittlich):		
Büro Wahlkreis /Wahlkreisbetreuung		
	Porto	145,00 EUR
	Zeitschriften und Fachliteratur	245,00 EUR
	Telefon	60,00 EUR
	Bewirtung	350,00 EUR
Mehraufwendungen am Sitz des Bundestages /Mandatsreisen		
	Wohnungshaltungskosten	770,00 EUR
	doppelte Haushaltsführung	959,00 EUR
Fahrten		
	Privatwagen	420,00 EUR
	Taxi	180,00 EUR
Gesamtausgaben		3120,00 EUR

1. Berechnen Sie, welcher durchschnittliche Betrag monatlich übrig bleibt.
2. Versuchen Sie, die Bezüge der Abgeordneten im Hinblick auf deren Arbeitsbelastung und Einfluss zu beurteilen.

Im parlamentarischen System der Bundesrepublik Deutschland kann eine Regierung im Allgemeinen nur dann gebildet werden, wenn die Mehrheit des Parlamentes bei der Wahl hinter dem Bundeskanzler steht. Hat eine Partei im Bundestag die absolute Mehrheit errungen, kann sie alleine die Regierung stellen. Andernfalls müssen Mehrheiten durch den Zusammenschluss zweier oder mehrerer Parteien erzielt werden. Das zusammenwirken einer großen mit einer kleinen Partei nennt man „kleine“, das zweier großer Parteien „große“ **Koalition**.

Die Parteien im Bundestag, die nicht an der Regierung beteiligt sind, bilden die **Opposition**. Sie stellt im Parlament die Minderheit dar.

Koalitionen seit 1949

christlich-liberale Koalitionen:
1949 CDU/CSU + FDP
1953 CDU/CSU + FDP
1961 CDU/CSU + FDP
1963 CDU/CSU + FDP
1965 CDU/CSU + FDP

große Koalition
1966 CDU/CSU + SPD

sozialliberale Koalitionen:
1969 SPD + FDP
1972 SPD + FDP
1974 SPD + FDP
1976 SPD + FDP
1980 SPD + FDP

christlich-liberale Koalitionen:
1982 CDU/CSU + FDP
1983 CDU/CSU + FDP
1987 CDU/CSU + FDP
1990 CDU/CSU + FDP
1994 CDU/CSU + FDP

rot-grüne Koalitionen:
1998 SPD + B’90/Die Grünen
2002 SPD + B’90/Die Grünen

Opposition

(lat.) Gegensatz, Widerstand

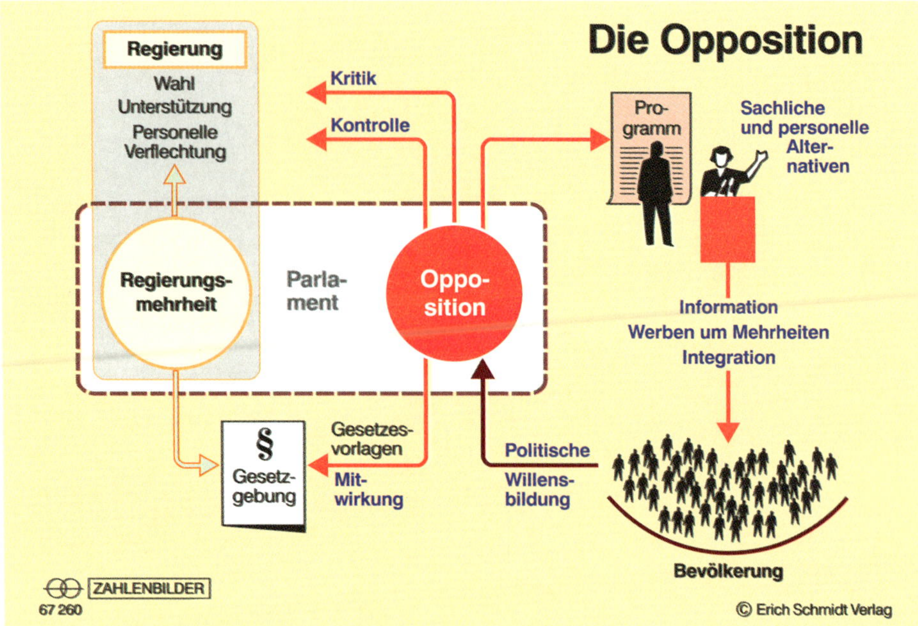

Weitere Organe des Bundestages

- Bundestagspräsident/in
- Vizepräsidenten/innen
- Präsidium
- Ältestenrat
- Schriftführer/innen
- Sitzungsvorstand
- Wehrbeauftragter

■ 1. Fassen Sie zusammen, welche Aufgaben die Opposition zu erfüllen hat.

Im Sinne der Gewaltenteilung sollen sich die Träger der einzelnen Staatsgewalten gegenseitig kontrollieren. So fällt dem Bundestag als gesetzgebender Gewalt auch die Kontrolle über die Bundesregierung zu, die die ausführende Gewalt innehat. Ob eine solche Kontrolle tatsächlich wirksam werden kann, hängt im Wesentlichen von der Stärke der Opposition im Parlament ab.

Die Hauptarbeit im Bundestag wird in den **Ausschüssen** geleistet. Hier diskutieren die Abgeordneten die verschiedenen politischen Themenbereiche und wirken intensiv an der Formulierung von Gesetzen mit.

§ 54 Geschäftsordnung des Bundestages: Ständige Ausschüsse und Sonderausschüsse

(1) Zur Vorbereitung der Verhandlungen setzt der Bundestag ständige Ausschüsse ein. Für einzelne Angelegenheiten kann er Sonderausschüsse einsetzen.

§ 62 GoBt Aufgaben der Ausschüsse

(1) ... Als vorbereitende Beschlussorgane des Bundestages haben sie die Pflicht, dem Bundestag bestimmte Beschlüsse zu empfehlen, ...

Art. 45c GG Petitionsausschuss

(1) Der Bundestag bestellt einen Petitionsausschuss, dem die Behandlung der ... an den Bundestag gerichteten Bitten und Beschwerden obliegt.

Die ständigen Ausschüsse des 15. Bundestags

Ausschussmitglieder ▼ ■ = Ausschussvorsitz

SPD	CDU/CSU	B'90/Grüne	FDP		Ausschuss	Ausschussmitglieder
7	6	1	1		Ausschuss für Wahlprüfung, Immunität und Geschäftsordnung	15
11	10	2	2		Petitionsausschuss	25
16	15	3	3		Auswärtiger Ausschuss	37
16	15	3	3	+1*	Innenausschuss	38
7	6	1	1		Sportausschuss	15
14	13	3	3		Rechtsausschuss	33
14	13	3	3		Finanzausschuss	33
19	18	4	3	+1*	Haushaltsausschuss	45
18	17	4	3		Ausschuss für Wirtschaft und Arbeit	42
13	12	3	2		Ausschuss für Verbraucherschutz, Ernährung und Landwirtschaft	30
13	12	3	2		Verteidigungsausschuss	30
13	12	3	2		Ausschuss für Familie, Senioren, Frauen und Jugend	30
17	16	4	3		Ausschuss für Gesundheit und soziale Sicherung	40
17	16	4	3		Ausschuss für Verkehr, Bau- und Wohnungswesen	40
13	13	4	3		Ausschuss für Umwelt, Naturschutz und Reaktorsicherheit	33
7	7	2	1		Ausschuss für Menschenrechte und humanitäre Hilfe	17
14	13	3	3		Ausschuss für Bildung, Forschung und Technikfolgenabschätzung	33
10	9	2	2		Ausschuss für wirtschaftliche Zusammenarbeit und Entwicklung	23
7	6	1	1		Ausschuss für Tourismus	15
14	13	3	3		Ausschuss für Angelegenheiten der Europäischen Union	33
7	6	1	1		Ausschuss für Kultur und Medien	15

* Fraktionslose Abgeordnete (Pau, Lötzsch/PDS) als beratende Mitglieder

ZAHLENBILDER 64 113
© Erich Schmidt Verlag

■ 2. Vergleichen Sie die Mehrheitsverhältnisse in den Ausschüssen mit denen im Plenum.

Der Schwerpunkt der Sacharbeit liegt nicht beim Plenum, sondern in den Ausschüssen, in denen zumindest die Vorentscheidungen fallen. Die Zahl der Mitglieder richtet sich überwiegend nach dem Arbeitsanfall. Grundsätzlich ist die Zahl der Sitze in einem Ausschuss ungerade, um Stimmengleichheit nach Möglichkeit zu vermeiden. Laut Geschäftsordnung des Bundestages haben nur Fraktionen das Recht, Ausschüsse zu beschicken.

Neben den regulären ständigen Ausschüssen gibt es besondere Ausschussformen. So genannte **Enquete-Kommissionen** und **Untersuchungsausschüsse** werden auf Antrag von einem Viertel der Bundestagsmitglieder eingesetzt. Sie untersuchen z. B. Missstände in der Verwaltung, politische Skandale und Wahlvorgänge. Zur Beratung besonders umfangreicher Gesetzesvorhaben werden **Sonderausschüsse** eingesetzt.

Durch die Verlagerung der politischen Arbeit des Parlaments vom Plenum in die Ausschüsse, die unter Ausschluss der Öffentlichkeit arbeiten, vermag der Bürger politische Entscheidungsprozesse des Parlaments mitunter nicht mehr genügend einzuschätzen. Andererseits ist zu fragen, ob eine offene sachliche Diskussion im Ausschuss der Sache nicht dienlicher ist als ein öffentlicher Grundsatzstreit, in dem die parteipolitische Profilierung eine große Rolle spielt. Zudem überschreitet die Behandlung sämtlicher Einzelprobleme sowohl die Arbeitskapazität des Plenums als auch die Kompetenz der Abgeordneten.

Art. 44 GG
Untersuchungsausschuss

(1) Der Bundestag hat das Recht und auf Antrag eines Viertels seiner Mitglieder die Pflicht, einen Untersuchungsausschuss einzusetzen, der in öffentlicher Verhandlung die erforderlichen Beweise erhebt. [...]

§ 56 GOBT
Enquete-Kommission

(1) Zur Vorbereitung von Entscheidungen über umfangreiche und bedeutsame Sachkomplexe kann der Bundestag eine Enquete-Kommission einsetzen. [...]

4.2 Der Bundesrat – Bindeglied zwischen Bund und Ländern

Aus der Tagesordnung der 791. Sitzung des Bundesrates am 26. September 2003, 9:30 Uhr

1. **Wahl** des Vorsitzenden des Verkehrsausschusses
2a) **Entwurf eines Gesetzes** über die Feststellung des Bundeshaushaltes für das Haushaltsjahr 2004 (Haushaltsgesetz 2004)
6. **Gesetz** zur Änderung der Vorschriften über die Straftaten gegen die sexuelle Selbstbestimmung und zur Änderung anderer Vorschriften
12. Entwurf eines Gesetzes zur Änderung des Grundgesetzes
17. a) Entwurf eines Gesetzes für mehr Wachstum und Beschäftigung durch nachhaltige Reformen am Arbeitsmarkt
26. **Entschließung** des Bundesrates zum Verbot der Haltung bestimmter wildlebender Tierarten im Zirkus und zur Errichtung eines Zirkuszentralregisters
59. **Zweiter Bericht der Bundesregierung** über die Umsetzung des Sofortprogramms der Bundesregierung zur Verminderung der Ozonbelastung
62. **Vorschlag für eine Verordnung** des Europäischen Parlaments und des Rates mit Vorschriften für die Futtermittelhygiene
64. **Mitteilung der Kommission der Europäischen Gemeinschaften** an den Rat und das Europäische Parlament über eine gemeinsame Politik auf dem Gebiet der illegalen Einwanderung
79. **Verordnung** über Konfitüren und einige ähnliche Erzeugnisse (Konfitürenverordnung - KonfV)
102a) **Benennung eines Mitglieds** des Kuratoriums der Stiftung „Haus der Geschichte der Bundesrepublik Deutschland“
104) **Verfahren vor dem Bundesverfassungsgericht**

Weitere Informationen

www.bundesrat.de

Alle Gesetze, egal ob auf Bundes- oder Landesebene verabschiedet, werden letztlich in den einzelnen Bundesländern ausgeführt. Somit ist ein Bundesorgan nötig, durch welches die Interessen der Bundesländer bei der Gesetzgebung berücksichtigt werden können. Ein solches Organ sieht die Verfassung in Artikel 50 vor.

Artikel 50 GG

Durch den Bundesrat wirken die Länder bei der Gesetzgebung und Verwaltung mit.

Stimmenanteile im Bundesrat

- **6 Stimmen (> 7 Mio Einw.)**
  Baden-Württemberg
  Bayern
  Niedersachsen
  Nordrhein-Westfalen.
- **5 Stimmen (> 6 Mio Einw.)**
  Hessen
- **4 Stimmen (> 2 Mio Einw.)**
  Berlin
  Brandenburg
  Rheinland-Pfalz
  Sachsen
  Sachsen-Anhalt
  Schleswig-Holstein
  Thüringen
- **3 Stimmen**
  Bremen
  Hamburg
  Mecklenburg-Vorpommern
  Saarland

(siehe auch S. 155)

Der Bundesratspräsident

Art. 52 GG
(1) Der Bundesrat wählt seinen Präsidenten auf ein Jahr.
Art. 57 GG
Die Befugnisse des Bundespräsidenten werden im Falle seiner Verhinderung oder bei vorzeitiger Erledigung des Amtes durch den Präsidenten des Bundesrates wahrgenommen.

Der Bundesrat im Grundgesetz

– weitere Artikel –
Art. 37 Bundeszwang
Art. 79 Grundgesetzänderung
Art. 89 Rechtsverordnungen
Art. 84 und 85 Verwaltungsvorschriften
Art. 91 Polizeieinsatz
Art. 94 Bundesverfassungsgericht
Art. 110 Haushaltsgesetz
Art. 115 Verteidigungsfall

Die Zusammensetzung des Bundesrates

Im Gegensatz zum Bundestag werden die Mitglieder des Bundesrates nicht gewählt, sondern als Mitglieder einzelner Landesregierungen von diesen entsandt. Die Ministerpräsidenten der Länder sowie die Justiz-, Innen- und Finanzminister sind stets Mitglieder. Bundesratsmitglieder sind in ihrer Stimmabgabe nicht frei und ungebunden, als Vertreter eines Bundeslandes besitzen sie ein **imperatives** oder auftragsgebundenes Mandat; damit ist gemeint, dass sie zusammen mit den anderen Vertretern ihres Bundeslandes ihre Länderstimmen im Gleichklang abgeben müssen. Da die Bundesländer unterschiedliche Bevölkerungsdichte aufweisen, ist auch ihre Gewichtung im Bundesrat unterschiedlich. Der Stimmenanteil der einzelnen Länder richtet sich nach deren Einteilung in Größenklassen. Jedes Land hat mindestens drei Stimmen.

1. Im Bundesrat sind 16 Bundesländer vertreten. Ermitteln Sie die Gesamtstimmenzahl im Bundesrat. Stellen Sie fest, welche Partei(en) in den einzelnen Ländern die Regierung stellen. Welche Mehrheiten ergeben sich daraus für den Bundesrat?

Der Bundesrat – ein Gegengewicht zum Bundestag?

Die wichtigsten Befugnisse des Bundesrates:

Artikel 76	Recht, Gesetzesvorlagen einzubringen
Artikel 76 (2)	Stellungnahme zu Gesetzesentwürfen der Bundesregierung
Artikel 77	Vetorecht bei Zustimmungsgesetzen, Einspruchsrecht bei anderen Gesetzen
Artikel 81	Weitreichende Befugnisse beim „Gesetzgebungsnotstand"
Artikel 114 (1)	Rechnungskontrolle des Bundes.

2. Lesen Sie den genauen Wortlaut der Artikel nach.

Besonderen Einfluss hat der Bundesrat bei zustimmungspflichtigen Gesetzen (vgl. S. 163). Haben die Oppositionsparteien des Bundestages im Bundesrat die Mehrheit, so können sie Gesetzesvorhaben der Bundestagsmehrheit und ihrer Regierung ablehnen. Sind gar zwei Drittel der Bundesratstimmen in den Händen der Oppositionsparteien, dann muss bei so genannten Einspruchsgesetzen ein Einspruch des Bundesrates mit einer Zweidrittelmehrheit der anwesenden Bundestagsmitglieder im Bundestag überwunden werden. In solchen Fällen können Bundestagsmehrheit und Regierung nicht mehr an der Opposition vorbei regieren. Letztlich ist aber der Bundesrat nicht gleichberechtigt neben dem Bundestag für alle Gesetze und politischen Entscheidungen des Bundes zuständig.

4.3 Der Bundespräsident – unser Staatsoberhaupt

1949-1959
Prof. Dr. Theodor Heuss
(1884-1963), FDP

1959-1969
Dr. h.c. Heinrich Lübke
(1894-1972), CDU

1969-1974
Dr. Gustav Heinemann
(1899-1976), SPD

1974-1979
Walter Scheel
(geb. 1919), FDP

1979-1984
Prof. Dr. Karl Carstens
(1914-1992), CDU

1984-1994
Dr. Richard von Weizsäcker
(geb. 1920), CDU

1994-1999
Dr. Roman Herzog
(geb. 1934), CDU

1999-2004
Johannes Rau
(geb. 1931), SPD

seit 2004
Prof. Dr. Horst Köhler
(geb. 1943), CDU

- Die Bundespräsidenten seit 1949 – Fassen Sie zusammen, was Ihnen bislang über die Aufgaben des Bundespräsidenten und seine Stellung im politischen System bekannt ist.

Der Bundespräsident – ranghöchster Politiker des Staates

Die Mitglieder des Parlamentarischen Rates haben den Niedergang der Weimarer Republik selbst miterlebt. Sie erstreben deshalb eine Entmachtung des Präsidenten der Republik, um zukünftig mögliche Spannungen zwischen Parlament, Regierung und Staatsoberhaupt gar nicht erst aufkommen zu lassen (vgl. S 175). Dies findet seinen Niederschlag in den eher repräsentativen Befugnissen des Bundespräsidenten:

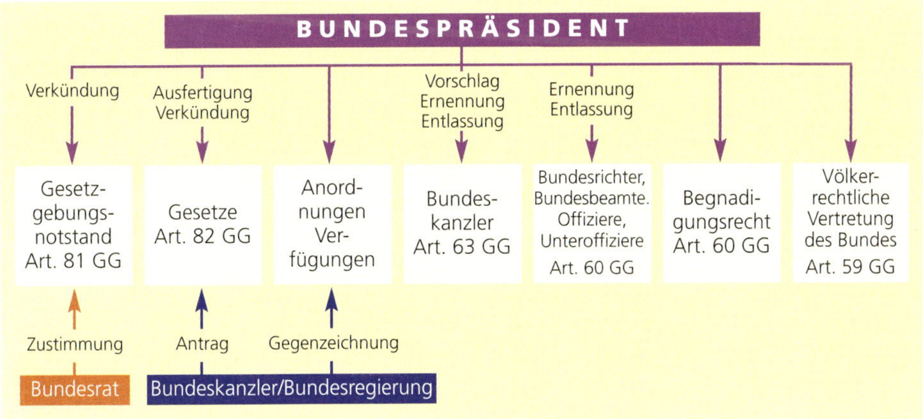

Der Bundespräsident und die Verfassung

Der Bundespräsident kann eine Handlung ganz unterlassen, wenn er sie für unvereinbar mit der Verfassung hält.
So fertigt z. B. Bundespräsident Richard von Weizäcker das Gesetz zur Privatisierung der Flugsicherung nicht aus.
Besteht andererseits der Verdacht, der Bundespräsident habe gegen die Verfassung verstoßen, so kann er angeklagt werden.

(vgl. Art. 61 GG)

Sollte man eine Redezensur für den Bundespräsidenten einführen?

„Es besteht keine Möglichkeit nach dem Grundgesetz, dem Präsidenten den Mund zu verbieten."

Bundeskanzler Adenauer über den Bundespräsidenten Heuss

Der Bundespräsident soll bei allen Akten, die nationale Feierlichkeit verlangen, Einheit und Würde des Staates verkörpern. Die Art, wie er den Staat repräsentiert und an der politischen Willensbildung mitwirkt, bleibt seiner persönlichen Ausstrahlung und seinem Engagement überlassen.

Bei seiner **Repräsentation** der gesamten Gesellschaft, bei der völkerrechtlichen Verkörperung der Bundesrepublik, bei Staatsbesuchen im Ausland oder bei Staatsempfängen und Staatsbesuchen ausländischer Staatsoberhäupter darf er keine eigene Politik verfolgen. Daher werden die Staatsbesuche von der Regierung vorbereitet, auf Reisen wird der verantwortliche Minister mitgeschickt und der Rahmen für Gespräche mit dem Regierungschef bzw. Staatsoberhaupt des Gastgeberlandes vorher abgesteckt.

Der Bundespräsident wird von der Bundesversammlung gewählt

Die Amtsperiode des Bundespräsidenten umfasst fünf Jahre. Danach kann er von der Bundesversammlung höchstens einmal wiedergewählt werden.

Art. 54 GG
Wahl des Bundespräsidenten

(1) Der Bundespräsident wird ohne Aussprache von der Bundesversammlung gewählt. Wählbar ist jeder Deutsche, der das 40. Lebensjahr vollendet hat.

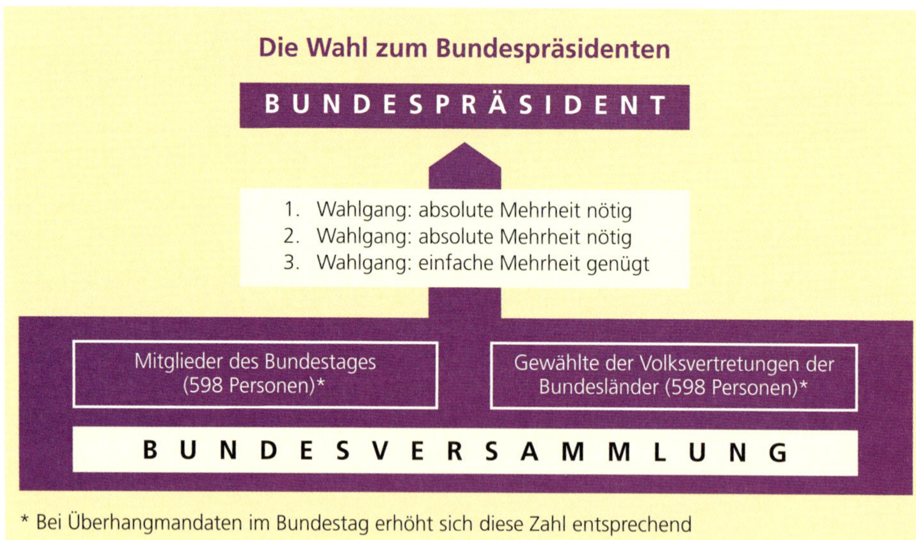

Bundesversammlung

Versammlung, die ausschließlich dazu bestimmt ist, den Bundespräsidenten zu wählen.

4.4 Die Bundesregierung – Exekutive im Staat

Der Amtseid von Kanzler und Ministern

Art. 56 GG
„... Ich schwöre, dass ich meine Kraft dem Wohle des deutschen Volkes widmen, seinen Nutzen mehren, Schaden von ihm wenden, das Grundgesetz und die Gesetze des Bundes wahren und verteidigen, meine Pflichten gewissenhaft erfüllen und Gerechtigkeit gegen jedermann üben werde. So wahr mir Gott helfe."

■ 1. Ein schönes Gefährt – die „Staatskarosse Bundesrepublik Deutschland", sie bietet Platz für über 80 Millionen Fahrgäste! Damit sie noch möglichst lange ein sicheres Gefährt bleibt, bedarf es eines verantwortungsvollen, fähigen Fahrers. Über welche Fähigkeiten muss ein solcher Fahrer verfügen und wer sollte Ihrer Meinung nach über die Vergabe dieses wichtigen Postens entscheiden?

Das Bundeskabinett regiert den Bundesstaat

Bundeskanzler und Bundesminister bilden das Bundeskabinett, die Regierung.

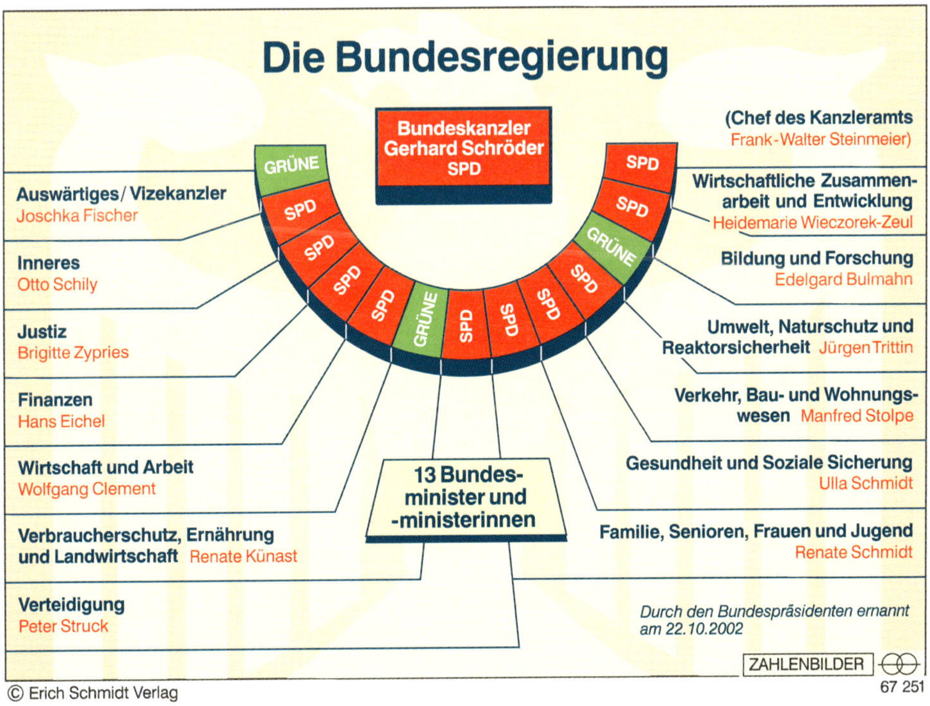

Wer nimmt an Kabinettsitzungen teil?

- Bundeskanzler
- Bundesminister
- Staatsminister im Bundeskanzleramt
- Chef des Bundespräsidialamts
- Chef des Bundespresseamts Regierungssprecher
- persönlicher Referent des Bundeskanzlers
- Schriftführer

Weitere Informationen

www.bundesregierung.de

■ 2. Welchen Ministerien muss man Ihrer Meinung nach besondere Bedeutung beimessen?
■ 3. Beurteilen Sie den Frauenanteil bei der Besetzung der Ministerposten.

So beginnt es: Gerhard Schröder wird am 27. Oktober 1998 erstmals als Kanzler vereidigt.

Gerhard Schröder

geb. 1944	in Mossenburg (Niedersachsen)
1978–1980	Bundesvorsitzender der Jusos
1980–1986	Mitglied des Deutschen Bundestages
1986–1990	Fraktionsvorsitzender der SPD im niedersächsischen Landtag
1990–1998	Ministerpräsident von Niedersachsen
seit 1998	Bundeskanzler

Anfang und Ende einer Regierungszeit

Art. 63 GG

(1) Der Bundeskanzler wird auf Vorschlag des Bundespräsidenten vom Bundestag ohne Aussprache gewählt.
(2) Gewählt ist, wer die Stimmen der Mehrheit der Mitglieder des Bundestages auf sich vereinigt.

Art. 64 GG

(1) Die Bundesminister werden auf Vorschlag des Bundeskanzlers vom Bundespräsidenten ernannt und entlassen.

1. Der Bundeskanzler wird vom Bundestag ohne Aussprache gewählt. Wo findet die Debatte über die Kandidaten statt?
2. Nach welchen Gesichtspunkten wird der Kanzler seine Minister auswählen?

Die Bundestagsfraktionen stellen ihre jeweiligen Kandidaten zur Wahl auf. Einen mehrheitsfähigen Kandidaten schlägt der Bundespräsident offiziell dem Bundestag vor. Die Mehrheit der Bundestagsabgeordneten entscheidet dann darüber, wer in den nächsten vier Jahren Bundeskanzler sein wird. Der Bundeskanzler stellt anschließend sein Kabinett zusammen, wobei er auf etwaige Koalitionspartner Rücksicht nehmen muss.

Im Normalfall wird der Bundeskanzler so lange im Amt bleiben, bis nach Ablauf der **Legislaturperiode** von vier Jahren ein neuer Bundestag gewählt wird.

Art. 67 GG

(1) Der Bundestag kann dem Bundeskanzler das Misstrauen dadurch aussprechen, dass er mit der Mehrheit seiner Mitglieder einen Nachfolger wählt und den Bundespräsidenten ersucht, den Bundeskanzler zu entlassen.
(2) Zwischen dem Antrag und der Wahl müssen 48 Stunden liegen.

Konstruktives Misstrauensvotum

Es ist nicht möglich, einen Bundeskanzler abzuwählen, ohne zugleich einen neuen zu wählen (kein Machtvakuum).

Einen Regierungswechsel ohne vorherige Wahlen ermöglicht das **konstruktive Misstrauensvotum** nach Artikel 67 GG.

Die Mehrheit der Bundestagsabgeordneten wählt hierbei einen Nachfolger des bisherigen Bundeskanzlers, der daraufhin vom Bundespräsidenten entlassen wird. Der neue Bundeskanzler kann nun mit der Parlamentsmehrheit im Rücken eine stabile, funktionstüchtige Regierung bilden.

1. Oktober 1982: Nach dem erfolgreichen 2. konstruktiven Misstrauensvotum gratuliert der unterlegene Bundeskanzler Schmidt (SPD) dem neu gewählten Bundeskanzler Helmut Kohl (CDU).

Art. 68 GG

(1) Findet ein Antrag des Bundeskanzlers, ihm das Vertrauen auszusprechen, nicht die Zustimmung der Mehrheit der Mitglieder des Bundestages, so kann der Bundespräsident auf Vorschlag des Bundeskanzlers binnen einundzwanzig Tagen den Bundestag auflösen.
Das Recht der Auflösung erlischt, sobald der Bundestag mit der Mehrheit seiner Mitglieder einen anderen Bundeskanzler wählt.
(2) Zwischen dem Antrag und der Abstimmung müssen 48 Stunden liegen.

Nach Artikel 68 GG hat der Bundeskanzler selbst die Möglichkeit zu überprüfen, ob er noch auf die Mehrheit des Parlaments bauen kann, indem er im Bundestag den Antrag stellt, ihm das Vertrauen auszusprechen. Erreicht er bei der Abstimmung keine Mehrheit, kann er entweder zurücktreten oder dem Bundespräsidenten eine Auflösung des Bundestages vorschlagen.

Darüber hinaus besteht natürlich auch die Möglichkeit des freiwilligen Rücktritts eines Kanzlers aus gesundheitlichen oder anderen persönlichen Gründen.

Die Bundesminister haben ebenso die Möglichkeit zum freiwilligen Rücktritt, sie können allerdings auch auf Vorschlag des Bundeskanzlers vom Bundespräsidenten entlassen werden.

Vertrauensfrage statt Selbstauflösung des Bundestages

1972 wechseln einige Abgeordnete der Regierungskoalition ihre Fraktion, woraufhin die Regierungsparteien (SPD und FDP) die Mehrheit verlieren. Gegen Bundeskanzler Brandt (SPD) wird ein konstruktives Misstrauensvotum gestellt, das erste seit Gründung der Bundesrepublik, welches daran scheitert, dass mindestens zwei Abgeordnete der CDU/CSU-Opposition gegen den eigenen Kandidaten Barzel (CDU) gestimmt haben. Die Regierung bleibt zunächst im Amt und stellt später dann die Vertrauensfrage, bei der sie sich aber selbst der Abstimmung enthält.

Die so beeinflusste Vertrauensfrage erhält somit nicht die erforderliche Mehrheit und nachdem der Bundestag aufgelöst worden ist, können Neuwahlen den entscheidenden Rückhalt bringen.

Nach dem Misstrauensvotum 1982 verfügt die neu gebildete Regierung der CDU/CSU/FDP-Koalition über eine stabile Mehrheit. Dennoch stellt sie eine „manipulierte" Vertrauensfrage, um in Neuwahlen den Rückhalt der Wahlbevölkerung zu erhalten. Das Bundesverfassungsgericht wird angerufen und erklärt die Entscheidung des Bundespräsidenten, dem Antrag auf Bundestagsauflösung zu folgen, für verfassungsgemäß. Ein Selbstauflösungsrecht des Deutschen Bundestages gibt es dennoch nicht.

Aufgaben und Befugnisse der Bundesregierung

Die Bundesregierung ist mit einer Vielzahl unterschiedlichster Aufgaben betraut. Diese verteilen sich im Wesentlichen auf die drei Bereiche der politischen Führung, der Verwaltung und der Mitwirkung an der Gesetzgebung.

Die Bundesregierung lenkt und leitet die Politik des Staates. Dazu gibt der Bundeskanzler nach seiner Ernennung eine Regierungserklärung ab und im Regierungskollegium werden alle wichtigen Fragen beraten und beschlossen **(Kabinettsbeschlüsse).** Im Zusammenhang mit der politischen Führung treten häufig Anstöße für eine neue gesetzliche Regelung auf, ein Grund dafür, dass die meisten Gesetzesentwürfe der Regierung entstammen.

Zur Staatsführung gehört vor allem, dass politische Entscheidungen verwirklicht werden. Nachdem Gesetze beschlossen und unterzeichnet sind, müssen sie deshalb an die Länder weitergegeben werden, wo sie durchgeführt werden sollen. Hierzu müssen dann Durchführungsordnungen und Verwaltungsvorschriften erlassen werden. Dieser Bereich der Regierungstätigkeit findet in den Medien kaum Niederschlag.

Bei der Ausübung ihrer Regierungsgewalt haben Kanzler und Minister, die ein hohes Maß an Verantwortung tragen, gemäß der Verfassung drei Grundsätze zu befolgen:

Kanzlerprinzip	Ressortprinzip	Kollegialprinzip
Art. 65 Satz 1 „Der Bundeskanzler bestimmt die Richtlinien der Politik und trägt dafür die Verantwortung." (Richtlinienkompetenz)	Art. 65 Satz 2 „Innerhalb dieser Richtlinien leitet jeder Bundesminister seinen Geschäftsbereich selbstständig und unter eigener Verantwortung."	Art. 65 Satz 3 „Über Meinungsverschiedenheiten zwischen den Bundesministern entscheidet die Regierung."

Die Bundesregierung wird insbesondere von der Person des Kanzlers verkörpert. Dem Bundeskanzler ist durch die Verfassung ein nicht zu unterschätzender Machtspielraum eingeräumt. Ob und inwieweit er ihn nützt, hängt im Wesentlichen vom Kanzler selbst ab. Im Zusammenhang mit starken, prägenden Kanzlerpersönlichkeiten wird der Begriff der **Kanzlerdemokratie** verwendet.

Zum Vergleich

Die Stellung des Reichskanzlers in der Weimarer Republik

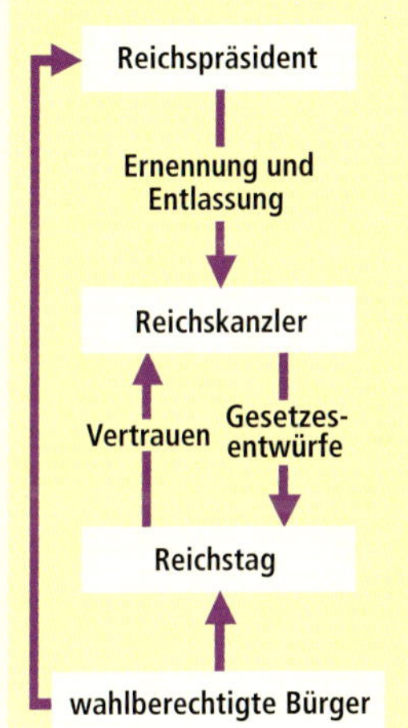

4.5 Das Bundesverfassungsgericht – „Hüter der Verfassung"

Am 21.4.1974 wird ein neues Gesetz zum Schwangerschaftsabbruch verkündet. Darin ist eine so genannte „Fristenregelung" vorgesehen, d. h. der Arzt darf einen Schwangerschaftsabbruch während der ersten 12 Wochen nach der Empfängnis vornehmen.
193 Abgeordnete der CDU/CSU-Bundestagsfraktion und die fünf Landesregierungen von Baden-Württemberg, Bayern, Rheinland-Pfalz, Saarland und Schleswig-Holstein wollen daraufhin überprüfen lassen, ob das Gesetz mit dem Grundgesetz vereinbar ist.

Dem Bundesverfassungsgericht in Karlsruhe obliegt die besondere Aufgabe, das Verfassungsrecht zu wahren und zu schützen. Es wird als oberstes Bundesorgan geschaffen, jedoch nicht als politisches, sondern als Organ der rechtsprechenden Gewalt. Das Bundesverfassungsgericht ist ein allen übrigen Verfassungsorganen gegenüber selbstständiger und unabhängiger Gerichtshof.

Zusammensetzung und Aufgaben des Bundesverfassungsgerichts

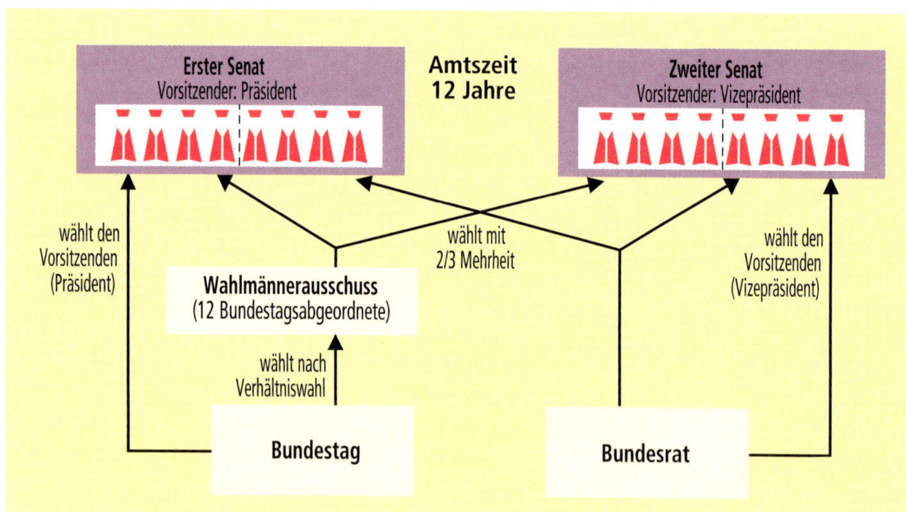

Entscheidungen und Pressemitteilungen des Bundesverfassungsgerichts

www.bundesverfassungsgericht.de

■ 1. Die Richter des Bundesverfassungsgerichts werden durch zwei oberste Bundesorgane gewählt. Welche Staatsgewalt(en) ist (sind) dadurch vertreten?

Das Bundesverfassungsgericht regelt Streitfragen zwischen

Grundgesetz	Bund	einem Verfassungsorgan des Bundes	Einzelpersonen
und	und	und	und
anderen Gesetzen	Ländern	einem anderen Verfassungsorgan	öffentlicher Gewalt

■ 2. Lesen Sie Art. 93 und Art. 100 GG.

■ 3. Ordnen Sie die einzelnen Absätze den oben dargestellten Streitsituationen zu.

Die Bestimmungen in unserer Verfassung treffen nur grundsätzliche Aussagen. Sollen diese Bestimmungen genauer festgelegt werden, so bedarf es einer Auslegung, einer „Interpretation" durch ein befugtes, kompetentes Organ. Je nachdem, unter welchen Bedingungen das Verfahren beim Bundesverfassungsgericht beantragt wird, spricht man von abstrakter oder konkreter **Normenkontrolle** oder von einer **Verfassungsbeschwerde**. Die Entscheidung muss logischerweise für alle Verfassungsorgane, Gerichte und Behörden bindend sein. Sie hat Gesetzeskraft.

Normenkontrolle

Die Normenkontrolle führt das Bundesverfassungsgericht durch. Das Gericht prüft dabei, ob eine gesetzliche Bestimmung (eine Norm) den Grundwerten der Verfassung entspricht.

Weitere wesentliche Entscheidungsbefugnisse hat das Bundesverfassungsgericht im Zusammenhang mit der Verwirkung von Grundrechten, dem Verbot von Parteien und der Anklage von Bundespräsident und Bundesrichtern.

Das Bundesverfassungsgericht – über alle Zweifel erhaben?

Der Erste Senat des Bundesverfassungsgerichts erklärt die Fristenlösung am 25. Februar 1975 für unvereinbar mit der Verfassung.

Auszüge aus der Urteilsbegründung

Unzumutbar erscheint die Fortsetzung der Schwangerschaft insbesondere, wenn sich erweist, dass der Abbruch erforderlich ist, um von der Schwangeren ›eine Gefahr für ihr Leben oder die Gefahr einer schwerwiegenden Beeinträchtigung ihres Gesundheitszustandes abzuwenden‹ (§ 218 b Nr. 1 StGB). In diesem Fall steht ihr eigenes ›Recht auf Leben und körperliche Unversehrtheit‹ (Art. 2 Abs. 2 Satz 1 GG) auf dem Spiel, dessen Aufopferung für das ungeborene Leben von ihr nicht erwartet werden kann. Darüber hinaus steht es dem Gesetzgeber frei, auch ... den Schwangerschaftsabbruch straffrei zu lassen. Hierzu können insbesondere die Fälle der eugenischen (vgl. § 218 b Nr. 2 StGB), der ethischen oder Notlagenindikation zum Schwangerschaftsabbruch gezählt werden ...

Verkündung des Abtreibungsurteils 1975: Schiedsrichter der Politik?

Große Ähnlichkeiten mit der Urteilsbegründung – 15. Strafrechtsänderungsgesetz vom 18. Mai 1976

Es ist die Strafbarkeit des Schwangerschaftsabbruchs nach der so genannten „Indikationenregelung" behandelt:
Es werden vier Gründe, „Indikationen", für den straffreien Schwangerschaftsabbruch genannt:

1. Gefahr für Gesundheit und Leben der Schwangeren (medizinische Fälle)
2. Nicht behebbare gesundheitliche Schädigung des Embryos (eugenische Fälle)
3. Schwangerschaft infolge einer Vergewaltigung (ethische Fälle)
4. Soziale Notlage

In dem Moment, in dem das Bundesverfassungsgericht im Zusammenhang mit der Entscheidung über die Verfassungsmäßigkeit eines Gesetzes selbst Grundsätze zur Regelung des Problems aufstellt oder das Gesetz verfassungsgemäß „auslegt", laufen die Richter Gefahr, sich auf das Gebiet anderer oberster Bundesorgane zu begeben, als so genannter „Ersatzgesetzgeber" in Erscheinung zu treten und sich zu einer politischen Wertung hinreißen zu lassen.

Vor allem die parlamentarische Opposition versucht, über den Weg zum Bundesverfassungsgericht ihre politischen Vorstellungen durchzusetzen.

So hängt es eben insbesondere von der menschlichen und fachlichen Qualität der Richter ab, inwieweit sie sich der Gefahr erwehren und eine verfassungsgemäße Arbeitsweise des Bundesverfassungsgerichts garantieren. Das bedeutet, dass die Auswahl der Richter nicht nach deren Parteibuch, sondern nach ihrer Qualifikation erfolgen muss.

Wer kann Richter am Bundesverfassungsgericht werden?

- Wer mindestens 40 Jahre alt ist
- Wer noch nicht 68 Jahre alt ist
- Wer bisher noch nicht Richter an diesem Gericht war.
- Wer zum Deutschen Bundestag wählbar ist
- Wer die Befähigung zum Richteramt besitzt
- Wer sich schriftlich dazu bereit erklärt
- Wer mindestens drei Jahre an einem obersten Gerichtshof tätig gewesen ist
- Wer in keinem anderen Bundesorgan Mitglied ist

ZUSAMMENFASSUNG

Fachbegriffe

Fraktion – Gruppe – freies Mandat – Fraktionsdisziplin – Koalition – Opposition – Fachausschüsse – Enquetekommissionen – Untersuchungsausschüsse – Sonderausschüsse – imperatives Mandat – Bundesversammlung – Bundestag – Abgeordnete – Diäten – Bundesrat – Bundespräsident – Repräsentant - Bundeskabinett – Konstruktives Misstrauensvotum – Kabinettsbeschlüsse – Kanzler-/Ressort-/ Kollegialprinzip – Kanzlerdemokratie – Normenkontrolle – Verfassungsbeschwerde

Die Abgeordneten, die vom Volk gewählt werden, sind im Deutschen Bundestag versammelt. Vorherrschende Aufgaben dieser Volksvertretung sind die Gesetzgebung, die Wahl anderer Bundesorgane sowie die Kontrolle der Exekutive. Die letzte Aufgabe wird vor allem durch die Oppositionsparteien wahrgenommen. Der einzelne Abgeordnete ist nicht an Weisungen gebunden, sondern nur seinem Gewissen verantwortlich und Vertreter des ganzes Volkes. Allerdings ist er als Mitglied einer Bundestagsfraktion deren Fraktionsdisziplin unterworfen. Die wesentliche Gesetzgebungsarbeit wird im Bundestag von Ausschüssen geleistet, die entsprechend den Fraktionsstärken mit fachkundigen Abgeordneten besetzt sind.
Die Mitglieder des Bundesrates werden von ihren Landesregierungen entsandt, sie unterliegen einem imperativen Mandat und wirken an der Gesetzgebung und Verwaltung mit. In den Vordergrund tritt der Bundesrat vor allem dann, wenn in diesem Gremium die Oppositionsparteien des Bundestages über eine Mehrheit verfügen.
Der Bundespräsident ist der höchste Repräsentant der Bundesrepublik Deutschland. Er ist in der Wahrnehmung seiner Rechte oft von den Entscheidungen anderer Bundesorgane abhängig. Sein Einfluss erwächst daher in erster Linie aus seiner Persönlichkeit. Der Bundespräsident wird von der Bundesversammlung gewählt.
Bundeskanzler und Bundesminister bilden des Bundeskabinett. Damit die Bundesregierung immer handlungsfähig bleibt, ist vom Grundgesetz vorgesehen, dass der Kanzler durch das Parlament gewählt wird und nur durch ein konstruktives Misstrauensvotum oder nach einem freiwilligen Rücktritt abgelöst werden kann. Nur der Bundeskanzler kann die Entlassung seiner Minister durchsetzen. Die Arbeit der Regierung umfasst politische Leitung und Führung, Verwaltungsanweisungen und Gesetzesinitiativen. Dabei hat sie die drei Leitsätze zu befolgen: Das Kanzler-, das Ressort- und das Kollegialprinzip.
Höchstes deutsches Gericht ist das Bundesverfassungsgericht mit Sitz in Karlsruhe. Es wird gern als „Hüter der Verfassung" bezeichnet, da es das Verfassungsrecht wahren und schützen soll. Das Bundesverfassungsgericht ist kein politisches Organ; es besteht aus zwei Senaten zu je acht Richtern.

AUFGABEN

1. Die Fünfprozentklausel gilt nicht für Parteien, die
   – in mindestens drei Wahlkreisen Direktmandate gewonnen haben oder die
   – eine nationale Minderheit vertreten.
   Versuchen Sie, diese „Ausnahmen" zu begründen.
2. Untersuchen Sie die derzeitigen Mehrheitsverhältnisse im Bundesrat im Hinblick auf absolute bzw. Zweidrittelmehrheit.
3. Erörtern Sie die Vor- und Nachteile einer Wahl des Bundespräsidenten
   a) durch das Volk, b) durch das Parlament allein, c) durch den Bundesrat allein.
4. Beschreiben Sie die Zusammensetzung der Bundesversammlung.
5. Könnten Sie sich auch eine Bundespräsidentin vorstellen? Begründen Sie dies.
6. Fassen Sie Gründe für eine Fraktionsdisziplin zusammen. Grenzen Sie diese vom so genannten „Fraktionszwang" ab.
7. Weshalb ist die Unabhängigkeit eines Abgeordneten so bedeutsam?
8. Die finanzielle Entschädigung des Bundestagsabgeordneten soll seine Unabhängigkeit sichern. Führen Sie eine Pro-und-Kontra-Debatte zur Diätenregelung durch.
9. Erläutern Sie, wer im Bundestag vor allem die Aufgabe der Kontrolle übernimmt.
10. Inwiefern ist das Misstrauensvotum nach Art. 67 GG „konstruktiv"?
11. Erstellen Sie jeweils ein Ablaufschema zur Vertrauensfrage und zum Misstrauensvotum. Bei welchem Verfahren lässt sich eher die Macht des Kanzlers, bei welchem eher die Macht des Parlaments erkennen?

Repräsentation und Wahl

1 Wahlen in der Demokratie

Art. 20, Abs. 2 GG

Alle Staatsgewalt geht vom Volke aus. Sie wird vom Volke in Wahlen und Abstimmungen ... ausgeübt.

1.1 Die Bedeutung der Wahl

In der Demokratie können die Bürgerinnen und Bürger in vielfältiger Art politisch tätig werden. Die politische Wahl gilt dabei als wichtigste Möglichkeit, sich in einem demokratischen Staat politisch zu äußern und mitzuwirken.

Bei der **direkten Demokratie** können die Wahlberechtigten direkt über politische Sachverhalte abstimmen. In der Schweiz ist diese Form der Demokratie besonders verbreitet. In einigen Kantonen versammeln sich die Menschen zur Abstimmung sogar noch auf öffentlichen Plätzen. Auch in Deutschland gibt es Formen direkter Demokratie, z. B. auf Landesebene (Volksbegehren und **Volksentscheide**) und auf kommunaler Ebene (Bürgerbegehren und **Bürgerentscheide**). Diese unmittelbare Form der Demokratie ist in einer Massengesellschaft und bei der Vielzahl an politischen Entscheidungen nur sehr schwer praktizierbar. Daher werden bei der **repräsentativen Demokratie** Volksvertreter (Repräsentanten) gewählt.

In demokratischen Wahlen bestimmen die Bürgerinnen und Bürger der Bundesrepublik Deutschland ihre Vertreter auf Zeit und übertragen ihnen damit die Aufgabe, politische Entscheidungen zu treffen.

Max Frisch:

„Demokratie heißt, daß sich die Leute in ihre eigenen Angelegenheiten einmischen."

Schweizer Schriftsteller, 1911 bis 1991

Die politische Wahl hat in der Demokratie folgende Bedeutung:

- Von der Zustimmung der Wählerschaft leiten die Politiker und insbesondere die Regierung ihre Rechtfertigung **(Legitimation)** ab.
- Die Wählerinnen und Wähler haben die Möglichkeit, mit ihrer Wahlentscheidung die Macht im Staat für eine bestimmte Zeit neu zu vergeben oder die **„Herrschaft auf Zeit"** der bisherigen Regierungsparteien zu verlängern. Die politische Wahl stellt somit eine **Kontrolle der Regierenden** dar.
- Die **Wahlberechtigten** sprechen sich mit ihren Stimmen für oder gegen bestimmte Personen, für oder gegen politische Programme aus und **entscheiden somit, wer regiert** und wer die Rolle der Opposition übernimmt.

1.2 Politische Wahlen in der Bundesrepublik Deutschland

Die Bürgerinnen und Bürger der Bundesrepublik Deutschland haben Wahlrecht auf vier verschiedenen Ebenen:

Europaebene:	Wahl des Europäischen Parlaments
Bundesebene:	Bundestagswahl
Länderebene:	Landtagswahl
kommunale Ebene:	Gemeinderatswahlen, Bürgermeisterwahlen, Landratswahlen, Kreistagswahlen

Wahlrechtsgrundsätze

Damit Wahlen demokratischen Anforderungen gerecht werden, sind fünf Grundsätze einzuhalten:

- **allgemein** Jede Staatsbürgerin und jeder Staatsbürger darf das Wahlrecht unabhängig von Geschlecht, Besitz, Ausbildung oder gesellschaftlicher Stellung ausüben.
- **unmittelbar** Die Volksvertreter werden direkt gewählt; nicht über zwischengeschaltete Instanzen, wie z. B. die Wahlmänner bei den Präsidentschaftswahlen in den USA.
- **frei** Die Wähler können frei entscheiden. Wahlbeeinflussung durch Druck, Zwang oder Drohung ist verboten. Wer wahlberechtigt ist, darf nicht zur Wahl gezwungen werden.
- **gleich** Jede Stimme hat das gleiche Gewicht.
- **geheim** Die Wählerinnen und Wähler stimmen geheim in einer Wahlkabine ab. Auch bei der Briefwahl ist nicht feststellbar, wer welche Person oder Partei gewählt hat.

1. Sammeln Sie Beispiele aus Geschichte und Gegenwart für Fälle, in denen die Wahlrechtsgrundsätze keine Geltung hatten/haben!

© Erich Schmidt Verlag

Weitere Informationen

www.wahlrecht.de
www.ich-will-waehlen.de
www.juniorwahl.de
www.das-parlament.de
www.bpd.de

2. Der Maastrichter Vertrag sieht ein Kommunalwahlrecht für EU-Bürger in jedem Mitgliedsstaat vor. Nehmen Sie dazu Stellung, z. B. mit Pro- und Kontra-Argumenten.

Wählen und Zählen

Es gibt Wahlsysteme, wie das britische, bei denen es vorkommen kann, dass 49 Prozent der Wähler überhaupt nicht im Parlament vertreten sind. Hätten wir dieses System in Bayern, dann gäbe es im Landtag nur Abgeordnete von der CSU und keine von der SPD und den Grünen. (Daten sind bezogen auf das Wahlergebnis von 2003.)

Mehrheitswahlsystem

relativ

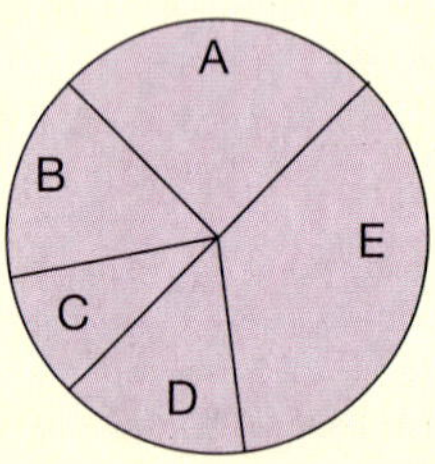

Gewählt ist, wer die meisten Stimmen (E) auf sich vereinigt hat (einfache Mehrheit).

absolut

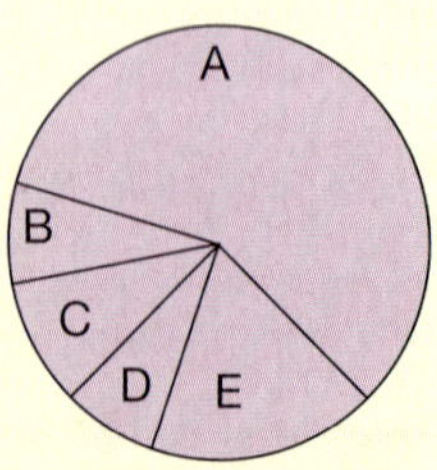

Zum Wahlsieg ist die absolute Mehrheit (A) notwendig, d. h. mindestens 1 Stimme mehr als die Hälfte (50 %) aller abgegebenen Stimmen.

Wahlsysteme

Eine demokratische Wahl beruht auf dem Grundsatz der Mehrheitsentscheidung. Diese kann auf verschiedenen Wegen herbeigeführt werden. Grundsätzlich lassen sich zwei Wahlsysteme unterscheiden, die Mehrheitswahl (Persönlichkeitswahl) und die Verhältniswahl (Listenwahl).

Beide Wahlsysteme haben gewisse Vor- und Nachteile und sind in den westlichen Demokratien verbreitet.

Mehrheitswahl (Persönlichkeitswahl)	Verhältniswahl (Listenwahl)
So funktioniert's	
▪ Gewählt ist, wer in einem Wahlkreis die Mehrheit der Stimmen erringt. ▪ Vielfach genügt die einfache (relative) Mehrheit. ▪ In Ländern, wie beispielsweise Frankreich, ist die absolute Stimmenmehrheit vorgeschrieben. Dann ist häufig eine Stichwahl zwischen den beiden führenden Kandidatinnen bzw. Kandidaten notwendig.	▪ Die Anzahl der Sitze einer Partei im Parlament richtet sich nach dem prozentualen Anteil an den Wählerstimmen. ▪ Parteien stellen vor Wahlen eine Liste mit Kandidaten auf. ▪ Die Wähler entscheiden sich zwischen den angebotenen Listen. ▪ Die Volksvertreter werden in der Reihenfolge ihrer Aufstellung – an der der Wähler in der Regel nichts verändern kann – gewählt.
Wissenswertes, Plus und Minus	
▪ Bei der Mehrheitswahl steht die Persönlichkeit der Kandidatinnen und Kandidaten im Vordergrund. ▪ Die Wähler können die künftigen Abgeordneten persönlich besser kennen lernen. ▪ Diese müssen sich im eigenen Wahlkreis besonders engagieren, sind ihren Wählern sehr verpflichtet und bleiben unabhängiger von der Partei. ▪ Nur die Kandidaten der großen Parteien haben wirklich gute Chancen, ins Parlament gewählt zu werden. ▪ Kleinere Parteien und politische Minderheiten kommen nur vereinzelt „zum Zuge". ▪ Es ergeben sich meist klare Mehrheiten. Regierungen sind i. d. R. sehr stabil. ▪ Der Trend zum Zweiparteiensystem wird verstärkt. ▪ Der Wählerwille wird nur unzureichend wiedergegeben, die Stimmen der Unterlegenen gehen verloren.	▪ Der Wählerwille wird sehr genau wiedergegeben. ▪ Auch politische Minderheiten werden bei der Verhältniswahl berücksichtigt. Dies kann zu einer Parteienzersplitterung im Parlament führen. ▪ Die Regierungsbildung ist erschwert, da eine Partei allein selten die Mehrheit hat. ▪ Ein Bündnis (Koalition) mit anderen Parteien ist vielfach notwendig. ▪ Kompromisse zwischen politischen Parteien werden in vielen Sachfragen notwendig, d. h. politische Entscheidungen müssen sorgfältig abgestimmt werden. ▪ Spitzenkandidaten können über die Liste abgesichert werden, ebenso wichtige Fachleute, die möglicherweise weniger populär sind.

Die Wahl zum Deutschen Bundestag – eine personalisierte Verhältniswahl

In den Deutschen Bundestag werden 598 Abgeordnete gewählt. Diese Zahl legt das Bundeswahlgesetzes fest. Bei der Bundestagswahl findet das personalisierte Verhältniswahlrecht Anwendung, das darauf angelegt ist, durch eine Mischung des Persönlichkeits- mit dem Verhältniswahlrecht die Nachteile dieser beiden Systeme auszuschalten.

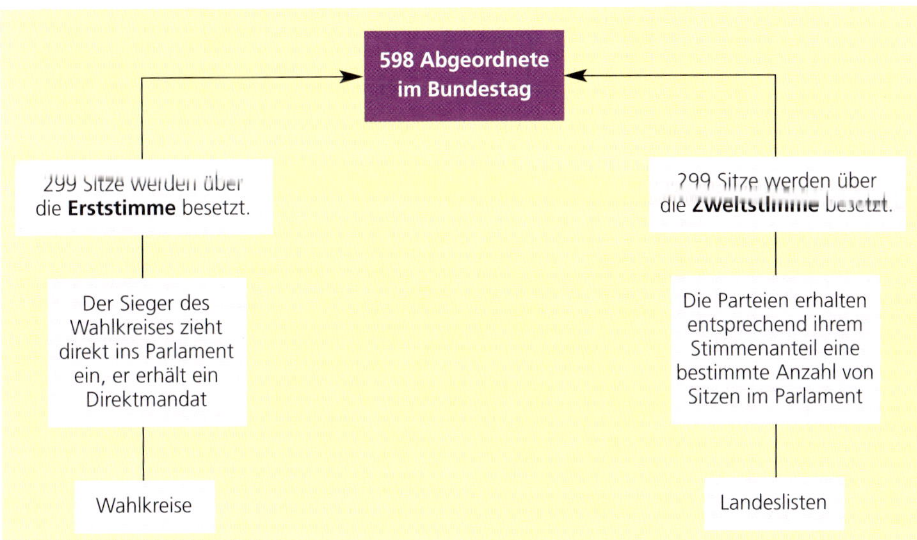

- **1. Überlegen Sie, wie viele Wahlkreise eingeteilt werden müssen.**
- **2. Untersuchen Sie, wo die Grundsätze der Mehrheits- bzw. der Verhältniswahl eingebracht werden.**

Bei der Bundestagswahl muss der Wähler die Landesliste einer Partei auswählen, wie bei der reinen Verhältniswahl auch. Die Anzahl der Parlamentssitze, die eine Partei mit ihren Listenkandidaten besetzen kann, wird entsprechend ihrem Wählerstimmenanteil an den insgesamt abgegebenen **Zweitstimmen** errechnet.

Damit die Vorteile einer Persönlichkeitswahl nicht unter den Tisch fallen, werden zugleich auch Direktkandidaten gewählt. Dies geschieht in den Wahlkreisen. Jede Partei muss die auf sie entfallenden Parlamentssitze zunächst mit den Direktkandidaten besetzen. Erst die noch verbleibenden Sitze dürfen dann mit den Listenkandidaten aufgefüllt werden. Entscheidend für die Gesamtzahl der Sitze, die eine Partei im Bundestag besetzen kann, ist demnach die Stimme, mit der die Liste einer Partei angekreuzt wird, die so genannte „**Zweitstimme**".

Um festzustellen, wie viele Sitze den einzelnen Parteien im Parlament zustehen, wird seit der Wahl zum 11. Deutschen Bundestag (1987) das so genannte **„Proportionalverfahren"** nach Professor Niemeyer zur Berechnung herangezogen.

Das Bundeswahlgesetz bestimmt, dass bei der Verrechnung nur Parteien berücksichtigt werden, die mindestens 5 % der im Wahlgebiet abgegebenen gültigen Zweitstimmen erreichen oder mindestens drei Direktmandate erringen. Durch diese **Fünfprozentklausel** soll verhindert werden, dass das Parlament, wie in der Weimarer Republik, in zu viele kleine Parteien zersplittert und somit arbeits- bzw. kompromissunfähig wird.

Wenn eine Partei in den Wahlkreisen mehr Direktmandate erringt als ihr aufgrund der Zweitstimmen zustehen, so sind diese nicht „verloren". Als so genannte „**Überhangmandate**" bleiben sie der Partei erhalten, wodurch sich die gesetzlich festgelegte Mitgliederzahl des Deutschen Bundestages dann erhöht.

Bundestagswahl 2002
Sitzverteilung

SPD	251[1])
CDU/CSU	248[2])
B'90/Grüne	55
FDP	47
PDS	2
Gesamt	603

[1]) davon 4 Überhangmandate
[2]) davon 1 Überhangmandat

Bundestag:
Umzug von Bonn nach Berlin

Seit dem Sommer 1999 tagt der Deutsche Bundestag nicht mehr in Bonn.
Das Parlamentsgebäude ist jetzt der Reichstag in Berlin.

Das Parlament wird verkleinert
Zahl der Abgeordneten

1949	402
1969	496
1990	662
1994	672
1998	669
2002	603

Aus der Bayerischen Verfassung

Art. 16, Abs.(1):
„Der Landtag wird auf fünf Jahre gewählt."

Sitzverteilung im Bayerischen Landtag (September 2003)

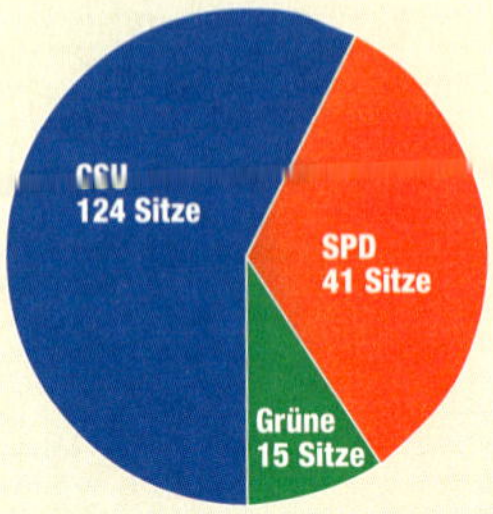

Art. 38 Abs. 1 Grundgesetz

„Sie (Die Abgeordneten) sind Vertreter des Volkes, an Aufträge und Weisungen nicht gebunden und nur ihrem Gewissen unterworfen."

Die Wahl zum Bayerischen Landtag und Kommunalwahlen

Die Länder der Bundesrepublik Deutschland haben für die Landtagswahlen eigene Wahlgesetze. Diese unterscheiden sich zum Teil wesentlich vom Bundeswahlgesetz.
Die Bayerische Wahlordnung kennt folgende Besonderheiten:

- Wahlberechtigt sind nur Staatsbürger, die seit mindestens sechs Monaten ihren Hauptwohnsitz in Bayern haben.
- Eine verschärfte Fünf-Prozent-Klausel: Direkt gewählte Kandidaten kommen nur dann in den Landtag, wenn ihre Partei 5 % der Wählerstimmen erhält.
- Die Wählerinnen und Wähler müssen nicht die Gesamtliste einer Partei ankreuzen, sie können sich vielmehr „ihre" Kandidaten aussuchen und „nach vorne wählen" und somit die Reihenfolge auf der Liste beeinflussen. Auf diese Weise werden die Vorteile der Persönlichkeitswahl besonders gewichtet.

Bei den Stadtrats- und Gemeinderatswahlen (Kommunalwahlen) können die Bürgerinnen und Bürger dem Kandidaten oder der Kandidatin ihrer Wahl bis zu 3 Stimmen geben und somit häufeln **(kumulieren)**. Außerdem ist es möglich, Bewerber aus verschiedenen Wahlvorschlägen (Listen) zu wählen **(panaschieren)**. Dieses Wahlverfahren ist besonders persönlichkeitsbezogen.

Die Stellung der Abgeordneten

Jeder Abgeordnete besitzt ein **freies Mandat**, was bedeutet, dass er bei Entscheidungen einzig seinem Gewissen unterworfen ist. Diese Unabhängigkeit ist jedoch eingeengt durch den Wählerwillen im eigenen Wahlkreis und durch die so genannte **„Fraktionsdisziplin"**. Denn in den Fraktionen werden die politischen Entscheidungen beraten und vorbereitet. Bei den anschließenden Abstimmungen ist die Geschlossenheit der Fraktionen sehr wichtig. Meist geht es um Machtfragen und die Durchsetzung politischer Vorstellungen. Die Fraktionsdisziplin darf aber nicht in einen Zwang ausarten, der den Abgeordneten zu bestimmten Haltungen nötigt.

Zwischen Gewissensfreiheit und Fraktionsdisziplin

Abstimmung im Bundestag

Nur ihrem Gewissen folgten die Bundestagsabgeordneten beispielsweise am 30. Januar 2002 bei der Abstimmung über den Import aus Föten gewonnener menschlicher Stammzellen. Die Fraktionen hatten die Stimmabgabe freigegeben, es gab keine festgelegten Parteipositionen. Die Meinungsfronten verliefen quer durch alle Lager, und die Debatte darüber gehört zu den ernsthaftesten Aussprachen in der Geschichte des Deutschen Bundestages. [...]
Zwischen Gewissensfreiheit und Fraktionsdisziplin gibt es [...] ein natürliches Spannungsverhältnis. In unserer komplexen Gesellschaft ist Politik für die meisten Abgeordneten zum Beruf geworden. Damit sind sie von ihrer Partei immer mehr oder weniger abhängig, schließlich wollen sie bei der nächsten Wahl wieder aufgestellt werden. Auch wer auf das Abgeordnetengehalt nicht notwendig angewiesen ist und nebenberuflich Politik betreibt, kann im Wahlkampf nicht ohne Unterstützung einer Parteiorganisation bestehen. Der Umgang mit Gewissenskonflikten bleibt individuellem Ermessen überlassen. [...]

Michael Bechtel, Bundestagswahlen 2002, Informationen zur politischen Bildung aktuell, 2002, S. 6-7 (Auszug)

- **Finden Sie weitere Themen, bei denen aus Ihrer Sicht nach dem Gewissen und ohne Fraktionsdisziplin abgestimmt werden sollte. Begründen Sie Ihren Standpunkt.**

1.3 Auf dem Weg zu einer Medien- und Stimmungsdemokratie?

In regelmäßigen Umfragen werden die Meinungen der Bürgerinnen und Bürger zu vielfältigen politischen Themen erforscht. Auch die Beliebtheit von Politikern wird auf diese Weise erfragt und anschließend veröffentlicht. Damit ist sowohl der Wählerschaft wie den Volksvertretern jederzeit die aktuelle politische Stimmung bekannt.

Im Streben nach politischer Macht und im Hinblick auf anstehende Wahlen werden die politisch Handelnden bei ihren Entscheidungen Umfrageergebnisse vermutlich berücksichtigen. Dies kann jedoch dazu führen, dass notwendige, aber unpopuläre Entscheidungen möglicherweise jahrelang nicht getroffen werden. Auch ist es denkbar, dass sich die Politik zu sehr nur auf Themen konzentriert, die laut Umfragen und Medieninteresse in den Mittelpunkt gerückt werden.

Populismus

Politik, die versucht, die Gunst der Massen zu gewinnen. Abgeleitet von populär, d. h. volkstümlich, beliebt.

Erstellung von Wahlprognosen

Bei jeder Bundestagswahl hat Wahlforschung Konjunktur. [...] Die Datenbasis der Stimmungsbilder, wie sie einige Fernsehanstalten, Zeitungen oder Zeitschriften meist monatlich vorlegen, sind Meinungsumfragen. Im Zentrum steht hier immer die so genannte Sonntagsfrage – ergänzt durch viele weitere Daten über die Einstellung der Befragten zum politischen Betrieb.
Für alle Umfragen gilt: Befragt wird immer nur ein kleiner Ausschnitt, der Rückschlüsse auf die gesamte Bevölkerung zulassen soll. [...]

Prognose am Wahlabend

Was die Wahlforschung leisten kann, demonstriert sie regelmäßig bei Schließung der Wahllokale am Wahlsonntag. Nur wenige Minuten danach gibt es kaum noch Zweifel über Sieger und Verlierer. Über Koalitionsmöglichkeiten darf spekuliert werden, und nur die Parteien dicht an der Fünf-Prozent-Hürde bringen noch ein wenig Spannung in den Fernsehabend.

Michael Bechtel, Bundestagswahlen 2002, Informationen zur politischen Bildung aktuell, 2002, S. 17-19 (Auszug)

„Wie wird 2004?"

1. „Glauben Sie, dass die rot-grüne Bundesregierung bis zum Ende der Legislaturperiode hält?"

hält 70 %
zerbricht 24 %

2. „Glauben Sie, dass die Wirtschaft 2004 wieder in Schwung kommt?"

wird in Schwung kommen 21 %
wird erst später in Schwung kommen 78 %

3. „Erwarten Sie, dass die Zahl der Arbeitslosen im neuen Jahr eher sinken wird?"

eher sinken 23 %
eher steigen 70 %

NFO Infratest für den SPIEGEL vom 16. bis 17. Dezember; rund 1000 Befragte; an 100 fehlende Prozent: „weiß nicht"/keine Angabe
DER SPIEGEL 1/2004, S. 17

Sonntagsfrage

So antworteten die Befragten seit der Bundestagswahl 2002 auf die Frage: „Welche Partei würden Sie wählen, wenn am nächsten Sonntag Bundestagswahl wäre?"

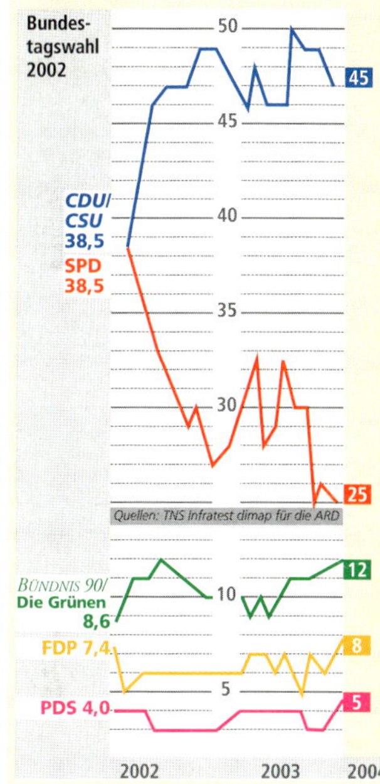

DER SPIEGEL 5/2004, S. 28

■ 1. Erstellen Sie in Ihrer Klasse ebenfalls zu diesen Fragen ein Meinungsbild. Vergleichen Sie das Klassenergebnis mit den Werten dieser Befragung.
■ 2. Haben die Anfang 2004 Befragten mit ihren Erwartungen Recht behalten? Vergleichen Sie die tatsächlich eingetretenen Entwicklungen mit den Prognosen.

Wahlkampf in Deutschland

George Bernhard Shaw:

„Die Demokratie ist ein Verfahren, das garantiert, dass wir nicht besser regiert werden, als wir es verdienen."

Irischer Schriftsteller, 1856 bis 1950

Moderner Wahlkampf

Was schon für das Alltagsgeschäft politischer Kommunikation gilt, nimmt im Wahlkampf extreme Züge an. [...] Die Massenmedien mit ihrem Hang zur Sensationalisierung und Personalisierung setzen die Rahmenbedingungen. Moderne Wahlkämpfe gehen auf diese veränderten Bedingungen ein. [...] Politik wird nicht nur zunehmend vor der, sondern vor allem für die Kamera inszeniert. [...] Ein effektiver Wahlkampf ist verständliche Kommunikation zwischen Politikern und Volk.

Eine Wahl gewinnen die Kräfte, die der Wählerschaft überzeugend signalisieren können, dass sie die größere Kompetenz und Durchsetzungskraft zur Lösung anstehender Probleme besitzen. Dabei hilft ein Wahlkampfstab, in dem neben den Werbe-Profis die Fachleute der Öffentlichkeitsarbeit das Sagen haben. [...] Sie verkaufen Politik, Meinungen und Hintergründe. [...] Ihr Hauptziel: Kontrolle und Beeinflussung der Themen, die die Medien aufgreifen. [...]

Parteimitglieder und Parteigliederungen treten im Vergleich zu den Medien eher in den Hintergrund. Auch die innere Willensbildung der Parteien wird von den Medien stark geprägt. In diesem Sinne, so der Politologe Dietmar Schiller, könne man inzwischen von einem Übergang von der Parteiendemokratie zur Mediendemokratie sprechen, denn die Medien wirken an der Willensbildung mit. Und salopp formuliert, so Schiller, könne man ergänzen: „Die Talkshow ersetzt den Ortsverein".

Diese Entwicklung muss nicht grundsätzlich negativ sein. Entscheidend ist, ob sich dadurch die Qualität demokratischer Entscheidungen verbessert oder verschlechtert. Albrecht Müller untersuchte [...] den Wahlkampf von 1998. Dabei stellte er fest, dass viele Medien die Inhaltslosigkeit des Wahlkampfes beklagt, aber selbst stark zu dieser Inhaltslosigkeit beigetragen hätten.

[...]

„Vor allem einige Fernsehjournalisten haben sich dafür entschieden, dem Wahlkampf und dem Rennen der Spitzenkandidaten genauso viel Sendeplatz einzuräumen wie sachpolitischen Aussagen", schlussfolgerte der Medienwissenschaftler Frank Brettschneider. „Damit haben sie selbst zu der von ihnen beklagten Ent-Thematisierung beigetragen."

Michael Bechtel, Bundestagswahlen 2002, Informationen zur politischen Bildung aktuell, 2002, S. 5 und 6 (Auszug)

- 1. Diskutieren Sie über die zunehmende Personalisierung und Ent-Thematisierung moderner Wahlkämpfe.
- 2. Erarbeiten Sie in arbeitsteiligen Gruppen Argumente für das Pro und Kontra.
- 3. Tauschen Sie anschließend Ihre Ergebnisse aus (z. B. mit der Methode Fishbowl).

Im Bundestagswahljahr 2002 kommt es erstmals vor laufender Kamera zu einem zweimaligen Fernsehduell des Bundeskanzlers und seines Gegenkandidaten. Im Mittelpunkt stehen, neben der politischen Auseinandersetzung, die Persönlichkeiten der beiden Spitzenkandidaten. Wahlentscheidend kann am Ende sein, wer sich medienwirksamer darstellt. Fachleute sprechen daher von „Telegenität" und „Media-Fitness". Es gilt, unüberlegte Äußerungen oder Gesten unbedingt zu vermeiden, da dies dem politischen Gegner einen entscheidenen Vorteil verschaffen könnte. Selbst die Wahl von Anzug und Krawatte wird nicht dem Zufall überlassen. Im Medienzeitalter konzentriert sich der Wahlkampf somit verstärkt auf einzelne Personen (Personalisierung). Massenmedien berichten einerseits über den Wahlkampf. Andererseits gewinnen sie dadurch Einfluss auf die Wahlauseinandersetzung und werden gleichzeitig von der Politik als Plattform für Wahlwerbung genutzt (Mediendemokratie). In einem derartigen Wahlkampf können insbesondere aktuelle Stimmungen und Gefühlslagen in den Mittelpunkt der politischen Auseinandersetzung gerückt werden und somit wahlentscheidender sein als langfristige politisch-rationale, d. h. vom Verstand geleitete Überlegungen.

Das Fernsehduell zwischen Bundeskanzler Gerhard Schröder und Herausforderer Edmund Stoiber

Wahlkampf in den USA: Arnold Schwarzeneggers Weg – vom Bodybuilder und Hollywood-Filmstar zum Gouverneur Kaliforniens

Hollywood-Schauspieler Arnold Schwarzenegger in „Conan der Barbar"

Konfettiregen für den zukünftigen Gouverneur von Kalifornien: Hollywoodstar Arnold Schwarzenegger und seine Frau Maria Shriver lassen sich von ihren Anhängern feiern.

Die Nachricht

„Kalifornien hat mir absolut alles gegeben"

Republikaner Arnold Schwarzenegger löst Gouverneur Gray Davis ab

Washington (SZ) – Nach seinem triumphalen Wahlsieg in Kalifornien hat der Hollywood-Schauspieler Arnold Schwarzenegger versprochen, er werde Investitionen und Jobs zurückholen und das Vertrauen in die Regierung wiederherstellen. „Ich will ein Gouverneur für das Volk sein und jeden repräsentieren", sagte er. [...]
[...] Schwarzenegger dankte den Wählern für ihr Vertrauen: „Ich bin mit absolut nichts nach Kalifornien gekommen, und Kalifornien hat mir absolut alles gegeben."
Schwarzenegger [...] erhielt 48,5 % der Stimmen. [...] Die Wahlbeteiligung lag zwischen 65 und 70 Prozent und damit so hoch wie seit 1982 nicht mehr. Konkrete Vorschläge zur Verbesserung der maroden Wirtschaft in Kalifornien oder zur Eindämmung des Haushaltsdefizits in Höhe von 38 Milliarden Dollar machte Schwarzenegger kaum. [...] Präsident George Bush erklärte am Wahltag, er wolle mit Schwarzenegger „unbedingt" zusammenarbeiten. Der Schauspieler habe „einen interessanten Wahlkampf geführt und die Aufmerksamkeit von vielen Menschen geweckt". [...]

Süddeutsche Zeitung, 9.10.2003, S. 1 (Auszug)

Die Meinung eines Kommentators

Arnolds Welt

[...] Die Politik ist angekommen im Olymp der Show, und wenn Unterhaltung so schön und so einfach sein kann – warum dann nicht auch die Politik? Schwarzenegger ist der gewaltigste Verführer, den die Welt der Illusionisten je von der Leinwand gelassen hat. Denn in Kalifornien wurde nicht irgendein Schauspieler zum höchsten Politiker gewählt, sondern der bestbezahlte Mime, der möglicherweise berühmteste Kinoheroe dieser Zeit. [...]
Diese Wahl ist nämlich deshalb so problematisch, weil der Kandidat Schwarzenegger seine Leinwandmacht gnadenlos benutzt und missbraucht hat. [...]
Schwarzenegger ist [...] intelligent, er ist ein Stratege, er ist willensstark und durchsetzungsfähig – alles wichtige Qualitäten auch für einen Politiker. Warum aber missbraucht er dann seine kaum noch zu steigernde Berühmtheit und verweigert sich den Spielregeln der Politik? [...] Schwarzenegger ersetzt Politik durch Unterhaltung – dies ist eine Ursünde. [...] Er verweigert jedes Gespräch über die Substanz seiner Politik. Steuererhöhung oder Senkung? Bildungsprogramme oder Subventionskürzung für die Schulen? [...] Schwarzenegger schweigt. [...] Er mied die Diskussionen der Kandidaten und beschränkte sich auf Show-Elemente. Er reduzierte den Wahlkampf auf das heimliche Motto: Wählt mich, weil ich berühmt bin. Und er verhöhnte die politische Klasse, weil er sich weigerte, nach ihren Regeln zu spielen. Schwarzenegger konnte es sich erlauben, kein Interwiev mit der *New York Times* zu führen und die politischen Talkshows zu meiden. [...]
Dies alles sagt viel aus über den Kandidaten – aber auch über die Wähler, ihre Verführbarkeit und den *homo politikus* als sterbende Gattung. Das Volk will unterhalten sein, und es will nicht belästigt werden mit schwerblütigen Problemen und komplizierten Lösungen. Das Volk will einen starken Mann. Arnold ist stark.

Stefan Kornelius, Süddeutsche Zeitung, 9.10.2003, S. 4 (Auszug)

1. Welchen Vorwurf macht der Kommentator den Wählern?
2. Wie beurteilen Sie die Wahl Schwarzeneggers zum Gouverneur?
3. Könnte Ihrer Meinung nach auch in Deutschland ein berühmter Kinoheld oder Musikstar auf ähnliche Weise in ein bedeutsames Staatsamt gewählt werden? Begründen Sie Ihre Äußerungen.

Stammwähler

geben ihre Stimme über mehrere Wahlen hinweg immer einer bestimmten Partei.

Wechselwähler

entscheiden sich von Wahl zu Wahl und fühlen sich keiner Partei verbunden.

Nichtwähler

nehmen aus verschiedenen Gründen an Wahlen nicht teil. Ihre Zahl lässt sich über die Wahlbeteiligung genau ermitteln.

Jungwähler

sind erstmals wahlberechtigt

Protestwähler

stimmen aus Unzufriedenheit mit der Politik für eine radikale Partei, auch wenn sie deren Programm letztlich nicht billigen.

1.4 Wahlergebnisse und Wählerverhalten in Deutschland

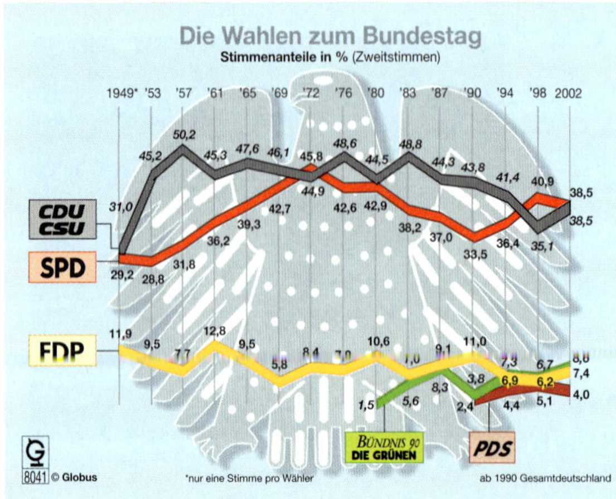

■ 1. Addieren Sie die Prozentwerte (ab 1976) der beiden großen Volksparteien (CDU/CSU und SPD). Welcher Trend lässt sich aus dieser Kurve ablesen?

■ 2. Welche Veränderungen in der Parteienlandschaft stellen Sie fest?

Im Wahlkampf werden insbesondere Wechselwähler und Nichtwähler umworben. Mit deren Stimmen könnte es gelingen, den politischen Gegner zu besiegen.

Mit nur 7680 Stimmen zum OB gewählt

Neu-Ulm – [...] Gerold Noerenberg ist [...] neuer Oberbürgermeister der bayerischen Grenzstadt Neu-Ulm. [...] Noerenberg selbst hatte im Dreikampf mit einer SPD-Bewerberin und einem Grünen-Kandidaten mit einer Stichwahl gerechnet. Doch 51,3 Prozent der Neu-Ulmer Wähler entschieden sich auf Anhieb für den CSU-Kandidaten. [...] Betroffen zeigten sich alle drei Kandidaten, dass nur 40,7 Prozent der wahlberechtigten Bürger zur Wahl gingen. Von 37 057 wahlberechtigten Bürgern gaben so nur 14 973 ihre Stimme ab. Noerenberg reichten deshalb in Neu-Ulm 7680 Stimmen, um Oberbürgermeister zu werden. Der Wahlsieger selbst kritisierte das als „unschön für die Demokratie".

Peter Richter, Süddeutsche Zeitung, 13.1.2004, S. 46 (Auszug)

■ 3. Nichtwähler wollen sich vielfach aus der Politik heraushalten und entscheiden dennoch häufig den Wahlausgang. Erklären Sie den scheinbaren Widerspruch. Stellen Sie dabei eine Verbindung her zur Kritik des Neu-Ulmer Oberbürgermeisters („... unschön für die Demokratie.").

Bei Bundestagswahlen sind es eher langfristige Überlegungen, die bei der Stimmabgabe eine Rolle spielen. Landtagswahlen und Kommunalwahlen werden in vielen Fällen gerne als Testwahl für den Bundestag betrachtet.

Seit etwa 1980 sind bei Wahlergebnissen Veränderungen feststellbar:
- Die Parteienlandschaft wandelt sich und weitet sich nach links und rechts aus.
- Gleichzeitig verlieren die großen Volksparteien (CDU/CSU und SPD) merklich in der Wählergunst; die Wahlbeteiligung sinkt.

Das Wahlverhalten bei der Bundestagswahl 2002

- Im Bereich der politischen Einstellungen und Verhaltensweisen bestehen nach wie vor erhebliche Unterschiede zwischen Ost- und Westdeutschen, dies gilt auch für das Wahlverhalten.
- Die PDS erzielt in den neuen Ländern zweistellige Wahlergebnisse, in den alten Ländern ca. 1 bis 2 Prozent und scheitert somit an der Fünfprozentklausel.
- In den neuen Ländern liegt der Anteil der parteigebundenen Bürger weitaus niedriger als in der alten Bundesrepublik, und die vorhandenen Bindungen sind instabiler.

■ 4. Vergleichen Sie die Stimmanteile der PDS, der Grünen und der FDP bei Wahlen in den alten und neuen Ländern. Ein Blick ins Internet könnte bei der Informationsbeschaffung hilfreich sein.

Die nächste Wahl ist vielleicht Ihre erste!

Dies könnten mögliche Anhaltspunkte für Ihre Wahlentscheidung sein:
- Welche Sachthemen sind für Sie wahlentscheidend?
- Beobachten Sie Politiker und deren Aussagen über einen längeren Zeitraum!
- Informieren Sie sich über Parteiprogramme und deren Kernaussagen!
- Welche politisch-moralischen Werte sind für Sie besonders bedeutsam?
- Nehmen Sie Anteil an der Politik Ihrer Heimatgemeinde. Suchen Sie das Gespräch, z. B. mit Gemeinderäten. Bilden Sie sich Ihr eigenes Urteil in Bürger- und Wahlversammlungen!

… denn Demokratie fordert den mündigen Bürger!

ZUSAMMENFASSUNG

Wahlen sind die wichtigste Form der politischen Willensäußerung. Für einen begrenzten Zeitraum – in der Regel vier Jahre – erteilen die Staatsbürger den gewählten Volksvertretern (repräsentative Demokratie) den Auftrag, die notwendigen politischen Entscheidungen zu treffen.
Gewählt wird nach den demokratischen Wahlrechtsgrundsätzen, d. h. allgemein, unmittelbar, frei, gleich und geheim.
Mit dem Volksentscheid und dem Bürgerentscheid sind auch Elemente der direkten Demokratie in der Bayerischen Verfassung verankert.
Für die Wahl eines Parlaments sind zwei unterschiedliche Wahlverfahren möglich, die Mehrheitswahl (Persönlichkeitswahl) oder die Verhältniswahl (Listenwahl). Bei der Wahl zum Deutschen Bundestag gilt ein personifiziertes Verhältniswahlrecht. Mit der Erststimme wird der oder die Abgeordnete des Wahlkreises gewählt. Bedeutsamer ist die Zweitstimme. Sie entscheidet über die Sitzverteilung im Parlament.
Die gewählten Volksvertreter sind letztlich nur ihrem Gewissen verantwortlich. In den allermeisten Fällen wird die gemeinsame Abstimmung aller Abgeordneten einer Fraktion vorher festgelegt (Fraktionsdisziplin).
In Zeiten moderner Massenmedien findet die politische Auseinandersetzung zunehmend über die Medien statt. Immer häufiger wird Politik eigens für die Medien inszeniert. Dies gilt insbesondere für Wahlkampfzeiten. In regelmäßigen Umfragen werden die Meinungen der Bürgerinnen und Bürger zu vielfältigen Themen erforscht. Politisches Handeln kann sich an diesen Ergebnissen orientieren. Jedoch besteht die Gefahr, dass daraufhin notwendige, aber möglicherweise unpopuläre Entscheidungen hinausgezögert werden, da ansonsten bei der nächsten Wahl Stimmeneinbußen und Machtverlust drohen könnten. In Wahlkämpfen findet zunehmend eine Konzentration auf Spitzenpolitiker (Personalisierung) statt, eine Ent-Thematisierung des politischen Wettbewerbs wird z. T. beklagt.
Bei Wahlergebnissen ist zu beobachten, dass die Wahlbeteiligung insgesamt sinkt und die Zustimmung zu den großen Volksparteien abnimmt. Gleichzeitig steigt die Zahl der Unentschlossenen und der Wechselwähler. Die Wahlentscheidung sollte letztlich aufgrund eines rationalen Urteils getroffen werden, das von Vernunft bzw. von Logik und Sachverstand geleitet wird.

Fachbegriffe

Herrschaft auf Zeit – Legitimation der Macht – direkte und repräsentative Demokratie – Wahlrechtsgrundsätze – Mehrheitswahl (Persönlichkeitswahl) – Verhältniswahl (Listenwahl) – Erststimme – Zweitstimme – kumulieren – panaschieren – Wahlkampf – Mediendemokratie – Meinungsumfragen – Wahlbeteiligung – Volksparteien – Stammwähler – Wechselwähler – Nichtwähler – Jungwähler – Protestwähler – Wahlprognosen – Wahlverhalten

AUFGABEN

1. Diskutieren Sie:
   a) Das Wahlrecht sollte zur staatsbürgerlichen Pflicht werden, wie z. B. in Belgien.
   b) Gerade weil mir manches nicht passt (oder gut gefällt), gehe ich zur Wahl.
   c) Welche Gesichtspunkte sind für Ihre Wahlentscheidung besonders wichtig? Denken Sie jedoch daran: Die Schule ist keine Wahlkampfarena.
   d) Vor- und Nachteile des Wahlkampfes.
2. Werten Sie aus:
   Werbematerial, Plakate und Zeitungsanzeigen der Parteien im Wahlkampf. Vergleichen Sie die unterschiedlichen Aussagen, die Slogans, den Wahlkampfstil.

2 Die Parteien – Mittler zwischen Staat und Bürger

2.1 Die Aufgaben von Parteien

Was sind Parteien?

Parteien sind Vereinigungen von Bürgern, die dauernd oder für längere Zeit für den Bereich des Bundes oder eines Landes auf die politische Willensbildung Einfluss nehmen und an der Vertretung des Volkes im Bundestag oder einem Landtag mitwirken wollen, wenn sie nach dem Gesamtbild der tatsächlichen Verhältnisse, insbesondere nach Umfang und Festigkeit ihrer Organisation, nach der Zahl ihrer Mitglieder und nach ihrem Hervortreten in der Öffentlichkeit eine ausreichende Gewähr für die Ernsthaftigkeit dieser Zielsetzung bieten. Mitglied einer Partei können nur natürliche Personen sein.

§ 2 Abs. 1 Parteiengesetz

Fraktion

Vereinigung politisch gleichgesinnter Abgeordneter im Parlament; meist handelt es sich um den Zusammenschluss der Abgeordneten einer Partei.

Parteien im heutigen Sinn entstehen in Deutschland erst vor etwa 150 Jahren. Die Abgeordneten in den ersten Parlamenten sind alleine kaum in der Lage sich über alle politischen Themen gut zu informieren oder ihre Vorstellungen als Einzelperson im Parlament durchzusetzen. Sehr bald schließen sich daher gleichgesinnte Abgeordnete zusammen, um ihre Interessen besser vertreten zu können. Dies sind die Vorstufen von **Fraktionen**, aus denen es etwa ab 1850 zur Gründung von **Parteien** kommt.

Während Parteien anfänglich abgelehnt oder gar bekämpft werden, wird ihre Bedeutung für die freiheitlich demokratische Grundordnung heute im Grundgesetz ausdrücklich anerkannt.

Grundgesetz Art. 21

(1) Die Parteien wirken bei der politischen Willensbildung des Volkes mit.

Die einzelnen Aufgaben werden im Parteiengesetz von 1967 genannt.

Gesetz über die politischen Parteien vom 24. Juli 1967:

§ 1 Verfassungsrechtliche Stellung und Aufgaben der Parteien

(1) Die Parteien sind ein verfassungsrechtlich notwendiger Bestandteil der freiheitlichen demokratischen Grundordnung. Sie erfüllen mit ihrer freien, dauernden Mitwirkung an der politischen Willensbildung des Volkes eine ihnen nach dem Grundgesetz obliegende und von ihm verbürgte öffentliche Aufgabe.
(2) Die Parteien wirken an der Bildung des politischen Willens des Volkes auf allen Gebieten des öffentlichen Lebens mit, indem sie insbesondere auf die Gestaltung der öffentlichen Meinung Einfluss nehmen, die politische Bildung anregen und vertiefen, die aktive Teilnahme der Bürger am politischen Leben fördern, zur Übernahme öffentlicher Verantwortung befähigte Bürger heranbilden, sich durch Aufstellung von Bewerbern an den Wahlen in Bund, Ländern und Gemeinden beteiligen, auf die politische Entwicklung in Parlament und Regierung Einfluss nehmen, die von ihnen erarbeiteten politischen Ziele in den Prozess (= Ablauf) der staatlichen Willensbildung einführen und für eine ständige lebendige Verbindung zwischen dem Volk und den Staatsorganen sorgen.
(3) Die Parteien legen ihre Ziele in politischen Programmen nieder.

Parteien in der Weimarer Verfassung (1919-1933) und heute

In der Verfassung der Weimarer Republik sind die Parteien nicht erwähnt.
Im Grundgesetz wird dagegen die Stellung der Parteien ausdrücklich anerkannt.

- Im § 1 Absatz 2 des Parteiengesetzes werden die Aufgaben der Parteien in der Sprache von Juristen beschrieben. Beschreiben Sie diese Aufgaben mit eigenen Worten.

2.2 Entstehung und Entwicklung von Parteien nach 1945

Nach 1945 wird den Deutschen wieder die Gründung politischer Parteien erlaubt.

In der Sowjetischen Besatzungszone, d. h. auf dem Gebiet der späteren DDR, entstehen zunächst relativ eigenständige Parteien. Nur wenige Jahre später werden diese jedoch „politisch gleichgeschaltet", damit ist gemeint, sie werden gezwungen, mit der von der Sowjetunion unterstützten Partei, der Sozialistischen Einheitspartei Deutschlands (**SED**), in einem Bündnis zusammenzuarbeiten. Damit verlieren die nichtkommunistischen Parteien ihre Eigenständigkeit. Als so genannte „Blockparteien" müssen sie die politische Linie vertreten, die von der SED vorgegeben wird.

In den westlichen Besatzungsgebieten, d. h. auf dem Gebiet der späteren Bundesrepublik, lassen die Siegermächte eigenständige Parteien zu, die gegeneinander konkurrieren dürfen;
- Die SPD knüpft nach 1945 wieder an ihre früheren Traditionen an.
- Die Christlich Demokratische Union (CDU) und ihre bayerische Schwesterpartei, die Christlich-Soziale Union (CSU), sind Neugründungen; sie verstehen sich als christlich-überkonfessionelle Parteien.
- Die Freie Demokratische Partei (FDP) ist eine Neugründung und will die liberalen Wähler sammeln.

Neue Parteigründungen
In den letzten zwei Jahrzehnten sind mehrere neue Parteien entstanden. Während die meisten von ihnen bei Wahlen bedeutungslos geblieben sind, ist es einigen Parteien gelungen, in verschiedenen Stadt- bzw. Länderparlamenten die 5 %-Sperrklausel zu überwinden.

Der ökologisch orientierten Partei, **„Die Grünen"**, gelingt 1983 erstmals der Einzug in den Bundestag. Heute ist sie in den meisten Länderparlamenten vertreten.

Zwei rechtsgerichteten Parteien ist es zwischenzeitlich gelungen, in Stadt- bzw. Länderparlamente einzuziehen:
- **Die Republikaner**
- **Die Deutsche Volksunion (DVU)**

PARTEIEN IN DER BUNDESREPUBLIK DEUTSCHLAND

Linksparteien	
PDS DKP	Hauptthemen: Ausbau des Sozialstaates Umverteilung zugunsten sozial Schwacher

Parteien der Mitte/Volksparteien	
CDU CSU SPD FDP	Hauptthemen: Sie vertreten weitgehend ähnliche Grundwerte, z. B. Freiheit, Gleichheit und soziale Gerechtigkeit, jedoch mit unterschiedlichen Schwerpunkten
Bündnis 90 – Die Grünen ÖDP	Hauptthemen: Umweltschutz Ökologisch sinnvolles Wirtschaften

Rechtsparteien	
Republikaner DVU NPD Schillpartei	Hauptthemen: Ausländer Asylanten Kriminalität Innere Sicherheit

Daneben gibt es noch eine Reihe kleiner und kleinster Parteien, deren Stimmenanteil bei Wahlen meist unter ein Prozent liegt.

Parteien in der DDR

- Sozialistische Einheitspartei (SED) entstand 1946 unter dem Druck der sowjetischen Besatzungsmacht aus der Vereinigung von KPD und SPD.
- Christlich Demokratische Union (CDU)
- Demokratische Bauernpartei (DBD)
- Nationaldemokratische Partei Deutschlands (NDPD)
- Liberaldemokratische Partei Deutschlands (LDPD)

5 %-Sperrklausel

Das Bundeswahlgesetz schreibt vor, dass nur jene Parteien in den Bundestag einziehen können, die mindestens 5 % der Zweitstimmen auf sich vereinigen können oder die mindestens drei Direktmandate erringen.
Die „5 %- Hürde" wird erst in den 50er Jahren in das Wahlgesetz aufgenommen.
(vgl. S. 183)

Rechts- und Linksparteien

Die politischen Richtungsbegriffe „rechts" und „links" stammen von der Sitzordnung in der früheren Französischen Nationalversammlung. Dort nahmen die auf Veränderung drängenden Kräfte auf der linken Seite die Plätze ein, während die Vertreter der traditionellen Ordnung (die Konservativen) auf der rechten Seite saßen.

Parteiorganisation

Entsprechend der Gliederung der Bundesrepublik sind die Parteien auf vier Ebenen organisiert:
- Gemeindeebene
- Kreisebene
- Landesebene
- Bundesebene

Auf jeder Ebene gibt es Versammlungen der Mitglieder bzw. der von ihnen gewählten Delegierten (Parteitage).
Sie wählen den Vorstand sowie Schiedsgerichte.

2.3 Die innere Ordnung der Parteien muss demokratischen Grundsätzen entsprechen

Die Parteien erfüllen wichtige Aufgaben und spielen eine entscheidende Rolle für das Funktionieren einer parlamentarischen Demokratie. Sie nehmen großen Einfluss auf die politische Willensbildung. Dies zeigt sich u. a. darin, dass in den Parlamenten nur Parteimitglieder vertreten sind. Diese stellen und kontrollieren auch die Regierung. Daneben bemühen sich die Parteien, wichtige Verwaltungsstellen mit ihren Mitgliedern zu besetzen, um ihren Einfluss zu sichern.

Wegen der Bedeutung dieser Aufgaben werden an die Parteien besondere Anforderungen gestellt.

Das Grundgesetz verlangt, dass die Parteien demokratisch aufgebaut sein müssen.

Grundgesetz Art. 21

(1) … Ihre innere Ordnung muss demokratischen Grundsätzen entsprechen.

Das Parteiengesetz von 1967 legt im Einzelnen fest, welche Bedingungen erfüllt sein müssen, damit die innere Ordnung demokratischen Grundsätzen entspricht.

Wichtige Bestimmungen im Parteiengesetz:
- Alle wichtigen Ämter oder Positionen werden durch regelmäßige Wahlen besetzt.
- Die Partei muss über die Herkunft ihrer Einnahmen Auskunft geben.
- Die Parteibasis kann von der Parteiführung die Einberufung einer Mitgliederversammlung verlangen.
- Parteiausschlussverfahren werden von unabhängigen Schiedsgerichten durchgeführt.
- Die Partei muss eine schriftliche Satzung und ein schriftliches Programm haben.

2.4 Die Rolle der Fraktion innerhalb der Partei

Die Abgeordneten sollen die Ziele und Vorstellungen der Partei im Parlament umsetzen. Dies ist oft nicht ohne weiteres möglich, da die Abgeordneten als Einzelpersonen unterschiedliche Meinungen vertreten und dies aufgrund ihres **freien Mandats** laut Grundgesetz auch dürfen (siehe S. 184). Der Fraktionsvorsitzende hat die schwierige Aufgabe eine gemeinsame Haltung der Abgeordneten zu erreichen, die außerdem noch der des Parteivorstandes entsprechen soll. Die Fraktionsführung versucht dies zu erreichen mit vielen Gesprächen, Diskussionen, Kompromissvorschlägen und letztlich mit dem Appell, die **Fraktionsdisziplin** nicht zu verletzen.

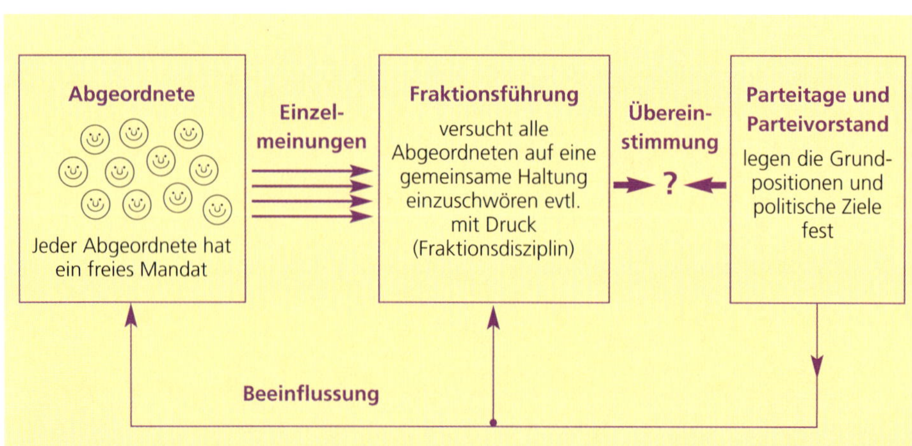

2.5 Parteienfinanzierung

Der Staat unterstützt die Parteien in finanzieller Hinsicht, da sie mehrere Aufgaben übernehmen, die auch in seinem Interesse liegen, so z. B. die Förderung der politischen Bildung über die parteieigenen Stiftungen und vor allem die Auswahl und die Förderung der Kandidaten für die Wahlen. Die Parteien erhalten dafür eine Wahlkampfkostenerstattung.

Neben der Wahlkampfkostenerstattung finanziert der Staat die Parteien auch indirekt, indem er gestattet, dass Spenden zugunsten der Parteien steuerlich abgesetzt werden können. Schließlich gewährt der Staat noch hohe jährliche Zuschüsse an die parteinahen Stiftungen.

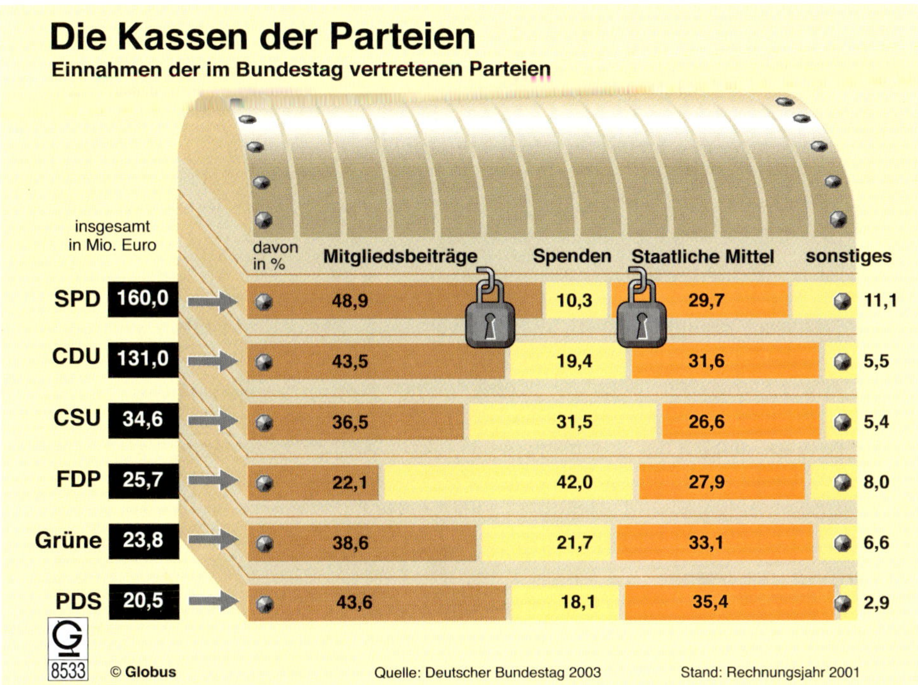

- 1. Vergleichen Sie die Einnahmequellen der verschiedenen Parteien.
- 2. Parteien müssen über die Herkunft ihrer Einnahmen Auskunft geben. Was ist der Sinn dieser Vorschrift?
- 3. Der Anteil der Staatsmittel ist in den letzten Jahren am stärksten gewachsen. Warum kam es zu dieser Entwicklung? Welche Probleme können sich daraus ergeben?
- 4. Welche Probleme kann ein hoher Spendenanteil unter Umständen bringen?
- 5. Welchen Grund gibt es Ihrer Meinung nach für die gesetzliche Bestimmung, dass bei Parteispenden über 10 000 EUR die Partei den Spender mit Namen und Anschrift nennen muss?

Das Bundesverfassungsgericht hat 1992 entschieden, dass die staatlichen Leistungen in Zukunft nicht über die eigenen Einnahmen der Partei aus Spenden und Mitgliedsbeiträgen hinausgehen dürfen. Mit diesem Urteil wird die „Selbstbedienung der Parteien" aus der Staatskasse begrenzt. Auch Firmenspenden sind nicht mehr steuerlich absetzbar.

- 6. Erläutern Sie in diesem Zusammenhang die Aussage der Karikatur.

Wahlkampfkostenerstattung je Stimmberechtigten

wird jenen Parteien gewährt, die mindestens 0,5 % der Zweitstimmen erhalten haben

seit 1994 EUR 0,85

für die ersten 4 Mio. Stimmen, für jede weitere Stimme nur noch EUR 0,70

Parteispenden von Privatpersonen

Bei Beträgen über EUR 10 000 muss die Partei den Spender mit Namen und Anschrift nennen. Spenden sind nur noch bis EUR 3 300 (EUR 6 600 für Verheiratete) pro Jahr steuerlich abzugsfähig.

Zuschüsse zu den Beitrags- und Spendeneinnahmen

0,38 € für jeden Euro aus privaten Beiträgen und Spenden (bis zu einem Betrag von 3300 € pro Person und Jahr)

Frust im Selbstbedienungsladen

2.6 Kritik an den Parteien – ist sie berechtigt?

Parteien werden häufig kritisiert, sie würden alles in Griff und Besitz nehmen, was in der Gesellschaft Macht, Einfluss und Pfründe verspricht ... Funkhäuser und Kreiskrankenanstalten, Lottogesellschaften und Wasserwerke, Schuldirektoren und Landeszentralbanken ... und die ganze staatliche Bürokratie sowieso – kein Bereich entkomme ihrem vielarmigen Zugriff.
Und dabei bedienten sie sich noch ungeniert aus der Staatskasse für die Parteifinanzierung durch Spendenabzüge über Stiftungen und mit fetten Diäten ...

Ulrich von Alemann: Das Parteiensystem der Bundesrepublik Deutschland, Opladen 2000, S. 178f.

- **1. Formulieren Sie die Kritik, die in der Karikatur deutlich wird.**
- **2. Welche Kritik wird im Text geäußert?**
- **3. Überlegen Sie, ob sich die Aussagen der Karikatur und des Textes eher ergänzen oder widersprechen.**

Nur mit Parteien

Die Rolle, die die Parteien haben und behalten müssen, ist am Ende einfach zu beschreiben. Nur mit ihnen kann es Kontinuität geben. Sie organisieren die Willensbildung mit, sie bündeln die Alternativen, sie leben den Pluralismus und machen ihn politisch handhabbar in Kompromissen und durch alternative Entscheidung. Ja zur Demokratie sagen, aber nein zu den Parteien, ist nicht möglich.

Wolfgang Thierse, in: Frankfurter Rundschau vom 11.7.1992. Thierse (SPD) ist Präsident des Deutschen Bundestages.

Viele Bürgerinnen und Bürger äußern heftige Kritik an den Parteien, wobei häufig eine unseriöse Parteienfinanzierung, eine großzügige Diätenerhöhung oder die Verfehlungen einzelner Politiker den Anlass zur pauschalen Kritik geben.

Es ist jedoch sehr fraglich, ob unsere Demokratie bei einem Rückzug der Parteien besser funktionieren könnte. Vermutlich würden Interessenverbände, die nur das Wohl ihrer Mitglieder im Auge haben, den Platz der Parteien einnehmen. Nur die Volksparteien bieten ein Gesamtkonzept für alle politischen Lebensbereiche, wobei die widerstreitenden Interessen vorher innerhalb der Partei ausgetragen werden. Es gehört zu den großen Leistungen der Parteien, dass sie unterschiedliche Interessen auf der Grundlage gemeinsamer Wertvorstellungen bündeln, sodass die Bürger zwischen überschaubaren Alternativen wählen können. Daneben fördern die Parteien die politische Bildung und sind offen für alle Bürger, die mitarbeiten wollen.

- **4. Welche Vorwürfe werden den politischen Parteien in dieser Karikatur gemacht?**
- **5. Machen Sie einige konkrete Vorschläge, was die Parteien tun müssten, damit sie speziell die Jugendlichen besser erreichen und evtl. zur Mitarbeit motivieren.**

Mitgliederzahlen der Bundestagsparteien

(in Tausend)

	1994	1998	2002
SPD	849,3	775,0	700,2
CDU	674,2	626,3	608,5
CSU	176,2	178,7	177,6
PDS	123,7	94,6	80,0
FDP	84,3	67,8	65,2
B'90/ Grüne	44,7	51,8	44,5

nach: Fischer Weltalmanach, Spiegel Almanach

2.7 Begriff und Problematik der Volksparteien

In der Weimarer Republik gibt es noch eine Vielzahl von Parteien, die sich gezielt an einzelne Bevölkerungsschichten wenden, so z. B. die „Deutsche Bauernpartei" oder die Partei der „Haus- und Grundbesitzer".

In der Bundesrepublik entwickelt sich ein anderer Trend. CDU, CSU, SPD, FDP und in zunehmendem Maße auch die Grünen verstehen sich als **Volksparteien.** Damit ist gemeint, dass ihre Programme auf alle Gruppen der Bevölkerung ausgerichtet sind und sich nicht nur speziell an eine Gruppe oder Schicht wenden.
Ein Hauptgrund für diese Entwicklung ist die 5%-Sperrklausel (vgl. S. 183). Diese bewirkt, dass sich die Parteien um eine breitere politische Basis bemühen.
Die Parteien stimmen in wesentlichen Positionen überein. Sie sind daher miteinander **koalitionsfähig.**

■ Die Menschen sind alle ähnlich gezeichnet. Sie haben keine individuellen Gesichtszüge. Was will der Zeichner damit ausdrücken?

Für viele Wähler werden die Parteien einander so ähnlich, dass sie austauschbar sind. Wirkliche Alternativen scheinen kaum noch gegeben.

Bürger, die z.B. mit der Politik der Regierung nicht einverstanden sind, wählen daher oftmals nicht die Oppositionsparteien, sondern sie werden „Protestwähler". Das heißt, sie wählen z. B. eine links- oder rechtsradikale Partei, um „denen da oben" einen Denkzettel zu geben (vgl. S. 188).

Eine andere häufig geübte Form des Protests besteht darin, nicht mehr zur Wahl zu gehen. Die tendenziell sinkende Wahlbeteiligung in der Bundesrepublik kann als Hinweis gedeutet werden, dass viele Bürger mit den Volksparteien unzufrieden sind.

Koalition – koalitionsfähig

Eine Koalition ist das Bündnis von zwei oder mehreren Parteien mit dem Ziel, eine Mehrheit im Parlament für eine gemeinsame Regierung zustande zu bringen. Parteien, die bereit sind, ein solches Bündnis einzugehen, bezeichnet man als koalitionsfähig. Radikale oder extremistische Parteien werden von den Volksparteien nicht als koalitionsfähig angesehen.

Protestwähler

Man versteht darunter Wähler, die aus Unzufriedenheit mit der Politik radikale Parteien wählen, auch wenn sie deren Programm sonst nicht billigen. Die Protestwähler wollen ein Zeichen setzen und den etablierten Parteien einen Denkzettel verpassen.

ZUSAMMENFASSUNG

Die politische Stellung der Parteien hat sich im Verlauf der letzten Jahrzehnte deutlich verbessert. Das Grundgesetz erkennt ihre Bedeutung für die parlamentarische Demokratie ausdrücklich an.

Die Hauptaufgaben der Parteien sind:
- Einflussnahme auf die Bildung der öffentlichen Meinung,
- Anregen und Vertiefen der politischen Bildung,
- Heranbilden von Bürgern, die zur Übernahme von öffentlicher Verantwortung befähigt sind,
- Aufstellen von Bewerbern für die verschiedenen Wahlen (Gemeinden, Land, Bund),
- Einfluss nehmen auf die politische Entwicklung in Parlament und Regierung,
- eine lebendige Verbindung zwischen dem Volk und den Staatsorganen herstellen.

Fachbegriffe

Innerparteiliche Demokratie – Parteienprivileg – Linksparteien – Rechtsparteien – Volkspartei koalitionsfähig – Protestwähler – Fraktion – Fraktionsdisziplin

AUFGABEN

1. Nennen Sie die Hauptaufgaben der Parteien.
2. Begründen Sie, warum es wichtig ist, dass Parteien in ihrer inneren Organisation eine demokratische Ordnung aufweisen.
3. Welche Nachteile können sich ergeben, wenn die Parteien in ihrem Bemühen, möglichst viele Schichten der Bevölkerung anzusprechen, einander immer ähnlicher werden?
4. Worin besteht der Vorteil von Volksparteien?

3 Medien in der Demokratie

Ein Gedankenexperiment: Stellen Sie sich einen Augenblick vor, es gäbe weder Zeitungen und Zeitschriften zu kaufen noch könnten Sie Fernsehen und Radio empfangen. Was würden Sie dann über die Geschehnisse in Ihrer Gemeinde/Stadt, in unserem Land oder auf der Welt wissen? Und wie könnten Sie Ihre Bürgerrechte z. B. als Wähler geltend machen?
Die Massenmedien übernehmen wichtige und unverzichtbare Aufgaben bei der politischen Willensbildung; es wird aber auch von den Risiken und Gefahren durch unverantwortlichen Gebrauch der Macht durch Medienunternehmen und Konzerne zu reden sein.

Das Internet

ist ein Medium, in dem man auch von unterdrückten oder verdrängten Ereignissen erfahren kann, z. B. unter www.nachrichtenaufklaerung.de

Sozialisation

Mit dem Vordringen der Medien bis in die Kinderzimmer gewinnen heute Fernsehen, Video, Computer, Zeitschriften und Comics eine immer größere Bedeutung für Kinder und Jugendliche. Man schätzt, dass unser Wissen nur zu 10 % eigener Anschauung und Erfahrung entspringt. 90 % sind über die Medien vermittelt.
Aber die Medien vermitteln nicht nur Wissen, sondern auch Meinungen und Denkmuster und beeinflussen so weitgehend unbewusst unser Denken und Handeln.

- 1. Fassen Sie die Aussage des Transparentes in eigene Worte.
- 2. Zählen Sie auf, was Sie alles von den Massenmedien erwarten.

Im demokratischen Staat müssen alle Bürger die Möglichkeit haben, am Prozess der politischen Willensbildung teilzunehmen. Das setzt voraus, dass zu allen Problemen und allen Ereignissen von politischer Bedeutung im Inland und weltweit auch die Informationen zugänglich sind. Niemand kann sich über Beratungen, Beschlüsse oder Handlungen staatlicher Organe ein Bild machen, wenn dafür nicht öffentlich zugängliche Informationen verfügbar sind. Dasselbe gilt für die Auseinandersetzungen zwischen den Parteien, Verbänden und anderen Gruppierungen, die das Leben im demokratischen Staat mit prägen. Besonders vor den Wahlentscheidungen wird uns bewusst, wie sehr wir alle auf die freie Berichterstattung der Medien angewiesen sind.

3.1 Massenmedien als Bedingung von Demokratie – drei Aufgaben

Unterhaltung

bietet der Großteil des Programmangebots beim Fernsehen.
Bei Tageszeitungen nehmen dagegen die Bereiche Politik, Wirtschaft und Lokales einen größeren Anteil ein.

Bayer. Verfassung, Art. 111a:

„Der Rundfunk dient der Information durch wahrheitsgemäße, umfassende und unparteiische Berichterstattung sowie durch die Verbreitung von Meinungen."

Bayer. Gesetz über die Presse, § 3:

Die Presse dient dem demokratischen Gedanken. Sie hat in Erfüllung dieser Aufgabe die Pflicht zu wahrheitsgemäßer Berichterstattung und das Recht, ungehindert Nachrichten und Informationen einzuholen, zu berichten und Kritik zu üben.

- 3. In den Gesetzesauszügen ist von drei Aufgaben der Medien die Rede. Benennen Sie diese drei Aufgaben.

17.55 **Verbotene Liebe**
Seifen-Oper
18.25 **Marienhof**
Seifen-Oper
18.55 **Tanja**
Heute: Flieh, wenn du kannst
20.00 **Tagesschau**
Nachrichten
20.15 **Die Schlagerparade**
der Volksmusik
21.00 **Fakt**
Politmagazin
21.45 **In aller Freundschaft**
Arzt-Serie
22.30 **Tagesthemen**
Nachrichten, Berichte, Interviews und Kommentare

19.00 **heute**
Nachrichten, Berichte
19.20 **Wetter**
19.25 **WISO**
Wirtschaft & Soziales. U.a. Tipp: Geld auf Vorrat - das Geschäft mit der Sicherheit. Moderation: Michael Opocynski
20.15 **Solange es Liebe gibt**
(3) (st). (D/I 97). Der Varrat. Mit Anja Kling, Raoul Bova.
21.45 **heute-journal**
Nachrichten
18.30 **Exklusiv – Das Star-Magazin**

18.45 **RTL aktuell**
Nachrichten, Sport, Wetter
19.10 **Explosiv – Das Magazin**
Mit Barbara Eligman
19.40 **Gute Zeiten, schlechte Zeiten**
20.15 **Dr. Stefan Frank - Der Arzt dem die Frauen vertrauen**
Arzt Serie
22.15 **Extra - Das Magazin**
Mit Birgit Schrowange
23.30 **Future Trend**
7 neue Folgen des siebenteiligen Zukunftmagazins.

■ 1. Von welchen Sendungen erwarten Sie Beiträge zu den drei politischen Aufgaben: Berichterstattung, Meinungsdarstellung und Kontrolle der politischen Verhältnisse?

Duale Rundfunkordnung

bezeichnet das durch Staatsvertrag geregelte System in Deutschland. Dabei stehen sich die öffentlich-rechtlichen Sendeanstalten (ARD, ZDF) und die privaten Sender (z.B. RTL, Pro 7, MTV) gegenüber. Die öffentlich-rechtlichen Anstalten dürfen nach Urteilen des Bundesverfassungsgerichtes Gebühren erheben, weil sie für die Grundversorgung aller Bevölkerungsgruppen verantwotlich sind. Sie müssen ein vielfältiges Programm mit Information, Bildung, Kultur und Unterhaltung anbieten, das sich nicht unbedingt am Massengeschmack und an Einschaltquoten orientieren muss.

Nach: Hermann Meyn: Massenmedien in Deutschland, Konstanz, UVK Medien 1999, S. 168f

1. Aufgabe: Berichterstattung

Nur durch sorgfältige und umfassende Ermittlungen entsteht ein objektiver Bericht über die Ereignisse.

Canyoning-Unglück reißt junge Sportler in den Tod

Ein schweres Unglück in der Schweiz hat mindestens 18 Menschenleben gefordert. Sechs der Personen wurden verletzt, drei weitere werden noch vermisst, wie die Kantonspolizei in Bern mitteilte. Das Unglück ereignete sich am frühen Abend in der über 20 m tiefen Schlucht des Saxet-Baches oberhalb von Interlaken. Die Canyon-Abenteurer wollten durch die enge und steile Schlucht des Wildbaches absteigen. Wegen eines heftigen Gewitters stieg der Wasserspiegel aber plötzlich an und riss die jungen Menschen mit sich.

Mehrere Einwohner des nahen Ortes gaben an, sie hätten die Gruppe wegen des nahenden Gewitters vor dem Einstieg in die Schlucht gewarnt. Die Gruppenleiter hätten diese Warnungen ignoriert. Demgegenüber wies ein Vertreter des Reiseveranstalters die Vorwürfe entschieden zurück. Die Tourenleiter seien sehr vertraut mit der Sportart und es gebe kaum jemand, der die örtlichen Verhältnisse besser kenne als sie.

Der zuständige Staatsanwalt in Interlaken bestätigte, dass gegen die überlebenden Gruppenleiter wegen des Verdachts der fahrlässigen Tötung ermittelt werde. Sie wurden aber nicht festgenommen. Unterdessen forderte die Schweizerische Stiftung Landschaftsschutz ein Verbot dieser Extremsportart, da sie menschliches Leben und die Naturkräfte missachte.

Nach: Süddeutsche Zeitung vom 28.-30.7.1999

Canyoning

(von engl. canyon = große Schlucht) ist eine der modernen Risiko-Sportarten, die dem Körper nahezu alles abverlangen. In wärmeisolierten Neoprenanzügen und alpinistischer Ausrüstung durchqueren Wagemutige schwimmend, kletternd oder springend die wasserführenden Schluchten.
Freizeitforscher sehen darin den Trend zum Urlaub mit Nervenkitzel, „mit Gefahr, aber nicht in Gefahr". Denn alle hätten ein Rückreiseticket in der Tasche.

Nach: Augsburger Allgemeine 29.7.1999

■ 2. Welche Informationsquellen sind im Zeitungsartikel genannt?
■ 3. Warum begnügt sich die Zeitungsredaktion nicht mit einer Informationsquelle?
■ 4. Die Aussagen widersprechen sich. Was spricht dafür, dem Leser diesen Widerspruch zuzumuten?

Nachrichtenagenturen sind z. B.

- dpa Deutsche Presseagentur
- rtr Reuter Großbritannien
- AFP Agence France Presse
- AP Associated Press USA

Sie haben an den wichtigsten Plätzen des Weltgeschehens ihre Berichterstatter. Die Informationen werden gesammelt, bearbeitet und verkauft. Bei dpa, der bedeutendsten deutschen Presseagentur, gehen täglich über 300 000 Wörter ein, die auf etwa 40 000 Wörter = 200 Seiten reduziert werden.

Pressestellen

richten Verbände, Parteien, Kirchen, Unternehmen oder staatliche Stellen ein. Sie geben an die Medien Informationen, die für die Ziele ihrer Organisation nützlich sind.
Die größte Pressestelle ist das Presse- und Informationsamt der Bundesregierung mit etwa 700 Mitarbeitern.

Auswahl kein Problem?

Der Zeitungsleser erkennt: „Seltsam ist das ja schon, dass auf der Welt jeden Tag gerade so viel passiert, wie in eine Zeitung hineingeht."

Der Weg einer Nachricht

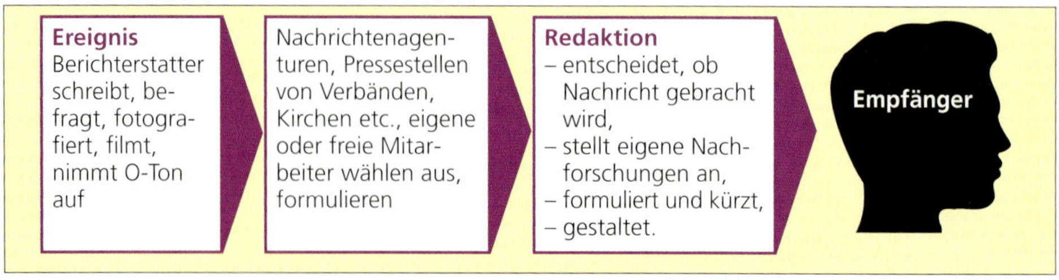

Die Gesetze verpflichten die Medien zu wahrheitsgemäßer und umfassender Berichterstattung. In der Praxis muss der Journalist demnach seine Informationsquelle überprüfen und die Nachricht durch Fakten und Zahlen untermauern. Er soll aber auch nach ergänzenden oder widersprechenden Informationen suchen und Widersprüche, die er nicht aufklären kann, dem Empfänger der Nachricht weitergeben.

Nun durchläuft eine Nachricht auf dem Weg vom Ereignis bis zum Empfänger als Leser, Hörer oder Zuschauer viele Stationen. Schon aus Zeit- und Platzgründen muss bei jeder Station unter der Vielzahl der Informationen ausgewählt werden. Diese Auswahl beeinflusst die politische Grundrichtung einer Zeitung oder eines Senders. Schließlich wird die Nachricht auch je nach Empfängerkreis vereinfacht und mit Schriftarten und Bildern gestaltet, wodurch sich ihr Inhalt noch einmal ändern kann.

Gleich einem Schleusenwärter (Gatekeeper) lassen die Journalisten nur einen kleinen Teil aus der täglichen Informationsflut in ihr Medium herein. Für diese Auswahl tragen sie eine besondere Verantwortung. Andererseits garantieren die politischen Färbungen die Informationsvielfalt, weil sich der Empfänger aus konkurrierenden Medien informieren kann. Rechtswidrig handelt ein Medium allerdings, wenn es vorsätzlich falsch oder verfassungsfeindlich berichtet.

Multimedia und politische Information

Im häuslichen Bereich bezeichnet Mutlimedia die Verbindung von Telefon, Fernseher, Computer und angeschlossenen Geräten. Damit werden neue Anwendungen möglich wie Telebanking, Teleshopping, Telearbeit, Fernsehen auf Abruf und schließlich auch Informationsbeschaffung über Computernetze.

Das größte und bekannteste Netz ist das Internet. Es ermöglicht den direkten Austausch von Informationen zwischen Teilnehmern und die Nutzung riesiger Datenbanken. Da im Mittelpunkt weniger die Unterhaltung als die Information steht, haben inzwischen Zeitungsverlage, Pressestellen, Regierung und Parteien viele Informationen frei zugänglich ins Netz gestellt. Zunehmend wird der politische Konflikt im Internet ausgetragen, auch Einzelpersonen können politisch relevante Informationen und Meinungen über ihre Homepage anbieten. Als größtes Problem politischer Information gilt, dass der Ursprung und Wahrheitsgehalt im Internet nicht mehr kontrolliert werden können.

Kriegsschauplatz Computer

Das wichtigste Medium im Kosovo-Krieg im Jahre 1999 ist das Internet. Alle Kriegsparteien und ihre jeweiligen Sympathisanten sind im Netz vertreten, um durch gezielte (Des-)Information den Gegner zu schwächen und die Weltöffentlichkeit im Sinne ihrer Ziele zu beeinflussen.

Nach: Süddeutsche Zeitung, 10./11.4.1999

2. Aufgabe: Meinungsdarstellung

Menschen töten, Waffen auch

... Im Waffenrecht müssen eindeutig einige Stellschrauben angezogen werden.
Dazu gehört zum Beispiel das Mindestalter zum legalen Erwerb von Waffen. Heranwachsende mögen unter Aufsicht schießen, aber sie sollten das Gerät nicht aus dem Schießstand heraustragen dürfen. Außerdem ist es höchste Zeit, Privatleuten den Besitz bestimmter Waffentypen zu verbieten. ...
Es gibt gute Gründe, warum der Besitz von Sturmgewehren oder Maschinenpistolen seit langem verboten ist.
Ja doch, dies hilft wenig gegen den illegalen Waffenmarkt. Aber es trägt dazu bei, Menschen wie den Erfurter Todesschützen vor sich und uns alle vor jenen Waffen zu schützen, die in der Hand solcher Außenseiter eben doch töten. Das geltende Waffenrecht ist keine Ursache der Morde von Erfurt, aber es hat sie erleichtert.

Kurt Kister, Südd. Zeitung 30.4./1.5.2002, S. 4

- 1. Woran erkennen Sie, dass es sich um einen Kommentar handelt?
- 2. Sachlich oder emotional? Wie begründet der Kommentator seine Forderung?

Schon die rein informativen Beiträge der Medien regen die Meinungsbildung des Bürgers an. Noch mehr beeinflussen sie aber seine politische Orientierung durch Kommentare oder Leitartikel, wenn sie zum aktuellen Geschehen zusätzlich Informationen geben, Ursachen, Bedeutung und mögliche Auswirkungen erläutern. Oft nimmt der Kommentator dabei zu einer Sache persönlich Stellung und urteilt über politische Persönlichkeiten. Ein Medium kann den Leser oder Hörer auch direkt zu Wort kommen lassen.

Damit der Bürger zu seiner eigenen Meinung findet, braucht er eine Wissensgrundlage, auf der er den Gedankengang des Autors nachvollziehen kann. Besonders die Boulevardpresse neigt in ihren Beiträgen zu Vermischung von Information und Meinung des Journalisten. Unkritische Leser, Hörer oder Seher könnten solche Beiträge für eine reine Nachricht halten und beeinflusst werden, ohne es zu merken.

3. Aufgabe: Kontrolle der politischen Verhältnisse

Von einem, der den Ministerpräsidenten stürzte

Augsburg (loi).
Was geht in einem Mann vor, dessen Aufdeckung von Affären und Skandalen einen Ministerpräsidenten stürzten und immer wieder für politischen Wirbel sorgten? „Es waren nicht meine glücklichsten Monate", blickt Fridolin Engelfried, der Münchner Korrespondent unserer Zeitung, keineswegs triumphierend auf die Amigo-Affäre 1993 zurück, die ihm den Wächterpreis eintrug.

Die angesehene Auszeichnung der deutschen Tagespresse würdigt couragierte Journalisten, die ohne Rücksicht auf Amt und Person Missstände aufdecken. Für Engelfried blieb der Preis Verpflichtung: Neben den Reisen des damaligen Ministerpräsidenten Max Streibl auf Kosten des Unternehmens Grob deckte er die Gratisurlaube bayerischer Abgeordneter auf, die betrügerische Geschäftsführung im Dorfhelferinnen-Werk, den Blutspende-Skandal beim Bayerischen Roten Kreuz und jetzt den Filz um den oberbayerischen Bezirkstags-Präsidenten Filser.
„Es ist leichter geworden, Skandale aufzuspüren", erklärte Engelfried im Augsburger Presseclub. Informanten seien williger geworden. Was den Journalisten aber nicht von der gründlichen Recherche befreit: „Man muss die Spreu vom Weizen trennen." Im Fall des Falles dürfe man sich nicht unter Zeitdruck setzen, vielmehr mit Ausdauer und Fantasie vorgehen. Denn: „Die Fakten müssen stimmen, darauf kann nicht genug Mühe verwendet werden." Sonst drohen teure Klagen. Über Informanten und Quellen sei unbedingt Vertraulichkeit zu wahren.

Augsburger Allgemeine vom 8.8.1999 (Auszug)

Informierende Beiträge

- Nachrichten oder Meldungen geben in kürzester Form an: „was, wann, wo, wer".
- Berichte gehen etwas ausführlicher auf Ereignisse und Ablauf ein.
- Reportagen sind ausführliche Berichte mit Bildmaterial, bei denen der Reporter oft selbst Augenzeuge des Ereignisses ist.
- Interviews

Meinungsbildende Beiträge

- Kommentare sind Meinungsäußerungen, die ein guter Kommentator mit zusätzlichen Informationen untermauert.
- Leitartikel bieten Meinungsbildung zu einem tagesaktuellen Thema.

Mit dem Recherchieren (ermitteln, untersuchen) fängt der Journalismus an

„Einer Sache nachgehen, Fakten aufspüren und zusammentragen und Stellungnahmen einzuholen, das kann viel Arbeit machen, aber es schafft erst die Grundlage für eine sorgfältige Information und einen soliden Kommentar."

Walther von LaRoche: Einführung in den praktischen Journalismus, München, List, S. 18

Kritische Beiträge

Dazu zählen auch die meinungsbildenden, mehr aber die Beiträge in illustrierten Zeitschriften und besonders die politischen Magazine im Fernsehen wie „Monitor", „Panorama".

Zeugnisverweigerungsrecht

(Bayer. Pressegesetz § 12)
Ähnlich wie Ärzte oder Pfarrer haben Journalisten das Recht, Angaben über die Person ihrer Informanten zu verweigern. Wenn der Informant persönliche Nachteile befürchten müsste, wird er auf diese Vertraulichkeit größten Wert legen.

Gefälschter Wetterbericht

Diktatoren zwingen die Medien sogar zur Veröffentlichung falscher Informationen und Fakten: Um gegenüber der Bevölkerung im Winter den Mangel an Heizmaterial zu vertuschen, ließ der rumänische Staatschef Ceaucescu den Wetterbericht fälschen. Er korrigierte die Temperaturdaten um einige Grad nach oben.

Was ist die Aufgabe der Presse?

„Die übliche und wohl zutreffende Antwort lautet: zu informieren und zu kontrollieren. Kontrollieren scheint ein großes Wort zu sein, aber es gibt niemanden außer der Presse, der so gründlich und ausdauernd recherchieren könnte – auch das Parlament kann dies nicht, es hat gar nicht die Möglichkeiten dazu. Überdies besteht die Gefahr, dass die Fälle, die durchleuchtet werden müssten, unter Umständen durch parteipolitischen Kuhhandel zugedeckt werden."

Marion Dönhoff in Die Zeit vom 23.10.1987

Journalistischer Mut

Eine freie und unabhängige Presse ist entscheidend für stabile demokratische und wirtschaftliche Verhältnisse auf der ganzen Welt. Wo immer die Pressefreiheit bedroht ist, geraten auch Journalisten in Gefahr. Die Gewalt gegen Medienmitarbeiter hat im letzten Jahrzehnt dramatisch zugenommen. Oft erfordert ihre verantwortliche Tätigkeit Mut. So wurden im Jahr 2001 in Ausübung ihres Berufs 55 Journalisten getötet, 101 inhaftiert, 489 festgenommen.

Aktuell 2003, Dortmund, Harenberg Lexikon 2002, S. 320

1. **Aus welchen Gründen ist die sorgfältige Recherche bei kritischen politischen Beiträgen so wichtig?**
2. **Wem könnte es schaden, wenn die Medien so viel Kritik üben?**

In allen politischen Systemen treten Missstände und Misserfolge auf. Die Herrschenden wollen diese gerne verheimlichen, damit sie die Macht behalten können. Nichtdemokratische Staaten hindern durch Zensur die Medien daran, solche Vorkommnisse zu veröffentlichen. In der Demokratie hat der Bürger aber ein Recht auf die volle Wahrheit. Nur wenn er voll informiert ist, kann er seine politischen Rechte wahrnehmen und z. B. erfolglose Politiker abwählen.

Kritik und Kontrolle ist im parlamentarischen Regierungssystem zuallererst die Aufgabe der Opposition. Die Medien sind bei dieser wichtigen Aufgabe hilfreich. Presse, Hörfunk und Fernsehen spüren verheimlichte Tatsachen und Missstände auf. Durch ihre Berichte regen sie Anfragen und Untersuchungsausschüsse im Parlament an, ohne die auch die Demokratie der Korruption oder der Willkür der Verwaltung erliegen könnte.

Oft wird eingewendet, Kritik schade dem Ansehen unseres Gemeinwesens, „beschmutze das eigene Nest". Aber mehr als jene, die Mängel aufdecken, schaden diejenigen dem Staat, die für solche Mängel verantwortlich sind. Eine Bedingung verantwortlicher Kritik ist allerdings, dass ihr **objektive Tatsachen** zugrunde liegen. Politische Machtträger müssen heute bei vielen gegensätzlichen Interessen in der schnell sich ändernden Gesellschaft entscheiden. Deshalb soll als zweite Bedingung die Kritik die **Hintergründe und Probleme** angemessen berücksichtigen.

„Siehst du, Maria, die Presse, die Grünen – alles nur Schwarzmalerei und Horror; das Leben ist ganz anders und wunder-wunderschön!"

3. **Diskutieren Sie, warum kritische Beiträge in den Medien auch bei den Bürgern oft nicht sehr beliebt sind.**

3.2 Grundrecht Pressefreiheit

Das Grundrecht auf freie Meinungsäußerung ist als unmittelbarster Ausdruck der menschlichen Persönlichkeit in der Gesellschaft eines der vornehmsten Menschenrechte überhaupt. ...
Für eine freiheitlich-demokratische Staatsordnung ist es schlechthin konstituierend, denn es ermöglicht erst die ständige geistige Auseinandersetzung, den Kampf der Meinungen, der ihr Lebenselement ist. Es ist in gewissem Sinn die Grundlage jeder Freiheit überhaupt.

Urteil des Bundesverfassungsgerichtes von 1958, Bd 7, S. 208

Zensur ist die staatliche Kontrolle von Presseerzeugnissen und Sendungen vor der Veröffentlichung.
Nur was der Staatsmacht passt, darf dann veröffentlicht werden.
Das Zensurverbot des Grundgesetzes gilt aber nur für die Staatsgewalt, nicht im Verhältnis des Medienunternehmers zu seinen Journalisten.

4. **Warum schränken Regierungen die Pressefreiheit ein?**

Freiheit heißt auch Verantwortung

Wie alle anderen Grundrechte findet auch die Pressefreiheit ihre Grenzen dort, wo die Rechte und Freiheiten anderer betroffen sind. Diese Grenzen werden überschritten, wenn Medien z. B. Gewalt verherrlichen, Minderheiten diskriminieren, durch üble Nachrede oder unwahre Behauptungen die Ehre anderer verletzen.

Eine Lokalzeitung berichtet, dass nach Angaben der Polizei eine Gruppe von Zigeunern einer Reihe von Trickdiebstählen verdächtigt wird. Und dass eine Zigeunerin in einen Kaufhausdiebstahl verwickelt ist. (1987)

Der Deutsche Presserat belehrt die Redaktion, dass niemand wegen seines Geschlechtes, seiner Zugehörigkeit zu einer rassischen, religiösen oder nationalen Gruppe diskriminiert werden darf. In keinem der vorliegenden Fälle besteht ein sachbezogener Anlass, die Zugehörigkeit der in die Diebstähle verwickelten Personen zu einer bestimmten Volksgruppe zu erwähnen. Es wird damit eine nicht sachgerechte Verbindung von Kriminalität und Volkszugehörigkeit hergestellt.

Eine Umweltinitiative beklagt die „geradezu beispiellose Kampagne" einer Lokalzeitung, die in der Behauptung gipfelt, die Gegner einer geplanten Industrieansiedlung schreckten nicht einmal vor der Fälschung von Unterschriften zurück ... Der Verleger der Zeitung teilt dem Deutschen Presserat mit, dass er gegenüber den Gegnern der erwähnten Industrieansiedlung zu keinen Zugeständnissen mehr bereit sei und dass „Ergüsse der Grünen im Papierkorb landen". (1986)

Der Deutsche Presserat hält die Beschwerde für begründet. Danach gehört es zu einer verantwortungsvollen publizistischen Arbeit, „aus allen Lebensgebieten von öffentlichem Interesse unvoreingenommen und unter gewissenhafter Abwägung der Bedeutung der Nachrichten oder Berichte zu informieren".

Unter der Überschrift „Depressionen: 73-jähriger sprang aus dem Fenster – tot" berichtet eine Lokalzeitung über den Freitod eines Mitbürgers. Der Vorname wird genannt, der Familienname ist abgekürzt, das Alter ist angegeben, der Ort und die Straße sind wiedergegeben. Die Redaktion erklärt, der Vorfall habe sich im Blickfeld der Öffentlichkeit ereignet. Deshalb habe es ein öffentliches Interesse an der Berichterstattung gegeben. (1987)

Nach Ansicht des Deutschen Presserats hat die Zeitung unzulässig in die Privatsphäre von Betroffenen eingegriffen. In Verbindung mit dem Bericht über Motive und Ausführung der Tat führten die detaillierten Angaben zu einer unzumutbaren Belastung der Hinterbliebenen.

Lokalredaktion 1992, S. 207 ff. Bundeszentrale für politische Bildung

Gericht gibt Caroline recht

Prinzessin erhält Schmerzensgeld – Burda muss Widerrufe drucken

Hamburg (dpa)
Im Streit um Veröffentlichungen über Prinzessin Caroline von Monaco und ihre Familie hat das Fürstenhaus vor der Pressekammer des Hamburger Landgerichts am Freitag erneut einen Erfolg errungen.

Eine Zivilkammer sprach der Fürstentochter 30000 Mark Schmerzensgeld zu und verurteilte den Münchner Burda-Verlag zu Widerrufen und Richtigstellungen. Burda muss auf seiner Titelseite in den zwei folgenden Ausgaben der Bunten zunächst das im März abgedruckte angebliche Exklusivinterview mit der Prinzessin widerrufen. Das Interview habe nie stattgefunden. Außerdem muss das Blatt einen angeblichen Schnappschuss aus dem Familienalbum der Prinzessin und die Aussage „Ich habe wieder eine Familie" richtig stellen.

Augsburger Allgemeine vom 12.12.1992

■ Welche Strafen werden bei den dargestellten Verstößen verhängt?

Recht auf Auskunft

Bayer. Gesetz über die Presse § 4:
Die Presse hat gegenüber Behörden ein Recht auf Auskunft.
Die Auskunft darf nur verweigert werden soweit aufgrund ... gesetzlicher Vorschriften eine Verschwiegenheitspflicht besteht.

Pressefreiheit steht in engem Zusammenhang mit den Grundrechten der Meinungsfreiheit und der Informationsfreiheit, die im Art. 5 des Grundgesetzes enthalten sind:

- Die **Pressefreiheit** garantiert den Medien ihre ungehinderte Produktion und Verbreitung mit ihren typischen Arbeitsweisen wie dem Aufspüren von Tatsachen. Eine Zensur ist nicht zulässig. Hierzu gehört auch die Freiheit der Gründung von Presseunternehmen und die Freiheit des Medienunternehmers, die politische Tendenz seines Presseorgans zu bestimmen (äußere Pressefreiheit).
- Die **Informationsfreiheit** ermöglicht es jedem, sich aus allgemein zugänglichen Quellen, insbesondere den Medien, zu unterrichten. Damit die Journalisten die notwendigen Informationen auch erhalten, sehen die Pressegesetze meist eine Informationspflicht staatlicher Stellen vor
- Die **Freiheit der Meinungsäußerung** schützt die Verbreitung von Tatsachen und Meinungen in Wort, Schrift und Bild. Sie ist die Grundlage der politischen Betätigung aller Bürger.

Gegendarstellung

meint die Pflicht eines Mediums, eine Entgegnung des Betroffenen zu veröffentlichen, wenn durch eine Tatsachenbehauptung seine berechtigten Interessen verletzt wurden. Die Gegendarstellung muss der Redaktion unverzüglich und schriftlich vorliegen.

Absolute Personen der Zeitgeschichte

sind die so genannten „Prominenten“ wie Staatsoberhäupter, Medienstars, Industrielle. Wenn sie sich in der Öffentlichkeit zeigen, müssen sie sich auch die unbemerkte oder gar heimliche Anfertigung von Fotos und deren Veröffentlichung gefallen lassen. Das gilt aber nach einem Urteil des Bundesgerichtshofs nicht mehr, wenn diese Person sich erkennbar in die Privatsphäre zurückziehen will. Nach deutschem Recht hätte demnach Prinzessin Diana bei der nächtlichen Fahrt in Paris mit tödlichem Unfall nicht fotografiert werden dürfen.

Süddeutsche Zeitung vom 08.09.1997

Einschaltquoten

Die Privatsender (RTL, Pro 7, MTV usw.) finanzieren sich ausschließlich durch Werbeeinnahmen, die umso höher sind, je mehr Zuschauer sie haben. Ihr Programm wird deshalb weniger vielfältig und ausgewogen als vielmehr am Massengeschmack ausgerichtet sein.

Die bekannteste Messzahl in diesem Zusammenhang ist die Einschaltquote. Sie wird von der „Arbeitsgemeinschaft Fernsehforschung“ ermittelt, die aus 32 Mio. Fernsehhaushalten 4400 ausgewählt hat. Über eine besondere Fernbedinung, bei der jedes Haushaltsmitglied eine eigene Taste zur An- und Abmeldung hat, lässt sich ermitteln, wer – wann – wie lange – was gesehen hat.
Diese Ergebnisse werden auf alle Haushalte hochgerechnet.

Mit ihrer weit reichenden Freiheit übernehmen die Medien auch eine große Verantwortung. Das Grundgesetz und das bayerische Gesetz über die Presse geben Schranken für die Meinungsfreiheit an. Sie verpflichten die Medien zu wahrheitsgemäßer und unvoreingenommener Berichterstattung und schützen den Privatbereich der Bürger („Recht am eigenen Bild“). Bürger, Politiker und Behörden haben einen Anspruch auf Gegendarstellung.

Zum Schutz der Pressefreiheit gibt es seit 1956 ein Organ zur Selbstkontrolle der deutschen Presse, den **Presserat.** Bei Beschwerden von Bürgern prüft er, ob einzelne Journalisten oder Medien gegen die selbst aufgestellten Richtlinien verstoßen haben. Stellt er Verstöße gegen diese moralischen Leitsätze fest, ist er auf den guten Willen der Übeltäter angewiesen, weil er keine Rechte zur Bestrafung hat.

Dürfen auch Journalisten ihre Meinung jederzeit frei äußern (innere Pressefreiheit)?
Ein Zeitungsredakteur berichtet: (Bayerischer Rundfunk, Sendung vom 21. November 1989, Autor Schablinski):

Im Prinzip ja. Aber es gibt auch Beispiele dafür, dass selbst die Berichterstattung über Tatsachenbehauptungen schon der Schere zum Opfer fallen kann. Mir fällt da ganz spontan der Fall eines großen bayerischen Möbelhauses ein. Dort wollte die Belegschaft vor einigen Jahren einen Betriebsrat etablieren. Dies wurde von der Geschäftsleitung mit geradezu frühkapitalistischen Methoden verhindert. In einer Gewerkschaftsversammlung wurde darüber diskutiert und natürlich heftig Kritik geübt. Mein Bericht über diese Versammlung konnte einen ganzen Tag nicht erscheinen, weil das Zeitungshaus, die Chefredaktion der Meinung war, zu diesen Vorwürfen … müsse auch das Möbelhaus gehört werden. Man muss dazu wissen, das Möbelhaus ist einer der größten Kunden dieses Zeitungshauses. Es wurden also einen Tag lang die Juristen bemüht, die Telefondrähte glühten, … und am Ende kam ein deutlich reduzierter und entschärfter Bericht heraus …

- Wie würden Sie reagieren, wenn Sie der Journalist wären?

Die meisten Zeitungs-, Zeitschriften- und Buchverlage sowie Sender sind Privatbetriebe. Als wirtschaftliche Unternehmen stehen sie in Konkurrenz zu anderen Medien und müssen Gewinne erbringen. Ihr Produkt sehen sie als Ware, die es dem Kunden zu verkaufen gilt. Wichtige Einnahmequellen sind auch Anzeigen und Wirtschaftswerbung. Der einzelne Journalist ist als Arbeitnehmer von den Weisungen seiner Vorgesetzten abhängig; die Pressefreiheit gilt nicht unbedingt für ihn.

Ein Verleger zu seinen Redakteuren: „Meine Herren, wir verkaufen hier meine Zeitung und nicht Ihre Meinung.“

Besonders bei freien Mitarbeitern, die ihre Beiträge erst einem Medium verkaufen müssen, führt das zur so genannte „Schere im Kopf“: Der Journalist produziert seinen Text oder Film so, wie es der Auftraggeber vermutlich wünscht. Will er seine eigene Linie durchsetzen, riskiert er seinen Auftrag oder Arbeitsplatz.

3.3 Gefahren für die politische Meinungsbildung

Der politisch interessierte Bürger muss die verschiedenen politischen Programme und Vorhaben miteinander vergleichen können. Nur so kann er sich ein Urteil bilden, welcher politischen Richtung er mit seinem Stimmzettel den Wählerauftrag erteilt.

Das setzt voraus, dass er aus einer Vielfalt konkurrierender Medien auswählen kann, die unterschiedlichen politischen Richtungen anhängen. Mit dem Zugang zu verschiedenen und von einander unabhängigen Medien soll dem Bürger ein Spiegelbild der in der Gesellschaft vertretenen Vorstellungen geboten werden. Gefahr droht dieser Vielfalt und Unabhängigkeit derzeit weniger durch staatliche Eingriffe, sondern mehr durch die Konzentration auf immer weniger Medienunternehmen.

Die Vielfalt ist allerdings weniger bunt, als es der erste Anschein nahelegt. Häufig entpuppt sich ein „Blätterwald" als eine ziemlich uniforme Erscheinung. Viele regionale Zeitungen, die den Namen kleinerer Städte im Titel führen, sind im politischen Teil und fast allen anderen Teilen nichts anderes als der „Münchner Merkur" oder die „Augsburger Allgemeine", die sich im Wesentlichen nur im Lokalteil unterscheiden.

Auch die Vielzahl der Fernseh- und Rundfunksender spiegelt eine Vielfalt vor, die so nicht existiert. Zum einen sind verschiedene Sender oft in der Hand ein und desselben Eigentümers. Zum anderen sind die Eigentümer von Sendern nicht selten auch Verleger von Zeitungen und Zeitschriften.

Nach: Anton Spöttl: Sozialkunde FOS/BOS, Troisdorf, Bildungsverlag EINS, S. 97

- **1. Ermitteln Sie im Internet die Lokalausgaben der beiden im Text genannten Zeitungen sowie die Konkurrenzblätter im jeweiligen Verbreitungsgebiet.**
- **2. Was bedeutet diese Konzentration für die Konkurrenzblätter? Beachten Sie die Auflagenhöhe.**

Auch in der Medienwirtschaft gilt, dass größere Unternehmen durch die Steigerung der Auflage besser am Markt bestehen und die Kosten senken können. Laufend nimmt die Zahl der selbstständigen Zeitungs- und Zeitschriftenverlage ab; die Medienkonzentration beschleunigt sich noch. Zusätzlich gehen neben den Verlagen auch noch private Sender in die Hand von Medien-Großunternehmen über. Wenn z. B. ein Zeitungsverlag einer Region einen Privatsender gründet, kann er bei der Nachrichtenbeschaffung auf die schon bestehenden Verlagseinrichtungen und erfahrene Mitarbeiter zugreifen.

Für die Bürger verringert sich die Meinungsfreiheit, besonders dann, wenn der Verlag die einzige regionale Zeitung herausgibt. Über lokale und regionale Ereignisse können sich die Bürger dann nur noch aus einer Quelle informieren. Besonders auf nationaler und internationaler Ebene könnten einige wenige Konzerne eine ungeheure Macht auf dem Felde der politischen Meinungsbildung erlangen.

Eine andere Strategie der Medienunternehmen im harten Wettbewerb besteht darin, nach den (vermuteten) Wünschen des Publikums
- die „harten" politischen Themen weniger sorgfältig zu recherchieren,
- dafür mehr mit unterhaltsamen Details, Fotos und Geschichten aus dem persönlichen Bereich von Politikern zu vermischen und insgesamt
- weniger über die sachlichen politischen Themen zu berichteten.

Diese Tendenzen zu mehr Unterhaltung, Sensationsmeldungen und bunten Geschichten bergen die Gefahr, dass von den echten politischen Problemen und ihren Lösungsmöglichkeiten eher abgelenkt wird.

Medienriesen

Die größten deutschen Medienunternehmen
- Bertelsmann AG, Gütersloh
- Gruner + Jahr, Hamburg
- Axel Springer Verlag, Berlin
- Holtzbrinck Verlagsgruppe, Stuttgart
- Pro Sieben Sat 1 Media, München
- WAZ Medien, Essen
- Burda Media, München
- Bauer Verlag, Hamburg

Die insolvente Kirch-Gruppe (größter deutscher Filmhändler und Privat-TV-Betreiber) wurde zerschlagen.

Aktuell 2003, Dortmund, Harenberg Lexikon, 2002

Blätterwald?

Der Münchener Merkur und seine Lokalausgaben:
- Erdinger Anzeiger
- Murnauer Tagesspiegel
- Ebersberger Zeitung
- Fürstenfeldbrucker Tagblatt
- Schongauer Nachrichten
- Holzkirchner Merkur

usw.

Boulevardisierung der politischen Berichterstattung

ist das Stichwort für die Tendenzen auch in der seriösen Presse, nach dem Muster z. B. der Bildzeitung den Leser mit Skandalgeschichten, „Sex and Crime" zu locken.

ZUSAMMENFASSUNG

Zeitungen, Zeitschriften, Bücher, Rundfunk, Fernsehen, Video und Tonträger zählen zu den Medien. Sie tragen in unserer modernen Gesellschaft neben der Unterhaltung vor allem zur politischen Meinungsbildung bei und sind damit Grundbedingung für die Funktionsfähigkeit unserer Demokratie. Ihr gesetzlicher Auftrag bezieht sich auf Berichterstattung, Meinungsdarstellung und Kritik der politischen Verhältnisse.

Fachbegriffe

Meinungsbildung – Recherche – Nachrichtenagentur – Journalist – Redaktion – Kommentar – Pressefreiheit – Presserat – Gegendarstellung – Zensur – Medienkonzentration

Umfassende und detaillierte Berichterstattung verlangt, dass der Journalist seine Informationsquelle prüft, aber auch nach ergänzenden oder widersprechenden Fakten sucht. Aus der Fülle der täglichen Nachrichten müssen die Medien auswählen. Diese Auswahl trifft zwar jedes Medium anders, aber es ist dafür verantwortlich, dass sich der Empfänger der Nachricht eine eigene Meinung bilden kann.

Mitarbeiter der Medien geben ihre Meinung zu politischen Ereignissen besonders in Kommentaren kund. Solche Meinungsdarstellungen sollen aber auf Fakten gestützt und für den Empfänger nachvollziehbar sein. Damit der Empfänger Fakten und Meinung unterscheiden kann, sind Nachrichten und Kommentare sauber zu trennen.

Objektive Berichterstattung dient auch der Kontrolle der politischen Gewalten. Die Medien sollen aber nicht nur Missstände und Mängel aufdecken, sondern dafür auch die Hintergründe ermitteln und das Handeln der Machtträger angemessen bewerten.

Das Grundgesetz garantiert die Meinungsfreiheit als Pressefreiheit, als Informationsfreiheit und als Freiheit der Meinungsäußerung. Diese Freiheiten sind unverzichtbare Bestandteile einer freiheitlichen demokratischen Gesellschaft. Gegen den unverantwortlichen Gebrauch der Pressefreiheit gibt es den Schutz des Gesetzes für Bürger und Regierende. In einem selbst aufgestellten Pressekodex verpflichten sich die Medien zu angemessenem Gebrauch ihrer Freiheit.

Eine unabhängige Presse ist Grundbedingung für die öffentliche Meinungsbildung. Diese Unabhängigkeit äußert sich in der Vielfalt der politischen Richtungen der konkurrierenden Medien. Gefahr droht dieser Vielfalt durch die Entstehung immer größerer Medienunternehmen. Die meisten Verlage und Sender sind privatwirtschaftliche Betriebe. Sie konkurrieren um den Verkauf ihrer Erzeugnisse und um Werbeeinnahmen. Aus Rücksicht auf gute Geschäftsverbindungen kann der einzelne Journalist Einschränkungen seiner freien Berichterstattung hinnehmen müssen. Mit der Entstehung immer größerer Medienunternehmen besteht aber auch für den Bürger die Gefahr, dass die Meinungsvielfalt der Medien abnimmt, sodass er sich nicht mehr aus unterschiedlichen Quellen informieren kann.

Die sachliche Berichterstattung ist aber auch durch die Tendenz zu mehr Unterhaltung und Sensationsmeldungen bedroht.

AUFGABEN

1. **Nennen Sie politische Magazinsendungen in ARD und ZDF.**
2. **Welche Teile einer Tageszeitung dienen besonders der politischen Information und Meinungsbildung?**
3. **Welche Gefahren für die Meinungsfreiheit und die journalistische Freiheit gehen von der zunehmenden Medienkonzentration aus?**
4. **Vergleichen Sie das Programmangebot der ARD mit dem Programm eines Privatsenders an einem Wochentag von 17:00 bis 23:00 Uhr. Stellen Sie in einer Tabelle dar, welche Zeitanteile auf Politik und politische Information, welche auf Unterhaltung einschließlich Sport entfallen? Diskutieren Sie über das Ergebnis.**

Politik und Partizipation

1 Akzeptanz von Politik

- 1. Welcher Aussage können Sie zustimmen?
- 2. Warum werden die Parteien Ihrer Meinung nach so stark kritisiert?

Demokratie ja – Politik nein (Ergebnisse der Shell-Jugendstudie 2002)

Interesse an Politik
Jugendliche im Alter von 15 bis 24 Jahren (in %)

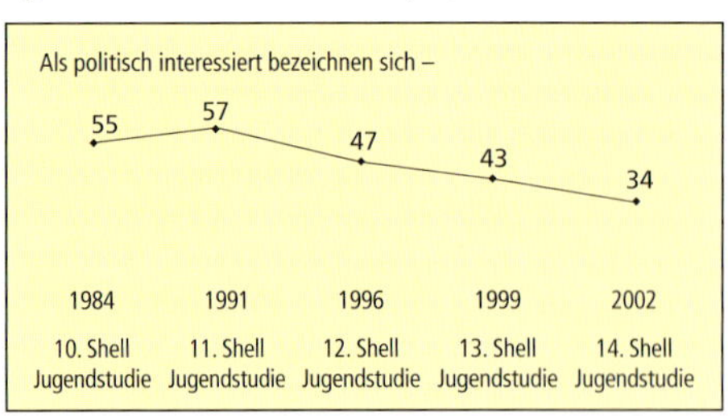

Shell Jugendstudie 2002 – Infratest Sozialforschung

Akzeptanz der Demokratie als Staatsform
Jugendliche im Alter von 12 bis 25 Jahren – nach alten und neuen Ländern in %

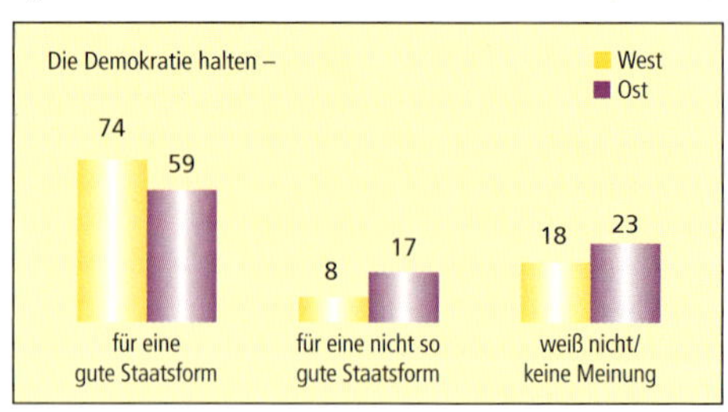

Shell Jugendstudie 2002 – Infratest Sozialforschung

- 3. Formulieren Sie die Hauptaussagen der Grafiken mit eigenen Worten.
- 4. Wie ist Ihre persönliche Meinung zu den beiden Fragen?
- 5. Nennen Sie mögliche Gründe für die in den Grafiken erkennbaren Haltungen der Jugendlichen.

Das allgemeine Interesse der Jugend an Politik ist weiter rückläufig. Der Anteil der politisch interessierten Jugendlichen ist von 55 % im Jahr 1984 inzwischen auf 34 % gesunken. Das Bildungsniveau spielt hierbei jedoch eine große Rolle. Je höher die Allgemeinbildung ist, desto mehr Interesse zeigen Jugendliche an Politik. Ein wichtiger Grund für die Politikverdrossenheit und teilweise auch für die Kritik am demokratischen System sind oftmals die schlechten persönlichen Lebensumstände. Fehlende Ausbildungsplätze und Arbeitslosigkeit werden den Politikern angelastet; dies zeigt die Befragung der Jugendlichen im Osten, wo die wirtschaftliche Situation zurzeit noch schwieriger ist.
Genauere Untersuchungen haben ergeben, dass auch bei den sehr kritischen Jugendlichen die Zustimmung zur Demokratie hoch ist.
Deutlicher als die Politikverdrossenheit ist vor allem die Verdrossenheit über die Parteien.

Wahlbeteiligung von Jugendlichen zwischen 18 und 24 Jahren

Untersuchungen zeigen, dass die Wahlbeteiligung bei Jugendlichen etwa 25 % geringer ist als bei der Gesamtbevölkerung.

Eine Gesellschaft ist dann politisch stabil, wenn möglichst viele Bürger politisch interessiert sind, sie die Zusammenhänge kennen und auch bereit sind, sich zu engagieren. Es muss sich dabei nicht immer um die große Politik handeln, auch im örtlichen und gesellschaftlichen Bereich gibt es Möglichkeiten, die eigenen Kenntnisse und Erfahrungen einzubringen, z. B. in Vereinen oder im Gemeinde- oder Stadtrat.

Vertrauen in gesellschaftliche Gruppen und Institutionen bei westdeutschen Jugendlichen

1 = sehr wenig Vertrauen
5 = sehr viel Vertrauen

Gerichte	= 3,6
Polizei	= 3,6
Umweltgruppen	= 3,5
Gewerkschaften	= 3,1
Bundesregierung	= 2,9
Kirchen	= 2,9
Parteien	= 2,6

- 1. Begründen Sie mit Hilfe der Tabelle „Vertrauen in die Institutionen“ die Behauptung, dass die Jugendlichen nicht so sehr politikverdrossen, sondern eher parteiverdrossen sind.
- 2. Inwiefern ist es bedenklich für eine Gesellschaft, wenn sich Bürger einer Mitarbeit verweigern?

2 Merkmale der pluralistischen Ordnung

2.1 Existenz konkurrierender Interessen

Kommt es zur Erweiterung der Liftanlagen am Geißhorn? Befürworter und Gegner streiten erbittert um das Projekt

- 3. Welche Berufsgruppen bzw. Interessengruppen könnten diese Forderungen jeweils äußern?
- 4. Wie ist Ihre Meinung zu diesem Interessengegensatz?

Pluralistische Ordnung

(lat.: plural = Mehrzahl)
Man versteht darunter ein politisches System, in dem es eine Vielzahl von Meinungen, Verbänden und Parteien gibt. Die Bürger dürfen frei ihre Meinung äußern, sich zusammenschließen und für ihre Ziele werben.

Menschen haben unterschiedliche Meinungen, Wünsche und Interessen. Dies zeigt sich im privaten wie auch im gesellschaftlichen Bereich, z. B. bei den Auseinandersetzungen über die Standorte von Mülldeponien, über den Bau von neuen Straßen oder bei der Frage, ob auf Atomenergie verzichtet werden kann. Aus den unterschiedlichen Ansichten hierüber entstehen Interessengegensätze und letztlich Konflikte.
Es ist ein Merkmal einer freiheitlichen Gesellschaft, dass jeder Bürger das Recht hat, sich für seine Anliegen einzusetzen. Er darf sich mit Gleichgesinnten zusammenschließen und für seine Überzeugungen und Interessen werben.
Andererseits sieht sich der Bürger einer Vielzahl von Wertüberzeugungen, politischen Modellen und Interessengruppen gegenüber, die in einem Dauerkonflikt miteinander konkurrieren und um die Unterstützung des Bürgers werben. Man nennt eine solche Gesellschaftsform **pluralistisch,** da es hier eine Mehrzahl von Verbänden und Parteien gibt.

Basis der pluralistischen Gesellschaftsordnung

Eine pluralistische Ordnung kann nur funktionieren, wenn es ein Verfahren gibt, wie die Interessengegensätze und damit die Konflikte einigermaßen fair und vernünftig ausgetragen werden können. Es muss also auch eine Übereinkunft geben über einige „Spielregeln" und über grundsätzliche Wertentscheidungen, die von allen beteiligten Gruppen respektiert werden. Dazu gehören z. B. die Grundsätze der Toleranz, des Gewaltverzichts und der Achtung der Menschenrechte. Dazu gehört auch die Fähigkeit, Kompromisse zu schließen. Denn letztlich müssen alle Beteiligten bereit sein, Mehrheitsentschlüsse zu akzeptieren. Man kann also sagen, es herrscht über wichtige Punkte eine Übereinstimmung oder ein Konsens. Auf dieser Basis werden von den verschiedenen Verbänden und Parteien die Interessenskonflikte ausgetragen.

Freiheitsrechte als Voraussetzung

Grundgesetz

Art. 5 (1)
Jeder hat das Recht, seine Meinung in Wort, Schrift und Bild frei zu äußern und zu verbreiten …
Eine Zensur findet nicht statt.

Art. 8 (1)
Alle Deutschen haben das Recht, sich ohne Anmeldung oder Erlaubnis friedlich … zu versammeln.

Art. 9 (1)
Alle Deutschen haben das Recht, Vereine und Gesellschaften zu bilden.

Art. 21 (1)
Die Parteien wirken bei der politischen Willensbildung des Volkes mit. Ihre Gründung ist frei.

■ 1. Welche Freiheitsrechte werden hier jeweils wahrgenommen?
■ 2. Ordnen Sie die Bilder den jeweiligen Artikeln des Grundgesetzes zu.

Unterschiedliche Interessen können nur vorgetragen und vertreten werden, wenn die Bürger entsprechende Freiheitsrechte besitzen.
Vor allem die Rechte auf freie Meinungsäußerung, Versammlungsfreiheit und Vereinigungsfreiheit sowie das Recht auf die freie Gründung von Parteien sind Voraussetzungen und Merkmale für eine freiheitliche und pluralistische Ordnung.

2.2 Aus Untertanen werden Bürger

Das Verhältnis des Einzelnen zur Gesellschaft und das der Gesellschaft zum Staat hat sich in den letzten Jahrhunderten stark verändert.

Vereinfachtes Modell für das Verhältnis zwischen dem Einzelnen, der Gesellschaft und dem Staat in früheren Jahrhunderten und heutzutage:

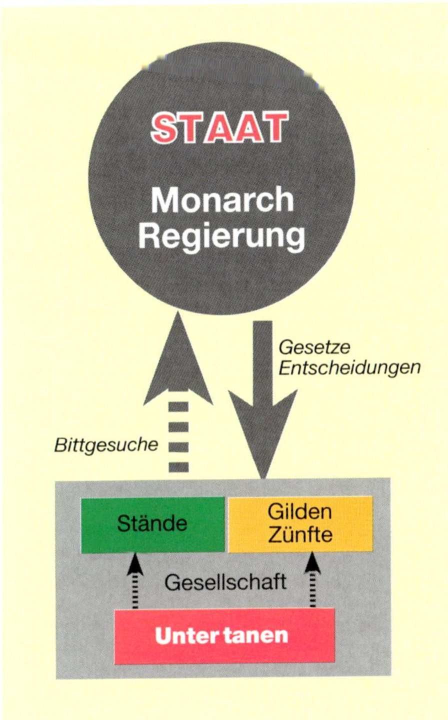

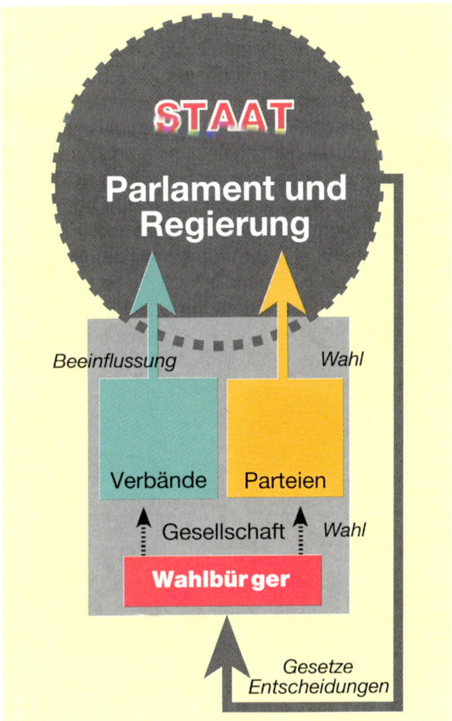

Wir Wilhelm,
von Gottes Gnaden,
Deutscher Kaiser,
König von Preußen
verordnen ...

- 1. Vergleichen Sie das Verhältnis zwischen Staat und Gesellschaft in den beiden Zeichnungen. Beachten Sie dabei die unterschiedliche Stellung zueinander.
- 2. Erklären Sie anhand der Zeichnungen den Begriff „Herrscher von Volkes Gnaden".
- 3. Weisen Sie aus dem Vergleich der beiden Zeichnungen nach, dass die Mitbestimmungsmöglichkeiten der Bürger heutzutage deutlich größer sind als früher.

Volkssouveränität

(souverän = überlegen)
der staatsrechtliche Grundsatz, dass die Staatsgewalt beim Volk liegt

2.3 Notwendigkeit der Organisation von Interessen

Das Vorbild der Amerikanischen Unabhängigkeitserklärung von 1776 und die Ergebnisse der Französischen Revolution von 1789 haben in vielen Staaten die Bedingungen dafür geschaffen, dass die Bürger ihre Interessen frei vertreten dürfen und an politischen Entscheidungen über gewählte Volksvertretungen mitwirken können.
Um die neuen Freiheits- und Mitwirkungsrechte besser nutzen zu können, ist es nötig, dass sich die Bürger in Interessengruppen zusammenschließen. Der Einzelne allein kann in einer großen Gesellschaft wenig ausrichten.
Vor allem die schwierige soziale Lage der Arbeiterschaft im 19. Jahrhundert führte zur Gründung entsprechender Vereine und Verbände, aus denen später Gewerkschaften und Arbeiterparteien entstanden. Im Laufe der Zeit organisierten sich immer mehr Menschen in Interessengruppen verschiedenster Art.

Französische Revolution

Die Schlagworte der Revolution waren „Freiheit, Gleichheit, Brüderlichkeit".
Jeder Bürger sollte die gleichen Rechte haben und die Standesunterschiede sollten beseitigt werden.

Partei

Verbindung von Staatsbürgern, die auf Grund gleich gerichteter politischer Ideen oder Interessen Einfluss auf die staatliche Willensbildung nehmen wollen. Dies geschieht vor allem durch die Teilnahme an Wahlen.

Verband

Ein Bund oder besonderer Zusammenschluss mehrerer Vereine oder Körperschaften. Rechtlich gesehen ist er eine Personenvereinigung.
Er hat eine Satzung zur Bildung eines gemeinschaftlichen Willens und ist als „juristische Person" rechtsfähig, d. h. selbst Träger von Rechten und Pflichten.

Bürgerinitiative

Zusammenschlüsse von Bürgern mit dem Ziel, bestimmte staatliche Maßnahmen zu fordern, zu verändern oder deren Zustandekommen zu verhindern. Die Aktivitäten der meisten Bürgerinitiativen sind thematisch, zeitlich und räumlich begrenzt.

Gesamtzahl der

Parteien: 10 – 30
Verbände: 3 000 – 4 000
Bürgerinitiativen: 30 000 – 40 000

Arten von Interessengruppen

Bürger/Bürgerin

organisiert in

Parteien	Verbänden	Bürgerinitiativen
Wirkungsbereich lokal, regional, bundesweit	Wirkungsbereich lokal, regional, bundesweit	meist beschränkt auf lokale Ebene
Interessen in allen Lebensbereichen	meist Interessen in einem Lebensbereich	meist relativ spezielles Interesse
direkter Einfluss auf die Politik	meist indirekter Einfluss	indirekter Einfluss

Aus einer Familiengeschichte ...

Urgroßvater
Friedrich Holzer (1861 – 1934)

Arbeiter in einem Stahlwerk

Mitglied in der Gewerkschaft

„Ich habe erfahren, dass nur gemeinschaftliches Handeln unsere Lage verbessern kann. Wir haben jahrelang gegen den 12-stündigen Arbeitstag gekämpft, jetzt haben wir endlich den 10-Stunden-Tag erreicht."

Großvater
Fritz Holzer (1885 – 1956)

Vorarbeiter in einer Metallfabrik

Personalratsmitglied und langjähriges Mitglied in der SPD

„Wir müssen selbst um unsere Rechte kämpfen, wir können das nicht von anderen verlangen. Für mich als Arbeiter ist es wichtig, eine Partei zu unterstützen, die sich für unsere Interessen im Parlament einsetzt."

Vater
Hermann Holzer (1921 – 1988)

Bürokaufmann

Aktives Mitglied in der Jugendorganisation der Katholischen Kirche, später Mitglied im Pfarrgemeinderat

„Während der nationalsozialistischen Herrschaft waren alle Verbände und Organisationen gleichgeschaltet. Für politisch Andersdenkende gab es in der Kirche einen gewissen Freiraum und Schutz, allerdings mussten auch wir vorsichtig sein."

Tochter
Eva Schmid-Holzer geb. 1956

Sekretärin, zurzeit Hausfrau und Mutter von zwei Kindern

Vorstandsmitglied einer örtlichen Bürgerinitiative

„Wir kämpfen in unserer Gruppe für einen Kindergarten und einen zweiten Kinderspielplatz in unserem Stadtteil. Ohne unseren Einsatz wäre vor zwei Jahren anstelle des Kinderspielplatzes ein weiterer Parkplatz entstanden."

■ Wo und aus welchen Gründen haben sich die Familienmitglieder organisiert?

Aufgaben der Interessengruppen

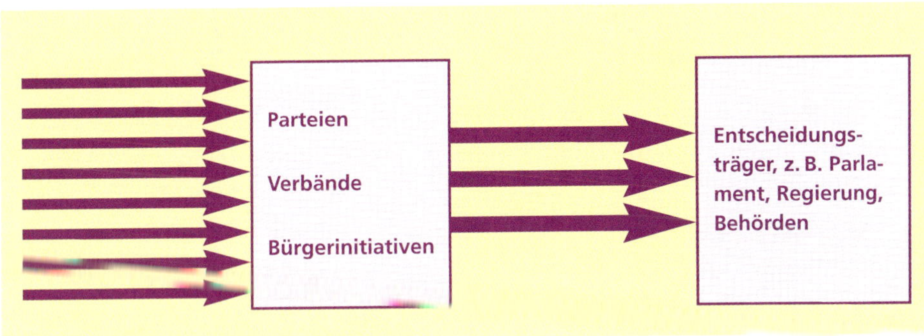

Organisationsgrad der Bundesbürger in

- Parteien: sehr gering (ca. 5 %)
- Verbänden: hoch (24 – 66 %, je nach Berufszugehörigkeit)
- Bürgerinitiativen: gering

Die Interessengruppen bieten den Bürgern Ort und Gelegenheit, um ihre Ansichten oder Interessen **vortragen** zu können. Aus der Vielzahl der geäußerten Wünsche werden die wichtigen **ausgewählt**, mit ähnlich gerichteten Interessen **gebündelt** und damit **verstärkt**, sodass sie mit größeren Erfolgschancen bei den Entscheidungsträgern vorgebracht werden können. Auch die Beeinflussung der öffentlichen Meinung ist das Ziel der Interessenverbände.

2.4 Eigenverantwortung oder Solidarität?

Eine Schülerin und ein Schüler unterhalten sich, ob für sie ein Eintritt in eine Partei oder in einen Verband in Frage kommt.

„Selbst ist die Frau!"

„Wenn ich Probleme habe oder wenn ich etwas erreichen will, dann muss ich mich selbst dafür einsetzen; das kann mir keiner abnehmen."

„Es gibt keinen Verband und keine Partei, die mir in allen Punkten zusagen. Ich müsste mich in vielen Punkten zu sehr an die Meinung anderer anpassen."

Inga (17 Jahre)

„Einigkeit macht stark!"

„Das, was du sagst, kann für deine privaten Probleme gelten; wenn es z. B. jedoch um Kündigungen im Betrieb geht oder um Verbesserungen im Umweltschutz, so erreichst du als Einzelner gar nichts."

„Die ideale Partei oder den idealen Verband gibt es natürlich nicht. Aber vielleicht kannst du in deinem Sinn etwas verändern, wenn du selbst Mitglied bist."

Thomas (18 Jahre)

Solidarität

Damit sind gemeint: Gemeinschaftsgefühl, Kameradschaftsgeist sowie der Wille in einer Angelegenheit zusammenzuhalten.

■ Nehmen Sie Stellung zu den hier gemachten Aussagen.

Der Gruppendruck im Freundes- oder Bekanntenkreis kann die Entscheidung beeinflussen, ob man sich z. B. einem Verein oder einer Partei anschließt. Oft sind es auch private Vorteile, die den Ausschlag dafür geben, Mitglied in einem Verein oder Verband zu werden, so z. B. ein attraktives Freizeitangebot.
Da ein Verband sich nicht für alle Interessen seiner Mitglieder einsetzen kann, steht der Einzelne oftmals vor der Entscheidung, wie weit er zugunsten des Verbandes seine eigenen Interessen zurückstellen und sich damit solidarisch verhalten soll oder ob er etwas mittragen soll, was ihm persönlich widerstrebt (siehe S. 215/216).

ZUSAMMENFASSUNG

Fachbegriffe

Pluralistische Ordnung – Parteien – Verbände – Bürgerinitiativen – Solidarität – Volkssouveränität

Das Vorbild der Verfassung der Vereinigten Staaten von Amerika und die Folgen der Französischen Revolution von 1789 tragen dazu bei, dass die absolutistischen Staatsformen in Europa nach und nach überwunden werden. Es entstehen freiheitliche und pluralistische Gesellschaftsordnungen. Damit ist gemeint, dass die unterschiedlichen Interessen der Menschen anerkannt werden und dass die Bürger mehr Mitwirkungsmöglichkeiten im politischen und gesellschaftlichen Leben erhalten.

Um diese Rechte besser nutzen zu können, schließen sich immer mehr Bürger in Berufsgruppen, Gewerkschaften oder sonstigen Interessengruppen zusammen. Auch die Not der Arbeiterschaft und die aufkommende Massengesellschaft im 19. Jahrhundert fördern die Überzeugung, dass nur bei einem Zusammenschluss die eigenen Interessen wirkungsvoll vertreten werden können.

Heute gibt es eine Vielzahl von Verbänden, Vereinigungen, Parteien und Bürgerinitiativen. Deren Hauptaufgabe besteht darin, dass sie aus einer großen Zahl von Einzelinteressen einige wichtige auswählen, ähnliche Interessen bündeln und diese dann bei den Entscheidungsträgern durchzusetzen versuchen.

Die Interessengruppen spielen in einem freiheitlichen und demokratischen Staatswesen eine wichtige Rolle, da sie dem Bürger die Möglichkeit bieten, dauerhaft an der Gestaltung der politischen Entscheidungen mitzuwirken, und nicht etwa nur bei den gelegentlichen Wahlen.

Politische Freiheitsrechte, wie z. B. die Meinungs-, Rede-, Versammlungs-, und Vereinigungsfreiheit sind eine unverzichtbare Voraussetzung für eine pluralistische Ordnung. Ebenso wichtig ist das Beachten und Anerkennen einer gemeinsamen Basis; dazu gehören die Bereitschaft zum Kompromiss und das Akzeptieren von Mehrheitsentscheidungen durch die unterlegene Minderheit in einer Interessengruppe.

Ein Bürger, der bei einer Interessengruppe mitarbeitet, muss manches Mal seine eigenen Ansichten zurückstellen, um solidarisch seiner Gruppe zu helfen, wichtige Ziele durchzusetzen. Das bedeutet aber nicht, dass er seine Eigenverantwortung aufgibt oder aufgeben soll.

AUFGABEN

1. Stellen Sie Merkmale der pluralistischen Ordnung zusammen.
2. Welche Faktoren begünstigen im 19. Jahrhundert das Entstehen von Interessengruppen?
3. Inwiefern können Parteien und andere Interessengruppen als „Filter" und „Verstärker" bezeichnet werden?
4. „Aus welchen Gründen sind Sie Mitglied in einem Verein oder einer Partei geworden?" Führen Sie zu diesem Thema eine Befragung an Ihrer Schule durch und werten Sie die Ergebnisse in einer Statistik aus.

3 Demokratische Tugenden

3.1 Toleranz anderen gegenüber

Bei einer Fernsehrunde

Im Studio:

Politiker A zu Politiker B:
„Sie haben in dieser Frage – und nicht nur in dieser – völlig versagt, das beweisen die Zahlen der letzten Monate ganz eindeutig. Sie sollten zurücktreten..."

Politiker B zu Politiker A:
„Wir haben von Ihnen einen regelrechten Scherbenhaufen übernommen. Als Ihre Partei an der Regierung war, hat sie uns doch eingebrockt, was wir jetzt auslöffeln müssen. Die Statistik widerlegt Sie doch ganz klar..."

Im häuslichen Fernsehsessel:

Herr Bayerlein, Anhänger der Partei des A:
„Der hat's ihm ordentlich gegeben, der ist halt doch ein klasse Diskussionsredner. Vor allem aber kennt er sich hervorragend mit den Zahlen aus."

Frau Ermeling, Anhängerin der Partei des B:
„Ein komischer Typ dieser A und überhaupt. Aber B ist ja nicht auf den Mund gefallen, hat es ihm ganz schön zurückgegeben. Vor allem konnte er alles mit den Zahlen widerlegen."

- 1. Welche Ziele verfolgen die beiden Politiker im Hinblick auf ihr Fernsehpublikum?
- 2. Welche Bedeutung hat bei dem Gespräch das so genannte Zahlenmaterial?
- 3. Wie beurteilen Sie die Stellungnahmen von Herrn Bayerlein und Frau Ermeling?
- 4. Wie kommen deren Urteile zustande?
- 5. Verfolgen Sie politische Fernsehsendungen und stellen Sie fest, ob es den Gesprächsteilnehmern um sachliche Aussagen geht oder eher darum, als „Sieger" zu glänzen.
- 6. Welche Gefühle begleiten Sie als Zuschauer einer solchen Runde?

Die meisten Streitgespräche tragen wenig zur Lösung von Konflikten bei, weil die Beteiligten von Minute zu Minute wütender und irrationaler werden. Wer streitet, hat gewöhnlich kein großes Interesse daran, was die andere Person zu ihren Äußerungen veranlassen. Man ist eher damit beschäftigt, seine eigene Reaktion vorzubereiten:
Man sucht nach Angriffsflächen und nach Argumenten, die man verdrehen kann, damit der andere schlecht und man selbst gut dasteht.

Deborah Tannen: Lass uns richtig streiten, München 1998

Zum Staatsbürger gehört es, nicht nur Steuern zu zahlen und die Gesetze zu achten, sondern sich auch eine politische Meinung zu bilden, sich für politische Ziele zu engagieren und dabei Standpunkte anderer anzuhören und zu respektieren. Eine solche Haltung nennt man Toleranz. Bezüglich der Toleranz aber wird viel „gesündigt".

Insbesondere bei öffentlichen Diskussionen, bei politischen Gesprächsrunden im Fernsehen beispielsweise ist immer wieder zu beobachten, dass es den Teilnehmern in ihren Redebeiträgen weniger um die Sache geht, als vielmehr darum, den politisch Andersdenkenden niederzumachen und zu „besiegen". Oft fallen sich die Diskutanten in unschöner Weise ins Wort, lassen einander nicht ausreden und argumentieren mit Beispielen (z. B. mit Zahlen und Statistiken), die verblüffen sollen und die der Zuhörer gar nicht beurteilen und nachvollziehen kann. Häufig werden auch Begriffe aus der Welt des Krieges verwendet, die das Denken der Zuschauer entsprechend beeinflussen. Da jeder der Teilnehmer „siegen" will, gerät ein solches Gespräch mitunter zu einem großen Durcheinander, von dem sich der Zuschauer schließlich überfordert abwendet.

Voraussetzung für die Suche nach einer brauchbaren Lösung sind nicht nur Toleranz und Respekt vor der Meinung des anderen, sondern auch eine gediegene Gesprächskultur und die Fähigkeit, mit Konflikten rational umzugehen. Solche Eigenschaften sind nicht angeboren, sie müssen – u. a. in der Schule – erlernt werden.

3.2 Konfliktregelung bei politischen Entscheidungen

Für die betroffene Gemeinde ist eine Umgehungsstraße geplant. Diese Absicht stößt bei den Bürgerinnen und Bürgern jedoch nicht nur auf Zustimmung. Die unterschiedlichen Standpunkte werden nicht nur am Stammtisch, sondern u. a. auf Plakaten zum Ausdruck gebracht:

„Schilderkampf" bei einer Demo:

- **Hilfe, wir ersticken in den Abgasen!**
- **Auch wir haben ein Recht auf Lebensqualität!**
- **Die neue Straße zerstört die Existenz von 24 Bauernfamilien!**
- **Die Umleitung hält die Fremden ab. Gastronomie und Einzelhandel werden das Nachsehen haben!**
- **2000 Autos und mehr pro Stunde. Wo soll das noch hinführen?**
- **Wer schützt unsere Kinder vor den Gefahren des Straßenverkehrs?**
- **Die Straße behindert die Krötenwanderung im Frühjahr. Es besteht dort erhöhte Unfallgefahr!**
- **Die Straße führt mitten durch das Naturschutzgebiet. Das muss verhindert werden!**

■ 1. Aus welchen Schilder-Aussagen kommt Zustimmung zur Umgehungsstraße zum Ausdruck und aus welchen Ablehnung?

■ 2. Wie bewerten Sie die einzelnen Aussagen auf den Schildern?

Zwei Standpunkte:

Bernd sagt:
„Also wenn ich mir das Getue mit der Umgehungsstraße so anschaue, dann finde ich das alles ganz schön ätzend. Die Politiker bekommen einfach nichts auf die Reihe. Wenn es ein Problem gibt, dann wird ewig herumgelabert und nichts geht voran. Der Bürgermeister sagt was anderes als die im Stadtrat und auch die sind wegen ihrer unterschiedlichen Parteibücher völlig zerstritten. Und dann geben noch die Verbände ihren Senf dazu. So geht das schon seit sieben Jahren.
Es müsste halt einer da sein, der das Notwendige durchsetzen kann, einer mit der nötigen Autorität. Es können nicht alle möglichen Leute dreinreden. Alle denken doch nur an ihre eigenen Interessen, und was wichtig ist, bleibt auf der Strecke. Es fehlt einfach an der starken Hand, die über den Parteien steht und das tut, was allen nutzt. Dies gilt übrigens nicht nur für unsere Straße, sondern für die Politik ganz allgemein."

Jutta entgegnet:
„Wie stellst du dir das mit der starken Hand eigentlich vor? Gibt es überhaupt einen, der unparteilich ist und so über allen Interessen steht? Und falls es ihn doch gibt, dann bleibt immer noch die Frage nach seinem Sachverstand. Versteht er wirklich so viel, dass etwas Vernünftiges dabei herauskommt, wenn er allein entscheidet? Nein, ich halte es für vernünftiger, wenn in einem Konfliktfall alle Betroffenen mitreden können. Freilich dauert das alles länger, aber es kommt dann schließlich auch etwas heraus, mit dem die Betroffenen halbwegs leben können. In meiner Familie haben wir mit der Methode jedenfalls gute Erfahrungen gemacht".

Planungsphasen bei Bundesfernstraßen (vereinfacht)

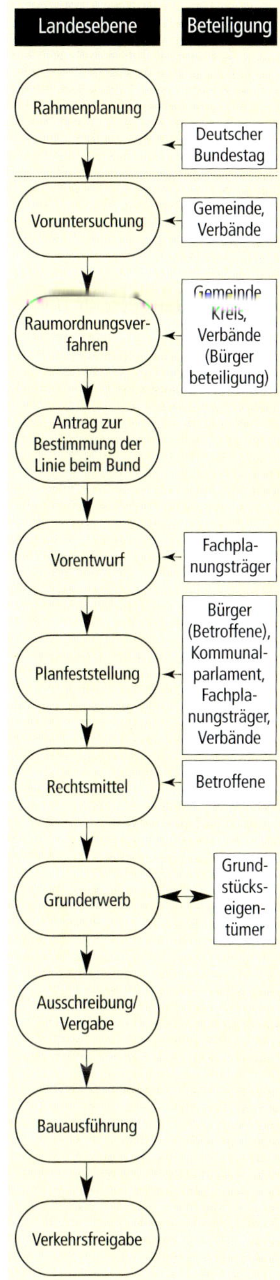

- 1. Welche Interessengruppen sind hinter den einzelnen Aussagen zu vermuten?
- 2. Hat Bernds Vorschlag Ihrer Meinung nach etwas für sich?
- 3. Wie beurteilen Sie Juttas Einwände?
- 4. Was könnte im Zusammenhang mit dem genannten Straßenbau alles in die Waagschale geworfen werden, um zu einer Lösung zu gelangen, die von möglichst vielen Bürgern akzeptiert wird?

Demokratie lebt von der Meinungsfreiheit und somit von der Meinungsvielfalt. Weil es aber nicht so ohne weiteres gelingt, alle Meinungen „unter einen Hut" zu bringen, wird die Demokratie als „die schwerste aller Staatsformen" bezeichnet. Zu den großen Vorteilen und Stärken einer demokratischen Ordnung gehört, dass die Menschen die Möglichkeit haben, Konflikte offen auszutragen und nach einem Kompromiss zu suchen, der dann möglichst allen Beteiligten gerecht wird. Dabei kommt es in hohem Maße auf Toleranz und Kompromissbereitschaft der Beteiligten an – und auf ein bisschen guten Willen.

Um handlungsfähig zu sein, muss eine demokratisch-pluralistische Gesellschaft „Spielregeln" entwickeln, mit denen Konflikte zivilisiert und friedlich ausgetragen werden können. Beim Bau einer neuen Straße beispielsweise gibt es ein geregeltes Verfahren, an das sich die Behörden halten müssen. Dabei erhalten alle Betroffenen die Möglichkeit mitzuwirken und ggf. Einspruch zu erheben, wenn sie ihre Rechte verletzt glauben. Eine solche Art Entscheidungen zu finden kann recht langwierig sein. Bis zu einem endgültigen Ergebnis müssen oft viele Kompromisse geschlossen werden.

Bei der politischen Auseinandersetzung argumentieren Politiker oder Interessensvertreter oft mit dem Begriff „Gemeinwohl". Sie wollen damit ausdrücken, dass ihre Vorstellungen für alle Bürger gut seien. Man geht in einer pluralistischen Gesellschaft jedoch davon aus, dass keine Partei oder Interessensgruppe beweisen kann, dass ausschließlich ihre Auffassung der Wahrheit entspricht und allen Bürgern nutzt.

Um die bestmögliche Lösung zu finden, muss vielmehr versucht werden, die widerstreitenden Interessen einzubinden und die Gegensätze auszugleichen. In konkreten Fällen, wie im Beispiel der Umgehungsstraße, ist es oft recht kompliziert, entsprechende Kompromisse zu finden und eine Lösung zu erarbeiten, die bei einer Abstimmung die entsprechende Mehrheit erhält. Eine durch Kompromisse erlangte Entscheidung entspricht dem Gemeinwohl aber am ehesten, weil sie unter den gegebenen Umständen die bestmögliche Lösung für die Mehrzahl der Menschen darstellt.
Die nach dem Mehrheitsprinzip getroffene Entscheidung muss dann von allen Betroffenen respektiert werden. Die Bereitschaft dazu ist eine der entscheidenden demokratischen Tugenden.

Aus dem Grundgesetz der Bundesrepublik Deutschland: Rechtlicher Schutz

Artikel 1
(1) Die Würde des Menschen ist unantastbar. Sie zu achten und zu schützen ist Verpflichtung aller staatlichen Gewalt.

Artikel 3
(1) Alle Menschen sind vor dem Gesetz gleich.

Artikel 12
(1) Alle Deutschen haben das Recht, Beruf, Arbeitsplatz und Ausbildungsstätte frei zu wählen.

Artikel 38
(1) Die Abgeordneten des Deutschen Bundestages werden in allgemeiner, unmittelbarer, freier, gleicher und geheimer Wahl gewählt.

Sozialer Schutz

Artikel 6
(1) Ehe und Familie stehen unter dem besonderen Schutz der staatlichen Ordnung.
(4) Jede Mutter hat Anspruch auf den Schutz und die Fürsorge der Gemeinschaft.

Artikel 14
(2) Eigentum verpflichtet. Sein Gebrauch soll zugleich dem Wohle der Allgemeinheit dienen.

Artikel 20
(1) Die Bundesrepublik Deutschland ist ein demokratischer und sozialer Bundesstaat.

3.3 Schutz von Minderheiten

- 1. Benennen Sie die auf den Fotos dargestellten Gruppen.
- 2. Welche der Gruppen sind zahlenmäßig klein und stellen daher ein Minderheit dar?
- 3. Welche der Gruppen sind Ihrer Meinung nach gut und welche sind weniger gut organisiert, wenn es um die Vertretung ihrer Interessen geht.
- 4. Wovon hängt es ab, dass eine Minderheit gut vertreten ist?

Nicht alle Gruppen einer Gesellschaft können sich selbst organisieren, so z. B. die Kinder. Eine pluralistische Gesellschaft, die eine gerechte Ordnung verwirklichen will, darf nicht zulassen, dass sich nur starke Interessengruppen durchsetzen und andere zu kurz kommen. Auch Minderheiten sowie Bürgerinnen und Bürger, die sich nur ungenügend zusammenschließen und keinen „Druck" ausüben können, müssen rechtlichen und sozialen Schutz genießen, der ihnen durch das Grundgesetz gewährt ist.
Es ist ein Zeichen für die Reife, für den Bildungsstand und für den geistigen Zustand einer Gesellschaft, wie diese mit ihren Minderheiten umgeht. In besonderem Maße gilt das für den Umgang mit Kindern und Jugendlichen. Begegnet man ihnen nicht im Sinne der demokratischen Tugenden und versäumt man, sie in diesem Geiste zu erziehen, dann setzt man ein künftige demokratische Ordnung aufs Spiel.

ZUSAMMENFASSUNG

Eine demokratische Gesellschaft verlangt – um zu Recht so genannt zu werden – ihren Bürgerinnen und Bürgern eine Reihe von Tugenden ab. Das mündliche Bekenntnis zur Demokratie allein genügt nicht. Erforderlich ist u.a. die Toleranz und der Respekt anderen Meinungen gegenüber, sofern diese sich auf der Grundlage der verfassungsmäßigen Ordnung bewegen. Unverzichtbar ist auch die Bereitschaft, Konflikte im Rahmen der geltenden Gesetze offen auszutragen und Kompromisse anzustreben und später auch anzuerkennen. Auch der Schutz von gesellschaftlichen Minderheiten ist eine Voraussetzung für das Bestehen einer demokratischen Gesellschaft.

Fachbegriffe

Toleranz – Konflikt – Konfliktregelung – Kompromiss – Kompromissbereitschaft – Schutz von Minderheiten

AUFGABEN

1. Verfolgen Sie in den Medien (im Fernsehen oder in den Tageszeitungen) politische Konflikte.
   - Welches sind die Konfliktparteien?
   - Beschreiben Sie die jeweiligen Positionen und machen Sie die Gegensätze deutlich.
   - Wie gehen die am Konflikt Beteiligten miteinander um?
   - Welche Kompromissmöglichkeiten zeichnen sich ab?
   - Können sich Ihrer Meinung nach alle Betroffenen mit dem Kompromiss identifizieren?
2. Beschreiben Sie unter den oben genannten Gesichtspunkten einen Konflikt in „Ihrem" Verein oder in „Ihrer" Gemeinde.
   - Welche Rolle spielten Sie persönlich dabei?
   - Wie wurde ggf. mit Minderheiten umgegangen?
   - Sind Sie mit dem Verfahren und dem Ergebnis einverstanden oder hätten Sie sich eine andere Lösung vorgestellt?

4 Partizipation an der Willensbildung

Wege in die Politik

Sebastian Friedl (16), ist Schüler, treibt Sport und macht Politik. In seiner Heimatgemeinde Gersthofen bei Augsburg ist er eines von sieben Mitgliedern im örtlichen Jugendbeirat, eine Art Jugendgemeinderat, gewählt von den 14-17-Jährigen der Gemeinde. Zuerst ging es nur um Unterschriften für ein Streethockeyfeld. Daraus wurde die Idee für einen ständigen Jugendbeirat. Die örtlichen Parteien spielten mit.

Nach PZ Nr. 92/97, S. 22

Würden Sie sich zutrauen, an Stelle der Bundestagsabgeordneten selbst zu entscheiden, ob etwa Atomkraftwerke stillgelegt, die Wehrpflicht abgeschafft, die Mineralölsteuer erhöht oder die Zuwanderung geregelt werden soll? Fragen von so weit reichender Bedeutung entscheiden die Abgeordneten, denen wir vertrauen und am Wahltag unsere Stimme geben. Mit diesem zentralen Grundrecht zu wählen erschöpft sich politische Mitwirkung keineswegs. Demokratie lebt vom Engagement der mündigen Bürger, die sich selbstbewusst für eigene und gemeinschaftliche Interessen einsetzen. Dieses Kapitel thematisiert sowohl Möglichkeiten der Teilnahme an der politischen Willensbildung als auch Verfahren der direkten Demokratie.

4.1 Mitwirkung in Schule und Betrieb

Mit dem Eintritt ins Schul- und Berufsleben muss sich der Jugendliche und Auszubildende nicht wie ein Untertan oder bloßer Empfehlsempfänger fühlen. Es gibt verschiedene Möglichkeiten, sich an der Gestaltung der beiden Lebensräume aktiv zu beteiligen.

Einrichtungen der Schülervertretung sind:

1. Klassensprecher und ihre Stellvertreter,
2. Klassensprecherversammlung,
3. Tagessprecherausschuss,
4. Schülerausschuss

- Die Klassensprecher der an den einzelnen Tagen anwesenden Klassen bilden eine Klassensprecherversammlung.
- Die Klassensprecherversammlung wählt drei Tagessprecher; diese bilden den Tagessprecherausschuss.
- Die Tagessprecherausschüsse wählen den Schülervertreter für den Berufsschulbeirat. Sie können ferner einen aus drei Schülersprechern bestehenden Schülerausschuss bilden.

Zu den Aufgaben der Schülermitverantwortung gehört die Förderung der Zusammenarbeit zwischen Schülern und Lehrkräften, die Mitgestaltung des schulischen Lebens und der Einsatz für die Belange einzelner Schüler und der Schülerschaft

nach: Berufsschulordnung für die Berufsschulen in Bayern (BSO), bes. § 50

Jugend- und Auszubildendenvertretung

Arbeitnehmer unter 18 Jahren und Auszubildende unter 25 Jahren können unter bestimmten Voraussetzungen eine Jugend- und Auszubildendenvertretung (JAV) wählen.
Die JAV kümmert sich um die Belange dieses Personenkreises, besonders um Fragen der Berufsbildung und um die Einhaltung der Gesetze und Vorschriften. Anregungen und Beschwerden dazu gibt sie an den Betriebsrat weiter und berät mit diesem über Maßnahmen.

nach: Betriebsverfassungsgesetz von 2001, bes. §§ 60 ff

1. Stellen Sie den Aufbau der Schülermitverantwortung (SMV) grafisch dar und sammeln Sie konkrete Möglichkeiten der Mitgestaltung des schulischen Lebens durch die SMV.
2. Wie kommt eine JAV in Ihrem Betrieb zustande? Berichten Sie Ihren Mitschülern über Ihre ersten Erfahrungen mit der JAV.
3. Sammeln Sie weitere Möglichkeiten der betrieblichen Mitwirkung und Mitbestimmung.

4.2 Eigene Interessen verwirklichen in Vereinen und Verbänden

Verband

Ein Verband ist ein Zusammenschluss mehrerer Vereine oder Körperschaften. Darüber hinaus gibt es Verbände, die aus Einzelmitgliedern bestehen (so genannte Personenverbände, z. B. ADAC). Rechtlich gesehen ist jeder Verband eine Personenvereinigung.

Vereine

Vereine sind kleinere meist örtliche Zusammenschlüsse von Personen mit ähnlichen Interessen, z. B. Sportvereine, Musikvereine, Gartenbauvereine.

- 1. Kennen Sie die Verbände und deren Tätigkeitsfelder?
- 2. Sind Sie selbst Mitglied in einem Verein oder Verband?
- 3. Welche Gründe haben Sie dazu bewogen, Mitglied in einem Verein zu werden?

Vereine und Verbände spielen für den gesellschaftlichen Zusammenhalt eine große Rolle. Statistisch gesehen ist fast jeder Erwachsene Mitglied in zwei solchen Vereinigungen, z. B. in einer Kirche, in einem Sportverein, in einer Musikkapelle, in einer Gewerkschaft usw.
Die meisten treten in Vereine ein, um ihrem Hobby besser nachgehen zu können oder um gesellschaftliche Kontakte besser pflegen zu können.

Daneben gibt es aber auch viele, vor allem auch junge Menschen, die etwas für die Gemeinschaft tun wollen, sei es als Mitglied der Freiwilligen Feuerwehr oder z. B. bei Umweltschutzverbänden. Während die Neigung der Jugendlichen bei Parteien mitzuarbeiten relativ gering ist (siehe auch S. 207), so sind doch viele von ihnen bereit, sich für konkrete und überschaubare Ziele einzusetzen.

Auch anscheinend unpolitische Vereine und Verbände kämpfen im politischen Bereich darum ihre Ziele durchzusetzen, z. B. wenn es darum geht, bessere rechtliche Voraussetzungen oder finanzielle Förderung zu erhalten.

Verbände und ihre Wirkungsbereiche

Bereiche	Beispiele
Wirtschaft- und Arbeitsleben	Bundesvereinigung der Deutschen Arbeitgeberverbände (BDA), Deutscher Gewerkschaftsbund (DGB), Verbraucherverband, Deutscher Beamtenbund (DBB)
Politisch-/ wirtschaftlicher Bereich	Deutscher Städtetag, Vereinigung der Sparkassen und öffentlichen Versicherungen
Bestimmte Bevölkerungsgruppen	Jugendverbände, Hausfrauenverbände, Feministinnen, Homosexuelle
Fürsorge und Hilfe	Volksverbund Deutscher Kriegsgräberfürsorge, Deutsches Rotes Kreuz, Krebshilfe, AIDS-Hilfe
Geschädigte des II. Weltkriegs	NS-Verfolgtenbünde, Kriegsopferverbände, Heimkehrerverbände, Vertriebenenverbände
Besondere politische Zielsetzungen	Wählerinitiativen, Europaunion, Amnesty International, BUND (Umwelt, Naturschutz)

Auswahl einiger mitgliederstarker Verbände

Zahl der Mitglieder:

Deutscher Sportbund (Stand: 2003)	27 000
DGB (Stand: 2002)	7 700 000
ADAC (Stand: 2002)	14 600 000
BUND (Stand: 2003)	375 000
Deutscher Bauernverband (Stand: 2003)	400 000

Die Zahlen beruhen auf verbandseigenen Angaben

Organisationsgrad der Arbeitnehmer in Deutschland

(alte Bundesländer)	
Arbeiter	52,8 %
Angestellte	23,7 %
Beamte	66,1 %

Gewerkschaftsmitglieder in % der Beschäftigten (= Organisationsgrad)

Dänemark	87,5
Finnland	79,0
Schweden	79,0
Belgien	69,2
Irland	44,5
Österreich	39,8
Italien	35,4
Griechenland	32,5
Portugal	30,0
Großbritannien	29,0
Deutschland	27,3
Niederlande	27,0
Spanien	15,0
Frankreich	9,1

Quelle: Institut der deutschen Wirtschaft Köln (IW) (Stand: 2000)

Engagement in Gewerkschaften

Von besonderer Bedeutung sind die Verbände aus dem Wirtschafts- und Arbeitsbereich, dies sind die Gewerkschaften und die Unternehmerverbände. Ihre Entscheidungen wirken sich spürbar auf die Lebensverhältnisse der Bürger aus. Dies gilt sowohl für die Höhe des Lohns als auch für viele sonstige Regelungen, die von den beiden Tarifvertragsparteien ausgehandelt werden.

Arbeitnehmerorganisationen in der Bundesrepublik

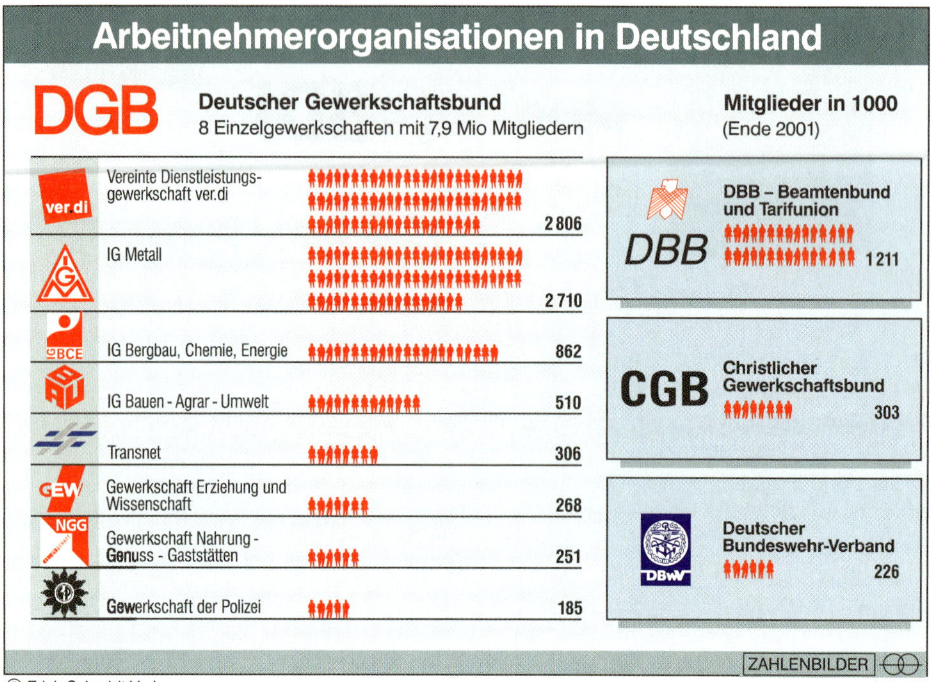

© Erich Schmidt Verlag 240 110

■ 1. Welche Arbeitnehmerorganisation käme für Ihren Beruf in Frage?

Das Prinzip der Einheitsgewerkschaft beim DGB

Dieses Prinzip besagt, dass für ein Unternehmen stets nur eine der acht Einzelgewerkschaften zuständig ist, auch wenn es im Unternehmen Arbeitnehmer aus verschiedenen Berufszweigen gibt, z. B. Metallarbeiter, Chemiefacharbeiter, kaufmännische Angestellte usw.

Im Deutschen Gewerkschaftsbund (DGB) und im Christlichen Gewerkschaftsbund (CGB) werden Arbeitnehmer aller Berufsgruppen aufgenommen. Dagegen stehen dem Deutschen Beamtenbund (DBB) nur bestimmte Berufsgruppen offen.
Der DGB stellt mit seinen acht Einzelgewerkschaften die größte Arbeitnehmerorganisation in Deutschland dar. Er hat sich nach dem Ende des 2. Weltkrieges als sog. **Einheitsgewerkschaft** organisiert, das bedeutet, dass in einem Betrieb stets nur eine der acht Einzelgewerkschaften des DGB vertreten ist. Damit soll eine ideologische Zersplitterung und eine kräfteverzehrende Konkurrenz zwischen den Einzelgewerkschaften vermieden werden.
Das Hauptmittel zum Erreichen besserer Einkommens- und Arbeitsverhältnisse sind die Verhandlungen für die Tarifverträge. Die Verbände setzen eine Vielzahl von Maßnahmen für die Durchsetzung ihrer Interessen ein (vgl. S. 221), wobei der Streik die stärkste Waffe der Gewerkschaften ist. Der DBB darf sich dieses Mittels jedoch nicht bedienen.
Die Arbeitnehmerverbände bieten ihren Mitgliedern meist auch Beratung und Hilfe bei Streitigkeiten mit dem Arbeitgeber.
Die Verbände werden durch die Mitgliedsbeiträge finanziert. Die Mitgliedschaft ist grundsätzlich freiwillig.

■ 2. Welchen Vorteil bringt das Prinzip der Einheitsgewerkschaft für den Arbeitgeber in größeren Betrieben mit sich?

■ 3. Diskutieren Sie die Gründe, die für oder gegen den Eintritt in eine Gewerkschaft sprechen.

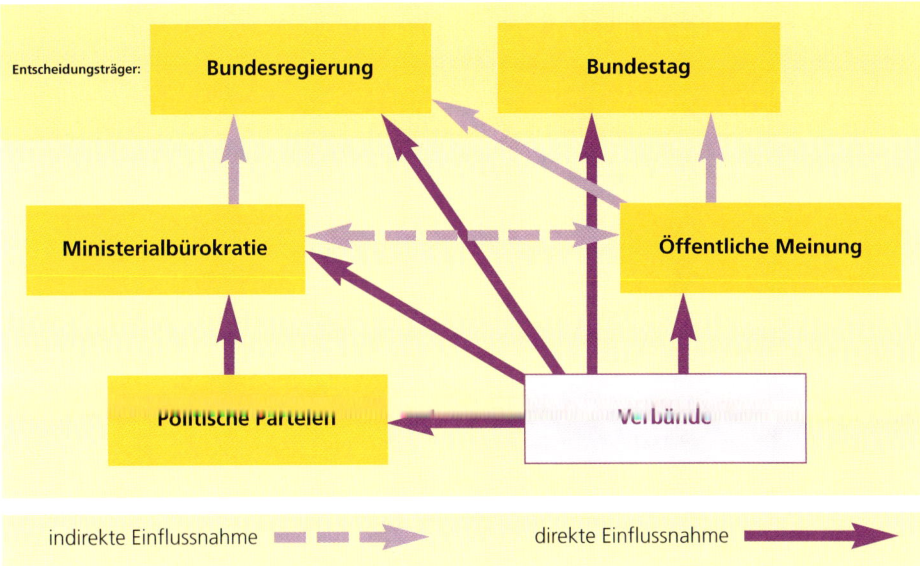

Typische Einwirkungsmöglichkeiten von Verbänden

- Demonstrationen
- Streiks
- Sternfahrten
- Unterschriftensammlungen
- Eingaben
- Presseerklärungen
- Spenden
- Leserbriefe
- Spektakuläre Protestaktionen
- Mitarbeit in Parteien und Parlamenten
- Kontakte zu Politikern

Lobby

Ursprünglich war damit die Vorhalle im Amerikanischen Kongress gemeint. Heutzutage werden damit Verbandsvertreter bezeichnet, die auf politische Repräsentanten Einfluss nehmen.

■ 1. Welche Einwirkungsmöglichkeiten halten Sie für besonders erfolgversprechend?

■ 2. Wie groß schätzen Sie den Einfluss der öffentlichen Meinung auf die Entscheidungsträger ein?

Sind Verbände eher nützlich oder schädlich? – Zwei Meinungen

Interessenverbände sind ein wichtiges Element der lebendigen Demokratie. Während die Bürger nur in bestimmten Abständen über ihre Regierung und ihre Volksvertretung entscheiden können, sind die Verbände in der Lage, auch zwischen den einzelnen Wahlterminen eine mehr oder weniger enge Verbindung zwischen Wählern und Gewählten herzustellen. ...

Interessenverbände können dazu beitragen, die starre Fraktionsdisziplin in den Parlamenten zu lockern, weil ihre Vertreter zumeist nicht nur in einer, sondern in mehreren Fraktionen sitzen. ...

Von den Verbänden wird die Tätigkeit des Staates und seiner Organe nicht nur kontrolliert, sondern auch entlastet und erleichtert. So erfüllen sie eine große Anzahl von Aufgaben, die sonst vom Staat wahrgenommen werden müssten, zum Beispiel auf den Gebieten der Jugendpflege, der Fort- und Weiterbildung, beim Umweltschutz, beim Sport, in der Fürsorge für Kranke, Alte, Arme und vieles andere mehr.

Prof. Dr. Viola Gräfin von Bethusy-Huc, zitiert nach: Interessenverbände und Interessengruppen, Informationen zur politischen Bildung, Heft 217, Bonn 1987, S. 27

Wenn nahezu jeder organisiert ist, erreicht die Gesellschaft einen Punkt, an dem nichts mehr getan werden kann. Gruppen mit beschränkter Macht tun sich gewöhnlich leichter darin, gegen einen Vorschlag von irgendeiner Seite ihr Veto einzulegen als ein eigenes positives Konzept durchzusetzen. Wenn das geschieht, wird Politik negativ und Interessengruppen werden zu Veto-Gruppen ... Pluralistische Interessenorganisation kann daher zu einem schleichenden Immobilismus führen. Die Gesellschaft wird immer unbeweglicher, und der Versuch, Reformen oder Erneuerungen einzuleiten wird so frustrierend wie das Schwimmen in einem Sumpf.

Karl Deutsch, zitiert nach: Jürgen Weber, Die Interessengruppen im politischen System der Bundesrepublik Deutschland, Stuttgart Kohlhammer 1977, S. 360

Lobby oder Partei?

„Das Erfolgsgeheimnis der Bürgerinitiativen beruht auf folgenden Säulen: Motivation der Bürger durch konkrete Betroffenheit, Mobilisierungsfähigkeit durch fantasievolle direkte Aktionen, gesellschaftliche Offenheit durch strikte Überparteilichkeit."

J. M. Leinen: Besser Lobby als Partei

Hauptziele:

- Information und Aufklärung der Öffentlichkeit
- Werben von Mitgliedern
- Einwirken auf Behörden und Politiker

Ergebnis einer Befragung:

Die Bereitschaft, in einer Bürgerinitiative mitzuarbeiten ist dreimal größer als in einer Partei tätig zu werden.

Bernd Guggenberger: Bürgerinitiativen in der Parteiendemokratie, Stuttgart, Kohlhammer, 1980

4.3 Entstehung, Merkmale und Bedeutung von Bürgerinitiativen

Immer mehr Bürgerinitiativen im Allgäu

Oft fehlt Vertrauen zu den Politikern

Mitglieder kommen aus allen Bevölkerungsschichten

Lauben/Kempten/ ...
(Es) engagieren sich in immer mehr Bürgerinitiativen im gesamten Allgäu: Hausfrauen, Postbeamte, Staatsanwälte, selbstständige Handwerker, Lehrer oder Landwirte, also Bürgerinnen und Bürger aller Bevölkerungsgruppen. In der Regel geht es um Widerstand gegen Projekte in der Nachbarschaft, von denen die Mitglieder unmittelbar betroffen sind. Meistens wollen sie sich bewusst nur für eine überschaubare Zeit und für ein ganz bestimmtes, begrenztes Problem einsetzen. Manchmal fehlt ihnen das Vertrauen in Parteien und die Hoffnung, über Politiker drängende Probleme schnell lösen zu können.

Allgäuer Zeitung

Bürgerinitiativen entstehen meist spontan, um auf einen Missstand aufmerksam zu machen oder gegen geplante öffentliche Vorhaben zu protestieren. Meist sind die Beteiligten direkt betroffen. Sie schließen sich zur **Durchsetzung eines** konkreten Zieles zusammen, weil sie von den Parteien oder Politikern enttäuscht sind. Die Probleme sind in der Regel **regional begrenzt**, d. h., es ist nur ein kleines Gebiet betroffen. In manchen Fällen schließen sich örtliche Bürgerinitiativen auch zusammen, so z. B. im Bereich des Umweltschutzes. Ihre typischen Aktivitäten sind: Flugblätter, Zeitungsanzeigen, Podiumsdiskussionen, Unterschriftensammlungen, Protestkundgebungen, Schreiben an Behörden und Politiker. Diese Aktivitäten sind meist **zeitlich begrenzt**. Nach dem Erfolg löst sich die Gruppe wieder auf.

Viele Bürgerinitiativen verstehen sich als **überparteiliche** Organisation. Ihre Mitglieder stammen aus verschiedenen politischen Lagern. Bürgerinitiativen haben keinen so straff organisierten Aufbau wie Parteien und Verbände. Es gibt meist keine bezahlten Funktionäre; die Mitglieder arbeiten ehrenamtlich.

■ 1. Nennen Sie Beispiele von Bürgerinitiativen aus ihrer Umgebung.

Die Meinungen über den Wert der Bürgerinitiativen sind geteilt:

Die einen sagen:

- Sie vertreten egoistisch nur die Wünsche der Mitglieder.
- Sie erschweren und verzögern das staatliche Handeln.
- Die von ihnen verursachten Verzögerungen führen zu höheren Kosten.
- Manche kämpfen mit gewalttätigen Mitteln für ihre Ziele, z. B. bei Demonstrationen gegen Atommülllager.

Die anderen sagen:

- Es ist rechtmäßig, sich für seine eigenen Interessen einzusetzen.
- Fehler und Versäumnisse staatlichen Handelns werden aufgedeckt.
- Es entstehen manches Mal sachgerechtere Lösungen.
- Die große Mehrheit der Bürgerinitiativen streitet mit rechtmäßigen Mitteln für ihre Ziele.

■ 2. Diskutieren Sie die obigen Aussagen.

4.4 Mitwirkungsmöglichkeiten in der Gemeinde

Biotop oder Ortsumfahrung – ein Fallbeispiel

Am Ortsrand der Gemeinde G. stellt eine Ziegelei den Betrieb ein und bricht die Gebäude ab. Die Natur „vereinigt" das Lehmabbaugelände in kurzer Zeit mit einem lange schon bestehenden Biotop, das unmittelbar angrenzt. Aus den Vertiefungen entstehen viele Tümpel, um die sich ein wahrer Reichtum an Amphibien und seltenen Pflanzen einstellt. Nach einigen Jahren plant die Gemeinde eine neue Umgehungsstraße, die mitten durch das nun vergrößerte Biotop führt. Viele Bürger halten aber den Schutz des Biotops für viel wichtiger als die neue Straße und ein Gewerbegebiet.

Biotop

bezeichnet einen abgegrenzten Lebensraum, in dem ganz bestimmte Tier- und Pflanzenarten, die meist schon recht selten sind, als eine Lebensgemeinschaft miteinander existieren.

- 1. Ein Bürger meint: „Da kannst du nichts machen, die Politiker tun doch was sie wollen." Wirklich? Was könnten die Bürger tun, wenn sie das Biotop retten wollen?

Demokratische Verfahren bieten Mitwirkungsmöglichkeiten

Frau B., eine Bürgerin der Gemeinde, will sich für das Biotop einsetzen. Sie spricht mit dem Mitarbeiter M. der Naturschutzbehörde des Landratsamtes.

Frau B: Können wir Bürger etwas über die Pläne erfahren oder passiert das alles hinter verschlossenen Türen?

Herr M: Aber nein, Ihr Gemeinderat tagt wie alle demokratisch gewählten Organe in aller Öffentlichkeit. Jeder kann die Sitzungen besuchen und hören, was diskutiert und beschlossen wird.

Frau B: Können wir irgendwie nachprüfen, ob richtig entschieden wird?

Herr M: Ja, für den Bau der Straße schreibt das Baugesetzbuch einen genauen Ablauf vor. Ihr Gemeinderat muss zuerst die Aufstellung eines Bebauungsplanes beschließen. Ein Architekturbüro fertigt einen Entwurf an. Diesen können die Bürger vier Wochen lang im Rathaus einsehen und ihre Bedenken und Anregungen der Gemeinde mitteilen. Auch wir Fachleute vom Naturschutz nehmen dazu Stellung. Der Gemeinderat diskutiert über diese Anregungen und Einwendungen. Das führt oft zu Planänderungen, die den Einwendern persönlich mitgeteilt werden. Schließlich muss sich im Rat eine Mehrheit für den endgültigen Bebauungsplan finden, den nun noch eine höhere Verwaltungbehörde prüft.

Frau B: Dann können wir Bürger ja in diesem Verfahren sogar mitwirken?

Herr M: Sicher, und mit guten Argumenten ziehen Sie vielleicht eine Mehrheit der Gemeinderäte auf Ihre Seite.

Frau B: Das wäre zu schön, aber wenn die einfach nicht wollen?

Herr M: Dann gibt es noch weitere Rechtsmittel. Wenn Eigentümer von Grundstücken von diesem Plan betroffen sind, können diese Widerspruch einlegen oder vor Gericht gehen.

Nichtöffentliche Sitzungen

von Stadt- und Gemeinderäten sind die Ausnahme. Meist werden dabei Angelegenheiten einzelner Bürger behandelt.

Träger öffentlicher Belange

sind staatliche Behörden, die von der Panung berührt sind, aber auch bestimmte Verbände. Sie können in Planungsverfahren eine Stellungnahme abgeben, mit der sich die Gemeinde befassen muss.

- 2. Arbeiten Sie vier Merkmale demokratischer Entscheidungen aus dem Gesprächstext heraus.

Mitwirkungsmöglichkeiten der Bürger - Überblick

Auf die Initiative von Frau B. hin trifft sich in der Gemeinde ein Bürgerstammtisch, der sich für das Biotop einsetzen will. Eine Menge guter Vorschläge werden diskutiert:

„Der Bürgermeister und die Gemeinderäte wollen doch wiedergewählt werden. Die sollen sich unsere Meinung anhören. Wenn sie unsere Sache dann nicht vertreten, **wählen** wir nächstes Mal eben anders."

„Noch besser, wir treten selbst in die örtlichen **Parteien** ein. Da können wir die Parteimeinung zum Naturschutz beeinflussen. Und bei der Aufstellung von Kandidaten für die nächste Wahl sorgen wir dafür, dass andere Leute auf die Liste kommen."

„Wir können uns mit einer **Bittschrift** an den bayerischen Landtag oder den Bundestag wenden. Beide haben einen Petitionsausschuss, der solche Fälle überprüft und auf die Gemeinde oder die höhere Verwaltungsbehörde einwirken kann."

„Ich bin bereit für den Gemeinderat zu kandidieren. Dann könnte ich bei den Abstimmungen direkt mitentscheiden."

„Wir suchen uns Verbündete in einem Naturschutz**verband**. Die haben das Recht zur Stellungnahme im Bebauungsplanverfahren und können mit ihren Argumenten die Politiker besser überzeugen."

„Viele Bürger wissen gar nicht von dem schönen Biotop in unserer Gemeinde. Die **informieren** wir durch Leserbriefe in der Lokalzeitung und durch eine Versammlung oder Demonstration werden noch mehr Menschen aufmerksam."

„Eine **Bürgerinitiative** ist doch ganz leicht zu gründen; eigentlich sind wir schon eine. Mit gemeinsamer Aktion sind wir viel stärker als jeder allein. Wir kommen leichter an Informationen heran, finden bessere Argumente und können politische Aktionen durchführen."

„Wir formulieren einen Antrag und sammeln dafür ein paar Hundert Unterschriften und schon haben wir ein **Bürgerbegehren**, über das dann alle Gemeindebürger im **Bürgerentscheid** abstimmen können."

„In unserer Gemeinde hat doch der Tierschutz**verein** viele Mitglieder. Die setzen sich auch für die wildlebende Tierwelt ein. Wenn wir die gewinnen haben wir starke Mitstreiter."

Das Demonstrationsrecht

ergibt sich aus den Grundrechten der Versammlungs-, Meinungs- und Vereinigungsfreiheit. Demonstrationen sind wirksame Mittel, die Öffentlichkeit für politische Probleme zu interessieren. Sie sind vorher bei der Behörde anzumelden.

- 1. Welche Natur- oder Umweltschutzverbände kennen Sie?
- 2. Wer stellt die Liste der Kandidaten für die Gemeinde- und Stadtratswahl auf?
- 3. Benennen Sie schlagwortartig sieben Mitwirkungsmöglichkeiten des Bürgers.

Bürger- oder Stadtteilversammlung in der Gemeinde

Der Entwurf des Bebauungsplanes ist erstellt und liegt zur Einsicht aus. Bei einer Bürgerversammlung bekommen Bürgermeister und Räte einiges zu hören:

Redebeitrag von Frau B: „… ist diese Straße völlig unnötig. Nach unserer Information hat eine Verkehrszählung ergeben, dass am Tag nur etwa 150 Fahrzeuge durch den Ort fahren. Wozu braucht man da eine Umgehungsstraße, die eines der schönsten und wertvollsten Biotope weit und breit zerstört? Ich stelle den Antrag an den Gemeinderat, den Bebauungsplan sofort zurückzunehmen. Ich bitte um Abstimmung."

Der Bürgermeister als Versammlungsleiter lässt offen abstimmen. Der Antrag von Frau B. wird mit großer Mehrheit angenommen.

Der Bürgermeister antwortet: „Die Bürgerversammlung kann dem Rat nichts vorschreiben. Aber der Rat muss sich nach der Gemeindeordnung innerhalb von drei Monaten mit Ihrem Antrag befassen. Ich sichere Ihnen sorgfältige Prüfung zu."

Bürgerversammlungen

sind nach der Gemeindeordnung mindestens einmal jährlich abzuhalten. Die Geschäftsordnung empfiehlt: Die Bürgerversammlung soll dazu dienen, die Bürger über gemeindliche Probleme zu unterrichten und mit ihnen Fragen zu erörtern, bevor die Planungen abgeschlossen sind.
In größeren Städten haben einzelne Stadtteile spezielle Probleme, hier sind Stadtteilversammlungen angebracht.

Gemeindehoheit

Die gemeindliche Planungshoheit für die Bautätigkeit in Form von Flächennutzungs- und Bebauungsplänen gilt als Kern der Selbstverwaltung. Solche Planungen sind unter den Bürgern oft heftig umstritten, weil sie Einzelnen große Vorteile bringen können (z. B. Ausweisung von Bauland), andere Bürger aber erhebliche persönliche oder allgemeine Nachteile befürchten.

Als Kandidat und Mandatsträger selbst Verantwortung übernehmen

Mit dem Eintritt in eine Partei oder eine kommunale Wählervereinigung sind neue Möglichkeiten politischer Mitwirkung geboten. Mandatsträger informieren sie über aktuelle Politik, sie diskutieren politische Themen und wählen Delegierte für übergeordnete Parteitage. Zu den wichtigsten Aufgaben zählt die Aufstellung der Kandidaten für Wahlen in der Gemeinde, im Land und im Bund.

Kandidat wird man leicht, wenn man die Parteimitglieder mit guten politischen Vorstellungen überzeugen kann. Die Partei selbst unterstützt ihre Kandidaten im Wahlkampf. Viele Mandatsträger berichten mit Freude, dass sie mit Argumenten bereits im Vorfeld die politische Willensbildung beeinflussen und bei Abstimmungen mit ihrer Stimme vielleicht den Ausschlag geben können.

Abgeordnete haben keinen Chef

Niemand kann ihnen Aufträge oder gar Befehle geben.
Sie sind einzig ihrem Gewissen verantwortlich.

4.5 Bürgerbegehren und Bürgerentscheid

Im vorliegenden Fall hat der Gemeinderat sich mehrheitlich für den Bau der Straße entschieden. Die Bürgergruppe gibt sich damit aber nicht geschlagen, sondern versucht zur Rettung des Biotops den Weg der direkten Demokratie. Dieser Weg heißt auf Gemeindeebene Bürgerbegehren und Bürgerentscheid.

Die Regelungen dafür finden sich in § 18 a der „Gemeindeordnung für den Freistaat Bayern" (GO). Aus diesen Bestimmungen wird das folgende Schema gewonnen:

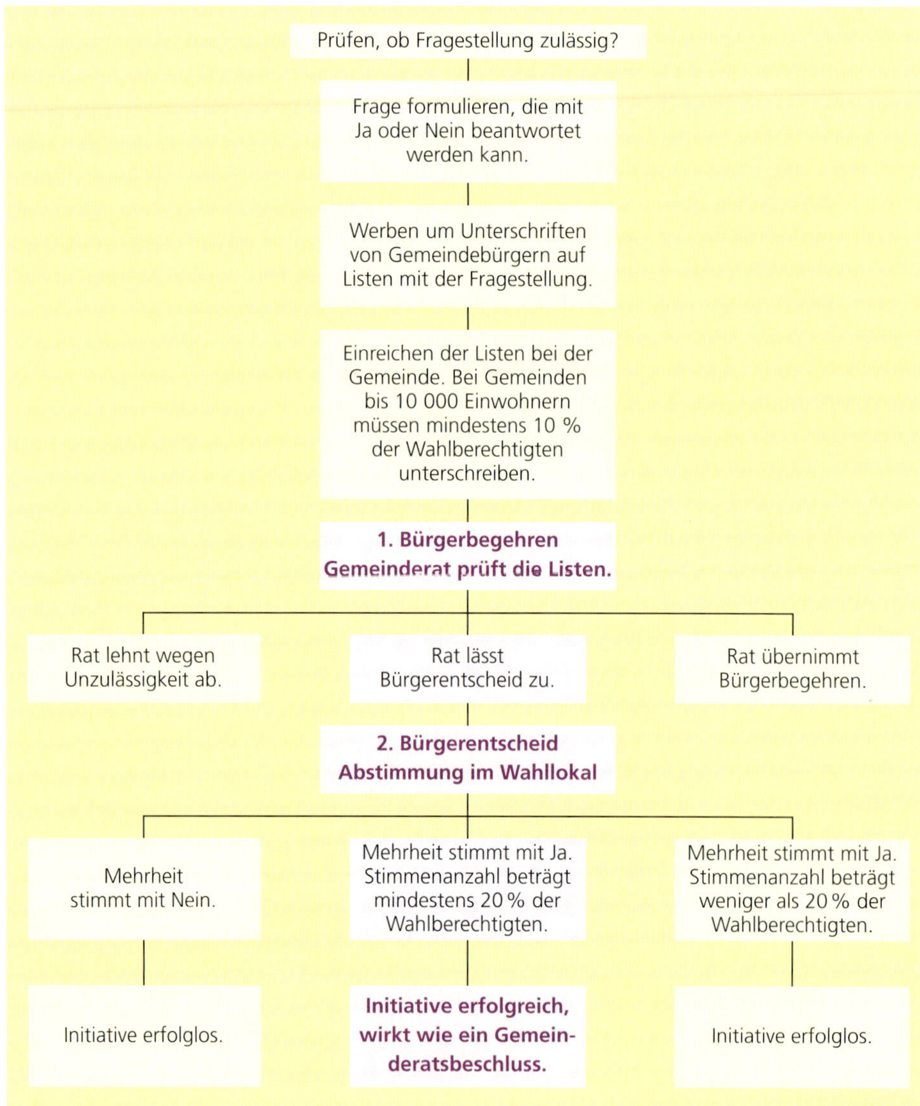

- 1. Informieren Sie sich über unzulässige Fragestellungen in der Gemeindeordnung.
- 2. Formulieren Sie zulässige und politisch aktuelle Fragestellungen, die mit Ja oder Nein beantwortet werden können.

Erich Kästner

„An allem Unfug, der geschieht, sind nicht nur die schuld, die ihn tun, sondern auch die, die ihn nicht verhindern."

Weitere Informationen zu Bürgerbegehren und -entscheid

www.stmuk.bayern.de/blz/web/buergerentscheid

Die Fragestellung

für das Bürgerbegehren und den evtl. folgenden Bürgerentscheid könnte lauten:

Sind Sie dafür, dass der Bebauungsplan „südliche Umfahrung der Gemeinde G." außer Kraft gesetzt wird und die Flächen für den Naturhaushalt und die Tier- und Pflanzenwelt geschützt werden?

Erfolgreiche Mitgestaltung - zwei Strategien

1. Das direkte Gespräch suchen mit dem Bürgermeister, Gemeinderäten, Amtsleitern usw.
2. Öffentlichen Meinungsdruck erzeugen bis hin zum Bürgerbegehren in drei Schritten:
   - sich sachkundig machen,
   - Verbündete suchen,
   - Öffentlichkeit herstellen durch Leserbriefe, Pressegespräche, Flugblätter, Kundgebungen

4.6 Volksbegehren und Volksentscheid

Nicht alle politischen Probleme, von denen sich Bürger direkt betroffen fühlen, können auf der Ebene der Gemeinde oder Stadt gelöst werden. Von manchen ist die Bevölkerung ganz Bayerns betroffen. Die bayerische Verfassung sieht dafür eine ganz spezielle Form der Mitwirkung vor.

Ulm: Müll-Notstand in drei Tagen

Kempten setzt weiter auf Vertrag mit Frankreich

Wohin mit dem Müll? Die Probleme und Abfallberge türmen sich. In Ulm sind am Mittwoch die Aufnahmekapazitäten erschöpft, droht ab Donnerstag der absolute Müll-Notstand. Im Allgäu ist die Lage zwar ernst, aber noch nicht hoffnungslos.

Arbeitsgemeinschaft gegründet

Ärzte machen Front gegen die Müllverbrennung

„Keine Gesundheitsgefährdung"

Augsburger Müllfabrik genehmigt

100 Seiten Auflagen zur „Sicherheit der Allgemeinheit"

Die Gemeinden und Landkreise haben große Probleme mit den gewaltig gestiegenen Müllmengen. Die bestehenden Deponien sind viel zu schnell gefüllt. Neue Deponien sind immens teuer und niemand will sie vor seiner Haustüre haben. Die staatlichen Stellen setzen auf die Verbrennung des Mülls, bei der man hinterher nur noch die Schlacken und Filterstäube deponieren muss.

Viele Bürger befürchten vom Schadstoffausstoß bei der Müllverbrennung Gefahren für die menschliche Gesundheit. Gegen den Bau dieser zentralen Müllverbrennungsanlagen bilden sie Bürgerinitiativen. Diese schließen sich 1988 zu einer Bürgeraktion zusammen. Sie wollen das bayerische Volk selbst ein neues Abfallgesetz beschließen lassen, das der Abfallvermeidung den Vorrang gibt.

Der Antrag auf Zulassung

Beim Volksentscheid wird über ein Gesetz entschieden und dieses Gesetz muss erst einmal erarbeitet werden. Was soll geregelt werden, wie drücken wir es aus? Ein halbes Jahr feilen ein Rechtsanwalt und ein Professor für Verwaltungsrecht die Paragraphen zurecht. Nach breiter Diskussion beschließt die Bürgeraktion den Gesetzentwurf.

Damit ein Volksbegehren stattfinden kann, muss beim Innenministerium ein Antrag auf Zulassung eingereicht werden. Dafür müssen 25000 wahlberechtigte Bürger den Gesetzentwurf unterschreiben. Diese Hürde wird in kurzer Zeit genommen. Das Innenministerium erhält Ende 1989 den von 33463 Personen unterzeichneten Antrag. Nach einigen rechtlichen Klärungen wird das Volksbegehren zugelassen.

nach Bürgeraktion 1990 S. 13

Beim Volksbegehren

begehrt das Volk, ein Gesetz selber zu machen oder zu ändern. Die Möglichkeit gibt die Bayrische Verfassung in Artikel 72: „Die Gesetze werden vom Landtag oder vom Volk (Volksentscheid) beschlossen.

Direkte Mitwirkung

Die „Väter" der bayerischen Verfassung haben wohl eine rege direkte Mitwirkung der Bürger in der Landespolitik erwartet, wenn sie schreiben: „Die Volksentscheide über Volksbegehren finden gewöhnlich im Frühjahr oder Herbst statt." (Art. 74 VI Bayerische Verfassung)

Der Weg vom Problem und der Idee zum Gesetz ist weit und aufwändig.

Vier Stufen führen zum Gesetz.:

1. Stufe: Gesetzentwurf ausarbeiten

2. Stufe: Zulassung beantragen

3. Stufe: Volksbegehren

Seit dem ersten Volksentscheid zur Annahme der Bayerischen Verfassung in Jahre 1946 sind viele Volksinitiativen über den Zulassungsantrag nicht hinausgekommen und nur fünf Volksbegehren erreichten die 4. Stufe:
- Volksentscheid über die konfessionsfreie Schule 1968
- Volksentscheid über die Rundfunkfreiheit 1972
- Volksentscheid über das „Müllkonzept" 1991
- Volksentscheid über das Bürgerbegehren 1995
- Volksentscheid über die Abschaffung des bayerischen Senats 1997

4. Stufe: Volksentscheid

Volksbegehren

BEKANNTMACHUNG
über die Auslegung des Wählerverzeichnisses und die Erteilung
von Eintragungsscheinen für das Volksbegehren „Das bessere Müllkonzept"

Zutreffendes bitte ankreuzen [X]
oder in Druckschrift ausfüllen!

1. Das Wählerverzeichnis

[X] der Gemeinde *Saubersdorf*

[ ] der Eintragungsbezirke der Gemeinde

für das Volksbegehren „Das bessere Müllkonzept" (Eintragungsfrist vom 15. bis 28. Juni 1990) liegt an den Werktagen vom 26.-30. Mai 1990

[X] während der Dienststunden [1])

[ ] von *8.00* Uhr bis *16.00* Uhr [1])

(Ort der Auslegung) [2])

Meldebehörde, Zimmer 107

zu jedermanns Einsicht aus.

Andere Mehrheiten

Besonders erfolgreich war die Bürgeraktion „Mehr Demokratie in Bayern". Dieses Volksbegehren erhält im Frühjahr 1995 problemlos die nötige Unterschriftenzahl und im Herbst 1995 stimmen beim Volksentscheid die Wähler mehrheitlich für den Gesetzentwurf zur Einführung von Bürgerbegehren und Bürgerentscheid.
Ebenso erfolgreich war das Volksbegehren zur Abschaffung des bayerischen Senats im Jahre 1997.
Dagegen scheiterten die meisten Volksbegehren an dieser hohen Hürde von 10% der Wahlberechtigten, das sind etwa 900 000 Unterschriften, so z. B. das Volksbegehren „Menschenwürde ja – Menschenklonen niemals" im Jahre 2003.

Soll das Volksbegehren erfolgreich sein, müssen innerhalb der Eintragungsfrist von nur zwei Wochen 10 % der stimmberechtigten Bürger in ihr Wahllokal gehen und den Gesetzentwurf unterschreiben. Im vorliegenden Fall wird die Hürde leicht genommen, es kommt zum Volksentscheid.

Volksentscheid

Stimmzettel zum Volksentscheid am 17. Februar 1991

Bitte beachten Sie:

Sie haben zwei Stimmen, je eine für jeden der beiden Gesetzentwürfe. Diese Stimmen können Sie wie folgt abgeben:
- einem Gesetzentwurf mit „Ja" zustimmen und dem anderen mit „Nein" ablehnen

oder
- beide Gesetzentwürfe mit jeweils „Nein" ablehnen.

Wenn Sie nur einem Gesetzentwurf mit „Ja" zustimmen oder ihn mit „Nein" ablehnen, so üben Sie Ihr Stimmrecht nur teilweise aus. Wenn Sie beiden Gesetzentwürfen mit „Ja" zustimmen, sind Ihre beiden Stimmen ungültig.
Hinweis: Wenn für beide Gesetzentwürfe mehr „Ja"- als „Nein"-Stimmen abgegeben werden, ist der Gesetzentwurf angenommen, der mehr „Ja"-Stimmen erhalten hat. Erhalten beide Gesetzentwürfe gleich viele „Ja"-Stimmen, so ist der Gesetzentwurf angenommen, der weniger „Nein"-Stimmen erhalten hat.

Stimmen Sie dem Gesetzentwurf des **Bayerischen Landtags** zu (siehe nachfolgenden Text)?	Stimmen Sie dem Gesetzentwurf des **Volksbegehrens** zu (siehe Text auf Seite 3)?
○ Ja ○ Nein	○ Ja ○ Nein

Da auch der Landtag von seinem Recht auf einen eigenen Gesetzentwurf Gebrauch macht, müssen sich die Bürger zwischen zwei Gesetzentwürfen entscheiden. Der Gesetzentwurf des Landtags erhält eine knappe Mehrheit.

Die Mitwirkung der Bürger hat Grenzen

Frau B., die sich mit Erfolg für den Schutz des Biotops eingesetzt hat, schreibt:

Wir Bürger können bei demokratischen Entscheidungen neue lebensnahe Argumente beisteuern, die den Politikern und der Verwaltung oft nicht bekannt sind. Die Entscheidung nehmen wir ihnen nicht ab. Aber sie müssen ihre Entscheidung jetzt besser durchdenken, weil wir darüber auch die Öffentlichkeit informieren. Das gelingt uns nur, wenn wir sachkundig sind, die rechtlichen Möglichkeiten kennen und viele Bürger für unsere Sache interessieren.
Ich bin aber hauptberuflich keine Politikerin. Für die vielen Gespräche und Sitzungen, das Verfassen von Briefen, Flugblättern und Presseartikeln opfere ich meine Freizeit und obendrein bezahle ich das noch selbst. Wenn ich beruflich angespannt bin und auch noch die Familie darunter leidet, halte ich das nicht lange durch.
Aber auf die Politik nur zu schimpfen ist mir zu wenig. Ich will, dass es besser wird und dazu nehme ich meine demokratischen Rechte wahr.

Ermunterung zum Mitwirken

Bayerische Verfassung:
Art. 117:
„Der ungestörte Genuss der Freiheit für jedermann hängt davon ab, dass alle ihre Treuepflicht gegenüber Volk und Verfassung, Staat und Gesetzen erfüllen. Alle haben … an den öffentlichen Angelegenheiten Anteil zu nehmen und ihre körperlichen und geistigen Kräfte so zu betätigen, wie es das Wohl der Gesamtheit erfordert."

- **1. Worin sieht die Schreiberin den Erfolg ihrer Arbeit?**
- **2. Wie beschreibt sie die persönlichen Grenzen des Engagements?**

Die bayerische Verfassung gesteht den Bürgern die direkte Mitwirkung an politischen Entscheidungen zu. Dies kann bei landespolitischen Fragen mit Hilfe von **Volksentscheiden** geschehen. Bei Angelegenheiten, die eine einzelne Gemeinde betreffen, ist darüber ein **Bürgerentscheid** möglich. Im Bereich der Bundespolitik gibt es diese Möglichkeit normalerweise nicht. Das Grundgesetz sieht einen Volksentscheid nur in dem Fall vor, wenn Bundesländer geografisch neu gegliedert werden. Ansonsten stehen die Entscheidungen den gewählten Repräsentanten zu.

Befürworter von mehr direkten Abstimmungen durch das Volk sehen es als großen Vorteil, dass sich Bürger dadurch mehr für Politik interessieren und damit auch den Parteien wieder näher kommen. Kritiker befürchten aber, dass sich die Volksmassen zu sehr von Gefühlen und Vorurteilen und weniger von sachlichen Argumenten leiten lassen.

Direkte Demokratie

„Die direkte Demokratie ist vor Missbrauch (...) genauso wenig gefeit wie die repräsentative Demokratie. Eine Partei kann sich genauso falsch entscheiden wie die zum Entscheid aufgerufenen Bürger. Nur ist – das gilt allen Affären zum Trotz – die Wahrscheinlichkeit etwas höher, dass in den gewählten Parlamenten mit ein wenig mehr Sachverstand abgestimmt wird als auf der Straße."

Stuttgarter Zeitung vom 5.4.2000

- **3. Verschiedentlich wird gefordert, den Bundespräsidenten direkt durch das Volk wählen zu lassen. Begründen Sie Ihre Meinung dazu.**

ZUSAMMENFASSUNG

Partizipation des Bürgers an der politischen Willensbildung umfasst neben dem zentralen demokratischen Grundrecht zu wählen weitere vielfältige Möglichkeiten.

In den Schulordnungen und im Betriebsverfassungsgesetz sind Rechte für Schüler und Arbeitnehmer verankert, die mit Leben erfüllt sein wollen.

Vereine und Verbände bieten vielfältige Möglichkeiten des gesellschaftlichen Engagement. Sie setzen sich für die Interessen ihrer Mitglieder ein und versuchen auf die Entscheidungsträger (z. B. Stadtrat, Regierung, Parlament) einzuwirken. Die Verbände bedienen sich dabei einer Vielzahl von Methoden der Einflussnahme.

Der Erfolg der Verbandsarbeit hängt u. a. davon ab, ob die Gruppe der Gleichgesinnten willens und in der Lage ist, sich zu organisieren und ob die Interessengruppe ein Druckmittel besitzt, auf die Gesellschaft einzuwirken.

Bürgerinitiativen stellen im Vergleich zu Parteien und Verbänden eine relativ neue Möglichkeit der politischen Mitwirkung dar. Sie entstehen oft spontan und kümmern sich um ein örtlich begrenztes Problem. Ihr Ziel besteht meist darin, bestimmte staatliche Maßnahmen zu fordern oder staatliche Entscheidungen zu korrigieren bzw. zu verhindern.

Besonders auf gemeindlicher Ebene kommt es darauf an, die Einflussmöglichkeiten zu kennen. Demokratische Entscheidungsprozesse sind durch vier Merkmale gekennzeichnet: Sie sollen sich bis auf wenige Ausnahmen in aller Öffentlichkeit abspielen. Die Verfahrensabläufe sind nachprüfbar, Mitwirkungsmöglichkeiten für die Bürger sind vorgesehen und schließlich sind Rechtsmittel gegen Entscheidungen gegeben. Bürger- oder Stadtteilversammlungen sollen dazu dienen, die Bürger über gemeindliche Probleme zu unterrichten und Fragen zu erörtern, bevor die Planungen abgeschlossen sind.

Fachbegriffe

Verein – Verband – Lobbyismus – Planungsverfahren – Bürgerinitiative – Petition – direkte Mitwirkung – Bürgerversammlung – Bürgerbegehren – Bürgerentscheid – Volksbegehren – Volksentscheid

Durch die Stimmabgabe bei Wahlen und die Mitgliedschaft in Parteien können Bürger die Politik indirekt mitbestimmen. Ungleich größer sind die Einflussmöglichkeiten der Bürger, die ein politisches Mandat anzunehmen bereit sind. Vereine, Verbände und Bürgerinitiativen melden sich bei speziellen politischen Problemen und nehmen Einfluss auf die öffentliche Meinung.

Die direkte Mitwirkung der Bürger auf gemeindlicher Ebene sieht die bayerische Verfassung mit dem Bürgerbegehren und dem Bürgereinscheid vor. Das Verfahren beginnt mit der Formulierung eines Antrags in einer rechtlich zulässigen Angelegenheit. Der Antrag muss mit Ja oder Nein beantwortbar sein. Die Bürgergruppe sucht nun eine Anzahl von Gemeindebürgern für eine Unterschrift unter ihr Begehren zu gewinnen. In Gemeinden bis 10 000 Einwohner müssen das 10 % der Wahlberechtigten sein. Nach Einreichung der Unterschriftslisten und Prüfung kann der Rat das Begehren ablehnen oder aber den Antrag beschließen und damit das Anliegen der Bürger realisieren. Lässt der Rat den Bürgerentscheid zu, wird innerhalb von drei Monaten eine Abstimmung angesetzt, zu der alle Gemeindebürger stimmberechtigt sind. Stimmt die Mehrheit mit Ja und beträgt diese Stimmenzahl wenigstens 20 % der Wahlberechtigten in Gemeinden bis 20 000 Einwohner, dann muss die Gemeinde den Inhalt des Begehrens realisieren.

Wenn politische Entscheidungen breite Bevölkerungskreise betreffen, können sich in Bayern die Bürger selbst Gesetze geben. Ein solches Verfahren braucht zunächst einen ausgearbeiteten Gesetzentwurf, den 25000 Bürger unterschreiben müssen. Wird das Volksbegehren zugelassen, liegen zwei Wochen lang in den örtlichen Wahllokalen Eintragungslisten aus. Tragen sich in diese mindestens 10 % der stimmberechtigten Bayern ein, kann im anschließenden Volksentscheid der Gesetzentwurf des Volksbegehrens mit einfacher Mehrheit zum Gesetz werden.

Die Erfolge der politischen Mitwirkung geben vielen Bürger Recht in ihrem Engagement, finden aber ihre Grenzen in der persönlichen Belastung durch die ehrenamtliche Tätigkeit. Darüber hinaus müssen die gewählten Repräsentanten die Entscheidungen treffen. Sie sind dem Wohl des Ganzen verpflichtet und nicht Einzelinteressen. Dafür tragen sie auch die Verantwortung.

AUFGABEN

1. **Zu welchen Aktionen würden Sie einer Bürgerinitiative „Tempo-30-Zone" raten?**
2. **Aus welchen Gründen sind viele Menschen bei uns politisch passiv?**
3. **Ermitteln Sie das jüngste Volksbegehren. Wer hat es initiiert, was hatte es zum Gegenstand, war es erfolgreich? Was waren die Gründe für den Erfolg bzw. das Scheitern?**
4. **Planen Sie ein Bürgerbegehren zu einem Problem aus einer Gemeinde. Bedenken Sie dabei:**
   - **Um welches Problem handelt es sich genau und wie könnte die Lösung aussehen?**
   - **Wie muss der Antrag formuliert werden?**
   - **Wie soll für den Antrag geworben werden, wie werden die nötigen Unterschriften eingeholt?**
5. **Welche weiteren Mitwirkungsmöglichkeiten würden Sie sich wünschen?**

LERNGEBIET 11.5

Deutschland in Europa

Partnerschaften – ein Beitrag zur europäischen Integration

Die Einigung Europas vollzieht sich nicht nur auf der großen politischen Bühne. Einen entscheidenden Beitrag zum Zusammenschluss der europäischen Staaten, zum „Gelingen Europas" also, leisten die Partnerschaften. Diese bestehen in vielfältiger Weise zwischen Städten, Landkreisen, kleineren Gemeinden, Schulen, Hochschulen oder sonstigen Einrichtungen.

Durch die Partnerschaften lernen sich die Menschen verschiedener Nationen kennen. Sie haben die Möglichkeit, Vorurteile abzubauen, Freundschaften zu schließen, fremde Sprachen zu erlernen sowie Sitten und Gebräuche des „fremden" Landes zu erfahren. In Bildungseinrichtungen wie in beruflichen Schulen geht es darüber hinaus um die Vermittlung von Fachkenntnissen.

Partnerschaften dienen somit der Völkerverständigung, der Sicherung des Friedens und der internationalen Zusammenarbeit. In der Bundesrepublik Deutschland bestehen Tausende von Partnerschaftsverhältnissen zwischen Gemeinden, Schulen und anderen Einrichtungen in den verschiedensten Ländern Europas.

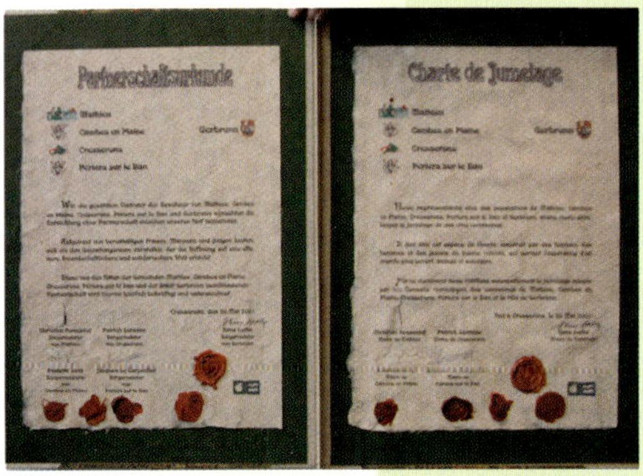

Unterzeichnung eines Gemeinde-Partnerschaftsvertrages zwischen deutschen und französischen Bürgermeistern

Auftrag

Befragen Sie an einer der in der Folge genannten Einrichtungen eine zuständige Person zum Thema europäische Partnerschaften:

- **Entweder an der beruflichen Schule, die Sie besuchen, oder an einer anderen Schule, wenn an Ihrer Schule keine Partnerschaftsbeziehungen gepflegt werden.**
- **Entweder in ihrer Heimatgemeinde oder in einer benachbarten Gemeinde.**

Der Auftrag kann individuell oder gruppenweise umgesetzt werden. Die in der Folge aufgelisteten Fragen sind als Vorschläge gedacht; sie können durch weitere ergänzt oder durch andere ersetzt werden. Erstellen Sie also ggf. Ihren eigenen Fragenkatalog, wenn Sie dies für erforderlich halten.

Die vorgeschlagenen Fragen lassen sich in zwei Kategorien einteilen:

- **Erstens in die Kategorie reiner Wissensfragen und**
- **zweitens in die Kategorie von Wertungs- und Meinungsfragen.**

Bei letzteren also geht es weniger um reine Fakten, als um persönliche Beurteilungen.

Die Fragen der ersten Kategorie können einem Zuständigen (Lehrer, Gemeindeangestellter, Bürgermeister) vorgetragen werden. Die Fragen der zweiten Kategorie sind für einen größeren Personenkreis (ca. 20 Befragte) gedacht, dessen Umfang Sie selbst entscheiden. Um ein halbwegs brauchbares Ergebnis zu erhalten, sollte dieser Personenkreis aus mindestens 20 Personen bestehen. U. a. deshalb empfiehlt sich die Arbeit in Gruppen. Die Befragungen sollten mit Mikrofon und Tonband, besser noch mit Video durchgeführt werden.

Fragen der ersten Kategorie

- Pflegt Ihre Gemeinde/Schule eine oder mehrere europäische Partnerschaften?
- Mit welcher Schule/Gemeinde in welchem Land und in welcher Region?
- Informieren Sie sich über die geographischen, wirtschaftlichen und politischen Verhältnisse in dem jeweiligen Land.
- Wie groß ist die Fahrtstrecke zu der Partnergemeinde/den Partnergemeinden?
- Welche Partnerschaftsveranstaltungen haben in den letzten zwei Jahren stattgefunden
  a) in der Partnergemeinde?
  b) in der Heimatgemeinde?
- Gab es ggf. Gemeinschaftsveranstaltungen mit mehreren Partnergemeinden?
- Wie viele Personen waren daran etwa beteiligt?
- Waren die Teilnehmer eher jüngere oder eher ältere Menschen?
- Wie intensiv sind die Vereine Ihrer Gemeinde in die Partnerschaftstreffen eingebunden?
- Wurde bei den Partnerschaftsveranstaltungen u. a. schon einmal über Vorurteile und Stereotype gesprochen?
- Wie groß ist die Motivation der Schüler/Gemeindemitglieder, an den Partnerschaftsveranstaltungen teilzunehmen oder sich gar für die Partnerschaften zu engagieren?
- Wer organisiert die Partnerschaftsmaßnahmen in Ihrer Schule/Gemeinde?
- Wie wird das „Sprachproblem" gelöst, wenn es sich um Auslands-Partnerschaften handelt?
- Sind aufgrund der Partnerschaften persönliche Beziehungen entstanden (z. B. zwischen einzelnen Schülern oder zwischen Ehepaaren)?
- Wie wird im Falle von Besuch und Gegenbesuch die Unterbringung geregelt?
- Wie werden die Partnerschaftsveranstaltungen Ihrer Gemeinde/Schule finanziert?

Fragen der zweiten Kategorie

- Haben Sie schon einmal an einer Partnerschaftsinitiative teilgenommen?
- Wenn nein, aus welchen Gründen?
- Wenn ja, gab es für Sie dabei Sprachprobleme?
- Was halten Sie ganz persönlich von den Partnerschaften?
- Haben Sie ggf. Vorbehalte gegenüber den Partnerschaften?
- Wenn ja, welches sind die Gründe für Ihre Vorbehalte?
- Was halten Sie überhaupt von der europäischen Entwicklung?
- Haben Sie im Rahmen der Partnerschaften schon einmal einen ausländischen Gast bei sich beherbergt, bzw. sind Sie dazu bereit?
- Welche Vorschläge können Sie machen, um die Partnerschaften Ihrer Gemeinde/Schule zu intensivieren?
- Welche Unterschiede zwischen einer „Katalog-Auslandsreise" und einer Partnerschaftsreise sehen Sie?

Auswertung

Bewerten Sie das Ergebnis der Befragung, indem Sie feststellen,
- **ob die Bürger/Schüler mit dem Begriff Partnerschaften überhaupt etwas anfangen können,**
- **ob sie mehrheitlich positiv zu den Partnerschaften stehen,**
- **ob es im Zusammenhang mit den Partnerschaften Fremdenfeinlichkeit oder Aggressionen gibt und**
- **welche Ursachen eher ablehnende Haltungen haben.**

Weiterführende Aufträge

- **Beschaffen von Internet-Informationen über andere Partnerschaftsinitiativen (z. B. solche großer Städte) sowie über Förderinstitutionen und aktuelle Förderprogramme.**
- **Erarbeitung von Referaten in der Klasse über die Ergebnisse der Befragungen (bei Einsatz der Aufzeichnungsmedien) und über Partnerschaftsinitiativen.**
- **Formulierung eines Zeitungstextes für die Wochenendausgabe Ihres Heimatblattes bzw. für den Jahresbericht Ihrer Schule. Setzen Sie sich in dem Artikel mit den Erfahrungen auseinander, die Sie bei Ihren Recherchen gemacht haben. Bieten Sie den Artikel der Tageszeitung oder der Schulleitung (für den Jahresbericht) zur Veröffentlichung an.**

Meinungen über Europa

- 1. Welchen Aussagen können Sie am ehesten zustimmen?
- 2. Nennen Sie weitere positive und negative Einstellungen zu Europa.

Was sagt die Statistik?

Seit 1973 lässt die Europäische Kommission durch regelmäßige Meinungsumfragen erkunden, wie die Bevölkerung den Stand der EU und ihrer Entwicklung beurteilt. Seit Beginn der Umfrage hält die Mehrzahl der Bevölkerung die EU für eine gute Sache, etwa 10 % stehen ihr offen ablehnend gegenüber, für etwa 30 % ist sie weder gut noch schlecht.

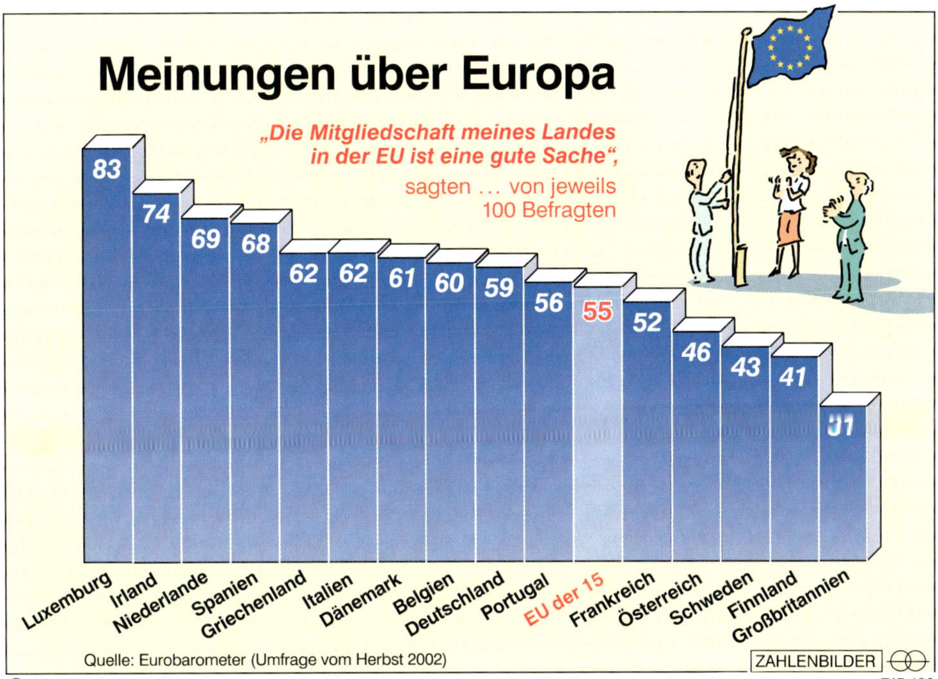

- 1. Welche Gründe mag es dafür geben, dass in manchen Ländern eine so hohe Zustimmung herrscht, während sie z. B. in Großbritannien so gering ist?

Shell-Jugendstudie

Die Firma Shell finanziert seit vielen Jahren die Forschung zur Jugend in Deutschland. Es handelt sich um die umfangreichste Untersuchung zu diesem Thema.

Befragungen haben ergeben, dass die Jugendlichen in Deutschland der EU insgesamt positiver gegenüberstehen als die Erwachsenen. Dies gilt sowohl für die Frage, ob die EU sich in Zukunft zu einer politischen Union weiterentwickeln soll, wie auch bei der Frage, ob die EU weitere Staaten aus Ost- und Südosteuropa aufnehmen soll. Die Jugendlichen schätzen die Chancen größer ein als die möglichen Nachteile.

Bedeutung Europas für junge Menschen

Prozentsatz der jungen Europäer, für die Europa bedeutet, …

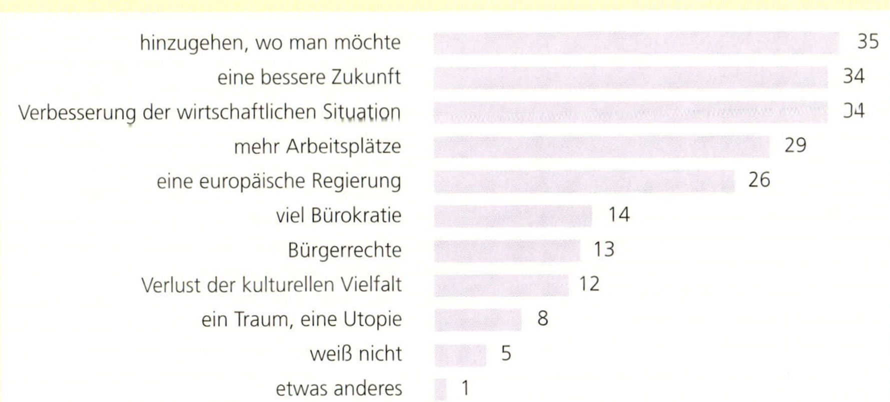

Young Europeans – Eurobarometer 47.2 – Umfrage April–Juni 1997

- 2. Welche drei Punkte sind für Sie am wichtigsten?
- 3. Für die jungen Europäer sind laut Befragung die negativen Punkte nicht so gewichtig wie die positiven. Wie ist Ihre Meinung dazu?

1 Motive und Ziele für ein vereintes Europa

Gotischer Kirchenbau:

Notre Dame in Paris

Renaissance

(lateinisch = Wiedergeburt) Diese Geistesbewegung entsteht in Italien und entfaltet im 15.–16. Jahrhundert ihre größte Wirkung in Europa. Die Kultur und die Wertvorstellungen der Antike werden wiederentdeckt und als Vorbild angesehen.

Aufklärung

Beherrschende Geistesbewegung im Europa des 18. Jahrhunderts. Sie fordert dazu auf, die Vernunft zum Maßstab menschlichen Handelns zu machen.

„Europa einigen heißt Frieden stiften!"

Jean Monnet, französischer Politiker, wesentlicher Förderer der deutsch-französischen Zusammenarbeit nach 1945

- Kulturelle und geschichtliche Gemeinsamkeiten

Europa bedeutet kulturelle Gemeinsamkeit über drei Jahrtausende hinweg:
- **Kunst** und **Wissenschaft** sowie Leitbild der **demokratischen Regierungsform** stammen von den Griechen;
- **Recht** und **Verwaltungskunst**, auch **Toleranz** von den Römern.

Mit diesem griechisch-römischen Erbe verbindet sich in der Spätantike christlich-jüdische Tradition. Im Mittelalter wird Europa von christlicher Glaubenskraft geprägt.

Europa und die Europäische Gemeinschaft, Informationsausstellung der Bayerischen Landeszentrale für politische Bildung, Tafel 4

Die großen geistigen Strömungen werden von den Völkern Europas gleichermaßen aufgegriffen und verarbeitet. So setzt sich zum Beispiel der **Baustil der Gotik** im Mittelalter in nahezu allen Ländern durch. Ähnliches gilt für das Gedankengut der **Renaissance** im 15./16. Jahrhundert, die Ideen der **Aufklärung** im 18. Jahrhundert oder für die wachsende Überzeugung, dass es unveräußerliche Menschenrechte gibt (vgl. S. 83/84).

Die **lateinische Sprache**, als die Sprache der Gebildeten, begünstigt viele Jahrhunderte lang den kulturellen Austausch zwischen den Völkern Europas. Ihr Einfluss zeigt sich auch bei der Entstehung der romanischen Sprachen (z. B. Italienisch, Spanisch, Französisch). In der deutschen Sprache belegt eine große Zahl von Fremdworten lateinischen Ursprungs die starke kulturelle Verflechtung.

Das europäische Zusammengehörigkeitsgefühl erwächst auch aus **gemeinsamen geschichtlichen** Erfahrungen. So wird Karl der Große (768 – 814) von Deutschen und Franzosen als Begründer ihres Reiches angesehen.

- Die schlimmen Erfahrungen kriegerischer Auseinandersetzungen

Deutschland 1945

Immer wieder gibt es in Europa Kriege. Vor allem der 2. Weltkrieg fordert ungeheure Verluste.

Ein vereintes Europa soll Kriege zwischen den Nationalstaaten verhindern und ein dauerhaftes und friedliches Zusammenleben der Völker ermöglichen.

- Hoffnung auf wirtschaftlichen Aufschwung und Wohlstand

> „[…] Ein Europa, zerteilt in lauter kleine Wirtschaftskörper, kann kein wirtschaftlich blühendes Europa sein […] Alle wirtschaftlichen Entwicklungsmöglichkeiten Europas müssen genutzt werden und der europäische Markt sollte groß genug sein, um moderne Methoden billiger Produktion zu rechtfertigen […]“

John Forster Dulles

(1888-1959)
Berater der US-Regierung, amerikanischer Außenminister von 1953-1959.

1957 schließen sich die sechs Gründerstaaten der Europäischen Union, die Bundesrepublik Deutschland, Frankreich, Italien, Holland, Belgien und Luxemburg zur Europäischen Wirtschaftsgemeinschaft (EWG) zusammen. Das Hauptziel besteht darin, die Zollschranken abzubauen, um den Handel untereinander zu erleichtern.

Der Erfolg stellt sich bald ein. Das Wirtschaftswachstum und der Lebensstandard steigen in den folgenden Jahren stärker an als bei den anderen europäischen Staaten.

Diese Vorteile überzeugen immer mehr Nachbarländer. Seit 1957 sind 19 weitere Staaten der EU beigetreten. Eine besondere Chance der europäischen Zusammenarbeit besteht in der Stärkung der internationalen Wettbewerbsfähigkeit, insbesondere gegenüber den USA und Japan. Zukunftsträchtige Projekte, die die Finanzkraft eines Landes übersteigen, werden von der Gemeinschaft gefördert und finanziert.
Beispiele für den Erfolg der europäischen Zusammenarbeit sind die AIRBUS-Flugzeuggesellschaft, die mittlerweile zum weltweit größten Hersteller von Passagierflugzeugen aufgestiegen ist, sowie die ARIANE-Rakete.

Weitere europäische Gemeinschaftsprojekte

- Ariane-Raketenprogramm
- JET-Forschungsanlage für kontrollierte Kernfusion
- Europäisches Kampfflugzeug Eurofighter

- Die Hoffnung auf mehr Einfluss und Sicherheit in Europa

Die Phase des so genannten Kalten Krieges zwischen der UdSSR und den westlichen Staaten stärkt bei den europäischen Politikern das Bewusstsein, dass die Möglichkeit einer nationalen Außen- und Sicherheitspolitik sehr begrenzt sind. Es wächst die Einsicht, dass nur eine Zusammenarbeit der westeuropäischen Staaten Sicherheit gewähren und darüber hinaus die Rolle Europas in der Welt wieder stärken kann.

Zahl der Mitgliedsländer der EU

1957:	6
1973:	9
1981:	10
1986:	12
1995:	15
2004:	25
2010:	vielleicht 27–30

Warum sind der EU so viele europäische Staaten beigetreten? Worin besteht ihre Anziehungskraft?

2 Wichtige Schritte und Vertragswerke der EU

Gründungsmitglieder

- Belgien
- Bundesrepublik Deutschland
- Frankreich
- Holland
- Italien
- Luxemburg

Aufnahme neuer Mitglieder

1973	Dänemark, Irland, Großbritannien
1981	Griechenland
1986	Spanien, Portugal
1990	die fünf neuen Länder der Bundesrepublik
1995	Finnland, Schweden, Österreich
2004	Lettland, Litauen, Polen, Tschechien, Ungarn, Slowakei, Estland, Slowenien, Malta, Zypern

Weitere wichtige Schritte

1967	Zusammenschluss von EGKS, EWG und EURATOM zur Europäischen Union (EU)
1972	Erste Direktwahl zum Europäischen Parlament
1991	Vertrag von Maastricht beschreibt Fahrplan für die weitere Entwicklung
2002	Einführung des EURO

Auf Initiative vor allem französischer Politiker wie Robert Schuman und Jean Monnet vereinbaren sechs europäische Staaten 1951 die Gründung der Europäischen Gemeinschaft für Kohle und Stahl (EGKS), die für diese Produkte einen gemeinsamen Markt vorsieht.

Bereits 1957 beschließen die sechs Staaten mit den Römischen Verträgen die Voraussetzungen für die Europäische Wirtschaftsgemeinschaft (EWG) zu schaffen, die einen gemeinsamen Markt und Agrarmarkt vorsieht, sowie die gemeinsame friedliche Nutzung der Kernenergie.

Vor allem die wirtschaftlichen Erfolge der EWG veranlassen andere europäische Staaten der Gemeinschaft als neue Mitglieder beizutreten.

Die entscheidenden Schritte für die weitere Entwicklung der EU erfolgen meist auf Gipfeltreffen der Staats- und Regierungschefs, so z. B.

- **1988 Hannover**
  Die Wirtschafts- und Währungsunion soll in drei Stufen erreicht werden. Die Einführung des EURO wird für das Jahr 2002 geplant.
- **1993 Kopenhagen**
  Die Beitrittsbedingungen für die Aufnahme neuer Mitgliedsländer aus Mittel- und Osteuropa werden festgelegt (Kopenhagener Kriterien).
- **1999 Berlin**
  Die „Agenda 2000“ wird gebilligt. Sie bringt die Reform der Agrarpolitik sowie eine Regelung der Einnahmen der EU, damit die Erweiterung finanzierbar wird.
- **2000 Nizza**
  Die Zusammensetzung und die Kompetenzen der Organe der EU werden reformiert, damit diese auf die Erweiterung der EU vorbereitet sind.
- **2002 Kopenhagen**
  Der Beitritt von zehn Staaten zum 1. Mai 2004 wird beschlossen. Sie können auch an den Europa-Wahlen für das EU-Parlament im Juni 2004 teilnehmen.

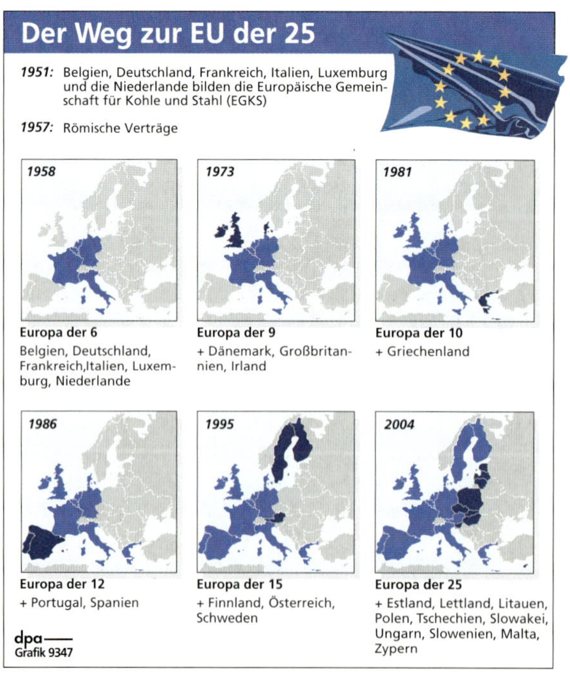

3 Aufbau und Institutionen der EU

■ Welches Organ übernimmt die Aufgaben der Exekutive, welches die der Legislative bzw. die der Judikative?

Sitz wichtiger EU-Organe

Kommission:	Brüssel
Ministerrat:	Brüssel
EU-Parlament:	Straßburg
Rechnungshof:	Luxemburg
Gerichtshof:	Luxemburg

Der Europäische Rat trifft sich abwechselnd in verschiedenen Städten.

Einwohner in den EU-Ländern in Millionen

Deutschland	82,6
Frankreich	59,6
Großbritannien	59,1
Italien	56,5
Spanien	40,7
Niederlande	16,2
Griechenland	11,0
Portugal	10,4
Belgien	10,3
Schweden	8,9
Österreich	8,2
Dänemark	5,4
Finnland	5,2
Irland	3,9
Luxemburg	0,4

Stand 2003

3.1 Die Europäische Kommission

Die Kommission wird oft als „Regierung", als „Motor" oder als „Ideengeber" der EU bezeichnet. Die Kommissionsmitglieder versuchen die Entwicklung der EU voranzubringen und sind bei ihrer Arbeit nicht weisungsgebunden, obwohl sie von den Nationalstaaten vorgeschlagen werden. Die Kommissare sind zuständig für einen bestimmten politischen Bereich, ähnlich wie die Minister in den Regierungen. Ab dem Jahr 2005 muss der Präsident der Kommission vom Parlament der EU mit mindestens qualifizierter Mehrheit bestätigt werden. Er hat dann eine Art Richtlinienkompetenz, ähnlich wie der Bundeskanzler.

Amtszeit der Kommission

Sie dauert fünf Jahre.
Das EU-Parlament kann der Kommission das Misstrauen aussprechen und sie damit zum Rücktritt zwingen.

Sitz der Kommission in Brüssel

Die wichtigsten Aufgaben der Kommission sind:
- Gesetze vorbereiten und vorschlagen,
- Gesetze ausführen, d. h. z. B. auch die genauen Durchführungsbestimmungen erlassen,
- EU-Gelder verwalten
- darauf achten, dass das EU-Recht in den Nationalstaaten beachtet wird,
- die Außenbeziehungen zu Staaten außerhalb der EU pflegen,
- die Aufnahme neuer Mitgliedsstaaten vorbereiten.

Wahlen zum EU-Parlament

Die Abgeordneten werden gemäß dem nationalen Wahlrecht in den EU-Staaten gewählt. In Deutschland wählt man nur die Partei (Listenwahl).

3.2 Das Europäische Parlament

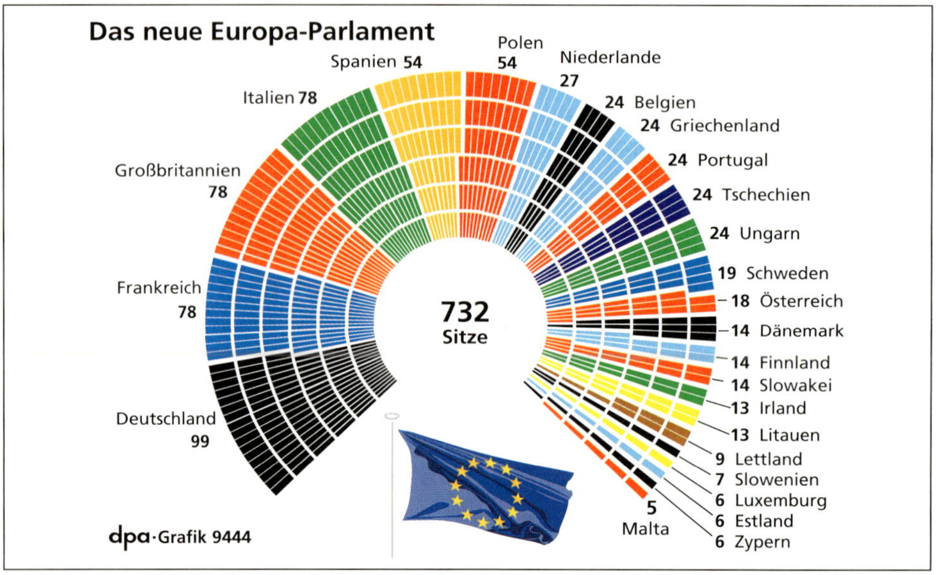

Das **Europäische Parlament** wird seit 1979 alle fünf Jahre direkt gewählt. Es hat noch nicht die Rechte sonstiger demokratischer Volksvertretungen. Es kann keine Gesetze beschließen und seine Entscheidungen binden weder die Kommission noch den Ministerrat. Anfangs nur mit beratender Funktion ausgestattet, hat das Europäische Parlament seit seiner Direktwahl wesentlich größeres politisches Gewicht erlangt: Es beteiligt sich bei der Ausarbeitung der Gesetzesbestimmungen für die Gemeinschaft, beim Abschluss internationaler Abkommen und hat bei der Verteilung von der Hälfte der Finanzmittel des EU-Haushalts das letzte Wort.

Weitere Informationen

www.europarl.de

Das Parlament hat in den letzten Jahren mehr Machtbefugnisse erhalten. So kann es den Haushaltsentwurf der Kommission ablehnen oder die gesamte Kommission mit einer 2/3-Mehrheit zum Rücktritt zwingen.

Es gibt drei Arten der Mitwirkung des Parlaments:

715 422 © Erich Schmidt Verlag

- Welche Rechte fehlen dem Parlament im Vergleich zu einem nationalen Parlament?

3.3 Der Ministerrat oder der Rat der Europäischen Union

Im Ministerrat, manchmal auch kurz „der Rat" genannt, sind die Regierungen der Mitgliedsstaaten repräsentiert. Er teilt sich mit dem Europäischen Parlament die Gesetzgebungs- und Haushaltsbefugnis. Im Bereich der gemeinsamen Außen- und Sicherheitspolitik sowie bei der Zusammenarbeit in Strafsachen ist er das wichtigste Entscheidungsorgan. Er setzt sich aus den zuständigen Fachministern der Mitgliedsstaaten zusammen, die sich zur Erörterung und Beschlussfassung von Gesetzesvorschlägen der Kommission zusammenfinden. Da jedes neue EU-Gesetz das EU-Recht ausweitet und zugleich die nationalen Rechte schmälert, gibt es oft langwierige Auseinandersetzungen, da die Fachminister die nationalen Interessen vertreten.

Je nachdem, was die Verträge für den Einzelfall vorsehen, beschließt der Rat einstimmig, mit qualifizierter Mehrheit oder mit einfacher Mehrheit:

Einstimmigkeit wird verlangt bei den wichtigen Entscheidungen, z. B. bei der Aufnahme neuer Mitgliedsländer, bei der Außen- und Sicherheitspolitik oder bei der Steuerpolitik. Damit hat jeder Staat hier ein Vetorecht.
Bei der Mehrzahl der Beschlüsse reicht die **qualifizierte Mehrheit**. Diese ist erreicht, wenn eine bestimmte Anzahl von Stimmen zusammenkommt und wenn die Mehrzahl der Mitgliedsstaaten zustimmt (Prinzip der doppelten Mehrheit).

Ministerrat der EU

Es gibt nicht nur einen Ministerrat in der EU, sondern etwa so viele, wie es in den Mitgliedsländern Ministerien gibt, zurzeit 16 z. B. den Ministerrat der
- Agrarminister,
- Verkehrsminister,
- Forschungsminister usw.

Stimmengewichtung der Mitgliedsstaaten im Ministerrat nach der Aufnahme neuer Mitglieder (ab 2005)

29	Deutschland, Frankreich, England, Italien
27	Polen, Spanien
14	Rumänien
13	Niederlande
12	Belgien, Griechenland, Portugel, Tschechien, Ungarn
10	Österrreich, Schweden, Bulgarien
7	Dänemark, Irland, Finnland, Litauen, Slowakei
4	Luxemburg, Estland, Lettland, Slowenien, Zypern
3	Malta

Die Stimmverteilung wird bei der Annahme der EU-Verfassung wahrscheinlich etwas verändert werden.

3.4 Der Europäische Rat – Gipfeltreffen der Regierungschefs

Treffen der Staats- und Regierungschefs der EU am 16.3.2002 in Barcelona

Der **Europäische Rat** ist das inzwischen regelmäßig stattfindende Gipfeltreffen der Staats- und Regierungschefs der Mitgliedsstaaten. Es dient in der Regel dazu, Grundsatzentscheidungen zu fällen, die die weitere Entwicklung der EU betreffen. Auf diese Weise gibt der Gipfel z. B. den Anstoß für die erste Direktwahl des Europäischen Parlaments und für die Einführung des Mehrheitsstimmrechts im Ministerrat.

Der Europäische Rat

Dieses einflussreiche Gremium trifft sich meist zweimal im Jahr. Stimmberechtigte Teilnehmer sind: die Staats- und Regierungschefs, ihre Außenminister sowie der Präsident der Kommission.

System der Garantiepreise

Die EU garantiert ihren Bauern einen festen Preis für bestimmte Produkte, unabhängig, ob diese auf dem Markt verkauft werden können oder nicht. Dies stellt einen Anreiz für eine Überproduktion dar.

Folge

Überproduktion

Die Landwirte in der EU erzeugen bei fast allen landwirtschaftlichen Produkten mehr als der Markt benötigt.
Die überschüssigen Lebensmittel werden mit einem Milliardenaufwand eingelagert, vernichtet oder mit hohen Exportsubventionen weit unter Herstellerpreis auf dem Weltmarkt verkauft.

3.5 Der lange Weg zum Kompromiss

Situation: Wegen der hohen Garantiepreise für landwirtschaftliche Proukte entsteht ein Anreiz für eine Überproduktion. Diese ist ökonomisch und ökologisch unsinnig, sie ist kaum noch finanzierbar und ruft die Kritik des Auslands hervor, da deren billigere Produkte wegen der Zollmauern kaum in der EU verkauft werden können.

Erster Schritt: Gesetzesinitiative der Kommission

Vorschlag:
- Höchstgrenzen für die Produktion einführen (Milchquote)
- Garantiepreise für einzelne Produkte senken (Getreide)
- als Ausgleich für Verluste: Einkommensbeihilfen für kleinere Betriebe

Initiative scheitert am Widerstand mehrerer Länder im Ministerrat.

Zweiter Schritt: Kommission legt verändertes Gesetz vor.
Es sieht höhere Ausgleichszahlungen für die Einkommensverluste der Landwirte vor. Die Überproduktion soll außerdem durch Flächenstilllegungen verringert werden. Die Landwirte erhalten dafür Entschädigungen.

Eine qualifizierte Mehrheit wird erreicht, aber zwei Staaten legen ihr Vetorecht ein. Diese Staaten berufen sich darauf, dass wichtige internationale Interessen verletzt werden würden.

Der Vorschlag der Kommission ist gescheitert. Der Reformdruck ist weiterhin vorhanden, da die Ausgaben für den Agrarmarkt weiter steigen und die Kritik des Auslands zunimmt.

Dritter Schritt: Die Staats- und Regierungschefs nehmen sich des Problems an. Bei einem Treffen finden sie einen Kompromiss. Auf der Basis dieser Einigung legt die Kommission erneut einen Gesetzesvorschlag vor.

Die bisherigen Gegner der Reform im Ministerrat werden mit weiteren Zugeständnissen zufrieden gestellt:
- höhere Ausgleichszahlungen
- zeitliche Streckung der Reformmaßnahmen
- zusätzliche Einkommensmöglichkeiten der Produzenten, da Subventionen für Bio-Produkte

Parlament und Ministerrat stimmen zu.
Einige Bauernverbände kritisieren den Kompromiss, das Echo in der Öffentlichkeit ist mehrheitlich positiv. Dem Ausland und den Verbraucherverbänden geht die Reform jedoch nicht weit genug. Die Ausgaben für den Agrarbereich im EU-Haushalt sinken nur geringfügig.

Eine Reform des europäischen Agrarmarktes
(vereinfachtes Modell der politischen Auseinandersetzung)

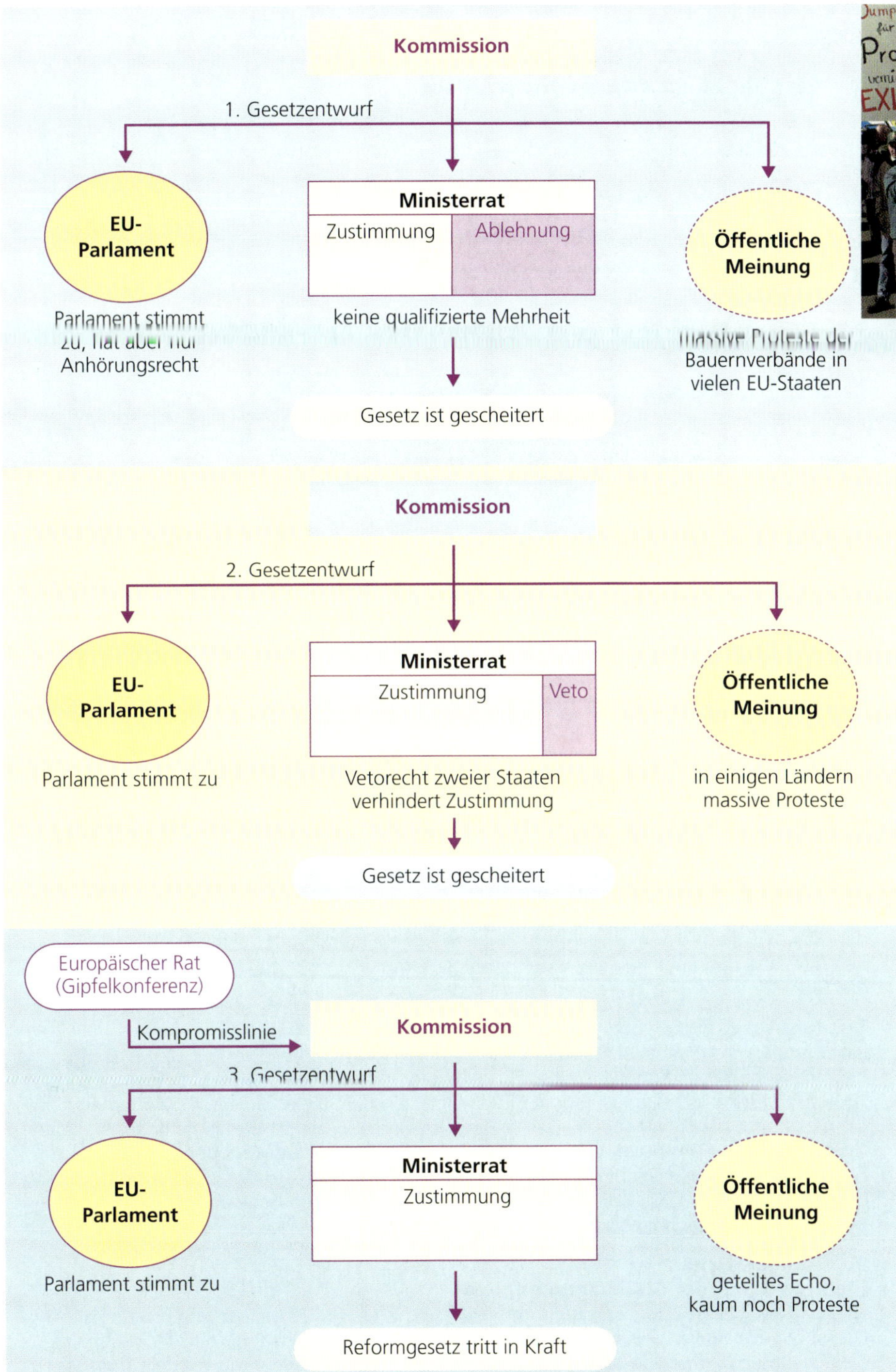

Bauernprotest gegen Milch-Niedrigpreis

Preisvergleich Weltmarkt-EU

Die Preise auf dem Weltmarkt sind für fast alle Agrarprodukte niedriger, z. T. beträgt der Unterschied zwischen 50 und 100 %.

deshalb

Geschützter EU-Agrarmarkt

Die ausländische Konkurrenz mit ihren preiswerteren Produkten wird mit hohen Zöllen vom EU-Markt ferngehalten.

- 1. Ziehen Sie Bilanz. Worin besteht eine Verbesserung? Welche Nachteile bleiben bestehen?
- 2. Solche politischen Auseinandersetzungen dauern oftmals viele Jahre, ehe eine Entscheidung getroffen wird. Wo müsste Ihrer Meinung nach angesetzt werden, um rascher zu einer Lösung zu gelangen?

3.6 Der Europäische Gerichtshof

Rechnungshof kämpft gegen Betrug und Verschwendung

Eine eigene Dienststelle mit über 300 Beschäftigten ermittelt u. a. in folgenden Bereichen:
- Betrug im Zollbereich,
- Steuerhinterziehung,
- missbräuchliche Verwendung von Subventionen.

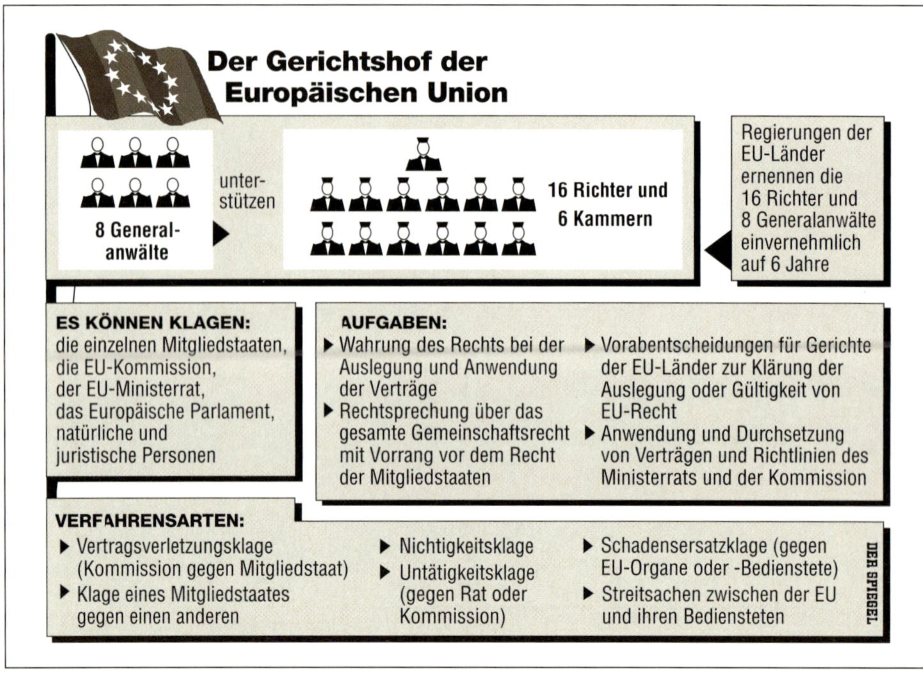

Prüfungsberichte des Rechnungshofes

www.eca.eu.int./de

Aus dem Arbeitsgebiet des Gerichtshofes

- **Cassis-de-Dijon-Urteil: Präzedenzfall für den Binnenmarkt**
  Einem deutschen Lebensmittelkonzern war die Einfuhr eines französischen Likörs aus schwarzen Johannisbeeren (französisch: cassis) unter Hinweis auf deutsche Gesetze verboten worden. der Gerichtshof entschied 1979, das deutsche Einfuhrverbot widerspreche den Verträgen der Gemeinschaft, die den freien Warenverkehr zwischen den Mitgliedsstaaten fordern und mengenmäßige Einfuhrbeschränkungen oder Maßnahmen gleicher Wirkung verbieten. der Gerichtshof stellte den Grundsatz auf: Was in einem Mitgliedsland der Gemeinschaft nach dort gültigem Recht hergestellt und in den Verkehr gebracht werden darf, das darf auch in allen anderen Mitgliedsländern verkauft werden. Dieses Urteil hat die Türen für den freien Warenverkehr im Binnenmarkt endgültig geöffnet.

- **Bosman-Urteil: Steilvorlage für Freizügigkeit**
  Berühmt geworden ist auch ein Urteil des Gerichtshofs aus dem Jahr 1995, dem eine Klage des belgischen Profi-Fußballspielers Bosman zugrunde gelegen hatte. Eine Folge dieses „Bosman-Urteils" ist, dass seither auf Fußballplätzen für Spieler aus anderen Staaten der EU nicht mehr die „Ausländer-Regel" gilt, die es einem Verein verbietet, mehr als drei ausländische Spieler pro Spiel einzusetzen. Die Begründung: Staatsangehörige aus anderen Staaten der EU dürfen nicht als Ausländer behandelt werden, denn die EU-Verträge verbieten innerhalb des Binnenmarktes jede Diskriminierung, also Schlechterstellung eines Unionbürgers. Jeder hat das Recht, überall zu arbeiten.

- **Soldatinnen-Urteil: Die neue Front der Gleichberechtigung**
  Nach Artikel 12a des deutschen Grundgesetzes durften Frauen früher „auf keinen Fall Dienst mit der Waffe leisten". Das deutsche Soldatengesetz erlaubte folglich Frauen nur den Zugang zum Sanitäts- und Musikdienst. dagegen klagte eine Frau vor dem Europäischen Gerichtshof. Der EuGH entschied: Der vollständige Ausschluss von Frauen aus allen bewaffneten Einheiten der Bundeswehr widerspricht der EU-Richtlinie zur Gleichbehandlung von Mann und Frau. Das deutsche Grundgesetz und das Soldatengesetz mussten geändert werden. Anfang 2001 sind die ersten deutschen Soldatinnen zur Grundausbildung in die Kasernen eingerückt.

Europa 2003, Hg. Europäisches Parlament

4 Der europäische Einigungsprozess

4.1 Wohin entwickelt sich die EU – Bundesstaat oder Staatenbund?

Die sechs Gründerstaaten der Europäischen Wirtschaftsgemeinschaft haben in den Römischen Verträgen von 1957 als Fernziel die politische Einigung Europas ins Auge gefasst. Der Weg dorthin ist langwierig und erfolgt in vielen kleinen Etappen.

Das Hauptproblem besteht darin, dass die Nationalstaaten dabei Kompetenzen an die EU abgeben müssen, was die Souveränität der Nationalstaaten naturgemäß schwächt. In einigen Bereichen, z. B. in der Agrarpolitik und zum Teil auch in der Verkehrspolitik, werden die Entscheidungen bereits in Brüssel getroffen und die nationalen Regierungen müssen sich an die dort beschlossenen europäischen Regelungen halten (vgl. Schaubild S. 247, die „Erste Säule").

Jeder weitere Schritt zur Einigung Europas bringt einen Machtverlust der Nationalstaaten mit sich. Es ist daher verständlich, dass manche Staaten sehr zögern, weitere Kompetenzen an die EU abzugeben.

Bei vielen Politikern und Bürgern herrscht die Meinung vor, die EU bestimme bereits jetzt zu viel und mische sich zu sehr in Bereiche ein, die im regionalen oder nationalen Rahmen viel besser geregelt werden könnten.

Andere Staaten wünschen dagegen in einigen Bereichen eine noch engere europäische Zusammenarbeit, da nur auf diesem Weg manche Probleme gelöst und wichtige Aufgaben gemeistert werden können. Als Problembereiche werden hier vor allem der Umweltschutz, der Kampf gegen die internationale Kriminalität, die Sicherheitspolitik, eine gemeinsame Asylpolitik oder der Ausbau der internationalen Verkehrsnetze genannt.

Es ist noch nicht entschieden, ob die EU in Zukunft eine Art Bundesstaat werden oder ob es bei einem Staatenbund bleiben wird, der lediglich in Teilbereichen zusammenarbeitet.

Vereinfachtes Modell der Kompetenzen der Nationalstaaten und der EU

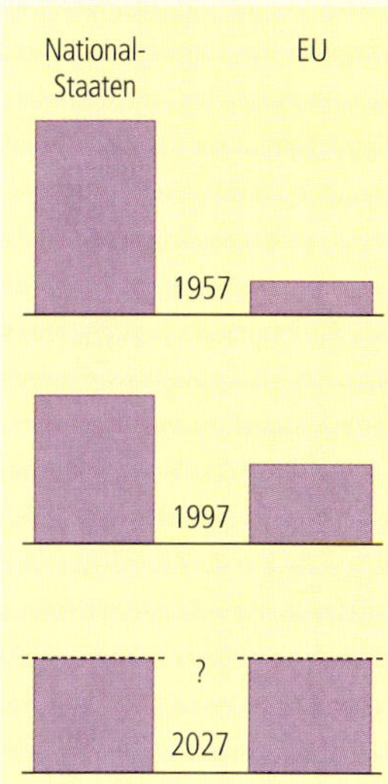

Modelle für die Einigung Europas

Europäischer Bundesstaat (Föderation)
Dieses Konzept sieht die Schaffung einer neuen staatlichen Einheit, d. h. eines Gesamtstaates auf europäischer Ebene vor (Vereinigte Staaten von Europa). In solch einer Föderation behalten zwar die bisherigen Einzelstaaten als Gliedstaaten (Länder) des Bundes ihre Staatlichkeit, jedoch in sehr eingeschränktem Umfang. Die Verteilung der Aufgaben und der Befugnisse zwischen Zentrale und Gliedstaaten muss vertraglich genau festgelegt werden.
Bundesstaaten auf nationaler Ebene mit recht unterschiedlicher Kompetenzverteilung zwischen Bund und Ländern sind heute etwa Deutschland, die Vereinigten Staaten von Amerika, Indien, Mexiko oder die Schweiz.

Europäischer Staatenbund (Konföderation)
Dieses Konzept zielt nicht auf die Errichtung eines Gesamtstaates als Endpunkt der europäischen Einigungspolitik ab, sondern beschränkt sich auf eine losere Verbindung selbständiger Staaten; Unabhängigkeit und Souveränität der Nationalstaaten bleiben weitgehend unangetastet. Der Staatenbund kann zwar nach außen als Einheit auftreten, er unterhält gemeinsame Organe, verfügt aber weder über eine Zentralregierung noch über ein Bundesparlament; Beschlüsse können nur unter Zustimmung aller Mitgliedstaaten gefasst werden. In der Vergangenheit war der Staatenbund häufig ein Übergangsstadium zum späteren Bundesstaat, so in den USA (1777-1787) oder in der Schweiz (1815-1848).

Marc Fritzler, Günther Unser: Die Europäische Union, 2. überarbeitete u. aktualisierte Aufl., Hg. Bundeszentrale für politische Bildung. Bonn 2001, S. 30

- 1. Was scheint Ihnen als Fernziel für die EU wünschenswerter: ein Bundesstaat oder ein Staatenbund?
- 2. Welche Vorteile könnte ein Bundesstaat nach dem Vorbild der USA mit sich bringen?

4.2 Eine Verfassung für Europa

Europäischer Konvent

Dem Gremium gehören an: 16 Vertreter des EU-Parlaments, zwei Vertreter der EU-Kommission, von den Mitgliedsländern und den beitrittswilligen Staaten je ein Vertreter der Regierung und zwei Vertreter des Parlaments.

Aufbau der Verfassung

Teil I
- Definition und Ziele der EU
- Grundrechte und Unions-Bürgerschaft
- Die Zuständigkeiten der Union
- Die Organe der Union
- Ausübung der Zuständigkeiten
- Das demokratische Leben der Union
- Die Finanzen der Union
- Die Union und ihre Nachbarn
- Zugehörigkeit zur Union

Teil II (Charta der Grundrechte)
- Würde des Menschen
- Freiheiten
- Gleichheit
- Solidarität
- Bürgerrechte
- Justizielle Rechte
- Allgemeine Bestimmungen

Subsidiaritätsprinzip

Prinzip, nach dem einer übergeordneten Institution, d.h. hier: den EU-Behörden in Brüssel, nur solche Aufgaben übertragen werden sollen, die von ihr wirkungsvoller gelöst werden können als von den einzelnen Mitgliedstaaten.

Um eine gemeinsame Basis für die zukünftige Entwicklung der EU zu schaffen, hat eine Auswahl erfahrener Politiker aus allen europäischen Staaten (der so genannte Konvent) einen Verfassungsentwurf formuliert. Ihnen ist bei ihrer Arbeit bewusst gewesen, dass es in Europa sowohl Befürworter als auch entschiedene Gegner einer Weiterentwicklung der EU zu einer politischen Union gibt. Deshalb haben sie die Verfassung in diesem Punkt so formuliert, dass sie von allen Mitgliedsländern angenommen werden kann.

Artikel 9 **Grundprinzipien**

(1) Für die Abgrenzung der Zuständigkeiten der Union gilt der Grundsatz der begrenzten Einzelermächtigung. Für die Ausübung der Zuständigkeiten der Union gelten die Grundsätze der Subsidiarität und der Verhältnismäßigkeit.

(2) Nach dem Grundsatz der begrenzten Einzelermächtigung wird die Union innerhalb der Grenzen der Zuständigkeiten tätig, die ihr von den Mitgliedstaaten in der Verfassung zur Verwirklichung der in ihr niedergelegten Ziele zugewiesen werden. Alle der Union nicht in der Verfassung zugewiesenen Zuständigkeiten verbleiben bei den Mitgliedstaaten.

(3) Nach dem Subsidiaritätsprinzip wird die Union in den Bereichen, die nicht in ihre ausschließliche Zuständigkeit fallen, nur tätig, sofern und soweit die Ziele der in Bertracht gezogenen Maßnahmen von den Mitgliedstaaten weder auf zentraler noch auf regionaler oder lokaler Ebene ausreichend erreicht werden können, sondern vielmehr wegen ihres Umfangs oder ihrer Wirkungen auf Unionsebene besser erreicht werden können.
Die Organe der Union wenden das Subsidiaritätsprinzip nach dem Protokoll über die Anwendung der Grundsätze der Subsidiarität und der Verhältnismäßigkeit im Anhang zur Verfassung an. Die nationalen Parlamente achten auf die Einhaltung des Subsidiaritätsprinzips nach dem in diesem Protokoll vorgesehenen Verfahren.

(4) Nach dem Grundsatz der Verhältnismäßigkeit gehen die Maßnahmen der Union inhaltlich wie formal nicht über das für die Erreichung der Ziele der Verfassung erforderliche Maß hinaus.

Entwurf der Verfassung für Europa vom 20. Juni 2003, S. 17-18
ISBN-Nr. 92-78-40169-2

■ Inwiefern berücksichtigt der Verfassungsentwurf bei diesen Grundprinzipien die Vorbehalte gegenüber einer zu starken und zentralistischen Europäischen Union?

In der Vergangenheit ist der Zuständigkeitsbereich der EU mit Zustimmung der Nationalstaaten immer wieder ausgeweitet worden, weil manche Aufgaben besser im übernationalen Rahmen gelöst werden können. Es bleibt offen, ob dies auch in Zukunft so weiter gehen wird, wenn die Union 25 oder mehr Mitgliedsstaaten umfasst.

Eine Erweiterung der Zuständigkeiten der EU wäre jederzeit möglich, wenn die Nationalstaaten dies einvernehmlich wollen.

Schwierige Richtungswahl

4.3 Von der Wirtschaftsunion zur politischen Union?

Die EU hat bereits heute einige Kompetenzen, die nicht nur die Wirtschaft betreffen, sondern auch andere politische Bereiche, so z. B. bei der Asylpolitik und beim Kampf gegen die grenzüberschreitende Kriminalität.

Die Verträge von Maastricht und der Folgevertrag von Amsterdam beschreiben den Aufbau und die Aufgaben der EU. Diese lassen sich als Bauwerk darstellen, das drei Säulen aufweist.

Das Schengener Abkommen: Beispiel für die Zusammenarbeit in der Innen- und Justizpolitik

(13 von 15 EU-Staaten nehmen daran teil)

- keine Personenkontrollen an den Binnengrenzen, verstärkte Kontrollen an der Außengrenze
- Visa werden gegenseitig anerkannt, einheitliches Visum
- Asylverfahren: Für die Durchführung ist jeweils nur ein Staat zuständig.
- Polizeiliche Zusammenarbeit: gemeinsames Computer-Fahndungs- und Informationssystem, Verfolgung von Straftätern über die Grenzen

Die nationalen Regierungen haben bei den Bereichen der zweiten und dritten Säule das alleinige Entscheidungsrecht. Sie haben sich aber verpflichtet, auch in diesen Bereichen mit den Organen der EU zu gemeinsamen europäischen Lösungen zu gelangen, wenn es einen entsprechenden Handlungsbedarf gibt.

In dem Maße wie es hier in Zukunft zu weiteren Übereinkünften kommt, wird die EU sich in Richtung einer politischen Union weiterentwickeln.

Zurzeit ist die Union bereits wesentlich mehr als ein lockeres Staatenbündnis. Sie ist zwar noch kein Bundesstaat, sondern vielleicht eine Vorstufe dazu. Sie stellt eine besondere Art der Staatenverbindung dar.

4.4 Probleme und Folgen der EU-Erweiterung

EU-Beitritt und Wachstum

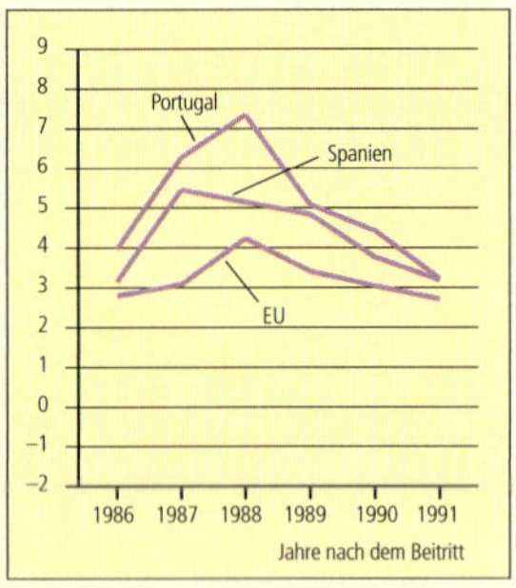

Spanien und Portugal sind 1986 der EU beigetreten.

Erfahrungsgemäß führt die Aufnahme neuer Mitglieder auch zu mehr Wirtschaftswachstum in den bisherigen EU-Staaten.

Die EU-Kommission schätzt, dass allein als Folge des Beitritts im Jahre 2004 das Bruttoinlandsprodukt in den Staaten der EU etwa 0,5 bis 1 % wachsen wird.

Vorzüge einer Erweiterung der EU

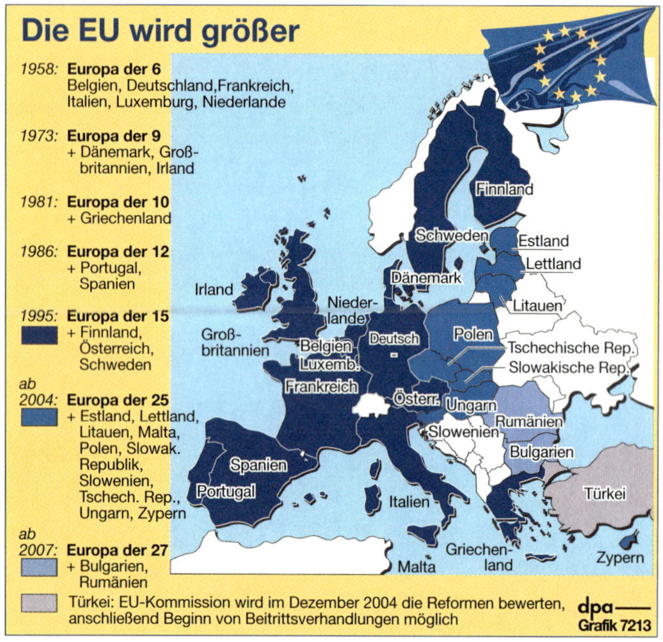

Die Erweiterung bringt politische und wirtschaftliche Vorteile, sowohl für die bisherigen als auch für die neuen Mitglieder. Die wichtigsten Vorteile sind:

- Die Region des Friedens und der politischen Stabilität in Europa wird größer, da die Staaten nur aufgenommen werden, wenn alle Grenzfragen gelöst sind und ihre nationalen Minderheiten fair behandelt werden.
- Die Erfahrung hat gezeigt, dass die Wirtschaft bei den neuen Mitgliedern stark wächst, was der ganzen Gemeinschaft zugute kommt.
- Es entsteht ein größerer Markt ohne Zölle und bürokratische Schranken, was zu günstigen Preisen bei den Verbrauchern führt.
- Die Kriminalität lässt sich bei länderübergreifender Zusammenarbeit besser bekämpfen.
- Der Umweltschutz in den Beitrittsländern muss an die strengeren EU-Normen angepasst werden (z. B. bei Kernkraftwerken), was auch den EU-Staaten nutzt.
- Die Position der EU wird auf internationaler Ebene gestärkt, z. B. in der Außenpolitik und in der Handelspolitik.

Gefahren für den Arbeitsmarkt?

Geschätzte Zuwanderung aus Mittel- und Osteuropa bei uneingeschränkter Freizügigkeit

Zuwanderer pro Jahr in die EU anfänglich:
330 000 – 380 000
nach 10 Jahren:
145 000 – 200 000

Europäische Kommission, 2001

Die Freizügigkeit soll für die ersten sieben Jahre eingeschränkt werden.

■ **1. Suchen Sie weitere mögliche Vorteile, die sich aus einer Erweiterung der EU ergeben können.**

Bedenken gegen eine Erweiterung

Befragungen haben ergeben, dass die EU-Bürger aus politischen Gründen im Wesentlichen die Erweiterung befürworten, jedoch Bedenken haben hinsichtlich der wirtschaftlichen und sozialen Auswirkungen.

Besonders besorgt sind die Deutschen über die zukünftige Zuwanderung. Zwei Drittel befürchten eine ansteigende Arbeitslosigkeit. Fast drei Viertel haben Angst vor dem Anwachsen der Kriminalität und weitere zwei Drittel rechnen mit negativen Auswirkungen auf das Sozialsystem.

■ **2. Welche Bedenken haben Sie?**

■ **3. Was überwiegt Ihrer Meinung nach, die Chancen oder die Gefahren?**

Voraussetzungen, die vor einem Beitritt erfüllt sein müssen

Der Rat der EU hat in einer Konferenz in Kopenhagen (1993) Kriterien festgelegt, die alle beitrittswilligen Staaten erfüllen müssen:

- Stabilität der Institutionen, Demokratie, Rechtsstaatlichkeit, Menschenrechte sowie Achtung und Schutz von Minderheiten;
- Existenz einer funktionierenden Marktwirtschaft, die dem Wettbewerbsdruck in der Union standhält;
- Fähigkeit zur Übernahme von Pflichten, die sich aus der Mitgliederschaft ergeben, einschließlich dem Einverständnis mit den Zielen der politischen Union sowie der Wirtschafts- und Währungsunion.

Die Europäische Union: ein ständiger Erweiterungsprozess, Luxemburg 2001

Die beitrittswilligen Staaten müssen daher oftmals kostspielige und umfangreiche Reformen durchführen, ehe sie aufgenommen werden:

- Die ehemaligen kommunistischen Staaten müssen unrentable Staatsbetriebe reformieren (z. B. Polen die Stahlindustrie, Tschechien das Bankwesen, usw.).
- Die baltischen Staaten müssen die russischen Minderheiten im Land besser integrieren (z. B. Sprachunterricht und finanzielle Unterstützung).
- Zur Absicherung der EU-Außengrenzen müssen umfangreiche Investitionen durchgeführt werden (z. B. Modernisierung der Grenzposten, Ausbau der Daten- und Telekommunikationstechnik).
- Alle EU-Normen und Vorschriften (etwa 80.000 Seiten) müssen ins nationale Recht übernommen und umgesetzt werden.

Schwierigkeiten, die es innerhalb der EU gibt und die gelöst werden müssen

- Die Reform des Agrarmarktes: Die bisherige Agrarpolitik hat zu gewaltigen landwirtschaftlichen Überschüssen geführt, die kaum noch zu bezahlen sind.
- Eine Finanzreform ist dringend erforderlich, da mehr Mittel für die Förderung der strukturschwachen Regionen bereitgestellt werden sollen.
- Die Organe der EU müssen reformiert werden:
  - Der Ministerrat muss schneller zu Entscheidungen gelangen können; es macht große Probleme, dass manche Gesetzesvorschläge jahrelang verzögert bzw. verschleppt werden, weil einzelne Staaten Sonderinteressen vertreten.
  - Die demokratische Mitwirkung und Kontrolle innerhalb der EU muss gefördert werden; dazu gehören vor allem mehr Kompetenzen für das Parlament.

Wie weit wird die EU noch wachsen? – Wo sind ihre Grenzen?

Nach Artikel 49 des EU-Vertrages kann jeder europäische Staat Mitglied der Union werden, sofern er die oben genannten Kriterien erfüllt. Eine geographische oder zahlenmäßige Beschränkung ist nicht vorgesehen.

Es ist daher wahrscheinlich, dass nach und nach weitere europäische Staaten der EU beitreten werden:
- ab 2007 werden wahrscheinlich Bulgarien und Rumänien Mitglied werden,
- die Türkei drängt auf den Beginn von Beitrittsverhandlungen,
- die Nachfolgestaaten des ehemaligen Jugoslawien (Kroatien, Serbien, Bosnien, Mazedonien) haben bereits einen entsprechenden Wunsch geäußert,
- evtl. werden auch die Bürger von Norwegen und der Schweiz ihre bisher ablehnende Haltung überdenken.

1. Informieren Sie sich auf einer Landkarte, welche europäischen Staaten zurzeit noch nicht Mitglied der EU sind!

2. Sollte es Ihrer Meinung nach eine geographische oder kulturelle Grenze für die Aufnahme neuer Mitglieder geben? Wo sollte diese Grenze sein?

Zustimmung für eine Erweiterung

38 %	in Großbritannien
43 %	in Deutschland
61 %	in Schweden
68 %	in Dänemark
61 %	in Italien
45 %	in Österreich
40 %	in Frankreich
50 %	in der EU insgesamt

Eurobarometer 2002

Ausgaben des EU-Haushalts

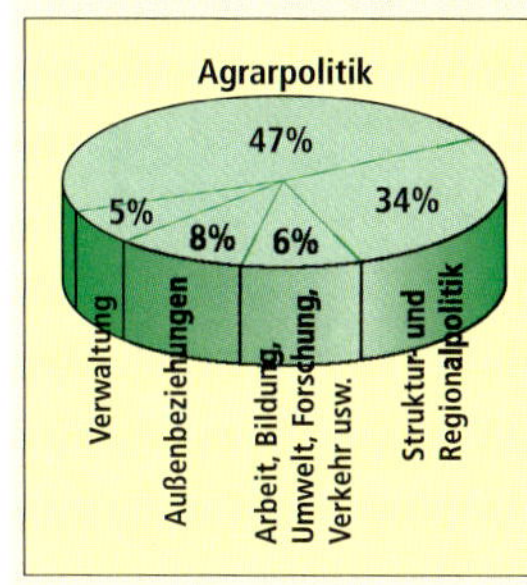

Beitrittswunsch der Türkei

Der Beginn von Beitrittsverhandlungen mit der Türkei hängt von den Fortschritten bei den Reformen im Lande ab.

Sonderfälle Schweiz und Norwegen

Entgegen den Wünschen der Regierung hat die Bevölkerung in der Schweiz den Beitritt zur EU zunächst abgelehnt. Es ist unsicher, wann konkrete Beitrittsverhandlungen beginnen. Obwohl das Parlament mit großer Mehrheit für einen EU-Betritt ist, hat die norwegische Bevölkerung in einer Volksabstimmung im November 1994 den Beitritt abgelehnt.

ZUSAMMENFASSUNG

Nach dem Zweiten Weltkrieg fordern weitsichtige Politiker einen engen Zusammenschluss der europäischen Staaten. Folgende Gründe und Überlegungen spielen eine wesentliche Rolle:
- Es gibt ein europäisches Zusammengehörigkeitsgefühl, das auf kulturellen und geschichtlichen Gemeinsamkeiten beruht; hierzu zählen vor allem das griechische und römische Erbe und das Christentum.
- Die schlimmen Erfahrungen des Zweiten Weltkrieges. Eine internationale Zusammenarbeit kann dazu beitragen, Kriege zu verhindern.
- Die Hoffnung, die Vorteile eines großen Marktes nutzen und mit Hilfe von Gemeinschaftsprojekten auf dem Weltmarkt besser bestehen zu können.

Fachbegriffe

Europäische Gemeinschaft – Europäische Union – Europäische Kommission – Europäischer Ministerrat – Europäisches Parlament – Europäischer Gerichtshof – Wirtschafts- und Währungsunion – Subsidiarität – Europäischer Rat – Europäischer Rechnungshof

1957 schließen sich sechs Staaten zur Europäischen Wirtschaftsgemeinschaft (EWG) zusammen: Bundesrepublik Deutschland, Frankreich, Italien, Holland, Belgien und Luxemburg. Ihr Ziel ist der Abbau von Zöllen und Handelsschranken. Die Gemeinschaft ist wirtschaftlich so erfolgreich, dass in den folgenden Jahren neun weitere europäische Staaten beitreten.
Im Jahr 2004 wurden zehn weitere Staaten Mitglied der EU: Estland, Lettland, Litauen, Malta, Polen, Slowakei, Slowenien, Tschechien, Ungarn und Zypern.

Die wichtigsten Organe der Europäischen Union sind:
- **Die Europäische Kommission.** Sie stellt das Exekutivorgan der Gemeinschaft dar und ist der „Motor" und „Ideengeber" für den weiteren Ausbau.
- **Der Europäische Ministerrat.** Er ist das gesetzgebende Organ. Die Fachminister der 15 Mitgliedstaaten vertreten dort die nationalen Interessen.
- **Das Europäische Parlament.** Es hat bis jetzt nur begrenzte Rechte bei der Gesetzgebung, bei der Genehmigung des Haushalts und bei der Wahl der Exekutive. Eine Ausweitung der Machtbefugnisse in den nächsten Jahren ist jedoch wahrscheinlich.
- **Der Europäische Gerichtshof.** Er sorgt für die Beachtung des EU-Rechts.
- **Der Europäische Rat** ist das einflussreichste Organ. Er bestimmt wie und wie schnell sich die EU entwickelt. Seine Entscheidungen sind die Grundlagen für die Tätigkeit des Ministerrats.

Seit 1993 ist in der EU der gemeinsame Binnenmarkt eingeführt. Er beinhaltet die Freiheit des Personen-, Waren-, Dienstleistungs- und Kapitalverkehrs. Da hierfür noch viele Gesetze, Normen und Vorschriften geändert bzw. angepasst werden müssen, wird eine gewisse Übergangszeit benötigt werden.

In den Verträgen von Maastricht und Amsterdam wird der Fahrplan für die weitere Einigung Europas beschrieben.

Es ist noch nicht entschieden, ob sich die EU zu einer politischen Union entwickeln soll, ähnlich wie es die USA sind, oder ob sie eine besondere Art eines Staatenbundes bleiben wird.

AUFGABEN

1. **Überprüfen Sie die Behauptung, dass die Einflussmöglichkeiten der kleineren Mitgliedstaaten im Vergleich zu jenen mit großer Bevölkerungszahl relativ stark sind.**

2. **Soll die EU weitere Staaten Osteuropas (z. B. Rumänien) aufnehmen? Veranstalten Sie eine Pro- und Kontra-Diskussion.**

Wirtschaft und Wirtschaftspolitik

1 Bedürfnisse – Werbung – Bedarf

Schlaraffe

ist im Mittelalter ein Schimpfwort für den Faulenzer. Daraus entwickelt sich später die Vorstellung vom Schlaraffenland, einem Märchenland der guten Speisen und der Überfülle.

Kommt, wir wollen uns begeben jetzt ins Schlaraffenland!
Seht, das ist ein lustig Leben und das Trauern unbekannt!
Ei, da lässt sich billig zechen und umsonst recht lustig sein!
Milch und Honig fließt in Bächen, aus den Felsen quillt der Wein.

Alle Speisen gut geraten und das Finden fällt nicht schwer.
Gäns und Enten gehn gebraten überall im Land umher.
Mit dem Messer auf dem Rücken, geht gebraten jedes Schwein

Hoffmann von Fallersleben

■ 1. Beschreiben Sie die Vorteile des Schlaraffenlands.
■ 2. Welche anderen Güter wünschen Sie sich für Ihr Schlaraffenland?

1.1 Bedürfnisse

Vom Luxus zur Grundausstattung

Das Auto, die teuerste der Haushaltsanschaffungen, steht heute bei 75 % aller Haushalte vor der Haustüre. 1970 besitzt weniger als die Hälfte dieser Haushalte einen eigenen Wagen.

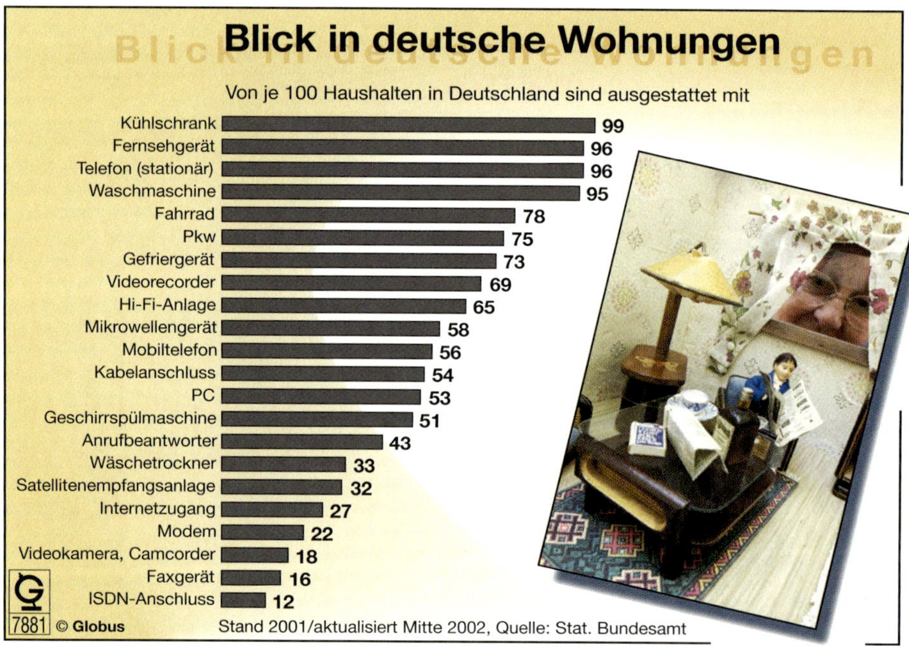

Alles was man über Wirtschaft wissen muss

Zu wissen, dass alles knapp ist. Alles, was wir gern haben ist nur begrenzt vorhanden. Es fällt auf dieser Welt nichts wie Manna vom Himmel, alles hat seinen Preis. Auch für eine gute Umwelt müssen wir bezahlen und wenn z. B. Schule kostenfrei ist, muss man sofort fragen: Wie kann das sein? Irgendjemand muss das immer bezahlen. Und so wird auch klar, dass Preise unser Verhalten lenken.
Wenn Sie das verstanden haben, haben Sie das Wichtigste von der Wirtschaft kapiert.

Nach: Jürgen Donges, Fluter 10/2004

■ 3. Wenn fast alle Haushalte ein Fernsehgerät besitzen, warum kann man dann noch weitere Geräte verkaufen?
■ 4. Wie entstehen unsere Wünsche?

Wünsche, die wir Menschen haben, nennen die Ökonomen **Bedürfnisse**. Sie verstehen darunter das Gefühl eines Mangels, das mit dem Bestreben verbunden ist, den Mangel zu beseitigen. Vermutlich stehen am Anfang nur ein paar grundlegende Bedürfnisse. Diese haben zu tun mit der Sicherung unserer persönlichen Existenz und wohl auch noch der Existenz der Menschen, für deren Versorgung wir uns verpflichtet fühlen: Essen, Trinken, Ruhe, Wärme, Bewegung usw. Aber wie entstehen die vielen, vielen anderen und „feineren" Bedürfnisse?

Gruppierung der Bedürfnisse

Aus der griechischen Geschichte ist überliefert, wie der Steinmetz und Philosoph Sokrates über den Markt von Athen geht und beim Anblick der Fülle an Waren ausruft:

„Wie zahlreich sind doch die Dinge, derer ich nicht bedarf."

■ 1. Sicherlich will auch der Philosoph ungern hungern oder frieren. Nennen Sie Dinge, die er aus unserer heutigen Warenüberfülle meinen könnte.

■ Existenzbedürfnisse

Von ihrer Befriedigung hängt das Leben des Menschen ab:
- Grundnahrungsmittel
- schützende Kleidung
- Mindestwissen

■ Kulturbedürfnisse

Von ihrer Befriedigung hängt die soziale Anerkennung ab:
- gutes Essen
- modische Kleidung
- gute Ausbildung

■ Luxusbedürfnisse

Ihre Befriedigung hebt aus der Masse heraus:
- großes Menü
- Modellkleidung
- Weltreise

Bei dieser Einteilung nach der **Dringlichkeit** lassen sich Kultur- und Luxusbedürfnisse kaum eindeutig voneinander trennen. Ist das Telefon vor 30 Jahren noch Luxus, ist es heute selbstverständlich, ist eine ruhige Wohnung vor 30 Jahren noch selbstverständlich, ist sie heute (fast) ein Luxus. Das liegt am gestiegenen Lebensstandard, an unserer Art des Wirtschaftens und auch an der Einstellung der Menschen zu diesen Bedürfnissen.

Eine andere Einteilung fragt danach, wer die Bedürfnisse erfüllen kann. Eine große Zahl von Menschen verlangt nach öffentlicher Sicherheit, nach Einrichtungen der Krankenbehandlung und der Bildung, nach sauberer Atemluft. Für die Befriedigung solcher Bedürfnisse, die man Kollektivbedürfnisse nennt, können die Bürger nicht mehr individuell, sondern nur gemeinschaftlich (kollektiv) sorgen.

Wie befriedigen wir die Bedürfnisse?

■ 2. Welche Bedürfnisse werden angesprochen? Für welchen Artikel wird geworben?
■ 3. Kennen Sie andere Bedürfnisse, für deren Erfüllung Geld keine große Rolle spielt?

Einige Grundbedürfnisse lassen sich mit materiellen Gütern befriedigen. Aber auch bei Bedürfnissen, die eigentlich **nichtmaterieller Art** sind wie Anerkennung, Zuneigung und Bewegung helfen materielle Güter in unterschiedlichem Ausmaß bis hin zur völligen Ersatzbefriedigung. Die Wirtschaftswerbung täuscht uns ein konsumorientiertes Leben vor, in dem angeblich alle Bedürfnisse materiell befriedigt werden können.

Bedürfnispyramide

Der amerikanische Psychologe Maslow hat versucht, die menschlichen Bedürfnisse nach Art einer Pyramide zu ordnen. Wenn die Grundbedürfnisse befriedigt sind, streben die Menschen weiter nach Befriedigung für „höhere" Bedürfnisse.

Kollektivbedürfnisse

Mit dem Kauf eines Autos kann sich der Einzelne ein Individualbedürfnis erfüllen, dagegen können die dazu notwendigen Straßen und die Verkehrsregelung nur für alle Bürger gemeinschaftlich bereit gestellt werden.

Ersatzbefriedigung

Gegen den Hunger hilft am besten essen, gegen Einsamkeit der Kontakt mit anderen Menschen. Manche Menschen befriedigen ihr Kontaktbedürfnis aber auch dadurch, dass sie Schokolade essen, ihr Bewegungsbedürfnis durch rasante Motorradfahrt, ihr Bedürfnis nach Anerkennung durch ein protziges Auto. Aber wie gut befriedigen diese Güter das Bedürfnis?

1.2 Werbung

Demonstrativer Konsum

Der amerikanische Forscher Veblen hat bereits zu Beginn unseres Jahrhunderts seine Theorie des „demonstrativen Konsums" aufgestellt: Mit Geld und teueren oder seltenen Konsumgegenständen wollen viele Menschen sich den Respekt anderer Leute verschaffen, ihre Wichtigkeit und Größe demonstrieren.

- 1. Wer beeinflusst Sie bei der Auswahl Ihrer Kleidung?
- 2. Welche Bedürfnisse weckt bei Ihnen die Werbung?

Wenn die Grundbedürfnisse gestillt und ihre Erfüllung auch noch für die nahe Zukunft gesichert ist, wachsen und verfeinern sich die menschlichen Bedürfnisse weiter. Dafür nennen die Wissenschaftler wenigstens zwei Quellen: Wir beobachten unsere Mitmenschen und übernehmen meist die Ansprüche der Menschen, mit denen wir uns **vergleichen** oder die in gewisser Weise ein Vorbild für uns sind. Eine andere Quelle ist ohne Zweifel die **Werbung**. Es ist umstritten, ob sie Bedürfnisse wecken kann. Aber zumindest zeigt sie uns, welche Möglichkeiten der Bedürfnisbefriedigung es überhaupt noch gibt und verstärkt und lenkt auf diese Weise unbewusste Mangelgefühle. Bedürfnisse sind demnach nur teilweise im Menschen selbst angelegt, einen erheblichen Teil „lernen" wir in unserer sozialen Umgebung.

Konsumtrottel

seien die Verbraucher weitgehend, meinen Kritiker. Den informierten und überlegten Käufer gebe es kaum. Daran seien die raffinierten Werbe- und Verkaufspraktiken der Anbieter Schuld, die nicht an den Bedürfnissen, sondern nur an der Kaufkraft der Kunden interessiert seien.

Tatsächlich können wir aber in unserer modernen Volkswirtschaft der Werbung kaum entgehen. In vielen Konsumbereichen sind die Märkte weitgehend gesättigt. Güter werden nur noch gekauft, wenn das Vorprodukt kaputt oder technisch überholt ist. Für die Unternehmen ist es unumgänglich, den Absatz ihrer Güter durch Werbung zu unterstützen.

AIDA-Formel

Werbung ist dann erfolgreich, wenn der Umworbene das Produkt letztlich auch kauft. Die AIDA-Formel sagt dem Werbetreibenden, welche Stufen seine Werbung auf dem Weg zum Erfolg durchlaufen muss:

Attention	=	Aufmerksamkeit erregen
Interest	=	Interesse am Produkt wecken
Desire	=	Besitzwunsch wecken
Action	=	Kaufhandlung auslösen

Die Kritik an der Werbung ist vielfältig. Beispielsweise zeigt die Erfahrung, dass es den Anbietern immer wieder gelingt, mit Hilfe der Werbung das Interesse für bis dahin völlig unbekannte Güter zu wecken, z. B. PC, Handy, Internet. Deshalb ist der Konsument aber nicht willenlos. Wer die Werbung als Möglichkeit ansieht, das Warenangebot kennen zu lernen, kann sie durchaus zu seinem Vorteil nutzen. Umfragen zeigen, dass die meisten erwachsenen Verbraucher ohnehin ein kritisch-distanziertes Verhältnis zur Werbung haben. Zum Schutz des Verbrauchers muss sich die Werbung ferner an gesetzlich vorgegebene Regeln halten.

1.3 Bedarf

Wenn die Person zur Befriedigung des Bedürfnisses auch das nötige Geld hat, sprechen wir von **Bedarf**. Dieser kann aber auch nichtmateriell gedeckt werden. Zur **Nachfrage** wird der Bedarf erst, wenn er sich auf bestimmte materielle Güter hin konkretisiert und ein entsprechendes Angebot vorfindet.

Mit dem verfügbaren Einkommen stößt die Person demnach an die Grenze ihres Bedarfes. Dem stehen auf der anderen Seite unbegrenzte Bedürfnisse und ein ebenso schier unbegrenztes marktwirtschaftliches Angebot an Gütern und Dienstleistungen gegenüber. Vielfach unterliegen gerade junge Menschen der Versuchung, ihre augenblicklichen Konsumwünsche durch Kredite zu erfüllen. Die unausweichliche Rückzahlung der Schulden samt Zinsen beschneidet dann aber künftige Konsummöglichkeiten und führt häufig in die „Verschuldungsfalle", das heißt, die Rückzahlungsverpflichtungen lassen nicht mehr genug Geld für das Existenzminimum. (vgl. S. 263 f.)

Dieser scheinbar unbegrenzten Güterfülle zum Trotz wissen wir, dass diese Welt endlich ist. Wenn wir unseren Nachkommen nicht eine gänzlich verarmte Welt hinterlassen wollen, müssen wir zum einen unsere Bedürfnisse auf den Prüfstand stellen. Zum anderen gilt es, mit den Gütern wirtschaftlich umzugehen.

Kaufsucht

Der Einkauf selbst, das „Haben wollen", ist ein Vorgang, der bei vielen Menschen ein Bedürfnis befriedigt. Gefahr droht, wenn das Bedürfnis zur Sucht wird, wie folgende Zeitungsmeldung zeigt:

Diagnose: Kaufsucht

Therapie an der Uni Erlangen

Einer Studie zufolge sind etwa sechs Prozent der Bevölkerung stark gefährdet. Eine Betroffene schreibt: „Ich leide wohl auch an einer Kaufsucht, da ich immer, wenn ich Frust habe, kaufe und kaufe und kaufe. Sachen, die ich wirklich nicht brauche. Mittlerweile habe ich einen riesigen Schuldenberg."

Nach: Süddeutsche Zeitung 6.8.2003

Mit knappen Gütern die Bedürfnisse befriedigen

- 1. Die Entnahme von Wasser aus der Natur ist durch viele Gesetze geregelt. Warum?
- 2. Welche Bedenken haben Sie, das Wasser aus dem Wasserhahn in Ihrer Wohnung zu trinken?

Der Nachfrage steht ein Angebot an Gütern gegenüber. Frühere Ökonomen sind noch der Ansicht, es gebe **freie Güter** wie Luft und Wasser. Diese seien in unbegrenzter Menge vorhanden und wir Menschen könnten uns kostenlos davon nehmen so viel wir wollten.

Heute wissen wir, dass alle Güter auf dieser Erde begrenzt vorhanden sind. Ihre Bereitstellung, z. B. die Gewinnung und der Transport, verursacht Kosten. Von den meisten Gütern wird weniger angeboten als Bedürfnisse danach vorhanden wären. Der Preis eines Gutes zeigt an, wie begehrt es ist und wie hoch die Bereitstellungskosten sind.

Vernünftiger Gütereinsatz?

Ein möglichst günstiges Mittel-Zweck-Verhältnis meint hauptsächlich sparsamen und vernünftigen Mitteleinsatz bei der Herstellung. Man kann ein Auto, das 20 Liter Benzin pro 100 km verbraucht, höchst sparsam und vernünftig produzieren. Aber ist es vernünftig, ein solches Auto zu produzieren?

Der Begriff **„Wirtschaften"** bezieht sich auf alle Tätigkeiten beim Erwerb und bei der Verwendung von Geld oder Gütern, um damit Bedürfnisse zu befriedigen. Das wirtschaftliche oder ökonomische Prinzip dabei besagt, dass zwischen den einzusetzenden knappen Gütern und dem zu erreichenden Zweck ein möglichst günstiges Verhältnis erreicht wird. Der Mitteleinsatz soll sparsam und vernünftig sein. Die Wirtschaftslehre fragt aber meist nicht danach, ob auch das Bedürfnis, das befriedigt werden soll, vernünftig ist.

ZUSAMMENFASSUNG

Menschliche Bedürfnisse sind angelegt in unserer körperlichen Existenz, werden aber gelenkt und gesteigert durch die Werbung und durch Vergleiche mit Menschen, die für uns wichtig sind. Die Werbung ist in unserem Leben allgegenwärtig. Trotz vielfältiger Kritik kann sie aber der mündige Verbraucher als hilfreiches Informationsmedium nutzen. Nach der Dringlichkeit, mit der die Bedürfnisse befriedigt werden sollen, teilen wir sie ein in Existenz-, Kultur- und Luxusbedürfnisse.

Fachbegriffe

Bedürfnisse – Bedarf – Nachfrage – Kollektivbedürfnisse – Werbung – Güter

Bedürfnisse können materiell und immateriell befriedigt werden. Bei der Suche nach neuen Absatzmöglichkeiten bietet die Wirtschaft zunehmend materielle Befriedigungsmöglichkeiten für Bedürfnisse aller Art an. Mit Kaufkraft ausgestattete Bedürfnisse gelten als Bedarf, der beim Kaufentschluss und entsprechendem Angebot zur Nachfrage wird.

Mit Gütern lassen sich Bedürfnisse auf materielle Art befriedigen. Da meist weniger Güter angeboten werden als Bedürfnisse vorhanden sind, sind Güter knapp, auch die früher als „frei" bezeichneten.

AUFGABEN

1. **Zählen Sie Güter (Waren, Dienstleistungen) auf, die bei Ihnen zu Hause noch selbst hergestellt werden. Warum nimmt diese Eigenproduktion ständig ab?**
2. **Sammeln Sie Argumente, die für die Werbung sprechen und Gegenargumente.**
3. **Von früher als „frei" bezeichneten Gütern wie Luft und Meerwasser kann niemand ausgeschlossen werden. Jeder kann sich nehmen und sie auch missbrauchen, z. B. die Luft verschmutzen. Wie können solche Güter, die wir alle brauchen, geschützt werden?**

2 Rechte und Verpflichtungen aus Verträgen

2.1 Kaufvertrag

Schuldverhältnis

Rechtsbeziehung zwischen Gläubiger und Schuldner:
Ein Gläubiger kann Forderungen gegen einen Schuldner erheben.

Rechte und Pflichten aus Kaufverträgen

Einen großen Umfang widmet das Bürgerliche Gesetzbuch dem „Recht der Schuldverhältnisse"; genau sind es 612 Paragraphen. Und es werden immer mehr: Jüngst kam die Regelung des „Verbrauchsgüterkaufes" dazu. Hier wurden die Rechte der privaten Verbraucher im Rahmen seiner Käufe von Gütern des täglichen Lebens gestärkt.

Der wichtigste Schutz für alte und junge Verbraucher sind eine solide Grundkenntnis der Rechte und Verpflichtungen aus vertraglichen Schuldverhältnissen. Hier sind es besonders Kauf- und Mietverträge und Verbraucherkreditverträge.

Rechtsgeschäft

beabsichtigte Willenserklärungen mit rechtlichen Folgen

einseitige Rechtsgeschäfte

(Beispiele)
einseitige Willenserklärungen:
- Kündigung
- Testament
- Anfechtung

mehrseitige Rechtsgeschäfte

mindestens zwei Willenserklärungen:
- Verträge
- Vergleich

Die typischen Hauptpflichten aus Kaufverträgen kann man dem Bürgerlichen Gesetzbuch entnehmen:

§ 433 Vertragstypische Pflichten beim Kaufvertrag

(1) Durch den Kaufvertrag wird der Verkäufer einer Sache verpflichtet, dem Käufer die Sache zu übergeben und das Eigentum an der Sache zu verschaffen. Der Verkäufer hat dem Käufer die Sache frei von Sach- und Rechtsmängeln zu verschaffen.
(2) Der Käufer ist verpflichtet, dem Verkäufer den vereinbarten Kaufpreis zu zahlen und die gekaufte Sache abzunehmen.

Leistungspflichten aus dem Kaufvertrag:

Verkäufer:	Käufer:
– Übergabe und Eigentumsübertragung der Ware – Befreiung von Sach- und Rechtsmängeln – Übergabe der Ware zur rechten Zeit, am rechten Ort	– Zahlung des Kaufpreises – Abnahme der Ware
Nebenpflichten: Verpackung, Aufklärung und Gebrauchsanleitung, Ersatzteilbevorratung, ordentliche Rechnungsstellung	**Nebenpflichten:** – Zahlung der Verpackungs- und Versandkosten – rechtzeitige Warenkontrolle – Beurkundungskosten

Wie kommen Kaufverträge zustande?

Fall
Sarah will ein Buch kaufen. Sie findet das gewünschte Buch in einer Buchhandlung, geht an die Kasse, übergibt das Buch der Kassiererin. Diese nimmt das Buch, tippt den Preis in die Kasse und kassiert den Betrag, packt es ein und übergibt es Sarah zusammen mit der Quittung.

Dies ist ein typischer Kaufvertrag, wie er täglich unzählige Male abläuft. Es wird dabei oft kein Wort gewechselt, und trotzdem enthält dieser typische Vorgang alle Elemente eines Kaufvertrages:

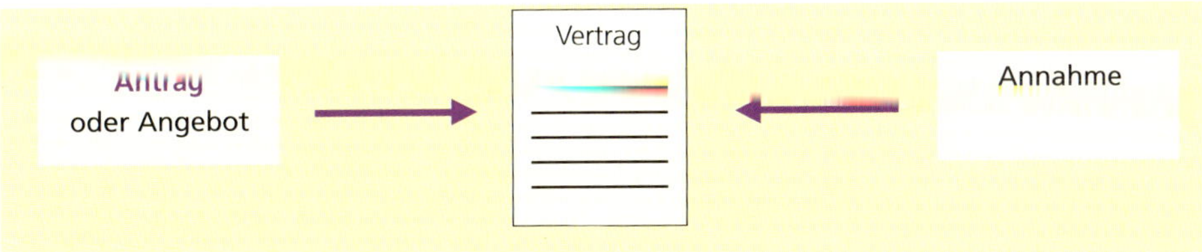

Die Kundin „bietet" dem Verkäufer (vertreten durch die Kassiererin) durch die Übergabe der Ware einen Vertragsschluss an; dieser stimmt zu (wiederum vertreten durch die Kassiererin), indem sie das Buch nimmt und den Betrag kassiert. Die Übergabe der Ware bildet den Abschluss des Kaufvertrages. Diese scheinbar banalen Vorgänge können jedoch erhebliche rechtliche Konsequenzen haben, bis hin zu gerichtlichen Auseinandersetzungen, wenn die Vertragspartner ihre Verpflichtungen nicht erfüllen.

Voraussetzungen für das Zustandekommen eines Kaufvertrages:
Zwei übereinstimmende Willenserklärungen über
- den genau bezeichneten und mangelfreien Kaufgegenstand und
- den genau bestimmten Kaufpreis

Anträge sind verbindlich

§ 145 BGB Bindung an den Antrag

Wer einem anderen die Schließung eines Vertrages anträgt, ist an den Antrag gebunden, es sei denn, dass er die Gebundenheit ausgeschlossen hat.

Der „Antrag" zur Schließung eines Vertrages kann eine Willensbekundung an der Ladentheke, eine Bestellung oder ein förmliches schriftliches „Angebot" sein. Ein solcher Antrag ist nach § 145 BGB stets **verbindlich**.

Ein **Angebot** im rechtlichen Sinne liegt dann vor, wenn sich eine Willenserklärung
- an eine bestimmte Person richtet und
- bestimmte Bedingungen enthält.

Demnach sind **nicht** als Angebot zu werten:
- Zeitungsanzeigen
  (auch wenn „Angebot" darüber steht),
- Schaufensterauslagen,
- Prospekte,
- Speisekarten.

Man bezeichnet die genannten Beispiele als Anpreisungen.

Antrag

bestimmte, empfangsbedürftige Willenserklärung, an die der Antragende grundsätzlich gebunden ist.
Ausnahme:
- freibleibend
- befristet

Annahme

Akzeptieren eines Antrages ohne Änderung
- Mündliche Anträge müssen sofort angenommen werden (z. B. telefonische Annahme)
- Anträge an Abwesende erfordern eine Transport- und Überlegungsfrist.

Vertragsfreiheit

Jeder kann mit jedem Verträge abschließen (§ 305 BGB).
Formfreiheit:
- schriftlich
- mündlich
- Handzeichen usw.
Inhaltsfreiheit:
Verträge beliebigen Inhalts

Nichtige Willenserklärungen

- Geschäftsunfähigkeit
- beschränkte Geschäftsfähigkeit, aber die Eltern stimmen nicht zu
- Schein- und Scherzgeschäfte
- Verstoß gegen die guten Sitten oder gegen ein Gesetz
- Verstoß gegen Formvorschriften

Anfechtbare Willenserklärungen

- Anfechtung wegen Irrtums über den Inhalt oder die Eigenschaft einer Sache
- Anfechtung wegen eines Übermittlungsirrtums
- Anfechtung wegen arglistiger Täuschung oder widerrechtlicher Drohung

Verzug

Wer eine fällige Leistung schuldhaft nicht erbringt, gerät in Verzug.
Bei unklarem Termin ist eine Mahnung nötig.

Nicht alle Verträge sind gültig

An Willenserklärungen, die zu Verträgen führen, ist man gebunden. Das sagt schon der aus dem römischen Recht übernommene Grundsatz: Verträge muss man halten. Es gibt allerdings Willenserklärungen, die hätte ein Vertragspartner im rechtlichen Sinne nie abgeben dürfen; wir nennen sie **nichtige Willenserklärungen**. Außerdem gibt es Willenserklärungen, die zunächst gültig sind. Man kann sie jedoch später anfechten, weil ein Vertragspartner bei der Abgabe der Willenserklärung von falschen Voraussetzungen ausgegangen ist: **anfechtbare Willenserklärungen**.

Verträge werden nicht erfüllt – Leistungsstörungen

Erfüllt ein Vertragspartner seine Leistungen nicht, spricht man von Leistungsstörungen. Nun stellen sich für die Gläubiger (z. B. den Kunden) Fragen:

- Welche Rechte habe ich denn?
- Kann ich umtauschen oder bekomme ich das Geld zurück?
- Wer bezahlt mir den Schaden?

Leistungsstörungen (Pflichtverletzungen)

Unmöglichkeit	Lieferungsverzug	Annahmeverzug	Zahlungsverzug	mangelhafte Leistung
– Leistung wird nicht erbracht. – Der Lieferant liefert nicht.	verspätete Lieferung der Ware	Kunde nimmt die Ware nicht an.	Der Kunde zahlt zu spät oder gar nicht.	Die Ware hat Mängel.

▪ Der Lieferant liefert keine Ware (Unmöglichkeit)

Voraussetzungen	– Der Lieferer kann nicht leisten. (§ 275 BGB)
Rechtsfolgen	– Schadenersatz wegen Pflichtverletzung (§ 280 BGB) (nur bei Pflichtverletzung des Lieferers) – Schuldner leistet Ersatz. (§ 285 BGB) – Rücktritt (§ 326 BGB)

Fixkauf

Ein fester Liefertermin ist wichtiger Vertragsinhalt.

Zweckkauf

Ware ist für einen Zweck bestimmt; eine verspätete Lieferung ist sinnlos.

Kulanz

Entgegenkommen eines Vertragspartners, ohne dass er gesetzlich dazu verpflichtet wäre.

▪ Der Lieferant liefert verspätet (Lieferungsverzug)

Voraussetzungen	– Der Lieferer liefert zum **vereinbarten** Zeitpunkt nicht. – Der Lieferer ist verantwortlich für die Nichteinhaltung. – Der Kunde muss nach Fälligkeit mahnen und eine Nachfrist setzen (keine Nachfrist bei Fixkauf).
Rechtsfolgen	– Schadensersatz statt Leistung (§ 281 BGB) – Rücktritt vom Vertrag nach vorheriger Fristsetzung (§ 323) oder – auf Erfüllung des Vertrages bestehen und zusätzlich Ersatz des Verzugsschadens verlangen (§ 280 (2) BGB)

▪ Ein Kunde verweigert die Annahme der Ware (Annahmeverzug)

Voraussetzungen	– Der Kunde nimmt die angebotene Ware nicht an. (§ 293 BGB) – Die Ware wurde rechtzeitig, am rechten Ort und mangelfrei geliefert. (§§ 269 ff BGB)
Rechtsfolgen	– Haftungsminderung des Lieferanten (§ 300 BGB) – Ersatz der Mehraufwendungen (§ 304 BGB) – Der Lieferant kann die Ware versteigern, öffentlich einlagern oder über einen Makler verkaufen lassen. (§ 383) – Rücktritt vom Vertrag

- **Ein Kunde zahlt nicht rechtzeitig (Zahlungsverzug)**

Voraussetzungen	– Fälligkeit der Forderung – kein Zahlungseingang am Fälligkeitstag – Mahnung mit Fristsetzung (entfällt bei vereinbartem Termin)
Rechtsfolgen	– Der Gläubiger beantragt einen Mahnbescheid bzw. erhebt Klage. – Berechnung von Verzugszinsen (5% über dem Basiszinssatz) – Der Gläubiger kann vom Vertrag zurücktreten (Ratenkäufe) und evtl. Schadenersatz verlangen.

- **Schlechtleistung – mangelhafte Lieferung**

Voraussetzungen für Gewährleistungsansprüche	– Die gekaufte Sache weist beim Gefahrenübergang Mängel auf (innerhalb von sechs Monaten seit Gefahrenübergang wird vermutet, dass die Ware bereits bei Warenübergabe mangelhaft war – Beweislastumkehr – § 476 BGB) Sachmängel: – Die vereinbarte Beschaffenheit fehlt. – Die vorausgesetzte Verwendung ist nicht möglich. – Die üblichen Eigenschaften fehlen. – Die Sache entspricht nicht den Werbeversprechen. – Die Montage wurde unsachgemäß ausgeführt. – Die Montageanleitung war mangelhaft. – Eine andere Ware wurde geliefert. – Die Menge entspricht nicht der Bestellung.
Gewährleistungsrechte des Käufers	**1. Stufe – vorrangige Rechte** Nacherfüllung innerhalb einer angemessenen Frist: wahlweise (§ 439 BGB): Nachbesserung (Beseitigung des Mangels) / Neulieferung zusätzlich: Schadenersatz neben der Leistung (§ 280 BGB) **2. Stufe – nachrangige Rechte** im Anschluss fehlgeschlagener Nacherfüllung (§§ 437 ff BGB) – Rücktritt vom Vertrag (bei geringen Mängeln) – Minderung des Kaufpreises zuzüglich Schadenersatz – Schadenersatz statt der Leistung oder: Ersatz der Aufwendungen (nicht bei geringen Mängeln) Schadenersatz und Rücktritt (§§ 325 BGB)
Gewährleistungsfrist	**zwei** Jahre ab Lieferung – bei gebrauchten Gütern **ein** Jahr

§ 438 BGB

Verjährung von Mängelansprüchen (Gewährleistungsfristen)

2 Jahre:
kaufrechtliche Ansprüche (beginnend mit der Lieferung)

3 Jahre:
bei arglistig verschwiegenen Mängeln, beginnend am Ende des Jahres

5 Jahre:
Bauwerksmängel, beginnend mit der Übergabe

30 Jahre:
Mangel in einem dinglichen Recht oder einem Recht, das im Grundbuch eingetragen ist

Mängel

- offene Mängel
- versteckte Mängel
- arglistige verschwiegene Mängel

Verbrauchsgüterkauf

Ein Privatmann (Verbraucher) kauft bei einem Unternehmer eine bewegliche Sache. (vgl. § 474 BGB)

Verbraucherdarlehensvertrag

Kreditvertrag zwischen einem Unternehmer und einem Verbraucher

Verbraucherdarlehensvertrag – Ratenkauf (Kreditvertrag)

Fall

Der Auszubildende Tobias kauft sich nach dem 1. Lehrjahr einen gebrauchten PKW für 6 000,00 EUR. Er leistet eine Anzahlung über 3 000,00 EUR. Den Rest finanziert er über einen Kreditvertrag (Ratenkauf) mit dem Autounternehmen. Er verpflichtet sich, zu monatlichen Raten von 200,00 EUR einschl. Zinsen und Tilgung. Anschließend erfährt er, dass er den Kauf billiger über ein Kreditinstitut finanziert hätte. Was kann er tun?

Die folgende Übersicht kann ihm seine Entscheidung erleichtern:

Gewährleistung

Der Unternehmer kann den Kreditvertrag kündigen, wenn der Käufer mit mindestens zwei aufeinanderfolgenden Raten und mindestens zehn Prozent des Darlehens in Verzug ist. Bei Verträgen über drei Jahre sind es fünf Prozent.

Teilzahlungsgeschäft

Rechtsgeschäft zwischen einem Unternehmer und einem Verbraucher bei dem der Kaufpreis in Raten zu erbringen ist

Verbraucherdarlehensvertrag – Ratenkauf (§§ 491 BGB)	
Voraussetzungen	▪ Abschluss eines Kreditvertrages ▪ Abzahlungsgeschäfte einschl. Abonnements mit Verbrauchern
Vertragsinhalt/Form	▪ Inhalt des Kreditvertrages: – Nettokreditbetrag – Teilzahlungsraten einschl. Zinsen und sonstige Kosten – Art und Weise der Rückzahlung – Zinssatz und sonstige Kosten – effektiver Jahreszins – Kosten einer evtl. Versicherung für den Kredit – zu leistende Sicherheiten – Abschrift der Urkunde des Kreditvertrages ▪ Schriftform (keine elektronische Form!)
Belehrungen	▪ gesonderte schriftliche Belehrung ▪ Unterschrift des Verbrauchers
Widerspruchsfrist	▪ Der schriftliche Widerruf muss zwei Wochen nach Aushändigung der Belehrung an den Verkäufer versendet worden sein (Absendung genügt). ▪ kein Widerspruchsrecht bei Kreditbetrag bis 200 EUR

Der Unternehmer kann den Kreditvertrag kündigen, wenn der Käufer mit mindestens zwei aufeinanderfolgenden Raten und mindestens zehn Prozent des Darlehens in Verzug ist. Bei Verträgen über drei Jahren sind es fünf Prozent.

2.2 Mietvertrag

Miete

zweitweise Gebrauchsüberlassung einer beweglichen oder unbeweglichen Sache

Rechte und Pflichten aus einem Mietvertrag

Jährlich werden etwa drei Millionen Mietverträge geschlossen. Nicht selten gehen Mieter und Vermieter im Streit auseinander. Streitgründe sind Mieterhöhungen, Behandlung der Mietsache und Kündigungsfristen.

Meist werden Formularverträge von Verlagen, Haus- und Grundbesitzervereinen oder Mietvereinen benutzt.

Inhalt und Pflichten aus einem Mietvertrag

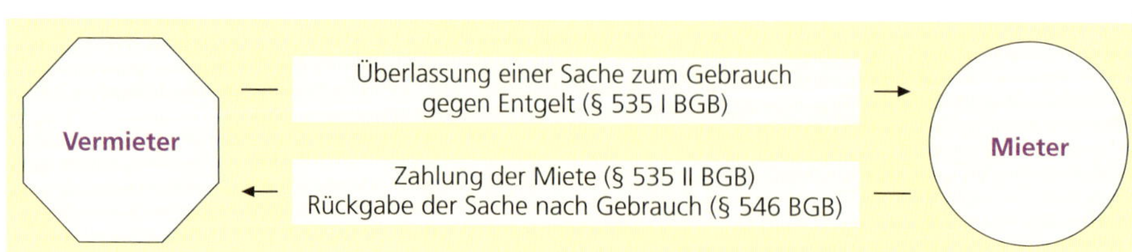

Pflichten aus dem Mietvertrag:

Der Vermieter verpflichtet sich	Der Mieter verpflichtet sich
– dem Mieter die Sache in gebrauchsfähigem Zustand zu überlassen, – während der Mietzeit die Mietsache instand zu halten, – eine mögliche Kaution auf höchstens drei Monatsmieten zu begrenzen, – die Kaution bei einer Bank anzulegen. Zinsen stehen dem Mieter zu.	– den vereinbarten Mietpreis zu zahlen, – die übliche Sorgfalt anzuwenden, – die Mietsache vertragsgemäß zu nutzen, – die Mietsache ohne Erlaubnis des Vermieters nicht an Dritte zu überlassen, – auftretende Mängel unverzüglich zu melden, – Modernisierungsmaßnahmen zu dulden, – die Kosten von Schönheitsreparaturen zu tragen.

Mietsachen können sein:

Haus, Wohnung, Zimmer, Auto, Handwerksgeräte, Hauswände, Schaufenster.

Form eines Mietvertrages

Soll ein Wohnraum-Mietvertrag für länger als ein Jahr abgeschlossen werden, so ist die Schriftform notwendig. Fehlt die Schriftform, gilt der Vertrag auf unbestimmte Zeit geschlossen und kann frühestens nach einem Jahr gekündigt werden (§ 550 BGB).

Kündigung des Mietverhältnisses:

Form	– schriftlich, begründet und unterschrieben – mündlich, wenn der Wohnraum vorübergehend benutzt wird
Gründe für den Vermieter	Der Vermieter kann bei Nachweis eines berechtigten Interesses kündigen. Gründe: Eigenbedarf, erhebliche Vertragsverletzungen des Mieters, Hausfriedensbruch, unerlaubte Untervermietung Fristlose Kündigung nur nach Abmahnung zulässig.
Fristen: Mieter Vermieter	für Wohnräume: Unabhängig von der Mietdauer: drei Monate Mietdauer bis 5 Jahre: drei Monate Mietdauer bis 8 Jahre: sechs Monate Mietdauer über 8 Jahre: neun Monate

Leasing
Der Leasingvertrag ist eine Sonderform des Mietvertrages. Es gilt grundsätzlich das Mietrecht.

Beim Leasinggeschäft überlässt der Leasinggeber dem Leasingnehmer eine Sache zum Gebrauch gegen **Leasingraten**.

Gegen Aufpreis übernimmt der Leasinggeber die Instandhaltung.

Die Höhe der Leasingrate wird bestimmt von den Anschaffungskosten, den Marktzinsen, der Risikoprämie und den Haftungsvereinbarungen.

Leasing lohnt sich in der Regel für Unternehmer, da die Leasingraten als Betriebsausgaben steuerlich abgesetzt werden können.

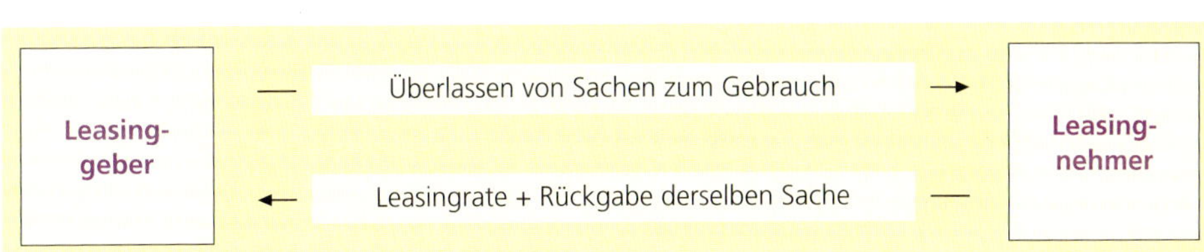

Mietkauf
Unter Mietkauf versteht man einen Vertrag, bei dem eine Sache dem Mieter zunächst mietweise überlassen und ihm das Recht eingeräumt wird, durch Erklärung die Sache später zu kaufen. Dabei werden die gezahlten Mieten auf den Kaufpreis angerechnet. Der Mietkauf ist vom reinen Leasingvertrag zu unterscheiden. Zum Schutz des Verbrauchers gelten die Vorschriften über den Ratenkauf (Rücktrittsrecht innerhalb 14 Tagen). Außerdem gelten das Miet- und Kaufrecht.

Mietkauf

ist für den Privatmann nur bei günstigen Zinsbedingungen eine günstige Finanzierungsform. Nur der Unternehmer kann die Raten als Betriebsausgaben absetzen.

2.3 Verbraucherschutz

AgV

Arbeitsgemeinschaft der Verbraucherverbände

Mogelpackungen

Stärkung der Verbraucherposition gegenüber den Produzenten

Die Verbraucher, so wird behauptet, lenken in der sozialen Marktwirtschaft die Produktion nach ihren Bedürfnissen. Diese starke Stellung am Markt trifft für den einzelnen Verbraucher oft nicht zu. Bei vielen Produkten kann er die technische Ausstattung schwer beurteilen, weiß wenig über die gesundheitlichen Wirkungen oder die Sicherheit von Geräten und viele Kunden lassen sich auch durch raffinierte Werbung und die Geschäftspraktiken der Verkäufer täuschen. Zur Stärkung der Verbraucher greift der Staat ein

- mit Schutzgesetzen und
- durch die Förderung von Information und Beratung.

Das Haustürgeschäft

Frau Meier freut sich über das tolle Geschäft, das sie eben gemacht hat. Ein Vertreter hat ihr an der Wohnungstür ein 10-bändiges Lexikon, das 650,00 EUR kosten sollte, zum Sonderpreis von 480,00 EUR verkauft. Natürlich hat sie erst gezögert, aber ein Lexikon bildet doch die ganze Familie, hat der Vertreter gesagt [...] Am Abend sind ihre Lieben von der Bestellung gar nicht begeistert und die Kinder meinen, ein dreibändiges Lexikon für 50,00 EUR hätte doch auch gereicht. Jetzt ist Frau Meier ganz unglücklich.

Beanstandete Verpackung wird geändert – Reaktion auf Verbraucherkritik

(AgV) Das eklatante Missverhältnis zwischen Volumen und Inhalt der 400 Gramm-Packung [...] soll bald ein Ende haben. Mit der Ankündigung [...] hat die Firma [...] auf die AgV-Kritik im Juli 1990 reagiert. Die AgV hatte darauf hingewiesen, dass im Innern der Packung mehr als ein Drittel des Gesamtvolumens mit Luft statt Ware ausgefüllt wird. Das täuscht nicht nur den Verbraucher über den wahren Inhalt der Packung, sondern führt auch zu einem unnötigen Mehr an Verpackungsmüll. [...]

Verbraucherpolitische Korrespondenz vom 21.8.1990

■ 1. Wie kommt Frau Meier aus diesem Kaufvertrag wieder heraus?
■ 2. Welche Stellen kennen Sie, bei denen Verbraucher sich beraten lassen können?

Unter der großen Zahl solcher Schutzgesetze sind einige für den Alltag besonders wichtig:

- Im **„Gesetz gegen den Unlauteren Wettbewerb" (UWG)** ist auch das Verbot der irreführenden Werbung enthalten. Das betrifft beispielsweise die Bezeichnung „Luxusausführung" bei einem Produkt ohne hochwertige Ausstattung.
- Die so genannte „Mogelpackung", die eine größere Füllmenge vortäuscht, soll durch das **„Gesetz über Mess- und Eichwerte"** verhindert werden.
- Nach der **Preisauszeichnungsverordnung** muss auf allen Waren im Geschäft oder Schaufenster deutlich der Endpreis angegeben sein. Dienstleister wie Friseure oder Gastwirte sind zum Aushang ihrer Preise verpflichtet.

Schließlich hat man in der Neufassung des **Bürgerlichen Gesetzbuches (BGB)** vom Jahre 2002 mehrere Schutzgesetze zusammengefasst:

- **Widerrufsrecht bei Haustürverträgen** (§ 312 BGB). Schließt ein Verbraucher einen Vertrag in seiner Privatwohnung oder bei einer „Kaffeefahrt" ab, kann er seine Unterschrift innerhalb von zwei Wochen widerrufen. Für den Wertverlust der Ware muss er aber evtl. Ersatz leisten.
- **Teilzahlungsgeschäfte** (§ 501 ff. BGB). Diese zweiwöchige Widerrufsfrist gilt auch für Ratenkäufe. Zusätzlich muss ein solcher Abzahlungsvertrag in schriftlicher Form den Preis bei Barzahlung enthalten, damit der Käufer sieht, wie viel er bei Ratenkauf mehr bezahlen muss (vgl. S. 260).

In erster Linie liegt es aber am Verbraucher selbst, sich umfassend zu informieren und eine überlegte Auswahl zu treffen. Hilfreich sind dabei die Verbraucherberatungsstellen, die kostenfrei schriftlich oder telefonisch Auskünfte geben. Der Staat unterstützt diese Beratungsstellen der Verbraucherverbände, die in dem Verbraucherzentrale Bundesverband e. V. (vzbv) zusammengefasst sind.

Stiftung Warentest

Dem vzbv gehört auch die „Stiftung Warentest" an, eine von der Wirtschaft unabhängige Anstalt, die in ihrer Zeitschrift „Test" ständig über ihre vergleichenden Untersuchungen von Gebrauchsgegenständen berichtet.

2.4 Schuldnerberatung

Schuldenfalle Mobiltelefon

Immer erreichbar sein. Das neueste Handy, der neueste Klingelton. Abends auf Partys, in Klamotten, die natürlich „hip" sein müssen. Doch das alles hat oft seinen Preis – Schulden. „Das Gros unserer Klienten ist um die 30 Jahre alt, weil sich die Schulden über die Jahre ansammeln", sagt die Schuldnerberaterin von der Caritas. Fakt ist aber auch: Jeder zehnte Augsburger, dem die Schulden über den Kopf gewachsen sind, ist keine 18 Jahre alt.

Die Ursachen für die zunehmende Verschuldung bei den jungen Menschen sind vielfältig. „Zum einen veranstaltet die Wirtschaft einen regelrechten Run auf junge Konsumenten", so die Expertin. „Jetzt kaufen, später in Raten bezahlen. In ihrer Unerfahrenheit sehen die jungen Menschen nur die kleine Rate, aber nicht die langfristige Verpflichtung und die Folgekosten. Und auch so manche Bank trägt eine Mitschuld daran."

Schwer fällt es vielen Betroffenen, professionelle Hilfe anzunehmen. „Schulden werden oft als persönliches Versagen gesehen", so die Beraterin. „Bis zur Einsicht vergehen oft Jahre – in denen der Schuldenberg immer drückender wird. Bis zum Gang zu uns werden lieber Freunde und Familie angepumpt. In Einzelfällen geraten Jugendliche sogar auf die schiefe Bahn."

Sascha Borowski, Augsburger Allgemeine vom 1.8.2003

- 1. Wie hoch sind Ihre monatlichen Telefonkosten und sonstigen Ausgaben?
- 2. Aus welchen Gründen sammeln sich die Schulden über Jahre hinweg an?
- 3. Diskutieren Sie, wieweit Geschäfte und Banken eine Mitschuld daran tragen.

Überschuldung kann sehr schnell viele Haushalte treffen. Die Gründe dafür sind vielfältig, neben einer „lockeren Hand" beim Geld ausgeben auch plötzliche Arbeitslosigkeit, Krankheit oder unerwartete Kosten. Auch verführt die Werbung für Ratenkredite leicht zur Überschätzung der eigenen finanziellen Möglichkeiten.

Aus Angst und Scham wissen sich viele Betroffene nicht anders zu helfen als auf teure und dubiose Vermittler zurückzugreifen, die ihnen weitere Kredite vermitteln. Schulden kann man aber nicht mit Schulden bezahlen, die Spirale der Verschuldung setzt sich so weiter fort. Leidtragende der zunehmenden Verarmung sind oft Familien und Kinder. In solchen Situationen ist es wichtig, aktiv einen Ausweg zu suchen.

Verbraucherinsolvenz und Restschuldbefreiung

Muss ein Schuldner je nach Schuldenhöhe sein ganzes Leben lang Schulden zurückzahlen? Nein, das seit 1999 gesetzlich verankerte Verbraucherinsolvenzverfahren sieht vor, dass dem redlichen Schuldner nach Ablauf einer Wohlverhaltensperiode die restlichen Schulden erlassen werden.

Verfahrensschritte in Kürze:
1. Versuch außergerichtlicher Einigung mit den Gläubigern
2. Antrag des Schuldners auf Verfahren vor dem Insolvenzgericht
3. Insolvenzverfahren und sechs Jahre pünktliche Abführung des pfändbaren Teils seines Einkommens

Wie hilft die Schuldnerberatung?

„Wir prüfen Einnahmen und Ausgaben und erarbeiten einen Haushaltsplan, mit dem die Betroffenen ihre Schulden stückweise abtragen", erklären die Beraterinnen des Deutschen Roten Kreuzes (DRK). Sie betreuen im Jahr 350 Ratsuchende. Schulden tilgen sie nicht, aber sie erarbeiten Wege aus der Not.

Die Schuldnerberatung ist parteiisch. Sie hilft den Schuldnern, ihre Position zu stärken. Die Schuldner geben die Rahmenbedigungen vor, nach denen Hilfen erforderlich sind. Sie erteilen den Beratern den Auftrag, ihre Interessen zu wahren, Wege aus den Schwierigkeiten aufzuzeigen und bei der Durchsetzung von Rechten zu vermitteln.

Die finanziell rechtliche Beratung umfasst unter anderem die Verhinderung existenzieller Notlagen wie Verlust der Wohnung, die Ausschöpfung von Rechtsansprüchen wie Wohngeld oder Kindergeld, die Vermeidung von Pfändungen oder die Prüfung von Vertragsunterlagen auf ihre Rechtmäßigkeit.

Nach: Schuldnerberatung, www.drk.de/dls/schuldnerberatung2.htm

1. Ermitteln Sie öffentliche Beratungsstellen und solche karitativer Verbände.
2. Welche Kosten muss der Hilfesuchende für die Beratung tragen?
3. Fassen Sie zusammen, was die Beratung leistet. Welchen Beratungsbedarf sehen Sie noch?

Kommt es durch die Überschuldung zum finanziellen Zusammenbruch, hat das nicht nur materielle Folgen. Massive finanzielle Sorgen führen in vielen Fällen zu Trennungen, zur Flucht in die Sucht oder in Depressivität. Gute Schuldnerberatung schließt deshalb auch Lebensberatung und psychosoziale Beratung ein.

ZUSAMMENFASSUNG

Fachbegriffe

Verbrauchsgüterkauf – Eigentumsvorbehalt – Angebot – Antrag – Fixkauf – Verzug – Minderung – Rücktritt – Wandlung – Kulanz – Garantie – Gewährleistung – Leasing – Mietkauf – Verbraucherschutzgesetze – Verbraucherberatungsstellen – Überschuldung – Schuldnerberatung

Der Kaufvertrag ist ein gegenseitiger schuldrechtlicher Vertrag; er ist geregelt im BGB, §§ 433 ff. Der Verbrauchsgüterkauf (§§ 474 ff BGB) regelt neuerdings den Kauf für den täglichen Bedarf von Privatleuten; er enthält insbesondere bei der Nichterfüllung seitens des Verkäufers für den Verbraucher stärkere Rechte.

Im Kaufvertrag sind die Pflichten beider Parteien (Käufer und Verkäufer) geregelt (§ 434 BGB). Der schuldrechtliche Teil regelt die Pflichten des Verkäufers (mangelfreie Lieferung und Verschaffung des Eigentums) und des Käufers (Abnahme und Zahlung der Sache). Der sachenrechtliche Teil des Vertrages schreibt die Abwicklung des Vertrages fest (Leistung).

Als Leistungsstörungen kommen vor:

Leistungsstörungen

Art der Störung	Leistung wird nicht erbracht.	verspätete Leistung	Nichtannahme der Leistung	Sonstige Pflichtverletzungen	Schlechtleistung
Folgen	Unmöglichkeit	Schuldnerverzug	Annahmeverzug	z. B. Verletzung von Schutzrechten	Recht auf Gewährleistung

Als weiteres Beispiel für einen schuldrechtlichen Vertrag gilt der Mietvertrag, geregelt in den §§ 535 ff BGB. Den größten Umfang umfassen die Regelungen der Pflichten/Rechte beider Parteien, Mieter und Vermieter.
Mietverträge bei Wohnraum über ein Jahr verlangen die Schriftform, ebenso die Kündigung des Mietverhältnisses. Der Mieterschutz verlangt vom Vermieter insbesondere bei der Kündigung besondere Sorgfalt. Bei Mieterhöhungen gibt es eine Obergrenze von 20 % in drei Jahren mit Nachweis und Begründung.

Unterformen der Miete sind das Leasing und der Mietkauf, der besonders beim Fahrzeugkauf verbreitet ist. Für den Privatmann ist Vorsicht bei dieser Finanzierungsform geboten, da er nicht die steuerlichen Abzugsmöglichkeiten wie Selbstständige hat.

Zur Stärkung der Verbraucherposition greift der Staat mit zahlreichen Schutzgesetzen ein, aber auch durch die Förderung von Information und Beratung. Tatsächlich haben veränderte Kaufentscheidungen durchaus Einfluss auf die Produktion. Aus der freien Wahl seiner Konsumgüter erwächst dem Verbraucher damit auch die Verantwortung für die Folgen seiner materiellen Lebensweise.

Die Versprechungen der Werbung und das Konsumverhalten der Freunde verführen zunehmend junge Leute mehr Geld auszugeben, als es ihrem Einkommen entspricht. Sie nehmen Kredite auf und bedenken zu wenig die unausweichliche Zinszahlung und Rückzahlung. Diese kann besonders bei plötzlichen Notlagen wie Arbeitslosigkeit oder Krankheit schwierig werden. Viele suchen dann Hilfe bei dubiosen Vermittlern, die ihnen nur noch mehr Kredite vermitteln. Dagegen bieten gute Schuldnerberatungsstellen uneigennützige und umfassende Hilfen.

AUFGABEN

1. Welche „Leistungsstörungen" liegen in den folgenden Fällen vor?
   a) Max kauft ein Mountainbike mit Liefertermin bis Ende Juli. Mitte August ist das Rad noch nicht geliefert.
   b) Herr Weiß nimmt das bestellte und rechtzeitig gelieferte Heizöl nicht an, weil er bei einem anderen Lieferanten einen günstigeren Preis erzielt hat.
   c) Max weigert sich den Preis für das verspätet gelieferte Fahrrad zu zahlen, weil er sich über die späte Lieferung ärgert.
   d) Außerdem stellt er nach Lieferung fest, dass ein anderes Modell als das von ihm bestellte geliefert wurde.
2. In welchen Fällen kann der Vermieter einem Mieter kündigen?
3. Was würden Sie in einem Kaufvertrag über ein gebrauchtes Auto immer regeln?
4. Ein Verkäufer weigert sich, Ihnen das Geld zurückzugeben, wenn Sie einen gekauften und defekten Taschenrechner reklamieren. Ist er im Recht?
5. Ratenkäufe können für Verbraucher besonders riskant sein. Worauf sollten Verbraucher bei Ratenkaufverträgen besonders achten? Welche Risiken bestehen?
6. Geben Sie Ratschläge für umweltfreundliches Einkaufen.

3 Betriebliche Ziele – im Einklang mit dem Gemeinwohl?

Gemeinwohl

Dieser Begriff bezeichnet in einem Gemeinwesen die Gesamtinteressen, nicht jedoch die Einzel- oder Gruppeninteressen. Problematisch ist allerdings, was konkret inhaltlich jeweils als Gemeinwohl anzusehen ist und wie die Feststellung des Gemeinwohls zu Stande kommt.

In einem vom Wettbewerb geprägten Markt muss sich jeder Betrieb und jedes Unternehmen gegen Konkurrenten behaupten. Daher ist es wichtig, wirtschaftlich und produktiv zu arbeiten und die geeignetste Unternehmensform zu wählen. Allerdings haben Wettbewerb und Gewinnstreben der Betriebe auch zu unerwünschten Begleiterscheinungen geführt. Die natürlichen Lebensgrundlagen sind weltweit durch fortschreitende Umweltzerstörung gefährdet.

3.1 Umwelt in Gefahr

In den betriebswirtschaftlichen Überlegungen und Kalkulationen der Betriebe findet der Umweltschutz lange Zeit wenig Berücksichtigung. Die Naturzerstörung wird letztlich akzeptiert, Wirtschaftswachstum und der Erhalt von Arbeitsplätzen erscheinen als höherwertige Ziele. Umweltkatastrophen und lebensbedrohende Veränderungen wie das Ozon-Loch, Klimaveränderungen oder die Luftverschmutzung erzwingen ein Umdenken. Betriebe orientieren sich zunehmend an dem, was ökologisch machbar und vertretbar ist. Sie erkennen das gewachsene Umweltbewusstsein der Bürgerinnen und Bürger und streben ein positives Umweltimage an. Umweltschutz ist somit zu einem neuen und wichtigen Betriebsziel geworden. Der Staat erlässt gesetzliche Regelungen und Auflagen, um die Umwelt zu schützen. Umweltschützer warnen davor, dass weltweit immer noch zu wenig auf die Natur und deren Erhalt geachtet werde.

„Umwandlung von nutzlosem Rohstoff in Veredelungsprodukte", Zeichner: Horst Haitzinger

Das Kettensägen-Massaker

Holzeinschlag und Brandrodung: Die letzten Urwälder werden weit schneller zerstört, als bislang angenommen

Anhand von satellitengestütztem Kartenmaterial lässt sich jetzt exakt belegen, was immer befürchtet wurde: Die Urwälder weltweit werden weitaus schneller dezimiert als bisher angenommen.

Zehn Jahre nach dem Umweltgipfel von Rio hat das Tempo der Regenwaldvernichtung erheblich zugenommen. Weite Teile unberührter Natur sind in akuter Gefahr. Sollte der Holzeinschlag in dem selben Tempo wie bisher voranschreiten, dürften zum Beispiel die Regenwälder Indonesiens zur Mitte des Jahrhunderts verschwunden sein. Eines der großen Bioreservate der Erde wäre unwiederbringlich verloren. [...] Viele Gebiete, die selbst Fachleute noch für unberührt hielten, seien in Wirklichkeit bereits von Straßen durchzogen und von Holzfällern heimgesucht. [...] Ganze Waldstriche vor allem in den Tropen würden ohne Erlaubnis, aber oft mit Duldung der Behörden auf der Suche nach verwertbaren Hölzern niedergelegt. In Indonesien werde zwischen 50 und 70 Prozent des Holzes illegal eingeschlagen, in Brasilien gar 80, in Russland immer noch 20 Prozent.

Reymer Klüver, Süddeutsche Zeitung, 9.4.2002

■ In welchen Bereichen finden Sie Umweltschutzgesetze besonders wichtig? Nehmen Sie Bezug auf aktuelle Fälle.

3.2 Betriebliche Ziele

Um im täglichen Wettbewerb erfolgreich zu sein, muss ein Unternehmer laufend die Leistungsfähigkeit seines Betriebes überprüfen. Gemäß dem wirtschaftlichen Prinzip, mit dem geringstmöglichen Mitteleinsatz ein höchstmögliches Ergebnis zu erzielen, werden Produktivität, Wirtschaftlichkeit und Rentabilität bestimmt.

Diese drei betriebswirtschaftlichen Prinzipien können mit dem Wohl der Allgemeinheit in Konflikt geraten.

PRODUKTIVITÄT

In den allermeisten Wirtschaftszweigen ist die menschliche Arbeitskraft, insbesondere dank moderner Technik, heute bedeutend produktiver als früher. Mit der Produktivität lässt sich die Ergiebigkeit einer wirtschaftlichen Tätigkeit ausdrücken.

$$\text{Produktivität} = \frac{\text{Produktionsergebnis (Output)}}{\text{Faktoreneinsatz (Input)}}$$

Die Produktivität kann auch für einzelne Produktionsfaktoren ermittelt werden.

$$\text{Arbeitsproduktivität} = \frac{\text{Produktionsergebnis}}{\text{Arbeitsstunden}}$$

Die Arbeitsproduktivität spielt eine große Rolle bei Tarifverhandlungen.

WIRTSCHAFTLICHKEIT

Bei der Berechnung der Wirtschaftlichkeit werden Wertgrößen aufeinander bezogen.

$$\text{Wirtschaftlichkeit} = \frac{\text{Leistung}}{\text{Kosten}}$$

Beispiel:
Eine Firma produziert verschiedene Produkte. Produkt A lässt sich für 5 000,00 EUR verkaufen, die Herstellungskosten betragen 3 500,00 EUR. Bei Produkt B wird ein Verkaufspreis von 9 000,00 EUR erzielt; die Herstellung kostet 6 000,00 EUR.

Wirtschaftlichkeit für	
A: $\frac{5000}{3500} = 1{,}42$	B: $\frac{9000}{6000} = 1{,}50$

Demnach kann Produkt B wirtschaftlicher hergestellt werden. Um die Wirtschaftlichkeit von Produkt A zu erhöhen, könnte der Verkaufspreis angehoben werden oder/und die Kosten der Herstellung müssten gesenkt werden.

RENTABILITÄT

Die Verzinsung des eingesetzten Kapitals wird mit dem Begriff Rentabilität bezeichnet.

$$\text{Eigenkapitalrentabilität} = \frac{\text{Gewinn x 100}}{\text{Eigenkapital}}$$

Beispiel:
Frau M., Inhaberin eines Dienstleistungsbetriebs, erwirtschaftet in einem Geschäftsjahr mit einem Eigenkapital von 700 000,00 EUR einen Reingewinn von 50 000,00 EUR.

$$\text{Eigenkapitalrentabilität} = \frac{50\,000 \text{ x } 100}{700\,000} = 7{,}1\,\%$$

Durch diese Messgröße erfährt der Unternehmer, ob sein Kapital angemessen verzinst wird.

Für viele Betriebe ist die Umsatzrentabilität eine wichtige Kenngröße. Dieser Wert besagt, wie viel Gewinn ein bestimmter Umsatz einbringt, d. h. wie viel pro 100,00 EUR Umsatz verdient wird.

$$\text{Umsatzrentabilität} = \frac{\text{Gewinn x 100}}{\text{Umsatz}}$$

Gemeinwirtschaftliche Betriebe

Der Staat übernimmt die Verantwortung für die Grundversorgung der Bevölkerung. Verkehrsbetriebe, Krankenhäuser oder Elektrizitäts-, Gas- und Wasserwerke befinden sich häufig in öffentlicher Trägerschaft, wobei seit Jahren ein Trend zur Privatisierung zu beobachten ist.

Die Ziele der meisten Betriebe sind **erwerbswirtschaftlich** ausgerichtet, d. h. Gewinnstreben ist deren Hauptmotiv.

Gewinn

... ist die Differenz zwischen Ertrag und Aufwendungen.
... ist die Entlohnung für die Unternehmertätigkeit.
... ist die Entlohnung für die Bereitstellung von Eigenkapital.
... ist die Entlohnung für die Übernahme des Risikos.
... wird an Kapitalgeber ausgeschüttet.
... dient zur Bildung von Rücklagen (nicht ausgeschüttete Gewinne) und erhöht das Eigenkapital.

Der Wunsch nach Steigerung der Produktion und nach Steigerung des Umsatzes ergibt sich aus dem Gewinnstreben und soll eine Erhöhung des Marktanteils bewirken.

3.3 Arbeitsplätze in Gefahr

Hohe Löhne in Deutschland beeinträchtigen die Gewinnaussichten und somit die Wettbewerbsfähigkeit. Eine große Mehrheit der Bevölkerung sieht im Erhalt von Arbeitsplätzen in Deutschland eine vordringliche Aufgabe für Betriebe und Politik. Es gilt zu verhindern, dass noch mehr Arbeitsbereiche in Länder mit niedrigeren Löhnen verlagert werden und dass die Arbeitslosigkeit somit weiter ansteigt. In der Folge würde ansonsten das Allgemeinwohl in Deutschland noch stärker belastet werden. Der Druck auf die Sozialversicherungssysteme würde sich verstärken, d. h. noch weniger Beitragszahler müssten z. B. die Arbeitslosigkeit oder die Renten finanzieren.

Andererseits sehen sich Betriebe aufgrund des internationalen Wettbewerbs in immer stärkerem Maße veranlasst, Teile der Produktion oder der Dienstleistungen in andere Länder zu verlegen, mit dem Ziel, Kosten zu senken und konkurrenzfähig zu bleiben. Damit wollen die Unternehmen die Voraussetzung schaffen, langfristig in Deutschland die verbleibenden Arbeitsplätze zu sichern.

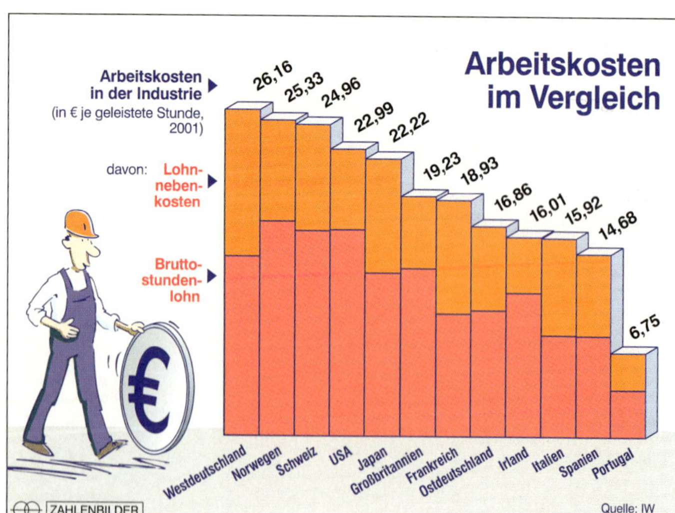

630 350

- 1. Erstellen Sie eine Reihenfolge der Lohnnebenkosten für die genannten Länder.
- 2. Welcher Zusammenhang könnte vermutet werden zwischen der Zunahme der Firmenpleiten in Deutschland und den international unterschiedlichen Arbeitskosten?

3.4 Rechtsformen der Unternehmung

Der wirtschaftliche Erfolg eines Betriebs ist eng verknüpft mit der richtigen Wahl der jeweils geeignetsten Unternehmensform. Ein wesentliches Unterscheidungsmerkmal der einzelnen Unternehmungen ist die Frage der Haftung der Unternehmer. Weitere Gesichtspunkte für die Wahl der Unternehmensform sind z. B. die Betriebsgröße, die Beschaffung des notwendigen Geschäftskapitals und steuerliche Fragen.

Es wird unterschieden zwischen Einzelunternehmen und Gesellschaftsunternehmen. Diese gliedern sich in Personen- oder Kapitalgesellschaften sowie Genossenschaften.

Einzelunternehmen

Gesellschaftsunternehmen

- **Personengesellschaften**
  z. B.
  – Offene Handelsgesellschaft (OHG)
  – Kommanditgesellschaft (KG)
- **Kapitalgesellschaften**
  z. B.
  – Aktiengesellschaft (AG)
  – Gesellschaft mit beschränkter Haftung (GmbH)
- **Genossenschaften**

Gesellschaft des Bürgerlichen Rechts

Die GdBR gehört zu den Personengesellschaften, ist aber keine eingetragene Firma, sondern ein vertraglicher Zusammenschluss von zwei oder mehreren Personen zur Erreichung eines gemeinsamen Zieles (§§ 750 ff. BGB).

Einzelunternehmen

Alle Entscheidungen liegen bei einem Einzelunternehmen in der Hand des Eigentümers. Dieser bringt das Kapital auf, trägt das volle Risiko und haftet mit seinem gesamten, also auch privaten Vermögen. Der Eigentümer muss den Gewinn mit niemandem teilen und kann auf Marktveränderungen sehr rasch reagieren, da er sein Geschäftsverhalten mit niemandem besprechen und abstimmen muss. Allerdings bergen rasche und allein getroffene Entscheidungen auch ein erhöhtes Risiko, z. B. bei der Einschätzung der Marktlage.

Gesellschaftsunternehmen

Das Einzelunternehmen ist die am häufigsten anzutreffende Rechtsform der Betriebe in Deutschland. Möglicherweise wäre für manche Firma die Wahl einer anderen Unternehmensform günstiger. Bei einem Gesellschaftsunternehmen schließen sich grundsätzlich mehrere Gesellschafter (Unternehmer) zusammen.

Insolvenz

Bei anhaltender Zahlungsunfähigkeit bzw. bei Überschuldung muss der Schuldner beim zuständigen Amtsgericht Insolvenz beantragen; bei drohender Zahlungsunfähigkeit kann Insolvenz beantragt werden.

Von Vorteil ist, dass die Führung des Unternehmens Fachleuten übertragen werden kann, ohne dass diese Eigentümer sein müssen. Gleichzeitig wird die Kapitalbasis durch mehrere Gesellschafter vergrößert. Damit verbessert sich auch die Kreditmöglichkeit der Unternehmung und eine erhöhte Kapitalkraft kann das Unternehmen am Markt stärken. Die Gesellschaftsunternehmen können jedoch auch nachteilig gesehen werden. So müssen Gewinne zwischen den Gesellschaftern aufgeteilt werden. Bei mehreren Gesellschaftern kann es zu Meinungsverschiedenheiten kommen, der Einzelne hat möglicherweise weniger Mitspracherecht, Situationen, die dem Unternehmen durchaus schaden können.

In einem Gesellschaftervertrag werden üblicherweise die gegenseitigen Rechte und Pflichten der Gesellschafter geregelt, wie beispielsweise die Höhe der Kapitalbeteiligung der Gesellschafter, die Verteilung von Gewinn und Verlust, die Haftung der Gesellschafter sowie Regelungen bezüglich der Geschäftsführung und der Vertretungsbefugnisse gegenüber Kunden und Lieferanten.

Personengesellschaften

Die offene Handelsgesellschaft (OHG) und die Kommanditgesellschaft (KG) sind Personengesellschaften. Wesentlich ist, dass die Gesellschafter Träger von Rechten und Pflichten sind (rechtsfähig), nicht jedoch die Personengesellschaft. So haften die Gesellschafter als natürliche Personen für Verbindlichkeiten. Mindestens ein Gesellschafter muss mit seinem ganzen Vermögen haften, auch mit dem Privatvermögen.

Das Handelsregister

ist ein öffentliches Verzeichnis, in dem alle Kaufleute (nach HGB) eines Amtsgerichtsbezirkes eingetragen sind. Es gibt Auskunft über wesentliche „Daten" eines Unternehmens, z. B. über Inhaber, Geschäftsführer und Vorstand, über Kapital und Haftung.

Die offene Handelsgesellschaft (OHG)

Wichtiges und Wissenswertes

- Für die Gründung sind mindestens zwei Gesellschafter nötig. Es entsteht eine Firma mit einem gemeinsamen Firmennamen.
- Die Gründung einer OHG ist einfach und kostengünstig und bei kleineren und mittleren Betrieben üblich.
- Die Gesellschafter bringen das Kapital als Einlage in die Firma ein.
- Jeder Gesellschafter ist zur Geschäftsführung berechtigt, und zwar mit gleichen Rechten und Pflichten. Nur bei außergewöhnlichen Geschäften ist die Zustimmung aller Gesellschafter notwendig.
- Soweit ein Gesellschaftsvertrag keine anderweitige Regelung vorsieht, gilt die gesetzliche. Demnach wird der Gewinn unter den Gesellschaftern nach der Personenzahl aufgeteilt. Der Kapitaleinsatz jedes Gesellschafters wird mit mindestens vier Prozent verzinst.
- Jeder Gesellschafter muss unbeschränkt, unmittelbar und solidarisch mit seinem gesamten Vermögen (auch Privatvermögen) für die Schulden der Gesellschaft haften. Dies bedeutet, dass sich Gläubiger an jeden Gesellschafter wenden können. Aus diesem Grund ist die OHG besonders kreditwürdig.
- Am Verlust ist jeder Gesellschafter zu gleichen Teilen beteiligt.
- Jeder Gesellschafter hat das Kündigungsrecht zum Ende des Geschäftsjahres, mit einer Frist von sechs Monaten.

Rechtsformzusätze

Das Handelsgesetzbuch (HGB) schreibt vor, dass aus dem Namen eines Unternehmens dessen Gesellschafts- und Haftungsverhältnisse erkennbar werden müssen.

Beispiele:

Möbeltruhe OHG,
Fahrrad-Kurz KG,
Diskothek Traumland e. K.
(e. K. = eingetragener Kaufmann; Einzelunternehmen)
Huiii-Transport GmbH
Torf&Spaten AG

Derartige Angaben müssen von den Unternehmen auf allen Geschäftsbriefen angegeben werden, d. h. auch auf Rechnungen, Quittungen u. Ä.

Die Kommanditgesellschaft (KG)

Wichtiges und Wissenswertes

- Der Gesellschaftersvertrag muss zwischen mindestens einen Vollhafter (Komplementär) und einem Teilhafter (Kommanditist) abgeschlossen werden.
- Der Teilhafter ist nicht zur Vertretung nach außen oder zur Geschäftsführung berechtigt.
- Der Kapitaleinsatz jedes Gesellschafters wird mit mindestens vier Prozent verzinst. Weitere Gewinne werden unter den Gesellschaftern nach der Personenzahl aufgeteilt.
- Jeder Gesellschafter ist zur Kapitaleinlage verpflichtet. Diese kann unterschiedlich hoch sein.
- Der Vollhafter haftet mit seinem Gesamtvermögen, der Teilhafter nur mit seiner Kapitaleinlage. Dieses eingeschränkte Risiko ist für den Teilhafter von Vorteil.
- Für den Vollhafter ist es möglich, einen oder mehrere Teilhafter an der Firma zu beteiligen. Somit fließt der Unternehmung Kapital zu, die Geschäftsführung kann jedoch uneingeschränkt beibehalten werden. Die Teilhafter besitzen ein Kontrollrecht.

Kapitalgesellschaften

Die Gesellschafter einer Kapitalgesellschaft haften nur mit ihrer Kapitaleinlage, nicht mit ihrem Privatvermögen. Verbreitete und bekannte Formen einer Kapitalgesellschaft sind die Gesellschaft mit beschränkter Haftung (GmbH) und die Aktiengesellschaft (AG).

Die Gesellschaft mit beschränkter Haftung (GmbH)

Wichtiges und Wissenswertes

- Für die Gründung einer GmbH ist mindestens ein Gesellschafter und ein Stammkapital von 25 000,00 Euro erforderlich. Dieses wird durch die Einlage der Gesellschafter aufgebracht.
- Zur Gründung ist ein Gesellschaftsvertrag in notarieller Form notwendig.
- Entsprechend der Kapitaleinlage wird der Gewinn an die Gesellschafter ausbezahlt.
- Die Haftung ist auf das Gesellschaftsvermögen beschränkt.
- Die Geschäftsführer leiten und vertreten die GmbH und werden von der Gesellschaftsversammlung gewählt.
- Kleinere und mittlere Betriebe wählen häufig diese Unternehmensform.
- Die Kreditwürdigkeit einer GmbH ist häufig geringer als die einer Personengesellschaft, da die Gesellschafter der GmbH nicht persönlich haften.

GmbH & Co. KG

ist eine Mischform aus Personen- und Kapitalgesellschaft.

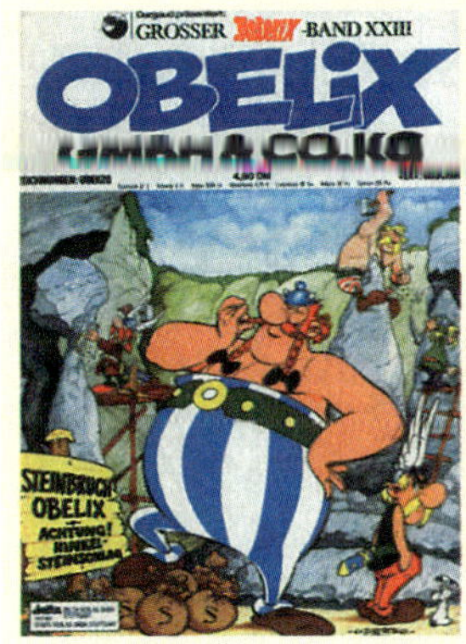

Die Aktiengesellschaft (AG)

Wichtiges und Wissenswertes

- Für die Gründung einer AG ist mindestens eine natürliche oder juristische Person notwendig. Diese muss ein Grundkapital von mindestens 50 000,00 Euro aufbringen.
- Bei einer AG tritt die Person des Unternehmers häufig in den Hintergrund, er ist vielfach nur noch Geld- bzw. Kapitalgeber.
- Die Gesellschafter haften mit dem Kapital, das sie dem Unternehmen zur Verfügung stellen.
- Die AG gilt für Großunternehmen als ideale Rechtsform.
- Mit der Vergabe von Teilhaberpapieren (Aktien) wird weiteres Kapital aufgebracht. Die Inhaber der Aktien (Aktionäre) übernehmen keine Haftung.
- In einer AG gibt es drei Organe, die Hauptversammlung, den Aufsichtsrat und den Vorstand.
- In der jährlichen Hauptversammlung wählen die Aktionäre den Aufsichtsrat, entlasten den Vorstand, bestimmen über Grundfragen der AG oder die Verwendung der Gewinne.
- Der Aufsichtsrat ist das Überwachungsorgan der Unternehmung. Er setzt sich aus Vertretern der Arbeitnehmer und der Anteilseigner zusammen und wird für höchstens vier Jahre gewählt.
- Der Aufsichtsrat bestellt und überwacht den Vorstand. Dieser führt die Geschäfte der AG. Die Amtsperiode dauert längstens fünf Jahre, kann jedoch verlängert werden.
- Der Gewinn einer AG wird jährlich als Dividende (Anteil am Reingewinn) an die Aktionäre ausgeschüttet. Es ist auch möglich, mit einbehaltenen Gewinnanteilen die Rücklage zu erhöhen.

Aktien

sind Urkunden über die Beteiligung an einer AG. Der Mindestnennwert einer Aktie beträgt 1 Euro. Aktien werden an Wertpapierbörsen gehandelt und unterliegen Wertschwankungen, je nach wirtschaftlicher und politischer Lage.

Genossenschaften

Eine weitere Unternehmensform stellt die eingetragene Genossenschaft (e.G.) dar. Sie wird zur wirtschaftlichen Förderung ihrer Mitglieder gegründet. Gewinnstreben ist kein vorrangiges Ziel. Es gibt verschiedene Arten von Genossenschaften.

Arten	Ziele
Einkaufsgenossenschaft	Höhere Rabatte durch gemeinsamen Einkauf
Produktionsgenossenschaft	Gemeinschaftliche Verarbeitung, z. B. von Wein, Obst
Absatzgenossenschaft	Gemeinschaftliche Vermarktung, z. B. von Agrarprodukten
Kreditgenossenschaft	Abwicklung von Bankgeschäften für Mitglieder
Baugenossenschaft	Günstige Versorgung mit Wohnraum
Konsumgenossenschaft	Günstige Beschaffung von Waren des täglichen Bedarfs

ZUSAMMENFASSUNG

Um im Wettbewerb bestehen zu können, ist es für jeden Betrieb wichtig, produktiv, wirtschaftlich und rentabel zu sein.

Gewinn ist das Hauptziel für betriebliches Wirtschaften; daran orientieren sich insbesondere erwerbswirtschaftliche Betriebe. Bei gemeinnützigen Unternehmen steht die Grundversorgung der Bevölkerung im Vordergrund.

Der wirtschaftliche Erfolg eines Unternehmens hängt auch wesentlich von der Wahl der Unternehmensform ab. Am häufigsten ist in Deutschland das Einzelunternehmen anzutreffen. Der Wunsch nach Haftungsbeschränkung, nach mehr Kapitalkraft oder die Unternehmensgröße führen zur Gründung einer Personengesellschaft, wie der OHG oder der KG, oder einer Kapitalgesellschaft, wie der AG oder der GmbH.

Die betrieblichen Ziele müssen sich auch am Gemeinwohl, d. h. am Wohle der Bevölkerung orientieren. Am Beispiel der weltweiten Umweltgefahren zeigt sich deutlich, dass, veranlasst durch gesetzliche Regelungen und Auflagen des Staates, der Umweltschutz zu einem wichtigen Unternehmensziel geworden ist. Ein positives Umweltimage ist heute das Ziel vieler Betriebe. Probleme gibt es bei der Finanzierung von Umweltschutzmaßnahmen, dies gilt insbesondere für kapitalschwache Betriebe und in wirtschaftlich schwierigen Zeiten. Um den Einklang von betrieblichen Zielen und Gemeinwohl zu fördern, gilt es, das Vertrauen in den Wirtschaftsstandort Deutschland zu stärken und entsprechende Rahmenbedingungen zu gestalten.

Fachbegriffe

Gemeinwohl – Umweltzerstörung – Produktivität – Wirtschaftlichkeit – Rentabilität – erwerbswirtschaftliche Betriebe – gemeinwirtschaftliche Betriebe – Arbeitsplatzabbau – Einzelunternehmen – offene Handelsgesellschaft – Kommanditgesellschaft – Aktiengesellschaft – Gesellschaft mit beschränkter Haftung

AUFGABEN

1. Sammeln Sie Beispiele für Umweltschutzmaßnahmen in Ihrem Berufsfeld. Stellen Sie Kosten und Nutzen gegenüber.
2. Informieren Sie sich über die Unternehmensform Ihres Ausbildungsbetriebs.
3. Viele Betriebe werben mit ihren Leistungen für den Umweltschutz. Sammeln Sie Beispiele aus der Werbung und hängen Sie diese an eine Informationswand im Klassenzimmer. Hinterfragen Sie die einzelnen Aussagen und formulieren Sie dazu Ihre Meinungen, z. B. in Form von Sprechblasen.
4. Erarbeiten Sie in Gruppen vier unterschiedliche Vorschläge, um den Wirtschaftsstandort Deutschland für Betriebe attraktiver zu gestalten. Denken Sie dabei z. B. an die Steuerpolitik, die Sozialversicherungen, an die Lohnhöhe und Arbeitszeiten oder die Ausbildungssituation.

4 Kennzeichen der sozialen Marktwirtschaft

Eine Wirtschaftsordnung – wozu?

Die Wirtschaft eines Landes ist viel zu wichtig, als dass man sie sich selbst überlassen dürfte. Von ihrem Zustand hängt die materielle Existenz des Volkes und der Grad der Versorgung mit Gütern ab. Genau wie das Zusammenleben der Menschen braucht auch der wirtschaftliche Ablauf Regeln, auf deren Einhaltung sich die Menschen verlassen können. Solche Regeln, die die Aktivitäten der Verbraucher, der Arbeitnehmer, der Unternehmen und des Staates aufeinander abstimmen, nennt man Wirtschaftsordnung.

Die Ausgestaltung der Wirtschaftsordnung ist dabei eine politische Aufgabe, die sich historisch an zwei gegensätzlichen Grundmustern orientiert:

- dem **Liberalismus**, der dem Einzelnen und seiner Freiheit auf dem Markt den Vorrang in der Wirtschaft einräumt.
- dem **Sozialismus**, der dem Staat die Planung und Steuerung der Wirtschaft zuweist, um das Ziel der sozialen Gleichheit und Gerechtigkeit anzustreben.

Aus der jüngsten Geschichte wissen wir, dass der Sozialismus die Erwartungen der Menschen nicht hinreichend erfüllen konnte. Wir befassen uns deshalb zunächst mit dem Modell des Liberalismus, der freien Marktwirtschaft und verfolgen seine Fortentwicklung hin zu unserer sozialen Marktwirtschaft.

Planwirtschaft oder Zentralverwaltungswirtschaft

nannte man die Wirtschaftsordnungen, in denen dem Staat alle Betriebe gehören und die Produktion nach Plan – oft auf 5 Jahre im Voraus – festgelegt wurde. Um 1990 herum brachen diese Ordnungen in den ehemaligen sozialistischen Staaten im Osten zusammen.

4.1 Die freie Marktwirtschaft

> ***Adam Smith: Der Wohlstand der Nationen***
>
> Nicht vom Wohlwollen des Metzgers, Brauers oder Bäckers erwarten wir das, was wir zum Leben brauchen, sondern davon, dass sie ihre eigenen Interessen wahrnehmen. Wir wenden uns nicht an ihre Menschen-, sondern an ihre Eigenliebe. […] Wenn daher jeder Einzelne so viel wie nur möglich danach trachtet, sein Kapital […] einzusetzen und dieses so lenkt, dass der Ertrag den höchsten Wertzuwachs erwarten lässt, dann bemüht sich auch jeder Einzelne ganz zwangsläufig, dass das Volkseinkommen im Jahr so groß wie möglich werden wird.

Adam Smith: Der Wohlstand der Nationen, übersetzt von Horst Claus Recktenwald, Beck, München 1984, S. 17 und S. 370

■ Was hat die Gesellschaft davon, wenn der Einzelne seinen eigenen Nutzen sucht?

Wie im politischen Bereich soll sich auch wirtschaftlich jeder frei betätigen und seine persönlichen Interessen verfolgen können. Dabei sorgt der Mechanismus der Marktkonkurrenz auf wundersame Weise dafür, dass die Produzenten bei ihren **eigennützigen Interessen** das Gemeinwohl aufs Beste fördern. Denn die größten Gewinne würde der Unternehmer einstecken, der preiswerte, qualitativ hochwertige und von den Verbrauchern tatsächlich gewünschte Produkte anbietet. Über die notwendigen Entscheidungen lässt sich Folgendes sagen:

Jeder Betrieb plant die Produktion, die Investitionen und die Arbeitsplätze wie er will. Genauso plant jeder Haushalt, wie viel des verfügbaren Einkommens er für Konsum ausgibt. Auf den Märkten nun stellen die Produzenten fest, ob ihre Güter überhaupt gefragt sind und zu welchem Preis. Danach werden sie ihre künftige Produktion ausrichten. Der **Marktpreis** bringt die unterschiedlichen Pläne unzählig vieler Teilnehmer zum Ausgleich.

Liberalismus

Der Begriff hat seine Bedeutung gewonnen aus dem Eigenschaftswort „liberal", d. h. freisinnig, vorurteilsfrei. Die Ideen des Liberalismus sind geprägt vom Kampf des Bürgertums um Gleichberechtigung gegenüber den drei herrschenden Mächten König, Adel und Kirche im 18. und 19. Jahrhundert. Sie stellen den einzelnen Menschen, seine Freiheit, Gleichheit und Rechtssicherheit in den Mittelpunkt und drängen die Staatsgewalt zurück.

Adam Smith

schottischer Ökonom, gilt als der Begründer des wirtschaftlichen Liberalismus und der Nationalökonomie im 18. Jahrhundert (1723–1790).

Nachtwächterstaat

Spottbegriff für die Rolle des Staates in der freien Marktwirtschaft. Wie der Nachtwächter nur für Ruhe und Ordnung sorgt, sich aber sonst nicht betätigt, soll sich auch der Staat aus der Wirtschaft heraushalten.

Die Produktionsanlagen gehören den privaten Kapitalgebern. Diese legen ihre Gelder in den Produktionen an, die den höchsten Gewinn versprechen. Einen höheren Preis, d. h. Lohn erhalten aber auch die leistungsstarken Arbeitnehmer. Belohnt werden die Marktteilnehmer demnach durch **höheres Einkommen**, mit dem sie wiederum mehr materielle Bedürfnisse befriedigen können.

Jeder Einfluss des Staates auf das Marktgeschehen verhindert, dass sich der „richtige" Preis herausbildet. Deshalb soll der Staat lediglich für ungestörten Marktablauf, innere und äußere Sicherheit und Schutz des Privateigentums sorgen.

Wer will, der kann

Der alte Levy hatte davon gehört, dass sich Minenarbeiter und auch Cowboys darüber beklagten, wie oft ihre Hosen kaputt gingen. Levy dachte darüber nach, besorgte sich reißfestes Segeltuch und schneiderte drauf los. Seine Hosen hielten, man musste sie nicht einmal beim Baden ausziehen. Notfalls standen sie auch von allein. Da das Segeltuch zu sehr an Uniformen erinnerte, färbte er seine Hosen indigoblau. Da die Taschen oft zu vollgestopft wurden und deswegen in den Nähten ausrissen, mussten Nieten her – fertig waren die legendären Nietenhosen, die heute noch modebeherrschenden Jeans. Herr Levy machte es möglich.

PZ Nr. 62, S. 14

Bourgeoisie

heißt bei den Sozialisten die besitzende Klasse; die besitzlosen Arbeiter sind das Proletariat.

Lohn als Preis des Produktionsfaktors Arbeit

Je knapper ein Gut ist, desto höher steigt sein Preis. Je größer aber das Angebot wird, desto mehr sinkt der Preis.
Das Angebot an Arbeitskräften kann sich nicht mit der Nachfrage verändern. Die Menschen sind nun einmal da und brauchen Einkommen.

Unternehmer Staat

In Frankreich ist der Staat Eigentümer der Atomwirtschaft, in Deutschland ist er an der Energieversorgung nur beteiligt. Seit dem Ende der Planwirtschaften in Osteuropa geht der staatliche Einfluss auf die Wirtschaft in vielen westeuropäischen Ländern zurück.
Häufig wird gefordert: Der Staat soll der Wirtschaft weniger Vorschriften machen (Deregulierung) und die Leistungserbringung an private Unternehmen abgeben, wenn diese gleich gut und kostengünstiger arbeiten (Privatisierung).

Von den Mängeln der freien Marktwirtschaft

Die Konkurrenz ist der vollkommenste Ausdruck des in der modernen bürgerlichen Gesellschaft herrschenden Kriegs Aller gegen Alle. Dieser Krieg, ein Krieg um das Leben, um die Existenz, um Alles, [...] besteht nicht nur zwischen den verschiedenen Klassen der Gesellschaft [...]; jeder ist dem anderen im Wege [...] Die Konkurrenz der Arbeiter gegeneinander ist aber die schlimmste Seite der jetzigen Verhältnisse [...] Und wenn mehr Arbeiter da sind als die Bourgeoisie zu beschäftigen für gut hält, [...] so muss diese Zahl eben verhungern.

Friedrich Engels: Die Lage der arbeitenden Klasse in England, S. 96 und S. 98

■ Warum müssen Menschen im Elend leben, wenn die Idee des Liberalismus doch Freiheit und Wohlstand verspricht?

Das Modell der freien Marktwirtschaft wird im frühen 19. Jahrhundert in einigen Ländern teilweise verwirklicht und trägt zum gewaltigen Wirtschaftsaufschwung dieser Zeit erheblich bei. Die praktische Anwendung der Ideen zeigt aber bald eine zweite Schwäche des Modells. Bei starkem Wettbewerb setzen sich die stärksten Unternehmen durch, viele andere müssen aufgeben. Schließlich bleiben wenige Unternehmen übrig. Sie beherrschen den Markt und können die Preise diktieren. **Das Elend der Arbeiterschaft** und die **Machtkonzentration** sind in der Theorie nicht vorgesehen. Dies zu verhindern ist oberstes Ziel der Zentralverwaltungswirtschaft.

Marktwirtschaften heute – der Staat greift ein

Die westeuropäischen Länder, Japan und die USA haben funktionsfähige Marktwirtschaften, in denen Haushalte und Betriebe ihre wirtschaftlichen Entscheidungen treffen. Überall aber greift der Staat in das Wirtschaftsgeschehen ein. Er wird auf ganz verschiedene Weise tätig, vor allem als

Gesetz- und Verordnungsgeber	Einnehmer und Umverteiler	Anbieter und Nachfrager
regelt er beispielsweise den Ladenschluss	von Geld erhebt er Steuern und zahlt z. B. Subventionen.	von Gütern und Dienstleistungen ist er Marktteilnehmer

4.2 Das Konzept der sozialen Marktwirtschaft

1948 haben die Menschen genug von der Jagd nach Bezugsscheinen in der zentralgelenkten Wirtschaft der Kriegs- und Nachkriegszeit. Andererseits sollen sich auch die sozialen Probleme des Wirtschaftsliberalismus nicht wiederholen.

Alfred Müller-Armack, einer der „Väter" der neuen Wirtschaftsordnung, schreibt:

Sinn der sozialen Marktwirtschaft ist es, das Prinzip der Freiheit auf dem Markte mit dem des sozialen Ausgleichs zu verbinden. Nur in einem marktwirtschaftlichen System vermögen die alle Schichten umfassenden, in ihrer Marktposition überdies schwach gesicherten Konsumenten die Wirtschaft nach ihren Bedürfnisse n zu lenken. (Der Staat hat) [...] den Wettbewerb zu größter Wirksamkeit im Interesse des Verbrauchers zu bringen. Der marktwirtschaftliche Einkommensprozess bietet der Sozialpolitik ein tragfähiges Fundament für eine staatliche Einkommensumleitung. Eine Politik der sozialen Marktwirtschaft verlangt eine bewusste Politik des wirtschaftlichen Wachstums. Über das Erreichte hinaus ist der Gedanke der sozialen Marktwirtschaft ein Programm für die Zukunft der deutschen Wirtschaftspolitik.

Handwörterbuch der Sozialwissenschaften, 1956, S. 390 ff.

■ 1. Welche wichtigen Merkmale der sozialen Marktwirtschaft nennt der Textauszug?

Die soziale Marktwirtschaft ist von ihren „Vätern" gedacht als ein „Wirtschaftsstil", ein „Programm für die Zukunft". Ihr wichtigstes Element ist zunächst die Steuerung von Produktion und Verbrauch durch den Markt. Die soziale Leistung liegt darin, dass sich die Produzenten nach den Wünschen der Verbraucher richten müssen. Dem Staat werden mehrere Aufgaben zugewiesen. Er muss die Konkurrenz der Anbieter untereinander sichern und beispielsweise durch Förderung der Investitionen die Wirtschaft günstig beeinflussen, damit jedes Jahr mehr Güter und Dienstleistungen produziert werden. Diese Mehrproduktion bedeutet gleichzeitig auch ein höheres Einkommen für die Bürger und den Staat. Das erleichtert die Umverteilung finanzieller Mittel für die Personen, die am Markt selbst kein oder ein zu geringes Einkommen erzielen können.
Diese Grundgedanken von 1948 in unserer Gesellschaft zu verwirklichen, bleibt bis heute eine ständige und immer neue Aufgabe der Politik.

Zwei Grundsätze: Persönliche Freiheit und sozialer Ausgleich

■ 2. Warum fördert der Staat den Wohnungsbau?
■ 3. Welche Vorteile sehen Sie, wenn private Bauherren Wohnungen bauen und nicht der Staat?

Wirtschaftswunder

Von 1948 bis 1958 schafft die bundesdeutsche Wirtschaft 5 Mio. neue Arbeitsplätze, die Löhne steigen um über 50 %. Auf dem Höhepunkt dieser Phase im Jahre 1955 werden um 12 % mehr Güter und Dienstleistungen erzeugt als im Vorjahr.

Ludwig Erhard 1897–1977

Kaufmännische Lehre, Studium der Volks- und Betriebswirtschaft,
- 1948 Direktor des Wirtschaftsrates der Bizone,
- 1949 erster Wirtschaftsminister der Bundesrepublik Deutschland,
- 1963–1966 Bundeskanzler.

Er gilt als politischer Begründer der sozialen Marktwirtschaft und als „Vater des deutschen Wirtschaftswunders".

Subsidiarität

Was der Einzelne oder kleinere Gemeinschaften leisten können, sollen nicht eine übergeordnete Stelle oder der Staat übernehmen. In der Praxis fordert dieser Grundsatz zunächst die Eigenleistung des Einzelnen oder einer Gruppe. Im sozialen Bereich soll der Staat vor allem Hilfe zur Selbsthilfe leisten.

Solidarität

bezeichnet das Bewusstsein der Menschen, zusammenzugehören und notfalls füreinander einzustehen. Konkret verlangt das den finanziellen Ausgleich zwischen den wirtschaftlich stärkeren Bürgern und den notleidenden, die mangels eigener Leistungsfähigkeit versorgt werden müssen. Solidarität birgt die Tendenz zum Versorgungsstaat mit der Gefahr, dass

- verschwendet wird, was „nichts" kostet (z. B. Arzneimittel),
- die Eigeninitiative wenig gefördert wird,
- der Staat oder die Versicherungen als „Selbstbedienungsladen" betrachtet werden.

Sozialbindung des Eigentums

„Der Eigentümer einer Sache kann [...] mit der Sache nach Belieben verfahren", sagt das Bürgerliche Gesetzbuch. Das Grundgesetz schränkt aber ein, dass sich der Eigentümer im Interesse der Allgemeinheit inhaltliche Beschränkungen gefallen lassen muss.

Beispiel:
Der Eigentümer eines Waldes muss der Allgemeinheit das Betreten seines Grundstückes in der freien Natur unentgeltlich gestatten.

Bayerisches Naturschutzgesetz § 22

Das Konzept der sozialen Marktwirtschaft setzt zuallererst auf das menschliche Eigeninteresse, die **aktive und produktive Teilnahme am wirtschaftlichen Prozess**. Das Grundgesetz gibt dem Einzelnen ein Recht auf freie Wahl von Beruf, Arbeitsplatz und Gewerbe. Darauf beruht die Leistungsfähigkeit der Marktwirtschaft, die den Tüchtigen und Risikofreudigen mit höherem Einkommen belohnt und dadurch zu hoher Produktivität und hohem Volkseinkommen führt. Dieses freiheitliche Prinzip verpflichtet den Einzelnen aber auch, für sein wirtschaftliches Wohlergehen und das seiner Angehörigen selbst zu sorgen.

Wovon soll der Einzelne aber leben in Zeiten, in denen er beispielsweise wegen Alter oder Krankheit kein ausreichendes Einkommen erzielen kann? Auch hier ist der Einzelne zuerst selbstverantwortlich für die Vorsorge in Form von Versicherungen oder Vermögensbildung. Der Staat kümmert sich darum, dass solche Vorsorgemöglichkeiten angeboten und bürgerfreundlich gestaltet werden. Zum Beitritt ist der Einzelne nur bei den Pflichtversicherungen gezwungen, ansonsten soll er selbst entscheiden können. Durch finanzielle Förderung kann der Staat seine Bürger bei dieser Selbsthilfe aber unterstützen (Subsidiarität).

Schließlich muss es aber auch Hilfen für Menschen geben, die beispielsweise wegen Krankheit oder Alter nicht am Wirtschaftsprozess teilnehmen oder keine Vorsorge treffen können. Sie haben Anspruch auf die **solidarische Unterstützung der Gemeinschaft**. Dazu müssen die Erwerbstätigen durch Steuerzahlung einen Teil ihres Einkommens an den Staat abtreten, der damit die Unterstützung dieser Personen ganz oder in Teilen übernimmt (Solidarität).

Das Spannungsverhältnis zwischen Staat und Markt

Eine Gemeinde will zwischen ihren Ortsteilen G und L einen Fuß- und Radweg entlang der Ortsverbindungsstraße bauen. Alle Eigentümer verkaufen den dafür notwendigen Grundstücksstreifen an die Gemeinde bis auf den Landwirt H. Er brauche den Grund für seinen Betrieb, sagt er, und niemand könne ihn zur Hergabe zwingen.

- 1. Lesen Sie Artikel 14 des Grundgesetzes. Welcher Satz gibt dem Landwirt recht?
- 2. Auf welche Sätze des Art. 14 kann sich die Gemeinde berufen, wenn sie den Weg bauen will?
- 3. Auf wessen Seite stehen Sie? Begründen Sie Ihre Meinung!

Das Grundgesetz der Bundesrepublik Deutschland schreibt keine bestimmte Wirtschaftsordnung vor. Weil aber zahlreiche grundgesetzliche Bestimmungen das wirtschaftliche Handeln betreffen, muss der Staat seine Gesetzgebung danach ausrichten. Die Grundsätze der persönlichen Freiheit, des Eigentums und der freien Ausübung von Beruf und Gewerbe verlangen nach einer marktwirtschaftlichen Ordnung. Der Grundsatz der Sozialstaatlichkeit verpflichtet den Staat aber, sich aktiv um das Wohlergehen seiner Bürger zu kümmern. Eingriffe in die wirtschaftlichen Freiheiten sind notwendig und zulässig, wenn beispielsweise der Eigennutz eines Einzelnen das Wohl der Allgemeinheit behindert.

Freie Marktwirtschaft	Soziale Marktwirtschaft
Freies Spiel von Angebot und Nachfrage	So viel Markt wie möglich, soviel Staat wie nötig
Privateigentum, freie Verfügung der Unternehmer über Produktionsmittel, Gewerbefreiheit	Einschränkung der Verfügungsmacht durch Mitbestimmung, Sozialgesetze, Arbeitsrecht, Gewerbeordnung etc.
Vollständige Konkurrenz der Anbieter, soll Missbrauch von Marktmacht verhindern	Sicherung des Wettbewerbs durch Kartellverbot, Missbrauchsaufsicht
„Nachtwächterstaat", beschränkt auf Schutz nach außen, innere Sicherheit und Rechtspflege	„Sozialstaat", Verpflichtung des Staates zu aktiver Wirtschafts- und Sozialpolitik, Förderung des Wachstums und der Sozialen Sicherung
Beiden gemeinsam ist das erwerbswirtschaftliche Prinzip: Gewinnstreben und Nutzenmehrung des Einzelnen als Motor und Leistungsanreiz des Wirtschaftens fördert das Gesamtwohl der Volkswirtschaft	

■ 1. Nennen Sie Gesetze, mit denen der Staat
  - die Verfügungsmacht der Unternehmer einschränkt,
  - seinen sozialstaatlichen Verpflichtungen nachkommt.

Märkte

Angebot und Nachfrage können sich auf einer organisierten Marktveranstaltung treffen, beispielsweise einem Flohmarkt, häufiger aber an beliebigen Orten, etwa in einem Laden, einer Bank, an einer Tankstelle oder in einer Wohnung. Oft werden Märkte nach der gehandelten Leistung unterschieden:

Märkte für
- Produktionsgüter
- Kapital
- Arbeit
- Konsumgüter
- Dienstleistungen

4.3 Markt und Wettbewerb

Märkte

■ 2. Was wird auf den abgebildeten Märkten jeweils gehandelt?

■ 3. Wie nennt man die Beteiligten? Wo schließen sie ihre Geschäfte jeweils ab?

Tourismus

ist ein immer noch wachsender Wirtschaftszweig, von dem Millionen von Arbeitsplätzen abhängen. Die folgende Tabelle zeigt, wie viel Prozent aller Beschäftigten eines Landes im Tourismus ihr Geld verdienen:

Spanien	11,2 %
Griechenland	10,0 %
Italien	9,6 %
Irland	8,6 %
Deutschland	8,0 %
Großbritannien	6,7 %

Aktuell 2003, S. 236

Wozu der Wettbewerb gut ist

Eva und Michael, beide „gelernt" als Bürokauffrau bzw. Mechaniker, haben sich privat und geschäftlich zusammengetan und ein eigenes Reiseunternehmen gegründet: Sie bieten Abenteuerreisen mit dem Fahrrad an.

Frage: *Wie kommt man zu einer solchen Idee?*
Michael: Ja, mit dem Auto durch die Gegend fahren, am Strand braten, das ist doch nur noch etwas für Schlaffis. Große Touren mit dem Fahrrad sind richtige Abenteuer, das hat mir selber immer wahnsinnig gefallen. Geärgert hat mich nur, dass so was nicht als Gruppenreise angeboten wurde. Aber der Reisemarkt wird hauptsächlich von ein paar großen Unternehmen dominiert, die machen sich zwar Konkurrenz bei den Preisen, aber besonders erfinderisch sind die nicht.
Frage: *Dann sind eure Reisen wohl ganz schön teuer?*
Eva: Aber nein. Inzwischen haben die Großen auch diesen neuen Trend beim Urlaub bemerkt und bieten ähnliche Reisen an. Wir können keine höheren Preise verlangen als die, sonst würden wir keine einzige Reise mehr verkaufen.
Frage: *Bleibt dann aber noch was übrig, macht ihr denn einen Gewinn?*
Michael: Schon, denn bei uns sind die Kosten niedriger. Wir haben als kleines Unternehmen wenig Verwaltungsaufwand und die Fahrräder repariere ich alle selber. Bloß mit den Hotels und Fluggesellschaften können wir nicht so hart verhandeln, weil wir eben zu klein sind.

■ 1. Von welchen Vorteilen des Wettbewerbs für Verbraucher ist im Gespräch die Rede?

Gewerbefreiheit

Jeder Einzelne soll in der Sozialen Marktwirtschaft auf allen Märkten anbieten oder kaufen können. Nur wenn es das allgemeine Wohl erfordert, dürfte der Zugang eingeschränkt werden. Beispielsweise braucht der Gründer eines Handwerksbetriebes meistens den Meisterbrief.

Auf einem Markt herrscht wirtschaftlicher Wettbewerb, wenn die Anbieter ihren eigenen Anteil steigern wollen. Dazu können sie die **Preise** ihrer Konkurrenten unterbieten oder/und die **Qualität** ihrer Produkte steigern. Das zwingt die Betriebe zur Senkung der Kosten und zu besseren Produktionsverfahren, unwirtschaftliche Betriebe scheiden wegen mangelnder Gewinne bald aus. Große Erfolge in einem Markt winken aber dem Anbieter neuer Produkte, die den Bedürfnissen der Verbraucher besser entsprechen als die vorhandenen. Der Wettbewerb lenkt so Kapital und Arbeit zu den Produktionen, die am besten den Bedarf befriedigen.

Ob ein Markt „hart umkämpft" ist, hängt meist von der Zahl der Anbieter ab. Starker Wettbewerb herrscht bei einer großen Zahl von Anbietern **(Polypol)**, gar kein Wettbewerb bei nur einem Anbieter **(Monopol)**. Sind nur wenige Anbieter am Markt **(Oligopol)**, können sich diese einen lebhaften Preiswettkampf liefern. Sie können aber auch einen Preisführer akzeptieren und ihre Preise angleichen.

Gleicher Tag, gleiche Stadt

■ 2. Geben Sie Beispiele für oligopolistische Märkte. Welche Art von Wettbewerb herrscht dort jeweils?

■ 3. Der Wettbewerb nützt nicht nur den Verbrauchern, sondern auch unserer deutschen Volkswirtschaft. Welche Exportvorteile ergeben sich daraus?

Was den Wettbewerb gefährdet

Bundeskartellamt prüft Kaffeefusion

Berlin. Beim Bundeskartellamt in Berlin sind die Akten für die geplante Fusion der Kaffeeröster Tchibo und Eduscho eingegangen. Eine Sprecherin der Behörde sagte, damit laufe jetzt die Frist zur Prüfung der Übernahme Eduschos durch Tchibo. Wesentliches Kriterium für die Prüfung sei die Frage, ob eine marktbeherrschende Stellung erreicht werde. Der Kartellamtspräsident erklärte, die Fusion sei wegen der hohen Marktanteile beider Unternehmen bedenklich; im Interesse der Verbraucher sei ein Verbot nicht ausgeschlossen. Mit dem Vollzug der Übernahme müssen beide Unternehmen warten, bis die Genehmigung der Kartellwächter vorliegt.

Nach: Süddeutsche Zeitung vom 19.12.1996

„Es bleibt also bei unserer Preisabsprache – übrigens, haben wir bei der neuen Preiserhöhung auch die Strafe vom Kartellamt mit einkalkuliert?"

Bundeskartellamt

Die Aufgaben dieser Behörde sind im Gesetz gegen Wettbewerbsbeschränkungen (GWB) geregelt. Das Amt überwacht z. B. Unternehmenszusammenschlüsse (Fusionen), Kartellabsprachen oder verbotene Verkäufe unter Einstandspreis.

Bei grenzüberschreitenden Zusammenschlüssen ist die EU-Kommission zuständig. Sie hat auch die Fusion der Unternehmensgiganten Daimler und Chrysler im Jahre 1998 genehmigt.

- 1. In welcher Weise hätte der geplante Zusammenschluss den Wettbewerb beschränkt?
- 2. Welchen Wettbewerbsverstoß deutet die Karikatur an?

Wenn auf einem Markt heftiger Wettbewerb herrscht, ist der Unternehmer stark von seinen Konkurrenten abhängig. Er muss ständig auf das Angebot und die Neuerungen bei Konkurrenzprodukten achten. Auch bei Preiserhöhungen ist die Konkurrenzsituation entscheidend. Wenn der Unternehmer seine Preise erhöhen möchte, laufen ihm womöglich die Kunden davon. Der Wettbewerb ist also unbequem für den Anbieter und so ist es verständlich, dass er gerne weniger starke Konkurrenz hätte. Dafür bieten sich ihm mindestens zwei Wege an:

- Durch **Zusammenschluss** mehrerer Betriebe entstehen größere Unternehmen, die mehr Macht am Markt haben und kleinere Betriebe verdrängen können.
- Möglich sind aber auch Absprachen der Unternehmen, **Kartelle** genannt, vor allem über Preise oder die Aufteilung der Absatzgebiete.

Wegen dieser immer bestehenden Gefahr, den Wettbewerb einzuschränken, hat der Staat das **„Gesetz gegen Wettbewerbsbeschränkungen"** (GWB) geschaffen. Es verbietet bestimmte Kartellarten sowie Unternehmenszusammenschlüsse, wenn dadurch eine marktbeherrschende Stellung entsteht. Zunehmend müssen sich aber deutsche Unternehmen auf dem Weltmarkt behaupten. Hier können Unternehmenszusammenschlüsse sogar wettbewerbsfördernd sein, wenn sich der neue Konzern besonders bei so genannten Zukunftstechnologien gegen die internationale Konkurrenz behaupten kann. Deshalb haben europäische und weltweite Großfusionen zugenommen.

Kartelle

sind Absprachen rechtlich selbstständiger Unternehmen zur Beschränkung des Wettbewerbs.

- Verboten sind besonders die Absprachen über Preise (Preiskartelle). Durch solche Absprachen v. a. bei öffentlichen Bauprojekten zahlt der Staat überhöhte Preise und wird leicht um Millionen betrogen.
- Erlaubt sind Kartelle zu gemeinsamen Verkaufs- oder Lieferbedingungen oder technischen Normen.

ZUSAMMENFASSUNG

Die Wirtschaftsordnung legt fest, wer in einer Volkswirtschaft über die Güterproduktion entscheidet, wem die Produktionsmittel gehören und wie das Einkommen und die Güter verteilt werden. Das gedankliche Modell der freien Marktwirtschaft hat seinen Ursprung in den Ideen des Liberalismus. Danach sollen Haushalte und Betriebe ganz eigennützig und wirtschaftlich völlig frei handeln können. Die Konkurrenz auf dem Markt sorgt automatisch dafür, dass der Betrieb den größten Gewinn erzielt, der am meisten zum Wohl der Verbraucher beiträgt.

Fachbegriffe

Liberalismus – freie Marktwirtschaft – Sozialismus – Wärhungsreform – Wirtschaftswunder – Selbstverantwortung – Mitverantwortung – Sozialstaat – Umverteilung – Freiheitliches Prinzip – Soziales Prinzip – Preiswettbewerb – Monopol – Oligopol – Kartelle – Bundeskartellamt – Missbrauchsaufsicht

Als im frühen 19. Jahrhundert dieses Modell teilweise umgesetzt wird, führte es aber auch zu Machtkonzentration und sozialem Elend. Die marktwirtschaftlichen Ordnungen der westlichen Länder halten zwar am Grundsatz der wirtschaftlichen Freiheit fest. Der Staat greift aber in ganz unterschiedlichem Ausmaß in die Wirtschaft ein.

Mit der D-Mark im Jahre 1948 wird die Marktwirtschaft auf dem Gebiet der Bundesrepublik Deutschland eingeführt, die während der folgenden zehn Jahre einen „Wirtschaftswunder" genannten wirtschaftlichen Aufschwung bringt. Von ihren Vätern ist sie als soziale Marktwirtschaft gedacht, in der die Freiheit auf dem Markt durch den sozialen Ausgleich ergänzt wird. Diese beiden Grundgedanken zu verwirklichen bleibt eine immer neue Aufgabe der Politik.

Das Konzept der sozialen Marktwirtschaft setzt zuerst auf das Interesse der Menschen am eigenen Wohlergehen. Die freie wirtschaftliche Betätigung ermöglicht dem Tüchtigen ein höheres Einkommen, verpflichtet ihn aber auch zur Vorsorge. Erst wenn er durch eigene Anstrengungen kein ausreichendes Einkommen erzielen kann, hat er Anspruch auf die Hilfe der Gemeinschaft. Das Grundgesetz verlangt vom Staat eine aktive Politik zur Förderung des Wohlstandes. Es lässt Eingriffe in die wirtschaftlichen Freiheiten zu, wenn der Eigennutz das Wohl der Allgemeinheit behindert. Die soziale Marktwirtschaft ist ein erfolgreiches Programm, das in unseren Tagen mit neuartigen Problemen fertig werden muss (Umweltverschmutzung, Globalisierung, neue Armut, Arbeitslosigkeit).
Eine Marktwirtschaft, der das Wohl der Verbraucher wichtig ist, braucht den Wettbewerb. Der Wettbewerb auf den Märkten zwingt die Betriebe zu konstengünstigerer Produktion und ständiger Fortentwicklung ihrer Produkte. Das nützt auch unserer Volkswirtschaft, weil sich auf diese Weise die deutschen Unternehmen im globalen Wettbewerb behaupten können.
Weil die Unternehmen dadurch zu laufender Anstrengung gezwungen sind, suchen sie oft durch Absprachen oder Zusammenschlüsse den Wettbewerb zu vermindern oder zu umgehen. Solche Einschränkungen des Wettbewerbs sollen durch Gesetze und Überwachung verhindert werden.

AUFGABEN

1. Beschreiben Sie, warum der Wettbewerb in der freien Marktwirtschaft im Laufe der Zeit immer geringer wird.
2. Der Staat ist auch als Nachfrager von Gütern und Dienstleistungen am Markt. Nennen Sie Güter, die der Staat nachfragt. Welche davon schuldet er der sozialstaatlichen Verpflichtung?
3. Der Sozialstaat verleitet die Menschen zum „Durchhängen", sagen Kritiker. Was ist damit gemeint?
4. Nennen Sie Folgen, wenn auf dem Markt kein (Monopol) oder nur geringer Wettbewerb herrscht.
5. Derzeit ist in vielen europäischen Marktwirtschaften vom „schlanken Staat" die Rede. Damit ist gemeint, dass der Staat weniger vorschreibt, sich aus der Wirtschaft eher zurückzieht und der privaten Initiative mehr Raum lässt. Als eine konkrete Möglichkeit gilt die Privatisierung staatlicher Leistungen.
   a) Ermitteln Sie die wichtigsten wirtschaftlichen Bereiche, in denen der Staat tätig ist.
   b) Schlagen Sie Bereiche oder Betriebe vor, die Sie privatisieren würden. Stellen Sie die zu erwartenden Vorteile den Nachteilen und Schwierigkeiten in einem Schaubild gegenüber.

5 Wirtschaftspolitische Ziele, Konjunktur und Konjunkturpolitik

Wirtschaftspolitik umfasst die Ziele und Maßnahmen, die der Staat aus seiner Verpflichtung zur Steuerung der Gesamtwirtschaft heraus ergreift. Die Ziele sind im „Gesetz zur Förderung der Stabilität und des Wachstums der Wirtschaft", kurz Stabilitätsgesetz genannt, festgelegt.

5.1 Wirtschaftspolitische Ziele nach dem Stabilitätsgesetz und Erweiterungen

§ 1 Stabilitätsgesetz

Bund und Länder haben bei ihren wirtschafts- und finanzpolitischen Maßnahmen die Erfordernisse des gesamtwirtschaftlichen Gleichgewichtes zu beachten. Diese Maßnahmen sind so zu treffen, dass sie im Rahmen der marktwirtschaftlichen Ordnung gleichzeitig zur Stabilität des Preisniveaus, zu einem hohen Beschäftigungsstand und außenwirtschaftlichem Gleichgewicht bei stetigem und angemessenem Wirtschaftswachstum beitragen.

Stabilitätsgesetz vom 08.06.1967

■ 1. Arbeiten Sie die vier Ziele heraus.

Der Staat muss sich darum kümmern, dass die vier genannten Ziele erreicht werden. Seit der Verabschiedung des Gesetzes im Jahre 1967 haben sich Wirtschaft und Gesellschaft erheblich verändert. Viele politische Gruppen halten heute zwei weitere Ziele für genauso wichtig. Damit bilden sechs Ziele ein **„magisches" Sechseck**:

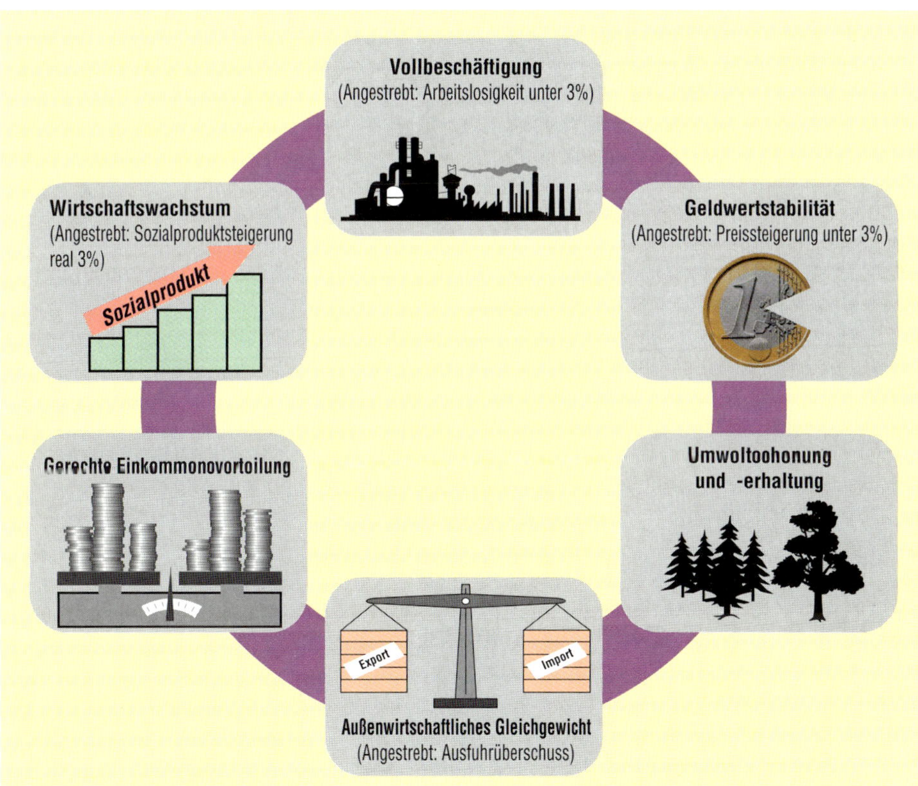

■ 2. Für welches wirtschaftspolitische Ziel tut der Staat gegenwärtig am meisten?

Wirtschaftspolitik

Wo kein Ziel ist, dahin führt auch kein Weg, sagt der Volksmund. Zuerst müssen die Ziele geklärt sein, bevor die Diskussion über die „richtigen" staatlichen Maßnahmen, auch Instrumente genannt, beginnen kann. Der Staat sind in diesem Fall der Bund und die Länder.

Wachstum allein reicht nicht
Kampt gegen die Arbeitslosigkeit erfordert neue Rezepte

Diese Zeitungsschlagzeile macht deutlich, dass durch Wachstum die Vollbeschäftigung kaum noch erreicht werden kann. Sogar im „längsten Wirtschaftsaufschwung" in der Geschichte der Bundesrepublik Deutschland in den 80er Jahren waren noch 1,7 Mio. Menschen arbeitslos. Ein weiteres Ziel wird deshalb immer bedeutender: Gerechtere Verteilung der vorhandenen Arbeit.

Außenwirtschaftliches Gleichgewicht

Zahlungsvorgänge mit dem Ausland sind mit Ein- und Ausfuhr von Waren, aber auch mit Reisen oder Kapitalanlagen verbunden. Bei einigen dieser Vorgänge fließt deutlich mehr Geld ins Ausland als wir einnehmen. Damit alles bezahlt werden kann und die Devisenvorräte nicht abnehmen, soll die Summe aller Zahlungen (Zahlungsbilanz) ausgeglichen sein.

Zielkonflikt

Vermutlich hätten Sie als Schüler gerne einen bequemen Schultag, viel Spaß und Unterhaltung und beste Zensuren. Natürlich ist Ihnen klar, dass Sie alles zusammen kaum bekommen, Sie müssen sich für ein Ziel entscheiden.

Ähnlich geht es den Wirtschaftspolitikern mit den Zielen Wachstum und Umweltschutz. Auch andere Ziele vertragen sich schlecht miteinander, so die Vollbeschäftigung mit der Geldwertstabilität.

Einige Stichpunkte zu den einzelnen Zielen:

- **Hoher Beschäftigungsstand** zielt auf niedrige Arbeitslosenzahlen. Angestrebt wird Vollbeschäftigung, die bei einer Arbeitslosenquote von etwa 3% als erreicht gilt.
- **Wirtschaftliches Wachstum** verspricht mehr Güter und Dienstleistungen für den Konsum und auch mehr Arbeitsplätze. Es wird gemessen an der Zunahme des Sozialprodukts.
- **Stabilität des Preisniveaus** schützt die Sparer vor der Entwertung ihres Geldvermögens. Von stabilem Geldwert spricht man, wenn die jährlichen Preissteigerungen unter 3 % bleiben.
- **Außenwirtschaftliches Gleichgewicht** soll sicherstellen, dass durch den Export von Gütern die notwendigen Devisen ins Land kommen, damit die Importe bezahlt werden können.
- **Gerechte Einkommensverteilung** zielt auf staatliche Regelungen zur Verteilung des Sozialprodukts, damit alle Bürger und nicht nur die wirtschaftlich Starken am gemeinsam erarbeiteten Wohlstand teilhaben können.
- **Erhaltung einer lebenswerten Umwelt** erfordert die Schonung von Boden, Luft und Wasser bei unserem Wirtschaften und die Erhaltung des natürlichen Reichtums auch noch für die kommenden Generationen.

Rationalisierung zugunsten der Umwelt

Viele Fachleute schlagen vor, dass der Staat durch eine Ökosteuer Energie und Material teurer macht. Dann würden die Betriebe Kosteneinsparungen nicht immer nur bei der menschlichen Arbeitskraft, sondern mehr bei den Werkstoffen und der Energie vorantreiben. Damit werden die deutschen Produkte technisch fortentwickelt und führend auf dem Markt.
Die Zahl der Arbeitsplätze würde eher zunehmen und die Umwelt wäre entlastet.

Probleme und Widersprüche bei der Zielerreichung

Wenn bei wirtschaftlichem Wachstum die Güter und Dienstleistungen zunehmen, sind für die zusätzliche Produktion mehr Maschinen nötig. Die neu angeschafften Maschinen können oft mit weniger Arbeitskräften eine höhere Menge produzieren; sie vermindern die Lohnkosten und „rationalisieren" so die Leistungserstellung. Nur wenn das Wachstum groß genug ist – gewünscht sind 3 % – kann die Zahl der Arbeitsplätze gehalten werden oder gar zunehmen.

Wirtschaftliches Wachstum bedeutet auch ein Mehr an Gütern für den Konsum. Das erhöht unseren materiellen Lebensstandard. Diese Mehrproduktion erfordert mehr Energie und Rohstoffe, verschmutzt die Luft und das Wasser und am Ende bleibt noch mehr Müll. Das Wirtschaftswachstum – zumindest in der bisherigen Form – ist also gleichzeitig mit größerer Verschmutzung der Umwelt verbunden, die bereits heute hohe Kosten verursacht. Es besteht ein Konflikt zwischen den zwei Zielen.

Bei guter Auftragslage stellen die Unternehmen zusätzliche Arbeitskräfte ein. Die Einkommen in der Bevölkerung steigen, weil bei weniger Arbeitslosen die Gewerkschaften höhere Lohnforderungen stellen können. Die Nachfrage nach Gütern und Dienstleistungen nimmt zu und die Unternehmen können die Preise erhöhen, ohne dass sie Umsatzverluste befürchten müssten. Man spricht von Inflation. Die beiden Ziele „Hoher Beschäftigungsstand" und „Stabiles Preisniveau" stehen im Konflikt zueinander.

Gegen die sechs Ziele wird sicher niemand etwas einwenden wollen. Das Wörtchen „magisch" beim Sechseck meint aber, dass es der Zauberei bedürfte, alle Ziele gleichzeitig zu erreichen. Welches Ziel nun Vorrang hat, darüber sind sich Regierung, Parteien und Verbände selten einig. Die Wirtschaftspolitik konzentriert sich deshalb meist auf die Ziele, die am stärksten gefährdet sind.

■ Welche Nachteile entstehen Ihnen, wenn die Preise stärker steigen?

5.2 Die Konjunktur

Wirtschaftsschwankungen

Für alle Marktwirtschaften ist charakteristisch, dass die Wirtschaftstätigkeit schwankt. Produktion, Handel und Nachfrage steigen an und nehmen zu anderen Zeiten wieder ab. Denn in der Marktwirtschaft treffen Millionen von Menschen jeden Tag ihre wirtschaftlichen Entscheidungen: Sie kaufen, investieren, sparen. Wenn nun beispielsweise viele Menschen ein bisschen weniger sparen als vorher und dafür mehr kaufen, sind im Handel die Lager rasch geleert und die Produzenten bekommen mehr Aufträge.

Wirtschaftsschwankungen, die im Verlauf mehrerer Jahre wiederkehren und in der gesamten Wirtschaft großen Einfluss auf das Wachstum, die Arbeitsplätze, Löhne und Preise haben, werden als **konjunkturelle Schwankungen** bezeichnet. Problematisch sind diese Schwankungen deswegen, weil ihr Ausmaß und ihre Dauer schlecht vorhersehbar sind.

Die folgende Grafik zeigt, um wie viel Prozent das deutsche Bruttoinlandsprodukt als Maßstab der Konjunktur jedes Jahr zu- oder abgenommen hat:

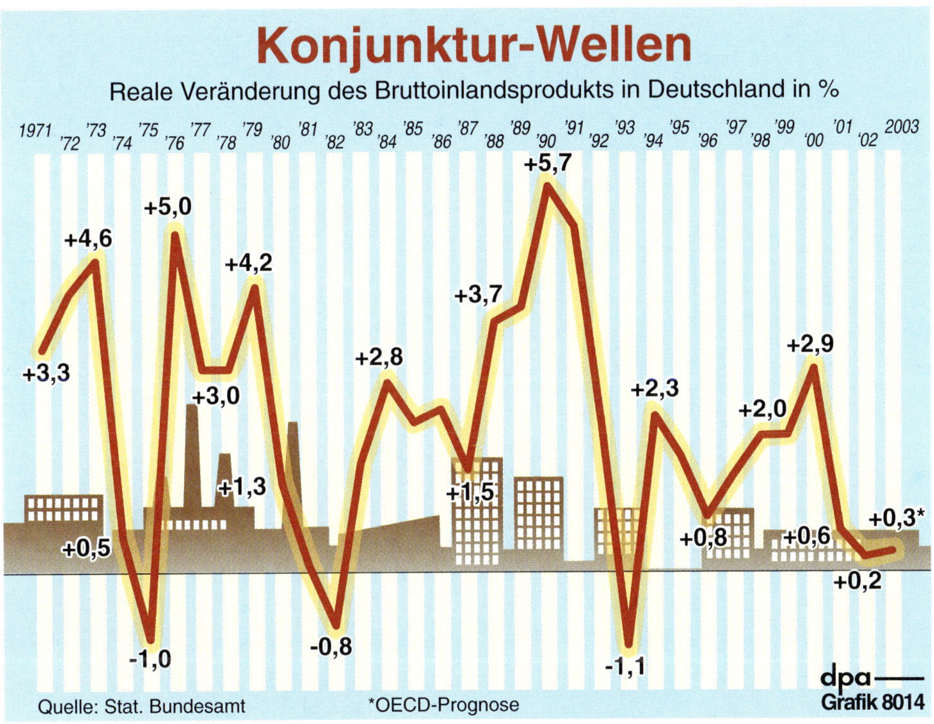

■ 1. Stellen Sie fest, wie viel Jahre es jeweils von einem Gipfel der Wellenbewegung bis zum nächsten gedauert hat.

■ 2. Welche Bezeichnungen in der Grafik bedeuten eine
- blühende Wirtschaftslage?
- schlechte Wirtschaftslage?
- sich bessernde Wirtschaftslage?
- sich verschlechternde Wirtschaftslage?

■ 3. Aus welchen Gründen könnten viele Menschen anfangen, etwas mehr zu sparen?

Biblische Wirtschaftslagen

Wechselnde Wirtschaftslagen sind seit altersher bekannt. Schon das Alte Testament beschreibt die Träume des Königs Pharao von den sieben fetten Kühen, die von sieben mageren gefressen werden. Auf die Deutung des Traumes durch den jüdischen Josef reagierte der Pharao zeitgemäß: Die Überschüsse der sieben fetten Jahre sollten für die folgenden sieben Notjahre gelagert werden.

Lange Wellen

sind langfristige Veränderungen der Wirtschaftslage, die durch tief greifende Veränderungen der Politik oder Technik ausgelöst werden. Der Wandel geht aber so langsam vor sich, dass sich die betroffenen Wirtschaftszweige anpassen können. Eine Welle dauert etwa 50 Jahre. Wenn diese Theorie zutrifft, befinden wir uns derzeit in einer schwierigen Phase.

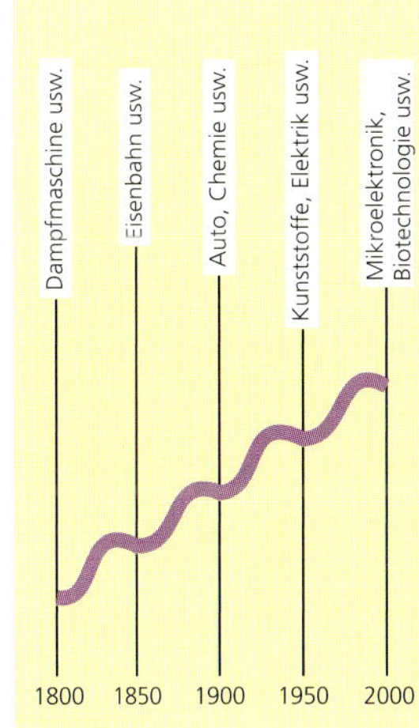

Zyklus

bedeutet Kreislauf, Folge.

Phase

bedeutet Abschnitt oder Stufe einer Entwicklung bzw. eines Kreislaufs.

Sprache der Konjunktur

Im Alltag bezeichnen weitere Begriffe die Konjunkturphasen, z. B.:
- **Tiefstand:** Flaute, Talsohle, Krise, Stagnation, schwach
- **Aufschwung:** Belebung, Bergfahrt
- **Hochkonjunktur:** Überhitzung, überschäumend
- **Abschwung:** Abkühlung, Bergabfahrt, nachlassend

Frühindikator

Preise, Löhne und Zinsen folgen unmittelbar dem Konjunkturverlauf. Wichtig wäre ein Merkmal, mit dem sich der Verlauf schon 6 bis 12 Monate früher vorhersehen ließe, damit man Gegenmaßnahmen ergreifen kann. Ein guter „Frühindikator" ist z. B. der „Auftragseingang der Industrie" oder, noch einfacher, die „wirtschaftliche Stimmung" bei Unternehmen und Verbrauchern.

Der Beschäftigungsgrad

gibt an, zu welchem Prozentsatz die Produktionsmöglichkeiten (Kapazitäten) der Betriebe ausgelastet sind. Im Tiefstand ist der Beschäftigungsgrad demnach kleiner als 100 %.

Der Konjunkturverlauf

Ein Konjunkturzyklus umfasst vier Phasen. Die Grafik zeigt, wie sich das Bruttosozialprodukt dabei ändert.

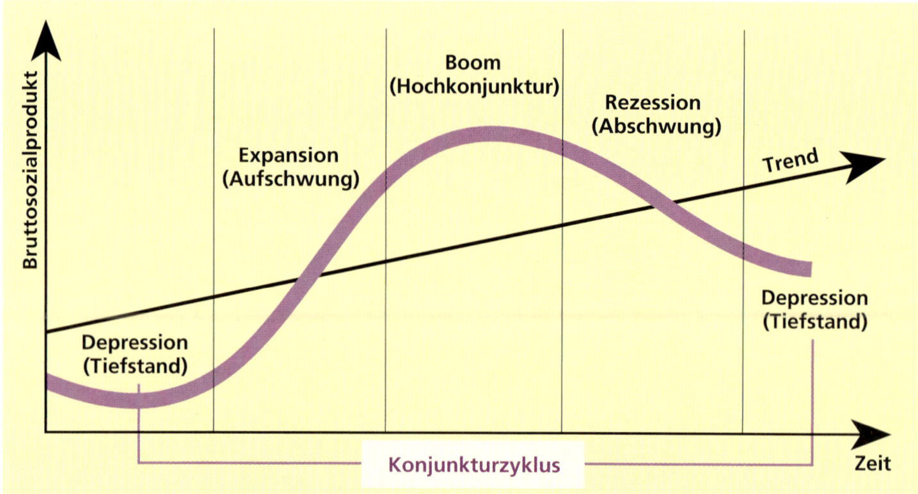

Jede Phase dieser Wellenbewegung weist einige typische Merkmale auf: Im **Tiefstand** ist die Güternachfrage gering, die Produktion nicht ausgelastet, Investitionen sind selten. Die Wirtschaft ist **unterbeschäftigt**. Arbeitsplätze werden abgebaut, die Lohnerhöhungen fallen gering aus, die Preise steigen nur wenig, die Zinsen sind niedrig. Das bedeutet sinkende Kosten und steigende Gewinne für die Unternehmen.

Der **Aufschwung** bahnt sich an aus zunehmender Nachfrage nach Investitionsgütern, wodurch die Produktion zunimmt und neue Arbeitsplätze entstehen. Die Einkommen der Unternehmer und Arbeitnehmer steigen. Dem folgen eine steigende Gesamtnachfrage, aber zögerliche Erhöhungen der Löhne, Preise und Zinsen.

In der **Hochkonjunktur** sorgt die erhöhte Nachfrage für die mehr als volle Auslastung der Produktion. Die Wirtschaft ist **überbeschäftigt**. Es gibt offene Stellen, die Lohnforderungen werden höher, durch die hohe Kreditnachfrage steigen die Zinsen und die gestiegenen Kosten für die Unternehmen schlagen sich in kräftigen Preiserhöhungen nieder.

Der **Abschwung** schließlich wird eingeleitet vom kräftigen Rückgang der Investitionen infolge der hohen Kosten und ungünstigen Absatzaussichten. Die Produktion geht zurück, Arbeitsplätze werden abgebaut. Anfänglich steigen die Preise aber noch und die Gewerkschaften machen Nachholbedarf bei Lohnerhöhungen geltend. Erst allmählich kommt der Auftrieb bei Löhnen, Preisen und Zinsen zum Stillstand. Das Sozialprodukt kann aber immer noch leicht zunehmen.

Der **Trend** deutet die langfristige Richtung der Entwicklung an. Seit 1950 ist, bis auf wenige Ausnahmejahre, das Sozialprodukt jedes Jahr angestiegen. Wächst die Wirtschaft in den 50er Jahren noch um durchschnittlich 7 % pro Jahr, sind es in den 80er Jahren nur noch etwa 3 % jährlich. Dafür ist die absolute Zunahme des Sozialprodukts aber in der Hochkonjunktur der 80er Jahre sogar höher gewesen.

■ Im Jahre 1960 steigt das Sozialprodukt um 8,8 % von 154 Mrd. EUR auf 168 Mrd. EUR.
Im Jahre 1998 steigt das Sozialprodukt um 2,0 % von 1 622 Mrd. EUR auf 1 659 Mrd. EUR.
Um wie viel Mrd. EUR ist das Sozialprodukt jeweils gewachsen?

Probleme konjunktureller Ausschläge

Zur Zeitgeschichte:

Zulauf für die Radikalen

Zusammenhang zwischen Arbeitslosigkeit und Wahlerfolgen der Partei Hitlers:

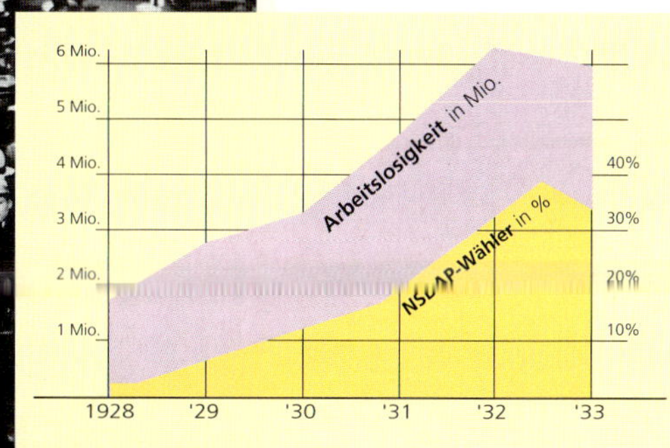

Am 29. Oktober 1929 stürzen an der Börse in New York die Kurse der Aktien ins Bodenlose; nicht nur die ganz Reichen in Amerika verlieren dadurch unvorstellbar große Vermögen. Der „Börsenkrach" dieses Tages zerstört den Optimismus der Wirtschaft. Niemand will mehr investieren und weil nun das Geld fehlt, geht die Nachfrage gewaltig zurück. Es folgt ein weltweiter Abschwung der Konjunktur.

In Deutschland sind die Auswirkungen dieser Weltwirtschaftskrise verheerend. Das Sozialprodukt sinkt bis 1932 um etwa 40 % und die Arbeitslosigkeit erreicht im Winter 1931/32 mit 6,1 Mio. bei insgesamt 32 Mio. Erwerbsfähigen ihren Höhepunkt. In ihrer Armut und Hoffnungslosigkeit fallen viele Menschen in diesen Jahren auf die „Patentrezepte" der demokratiefeindlichen Gruppen herein.

Die Regierung der demokratischen „Weimarer Republik" greift in das Wirtschaftsgeschehen nur wenig ein. Sie folgt der damaligen Ansicht der Ökonomen, dass die „Selbstheilungskräfte" des Marktes die Dinge wieder in Ordnung bringen würden. Dazu dürfe aber der Staat keine Schulden machen. Die staatlichen Ausgaben werden also kräftig gekürzt, weil auch die Steuereinnahmen geringer sind. Der Staat muss weitere Beschäftigte entlassen, Löhne und Preise sinken.

1. Warum gehen in der Rezession die staatlichen Einnahmen zurück?
2. Beschreiben Sie die Folgen, wenn nach dem Verbraucher nun auch der Staat weniger Geld ausgibt.

Keynesianismus

Der englische Ökonom John Maynard Keynes empfiehlt bereits 1936 dem amerikanischen Präsidenten das Gegenteil dessen, was man bis dahin für richtig hielt: Bei zurückgehender privater Nachfrage muss der Staat das Geld „mit vollen Händen ausgeben" und nicht sparen. Reichen die Einnahmen dazu nicht aus, darf er das Defizit durch Kredite decken.
Diese schuldenfinanzierten Staatsausgaben sind sehr erfolgreich und bestimmen teilweise auch heute noch die Konjunkturpolitik. Dafür sollte der Staat im Boom sparen.

Gründe für Konjunkturschwankungen

Aus der Weltwirtschaftskrise haben die Ökonomen gelernt, dass die Wirtschaft nicht von selbst zur Vollbeschäftigung zurückfindet. Haushalte und auch Unternehmen verstärken nämlich durch ihr persönlich „vernünftiges" Verhalten noch den ungünstigen Verlauf. Dazu ein Beispiel: Wenn die Preise steigen, wird noch schnell gekauft, weil morgen schon alles teurer sein kann. Dadurch steigt die Nachfrage aber noch mehr und die Unternehmer können die Preise weiter erhöhen.

Fast immer gibt es eine Kombination von Gründen für einen Konjunkturzyklus, die man meist erst hinterher kennt. Entscheidend ist die Einsicht, dass man die Ausschläge der Konjunktur nicht verhindern, aber in ihren Folgen mildern kann. Dafür hat der Staat (Bund und Länder) die besten Mittel in der Hand.

Konjunktur und Rocklänge

Böse Zungen behaupten einen Zusammenhang beider:
Im Aufschwung werden die Röcke der Damenwelt immer kürzer, im Abschwung ist „Maxi" in Mode.

5.3 Staatliche Konjunkturpolitik

In unserer Gesellschaft sind dem Staat immer mehr Aufgaben zugewachsen, die allesamt Geld kosten, so z. B. Sicherheit nach innen und außen, Bildung und Kultur, Erschließung von Verkehrswegen, soziale Sicherung. Das Geld für die Erfüllung dieser Aufgaben holt er sich hauptsächlich über Steuern von Bürgern und Unternehmen. Darüber hinaus haben Steuern aber noch ganz andere Wirkungen:

Auswirkungen von Steuern

- Finanzierung der staatlichen Aufgaben
- Umverteilung von Einkommen
- Wirtschaftstätigkeit fördern oder hemmen
- Umwelt belasten oder entlasten

Fiskus

ist der Staat, der als Träger hoheitlicher Gewalt als einziger das Recht hat, Steuern einzutreiben. Die Bestimmung der Steuern, ihre Höhe und das Erheben sind Aufgaben der Fiskalpolitik.

Die Umverteilung von Einkommen leistet vor allem die Lohn- bzw. Einkommensteuer, die höhere Einkommen mit höheren Steuersätzen belastet als niedrige. Zur Umweltentlastung trägt beispielsweise die Ökosteuer bei, weil sie den Verbrauch umweltbelastender Energie verteuert und dadurch nach marktwirtschaftlicher Gesetzmäßigkeit die Nachfrage sinkt.

Schließlich kann der Staat aber auch auf die Konjunktur oder einzelne Branchen Einfluss nehmen, wenn er die Steuern insgesamt oder auch einzelne Steuern senkt oder erhöht. Davon soll im Folgenden die Rede sein.

Möglichkeiten der Fiskalpolitik

Regierung und Opposition uneinig über Konjunkturpolitik

Nachdem auch mit etwas anziehender Konjunktur die Arbeitslosigkeit das wirtschaftliche Hauptproblem bleibt, halten Regierung und Opposition an dem Ziel fest, die Arbeitslosenzahlen des Jahres 2002 von über 4 Mio. erheblich zu senken. Eine wichtige Bedingung sehen sie in einer Wachstumsrate von mindestens 2,5%. Über den besten Weg dahin sind sich die Fraktionen aber uneinig.
Die Bundesregierung will die gesamtwirtschaftliche Nachfrage fördern, damit die Verkäufe der Unternehmen steigen. Dazu soll die Einkommenssteuer gesenkt und das Kindergeld erhöht werden. Dann haben die privaten Haushalte mehr Geld für den Konsum. Ferner müssten die öffentlichen Investitionen im Verkehrswegebau und zur Modernisierung der Wehrtechnik erhöht werden. Der Finanzminister hält dagegen: Wenn Steuern gesenkt und gleichzeitig die Ausgaben erhöht werden, muss der Staat noch höhere Schulden machen.
Mehr Arbeitsplätze will die Regierung aber auch schaffen, indem sie die Unternehmen von Steuern entlastet und die Beiträge zur Rentenversicherung senkt. Die Mindereinnahmen will sie durch höhere Steuern auf den Energieverbrauch (Öko-Steuer) ausgleichen.
Der Opposition geht die Unternehmenssteuersenkung nicht weit genug. Die Unternehmen müssten dringend entlastet werden, damit ihre Gewinne steigen und wieder mehr investiert werde. Auch die Gewerkschaften sollten bescheidene Lohnforderungen stellen.

Hans Eichel, Bundesminister der Finanzen

Nach verschiedenen Zeitungsmeldungen 10/2002

Angebotsorientierte Konjunkturpolitik

Seit Beginn der 80er Jahre vorherrschendes Konzept der Konjunkturpolitik in USA und England, später auch in Deutschland. Danach muss die Politik zuerst die Unternehmen voran bringen durch
- Senkung betrieblicher Steuern
- niedrigere Sozialbeiträge
- weniger Vorschriften
- geringere Lohnkosten
- Lockerung des Kündigungsschutzes
- Förderung von Unternehmensgründung und Forschung.

Die derzeitige Politik ist eine Mischung dieser Maßnahmen mit Maßnahmen nachfrageorientierter Konjunkturpolitik (vgl. S. 287).

■ Welche der im Text genannten Maßnahmen sollen
- dem konjunkturellen Abschwung sofort entgegenwirken?
- über ein besseres Investitionsklima langfristig die Konjunktur stabilisieren?

Wenn Konsumenten und Unternehmer beispielsweise durch mehr Sparen den Abschwung noch verstärken, kann der Staat mit seinen Maßnahmen dagegen halten, sich „antizyklisch" verhalten. Will etwa der Staat die Konjunktur „ankurbeln", erwartet er folgende Wirkungskette:

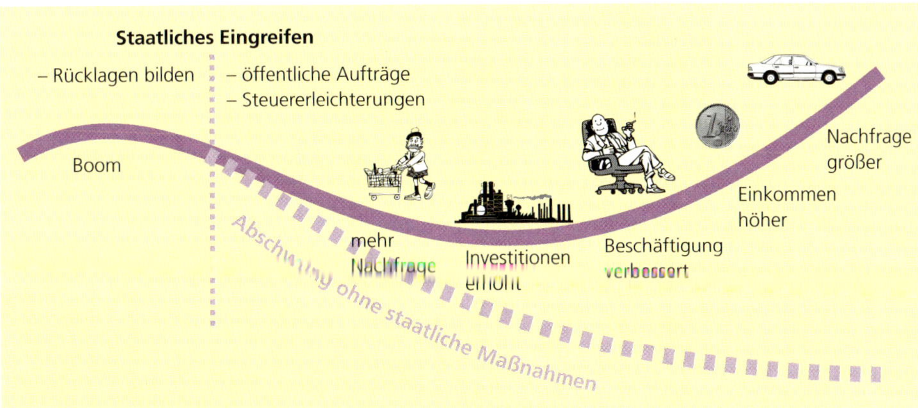

Nachfrageorientierte Konjunkturpolitik

Einkommen schafft Nachfrage, Nachfrage sichert Beschäftigung. Im Vorteil ist, wer seine Lektion gelernt hat. Sagt der Sohn zu seinem Vater: „Wenn du mir mehr Taschengeld gibst, erhöhst du damit meine Kaufkraft und sicherst so deinen Arbeitsplatz."

Diese **nachfrageorientierten** Maßnahmen werden kritisiert, weil die zusätzlichen Staatsausgaben nur die Verschuldung weiter treiben. Die Ursachen des schwachen Wachstums sieht eine andere Denkrichtung in ungünstigen Gewinnaussichten für die Investoren. Daraus folgt eine **angebotsorientierte** Wirtschaftspolitik, die auf mehr Freiheit und Kostensenkung für den Unternehmer setzt. Die Gewerkschaften halten dagegen, dass die Arbeitnehmer durch teilweisen Lohnverzicht Vorleistungen erbringen, es gleichzeitig aber nicht sicher ist, dass die Unternehmer die Gewinne auch arbeitsplatzfördernd in Deutschland investieren.

Stabilitätspakt

Damit der Euro nach seiner Einführung in den 12 EU-Ländern auch weiterhin stabil bleibt, haben die Regierungschefs 1997 einen Vertrag geschlossen. Danach darf die Neuverschuldung in keinem Land mehr als 3 % des BIP betragen. Bei höherer Verschuldung sind Geldbußen an die EU zu zahlen.
Diese Vorgabe begrenzt noch einmal die staatliche Kreditaufnahme zur Konjunkturförderung. Allerdings haben Deutschland und weitere Länder bereits 2002 dagegen verstoßen (vgl. S. 290).

Konjunkturförderung zielt auf Wirtschaftswachstum

Letztlich laufen alle vorgestellten Instrumente zur Konjunkturförderung auf die Erhöhung des Sozialprodukts, also auf wirtschaftliches Wachstum hinaus. Das ist verständlich, denn Wachstum bedeutet

- Mehrproduktion, für die zusätzliche Arbeitskräfte gebraucht werden; die Arbeitslosigkeit geht zurück;
- die Betriebe sind besser ausgelastet, ihre Gewinne steigen und die Löhne der Arbeitnehmer mit;
- mit steigenden Einkommen bekommt auch der Staat mehr Steuereinnahmen, damit können mehr öffentliche Leistungen finanziert werden;
- ferner gibt es mehr an Gütern und Dienstleistungen, die den Wohlstand erhöhen.

Qualitatives Wachstum voranbringen

Wirtschaftliches Wachstum besteht in der Zunahme des Bruttoinlandsprodukts. Es werden mehr Güter und Dienstleistungen erzeugt, die von den Bürgern konsumiert werden können. Es ist aber fraglich, ob in unserer Wohlstandsgesellschaft durch noch mehr Güter die Lebensqualität zunimmt. Der Nutzen vieler Güter wird erkauft mit Verschwendung von Rohstoffen, mit der Verschlechterung unseres Lebensraumes und mit erhöhten Gefahren für die Gesellschaft. Das gilt z. B. für die Produktion immer schnellerer und leistungsfähigerer Autos.

Kritikern wird entgegnet, dass damit Arbeitsplätze geschaffen werden. Dennoch sind nicht alle Güter gleich problematisch. Arbeitsplätze entstehen auch durch die Fertigung leichter, spritsparender Autos oder durch den Ausbau der öffentlichen Verkehrsmittel. Wenn also um der Arbeitsplätze willen das Wachstum gefördert werden soll, muss die Gesellschaft entscheiden, welche Art von Produktion zunehmen und welche zurückgehen soll. Bei der Förderung des Wachstums kann der Staat durch Subventionen oder Besteuerung die Weichen stellen.

Energieerzeuger Wind

Eine Windkraftanlage hat nach ca. einem Jahr bereits die Energie erzeugt, die für ihre Produktion erforderlich war.

Gefordert wird ein **qualitatives** Wachstum. Statt größerer Mengen beliebiger Güter (**quantitatives** Wachstum) sollte immer besser, hochwertiger und umweltschonender produziert werden: Güter, für deren Herstellung und Gebrauch weniger Rohstoffe und Energie nötig sind, erneuerbare Energien und besonders Dienstleistungen.

- **1. Erstellen Sie eine Liste von Gütern, die Sie dem qualitativen Wachstum zurechnen.**
- **2. Geben Sie bei diesen Gütern an, worin ihre Umwelt- oder Gesellschaftsfreundlichkeit besteht.**

ZUSAMMENFASSUNG

Bund und Länder sind zu einer aktiven Wirtschaftspolitik verpflichtet. Das Stabilitätsgesetz schreibt dem Staat zunächst vier Ziele für seine Wirtschaftspolitik vor: stabiles Preisniveau, hohen Beschäftigungsstand, angemessenes Wirtschaftswachstum und außenwirtschaftliches Gleichgewicht. Viele gesellschaftliche Gruppen halten eine gesunde Umwelt und eine gerechte Einkommensverteilung für ebenso wichtig, angesichts der weiterhin hohen Arbeitslosigkeit auch die gerechte Verteilung der vorhandenen Arbeit. Das gesamte Zielbündel gilt als „magisch", weil die gleichzeitige Erreichung aller Ziele schlichtweg Zauberei wäre. Welches Ziel mit welchen Mitteln zuerst verfolgt werden soll, ist ein Hauptthema des Streites um die „richtige" Wirtschaftspolitik.

Für alle Marktwirtschaften sind konjunkturelle Wirtschaftsschwankungen typisch. Der Konjunkturzyklus durchläuft die vier Phasen Tiefstand, Aufschwung, Hochkonjunktur und Abschwung. Jede Phase hat ihre eigenen Auswirkungen auf Preise, Löhne, Beschäftigung und Wachstum.

Fachbegriffe

Stabilitätsgesetz – magisches Viereck bzw. Sechseck – Zielkonflikt – Konjunkturzyklus – Konjunkturphasen – Trend – antizyklisch – Boom – Stabilitätspakt – Konjunkturpolitik nachfrageorientiert oder angebotsorientiert – Rationalisierung – Wirtschaftswachstum – qualitatives Wachstum

Aus der Phase des Tiefstandes findet die Wirtschaft nur schwer wieder zur Vollbeschäftigung zurück, weil das rationale Verhalten des Einzelnen die jeweilige Phase noch verstärkt. Zur Sicherung des Wohlstandes seiner Bürger soll der Staat deshalb die starken Ausschläge der Konjunktur zu mindern versuchen. Das kann er nach der vorherrschenden Auffassung am besten, wenn er die Nachfrage beeinflusst. Zur Belebung der Wirtschaft sind besonders zusätzliche staatliche Aufträge und Steuersenkungen angebracht. Diese Politik ist beim Abbau der Arbeitslosigkeit nur teilweise erfolgreich; angesichts der hohen Staatsverschuldung besteht auch wenig Spielraum für weitere Ausgaben. Deshalb verspricht ein anderer Ansatz langfristiges Wachstum und mehr Arbeitsplätze, wenn sich der Staat auf die Förderung der Investitionen konzentriert. Beide Ansätze sind über eine Vielzahl von Maßnahmen realisierbar.

Bei der Förderung des Wirtschaftswachstums müssen wir genau hinsehen, welche Art von Produktion zunehmen soll. Zur Erhaltung unserer eigenen Lebensgrundlagen soll ein qualitatives Wachstum gefördert werden: hochwertige, langlebige und materialschonende Güter, erneuerbare Energien und Dienstleistungen.

AUFGABEN

1. Zu welchem wirtschaftspolitischen Ziel trägt auch die Sozialpolitik bei?
2. Bestimmen Sie, in welcher Konjunkturphase wir uns derzeit befinden. Auf welche wirtschaftlichen Merkmale, auch Indikatoren genannt, können Sie sich stützen?
3. Wenn uns die Förderung des Wachstums nicht gelingt, wird die Beschäftigungskrise unser Hauptproblem. Diskutieren Sie Konzepte für die Lösung des Problems.
4. Die Instrumente staatlicher Konjunkturpolitik wandeln sich, weil sich auch die wirtschaftliche und soziale Realität wandelt und die alten Rezepte nicht mehr für wirksam gehalten werden.
   a) Werten Sie Tageszeitungen und Fernsehnachrichten danach aus, welche Instrumente von Regierung und Opposition zur Verringerung der Arbeitslosigkeit vorgeschlagen werden.
   b) Bewerten Sie die Instrumente aus Ihrer Sicht. Stellen Sie in einem Kurzreferat die Instrumente vor, die sich nach Ihrer Meinung am besten eignen.

6 Kaufkraft des Geldes

6.1 Die Euro-Länder

Die EU als Wirtschaftsgemeinschaft

Friedrich List (1787-1846)

Achtunddreißig Zoll- und Mautlinien in Deutschland lähmen den Verkehr im Innern und bringen ungefähr dieselbe Wirkung hervor, wie wenn jedes Glied des menschlichen Körpers unterbunden wird, damit das Blut ja nicht in ein anderes überfließe. Um von Hamburg nach Österreich, von Berlin in die Schweiz zu handeln, hat man zehn Staaten zu durchschneiden, zehn Zoll- und Mautordnungen zu studieren, zehnmal Durchgangszoll zu bezahlen. Wer aber das Unglück hat, auf einer Grenze zu wohnen, wo drei oder vier Staaten zusammenstoßen, der verlebt sein ganzes Leben mitten unter feindlich gesinnten Zöllnern und Mautnern; der hat kein Vaterland. Trostlos ist dieser Zustand für Männer, welche wirken und handeln möchten.

Nach Schmölders, Telekolleg, S. 163

Wirtschaftsaufschwung

Um das Jahr 1800 ist Deutschland in wenige größere, viele mittlere und hunderte kleinster Staaten zersplittert. Der Ökonom Friedrich List unterstützt maßgeblich den Aufbau eines einheitlichen Zollgebietes.
Mit dem Eintritt Bayerns wird 1834 daraus der „Deutsche Zollverein". Der Gründung folgt eine Periode stürmischer Wirtschaftsentwicklung.

EFTA

Sieben weitere europäische Staaten wollen bei der Gründung der EWG die Zölle zu anderen Ländern hin selbst festlegen können.
Sie schließen sich deshalb nicht der EWG als Zollunion an, sondern gründen eine „kleine" Freihandelszone mit dem Namen EFTA.

- 1. Was List über den Zustand Deutschlands zu Beginn des 19. Jahrhunderts sagt, lässt sich gut auf Europa vor dem Zusammenschluss übertragen. Beschreiben Sie Nachteile der „Kleinstaaterei".
- 2. Welche wirtschaftlichen Vorteile erwarten Sie von der EU?

Die Europäische Union in wirtschaftlicher Betrachtung

Bei der Gründung der europäischen Gemeinschaft ist der Wille erkennbar, die politische Einigung Europas durch gemeinsames wirtschaftliches Handeln voranzubringen. Die wirtschaftliche Zusammenarbeit beginnt im einfachsten Fall mit dem freien Warenverkehr zwischen den Ländern. In einer **Freihandelszone** sind die Handelsbeschränkungen und Zölle abgeschafft. Dieses einheitliche Zollgebiet kann sich als **Zollunion** nach außen abschirmen, indem es gemeinsame Zolltarife für den Handel mit dritten Ländern beschließt. Die EU ist zunächst als EWG (später EG) eine solche Zollunion gewesen, innerhalb der man seit etwa 1968 an den Schlagbäumen für Waren keinen Zoll mehr zahlt, sondern nur noch Steuer- und Währungsunterschiede ausgleichen muss.

Von Anfang an sollte die EU aber mehr sein als nur ein großer abgeschirmter Handelsraum. Ein **„Gemeinsamer Markt"** oder **Binnenmarkt** soll die Brücke bilden zu einer Wirtschafts- und Währungsunion als Vorstufe zu einer europäischen Union. Dieser Binnenmarkt wird seit 1968 schrittweise hergestellt.

Integration

meint den Grad der Vereinigung, des Zusammenwachsens der europäischen Staaten.
1. Stufe: Zollunion
2. Stufe: Gemeinsamer Markt
3. Stufe: Wirtschafts- und Währungsunion

Schmuggel lohnt nicht mehr

Privatpersonen dürfen für den eigenen Bedarf ohne Zollbeschränkungen in anderen EU-Ländern einkaufen und Waren einführen. Bei Einfuhr größerer Mengen, z. B. mehr als 10 l Spirituosen, 90 l Wein, 110 l Bier, 800 Zigaretten wird allerdings gewerblicher Handel vermutet und Steuer erhoben.

Wirtschaftliche Grundfreiheiten im Binnenmarkt seit dem 1.1.1993

Vier Grundfreiheiten sollen in diesem Binnenmarkt für das allmähliche Zusammenwachsen der einzelnen Volkswirtschaften sorgen.

Was die vier Freiheiten für Sie bedeuten können:

- Abschluss preisgünstiger Versicherungen bei einem ausländischen Anbieter.
- Aufenthaltsrecht in jedem EU-Land zum Arbeiten, Studieren oder Wohnen.
- Preisgünstiger Kauf eines Autos im Ausland ohne Nachrüstung für die deutsche Zulassung.

Um diese Grundfreiheiten herzustellen, sind viele Regelungen notwendig. Ein großer Teil davon ist längst in Kraft. Aber einige Hindernisse müssen die Regierungen der EU-Länder noch aus dem Weg räumen.

Die Wirtschafts- und Währungsunion

Die Regierungen der EU-Länder sehen den Binnenmarkt nicht als Endziel, sondern wollen die Integration weiterführen. Denn im Binnenmarkt sind eine große Zahl von Unternehmen und Haushalten immer mehr voneinander abhängig. Wirtschaftliche Probleme in einem Land wirken sich sofort auf die anderen Länder aus. Für Vollbeschäftigung und Wachstum kann demnach keine Regierung mehr alleine sorgen. Dann ist der Schritt nicht mehr weit zu einer **Wirtschaftsunion**, in der die einzelnen Länder ihre Wirtschaftspolitik miteinander abstimmen. Über eine stabile gemeinsame Währung schließlich soll dieser Wirtschaftsraum und mit ihm die Menschen in einer **Währungsunion** noch mehr zusammenwachsen.

Im Dezember 1991 schließen die Regierungen der damals noch 12 EU-Länder in der holländischen Stadt Maastricht den Vertrag über die Europäische Union. Ein wichtiger Teil des Vertrags ist die Einführung einer Wirtschafts- und Währungsunion.

Stabilitätskriterien

Damit die neue Währung von Anfang an stabil wird, müssen alle beitrittswilligen Länder folgende Bedingungen erfüllen:
- Höchstwerte für Staatsschulden
- stabiles Preisniveau
- stabile Wechselkurse
- angenäherte Höhe der langfristigen Zinsen

Mit der erfolgreichen Einführung des Euro-Bargeldes zum 1.1.2002 in zwölf EU-Ländern ist die **Währungsunion** zunächst vollendet. Die Stabilitätskriterien für den Beitritt konnten die Länder Belgien, Deutschland, Finnland, Frankreich, Irland, Italien, Luxemburg, Niederlande, Österreich, Portugal, Spanien und zuletzt auch Griechenland erfüllen.

Damit der Euro auch künftig stabil bleibt, sind solide Staatsfinanzen ganz entscheidend. In einem so genannten „Stabilitätspakt" wurde vereinbart, dass die jährliche Neuverschuldung in keinem Land mehr als 3 % vom BIP betragen darf. Bei höherer Verschuldung sind Geldbußen an die EU zu zahlen. Als Folge der Konjunkturschwäche gehen im Jahre 2002 in Deutschland und weiteren Euro-Ländern die Steuereinnahmen kräftig zurück, die Programme zur Ankurbelung der Konjunktur müssen über neue Schulden finanziert werden. Steigt die Neuverschuldung aber über 3 %, würde eine Geldbuße diese Länder noch stärker belasten. Als Ausweg zeichnet sich ab, die Stabilitätsziele nicht jedes Jahr, sondern nur über einen Konjunkturzyklus hinweg zu erreichen.

Die Euro-Zone

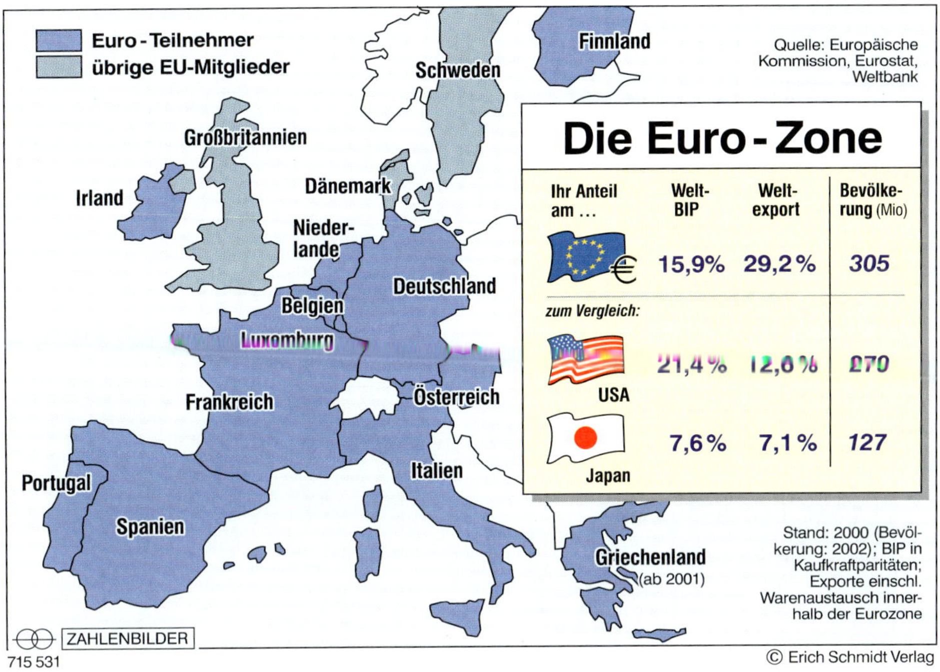

■ 1. Nennen Sie Länder, die inzwischen beigetreten sind bzw. Beitrittsanträge gestellt haben.

Innerhalb der EU bildet die so genannte Euro-Zone einen Währungs- und Wirtschaftsraum, der bezüglich Produktion, Handel und Bevölkerung annähernd die Statur der USA erreicht. Mit der Währungsunion wurde ein echter Binnenmarkt geschaffen, auch wenn dessen Vorzüge erst nach und nach zur Geltung kommen. Für diese Euro-Zone gilt:

- Der kostenträchtige Umtausch von Währungen entfällt. Es gibt keine Wechselkursrisiken mehr, was den Handel über die Grenzen hinweg erleichtert.
- Es gibt mehr Preistransparenz und Wettbewerb, da sich Waren- und Dienstleistungsangebote aus verschiedenen Ländern unmittelbar vergleichen lassen.
- Der Euro ist nach dem US-$ die zweitwichtigste Währung weltweit. Es bildet sich ein großer und effizienter Finanzmarkt, der für weltweite Währungsspekulation weniger anfällig ist.
- Die Kosten für grenzüberschreitende Bankgeschäfte sinken erheblich.

Währungsumstellung

Seit der Umstellung auf den Euro zum 1.1.1999 war die DM keine eigenständige Währung mehr, sondern nur noch eine Untereinheit des Euro. Auch nach der Einziehung der DM-Banknoten und Münzen im Jahre 2002 gilt für die Umrechnung von alten DM-Positionen ein Verhältnis von 1 Euro = 1,95583 DM

6.2 Der Binnenwert des Euro

Die Bedeutung des Geldes für die Wirtschaft

Auf dem Heimweg vom Kindergarten unterhalten sich zwei fünfjährige Mädchen:

Susi: Wenn du mir deine Pumuckl-Kassette gibst, bekommst du mein Dreirad.
Moni: Nein, das ist zu wenig, da musst du mir noch eine Tüte Gummibären dazugeben.
Susi: Aber in einer Tüte sind doch hundert Gummibären, das ist doch viel mehr.
Moni: Ja, dann geb ich dir noch fünf Euro dazu, die mir die Oma geschenkt hat.
Susi: Gut, die spare ich dann und kaufe mir später einen Hubschrauber.

■ 2. Nennen Sie Vorteile, wenn mit Geld bezahlt wird und nicht mit Sachen.

Wie man sehen kann, erfüllt Geld verschiedene Aufgaben. Unterschiedliche Gegenstände lassen sich damit in ihrem **Wert vergleichen**. Man kann damit **Wert weitergeben** und auch **Wert aufbewahren**. Und schließlich ist Geld auch ein **Zahlungsmittel**, mit dem man seine Verbindlichkeiten aus einem Kauf begleichen kann. Natürlich kann Geld diese Aufgaben nur erfüllen, wenn die Menschen ihm Vertrauen schenken. Der Staat stützt dieses Vertrauen, indem er das Geld zum gesetzlichen Zahlungsmittel erklärt. Es muss demnach von jedermann zur Schuldentilgung angenommen werden. Diese staatliche Ordnung des Geldwesens und der Geldeinheit – bei uns der Euro – nennt man **Währung**.

Die Kaufkraft des Euro

Benzinpreise in Deutschland

Billiger Sprit in Dänemark

Der Binnenwert einer Währung, hier des Euro, gibt an, wieviel an Waren und Dienstleistungen man in der Eurozone für einen bestimmten Geldbetrag erwerben kann. Die nationalen Besonderheiten sorgen dafür, dass die Preise zwar gut vergleichbar, aber nicht überall gleich sind. Wir beziehen uns im folgenden auf die Ermittlung des Geldwertes in Deutschland.

■ 1. Sie tanken im Prinzip immer nur für 50,00 EUR. Da kann Ihnen der Preis doch egal sein, oder?

Nominaler und realer Geldwert

Die Weissagung der Cree:

„Erst wenn der letzte Baum gerodet, der letzte Fluss vergiftet, der letzte Fisch gefangen, werdet ihr feststellen, dass man Geld nicht essen kann!"

■ 2. Nehmen Sie es wörtlich: Kann man Geld essen? Kann man Bäume, Flüsse essen?

■ 3. Beim Bezahlen an der Kasse erhalten Sie versehentlich statt 50 Cent ein 50-Lire-Stück. Nachdem Sie demnächst ohnehin in der Türkei Urlaub machen wollen, ist Ihnen das doch egal, oder?

Geld an sich hat keinen Wert, vom Papier- oder Metallwert einmal abgesehen. Auch sein **nominaler Wert**, das ist der aufgedruckte Betrag auf einem Geldschein, sagt wenig aus. Seine Bedeutung erhält das Geld erst durch die Menge an Gütern, die man dafür eintauschen kann. Diesen wirklichen **(realen) Wert** des Geldes nennt man seine **Kaufkraft**. Dabei kommt es nicht darauf an, ob ein einzelnes Gut billiger oder teurer geworden ist. Die Kaufkraft misst man an den Preisen einer Vielzahl von Gütern. Wenn das Preisniveau dieser Güter steigt, also „alles teurer geworden ist", dann sinkt die Kaufkraft.

Zigaretten„währung"

Nach dem Ende des 2. Weltkrieges ist die Reichsmark gesetzliches Zahlungsmittel in Deutschland. Weil zu diesem Geld niemand mehr Vertrauen hat, kann man damit zwar Steuern zahlen, aber nichts mehr kaufen.

Die Weissagung der Cree

Die Cree-Indianer waren eine große und weit verbreitete Gruppe von verschiedenen Stämmen in Kanada. Um das Jahr 1600 wird ihre Zahl auf 20 000 geschätzt. Ihnen wird die Äußerung als Anklage gegen das Naturverständnis des „weißen Mannes" zugeschrieben.

Wertloses Geld

Für die Finanzierung des 1. Weltkrieges und der Kriegsfolgen lassen die deutschen Regierungen bis 1923 einfach die Notenpresse laufen. Die Geldmenge wächst gewaltig an, ihr steht aber kein entsprechendes Güterangebot gegenüber. Die Preise steigen ins Unermessliche. Im November 1923 kostet ein Laib Brot 540 Milliarden RM, eine Tageszeitung 40 Mrd. RM.

6.3 Störungen des Geldwertes

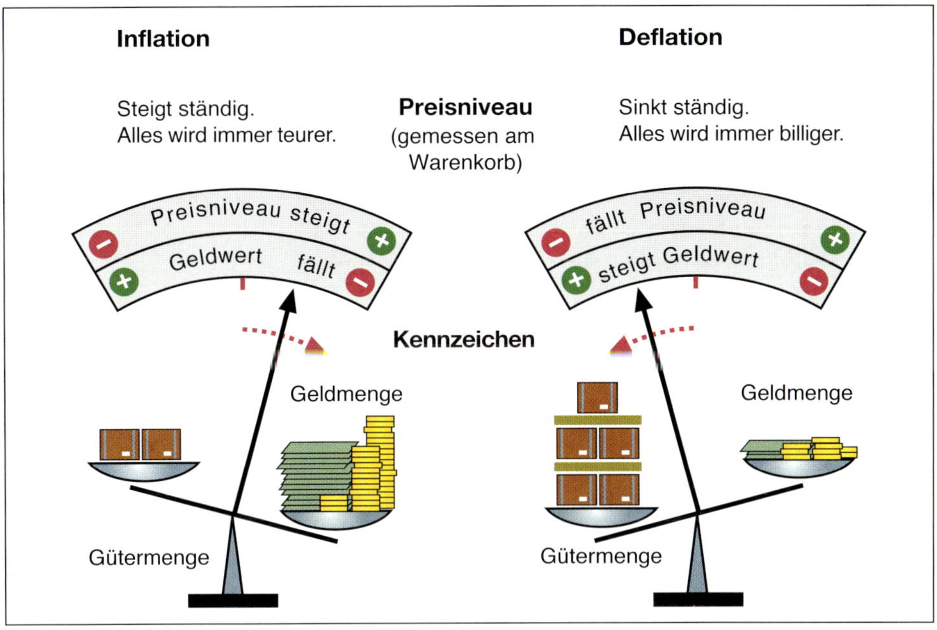

Warenkorb

Für die Mehrheit der Haushalte wird der Geldwert entscheidend von den Preisen der alltäglichen Konsumgüter bestimmt. Will man den Geldwert für diese Personengruppe messen, muss man wissen, welche Güter und Dienstleistungen ein solcher Haushalt in welcher Menge braucht. Diese Zusammenstellung macht das Statistische Bundesamt, man nennt sie Warenkorb.

Der Verbraucherpreisindex (VPI)

gibt an, um wie viel Prozent sich die Preise im Warenkorb verändert haben, ausgehend vom derzeitigen Basisjahr 2000, das gleich 100 % gesetzt wird.

- 1. Wie halten Sie es als Autofahrer mit der Tankfüllmenge, wenn Sie damit rechnen, dass der Benzinpreis in der nächsten Woche
  - steigt?
  - fällt?
- 2. Formulieren Sie daraus eine allgemeine Aussage über das Verhalten der Konsumenten bei Inflation und bei Deflation.
- 3. Warum ist in der Wirtschaft die Deflation viel mehr gefürchtet als die Inflation?
- 4. Wie verhalten sich Gütermenge und Geldmenge bei Inflation und bei Deflation zueinander?

Mit Geld die Wirtschaft beeinflussen

Anfang Dezember erhalten Sie auf Ihrem Konto die Ausbildungsvergütung von 500,00 EUR. Für Weihnachtsgeschenke und Taschengeld lassen Sie sich 150,00 EUR bar auszahlen, der Rest bleibt zunächst auf dem Konto. Für eine Zeitschrift werden 30,00 EUR abgebucht und zum Monatsende überweisen Sie 560,00 EUR für Ihr neues Mountainbike.

- 5. Woher nimmt die Bank das Geld für Ihre Kontoüberziehung?

Geldschöpfung

Bargeld
- Münzen
- Banknoten

Buchgeld

Kontoauszug:		EUR
Kontostand alt		0,00
+ Gutschrift		500,00
- Auszahlung		150,00
- Abbuchung		30,00
- Überweisung		560,00
Kontostand neu	Schuld	240,00

Hüterin der Währung

Bundesbankgesetz § 3
„Die Deutsche Bundesbank ist [...] integraler Bestandteil des Systems der Europäischen Zentralbanken (ESZB). Sie wirkt an der Erfüllung seiner Aufgaben mit dem vorrangigen Ziel mit, die Preisstabilität zu gewährleisten." Das ESZB besteht demnach aus der Europäischen Zentralbank in Frankfurt und den Notenbanken der am EURO beteiligten Länder.

Banknoten darf nur die Bundesbank im Auftrag der EZB ausgeben, Münzen nur die Bundesregierung. Es gibt aber auch unbares Geld, so genanntes Buchgeld in Form von verfügbaren Guthaben auf den Bankkonten. Fast immer bleiben Guthabenreste längere Zeit auf den Konten stehen. Die Banken können diese Guthaben zum Teil wieder als Kredit ausleihen und so die Buchgeldmenge noch einmal erheblich vergrößern.

Die EZB und die Banken können also die Menge des vorhandenen Geldes vergrößern oder verkleinern. Nun hat die Geldmenge aber großen Einfluss auf die Wirtschaftstätigkeit und die Geldwertstabilität. Das bedeutet eine weitere Möglichkeit, um die Konjunktur zu beeinflussen.

Der Außenwert des Euro

gibt seine Kaufkraft im Währungsausland an, also in den USA, in Großbritanniern oder in der Türkei. Diese ist über den Wechselkurs vermittelt.

6.4 Der Außenwert des Euro

In Ländern außerhalb der Euro-Zone wird unser Euro kaum genommen, weil man dort mit der jeweiligen Landeswährung bezahlt. Geld in diesen Währungen, Devisen genannt, kann man bei den Banken zum Tageskurs kaufen. Der Tageskurs bildet sich am Devisenmarkt nach Angebot und Nachfrage. Die Kursnotiz gibt den Gegenwert der jeweiligen Währung an, den man für einen Euro erhält. Wird eine Währung stark nachgefragt, dann steigt ihr Preis.

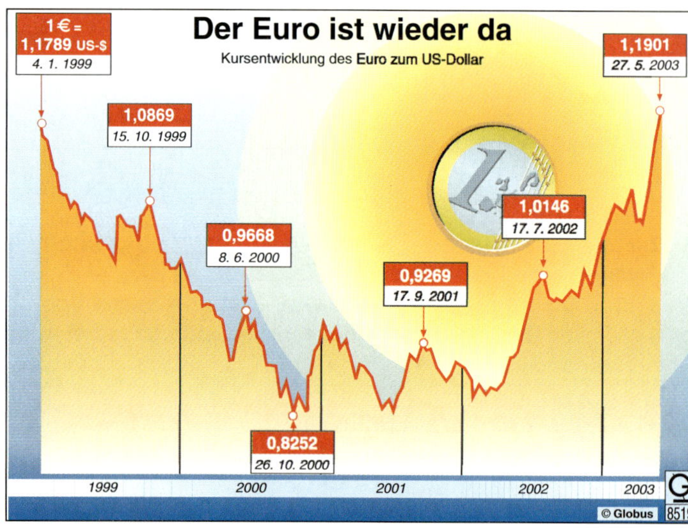

Tageskurse

ausländischer Währungen, die am Vortag an der Devisenbörse notiert werden, drucken die Tageszeitungen. Verkauf bedeutet: Die Bank verkauft die ausländische Währung an den Kunden, z. B. vor der Urlaubsreise. Ankauf bedeutet: Die Bank tauscht den angegebenen Betrag der ausländischen Währung für 1 Euro zurück.

Wechselkurse für Urlauber

Land/Währung		Verkauf	Ankauf
Australien	A-$	1,61	1,79
Großbrit.	L	0,68	0,72
Japan	Yen	125	134
Kroatien	Kuna	6,40	8,52
Norwegen	nkr	7,83	8,68
Tschechien	Czk	29.77	35,78
USA	US-$	1,07	1,14

SZ vom 10.09.2003

Wenn beispielsweise die USA in Deutschland viele deutsche Güter bestellen, dann müssen die US-Importeure Euro kaufen, damit sie die Rechnung des deutschen Unternehmens bezahlen können; der Kurs des Euro steigt. Für den Ausländer verteuern sich damit die deutschen Produkte; der Export wird zurückgehen. Vorteil haben aber die deutschen Touristen in den USA, die mehr US-Dollar für ihre Euros erhalten. Umgekehrt werden zur Ferienzeit von deutschen Urlaubern kroatische Kuna gekauft, was zu einem steigenden Kurs des Kuna und damit zu einer Verteuerung des Urlaubs führen könnte.

Die Kurse der meisten Weltwährungen bilden sich als flexible Wechselkurse an den Devisenmärkten. Sie erschweren den Außenhandel, weil der Exporteur den Erlös nicht sicher kalkulieren kann. Dieser Nachteil tritt nicht ein bei festen Wechselkursen, die vom Staat vorgegeben werden. Wir finden sie heute noch bei einigen Ländern in Südamerika oder Fernost. Ein derart starres Austauschverhältnis läßt sich aber nur bei gleicher Wirtschaftsentwicklung der beteiligten Länder halten – ein äußerst seltener Fall.

- 1. Wieviel US-$ erhalten Sie am Bankschalter, wenn Sie 200,00 Euro wechseln wollen?
- 2. Warum erleichtert ein schwacher Euro (z. B. Kurs 0,90) die Exporte in die USA?

6.5 Die Europäische Zentralbank – Hüterin der Währung

Die staatliche Ordnung des Geldwesens ist in allen Ländern einer besonderen Notenbank übertragen, die bei uns „Deutsche Bundesbank" heißt. Seit Januar 1999 ist die Deutsche Bundesbank aber nicht mehr selbstständig, sondern praktisch zu einer „Filiale" der Europäischen Zentralbank (EZB) mit Sitz in Frankfurt geworden. Die Ausgabe von Banknoten der übernationalen Währung EURO sowie die Geldpolitik stehen in der Verantwortung der EZB.

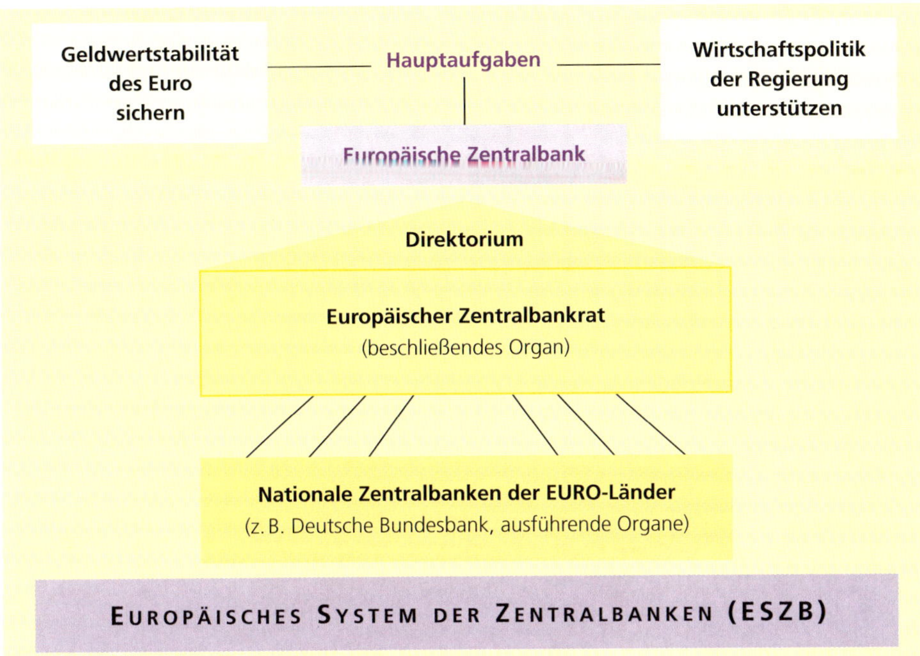

EZB kontra Regierung?

Erhöht die EZB die Leitzinsen, kann dies die Nachfrage dämpfen und den konjunkturellen Aufschwung bremsen. Damit die EZB und die Bundesregierung nicht gegeneinander arbeiten, schreibt das Bundesbankgesetz in § 12 vor:
Die Deutsche Bundesbank ist [...] von Weisungen der Bundesregierung unabhängig. Soweit dies [...] als Bestandteil des ESZB möglich ist, unterstützt sie die allgemeine Wirtschaftspolitik der Bundesregierung.

Steigende Preise

bedeuten, dass der Wert des Geldes sinkt. Man erhält dann für einen Euro weniger an Gütern und Dienstleistungen.

Die schwierigste Aufgabe ist die Versorgung der Wirtschaft mit der „richtigen" Menge an Geld und Kredit. In einer Wirtschaft, in der das Sozialprodukt laufend zunimmt, soll auch die umlaufende Geldmenge im gleichen Verhältnis steigen. Dann können die zusätzlichen Güter gekauft und bezahlt werden. Steigt die Geldmenge aber stärker als die Gütermenge, fallen die Zinsen, werden Kredite billiger, wird mehr Geld für den Konsum ausgegeben und die Anbieter können die Preise für ihre Produkte wegen großer Nachfrage stärker erhöhen. Die Währung ist nicht mehr stabil.

Instrumente der EZB zur Stabilisierung des Geldwertes

Europäische Zentralbank senkt die Leitzinsen

Frankfurt.
Erstmals hat die Europäische Zentralbank (EZB) die Zinsen gesenkt. Die Euro-Währungshüter beschlossen, den entscheidenen Satz für die Refinanzierungsgeschäfte am offenen Markt von 3,0 % auf 2,5 % zu senken. Zu diesem Zinssatz können sich Banken gegen den Verkauf oder die Hinterlegung (Pension) von Wertpapieren bei der EZB Geld leihen. Dagegen blieben die Zinssätze für die sonstigen Kreditmöglichkeiten unverändert. Die Banken können weiterhin kurzfristig Kredite zu 4,5 % erhalten oder überschüssige Gelder zu 2 % kurzfristig bei der EZB anlegen. Auch über die Höhen der Mindestreserve, das sind Zwangsguthaben der Banken bei der EZB, fasste der EZB-Rat keine Beschlüsse.

Der Präsident der EZB begründete den Schritt mit der schleppenden Konjunktur in den Euroländern. Da die Teuerungsraten historisch niedrig seien, könne mit der Zinssenkung ohne Inflationsgefahr die Wirtschaft angekurbelt werden.

Nach Süddeutsche Zeitung vom 9.4.1999

Refinanzierung

Oft haben die Banken nicht genug eigene Gelder (Einlagen ihrer Kunden), um Kredite zu vergeben. Sie holen sich dann kostengünstig ihrerseits Kredite bei der EZB.

■ Von drei geldpolitischen Maßnahmen der EZB ist im Text die Rede. Nennen Sie diese.

Leitzinsen

sind vereinfacht die Zinsen, die eine Bank für Kredite an die EZB bezahlen muss. Diesen Leitzinssatz gibt die Bank mit entsprechendem Aufschlag an ihre Kunden weiter. Sinken die Leitzinsen, erhält der Bankkunde also weniger Zinsen für seine Spareinlage, zahlt aber auch weniger Zinsen für Kredite. Folglich werden Kredite zunehmen, die Geldmenge steigt. Es wird weniger gespart und mehr konsumiert und investiert.

Instrumente der Europäischen Zentralbank zur Konjunkturbeeinflussung

Um den Geldwert stabil zu halten, kann die Europäische Zentralbank

- **Wertpapiere am offenen Markt** (Geldmarkt) zeitlich befristet verkaufen oder Wertpapiere von den Banken „in Pension" nehmen. Verkauft die EZB Wertpapiere, dann haben die kaufenden Banken oder Geldanleger weniger flüssige Mittel, die Geldmenge sinkt.
- **ständige Kreditmöglichkeiten (Fazilitäten)** zu bestimmten Zinssätzen für die Banken bereitstellen. Die Banken können sich für einen Tag Kredite besorgen oder überschüssige Gelder anlegen.
- die **Mindestreserve** erhöhen oder senken. Sie kann von den Banken verlangen, dass diese einen bestimmten Prozentsatz ihrer Einlagen bei der EZB hinterlegen, der dann nicht mehr für die Kreditgewährung zur Verfügung steht.

Auch die Zinshöhe beeinflusst den Wechselkurs einer Währung

Wenn die EZB z. B. die Leitzinsen erhöht, steigt das allgemeine Zinsniveau in Euroland, Ausländer fragen vermehrt Euro-Wertpapiere nach, wodurch der Kurs des Euro steigen dürfte.

Probleme der Geldpolitik der EZB

In der Vergangenheit verlief die Wirtschaftsentwicklung in den europäischen Ländern nicht immer einheitlich. So profitierte Deutschland zu Beginn der 90er Jahre vom Vereinigungsboom, während sich die meisten Nachbarstaaten bereits in der Reszession befanden. Die jeweiligen Zentralbanken haben darauf ganz verschieden reagiert; die Deutsche Bundesbank z. B. erhöhte 1992 die Leitzinsen bis auf 8 %, andere Zentralbanken kaum.

Nun muss die Europäische Zentralbank die Geldpolitik einheitlich für alle Euro-Länder betreiben. Die Hauptaufgabe einer gleichmäßigen Wirtschaftsentwicklung in jedem Euro-Land wird deshalb noch stärker Sache der nationalen Wirtschaftspolitik und Lohnpolitik.

■ **In den Jahren 2002/03 befinden sich alle Euro-Länder in einer Rezession. Die Inflationsrate in Deutschland beträgt 1,2 %, in einigen Euro-Ländern aber über 3 %.**
  - **Vor welchem Problem stehen nun die EZB-Banker?**
  - **Wenn die EZB der Geldwertstabilität Vorrang gibt und die Leitzinsen nicht senkt, welche Möglichkeiten zur Konjunkturförderung empfehlen Sie den deutschen Wirtschaftspolitikern?**

ZUSAMMENFASSUNG

Nach dem Zweiten Weltkrieg beginnen einige europäische Staaten, die politische Einigung Europas durch den wirtschaftlichen Zusammenschluss vorzubereiten. Sie entwickeln die anfängliche Form der Zollunion weiter zum Binnenmarkt, in dem auf der Basis von vier Grundfreiheiten die Volkswirtschaften allmählich zusammenwachsen. Dieser Prozess wird mit der Realisierung der Wirtschafts- und Währungsunion auf der Grundlage der Verträge von Maastricht fortgeführt. Die gesetzten Stabilitätskriterien erfüllen schließlich 12 EU-Länder. Sie bilden seit dem Jahre 1999 die Euro-Zone mit dem Euro als allein gültiger Währung. Damit ist der Handel zwischen den beteiligten Ländern ganz außerordentlich erleichtert.

Fachbegriffe

Zollunion – Binnenmarkt – Grundfreiheiten – Währungsunion – Stabilitätspakt – Euro-Zone – Kaufkraft – Inflation – Deflation – EZB – Leitzinsen – Wechselkurs

Geld erfüllt in der modernen Volkswirtschaft mehrere Aufgaben. Sein Wert besteht in der Menge an Gütern und Dienstleistungen, die man dafür eintauschen kann. Um zu wissen, wieviel eine Geldeinheit für die Mehrheit der Bevölkerung wert ist, muss man den typischen Verbrauch in einem „Warenkorb" zusammen stellen und dessen Preisveränderungen messen. Dieser Wert kann sich zwischen den Euro-Ländern durchaus unterscheiden. Steigen in einem Jahr die Preise stärker als die Nettoeinkommen, dann verringert sich das reale Einkommen der Haushalte.

Die Inflation ist eine Störung des Geldwertes, bei der das Preisniveau ständig steigt, mithin der Geldwert sinkt. Die nachfragewirksame Geldmenge ist größer als das Güterangebot. Die Konsumenten geben ihr Geld heute aus, weil morgen schon alles teurer sein könnte. In der Deflation dagegen fallen die Preise; der Geldwert steigt. Das Güterangebot ist größer als die nachfragewirksame Geldmenge. Die Konsumenten halten ihr Geld zurück, weil morgen alles noch billiger sein könnte. Für die Wirtschaft ist diese Situation verheerend, weil der Absatz stockt und der Zwang zur Preissenkung die Unternehmen in den Ruin treibt.

Die Kaufkraft des Euro in Ländern außerhalb der Euro-Zone wird über den Wechselkurs der Währungen zueinander vermittelt. Der Wechselkurs bildet sich an den Devisenmärkten nach Angebot und Nachfrage. Ein steigender Wechselkurs des Euro verteuert deutsche Exporte in das Währungs-Ausland, verbilligt aber für die Touristen die Reise dorthin.

Der Staat fördert das Vertrauen der Menschen in das Geld, wenn er das Geldwesen und die Währung gesetzlich regelt. Die Kontrolle darüber liegt bei der Deutschen Bundesbank als ausführendem Organ der Europäischen Zentralbank (EZB). Die EZB hat als wichtigste Aufgabe die Geldmenge so zu steuern, dass der Geldwert stabil bleibt. Soweit möglich soll sie daneben die Wirtschaftspolitik der Bundesregierung unterstützen. Dazu kann die EZB die Leitzinsen verändern oder über die Mindestreservesätze direkt auf die Geldmenge einwirken. Als großes Problem bleibt, dass die Geldpolitik der EZB den einzelnen Ländern der Euro-Zone nur schwer gerecht werden kann, weil Inflation und Wirtschaftswachstum nicht in jedem Land gleich sind.

AUFGABEN

1. Vier Grundfreiheiten sollen im EU-Binnenmarkt für das allmähliche Zusammenwachsen der Volkswirtschaften sorgen. Welche dieser Freiheiten können Sie persönlich nutzen?
2. Sammeln Sie Bilder oder Banknoten der früheren Währungen der Euro-Zone. Erstellen Sie eine Collage mit dem Thema „Die alten Währungen Europas und der Euro".
3. Der Euro macht die Preise in den Ländern der Euro-Zone leicht vergleichbar. Ermitteln Sie den Preis eines einheitlichen Artikels, z. B. eines „Big Mäc" oder eines Liters Normalbenzin in den verschiedenen Ländern.
4. Ermitteln Sie im Internet den aktuellen Warenkorb für den Verbraucherpreisindex. Welche Steigerungs- und damit Inflationsraten ergeben sich aktuell und für das letzte Jahr?
5. Wie müsste die EZB ihre drei Instrumente einsetzen, wenn Sie die Konjunktur fördern will?
6. Zum Kauf eines Autos brauchen Sie einen Kredit von Ihrer Bank. Befragen Sie einen Berater, wie er die Zinskonditionen ermittelt.
7. Stellen Sie fest, in welchem Land außerhalb der Euro-Zone die Kaufkraft des Euro am höchsten ist. Für wen ist diese Situation günstig?

7 Außenhandel und Außenhandelspartner

7.1 Internationale Handelsbeziehungen

Die Bedeutung wirtschaftlicher Beziehungen mit dem Ausland

Exportabhängigkeit

Der liberale (freie) Welthandel ist für die deutsche Wirtschaft lebenswichtig. Mehr als ein Drittel aller Arbeitsplätze in der Produktion hängen vom Warenexport ab. Dabei hat Deutschland sogar Japan überrundet.

Exporte im Jahre 2001 in Mrd. $	
USA	730,9
Deutschland	569,6
Japan	404,7

Harenberg Aktuell 2003, S. 407

- 1. Welche Produkte aus dem Ausland mögen Sie besonders gerne?
- 2. Geben Sie die Produkte an, die wir importieren müssen.
- 3. Nennen Sie Gründe, warum wir auf die Einfuhr von Erdöl nicht verzichten können?

Güterexporte, Urlaubsreisen, Überweisungen der Gastarbeiter in ihre Heimatländer, Aufkauf ausländischer Unternehmen, Entwicklungshilfeleistungen, alle diese Aktivitäten betreffen die wirtschaftlichen Beziehungen zum Ausland. Die wichtigste Rolle spielt aber der Warenverkehr mit dem Ausland, der Außenhandel.

Vorteile wirtschaftlicher Beziehungen

Für die Wirtschaft der Bundesrepublik ist der Außenhandel besonders wichtig, weil fast alle wichtigen Rohstoffe eingeführt werden müssen. Und viele Produkte, die unseren Alltag bereichern wie Südfrüchte können wir im Lande entweder gar nicht herstellen oder nur zu höheren Kosten. Damit wir diese Einfuhren und unsere Auslandsurlaube bezahlen können, exportiert Deutschland hauptsächlich verarbeitete Waren, genannt Fertigprodukte. Der scharfe Wettbewerb auf den Weltmärkten zwingt die deutschen Unternehmen, qualitativ hochwertige Produkte auf dem neuesten technischen Stand zu günstigen Preisen anzubieten. Solche Herstellungsprozesse erfordern hochmoderne Fertigungsverfahren und qualifizierte Arbeitskräfte. Das sichert unserer Wirtschaft zusätzliche Beschäftigung in zukunftsorientierten Branchen.

Produktionsvorteile

haben einzelne Volkswirtschaften aus ganz unterschiedlichen Gründen. Von Bedeutung sind:
- Klima und Boden
- Rohstoffvorkommen
- niedrige Arbeitslöhne
- geringe Lohnnebenkosten, z. B. für soziale Sicherung
- Umweltschutzvorschriften
- qualifizierte Arbeitskräfte
- hoher technologischer Standard

Der freie Außenhandel hebt in den meisten Fällen den Wohlstand der beteiligten Länder. Jede Volkswirtschaft produziert vor allem die Güter, die sie unter den günstigsten Bedingungen und mit den niedrigsten Kosten herstellen kann. Diese tauscht sie dann gegen solche Güter, die ein anderes Land besser oder kostengünstiger produziert. Jedes Land verfügt damit über mehr und bessere Güter, als wenn es alles selbst herstellen würde. Die Völker sind dadurch aber mehr aufeinander angewiesen. Der friedliche Handel fördert so das Vertrauen, den kulturellen Austausch und das gewaltfreie Zusammenleben der Menschen.

Die Zahlungsbilanz

Die Zahlungsbilanz ist der Spiegel der wirtschaftlichen Beziehungen mit dem Ausland. Weil die in Geld erfassbaren Vorgänge sehr unterschiedlich sind, wird die Zahlungsbilanz in so genannte Teilbilanzen unterteilt. Die wichtigsten Teilbilanzen sind für die deutsche Wirtschaft nicht immer ausgeglichen, z. B. sind seit langem die Warenexporte deutlich höher als die Importe. Reisen deutscher Urlauber ins Ausland verursachen ein Defizit in der Dienstleistungsbilanz.

Die wichtigsten Teilbilanzen beinhalten:

- Handelsbilanz = Exporte und Importe von Waren
- Dienstleistungsbilanz = Austausch von Dienstleistungen wie Tourismus, Transporte
- Bilanz der Erwerbs- und Vermögenseinkommen = Löhne, Zinsen an und vom Ausland
- Übertragungsbilanz = Zahlungen ohne Gegenleistung z. B. an UNO, NATO, auch Überweisungen von Gastarbeitern in ihre Heimatländer
- Kapitalbilanz = v. a. Direktinvestitionen, d. h. Investitionen von Ausländern in Deutschland und umgekehrt.

■ 1. Prüfen Sie die Devisenbilanz (Auflösung von Währungsreserven). Was bedeutet hier Defizit bzw. Überschuss?

Wichtige Partner im Außenhandel

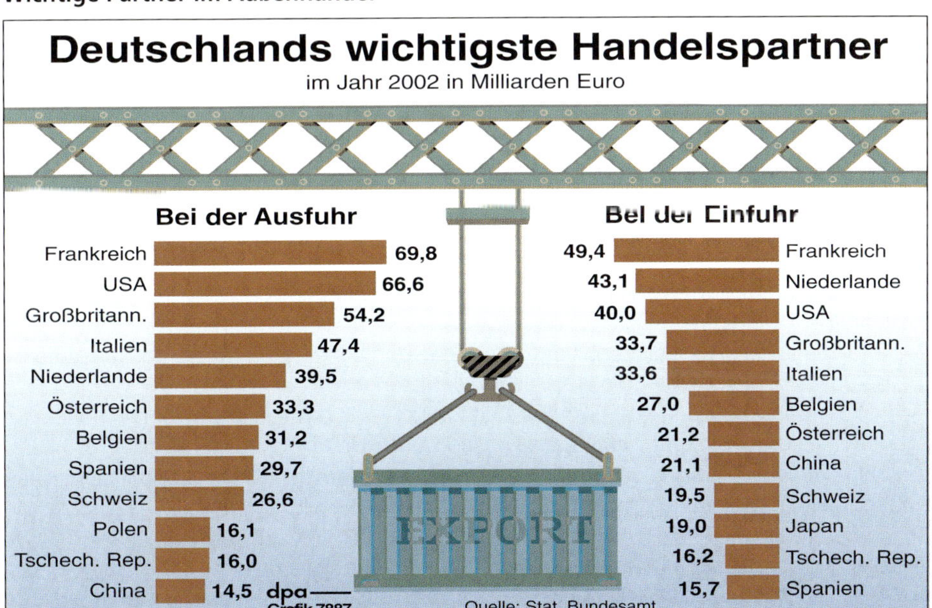

Deutsche Produkte noch wettbewerbsfähig?

Lohnstückkosten geben an, wie viel Arbeitskosten auf eine Gütereinheit, z. B. eine Glühlampe oder ein Auto entfallen. Obwohl in Deutschland hohe Stundenlöhne gezahlt werden, sind die Lohnstückkosten oft nur wenig höher als in so genannten „Billiglohnländern", in denen die Stundenlöhne viel niedriger sind. Das liegt daran, dass in Niedriglohnländern viel mehr Arbeitsstunden für die Produktion eines Gutes notwendig sind. Die Produktivität in Deutschland ist also hoch.

■ 2. Wie viele dieser Handelspartner sind europäische Länder?

■ 3. Warum ist kein afrikanisches Land darunter?

Protektionismus

ist das Gegenteil von Freihandel und meint eine Politik der Einfuhrbeschränkungen und Ausfuhrförderung zum Schutz der einheimischen Wirtschaft.

Meistbegünstigung

ist ein wichtiges Prinzip des Welthandelsabkommens. Ein Mitgliedsland muss alle handelspolitischen Vorteile, die es einem Land einräumt, auch jedem anderen Mitgliedsland gewähren. Nach den Erfolgen bei der Öffnung der Märkte warten neue Aufgaben auf die WTO: Weltweiter Schutz der Arbeit und der Umwelt, die gegenseitige Anerkennung freier Berufe, Kartellregelungen.

Internationale Wirtschaftsorganisationen

OECD
Organisation für wirtschaftliche Zusammenarbeit und Entwicklung. Sie umfasst vor allem die westlichen Industrieländer und Japan.

UNCTAD
Konferenz der Vereinten Nationen für Handel und Entwicklung. Ihr gehören besonders die Entwicklungsländer an.

Den größten Teil des Außenhandels tätigt die Bundesrepublik Deutschland mit ihren „Nachbarn", den westeuropäischen Ländern, aber auch fernöstliche Länder wie Japan sind wichtig. Am besten lässt sich mit entwickelten Volkswirtschaften Handel treiben, die kaufkräftig sind und uns wiederum Produkte anbieten, für die Bedarf besteht. Denn dauerhaft große Exportüberschüsse sind problematisch. Dennoch sollen über die deutschen Warenexporte deutlich mehr Devisen ins Land kommen als über die Importe abfließen, damit andere Zahlungen gesichert sind, beispielsweise für Auslandsurlaub oder Kapitalanlagen im Ausland.

Die deutschen Exporterfolge können aber andere Länder in wirtschaftliche Schwierigkeiten bringen. Wenn dort die einheimischen Produkte gegenüber den deutschen nicht konkurrenzfähig sind, müssen Betriebe schließen oder sich umstellen, Kapital und Arbeitsplätze gehen verloren. Oft besteht auch ein nationales Interesse, bestimmte Industrien oder die Landwirtschaft zu erhalten, damit in Krisenzeiten die Abhängigkeit vom Ausland kleiner wird. Dann liegt es nahe, die eigene Wirtschaft oder wenigstens bestimmte Wirtschaftszweige gegen die ausländische Konkurrenz zu schützen. Die Regierungen beschließen **„protektionistische" Maßnahmen** bei der Einfuhr.

Internationale Handelsbeziehungen und Organisationen

Noch viel Arbeit für die Welthandelsorganisation

Die Welthandelsorganisation (WTO) mit Sitz in Genf hat im Dezember 2001 die Volksrepublik China als 143. Mitglied aufgenommen. Damit wird nun auch der riesige chinesische Markt für andere Länder geöffnet und in China der Außenhandel erleichtert. Die neue Verhandlungsrunde zur weiteren Liberalisierung des gesamten Welthandels ist allerdings ins Stocken geraten. Die Entwicklungsländer und die EU-Staaten beklagen, dass die USA mit massiven Subventionen für ihre Landwirtschaft den Weltmarkt mit zu billigen Agrarprodukten überschwemmen. Als Gegenmaßnahme wird erwogen, die Einfuhr bestimmter US-Produkte mengenmäßig zu beschränken oder diese Produkte mit erhöhten Einfuhrzöllen zu belegen. Ferner fordern die USA und Europa besseren Zugang zu fernöstlichen Märkten, der teilweise besonders durch gewollte Hindernisse wie bürokratische Vorschriften oder umständliche Zollverfahren erschwert sei. Ein weiterer Streitpunkt ist die Durchsetzung weltweiter Mindeststandards zum Schutz der Arbeitnehmer und der Umwelt. Vor allem die Entwicklungsländer lehnen solche Standards ab, weil sonst ihre Kostenvorteile schwinden würden.

Nach verschiedenen Zeitungsmeldungen 06/2002

1. Im Text ist von vier Arten protektionistischer Maßnahme die Rede. Nennen Sie diese.
2. Warum leiden besonders Entwicklungsländer, wenn Industrieländer ihre Landwirtschaft hoch subventionieren?

Die **Welthandelsorganisation** (WTO) ist eine Sonderorganisation der UNO zur Förderung des Welthandels. Zu ihren wichtigsten Zielen zählt:
- der Abbau weltweiter Handelshemmnisse wie Subventionen, Einfuhrbeschränkungen oder -verbote, Zölle, gewollte bürokratische Hindernisse,
- weltweite Mindeststandards für Arbeit und Umwelt, z. B. das Verbot von Kinderarbeit, Mindestlöhne, das Verbot umweltschädlicher Produktionsverfahren oder Chemikalien,
- die besondere Förderung des Handels mit den etwa 50 ärmsten Ländern, damit diese einen möglichst günstigen Zugang zu den Weltmärkten für ihre Produkte erhalten.

In so genannten „GATT-Verhandlungsrunden", die oft mehrere Jahre dauern, versucht die WTO ihre Ziele zu erreichen. In der „Uruguay-Runde" von 1986 bis 1994 ging es vor allem um den Abbau von Zöllen und Handelshemmnissen sowie die Neuordnung der WTO. Die im Jahr 2001 begonnene „Doha-Runde" soll besonders der Entwicklung der ärmeren Länder zugute kommen und im Jahre 2004 abgeschlossen sein.

7.2 Globalisierung der Wirtschaft

Globalisierung – was in diesem Begriff zusammen kommt

Technische Globalisierung
Vernetzung der Welt durch Entwicklungen der Mikroelektronik, Telekommunikation, Logistik, Transportwege, Produktionstechnik

Wirtschaftliche Globalisierung
Welt-Binnenmarkt, entwickelt sich durch rasante Zunahme des Welthandels mit Waren und Dienstleistungen, ungehemmte Kapitalströme, Internationalisierung der Unternehmen durch Direktinvestitionen

Globalisierung
(die ganze Erde betreffend)

Politische Globalisierung
Globales Dorf, voran getrieben durch Öffnung und Demokratisierung der Länder Osteuropas und Asiens, Abschluss von Handelsabkommen (WTO), Bildung von Freihandelszonen wie die EU, Liberalisierung der Wirtschaftstätigkeit

Ökologische Globalisierung
Globale Risikogemeinschaft, Umweltgefahren kennen keine nationalen Grenzen, z. B. Ozonloch, Klimaveränderung, Atomkraftrisiko, Raubbau an Wäldern, Mangel an Wasser und Rohstoffen, Kriege

- 1. Wie macht sich die Globalisierung in Ihrem Alltag bemerkbar?
- 2. Welche Entwicklung empfinden Sie als bedrohlich, welche sehen Sie positiv?

Mit Globalisierung werden vielfältige politische, wirtschaftliche, technische und ökologische Entwicklungen bezeichnet, die sich gegenseitig beeinflussen und unsere Welt in einen immer engeren Zusammenhang bringen. In wirtschaftlicher Sicht wachsen die nationalen Volkswirtschaften zu einem Welt-Binnenmarkt für Waren, Dienstleistungen, Kapital und Arbeit zusammen. Mit der Größe des Marktes nimmt auch der Wettbewerb zu.

Die wirtschaftliche Globalisierung hat sich in drei Stufen entwickelt:
1. Stufe: Die Güter gehen zu den Märkten, also dorthin, wo guter Absatz möglich ist. Damit ist der Außenhandel mit Gütern und Dienstleistungen gemeint. Diesem grenzüberschreitenden Austausch verdanken wir einen guten Teil unseres Wohlstandes.
2. Stufe: Das Kapital geht zur Produktion, also dorthin, wo günstig produziert werden kann. Aktien, Devisen, Anleihen und Kredite können 24 Stunden täglich rund um die Welt gehandelt werden. Kapital wird in jedem Land der Welt und in jeder Produktion in kürzester Frist dort angelegt, wo die höchsten Gewinne winken.
3. Stufe: Die Produktion geht zu den Märkten, also dorthin, wo auch die Käufer sind. Derzeit beschleunigt sich die Globalisierung vor allem dadurch, dass Unternehmen grenzüberschreitend investieren, also ausländische Unternehmen kaufen oder gründen. Solche „Direktinvestitionen" tätigen inzwischen vielfach auch mittelständische Unternehmen und werden so zum „Global Player". Die Gründe sind vielfältig.

Die Motive für die Unternehmen

Unternehmen können frei entscheiden, in welchem Land und an welchem Ort sie investieren. Die Entscheidung für einen Standort der Investition ist von großer Bedeutung, weil damit langfristig Kapital gebunden wird. Meist werden die Faktoren mehrerer Standorte geprüft, von denen jeder seine Vor- und Nachteile hat. Das Angebot attraktiver Standorte im Ausland hat in letzter Zeit stark zugenommen, vor allem in Osteuropa und in Asien.

Wirtschaftsstandort

Viele Produkte kann man heute an fast allen Orten der Welt herstellen. Dagegen können die Arbeitskräfte ihr Land nicht so leicht verlassen. Es ist unser Interesse, dass Unternehmen in unserem Land und in unserer Nähe Arbeitsplätze schaffen. Deshalb stehen heute Länder, Regionen und Gemeinden im Wettbewerb, für Unternehmen attraktive Standorte zu bieten. Die Attraktivität hängt von vielen Dingen ab, die Standortfaktoren genannt werden.

Direktinvestitionen, die neue Dimension

In der Vergangenheit handelte es sich um exportbegleitende Maßnahmen. Die Gründung ausländischer Vertriebs- und Serviceunternehmen trug dazu bei, dass deutsche Firmen auf den ausländischen Absatzmärkten erfolgreich verkaufen konnten. Inzwischen entdecken immer mehr Unternehmen vorteilhafte Standortfaktoren auch im Ausland:
Erstens: Der Standort wird gewählt nach der Nähe zu kaufkräftigen Kundengruppen und günstigen Konkurrenzsituationen. Beispiel: PKW-Produktion in China.
Zweitens: Der Standort wird gewählt nach günstigen Produktionsbedingungen wie niedrige Arbeitskosten, passende Qualifikation der Arbeitskräfte, günstige Rohstoffbeschaffung, niedrige Steuern und Abgaben, geringe Umweltauflagen.
Drittens: Durch die Direktinvestition kann ein Unternehmen Transportkosten senken, Handelsbeschränkungen umgehen, Währungsrisiken verringern.
Viertens: Durch die globale Mischkalkulation wird ein Unternehmen wettbewerbsfähiger und kann so auch heimische Produktionsstandorte sichern.

Nach: Institut der deutschen Wirtschaft Köln (Hrsg.), Globalisierung – Bedrohung oder Chance?, Köln 1997, S. 8

- 1. Suchen Sie Beispiele zum zweiten und dritten Bündel von Standortfaktoren.
- 2. Was ist mit „globaler Mischkalkulation" gemeint?

Ideal für Unternehmen sind Standorte, an denen kostengünstig produziert und gleichzeitig gewinnbringend verkauft werden kann. Neue Organisationsformen machen es aber auch möglich, den Produktionsvorgang aufzuspalten und nur Teile davon ins Ausland zu verlagern. Früher waren dies vor allem gering qualifizierte Tätigkeiten bei der Produktion, z. B. bei Turnschuhen oder Textilien. Zunehmend werden auch gut bezahlte Entwicklungsaufgaben z. B. für Software in Niedriglohnländern wie Indien oder Bulgarien erledigt. Dort gibt es inzwischen ebenfalls qualifizierte Arbeitskräfte in großer Zahl, die mit den deutschen Zentralen per Telekommunikation zusammen arbeiten.

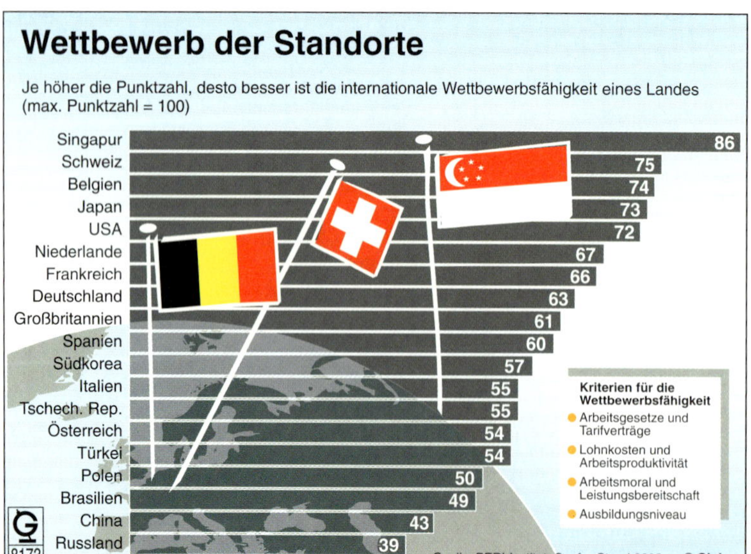

Der Standort Deutschland – Chancen und Probleme

- 3. Welche der genannten Kriterien sprechen für den Standort Deutschland?
- 4. Bei welchen Gesichtspunkten vermuten Sie eher niedrige Punktzahlen für Deutschland?
- 5. Suchen Sie weitere Kriterien, die bei der Standortwahl eine Rolle spielen.
- 6. Wie ließen sich die Punktwerte für Deutschland verbessern?

Mit der Globalisierung ist aus der Standortwahl der Unternehmen ein Wettbewerb der Staaten um die Ansiedlung von Betrieben im eigenen Land geworden, weil damit Arbeitsplätze und Staatseinnahmen verbunden sind. Produktionskosten beziehen sich auf verschiedene Faktoren wie Arbeitslöhne, Sozialkosten, Steuern oder Umweltauflagen. Diese Faktorkosten gelten in Deutschland als hoch. Oft wird empfohlen, die Löhne zu senken, ferner Billiglohngruppen nach US-Muster (Mc-Jobs) für einfache Tätigkeiten einzurichten. In Deutschland ist aber auch die Produktivität hoch, d. h. die Herstellung hochwertiger Produkte braucht weniger Arbeitsstunden dank der hohen Qualifikation der Arbeitnehmer und Unternehmer. Um Arbeitsplätze zu sichern müssen nicht unbedingt die Löhne und damit der Wohlstand sinken. Der Staat sollte vielmehr Produktivität und Effizienz weiter entwickeln.

Die künftige Wirtschaftspolitik muss also von der Erkenntnis geleitet sein, dass Industrien geringer Produktivität in Deutschland nicht bestehen können. Gegen preisgünstigere Konkurrenzprodukte hilft nicht Lohnkürzung, sondern Kostensenkung durch höhere Produktivität. Daher brauchen wir eine kontinuierliche Investitions- und Bildungsoffensive. Statt Billigjobs für Arbeitslose zu subventionieren muss deren Qualifizierung gefördert werden. Investitionen müssen die Produktivität in allen Bereichen steigern und so den Wohlstand auch in Zukunft sichern.

Der Staat muss mit einer langfristigen Politik das kurzfristige Gewinnstreben der Unternehmen (shareholder value) ergänzen durch
- eine Bildungsoffensive, denn ein hochproduktiver Standort braucht qualifizierte Arbeitskräfte; Arbeitslosenhilfe sollte an Weiterbildungspflicht gekoppelt sein;
- Investitionen in die Infrastruktur (Transportsysteme, Kommunikation, Umweltschutz etc.) und Anreize für private Investitionen, Forschungs- und Wirtschaftsförderung;
- Anpassung des Gesundheits- und Sozialsystems an die veränderte Arbeitswelt, einfache und gerechte Steuergesetze und Effizienz im Staatsapparat.

Christoph Gauer, Jürgen Scriba: Die Standortlüge, Fischer Verlag 1998, S. 225 und 228 ff.

1. Nennen Sie persönliche und soziale Folgen von Billig-Arbeitsplätzen.
2. Mehr Rationalisierung und mehr gutbezahlte Arbeitsplätze: Wie passt das zusammen?
3. Beschreiben Sie konkrete Maßnahmen, wie die Vorschläge umgesetzt werden können.

7.3 Globalisierung in der Kritik

Während die Befürworter der Globalisierung den erhofften Anstieg des Wohlstandes und somit die Chancen dieses hauptsächlich ökonomischen Prozesses betonen, steigt andererseits weltweit die Zahl der Kritiker. Diese warnen, dass die Globalisierung vorwiegend den Interessen von Finanzanlegern und multinationalen Konzernen diene. Insbesondere fehlendes Kapital und der beschränkte Zugang zu den Märkten vieler westlicher Industrienationen erschweren den Staaten der Dritten Welt die erfolgreiche Teilhabe am globalen Markt. Auch mangelt es diesen Ländern vielfach am Vertrauen ausländischer Investoren oder an einem stabilen Wechselkurs, z. B. zum Euro.

Deutschland verbessert sich

Andere Agenturen sehen Deutschland im Standortwettbewerb viel weiter vorn, so z. B. das Genfer World Economic Forum (WEF).

Rangliste 2003
1. Finnland
2. USA
3. Schweden
4. Dänemark
5. Deutschland

Süddeutsche Zeitung vom [illegible]

Pro Standort Deutschland

Weitere Argumente:
- Vize-Weltmeister im Export trotz angeblicher Wettbewerbsnachteile
- hohe Löhne bedeuten hohe Ein-kommen für Arbeitnehmer, damit auch hohe Kaufkraft
- zahlreiche Steuervergünstigungen für Unternehmen führen zu tatsächlich niedrigen Steuern
- Sozialstaat sichert den sozialen Frieden im Land
- Lebensstandort, die Menschen haben Ansprüche an gesunde Umwelt und Lebensqualität (ein „weicher" Standortfaktor)

Stimmen von Globalisierungsgegnern

Attac, weltumfassende Gruppe von Globalisierungsgegnern:

„Ihr G-8 – wir sechs Milliarden."

Hinweis: Mit G-8 werden die führenden Industrienationen bezeichnet.

Walden Bello, Professor aus den Philippinen:

„Weltregierungen funktionieren nicht. Der Schlüssel für die Zukunft ist Dezentralisierung."

Noreena Hertz, Dozentin aus England:

„Der Markt kann alles selbst regeln, heißt es immer. Aber soweit ich weiß, wurde die Sklaverei nicht vom Markt abgeschafft, sondern von der Politik."

Ullrich Fichtner: Die Weltbürger.
In: Der Spiegel Nr. 27/2002, S. 60 ff.

27.6.2002, Globalisierungsgegner demonstrieren in Calgary gegen das G8-Gipfeltreffen in Kananaskis (Kanada)

Globalisierungsgegner weisen ferner darauf hin, dass der weltweite Wettbewerb in alle Gesellschaften hineinwirke, auch in die deutsche. Immer schwieriger könnte es werden, soziale Sicherheit und soziale Gerechtigkeit zu gewährleisten. Es wird die Gefahr beschrieben, dass sich Staaten mit einem geringeren sozialen Standard gegenseitig unterbieten könnten („Sozial-Dumping"). Auch stellt sich die Frage, inwieweit nationale Parlamente die weltweit agierenden Unternehmen wirtschaftlich und politisch kontrollieren können. Und im Bereich des Umweltschutzes gibt es Beobachtungen, dass zahlreiche Unternehmensstandorte in Länder mit geringeren Umweltvorschriften verlagert werden.
Wohlstandsverluste müssen künftig Staaten wohl dann in Kauf nehmen, wenn sie nicht über modernste Techniken sowie flexible und billige Arbeitskräfte verfügen.

Gesellschaften unter Globalisierungsdruck

Die Mehrheit der Deutschen hat Angst vor der Globalisierung. […] Die Menschen spüren, dass sich die Welt um sie herum rasant, ja revolutionär, verändert. Und sie fragen sich, welche Konsequenzen diese Veränderungen für ihr Leben haben. […]

Produktionsverlagerung

[…] Auch die Industrieländer untereinander stehen in einem harten Konkurrenzkampf. Ganze Regionen wetteifern um die Ansiedlung eines großen Industrieunternehmens und werfen dazu alles in die Waagschale, was sie haben: günstige und gute Arbeitskräfte und vor allem Subventionen. In diesem Konkurrenzkampf entschied sich DaimlerChrysler, den Kleinwagen Smart im französischen Lothringen zu bauen und nicht im badischen Rastatt. Die Zuschüsse in Frankreich waren höher, die Arbeitskosten sind geringer. Dadurch wurden in Lothringen 1 800 Arbeitsplätze geschaffen, die Deutschland auch gerne erhalten hätte. […]

Wandel der Arbeits- und Lebensverhältnisse

Die Globalisierung verändert die Arbeits- und Lebensverhältnisse der Menschen rascher als andere wirtschaftliche Prozesse zuvor. […]
Doch vielen Menschen machen diese Entwicklungen Angst. Sie fürchten um ihre Existenz. Und sie haben umso mehr Angst, je älter oder je unflexibler sie sind, weil sie zum Beispiel Kinder

haben. Sie haben noch mehr Angst, wenn sie [...] nicht die Qualifikationen vorweisen können, die die globale Wirtschaft fordert, [...] besonders [...] die Kranken, die Behinderten und all diejenigen mit einem Handicap, das ihre Marktfähigkeit verringert. [...] Wenn sich diese Entwicklung verstärkt, so hat dies weit reichende Folgen für das Zusammenleben in der Gesellschaft. Der Single wird zum Prototyp des globalisierten Menschen: möglichst wenige persönliche Abhängigkeiten, dauerhafte hohe Verfügbarkeit im Beruf. Vor diesem Hintergrund wachsen die Herausforderungen an das Zusammenleben: Wochenendbeziehungen nehmen ebenso zu wie Partnerschaften über weite Entfernungen. Es besteht die Gefahr, flexibel aneinander vorbei zu leben. Kinder werden zum beruflichen Risiko. Die Geburtenrate wird weiter sinken, wenn die Vereinbarkeit von Beruf und Familie nicht enorm verbessert wird. [...]

Auswirkungen auf die nationale Politik

[...] Die Politik gerät durch die Globalisierung ihrerseits unter großen Druck. Während Gesetze an den nationalen Grenzen enden [...] überspringen Banken und andere Kapitalanleger nationale Grenzen in wenigen Minuten, Produktionsunternehmen in wenigen Monaten. [...]
Die Unternehmen schöpfen die Spielräume aus, die ihnen die Konkurrenz der weltweiten Produktionsstandorte bietet. Dabei können sie die Regierungen verschiedener Länder gegeneinander ausspielen – und dort investieren, wo die Bedingungen für sie am günstigsten sind.

Rückgang der Steuereinnahmen
Besonders stark stehen die Finanzminister von Bund und Ländern sowie die Stadtkämmerer unter Globalisierungsdruck. Der freie Fluss des Kapitals über die Landesgrenzen verbessert die Möglichkeiten für Kapitalanleger, ihr Geld vor dem Zugriff der deutschen Finanzämter zu schützen. [...] Große Möglichkeiten, die Steuern zu senken, bietet die Globalisierung auch den Unternehmen. Völlig unbemerkt von der Öffentlichkeit haben sich in Europa Dienstleistungszentren etabliert, die nur damit beschäftigt sind, Vermögen, Aktien und Bargeld großer Unternehmen zu verwalten. Dieser Service bilanziert die Gewinne so, dass alle Steuerunterschiede in Europa genutzt werden. Wenn die Geschäftsführungen dies wünschen, dann können sie die Gewinne ihrer Unternehmen und ihrer Tochtergesellschaften dort ausweisen, wo die Besteuerung besonders günstig ist. [...] Viele Großstädte wie Berlin, München oder Frankfurt leiden [daher] unter wachsender Finanznot und sehen sich gezwungen, Leistungen für ihre Bürgerinnen und Bürger zu verringern: Hallenbäder, Kulturzentren und Theater werden ebenso geschlossen wie Jugendhäuser, Kindergärten oder Spielplätze. [...]

Sozialstaat unter Reformzwang

Unter Globalisierungsdruck gerät auch der Sozialstaat – vor allem in Deutschland. Die Absicherung der Menschen gegen die Risiken von Krankheit und Arbeitslosigkeit sowie die Versorgung im Alter werden hier zu Lande in erster Linie über Sozialbeiträge auf Löhne und Gehälter finanziert: je zur Hälfte von den Beschäftigten und von den Arbeitgebern. [...]
Unter den Bedingungen globaler Produktion und Konkurrenz ist diese Finanzierungsweise des Sozialstaates für die deutsche Wirtschaft ein Nachteil. Sie steht im Wettbewerb mit Unternehmen aus Ländern, die nicht nur geringere Arbeitskosten aufweisen, sondern auch wesentlich geringere Lohnzusatzkosten. Je höher die Lohnnebenkosten steigen, desto größer ist der Konkurrenznachteil der deutschen Wirtschaft, vor allem in arbeitsintensiven Produktionszweigen.

Wolfgang Kessler: Gesellschaften unter Globalisierungsdruck.
In: Informationen zur politischen Bildung, 3/2003, S. 27 ff.

- Fassen Sie jeden der vier Gliederungspunkte zusammen:
  – zunächst in einem Bild oder einer Karikatur,
  – dann mit einer Bildunterschrift.

ZUSAMMENFASSUNG

Wirtschaftliche Beziehungen mit dem Ausland sind für entwickelte Volkswirtschaften vorteilhaft. Günstige Bedingungen des Klimas, der Rohstoffe oder des technischen Wissens verschaffen einzelnen Ländern Vorteile bei der Produktion einzelner Güter. Wichtig für die Bundesrepublik Deutschland sind vor allem die Importe von Rohstoffen. Vom Export der daraus gefertigten qualitativ hochwertigen Produkte hängen viele Arbeitsplätze in unserer Wirtschaft ab. Die Zahlungsbilanz spiegelt die verschiedenen Arten wirtschaftlicher Beziehungen mit dem Ausland wider. Der Außenhandel wirkt auf die Preisstabilität und die Beschäftigungslage im Inland. Deshalb versuchen Länder oft, ihre Wirtschaft oder Teile davon durch protektionistische Maßnahmen gegen die ausländische Konkurrenz zu schützen. Zur Förderung des freien Welthandels haben sich viele Staaten in der Welthandelskonferenz (WTO) und in weiteren Organisationen zusammengeschlossen.

Fachbegriffe

Außenhandel – Protektionismus – Zahlungsbilanz – Teilbilanzen – Welthandelsorganisation – Globalisierung – Direktinvestition – Unternehmensstandort –Produktivität – Globalisierungsgegner

Der Begriff Globalisierung kennzeichnet eine Vielzahl von politischen, wirtschaftlichen, technischen und ökologischen Entwicklungen, durch die unsere Welt immer enger vernetzt wird. In wirtschaftlicher Hinsicht beginnt die Globalisierung mit dem grenzüberschreitenden Handel von Gütern, der auch heute noch als Export oder Import den Wohlstand fördert. Dem folgt der schrankenlose Handel mit Devisen und Kapital, das immer schneller rund um den Globus nach Anlagemöglichkeiten mit den höchsten Gewinnen sucht. Als neue Qualität schließlich ist die Produktion selbst mobil; Unternehmen investieren direkt in den Ländern, die gute Absatzmärkte und/oder niedrige Produktionskosten versprechen. Darüber hinaus machen es neue Organisationsformen und die moderne Telekommunikation möglich, nur Teile eines Produktionsvorganges ins Ausland zu verlagern.

Mit der freien Standortwahl für die Unternehmen gerät die nationale Politik in die Zwickmühle. Einerseits bemüht sie sich um die Ansiedlung von Unternehmen im eigenen Land. Andrerseits muss sie aber Steuern erheben, die soziale Sicherung finanzieren, für gesunde Umwelt sorgen und Lohnerhöhungen fördern, weil so der Wohlstand der Bürger steigt. Damit steigen auch die Kosten für die Unternehmen, die Gefahr der Abwanderung besteht.

Eine Politik allgemeiner Lohnkostensenkung wäre eine schlechte Strategie, weil die deutschen Löhne nicht auf das Niveau z. B. Indiens sinken können. Zukünftigen Wohlstand sichert vielmehr die Förderung der Produktivität, der Qualifikation der Arbeitskräfte, der Infrastruktur und die Anpassung der Sozialsysteme.

Globalisierungsgegner thematisieren die Gefahren des weltweiten Wettbewerbs. Nach ihrer Auffassung zeichnen sich künftige Fehlentwicklungen bereits heute in vielen Bereichen ab. Einige Beispiele: Staaten könnten sich gegenseitig in ihren sozialen Standards unterbieten. Die politische Kontrolle internationaler Unternehmen gestaltet sich zunehmend schwieriger. Umweltgefährdungen nehmen zu, wenn dort verstärkt produziert wird, wo die Umweltauflagen am geringsten sind.

AUFGABEN

1. Ermitteln Sie Produkte und Technologien, in denen Deutschland führend ist.
2. Begründen Sie den technischen Vorsprung Deutschlands bei erneuerbaren Energien.
3. Die so genannte „Doha-Runde" der WTO befasst sich besonders mit den billig angebotenen Agrarprodukten aus den Industrieländern. Warum schaden diese den Entwicklungsländern?
4. Ermitteln Sie die ausländischen Investitionen eines deutschen Großunternehmens. Wo hat das Unternehmen jüngst investiert? Was waren die Gründe?
5. Diskutieren Sie Chancen und Gefahren der Globalisierung.
   a) Tragen Sie die gefundenen Argumente in zwei Waagschalen ein.
   b) Finden Sie in einer Abstimmung heraus, welche Gesichtspunkte in Ihrer Klasse überwiegen.

Lebens- und Zukunftssicherung durch ökologisch nachhaltige Entwicklung

Umweltschutz in der Gemeinde

Wir gründen oder begleiten eine Lokale Agenda 21

Global denken – lokal handeln. Dieser Satz beschreibt die Kernidee einer Lokalen Agenda 21. Nachhaltige Entwicklung braucht die Beteiligung der Bürger in den Gemeinden. Wir möchten Sie ermuntern, sich in einer solchen Initiative einzubringen. Dazu soll Ihnen dieses Projekt den Prozess des Beginns und des Voranbringens erfolgreicher Einzelmaßnahmen näher bringen.

Entsprechend dem „Magischen Dreieck" nachhaltiger Entwicklung können Einzelmaßnahmen nicht nur den ökologischen, sondern ebenso gut auch den sozialen oder wirtschaftlichen Bereich betreffen.

Zur Anregung wird auf der nächsten Seite eine Maßnahme aus dem sozialen Bereich berichtet:

Der Projektvorschlag bietet zwei Möglichkeiten:

1. Ihr Projekt besteht in der Begleitung einer bereits bestehenden Lokalen Agenda 21-Initiative.

2. Ihr Projekt besteht in der Strukturierung und Vorbereitung zur Gründung einer Lokalen Agenda 21-Initiative.

In beiden Fällen wird Sie das Ergebnis wohl am meisten befriedigen, wenn Sie eine konkrete einzelne Maßnahme ausarbeiten und vielleicht auch mit voran treiben können.

Wir wünschen Ihnen viel Erfolg.

Für einen erfolgreichen Agenda-Prozess haben sich vier Phasen herauskristallisiert:

1. Initialphase: Am besten ist es, wenn der Gemeinderat einen Beschluss für eine lokale Agenda fasst. Dann werden Regeln für den Prozessablauf und die Arbeitsschwerpunkte festgelegt.

2. Arbeitsphase: Die Bevölkerung, Gruppen, Kirchen, Schulen, Vereine werden beteiligt, ein Handlungsprogramm diskutiert und erstellt.

3. Handlungsphase: Das Handlungsprogramm wird verabschiedet, am besten mit dem Gemeinderat. Die Ziele und Maßnahmen werden festgelegt, Aufgaben verteilt und durchgeführt.

4. Überprüfungsphase: Von Zeit zu Zeit wird der Arbeitsfortschritt festgestellt, werden Schwierigkeiten behoben und bei Erfolg weitere Schritte geplant, parallel dazu alle Beteiligten und die Öffentlichkeit informiert.

Nach: Lokale Agenda 21 in Deutschland - eine Bilanz.
Aus Politik und Zeitgeschichte Nr. 31-32, 2002

[man muss was tun
muss man was tun
was muss man tun
tun muss man was

man hätte was getan
hätte man was getan
was hätte man getan
hätte man was getan

tun was man muss
was man tun muss
tun muss man was
was muss man tun]

Franz Mon

Daran orientiert sich unser Vorgehen im Projekt:

1. Initialphase

Vorbereitung:

1. Sammeln Sie weiteres Material zur Lokalen Agenda 21, besonders aus den Wohnorten der Schüler Ihrer Klasse. Nutzen Sie das Internet und die Materialien der Ministerien in München und Berlin.
2. Wie arbeiten die Initiativen, was sind ihre Arbeitsschwerpunkte. Wo gibt es keine Initiativen, warum nicht?
3. Informieren Sie sich näher über eine oder zwei Gemeinden, die entweder interessante Initiativen haben oder in denen Sie sich interessante Vorhaben vorstellen könnten.

Entscheidung für eine Gemeinde und Ansprechpartner suchen

4. Diskutieren Sie mit der ganzen Klasse und entscheiden Sie gemeinsam, welche Gemeinde Sie sich vornehmen wollen.
5. Laden Sie den Bürgermeister oder Gemeinderäte einer Gemeinde ein und lassen Sie sich berichten. Wenn das nicht geht, dann können auch Mitschüler berichten, die dort wohnen oder sonst sachkundig sind.
6. Klären Sie, wer in der Gemeinde Ihr Ansprechpartner sein wird.

2. Arbeitsphase

Informationen sammeln

7. Versuchen Sie möglichst viele Informationen über die Gemeinde, besondere Vorzüge oder Probleme, die Gruppierungen und Vereine, die Schule und Jugendgruppen zu erhalten. Nutzen Sie alle Informationsquellen einschließlich Internet.
8. Bilden Sie dazu Arbeitsgruppen.

Sichten und Auswerten der Informationen

9. Die Arbeitsgruppen stellen ihre Ergebnisse vor allem in Hinblick auf Stärken und Schwächen vor.
10. Daraus sollten sich bereits Anhaltspunkte für eine oder mehrere interessante Maßnahmen ergeben.

3. Handlungsphase

Herausarbeiten einer Maßnahme

11. Präzisieren Sie eine Maßnahme und deren Rahmenbedingungen für die Realisierung.
12. Prüfen Sie die Realisierungschancen und den erforderlichen Aufwand.

Vorschläge für die Durchführung

13. Erstellen Sie in Arbeitsgruppen ein Konzept für die Durchführung.
14. Tragen Sie den Entscheidungsträgern Ihr Konzept vor und werben Sie für die Realisierung.
15. Vielleicht kann die ganze Klasse oder wenigstens eine Gruppe bei der Realisierung mitarbeiten?

4. Projektabschluss, Bewertung, Öffentlichkeit herstellen

16. Erstellen Sie einen Abschlussbericht.
17. Präsentieren Sie Ihre Ergebnisse anderen Klassen, der Presse usw.

Ausbildungspatenschaften als sicherer Berufseinstieg

27 ehrenamtliche Paten bzw. „Coaches" betreuen ca. 45 Jugendliche, um sie fit zu machen fürs Leben und den Beruf. Diese Jugendlichen stammen oft aus schwierigen Familienverhältnissen und leben oft nur bei einem Elternteil oder ihren Großeltern. Die Paten knüpfen bereits in der Hauptschule Kontakte, motivieren die Jugendlichen zu guten Schulleistungen, geben auch kostenlos Nachhilfeunterricht und begleiten die Jugendlichen bei Bedarf bei Behördengängen einschließlich der Kontakte mit dem Arbeitsamt. Die Coaches werden durch den Erfolg ihrer Arbeit belohnt.

Nach: Komma21Aktuell, Heft 2/2003, S. 29

1 Umweltprobleme und ihre Ursachen

1.1 Das globale Experiment – der Treibhauseffekt

Natürlicher Treibhauseffekt – Temperaturausgleich
Die Atmosphäre schützt die Erde wie das Glas eines Treibhauses vor Auskühlung. Wasserdampf, Kohlendioxid, und andere Spurengase speichern einen Teil der Wärme, die von der Erde wieder ins Weltall zurückgestrahlt wird. Nach und nach geben sie die Wärme frei und sorgen so für ein ausgewogenes Klima.

Zusätzlicher Treibhauseffekt – Hitzestau
Als Folge der Industrialisierung wurden in den vergangenen Jahrzehnten immer mehr dieser Spurengase freigesetzt, die den natürlichen Treibhauseffekt verstärken. Die Spurengase reichern sich in der Atmosphäre an und halten immer mehr Wärme fest, die sonst ins Weltall zurück gestrahlt würde. In den vergangenen 100 Jahren hat sich die Erde um ca. 0,7 Grad Celsius aufgeheizt. Einen derart rasanten Anstieg hat es die letzten Jahrtausende nicht gegeben. Für dieses Jahrhundert rechnen die Klimaforscher sogar mit einer Erwärmung zwischen 1,4 und 5,8 Grad Celsius.

Die Einheizer im Treibhaus
Die Konzentration der Spurengase in der Atmosphäre hat dramatisch zugenommen. Der Wert für das wichtigste dieser Gase, das Kohlendioxid (CO2), stieg seit 1870 um gut 30 %. Ursachen sind die Verbrennung von Kohle, Öl, Gas und Brandrodung der Urwälder, aber auch Landwirtschaft und Treibgase (FCKW).

Die Treibhausgase und ihr Anteil am zusätzlichen Treibhauseffekt in %

Kohlendioxid	50 %	Verbrennung von Kohle, Öl, Gas Brandrodung von Wäldern
FCKW	17 %	Treib- und Kältemittel
Methan	13 %	Reisanbau, Viehzucht, Mülldeponien
Ozon	7 %	Verkehr (Sommersmog)
Distickstoffoxid (Lachgas)	5 %	Düngung, chemische Prozesse

Nach: Süddeutsche Zeitung vom 11.7.2001, S. 8

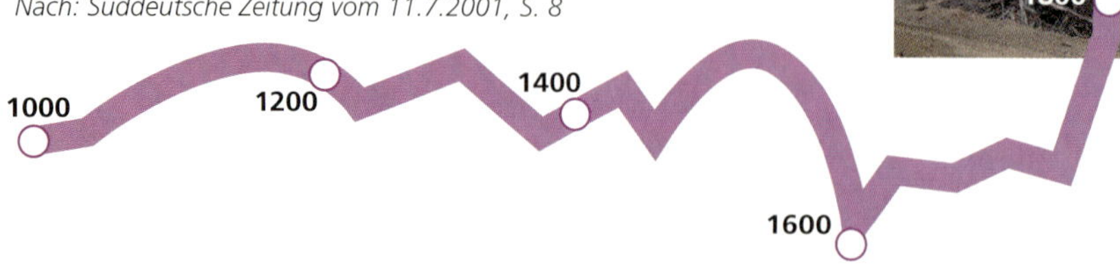

Autos, Flugzeuge, Industrie, Haushalte und Brandrodung – die Einheizer im Treibhaus Erde. Die Grafik zeigt die Entwicklung des Kohlendioxidanstiegs in den letzten tausend Jahren.

Verlierer rund um den Globus

Das Arsenal der Schreckensbilder ist groß. Zunächst nehmen bei steigender Temperatur die Niederschläge zu, Extremereignisse wie Stürme, Starkregen mit Überschwemmungen und andernorts Dürre und andere Naturkatastrophen sind die Folge. Die Klimazonen auch in Europa verschieben sich, von Afrika her wandern die Wüsten nach Südeuropa vor, im Norden tauen die Dauerfrostgebiete und Gletscher ab. In Afrika und Asien wird Wasser noch knapper. Als größtes Problem zeichnet sich aber zunächst die Erhöhung der Meeresspiegel ab, weil das wärmere Wasser der Weltmeere sich ausdehnt und die Gletscher und Eisschilde abschmelzen. Ganze Länder und Küstenregionen, sogar Norddeutschland, könnten nicht mehr bewohnbar sein.

Nach: Martin Thurau, Süddeutsche Zeitung, 11.7.2001, S. 9

■ 1. Beschreiben Sie selbst Naturereignisse, die durch den zusätzlichen Treibhauseffekt verursacht sein dürften.

■ 2. In Deutschland können wir die Dämme erhöhen, wenn der Meeresspiegel steigt. Warum wird das beispielsweise in Bangla Desh kaum möglich sein?

Vom Badestrand zur „Todesküste"

Im November 2002 zerbricht vor der nordspanischen Küste der Tanker „Prestige" mit 55000 t Erdöl an Bord. Die ungeheure Menge des giftigen Öls verschmutzt hunderte von Kilometern Strand, gefährdet die Fischer und Tourismusbetriebe in ihrer Existenz und schädigt massenhaft Vögel und Meeresgetier. Solange wir massenhaft billiges Erdöl haben wollen, sind solche Unglücke kaum vermeidbar.

Die Umweltprobleme des 21. Jahrhunderts

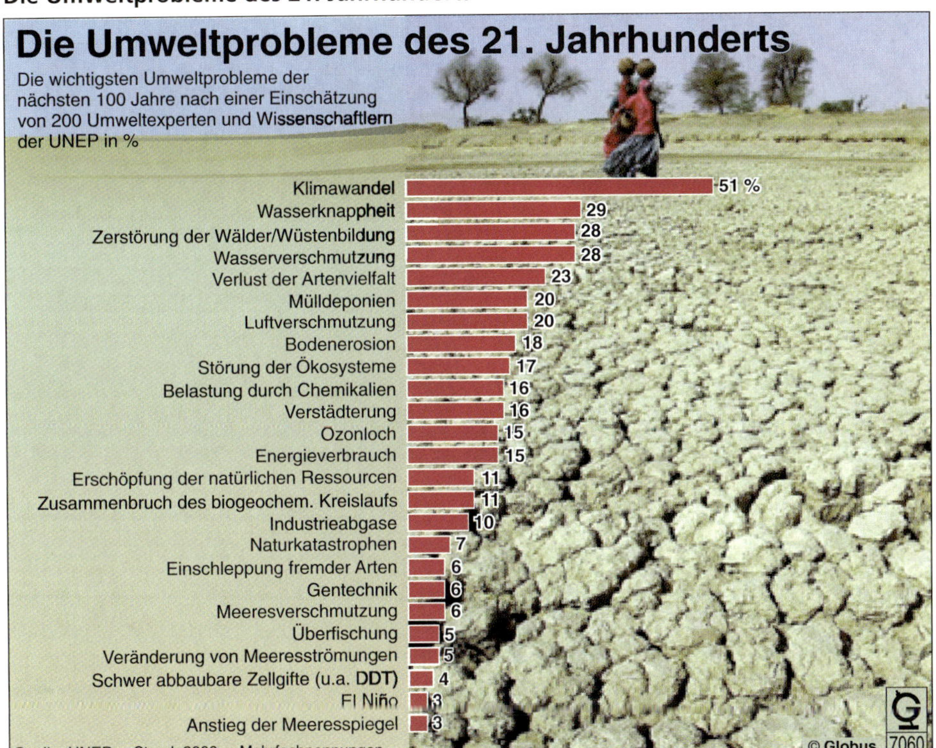

■ 3. Welches Umweltproblem halten Sie für das bedrohlichste Problem?

■ 4. Die Energieerzeugung durch Verbrennung von Kohle, Gas, Öl und durch Atomspaltung verursacht mehrere Umweltprobleme. Nennen Sie einige.

Rote Listen

sind ein Verzeichnis der Tier-und Pflanzenarten, die bereits ausgestorben oder vom Aussterben bedroht sind, mit Angabe des Grades ihrer Gefährdung. Um zu retten, was noch zu retten ist, werden solche Arten häufig vom Staat unter besonderen Schutz gestellt. Mehr auf der Homepage des Bundesamts für Naturschutz unter www.bfn.de.

Im Mai 1986 geriet im ukrainischen Atomkraftwerk Tschernobyl ein Reaktor außer Kontrolle und explodierte. Das austretende radioaktive Material machte die Umgebung in einem Umkreis von bis zu hundert Kilometern und mehr zur Todeszone. Ein erheblicher Teil stieg in die Atmosphäre auf und ging als radiokativer Regen über verschiedenen Teilen der Welt nieder, so auch in Bayern. Davon sind Waldpilze und Wildfleisch teilweise heute noch hoch radioaktiv verseucht.

Mit unserer industriellen Wirtschafts- und Kosumweise waren immer schon unerwünschte ökologische „Nebenwirkungen" verbunden. Manchmal machen uns akute Katastrophen wie Atomunfälle, Tankerunglücke oder die Rinderseuche BSE bewusst, wie stark unsere Existenz durch bestimmte Technikarten gefährdet ist. Dazu kommen aber die so genannten „schleichenden" Katastrophen, deren Folgen wir noch nicht genau kennen und die besonders die kommenden Generationen treffen. Umweltexperten rund um den Globus halten den Klimawandel für das größte menschengemachte Umweltproblem des Jahrhunderts. Allerdings stehen diesen einige weitere Probleme, die ebenfalls Folge unseres Konsum- und Lebensstils sind, nur wenig nach.

Wie notwendig ist das Auto?

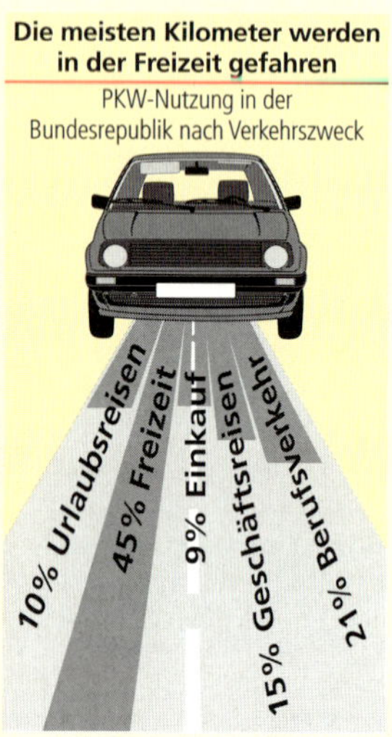

Belastungen durch Personen- und Güterverkehr

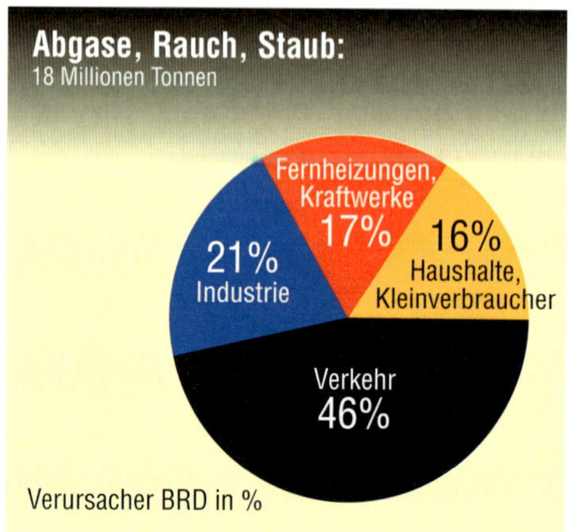

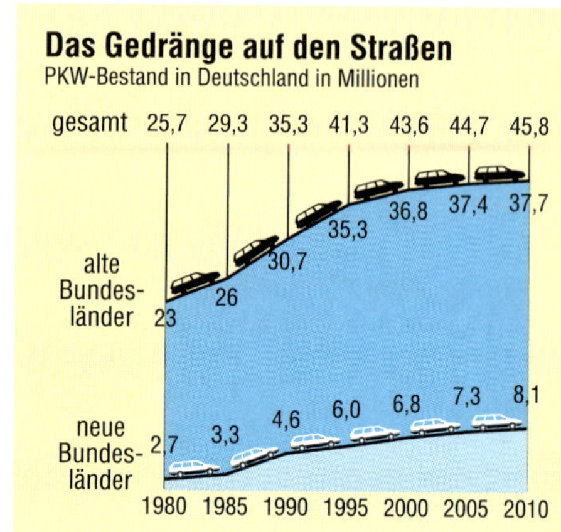

- 1. Berechnen Sie den Anstieg der PKW-Bestände von 1980 bis 2010 in Prozent.
- 2. Welche Umweltschäden verursacht der Straßenverkehr?

Der Motorisierungs-Boom scheint unaufhaltsam. Immer mehr Autos drängen sich auf unseren bereits heute überlasteten Straßen. Gleichzeitig nimmt auch der LKW-Güterverkehr gewaltig zu; auf den rechten Fahrspuren der Autobahnen drängeln sich regelrecht die LKW-Kolonnen. Die weitere Zunahme ist vorgezeichnet, weil Deutschland durch die Öffnung der Grenzen nach Osten im erweiterten EU-Binnenmarkt zum „Transitland Nr. 1" wird.
Dabei verursacht der Verkehr schon heute zu 46 % die Luftverschmutzung und zu 22 % den Klimawandel. Das ist aber nur ein Teil der Umweltbelastung. Der motorisierte Transport „frisst" Boden für Straßen, Bahntrassen und Flughäfen und entwertet dadurch die Landschaft. Mit der Verkehrsdichte steigt das Risiko, durch Unfälle getötet oder verletzt zu werden. Der Verkehrslärm schließlich beeinträchtigt Gesundheit und Wohlbefinden vieler Menschen. Aber nicht jeder Verkehrsträger ist für die Umwelt gleich ungünstig:

Ökologischer Vergleich der Verkehrsmittel (in % vom Normal-PKW)

	PKW	PKW 3WKAT	Flug	Bahn	Bus	Fahrrad
Flächenbedarf	100	100	1,3	6	10	8
Primärenenergiebedarf	100	100	405	34	30	0
CO2-Emission	100	100	420	30	29	0
Stickoxidemission	100	15	290	4	9	0
CxHy Kohlenwasserstoff-Emission	100	15	140	2	8	0
Luftverschmutzung	100	15	250	3	9	0
Unfallrisiko	100	100	12	3	9	2

- 3. Welches sind die zwei umweltfreundlichsten Verkehrsmittel?
- 4. Schlagen Sie Möglichkeiten zu geringerer Umweltbelastung vor.

1.2 Siedlungsbau und Landwirtschaft – die Natur auf dem Rückzug

Dramatischer Flächenverbrauch durch Gebäude- und Straßenbau

Neue Siedlungen und Verkehrsflächen fressen in Deutschland täglich 117 Hektar land- und forstwirtschaftliche Flächen, was etwa 160 Fußballfeldern entspricht. Mit den Städten wachsen die ökologischen Probleme. Auf den bebauten und versiegelten Flächen fließt das Regenwasser zu schnell ab; Überschwemmungen sind die Folge. Dazu kommt der zunehmende Tourismus. Die Freizeitindustrie baut am liebsten in schönster unberührter Natur in den Alpen, an Seen und Küsten Hotels und Freizeitanlagen. Es schwindet der Lebensraum für Tiere und Pflanzen, immer mehr Arten sind bedroht oder sterben aus. Schließlich ziehen mehr Siedlungen mehr Verkehr nach sich, was die Landschaft zusätzlich zerschneidet.

Nach: Süddeutsche Zeitung 5.9.2003

Belastungen durch die moderne Landwirtschaft

Die Preise für Agrarprodukte sind in den letzten Jahrzehnten ständig gesunken. Auf die geringeren Einnahmen haben die meisten deutschen Landwirte mit kostensenkender Massentierhaltung und Monokulturen reagiert. In immer größeren Mastbetrieben wird das schnelle Wachstum der Tiere z. T. mit Medikamenten aller Art gesichert und massenweise Futter zugekauft. Es fallen riesige Mengen an Gülle an, die auf die nahen Felder ausgebracht werden müssen. Monokulturen wie Mais oder Zuckerrüben erhalten zur Ertragssteigerung große Düngergaben. Zum Schutz vor Schädlingen und Unkraut werden vielfältige Pflanzenschutzmittel gespritzt. Das hat fatale Folgen für unsere Umwelt:

- Gülle, Dünger und Pflanzenschutzmittel werden nur zum Teil von den Pflanzen aufgenommen. Ein Teil fließt direkt in die Gewässer oder durch die Bodenschichten ins Grundwasser und verschlechtert unsere Wasservorräte.
- Durch die Einengung und Zerschneidung des Lebensraumes, durch Monokulturen und chemische Pflanzenschutzmittel wird die Vielfalt pflanzlicher und tierischer Arten bedroht; viele stehen auf Roten Listen oder sterben ganz aus.
- Die Qualität der Lebensmittel wird für uns Menschen problematisch. Rückstände von Arzneimitteln finden sich in Trinkwasser und Nahrungsmitteln und können dazu führen, dass sie gegen krank machende Keime wirkungslos werden.

■ 1. Nennen Sie Gründe, warum bei Massentierhaltung Eier und Fleisch billiger erzeugt werden können.

Der Feldhase auf der Roten Liste

Zu Ostern kann sich der Hase in den Schaufenstern noch gewaltig vermehren, in der freien Natur geht ihm die Luft aus. Feldraine und Gehölze werden umgepflügt, riesige Felder mit Monokulturen geben kaum Nahrung und Schutz, überdüngte Pflanzen, mit viel Chemie behandelt, kann er nicht mehr vertragen. Maisfelder bieten ungefähr so viel Nahrung wie ein Autoparkplatz.

Naturzerstörend erzeugt, dann vernichtet – der Unsinn unserer Agrarproduktion

Dank industrialisierter Landwirtschaft mit hohem Einsatz an Maschinen, Dünger und Chemie erzeugen die EU-Länder und die USA weit mehr Nahrungsmittel als die Bevölkerung braucht. Um diese Art von Landwirtschaft zu stützen, werden die Überschüsse entweder vernichtet oder mit hohen staatlichen Subventionen in ärmere Länder exportiert, wo sie den dort wirtschaftenden Kleinbauern die Preise verderben und diese in den Ruin treiben (vgl. S. 300).

Abfälle - alles andere als harmlos

Giftmüllbauer betrieb zwei Höfe

Die illegale Giftmüll-Entsorgung auf einem Bauernhof in Franken ist für das bayerische Umweltministerium die schlimmste Umweltstraftat der vergangenen Jahre. Die Staatsanwaltschaft ermittelte, dass der inzwischen verhaftete Landwirt noch einen zweiten Hof betrieben habe. In der hofeigenen Kläranlage seien rötliche Flüssigkeiten gefunden worden. Man geht davon aus, dass rund 4000 Tonnen hochgiftige Abfälle aus der Chemieindustrie mit einem Güllewagen auf die Felder verteilt worden sind.

Nach: Augsburger Allgemeine, 7.6.2002

■ 2. Warum bringt der Bauer die giftige Brühe auf seinen Feldern aus?

■ 3. Wie sieht der umweltverträgliche Weg für die Entsorgung solcher Abfälle aus?

Der Abfall aus den privaten Haushalten wird immer mehr und immer problematischer. Er besteht größtenteils aus wertvollen Bestandteilen wie Glas, Metall und Kunststoffen. Zunehmend enthält er aber auch Problemmüll wie Batterien, Arzneimittel, FCKW-haltige Geräte, Spraydosen, letztlich auch Elektronikschrott.

Das Kreislaufwirtschaftsgesetz

von 1996 setzt eine verbindliche Rangfolge im Umgang mit Abfällen fest:
Oberstes Gebot: Abfälle **Vermeiden**
Nicht vermeidbare Abfälle: **Verwerten**
Nicht verwertbare Abfälle: **Beseitigen**

Bis in die 70er Jahre hinein hat man alle Abfälle einfach auf so genannte Müllhalden gekippt. Von diesen vielen und oft riesigen Deponien (sog. „Altlasten") gehen heute große Gefahren aus. Durch die Zersetzung entstehen üble Gerüche und Gase. Größer sind aber die Gefahren für unser Grundwasser und den Boden, weil durch den Regen giftige Substanzen ausgewaschen werden.

Heute werden gleichartige Abfälle wie Glas, Dosen oder Kunststoffe bereits im Haushalt getrennt gesammelt und nach Möglichkeit verwertet. Neben dem Problemmüll der Haushalte kommen aber gefährliche Abfälle vor allem aus der Produktion in Gewerbe- und Industriebetrieben. Diese Abfälle müssen behandelt werden, damit sie entweder wieder verwendet oder gefahrlos deponiert werden können. Solche Verfahren der Sondermüllbehandlung können schwierig und teuer sein. Gewissenlose Unternehmen (und Bürger) versuchen die billigere und illegale Entsorgung im Ausland oder auch in der „freien Natur".

Die natürlichen Reserven sind endlich

Weltenergievorräte und Reichweiten fossiler Primärenergie bei gegenwärtigem Verbrauch

Primärenergie	Reserven in Mrd. t SKE	Reichweite in Jahren	evtl. noch gewinnbare Ressourscen in Mrd. t SKE
Braunkohle	198	225	1 500
Steinkohle	484	180	4 950
Erdöl	193	43	150 – 200
Ölschiefer, Teersande	195	35	900
Erdgas	166	68	300

BGR 1995, BP St. Review 1995

Ölpreise werden explodieren

Experten sehen die maximal mögliche weltweite Förderung von Erdöl bereits überschritten. Ein zurückgehendes Angebot trifft auf eine steigende Nachfrage. Bereits ab dem Jahr 2010 werden die Preise stark ansteigen, etwa um 2015 auf das fünffache des heutigen Preises.

Nach: Die Zeit, 29.10.1998

In Deutschland ist das Erdöl der wichtigste Energieträger; als Kraftstoff für Motoren, als Heizöl und als der wichtigste Rohstoff für Kunststoffe ist es auch auf absehbare Zeit unersetzlich. Weil es in Deutschland so gut wie keine Vorkommen gibt, müssen wir das gesamte Erdöl und auch Erdgas importieren.

Unserem Energiehunger stehen aber weltweit begrenzte Reserven dieser Energieträger gegenüber. Auch wenn immer wieder neue Lagerstätten entdeckt werden; die größten Vorkommen sind bekannt und sie werden bei anhaltendem bzw. voraussichtlich zunehmendem weltweiten Verbrauch innerhalb weniger Generationen erschöpft sein. Mit wenig Skrupel verfeuern wir unwiederbringliche Schätze dieser Erde; für kommende Generationen wird wenig übrig sein. Zusätzlich werden wir von politisch weniger stabilen Staaten erpressbar; wir stehen in einer fatalen Abhängigkeit von den Förderländern im Nahen Osten und in Osteuropa/Asien. Blutige Kriege um Ölquellen sind real.

Dabei sind alternative Technologien und erneuerbare Energieträger teilweise längst marktreif; wir müssten nur in sie investieren anstatt in z. B. immer schnellere Autos.

2 Auswirkungen der Umweltverschlechterung

Der Klimawandel hat wie kein zweites Ereignis der letzten Jahre deutlich gemacht, wie sehr die Menschen weltweit voneinander abhängen. Die Ursachen und die Folgen greifen weit über die nationalen Grenzen hinaus; die Welt ist ein „globales Dorf“ geworden (vgl. S. 301). Weltweit trifft es die Ärmsten der Armen besonders hart: Gegen Hochwasser fehlt ihnen das Geld, um Dämme zu bauen, Flüsse und Seen sind durch Fäkalien und industrielle Abwässer verschmutzt, der Raubbau in den Urwäldern nimmt ihnen den Lebensraum.

Aber auch wir in Deutschland spüren die Folgen. Immer mehr Menschen leiden an umweltbedingten Allergien, umweltbelastend erzeugte Lebensmittel können krank machen, Verkehrslärm und verschmutzte Luft vermindern das Wohlbefinden und steigern besonders in Ballungsräumen des Risiko, an Krebs zu erkranken. Die natürlichen Lebensgrundlagen haben sich bereits verschlechtert, die Artenvielfalt nimmt ab, massive Stürme und Unwetter richten große Schäden an. Wir leben über unsere Verhältnisse und auf Kosten der kommenden Generationen.

Nach uns die Sintflut? Nachhaltige Entwicklung

Für Milliarden von Menschen vor allem aus ärmeren Teilen der Welt steht Deutschland ganz oben auf der Wunschliste für eine Zuwanderung. Sie sind fasziniert von unserem Lebensstil. Wir Inländer hingegen scheinen die Fähigkeit zu verlieren, uns an unserem Leben zu erfreuen. Irgendwie werden wir den Eindruck nicht los, dass etwas schief läuft. Gibt unser derzeitiger Lebensstil wirklich ein Höchstmaß an Glück und Zufriedenheit? Können wir unseren Wohlstand auf Dauer sichern? Und wieweit sind die Industriestaaten als Hauptverursacher des Klimawandels zu Maßnahmen verpflichtet?

Mit diesen Fragen hat sich die UN-Konferenz für Umwelt und Entwicklung in Rio de Janeiro im Jahre 1992 beschäftigt. Es ging um die Frage, wie weltweite Armut und Umweltverschmutzung verringert werden können. Die Konferenz hat dazu ein Aktionsprogramm für das 21. Jahrhundert aufgestellt, die **„Agenda 21“**. Im Mittelpunkt steht das Konzept einer zukunftsfähigen oder **„nachhaltigen“** Entwicklung, das drei Ziele gleichberechtigt ansteuert:

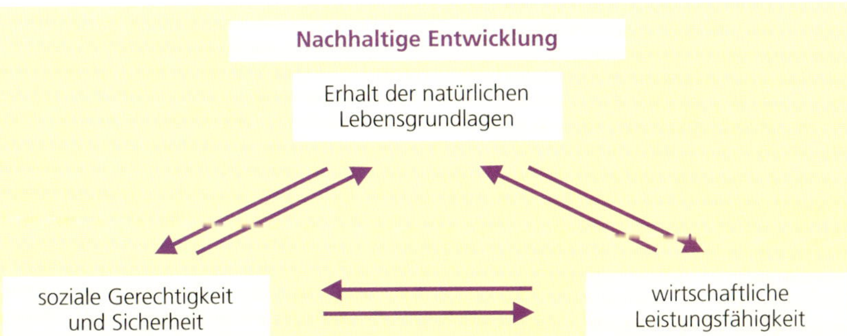

„Eine nachhaltige Entwicklung befriedigt die Bedürfnisse der heutigen Generation, ohne die Möglichkeiten künftiger Generationen zur Befriedigung ihrer Bedürfnisse zu beeinträchtigen.“ (Brundtland-Kommission)

- Ein Unternehmer will den Betrieb in ein angrenzendes Grundstück hinein erweitern, das unter Naturschutz steht. Beschreiben Sie den Konflikt zwischen den zweien der oben genannten Ziele.

Wozu Artenvielfalt gut ist

Erstens: Weil jedes Tier, jede Pflanze ein eigenes Lebensrecht gleich dem Menschen hat. Zweitens: Vielfalt ist das Überlebensprinzip der Natur. Sie ist der Reichtum, von dem wir erst einen Bruchteil kennen, sie ist Lebensmittel und Apotheke. Unentdeckt sind ganz sicher noch Arten z. B. im Regenwald, die für das Überleben der Menschen besonders kostbar sein können.

Nachhaltigkeit

ist ein in der Forstwirtschaft gängiges Prinzip, wonach nicht mehr Holz geschlagen wird als laufend nachwächst. Alles, was darüber hinaus geht, ist Raubbau, der die künftigen Nutzungsmöglichkeiten verringert.

Agenda (lat. = was zu tun ist)

Weltweit bezeichnet dieser auf der UN-Konferenz in Rio geprägte Begriff ein Programm, mit dem unser Planet für das 21. Jahrhundert zukunfstfähig gemacht werden soll: die Agenda 21.

Magisches Dreieck

Die drei Ziele nachhaltiger Entwicklung werden immer wieder im Konflikt zueinander stehen, besonders wenn die Schaffung von Arbeitsplätzen gegen den Umweltschutz ausgespielt wird. Allerdings stehen diese beiden Ziele immer öfter auch in einer positiven Beziehung. Wo die Natur zu Grunde gerichtet wird, sind die Menschen schnell in Not, bleiben Besucher aus, wollen Unternehmen nicht investieren und Arbeitnehmer nicht arbeiten.

Das Ziel „Erhalt der natürlichen Lebensgrundlagen" (Ökologie) wird vierfach präzisiert:
- **Regeneration:** Die Nutzung von erneuerbaren Naturgütern (z. B. Fischbestände) darf nur im Maße ihrer ständigen Erneuerung erfolgen.
- **Substitution:** Nicht erneuerbare Naturgüter (z. B. Öl, Gas, Kohle) dürfen nur in dem Maße genutzt werden, in dem gleichwertiger Ersatz (z. B. Solar-, Windkraft-, Wasserstoffanlagen) geschaffen wird.
- **Anpassung:** Die Freisetzung von (Abfall-) Stoffen darf auf Dauer nicht größer sein als der Aufnahme- und Verarbeitungsfähigkeit der natürlichen Umwelt (z. B. Einleitung von Abwasser in einen Fluss) entspricht.
- **Risikominimierung:** Gefahren und unverhältnismäßige Risiken für den Menschen und die Umwelt (z. B. durch atomare Abfälle) sind zu vermeiden.

■ **1. Nennen Sie Rohstoffe und Energieformen, die sich erneuern.**
■ **2. Formulieren Sie anhand von Beispielen, was zukunftsfähig bzw. nachhaltig ist.**

Unsere Wirtschaft ist nicht ökologisch

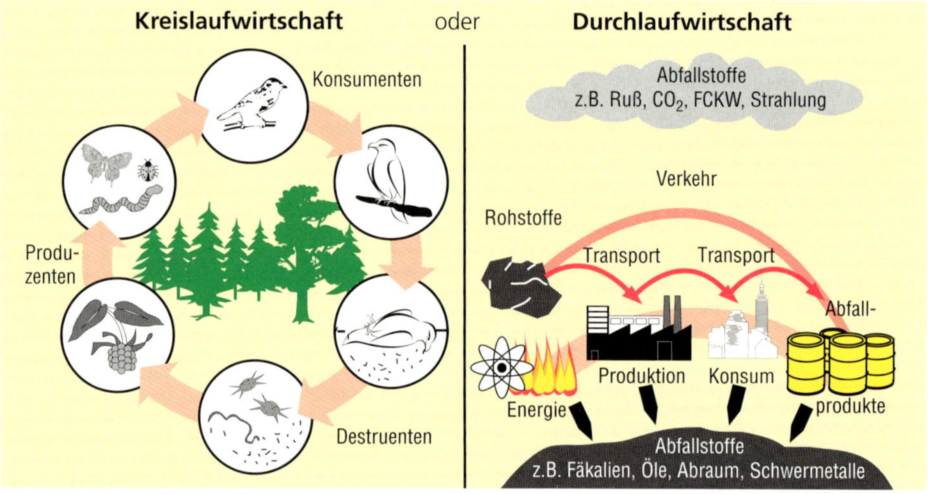

■ **3. Beschreiben Sie die Unterschiede zwischen den beiden Modellen.**

In der „Wirtschaftsweise" der Natur wird ständig produziert, konsumiert, abgebaut und daraus wieder neu produziert. Nirgendwo bleiben unverträgliche „Abfälle" oder Schadstoffe zurück. Dagegen ist die industrielle Art des Produzierens und Konsumierens noch weitgehend eine „Einbahnstraße". Hochkonzentrierte Stoffe werden der Natur entnommen, unter großem Aufwand an Energie zu Gütern umgeformt und veredelt. Was nach dem Gebrauch übrig bleibt, ist „Müll". Diese Vorgänge sind begleitet von energieintensiven Personen- und Gütertransporten und Abfallstoffen verschiedenster Art.

Dem Leitbild der nachhaltigen Entwicklung entspricht wirtschaftlich gesehen die Kreislaufwirtschaft nach natürlichem Vorbild. Wenn wir unsere Wirtschaft hin zu einer solchen zukunftsfähigen Kreislaufwirtschaft entwickeln wollen, müssen wir uns dringend kümmern um
- die Verringerung des Materialeinsatzes und den Vorrang der Wiederverwertung;
- die Verringerung des Energieverbrauchs, besonders der durch Verbrennung erzeugten Energie und den Ausbau der regenerativen Energien;
- den Stop des Flächenverbrauchs für Verkehrswege und Siedlung und die Ökologisierung der Nahrungsmittelproduktion.

„Ökoprofit" und andere Initiativen

In vielen bayerischen Städten und Kreisen haben sich Unternehmer zu solchen Initiativen zusammen geschlossen und zeigen beispielhaft, wie im Betrieb die Umwelt entlastet und damit auch noch Geld gespart wird. Beispiel MAN: Umstellung auf Wasserlacke,
Beispiel Papierfabrik: Neues Verfahren ermöglicht erhöhten Einsatz von billigem Altpapier.

Ökologie ist Langzeit-Ökonomie

Ein Gegensatz existiert nur in kurzfristiger Betrachtung, langfristig setzt sich immer die Natur durch mit ihren harten Grenzen: Durch Luftschadstoffe und Erschließung sind Bergwälder geschädigt. Alpentäler müssen zunehmend mit Beton- und Stahlbauten gegen Lawinen und Bergrutsch gesichert werden. Die Verbauung von nur 100 x 100 m kostet ca. 300 000,00 Euro. Der gesunde Bergwald übernimmt diese Aufgabe neben vielen anderen „kostenlos".

3 Lösungsansätze für die Umweltprobleme

Die auch von Deutschland unterschriebene Agenda 21 der UN-Konferenz von Rio verpflichtet zu Maßnahmen auf verschiedenen Ebenen. Auf der untersten Ebene soll zunächst jeder Einzelne für sich verantwortlich handeln; dann aber auch als Bürger einer Gemeinde selbst die ökologischen, sozialen und wirtschaftlichen Probleme und Aktivitäten in lokalen Agenda 21-Initiativen bearbeiten. Auf der Bundes- und Landesebene ist die Politik aufgerufen, die nötigen Rahmenbedingungen und Anreize zu schaffen, damit die Bürger und die Wirtschaft Nachhaltigkeit im Alltag effektiv praktizieren können.

Zunächst gehen wir aber der Frage nach, ob wir uns Ökologie „leisten" können, ob sie eher Arbeitsplätze schafft oder kostet.

Umweltschutz ist gut fürs Geschäft

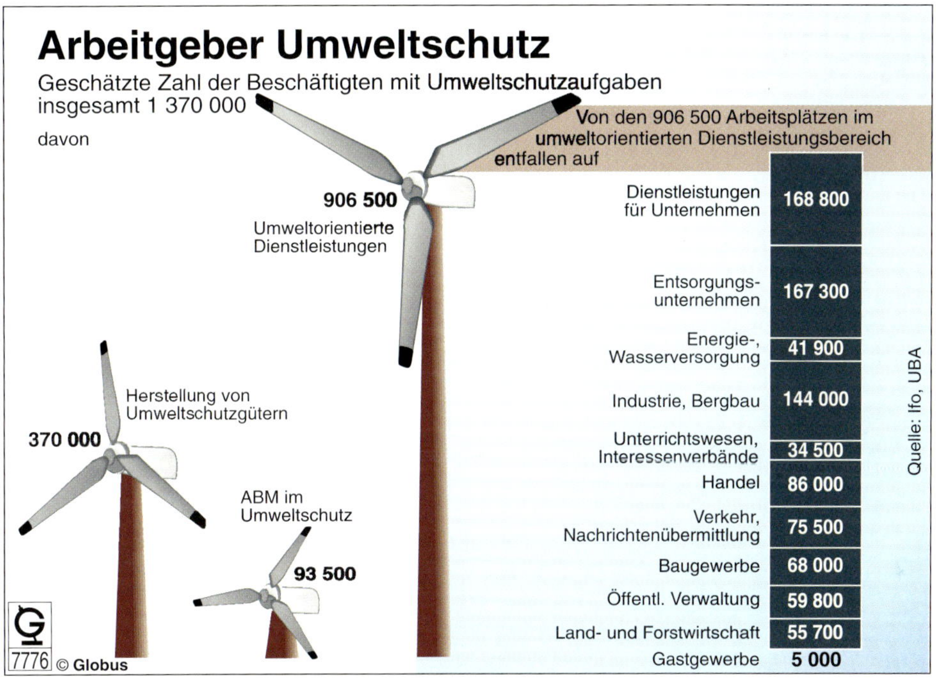

■ 1. Nennen Sie Beispiele für Umweltschutzgüter.

■ 2. Wie ließe sich die Zahl der Arbeitsplätze in dieser Branche weiter steigern?

Oft wird behauptet, dass Umweltschutzinvestitionen so genannte „Job-Killer" seien, weil sie die Kosten erhöhen und die Unternehmen dann nicht mehr wettbewerbsfähig seien. Die Wirtschaft beweist uns heute vielfach das Gegenteil: Unternehmen, die in Umweltschutzmaßnahmen investieren, sparen oft damit Kosten an anderer Stelle und schaffen durch ihre Nachfrage neue Arbeitsplätze in Umweltschutzindustrien. Unterstützt von hilfreichen Anreizen des Staates verdankt dem die deutsche Wirtschaft einen Vorsprung bei der Entwicklung und Vermarktung energie- und materialsparender Güter, besonders in Geschäftsfeldern wie Windkraft, Photovoltaik, Recycling- und Umwelttechnik.

Neue Produkte und Werkstoffe, technischer Fortschritt und Umweltschutzinvestitionen eröffnen Chancen für einen neuen Wirtschaftsaufschwung und mehr Arbeitsplätze. Eine Vielzahl gerade auch kleiner Unternehmen geht hier mit pfiffigen Ideen voran. Entscheidend ist: Wer zuerst auf den Markt kommt, wird gewinnen. Alles hängt davon ab, dass Unternehmer nicht bei veralteten Produkten verharren und nach Subventionen rufen, sondern innovativ unter Einbeziehung ihrer Mitarbeiter die großen Chancen auf diesen neuen Märkten nutzen.

Gentechnik und nachhaltige Entwicklung

Zum Beispiel sind Anwendungen zur Reinigung verseuchter Böden bekannt. Als Schlüsseltechnologie bietet die Gentechnik sicher Chancen für den Umweltschutz; wir kennen aber die Risiken und Mißbrauchsmöglichkeiten viel zu wenig.

Lebensstil und unsere persönliche Verantwortung – warum Sie umweltschonend und sozial leben sollen

Jeder von uns – Täter und Opfer gleichzeitig

Der kategorische Imperativ:
Lebe so, dass alle Menschen heute und in Zukunft genau „so" leben könnten. Alles, was du tust, steht auch dem anderen zu. Alles, was du nicht tust, kannst du auch von anderen nicht erwarten.

In der christlichen Sichtweise:
Aller irdische Besitz ist eine Leihgabe, die erhalten und deren treuhänderische Verwaltung letztlich vor Gott verantwortet werden muss.

Nach: Bayern-Agenda 21, S. 14

■ Der kategorische Imperativ wurde von dem Philosophen Immanuel Kant (1724 – 1804) formuliert. Was ist ganz allgemein seine Botschaft?

Unser westlicher Lebensstil ist weder umweltverträglich noch sozial. Die Menschen in den Industrieländern verbrauchen viel mehr Rohstoffe und Energie als ihnen zusteht, wenn alle gleiche Chancen haben sollen. Die ökologischen Folgen sind längst sichtbar, auch „vor unserer Haustüre". Nicht minder gewichtig sind die sozialen Folgen. Unzählige Menschen erzeugen in anderen Teilen der Welt jeden Tag die Produkte für unseren Tisch unter oft menschenunwürdigen Bedingungen. Es wird keinen dauerhaften Frieden geben, wenn wir unser verschwenderisches Wohlstandsmodell nicht ändern.

Ob die Agenda 21 ein Erfolg wird, entscheidet jeder Einzelne von uns mit. Dabei geht es gar nicht so sehr um Verzicht, sondern zunächst um ein neues und bewusstes Konsumverhalten.

Die Macht der Verbraucher – produziert wird, was auch gekauft wird

In der Marktwirtschaft entscheiden die Konsumenten, was und wie produziert wird. Produkte, die nicht nachgefragt werden, verschwinden aus Regalen und Katalogen.
Der Verbraucher, also wir alle entscheiden ständig
- über Produkte des täglichen Bedarfs, ihre Verpackung und den Ort ihrer Herstellung (z. B. Lebensmittel aus der Region oder frische Erdbeeren zu Weihnachten);
- über die Technik von Autos, die gebaut werden (wer kauft das Ein-Liter-Auto?);
- je nach Mobilitätsverhalten über Spritverbrauch, Autolärm und die Notwendigkeit neuer Straßen;
- über die Art und die Menge der verbrauchten Energie im Haushalt (für Heizung, Haushaltsgeräte etc.; Heizungen verbrauchen 26 % der gesamten Energie).

Das Schicksal unserer Welt entscheidet sich also an den Ladenregalen und Verkaufstheken.

Wir leben ja jetzt

Mit dem Drang zum „Schnellergrößerbesser", der uns antreibt, ist Nachhaltigkeit nur schwer vereinbar. Sie fordert ein Leben, dessen Spuren die Natur mühelos verdauen kann.

Nach: Michael Bauchmüller, Süddeutsche Zeitung, 04./05.10.2003

Den Löffel abgeben

Im Mittelalter hatte ein Mensch, der als Knecht auf einem Hof lebte (also ein Arbeitnehmer), keinen persönlichen Besitz außer dem Löffel, mit dem er beim Essen die Suppe aus dem gemeinsamen Topf löffelte. Und der ging nach seinem Tod auf seinen Nachfolger über.

Die Navajos,

ein nordamerikanischer Indianerstamm, kannten 236 von Menschen hergestellte Gegenstände.
Heute enthält ein durchschnittlicher deutscher Haushalt etwa 10 000 Dinge, die ausgesucht, gekauft, bezahlt, transportiert, aufgestellt, benutzt, abgestaubt, geputzt, repariert und entsorgt werden müssen.

Nach: www.learn-line.nrw.de

Gütezeichen

Wir Verbraucher wissen immer weniger Bescheid über die Herkunft, die Verarbeitung, die Materialien und Zusatzstoffe, die Sicherheit und Gesundheit von Produkten. Hier helfen Gütezeichen, mit denen die Produzenten die Beschaffenheit und Qualität der Güter und Dienstleistungen kennzeichnen dürfen. Es gibt eine Vielzahl von Gütezeichen für Lebensmittel, technische Geräte, Möbel, Kleidung usw., deren Standards meist von Verbänden überwacht werden.

Umweltschutz in der Gemeinde – Lokale Agenda 21

Die Entstehung und Auswirkung von Umweltproblemen geschieht immer konkret an einem Ort, in einer Gemeinde. Hier werden Häuser gebaut, Heizungen betrieben, Güter gekauft und verkauft, Abfall und Abwasser erzeugt, Straßen gebaut, Autos gefahren, Gewerbe betrieben. Deshalb sollen in möglichst jeder Gemeinde lokale Agenda 21-Initiativen gegründet werden. In diesem Rahmen werden die verschiedenen ökologischen, sozialen und wirtschaftlichen Aktivitäten in der Gemeinde festgestellt und auf eine nachhaltige Entwicklung hin ausgerichtet. Wichtig ist, dass in dieser Initiative neben den gemeindlichen Politikern und der Verwaltung die Bürger, ihre Gruppen und Vereine und besonders auch die Jugendlichen beteiligt werden.

In 2 297 deutschen Gemeinden gab es im Mai 2002 lokale Agenda 21-Aktivitäten. Für ihre Arbeit haben sie höchst unterschiedliche Schwerpunkte gesetzt. Der Freistaat Bayern hat in 2002/03 zum zweiten Mal einen Wettbewerb für die besten Aktivitäten ausgeschrieben. Die meisten Initiativen haben ihren Schwerpunkt bei alternativen Energien und Naturschutz. Der Landkreis Aschaffenburg und die Marktgemeinde Schwanstetten wurden für ökoloigsch-soziale Projekte ausgezeichnet:

agenturmitfahren – Mitfahrgelegenheiten für Berufspendler

In der Region Bayerischer Untermain entsteht eine Agentur zur Vermittlung von Mitfahrgelegenheiten. Der Grundgedanke ist, das Aufkommen des individuellen Berufsverkehrs zu reduzieren, um Stress und Umweltbelastungen zu vermindern und Geld zu sparen. Arbeitnehmern, Schülern und Studenten, die täglich mit dem Auto pendeln, soll ermöglicht werden, auf komfortable Weise Fahrgemeinschaften zu bilden.

Nach: Komma21Aktuell, Heft 2/2003, S. 20

Bau einer Bürgersolaranlage in Schwanstetten

Der Agenda 21-Arbeitskreis Energie regte den Bau einer Bürgersolaranlage an. Nach vielen Gesprächen und Informationsveranstaltungen, bei welchen die Technik, die Finanzierung und das Betriebskonzept der Anlage festgelegt wurden, konnte die Anlage auf einem öffentlichen Gebäude realisiert werden. Die Bürger konnten sich an den Kosten und am Ertrag finanziell beteiligen. Inzwischen sind bereits weitere Photovoltaik-Anlagen auf Dächern von Privatpersonen und einem Firmengebäude projektiert und zum Teil auch installiert worden.

Nach: Komma21Aktuell, Heft 2/2003, S. 14

1. Wo „brennt" es in Ihrer Gemeinde? Schlagen Sie Themen für die Arbeit einer lokalen Agenda 21-Initiative vor.

Gut leben statt viel haben

Die vielfältigen Bedürfnisse der Menschen werden nicht einfach durch mehr Konsum befriedigt. Die Umkehr zu einem einfacheren Lebensstil kann zu einem Gewinn an Lebensqualität und kultureller Entfaltung führen, schließt aber auch die Bereitschaft zu persönlichem Verzicht ein.

Studie „Zukunftsfähiges Deutschland" von B.U.N.D. und MISEREOR

Agenda 21 – Koordinierungsstelle

Diese wurde beim bayerischen Landesamt für Umweltschutz (LfU) in Augsburg eingerichtet. Sie baut einen Informationspool auf, berät Kommunen und vermittelt Berater und Referenten.

komma21@lfu.bayern.de
www.bayern.de/lfu/komma21

Staatliche Politik kann helfen, die Umweltbelastung durch den Verkehr zu verringern

Verkehr vermeiden
- Naherholungsgebiete erschließen
- Gewerbe in Stadtteilen fördern
- keine Supermärkte auf der grünen Wiese
- kein weiterer Ausbau des Straßennetzes

Verkehr verlagern
- Individualverkehr alle Kosten auferlegen
- Förderung des nicht motorisierten Verkehrs
- Parkplatzangebot einschränken
- Steuerliche Vergünstigungen für PKW abschaffen

Technik verbessern (SMOG)
- Katalysator für alle Benzinmotoren
- Rußfilter für alle Diesel-PKW und LKW
- Verringerung des Benzinverbrauchs
- Verbrauchsobergrenzen gesetzlich festlegen

Verkehrsberuhigung (30 km)
- Flächendeckend Tempo 30-Zonen
- Tempo 100 auf Autobahnen
- Öffentlichkeitsarbeit/Bewusstseinsbildung
- Ökologische Grundlagen in Fahrschule vermitteln

2. Die Übersicht zeigt vier Wege zu geringerer Umweltbelastung durch den Verkehr. Ergänzen Sie jeden Weg um weitere konkrete Vorschläge.
3. Wie kann der Staat dafür sorgen, dass die genannten Maßnahmen durchgeführt werden?

Externe Kosten

trägt nicht der Produzent oder Käufer eines Produkts, sondern die Allgemeinheit. Der Autofahrer bezahlt z. B. nur die Benzinkosten, nicht aber die Umweltschäden, die er mit dem Autofahren anrichtet. Müsste er diese auch bezahlen, wäre nach verschiedenen Untersuchungen ein Benzinpreis von etwa 2,50 EUR/l gerechtfertigt. Die zu niedrigen Energiepreise sind eine Hauptursache der Umweltzerstörung.

Möglichkeiten des Staates im Überblick

Eine Landschaft ohne Lärm, saubere Atemluft in der Stadt oder gesunde Wasserläufe werden auf dem Markt nicht angeboten. Die Umweltverschlechterungen bedrohen aber die Gesundheit und die freie Entfaltung der Menschen. Ähnlich wie zur Steuerung der Konjunktur kann der Staat zum Wohle seiner Bürger **aktive Umweltpolitik** betreiben.

Die möglichen Instrumente (Maßnahmen) haben in der sozialen Marktwirtschaft drei Schwerpunkte:

Meinungsbildung	Finanzielle Anreize	Direkte Eingriffe
– Appelle an das Gewissen der Bürger – Umweltaufklärung und -information, z. B. durch Umweltzeichen – Umwelterziehung, z. B. Ihr Unterricht	– Subventionen, Zuschüsse, z. B. für den Einbau von Solaranlagen, Wärmedämmung – Steuervergünstigungen, z. B. für Autos mit Katalysator – Umweltsteuern und -abgaben, z. B. höhere Mineralölsteuer, Klimaschutzabgabe	– Eigene Investitionen z. B. Bau gemeindlicher Kläranlagen u. Radwege – Verbote, z. B. Produktionsverbot für FCKW – Gebote, z. B. Rücknahmepflicht für gebrauchte Waren, Tempolimit

Verursacherprinzip

Der Käufer eines Produkts soll nicht nur die Kosten der Herstellung, sondern eben auch die externen Kosten tragen, die durch das Produkt und seinen Gebrauch entstehen. Das darf nur der Staat mit einer Steuer oder Abgabe, z. B. der Ökosteuer. Alles hat seinen Preis, eben auch eine gesunde Umwelt. Der Käufer kann nun zahlen, ausweichen oder verzichten.

Zu Appellen an das Gewissen der Bürger gehören die Informationen über die Umweltwirkungen von Produkten. Gewünschte Veränderungen stellen sich am ehesten ein, wenn umweltfreundliche Produkte und Verhaltensweisen für Produzenten und Konsumenten auch persönlich vorteilhaft sind. Wenn der Staat beispielsweise durch erhöhte Mineralölsteuer das Autofahren verteuert, gleichzeitig statt neuer Straßen Radwege baut und den öffentlichen Nahverkehr fördert, fällt der Verzicht auf manche „Spritztour" mit dem Auto viel leichter.

Über finanzielle Anreize will der Staat derzeit vor allem den Umbau der deutschen Energiewirtschaft voran bringen. Ziel ist eine wesentliche Erhöhung des Anteils der erneuerbaren Energien an der Stromerzeugung. Grundlage dafür ist das „Erneuerbare-Energien-Gesetz" (EEG). Wer in einer privaten Anlage Strom aus Wasserkraft, Windkraft, Sonnenenergie, Biomasse etc. erzeugt, kann diesen Strom zu einem festen Preis an seinen Energieversorger verkaufen.

Direkte Eingriffe des Staates betreffen z. B. Hausbesitzer mit veralteten Heizkesseln. Die „Bundes-Immissionsschutz-Verordnung" schreibt Termine vor, zu denen solche umweltunfreundlichen Anlagen erneuert werden müssen. Dafür sind wiederum staatliche Förderungen möglich.

Ökosteuer und Emissionszertifikate – Internationaler Umweltschutz und deutsches Recht

Treibhaus-Emissionshandelsgesetz

Mit diesem Gesetz setzt die Bundesregierung eine Richtlinie der EU um. Danach müssen alle Mitgliedsstaaten ab 2005 ein System für den Handel mit Emissionsrechten errichten. Das Gesetzt sieht vor, dass nationale Obergrenzen für den Ausstoß von Treibhausgasen festgelegt werden. Dann erhalten Betriebe zunächst kostenlos Zertifikate für bestimmte Mengen an Luftverschmutzung. Umweltfreundliche Betriebe können ihre Zertifikate an einer Art Börse anbieten, Umweltsünder müssen Zertifikate zukaufen. Damit die Treibhausgase reduziert werden, kürzt der Staat im Laufe der Jahre die Gesamtmengen.

Besteuerung umweltbelastender Energien und Produkte: Ökosteuer

Die 2002 in Kraft getretene vierte Stufe der ökologischen Steuerreform erhöht die Steuer auf Kraftstoffe, Gas und Strom. Die Preise für nicht erneuerbare und umweltunfreundliche Energieträger steigen. Das führt über die Verringerung des Verbrauchs zu sauberer Luft, zu mehr Nachfrage nach spritsparenden Autos und neuen technischen Entwicklungen und Arbeitsplätzen. Mit den Einnahmen sollen die Beiträge zur Rentenversicherung gesenkt werden, was die Arbeitskosten verringert. In den meisten europäischen Staaten gibt es ähnliche Umweltsteuern.

Klimaschutzabkommen 1999

Bei dieser Konferenz im japanischen Kyoto haben sich erstmals in der Geschichte die meisten Staaten auf konkrete Zahlen für die Reduzierung der Treibhausgase geeinigt. Deutschland hat dabei eine Art Vorreiterrolle übernommen und sich zur Reduktion von 21 % der Gase bis 2012 verpflichtet. Diesem Ziel dienen neue staatliche Instrumente wie Emissionshandel und Ökosteuer.
Die USA als größter Luftverschmutzer sind dem Abkommen noch nicht beigetreten.

- 1. Die Ökosteuer soll aufkommensneutral sein. Was bedeutet das?
- 2. Welchen Vorteile sehen Sie, wenn mit dem Emissionshandelsgesetz eine EU-Richtlinie in nationales Recht umgesetzt wird?

Umweltabgaben wie Ökosteuer und Emissionszertifikate entsprechen dem Verursacherprinzip. Wer die Umwelt belastet, bezahlt dafür einen entsprechenden Preis. Solche Instrumente gelten als marktwirtschaftlich fair, weil Betriebe und Bürger durch geeignete Maßnahmen diesen Mehrkosten ausweichen können. Mögliche Wege dazu sind Innovationen und die Anschaffung ernergiesparender Güter, aber auch Einsparungen über Verzicht oder Verhaltensänderung, z. B. durch ökologisches Autofahrertraining.

Die größten Erfolge versprechen internationale Maßnahmen, weil Umweltschäden und ihre Folgen an Staatsgrenzen nicht Halt machen. Unter der Vielzahl an Bemühungen besonders der UNO, der EU und von Verbänden wie Greenpeace ist das Klimaschutzabkommen von Kyoto besonders wichtig. Wenn solche Vorgaben von vielen Ländern in nationales Recht umgesetzt werden, sind die Erfolge am größten und gleichzeitig betreffen mögliche Nachteile alle Länder gleichmäßig.

ZUSAMMENFASSUNG

Spurengase in der Atmosphäre schützen die Erde wie das Glas eines Treibhauses vor Auskühlung. Dieser natürliche Treibhauseffekt hat sich in den letzten Jahrzehnten ganz erheblich verstärkt, weil als Folge der Industrialisierung immer mehr dieser Spurengase freigesetzt wurden. Hauptbestandteil ist das Kohlendioxid, das bei der Verbrennung von Kohle, Erdöl, Erdgas sowie Brandrodung frei wird. Die Folge dieses zusätzlichen Treibhauseffektes ist ein bereits heute feststellbarer Anstieg der Erdtemperatur. Die Erwärmung wird sich nach allen Prognosen in diesem Jahrhundert noch erheblich verstärken.
Als Folge des Temperaturanstiegs nehmen zunächst natürliche Extremereignisse zu. Klimazonen verschieben sich, Wüsten dringen vor und das Eis der Polkappen schmilzt. Der daraus folgende Anstieg der Meeresspiegel könnte ganze Küstenregionen und Länder überfluten.
Weitere Umweltprobleme wachsen „schleichend" an. Nur manchmal machen uns akute Katastrophen wie die Explosion des Atomreaktors in Tschernobyl oder die Rinderseuche BSE die Gefahren bewusst, die wir mit unserer Wirtschafts- und Lebensweise herauf beschwören. Der immer noch zunehmende Personen- und Güterverkehr ist für einen erheblichen Teil der Luftverschmutzung und des Klimawandels verantwortlich. Der Verkehrslärm beeinträchtigt die Gesundheit vieler Menschen ebenso wie die hohen Unfallzahlen. Dramatisch ist die Versiegelung von Grund und Boden für Verkehrsflächen, Siedlungen und Tourismusprojekte, weil dieser nicht vermehrbar ist; in einigen Jahrzehnten wird Deutschland zugebaut sein. Aber nicht jeder Verkehrsträger ist gleich nachteilig.
Für den Rückgang der Artenvielfalt ist auch die moderne Landwirtschaft mit Monokulturen und Massentierhaltung verantwortlich. Rückstände von Dünger und Pflanzenschutzmitteln verschlechtern die Bodenfruchtbarkeit und gehen in Oberflächen- und Grundwasser über. Die Probleme der Deponierung von Haushaltsabfällen haben sich inzwischen verringert, weil (als Folge des Kreislaufwirtschaftsgesetzes) die Vermeidung und Wiederverwertung vorrangig ist. Große Gefahren gehen allerdings von Abfällen aus industrieller Produktion und von Atoman-

Fachbegriffe

Treibhauseffekt – Kohlendioxid – Ökologie – Artenvielfalt – Monokulturen – Kreislaufwirtschaftsgesetz – Weltenergievorräte – Nachhaltige Entwicklung – Agenda 21 – Durchlaufwirtschaft – erneuerbare Energien – Lokale Agenda 21 – Verursacherprinzip – Ökosteuer – Emissionshandelsgesetz

lagen aus. Für die Endlagerung atomarer Abfälle hat bis heute kein Land der Welt ein verantwortbares und zukunftsfähiges Konzept. Schließlich verbrauchen wir im großen Stil hochwertige Rohstoffe und Energieträger, deren Vorräte in wenigen Generationen erschöpft sind.
Die Auswirkungen der Umweltverschlechterung sind bereits in unserem Land spürbar. Mehr noch aber trifft es die ärmeren Länder und die kommenden Generationen, denen wir eine geplünderte Erde hinterlassen. Ein weltweites Umsteuern hat die UN-Konferenz für Umwelt und Entwicklung im Jahre 1992 in Rio de Janeiro eingeleitet. Wichtigstes Ergebnis der Konferenz ist das Konzept einer nachhaltigen Entwicklung, das die Erhaltung der natürlichen Lebensgrundlagen, soziale Gerechtigkeit und wirtschaftliche Leistungsfähigkeit für alle jetzt und in Zukunft lebenden Menschen fordert.
Der Erhalt der natürlichen Lebensgrundlagen hat zunächst Priorität. In den industrialisierten Ländern kommt es darauf an, die Wirtschaft nach dem Vorbild einer natürlichen Kreislaufwirtschaft zu entwickeln. Vorrangig ist dabei die Verringerung der Durchsatzmengen an Stoffen und Energie und die Nutzung der regenerativen Quellen für Materialien und Energie. Oft wird behauptet, dass diese Entwicklung Arbeitsplätze kostet. Das Gegenteil ist zu erwarten. Der notwendige Umbau der Wirtschaftsstruktur fordert neue Produkte, Werkstoffe und Verfahren. Wenn der Vorsprung der deutschen Wirtschaft in solchen Geschäftsfeldern innovativ fortentwickelt wird, bestehen Chancen für einen neuen Wirtschaftsaufschwung und mehr Beschäftigung.
Dem Ziel einer nachhaltigen Entwicklung dient das von der Konferenz beschlossene Aktionsprogramm „Agenda 21". Die Frage ist, wer zu einer geringeren Belastung der Umwelt beitragen kann. Hier ist zunächst jeder Einzelne gefordert, jeder ist zugleich Täter und Opfer der Umweltverschlechterungen. Aber auch aus christlicher oder humanistischer Verantwortung müssen wir unseren Konsum- und Lebensstil überdenken. So entscheiden in der Marktwirtschaft letztlich wir als Verbraucher darüber, welche Produkte und Dienstleistungen wo und wie produziert werden. Gütezeichen sind hilfreich, wenn die Qualität, Herkunft oder Verarbeitung von Produkten nicht mehr beurteilt werden kann.
Wesentliche Weichen für nachhaltige Entwicklung werden auch in den Gemeinden gestellt. Die Lebensentwürfe der Bürger gehen hier zusammen mit den Möglichkeiten, die die gemeindliche Politik schafft. In jeder Gemeinde sollen deshalb die Politiker und die Verwaltung sich mit den Bürgern und ihren Gruppen zusammen setzen. In einer „Lokalen Agenda 21" beschließen sie Maßnahmen, die im wirtschaftlichen, sozialen oder ökologischen Bereich die Gemeinde nachhaltig entwickeln. Viele Gemeinden sind auf dem Weg und haben bereits beispielhafte Maßnahmen durchgeführt.
Schließlich ist auf Bundes- und Landesebene die Politik aufgerufen, effektive Rahmenbedingungen für nachhaltiges Handeln der Bürger zu schaffen. Die möglichen Instrumente des Staates haben Schwerpunkte bei finanziellen Anreizen, bei direkten Eingriffen und bei der öffentlichen Meinung.
Die größten Erfolge versprechen allerdings international abgestimmte Maßnahmen. Mit dem Treibhaus-Emissionshandelsgesetz und der Ökosteuer sind wirksame marktwirtschaftliche Instrumente in deutsches Recht umgesetzt, die von vielen anderen Ländern in ähnlicher Weise angewendet werden.

AUFGABEN

1. **Beschreiben Sie die Abfalltrennung in Ihrer Gemeinde. Was geschieht mit dem so genannten „Restmüll"?**
2. **Was gehen uns die kommenden Generationen an? Tragen wir Verantwortung? Begründen Sie.**
3. **Wie könnte der Staat die erneuerbaren Energien noch besser voranbringen?**
4. **Was müsste an den öffentlichen Verkehrsmitteln besser werden, damit die Autofahrer umsteigen?**
5. **Geben Sie Tipps, wie im Haushalt Energie gespart werden kann.**
6. **Beim Konzept der ökologischen Steuerreform erhebt der Staat höhere Steuern auf umweltbelastende Güter. Dafür sollen die Bürger und Unternehmen in gleicher Höhe an anderer Stelle entlastet werden, z. B. bei den Lohnnebenkosten. Diese Reform verspricht also doppelten Erfolg: Der Verbrauch umweltunfreundlicher Energie würde zurückgehen und neue Arbeitsplätze würden entstehen. Informieren Sie sich bei den politischen Parteien über deren jeweilige Konzepte zur ökologischen Steuerreform.**

Internationale Beziehungen

1 Deutsche Außenpolitik im Spannungsfeld internationaler Konflikte

1.1 Weltweite Konflikte

Kein Staat der Welt kann für sich allein existieren. Jeder Staat ist vielfältig auf andere Staaten angewiesen und pflegt Beziehungen nach außen. Die Außenbeziehungen zu anderen Staaten vernünftig und vor allem friedlich zu gestalten und am Weltfrieden mitzuarbeiten ist vornehmliche Aufgabe der deutschen Außenpolitik. Seit 1945 können die Deutschen in Frieden leben. Allerdings waren das geteilte Deutschland und weite Teile der Welt über Jahrzehnte durch den Ost-West-Konflikt bedroht, der durch Wettrüsten und einen ideologischen und wirtschaftlichen Kampf zweier Staatssysteme gekennzeichnet war. Die Menschen in Ost und West lebten in Angst vor dem zerbrechlichen „Gleichgewicht des Schreckens". Dass es bei einem „Kalten Krieg" ohne direkten Waffeneinsatz blieb und dieser in den 90er Jahren endete, ist ein historischer Glücksfall für uns Europäer, zu dem geschichtliche Entwicklungen und eine Politik der Vernunft auf beiden Seiten beigetragen haben.
Wie schwierig Konfliktlösung und Kriegsvermeidung jedoch sind und dass sie nicht immer gelingen, zeigt die Weltkarte, auf der die Kriege und Konflikte seit 1945 dargestellt sind. (Sie umfasst auch innerstaatliche Bürgerkriege.)

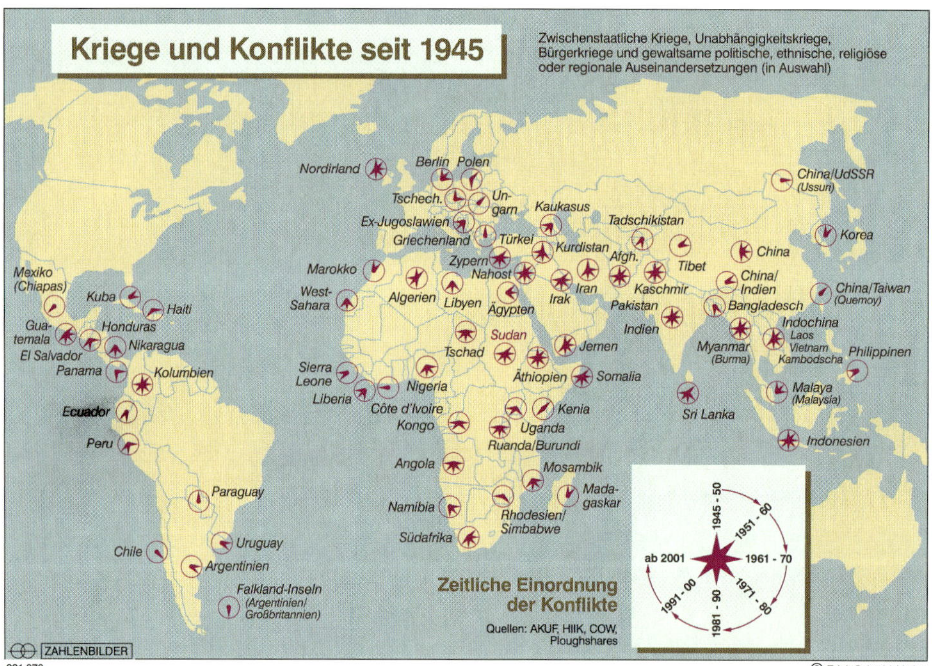

621 070 © Erich Schmidt Verlag

■ Welche Konflikte in Europa geben immer wieder Anlass zur Besorgnis?

Ein Konflikt, der seit Jahrzehnten Schlagzeilen liefert und bisher Tausende von Menschen vernichtet hat, ist der Konflikt im Nahen Osten am Mittelmeer – knappe drei Flugstunden von Deutschland entfernt.

1.2 Konfliktsituation und Konfliktgegner im Nahost-Konflikt

Israelische Truppen fünfzig Kilometer vor Suez

Einmarsch trotz Warnung Eisenhowers/Offensive in zwei Stoßkeilen

FAZ, 30.10.1956

Krieg zwischen Arabern und Israel

Bombenangriffe, Artillerieduelle und Panzerkämpfe/Keiner will zuerst geschossen haben/ Washington: Wir bleiben neutral/Moskau erklärt sich für Nasser

FAZ, 6.6.1967

Israel fängt arabischen Angriff ab

400 ägyptische Panzer östlich des Suez-Kanals/Schlacht im Golan-Gebiet/ UN-Beobachter belasten Kairo und Damaskus

FAZ, 8.10.1973

Israelische Truppen rücken im Libanon vor

Angriff auf Stützpunkte der Palästinenser/Entscheidung des Kabinetts/ 200 Tote bei Luftangriffen

FAZ, 6.6.1982

Israel

Fläche: 22 145 qkm
Bevölkerung: 6,7 Millionen, davon 5,4 Mill. Juden, 1,3 Mill. Nichtjuden (davon 1,05 Mill. Muslime)
Hauptstadt: Jerusalem

Palästina

Fläche: 6 020 qkm (Westjordanland und Gaza-Streifen)
Bevölkerung: 3,2 Millionen (davon 97% Muslime)
Regierungssitz: Ramallah

Anschlag auf Bus – viele Tote in Israel

Augsburger Allgemeine, 20.8.2003, S.1

Israel: Terroristen werden „ohne Gnade“ verfolgt

Süddeutsche Zeitung, 23./24.8.2003

Außenminister Fischer besucht Israel und Palästina

Augsburger Allgemeine, 29.8.2003

USA, EU, UNO und Arabische Liga warnen Israel, den Palästinenser-Chef auszuweisen

Süddeutsche Zeitung, 13./14.9.2003

■ 1. Welche Staaten und Völker sind
– unmittelbar am Nahost- Konflikt beteiligt?
– über bestimmte politische Umstände in den Konflikt hineingezogen?

■ 2. Der Nahost-Konflikt hat eine lange Geschichte. Einige Schlagzeilen weisen auf bisherige Höhepunkte des Konflikts hin. Welchen Zeitraum für den Konflikt können Sie feststellen?

■ 3. Schildern Sie den aktuellen Stand des Nahost-Konflikts.

„Nächstes Jahr in Jerusalem" – zu den geschichtlichen Hintergründen des Nahost-Konflikts

Konflikte haben Hintergründe und sich widersprechende Interessenlagen. Der Nahost-Konflikt ist im Kern ein Streit um das Land zwischen dem Fluss Jordan und der Mittelmeerküste: „Palästina" von den Arabern, „Israel" von den Juden genannt.
Der Konflikt hat eine lange Geschichte und eine noch längere Vorgeschichte. Wer ihn verstehen will, muss diese kennen.

Die wichtigsten Stationen:

ca. 1300 v. Ch.	Eroberung Palästinas durch jüdische (= israelische = hebräische) Stämme
ca. 1000-600 v. Chr.	Selbstständige Königreiche Juda und Israel (Könige Saul, David, Salomon)
63 v. Chr.	Eingliederung in das römische Reich
70 n. Chr.-133 n. Chr.	Nach Aufständen der Juden gegen die Herrschaft der Römer, verteilen diese den größten Teil der Juden über das gesamte römische Reich. Beginn der weltweiten Zerstreuung der Juden; Geburt der Idee einer künftigen Rückkehr in das „von Gott gegebene Land"; damit zusammenhängend der jüdische Festtagsgruß: „Nächstes Jahr in Jerusalem"
Mittelalter (ca. 500-1500)	Immer wieder Verfolgungen, Vertreibungen, Benachteiligungen, Bedrohungen der Juden in ganz Europa durch Christen (Antisemitismus)
Neuzeit (ca. 1500-1900)	
ca.1880	Entstehung der modernen jüdischen Nationalbewegung, die zur Rückwanderung der Juden „ins Land der Väter" aufruft (Zionismus)
1896	Der jüdische Journalist und Schriftsteller Theodor Herzl veröffentlicht sein Buch „Der Judenstaat".
1882-1938	Mehrere Einwanderungswellen von Juden nach Palästina
ab 1920	Immer wieder gewalttätige Zusammenstöße zwischen den seit Jahrhunderten eingesessenen Arabern (= Palästinensern) islamischen Glaubens und eingewanderten Juden
1933-1945	Verfolgung der Juden in „Hitler-Deutschland" und ab 1939 in den von Deutschland eroberten Ländern; große Auswanderungswelle; Ermordung von 4-6 Millionen jüdischen Menschen („Holocaust")
1947	Aufgrund steigender Auseinandersetzungen zwischen Arabern und Juden beschließt die UNO eine Teilung Palästinas (Juden stimmen zu, Araber lehnen ab).
1948	Die Führung der Juden ruft am am 14. Mai den Staat Israel aus. Die Folge ist der 1. Nahostkrieg (Mai 1948 bis Januar 1949). Die Juden gewinnen große Gebiete, ca. 1 Million Araber (Palästinenser) werden vertrieben. Ein erheblicher Teil von ihnen lebt bis heute in Flüchtlingslagern.
1956	2. Nahost-Krieg (Okt./ Nov.) zwischen Israel und Ägypten. Auf Druck der USA zieht sich Israel aus den eroberten Gebieten wieder zurück.
1964	Gründung der Palästinensischen Befreiungsorganisation (PLO); Führer: Jassir Arafat; Ziel: Rückkehr der Flüchtlinge, Infragestellung des Existenzrechtes Israels
1967	3. Nahostkrieg (Juni) zwischen Israel und Ägypten, Syrien, Jordanien, Eroberung des Gaza-Streifens, der Sinaihalbinsel, der Golanhöhen und des Westjordanlandes durch Israel, seither ständig Gründungen von jüdischen Siedlungen in den eroberten Gebieten (Ausnahme: Sinai)
1973	4. Nahost- Krieg (Okt.) zwischen Israel und Ägypten, Syrien und Jordanien, keine Gebietsveränderungen
1979	Friedensvertrag zwischen Ägypten und Israel, Rückgabe der Sinai-Halbinsel an Ägypten

Judenverfolgung (Pogrome)

- Während der Kreuzzüge 11./12. Jh. tausendfacher Mord an Juden in Frankreich, im Rheinland und in Prag
- 1492 Ausweisung aller Juden aus Spanien
- Beispiele für die Benachteiligung deutscher Juden über Jahrhunderte: Sondersteuern, Verbot, ein „ehrbares Handwerk" auszuüben (erlaubt: Handel, Geldgeschäfte, 19./20. Jh. auch Studium)

1982-1985	Besetzung des Libanon durch israelische Truppen, Begründung durch Israel: Bekämpfung arabischer Terrorgruppen
seit 1988	Mehrere Versuche, den Konflikt zu lösen, alle international mitgetragene Friedenspläne beinhalten, – den Palästinensern einen eigenen Staat zu verschaffen (Das würde als Zugeständnis Israels bedeuten, Teile der eroberten Gebiete und die Siedlungen an die Palästinenser zurückzugeben.), – das Existenzrecht Israels durch die Araber anzuerkennen (Das würde als Zugeständnis der Palästinenser bedeuten, auf Teile des palästinensischen Gebietes zu verzichten.). Störung dieser Bemühungen durch – politischen und religiösen Fanatismus eines Teils der Israelis, v.a. der Siedler („Dieses Land ist uns von Gott gegeben.“), – politischen und religiösen Fanatismus eines Teils der Palästinenser, v. a. der palästinensischen Terrorgruppen („Dieses Land ist uns von Gott gegeben.“). Gegenseitige Blockade: – Israel: Verhandlungen mit Palästinensern erst, wenn die Palästinenser die Gewaltanwendung beenden. – Palästinenser: Verhandlungen mit Israel erst, wenn es sich aus den besetzten und besiedelten Gebieten zurückzieht.
2004	Alle Lösungsversuche des Konflikts sind bisher gescheitert.

Jüdische Siedlungen auf Palästinensergebiet

ca. 200 000 Siedler
im Westjordanland,
ca. 7 000 im Gaza-Streifen

Spiegel special, 2/2003, S. 69

1. Dass ein Volk – etwa vor 2000 Jahren vertrieben – in seine Heimat zurückkehren will, die inzwischen von einem anderen Volk bewohnt wird und als dessen Heimat angesehen wird, ist einzigartig in der Geschichte. Welche Gründe kann es für ein solches Verhalten geben?
2. Bei genauerem Hinsehen handelt es sich nicht nur um einen Konflikt eines Gebietes wegen (Territorialkonflikt). Es gibt einen weiteren Grund für die Unversöhnlichkeit. Diskutieren Sie.
3. Der fortschreitende Siedlungsbau der Israelis auf dem1967 eroberten palästinensischen Gebiet ist mit das größte Hindernis bei der Lösung des Konflikts.
   – Wie begründen viele Israelis den Bau der Siedlungen?
   – Wie sehen die Palästinenser den Siedlungsbau?
4. Führen Sie ein Streitgespräch. Ein Teil der Klasse vertritt die Sache Israels, der andere die der Palästinenser.
   Wie lauten die Maximalforderungen der beiden Konfliktparteien?
   Beurteilen Sie die Maximalforderungen als realistisch und umsetzbar?
   Wie könnte ein Kompromiss aussehen?
5. Inwiefern hat Deutschland durch seine Geschichte ein besonderes Verhältnis zu den Juden und damit zu Israel?
   Lassen sich daraus Konsequenzen und Verpflichtungen für die deutsche Außenpolitik ableiten?

Palästinensische Terrorgruppen

– Hamas
– Islamischer Dschihad
– Aksa-Brigaden
– Hisbollah (schiitische Terrorgruppe, die im Libanon operiert)

Ziel: Auslöschung Israels
Methode: Terror, bes. durch Selbstmordattentate

Ein wesentlicher Konfliktpunkt

„Die Palästinenser empfinden vor allem den Gebietsverlust und den fortdauernden Siedlungsbau als Demütigung und direkten Angriff.“

Spiegel special, 2/2003, S. 33

Als Nahost-Konflikt wird die zwischen Israel und den arabischen Staaten sowie der Palästinensischen Befreiungsfront (PLO) geführte Auseinandersetzung bezeichnet. Diese wird seit der Einwanderung jüdischer Siedler nach Palästina und der 1948 erfolgten Gründung des Staates Israel nicht nur politisch, sondern vor allem gewalttätig geführt. Was die Lösung des Konflikts so schwierig macht, ist der Umstand, dass zwei Völker unterschiedlichen Glaubens historische und letztendlich ausschließliche Ansprüche auf ein und dasselbe Gebiet („Heiliges Land“) mit demselben religiösen Zentrum (Jerusalem) erheben. Eine Teilung in einen jüdischen und einen palästinensisch arabischen Staat wurde im Verlauf des 20. Jahrhunderts immer wieder diskutiert, kam jedoch genauso wenig zustande wie eine anderweitig zufriedenstellende Einigung oder Aussöhnung. Verschiedene Lösungspläne scheiterten an der Unnachgiebigkeit extremer Gruppen in beiden Konfliktparteien.

Deutsche Sicht des Konflikts

„Das macht die Tragik dieses Konflikts aus: Die Palästinenser fürchten, dass man sie aus ihrem eigenen Land drängen will; die Israelis fürchten, dass ein Palästinenserstaat nur ein Zwischenschritt sein könnte auf dem Weg zum Endziel: der Beseitigung ihres Staates“.

Joschka Fischer, Spiegel special, 2/2003, S.32

Die internationale Dimension des Nahost-Konflikts

Selbstmordanschlag in Jerusalem – Ein Polizist untersucht vor einem Buswrack den Tatort.

Israelischer Raketenangriff auf Gaza – Ein Palästinenser sitzt auf den Trümmern eines zerstörten Gebäudes.

Avi Primor

ehem. Botschafter Israels in Deutschland:
Die Extremisten beider Seiten spielen sich die Bälle zu.

In einem Interview im Morgenmagazin des ZDF, 02.10.2003

Jassir Arafat

ist der Führer der Palästinensischen Befreiungsorganisation (PLO), der wichtigsten politischen Organisation der Palästinenser, außerdem ist er gewählter Präsident der palästinensischen Autonomiebehörde.

1

Bei einem der schwersten palästinensischen Selbstmordanschläge seit drei Jahren sind in einem voll besetzten Bus mit strenggläubigen Juden in Jerusalem am Dienstagabend mindestens 20 Menschen getötet worden, darunter mehrere Kinder [...]
Die Bluttat ist ein weiterer Rückschlag in den Bemühungen zur Umsetzung des jüngsten internationalen Friedensplans.

Augsburger Allgemeine, 20.8.2003, S. 1

2

Zwei Tage nach dem Selbstmordanschlag in Jerusalem hat die israelische Armee am Donnerstag einen der ranghöchsten Funktionäre der palästinensischen Terror-Organisation Hamas gezielt getötet. Ismail Abu Schanab und seine zwei Leibwächter kamen bei dem Raketenangriff in Gaza-Stadt ums Leben, weitere 15 Passanten wurden verletzt.

Süddeutsche Zeitung, 22.8.2003, S. 1

3

Der Beschluss des israelischen Kabinetts, Palästinenserpräsident Jassir Arafat mit Gewalt aus dem Westjordanland zu „entfernen", ist international auf massive Kritik gestoßen. Das Kabinett ließ im Unklaren, wann Arafat entfernt werden solle und ob damit eine Verbannung oder Tötung gemeint sei. Die USA, die EU, die Vereinten Nationen und die Arabische Liga warnten Israel vor einer Umsetzung des Beschlusses.

Süddeutsche Zeitung, 13.9.2003, S. 1

4

US-Außenminister Colin Powell warnte Israel vor der Tötung Arafats. Powell sagte, solche Erklärungen seien wenig hilfreich für den Friedensprozess. Außerdem würde eine Ausweisung oder Tötung Arafats nicht nur die Araber, sondern Muslime in der ganzen Welt gegen Israel aufbringen.

Süddeutsche Zeitung, 15.9.2003, S. 5

5

„Beide Seiten, so scheint es, können gegenwärtig den Konflikt allein nicht bewältigen. Zu sehr sind sie zu Gefangenen ihrer jeweils gegeneinander gerichteten Ängste geworden [...] Auf Gewalt zu verzichten, das wäre, vielleicht, der Schlüssel, der die Tür zu einer anderen Zukunft öffnet [...] Frieden zu schließen ist das Interesse aller [...] Nur wer bereit ist zu verhandeln, der kann die Probleme, vor denen alle stehen, bearbeiten und schließlich lösen."

Der Abgeordnete Gert Weisskirchen in einer Rede vor dem Deutschen Bundestag, 25.4.2002, www.gert-weisskirchen.de/texte/nahost042002.htm

6

Fischer: „Wir Europäer sind die direkten regionalen Nachbarn des Konflikts und haben auch eine historisch-moralische Verantwortung."
Spiegel: „Es ist also nicht nur von geografischer Bedeutung, wenn bei uns vom Nahen Osten gesprochen wird?"
Fischer: „Was die historische Verflechtung mit diesem Konflikt, aber auch dessen Bedrohungspotenzial betrifft, ist uns diese Region tatsächlich nahe. Dieser kleinräumige Konflikt ist einer der heißesten Vulkane, die wir gegenwärtig in der internationalen Politik haben [...]
Wenn es zu einem Export von Instabilität und Terror kommt, kann das unser Leben mehr verändern als vieles andere. [...] Wir reden über unsere Sicherheit. Da können wir nicht sagen: Zwischen Europa und dem Nahen Osten liegt das Mittelmeer, uns geht das alles nichts an."

Der deutsche Außenminister Joschka Fischer im Interview mit der Wochenzeitschrift „Der Spiegel", Spiegel special, 2/2003, S. 32-35 (Auszüge)

Außenminister Joschka Fischer

Leiter des Amtes für Auswärtige Angelegenheiten, seit 1998

1. Die bei 1 und 2 berichteten Ereignisse hängen zusammen und sind Glieder einer langen Kette von Gewalt und Gegengewalt, Gegen-Gegengewalt usw. Es handelt sich um eine Spirale der Gewalt, wobei der Anfang gar nicht mehr eindeutig feststellbar ist. Jede Seite beschuldigt die andere, angefangen zu haben und handelt nach der Moral: Auge um Auge, Zahn um Zahn. Ein Ende dieser Kette von Gewalt ist nicht abzusehen.
   Diskutieren Sie: In welchen Regionen der Welt können Sie gegenwärtig ebenfalls Spiralen der Gewalt feststellen?
   Welche Ursachen können diese Gewaltspiralen haben?
2. Sehen Sie für den Nahost-Konflikt Möglichkeiten, wie die Konfliktparteien die Spirale der Gewalt durchbrechen können? (Vgl. 5)
3. Wie beurteilt der deutsche Außenminister Fischer die Gefährlichkeit dieses Konflikts? (Vgl. 6)
   Welche negativen Auswirkungen kann er für uns Deutsche haben?
4. Was meint Fischer mit der Aussage, dass wir Europäer beim Nahost-Konflikt eine „historisch moralische Verantwortung" haben?
5. Was befürchtet der US-Außenminister, wenn Israel seine „Maßnahmen" überzieht und den Führer der Palästinenser ausweist oder tötet? (Vgl. 4)
6. Welche Staaten und staatlichen Organisationen versuchen im Nahost-Konflikt ausgleichend einzuwirken und ein „Ausufern" zu verhindern? (Vgl. v. a. 3)
7. Die Berichterstattung über Konflikte verwendet eine Sprache, die vom jeweiligen Standpunkt aus bestimmt wird: Welche Seite im Nahost-Konflikt gebraucht jeweils die Bezeichnungen:
   – mutige „Märtyrer" und Freiheitskämpfer/feige Selbstmordattentäter?
   – Militärmaßnahmen/Staatsterrorismus?

Diplomatie

1) Bezeichnung für internationale Beziehungen
2) Alle Tätigkeiten, die der Vorbereitung außenpolitischer Entscheidungen und ihrer Durchführung auf friedlichem Wege v. a. durch Verhandlung mit anderen Staaten oder internationalen Organisationen dienen. Ständige Auslandsvertretungen (Botschaften) ermöglichen direkten Kontakt mit ausländischen Regierungen.

Nach: Schüler Duden, Politik und Gesellschaft, 4. Auflage, Bibliographisches Institut & F. A. Brockhaus AG, Mannheim, 2001

ZUSAMMENFASSUNG

Obwohl das Gebiet des Nahost-Konflikts nicht in Europa liegt, sind die europäischen Staaten mehr oder weniger in den Konflikt verwickelt. Dies gilt im hohen Maße für Deutschland, das aufgrund des Holocaust in der Nazi-Zeit von 1933 bis 1945 besondere geschichtliche und moralische Beziehungen zu Israel hat.
Das Verhältnis Deutschlands und der übrigen Staaten zu Israel beeinflusst automatisch das Verhältnis zu den arabischen und islamischen Staaten, die sich als Vertreter der Interessen der Palästinenser sehen. Diese Staaten sind für die Europäer von besonderer wirtschaftlicher Bedeutung: Saudiarabien, die Golfstaaten, Iran und Irak zählen zu den wichtigsten Öllieferanten Europas.

Die schwierige Aufgabe für die deutsche und europäische Außenpolitik besteht darin, sowohl zu Israel wie auch zu den arabisch-islamischen Staaten ein gutes Verhältnis aufzubauen und zu erhalten. Es bedarf eines besonderen diplomatischen Fingerspitzengefühls, in dieser Konstellation die vier grundsätzlichen Aufgaben der deutschen Außenpolitik für beide Konfliktseiten annehmbar zu vertreten. Das sind:

1) die Sicherheit Deutschlands gewährleisten und am Weltfrieden mitarbeiten (z. B. keine ABC- Waffen im Vorderen Orient);
2) den Wirtschaftsinteressen Deutschlands dienen und den Welthandel fördern (z. B. Öl);
3) die Menschenrechte durchsetzen und das demokratische Denken fördern (z. B. durch Diplomatie Gewalt unmöglich machen);
4) bei der Lösung weltweiter übernationaler Probleme vernünftig und zielstrebig mitwirken (z. B. Unterentwicklung, Wasserversorgung, Terrorismus).

Die diplomatische Arbeit geschieht über zwei Kanäle:
- in direkten Beziehungen zwischen zwei Ländern (z. B. Deutsche Botschaft in Jerusalem/Israelische Botschaft in Berlin) = bilateral
- in der Mitwirkung Deutschlands in größeren internationalen Bündnissen (z. B. UN, EU u.a.) = multilateral

Fachbegriffe

Außenpolitik – Außenminister – Auswärtiges Amt – bilateral – multilateral

Auch die Weltmacht USA ist in den Nahost-Konflikt verwickelt, aus wirtschaftlichen Gründen und weil in den USA viele Juden leben, auf die die amerikanische Regierung Rücksicht nimmt. Die deutsche und europäische Außenpolitik bemüht sich, den Nahost-Konflikt zu lösen oder wenigstens einzudämmen, weil der schlimmste Fall so aussehen könnte: Ein großer Nahost-Krieg zwischen Israel und den arabischen Staaten (mit eventueller Beteiligung der USA oder weiterer Länder) bringt das ganze Staaten- und Machtgefüge im Nahen Osten zum Einsturz – mit unabsehbaren machtpolitischen, wirtschaftlichen und gesellschaftlichen Folgen. Konflikte, die zunächst geografisch begrenzt sind, können in unserer Zeit weltweiter Verflechtungen unabsehbare Dimensionen annehmen, v. a. wenn massive Wirtschaftsinteressen oder religiöser Extremismus hinzutreten und den Weltfrieden gefährden.

Rund um den Globus bedrohen zahlreiche weitere Konflikte das Leben vieler Menschen. Neben regional begrenzten Konflikten in Europa (Nordirland, Serbien-Montenegro, Baskenland, Tschetschenien) zeichnen sich immer deutlicher Länder übergreifende Konflikte ab: sich anbahnend zwischen den armen Ländern der südlichen Halbkugel und den reichen Industrieländern des Nordens, zwischen islamischer und westlicher Lebensweise. Letztere spiegeln sich in schrecklichen Anschlägen islamistischer Terroristen wider.

AUFGABEN

1. **Mit welchen besonderen politischen Ereignissen und Konfliktsituationen hat sich die deutsche Außenpolitik aktuell auseinander zu setzen? Verfolgen Sie einen Vorgang über eine gewisse Zeitspanne in den Medien.**
2. **Der Theologe Eugen Drewermann schreibt: „Es ist kein Zweifel, wir Deutsche sollten Weltverantwortung wahrnehmen, wir hätten sie längst wahrnehmen sollen! Doch dazu gehört nicht die neuerliche Bereitschaft zum Kriegführen, dazu gehört die Entschlossenheit, die Gründe anzugehen, aus denen heraus immer wieder Kriege entstehen." (In: Deutsches Allgemeines Sonntagsblatt, 12.8.1994, S.2.) Machen Sie sich Gedanken, welche auswärtigen Aufgaben für Deutschland Drewermann im Auge hat und beurteilen Sie den Einsatz bzw. Nichteinsatz deutscher Soldaten in verschiedenen Konfliktgebieten.**

2 Institutionen und Maßnahmen der Friedenssicherung

2.1 Die Vereinten Nationen – die UN

Weitere Inspektoren-Gruppe in Bagdad eingetroffen

UNO intensiviert Waffensuche im Irak

Ein anderes Team setzt überraschend Untersuchungen fort

44 000 „Blauhelme" in aller Welt

Friedensmissionen der UNO kosten viele Milliarden Dollar

Zur Überwachung der Lieferungen nach Südsomalia

UNO-Truppen in Kismayu gelandet

Hilfsorganisationen melden verstärkte Plünderungen im Hinterland

Bericht der UNO

Weiter Verletzung der Menschenrechte im Iran

UN erteilt Mandat für Liberia-Friedenstruppe

New York (dpa) – Der Weltsicherheitsrat hat für den Einsatz einer 15 000 Soldaten umfassenden UN-Friedenstruppe in dem Bürgerkriegsland Liberia grünes Licht gegeben.

Süddeutsche Zeitung, 19./20.9.2003

UN-Sanktionen gegen Libyen aufgehoben

New York (AP/dpa) – Der UN-Sicherheitsrat hat seine Sanktionen gegen Libyen am Freitag nach elf Jahren aufgehoben.

Süddeutsche Zeitung, 13.9.2003

UN-Tribunal lässt Häuser in Bosnien durchsuchen

Den Haag (dpa) – Die Anklage beim UN-Tribunal in Den Haag hat am Mittwoch an mehreren Adressen in dem von Serben bewohnten Teil von Bosnien-Herzegowina nach Dokumenten suchen lassen.

Süddeutsche Zeitung, 16.10.2003

■ Welche Aufgaben übernehmen die Vereinten Nationen (UN) in diesen Fällen?

Die Vereinten Nationen (engl. United Nations Organization, abgekürzt UN oder UNO) werden immer öfter in die Rolle eines „Weltpolizisten" gedrängt, der Kriege verhindern oder beenden, Not lindern, Angreifer bestrafen und die Menschenrechte sichern oder durchsetzen soll. Die Vereinten Nationen werden 1945 auf Initiative des US-Präsidenten Roosevelt gegründet. Heute sind fast alle Staaten der Erde Mitglied in dieser übernationalen Organisation, die ihren Hauptsitz in New York hat.

Emblem der UN

Weltweit gab es 2001 38 militärische Konflikte

Im Verlauf des Jahres 2001 gab es 155 ernsthafte politische Konflikte, davon wurden 38 mit militärischen Mitteln ausgetragen: 14 in Afrika, 11 in Asien und 7 im Mittleren und Nahen Osten.

Heidelberger Institut für Internationale Konfliktforschung

Charta der Vereinten Nationen

vom 26. Juni 1945

Kapitel 1 Ziele und Grundsätze

Artikel 1 Die Vereinten Nationen setzen sich folgende Ziele:

1. den Weltfrieden und die internationale Sicherheit zu wahren und zu diesem Zweck wirksame Kollektivmaßnahmen zu treffen, um Bedrohungen des Friedens zu verhüten und zu beseitigen, Angriffshandlungen und andere Friedensbrüche zu unterdrücken und internationale Streitigkeiten oder Situationen, die zu einem Friedensbruch führen könnten, durch friedliche Mittel nach den Grundsätzen der Gerechtigkeit und des Völkerrechts zu bereinigen oder beizulegen;

2. freundschaftliche, auf der Achtung vor dem Grundsatz der Gleichberechtigung und Selbstbestimmung der Völker beruhende Beziehungen zwischen den Nationen zu entwickeln und andere geeignete Maßnahmen zur Festigung des Weltfriedens zu treffen;

3. eine internationale Zusammenarbeit herbeizuführen, um internationale Probleme wirtschaftlicher, sozialer, kultureller und humanitärer Art zu lösen und die Achtung vor den Menschenrechten und Grundfreiheiten für alle ohne Unterschied der Rasse, des Geschlechts, der Sprache oder der Religion zu fördern und zu festigen;

4. ein Mittelpunkt zu sein, in dem die Bemühungen der Nationen zur Verwirklichung dieser gemeinsamen Ziele aufeinander abgestimmt werden.

- 1. Was dürfte der Anlass für die Gründung der Vereinten Nationen gewesen sein? (Hinweis: Achten Sie auf das Gründungsjahr.)
- 2. Formulieren Sie die Ziele, die sich die UN gesetzt haben.

Aufbau und Organisation der Vereinten Nationen

Das UNO-Gebäude in New York

mit der Parade der Flaggen aller Mitgliedsländer

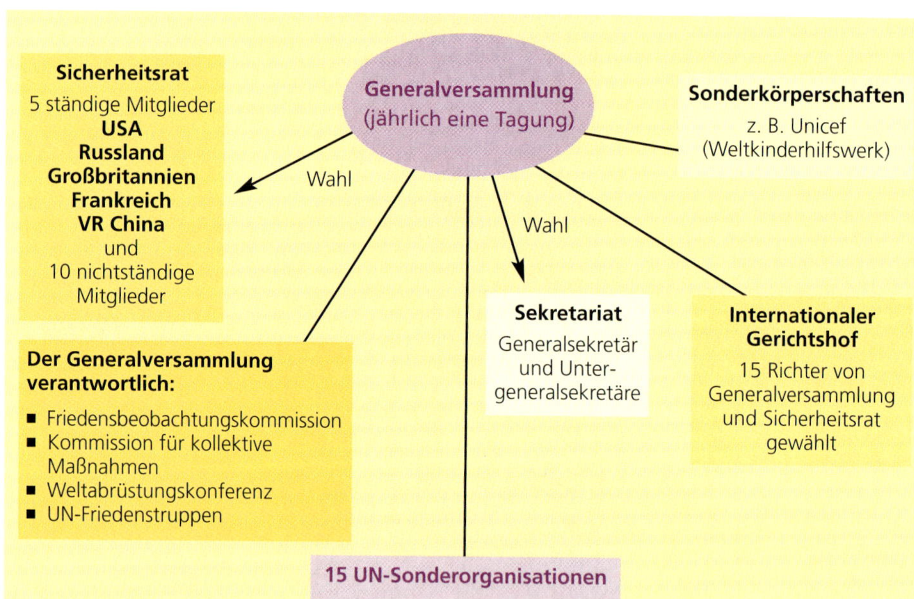

Das Schaubild gibt nur die wichtigsten Organe der UN wieder.

- 3. Wie heißt der derzeitige Generalsekretär der UN?
- 4. Welches sind Ihrer Meinung nach die beiden einflussreichsten Organe der UN?

Die **Generalversammlung**, auch Vollversammlung genannt, tritt jährlich mindestens einmal zusammen. Jedes Land hat eine Stimme, unabhängig von seiner Größe. Beschlüsse der Generalversammlung sind nicht bindend, sie stellen lediglich Empfehlungen dar. Die Wirkung der Beschlüsse liegt in ihrer Ausstrahlung auf die öffentliche Meinung in der Welt.

Der **Sicherheitsrat**, auch Weltsicherheitsrat genannt, trägt die Hauptverantwortung für die Wahrung des Weltfriedens und der internationalen Sicherheit. Seine Beschlüsse sind für alle Mitgliedsstaaten der UN bindend. Er besteht aus 15 Mitgliedern: fünf ständigen (VR China, Frankreich, Großbritannien, Russland, USA) und zehn nichtständigen, die jeweils für zwei Jahre gewählt werden. Alle wichtigen Beschlüsse des Sicherheitsrates müssen mit einer Mehrheit von neun der fünfzehn Stimmen gefasst werden, dabei müssen die fünf ständigen Mitglieder Einstimmigkeit erzielen. Jedes von ihnen hat also ein *Vetorecht*.

Der **Internationale Gerichtshof** ist das Rechtsprechungsorgan der UN. Jeder Staat kann dort gegen einen anderen Klage erheben. Der Gerichtshof kann aber nur dann wirksame Entscheidungen fällen, wenn alle an einem Streitfall beteiligten Staaten sich freiwillig seiner Gerichtsbarkeit unterwerfen. Aus diesem Grunde hat der Internationale Gerichtshof nur sehr eingeschränkte Möglichkeiten.

- 1. Halten Sie es für gerecht, dass in der Generalversammlung jedes Land unabhängig von seiner Größe eine Stimme hat?
- 2. Warum kam es während der Zeit des so genannten Kalten Krieges (1948–1985) nur sehr selten zu friedenserhaltenden Aktionen der UN?

Friedenssicherung durch die Vereinten Nationen

- 3. Warum ist die Zahl der UN-Einsätze in den letzten Jahren so angestiegen?
- 4. Informieren Sie sich über die Ursachen der Konflikte in einigen Krisengebieten.
- 5. Überlegen Sie sich, welche UN-Hilfs- oder Sonderorganisationen hier besonders aktiv sind oder tätig geworden sind.

Die UN versuchen auf verschiedene Weise den Weltfrieden zu sichern und damit die internationale Sicherheit zu gewährleisten:

Vorbeugende Maßnahmen

Die UN-Sonderorganisationen sowie die ständigen UN-Hilfsorganisationen leisten hierzu wertvolle Arbeit. Sie bieten sowohl aktuelle Hilfe als auch langfristige Aufbauhilfe und versuchen auf diese Weise späteren Krisen vorzubeugen.

Sonderorganisationen	
ILO	Arbeit
FAO	Ernährung
UNESCO	Erziehung
WHO	Gesundheit
IMF	Währung
IBRD	Weltbank
IDA	Entwicklung
IFC	Finanzierung
MIGA	Investitionsgarantien
ICAO	Zivilluftfahrt
UPU	Postwesen
ITU	Telekommunikation
WMO	Meterologie
IMO	Schifffahrt
WIPO	Geistiges Eigentum
IFAD	Landwirtsch. Entw.
UNIDO	Industrielle Entw.
IAEA	Atomenergie
WTO	Welthandel

Vetorecht

(lat. veto = ich verbiete) Einspruchsrecht, das einen Beschluss verhindern kann

Laufende UN-Einsätze und UN-mandatierte Einsätze zur Friedenssicherung

(seit 1948: 55; aktuelle Missionen Januar 2003: 13)

Naher Osten:
- Golan Höhen (Waffenstillstand)
- Irak/Kuwait (u. a. Grenzsicherung)
- Libanon (Grenzsicherung)
- Naher Osten (Konfliktvermeidung)

Europa:
- Zypern (Konfliktvermeidung)
- Georgien (Waffenstillstand)
- Kosovo (Wiederaufbau)

Asien:
- Ost-Timor (Unabhängigkeit)
- Indien und Pakistan (Waffenstillstand)

Afrika:
- Demokratische Republik Kongo (Waffenstillstand)
- Äthiopien und Eritrea (Waffenstillstand)
- Sierra Leone (Einhaltung des Friedensabkommens)
- West-Sahara (eventuelle Unabhängigkeit)

Frieden und Sicherheit. Ein Heft für die Schule, Wiesbaden, Universum Verl.-Anst., 2003, S. 15

Weitere Informationen

www.uno.de
www.un.org/Depts/dpko

Ständige UN-Hilfsorganisationen

UNICEF	Kinderhilfswerk
UNHCR	Hoher Kommissar für Flüchtlinge
UNRWA	Palästinaflüchtlinge
UNDP	Entwicklungsprogramm
UNFPA	Bevölkerung
UNCD	Kapitalfonds
WFP	Ernährungsprogramm
WFC	Welternährung
UNCTAD	Welthandel
UNITAR	Ausbildungs- und Forschungsinstitut
UNU	UN-Universität
UNDRO	Katastrophenhilfe
UNEP	Umwelt
HABITAT	Siedlungswesen
UNV	Entwicklungshelfer
INSTRAW	Institut zur Förderung der Frau

Wachsende Gefahren für den Weltfrieden – eine Aufgabe nur für die UN?

Nicht allein in Europa entscheidet sich, ob Frieden in der Welt herrscht. Alle Teile der Welt sind heute in vielerlei Weise voneinander abhängig. [...] Wird der Frieden in Europa gebrochen, sind auch die Lebensgrundlagen der Menschen in anderen Kontinenten gefährdet. Gefahren für den Frieden in der Welt können hauptsächlich folgenden Quellen entspringen: [...]

- **Regionale Konflikte**

Regionale Kriege irgendwo in der Welt können (wie im Irak) verheerende Ausmaße erreichen, vor allem, wenn noch mehr Staaten in den Besitz von Atomwaffen oder Chemiewaffen und Raketen gelangen.

- **Armut in der Dritten Welt**

Die krassen Ungleichheiten der Lebensbedingungen von Wohlhabenden und Armen in dieser Welt müssen aufgehoben werden – sie können Ursachen sein für Krisen, Aufruhr und Kriege, die die Welt in Brand stecken könnten.

- **Umweltschäden**

Die Wüsten breiten sich aus, die Tropenwälder werden abgeholzt, die Atmosphäre verändert sich, die Vorräte an unwiederbringlichen Stoffen in der Erde nehmen ab. Daraus können Krisen und Verteilungskämpfe entstehen, die friedensbedrohend sind.

Frieden und Sicherheit, Ein Heft für die Schule, Wiesbaden, Universum Verl.-Anst., 1991, S. 9 (gekürzt)

1. Inwiefern kann Armut in der Dritten Welt auch den Wohlstand und den Frieden bei uns gefährden?
2. Erklären Sie, auf welche Weise Umweltschäden in anderen Kontinenten auch unsere Lebensgrundlagen bedrohen können.

Gibt es eine neue Rolle für die Vereinten Nationen?

Frieden schaffen und sichern durch Blauhelme

Der Einsatz der „Blauhelme" dient in der Vergangenheit meist dazu, eine Ausweitung von Kämpfen zu verhindern und die Gewalt zu beenden. So werden UN-Truppen häufig als Beobachter eingesetzt, z. B. bei der Überwachung des Waffenstillstandes zwischen den streitenden Parteien, auf Zypern und im Nahostkonflikt zwischen Israel und seinen Nachbarstaaten. In folgenden Fällen haben Truppen im Auftrag der UN gekämpft: 1950 bis 1953 in Korea, 1991 zur Befreiung Kuwaits.

Nur der Sicherheitsrat kann den Einsatz von „Blauhelm-Soldaten" genehmigen und Beschlüsse fassen, die für alle Mitgliedsstaaten verbindlich sind.

Nichtständige Mitglieder

Seit 2003:
Deutschland, Spanien, Chile, Pakistan, Angola

Seit 2004:
Algerien, Benin, Brasilien, Philippinen, Rumänien

© Erich Schmidt Verlag

Probleme bei der Aufstellung und Entsendung von Truppen im Auftrag der UN

Da die Vereinten Nationen nicht über eigene Truppen verfügen, muss in einer oftmals langwierigen Prozedur eine Reihe von Problemen gelöst werden, ehe eine Friedensmission der Blauhelme starten kann:

- **Die Zusammenstellung der Truppen und die Auswahl des Kommandeurs.** Diese Aufgabe erfordert Fingerspitzengefühl und Rücksichtnahme auf die Wünsche der streitenden Parteien. So kommen z. B. wegen der geschichtlichen Vergangenheit für einen UN-Einsatz im ehemaligen Jugoslawien deutsche oder österreichische Truppen kaum in Frage.
- **Die Finanzierung.** Die Kosten sind z. T. sehr hoch. Der Einsatz in Kambodscha wird wahrscheinlich mindestens zwei Milliarden Dollar kosten. Die UN sind bereits heute an den finanziellen Grenzen ihrer Leistungsfähigkeit angelangt.

Ein großer Nachteil für das wirkungsvolle Eingreifen ergibt sich auch aus der langen Vorbereitungszeit. Es dauert oft Wochen und Monate, ehe im Sicherheitsrat oder in der Generalversammlung ein entsprechender Beschluss zustande kommt.
Oftmals sind den UN auch aufgrund der Charta die Hände gebunden, denn der Grundsatz der Nichteinmischung in die inneren Angelegenheiten eines Landes verbietet den UN ein Eingreifen.

■ 1. Wie stehen Sie zu der Forderung nach einem verstärkten Engagement der Bundesrepublik bei den Friedensmissionen der UN?
■ 2. Sollte Ihrer Meinung nach die Bundeswehr auch an den Kampfeinsätzen im Auftrag der UN teilnehmen?
■ 3. Österreichische und schwedische Truppen sind bisher relativ häufig bei UN-Friedensmissionen eingesetzt worden. Suchen Sie dafür eine Begründung.

UN-Aktionen Friedenstruppen

Finanzierung der UN-Missionen

Die UN zahlen ärmeren Mitgliedsländern pro Soldat je Monat einen Sold von 998 Dollar.

Spiegel 21/1992, S. 184

Hauptbeitragszahler der UN

USA	25,0 %
Japan	20,0 %
Russland	1,5 %
Deutschland	9,8 %
Frankreich	6,5 %
Großbritannien	5,1 %

Die Rolle der UN beim Schutz der Menschenrechte

In Guatemala werden weiter Menschenrechte missachtet

New York (epd) – Die unabhängige guatemaltekische Menschenrechtskommission hat den Sicherheitskräften erneut zahlreiche Morde und Folterungen vorgeworfen. In diesem Jahr seien 1369 Menschenrechtsverstöße, darunter 427 „außergerichtliche Hinrichtungen", 335 willkürliche Verhaftungen und neun Massaker mit 36 Opfern registriert worden, heißt es in einem Bericht an die UNO-Vollversammlung.

Süddeutsche Zeitung, 5./6.12.1992

Kopftücher in der Schule erlaubt

Höchstes französisches Gericht gibt moslemischen Mädchen Recht

Von unserem Korrespondenten Emil Bölte

Paris. Drei moslemische Schülerinnen, die vor zwei Jahren von der Schule gewiesen worden waren, weil sie im Unterricht Kopftücher getragen hatten, haben von Frankreichs höchstem Verwaltungsgericht Recht bekommen. Das Gericht hob die Entscheidung der Schulleitung unter Hinweis auf das Recht auf freie Meinungsäußerung auf.

AZ, 4.11.1992

Jelzin: Menschenrechtsverletzungen im Baltikum

UNO soll für Russen eintreten

„Soziale Probleme verzögern Abzug der russischen Truppen"

Moskau/New York (dpa) – Der russische Präsident Boris Jelzin will angebliche grobe Verletzungen der Menschenrechte von russischsprachigen Bürgern in den baltischen Republiken Estland, Lettland und Litauen vor die Vereinten Nationen bringen.

Süddeutsche Zeitung, 9.11.1992

Amnesty: China verletzt wieder Menschenrechte

Peking (Reuter) – China unterdrückt nach Angaben von Amnesty International (ai) seine moslemische Minderheit in der Provinz Sinkjang.

Süddeutsche Zeitung, 14./15.11.1992

Europa-Parlament appelliert

Rechte der Minderheiten achten

Süddeutsche Zeitung, 19./20.12.1992 (AFP)

■ 4. Gegen wen richten sich die angeprangerten Menschenrechtsverletzungen?
■ 5. Welche Menschenrechte werden in den obigen Berichten verletzt?

Etappen der Entwicklung der Menschenrechte

- **Magna Charta (1225)**
  Erste schriftliche Rechtsgarantien gegen die Willkür des Königs
- **Bill of Rights (1689)**
  Das Petitionsrecht, das Wahlrecht, das Recht der freien Debatte im Parlament u. a. Rechte werden vom König in England ausdrücklich zugesichert.
- **Amerikanische Unabhängigkeitserklärung (1776)**
  „Wir halten es für Wahrheiten, [...] dass alle Menschen vor ihrem Schöpfer gleich sind; dass er ihnen gewisse unveräußerliche Rechte verliehen hat und dass zu diesen Rechten Leben, Freiheit und das Streben nach Glück gehören [...]"
- **Französische Verfassung vom 27. August 1789**
  Hier wird ähnlich wie später in der UN-Charta oder im Grundgesetz eine Liste der Menschenrechte aufgeführt vgl. S. 84.

Erst seit dem Ende des Zweiten Weltkrieges gibt es internationale Vereinbarungen zum Schutz der Menschenrechte. Bis dahin geht man davon aus, dass es in der Entscheidungsgewalt des unabhängigen Staates liegen soll, wie er mit seinen Bürgern umgeht. Vor allem die Erfahrungen mit der Schreckensherrschaft des Dritten Reiches führen auf internationaler Ebene zu einem Umdenken. Heute herrscht mehrheitlich die Meinung vor, dass die Staatengemeinschaft eine Verantwortung für das Lebensschicksal aller Menschen hat; die Opfer einer Diktatur dürfen nicht einfach ihrem Unglück überlassen werden. Diese Überlegungen führen 1948 zur Verabschiedung der Menschenrechtsdeklaration der Vereinten Nationen.

Allgemeine Erklärung der Menschenrechte der UN

Art 1. Alle Menschen sind frei und gleich an Würde und Rechten geboren. Sie sind mit Vernunft und Gewissen begabt und sollen einander im Geiste der Brüderlichkeit begegnen.
Art 2. Jeder Mensch hat Anspruch auf die in dieser Erklärung verkündeten Rechte und Freiheiten ohne irgendeine Unterscheidung, wie etwa nach Rasse, Farbe, Geschlecht, Sprache, Religion, politischer oder sonstiger Überzeugung, nationaler oder sozialer Herkunft, nach Eigentum, Geburt oder sonstigen Umständen.
Art 3. Jeder Mensch hat das Recht auf Leben, Freiheit und Sicherheit der Person.
Art 4. Niemand darf in Sklaverei oder Leibeigenschaft gehalten werden.
Art 5. Niemand darf der Folter oder grausamer, unmenschlicher oder erniedrigender Behandlung oder Strafe unterworfen werden.
Art 7. Alle Menschen sind vor dem Gesetz gleich und haben ohne Unterschied Anspruch auf gleichen Schutz durch das Gesetz. [...]
Art 9. Niemand darf willkürlich festgenommen, in Haft gehalten oder des Landes verwiesen werden.
Art 16. Heiratsfähige Männer und Frauen haben ohne Beschränkung durch Rasse, Staatsbürgerschaft oder Religion das Recht, eine Ehe zu schließen und eine Familie zu gründen. [...]
Art 17. Jeder Mensch hat allein oder in Gemeinschaft mit anderen Recht auf Eigentum. Niemand darf willkürlich seines Eigentums beraubt werden.
Art 18. Jeder Mensch hat Anspruch auf Gedanken-, Gewissens- und Religionsfreiheit; [...]
Art 19. Jeder Mensch hat das Recht auf freie Meinungsäußerung;
Art 20. Jeder Mensch hat das Recht auf Versammlungs- und Vereinigungsfreiheit zu friedlichen Zwecken. Niemand darf gezwungen werden, einer Vereinigung anzugehören. [...]

- Vergleichen Sie diese Menschenrechte mit den Grundrechten im Grundgesetz.

Konvention

Darunter versteht man im Völkerrecht einen gegenseitigen Vertrag zwischen Staaten, in dem für ein bestimmtes Gebiet Normen festgelegt werden.

Die Allgemeine Erklärung der Menschenrechte der UN von 1948 erzeugt keine Rechtsbindung für die Mitgliedsländer der UN. Aus diesem Grund sind von der Menschenrechtskommission der UN zwei juristisch verbindlichere Konventionen geschaffen worden; die eine beschreibt die Freiheitsrechte im engeren Sinn, die zweite die Wirtschafts- und Sozialrechte. Beide Konventionen werden auch als „Menschenrechtspakte" bezeichnet. Alle Staaten, die diesen Konventionen beigetreten sind, haben versprochen, die darin enthaltenen Bestimmungen zu achten.
Dennoch verstoßen immer wieder Machthaber gegen diese Konventionen, ohne dass sie dafür belangt werden können. Eine neu gegründete Institution soll hier Abhilfe schaffen.

Es gibt zwei internationale Gerichtshöfe der UN mit Sitz in Den Haag in den Niederlanden

- der Internationale Strafgerichtshof: Er verhandelt nur gegen Personen, denen Verbrechen gegen die Menschlichkeit oder Kriegsverbrechen vorgeworfen werden.
- Der Internationale Gerichtshof: Er wird nur tätig, wenn Staaten einen Streitfall zur Entscheidung vorlegen.

Der Internationale Strafgerichtshof – eine neue Hilfe im Kampf für die Menschenrechte

Ein neues Organ der UN ist der Internationale Strafgerichtshof, dessen Gründungssatzung erst 2002 in Kraft getreten ist. Dieses Gericht soll Einzelpersonen zur Verantwortung ziehen, die Kriegsverbrechen und andere Verbrechen gegen die Menschlichkeit begangen haben, wenn einzelne Staaten nicht imstande oder nicht gewillt sind, diese Personen vor einem eigenen Gericht anzuklagen.
Die Wirkung dieses Gerichtshofes liegt u. a. in der möglichen Abschreckung, denn rücksichtslose Gewaltherrscher müssen jetzt damit rechnen, für ihre Taten zur Verantwortung gezogen zu werden. Das Völkerrecht, das die UN vertritt, steht höher als das mögliche nationale Recht, das Gewaltherrscher bisher häufig zu ihren Gunsten manipuliert haben.
Einer der prominentesten Angeklagten ist der frühere Regierungschef von Jugoslawien, Slobodan Milosevic, dem u. a. Verbrechen gegen die Menschlichkeit vorgeworfen werden.

Grenzen der Wirksamkeit beim Schutz der Menschenrechte

- Die personelle und finanzielle Ausstattung der entsprechenden Organe der UN ist begrenzt.
- Viele Regierungen wünschen keine Prozesse gegen die Angehörigen aus den eigenen Ländern. Etwa die Hälfte aller Staaten weigert sich bis jetzt, das Statut des Internationalen Strafgerichtshofs zu ratifizieren (Stand 2004).
- Das Haupthindernis ist der in der UN-Charta festgelegte Grundsatz, dass sich die UN nicht in die inneren Angelegenheiten eines Landes einmischen dürfen.

Charta der Vereinten Nationen

Artikel 2

7. Aus dieser Charta kann eine Befugnis der Vereinten Nationen zum Eingreifen in Angelegenheiten, die ihrem Wesen nach zur inneren Zuständigkeit eines Staates gehören, oder eine Verpflichtung der Mitglieder, solche Angelegenheiten einer Regierung auf Grund dieser Charta zu unterwerfen, nicht abgeleitet werden;

■ **Bei zahlreichen massiven Verstößen gegen die Menschenrechte in manchen Ländern haben sich die Vereinten Nationen nicht vor Ort informieren oder gar eingreifen können. Erklären Sie diesen Sachverhalt mit Hilfe des Art. 2 Absatz 7 der Charta der UN.**

ZUSAMMENFASSUNG

Unter dem Eindruck der Katastrophe des Zweiten Weltkrieges werden 1945 die Vereinten Nationen gegründet. Ihre Hauptaufgaben sind die Sicherung des Weltfriedens, die friedliche Beilegung von Konflikten und die internationale Zusammenarbeit unter Beachtung der Gleichberechtigung der Völker und der Sicherung der Menschenrechte. Mit zurzeit 191 Mitgliedsländern sind fast alle Staaten der Erde in der UN vertreten. Bei Abstimmungen in der Generalversammlung hat jedes Land eine Stimme. Zwar haben die Beschlüsse dieses Gremiums meist nur empfehlenden Charakter, es geht aber dennoch ein gewisser moralischer Druck von ihnen aus.

Der Sicherheitsrat kann beschließen, dass so genannte Blauhelm-Soldaten zur Friedenssicherung in Krisengebiete oder auch als Kampftruppen gegen einen Angreifer entsandt werden, wie es z. B. im Golfkrieg 1991 geschehen ist.

Fachbegriffe

Vereinte Nationen (UN) – Generalversammlung – Sicherheitsrat – Vetorecht – Blauhelme – Menschenrechtsdeklaration der UN – Menschenrechtskonvention – Internationaler Strafgerichtshof

Seit Ende des Ost-West-Konflikts ist die Zahl der UN-Einsätze stark angestiegen, weil die Großmächte nicht mehr wie früher gemeinsame Aktionen blockieren. Diese erfreuliche Entwicklung bringt jedoch auch mehr personelle und finanzielle Belastungen mit sich, da die Friedensmissionen z. T. sehr langwierig und kostspielig sind. Erschwerend kommt hinzu, dass die UN nicht über eigene Truppen verfügen und stets auf entsprechende Unterstützung von Mitgliedsländern angewiesen sind. Das wiedervereinigte Deutschland beteiligt sich zunehmend an Aktionen der UN. Das Bundesverfassungsgericht erlaubt solche Einsätze, sofern der Bundestag zustimmt.

Ein zweiter Schwerpunkt der internationalen Friedenspolitik ist die Sicherung der Menschenrechte. Diese sind zwar in der Menschenrechtsdeklaration der UN von 1948 und in zwei weiteren Konventionen niedergelegt, allerdings gibt es international kaum Möglichkeiten, einen Staat wegen Verletzung der Menschenrechte anzuklagen.

Der neu eingerichtete Internationale Strafgerichtshof in Den Haag soll im Auftrag der UN gegen Personen vorgehen können, denen Kriegsverbrechen vorgeworfen werden.

AUFGABEN

1. **Wie stehen Sie zu der Forderung, dass auch Deutschland einen Platz als ständiges Mitglied im Sicherheitsrat der UN erhalten sollte?**
2. **Von vielen Seiten wird gefordert, die Kompetenzen der UN zu verstärken, damit sie ihren Hauptzielen, nämlich der Sicherung des Friedens und der Menschenrechte, besser gerecht werden kann. Wie stehen Sie zu einer Machterweiterung der UN?**

2.2 Der Nordatlantische Verteidigungspakt – die NATO

Das Entstehen des Ost-West-Konflikts

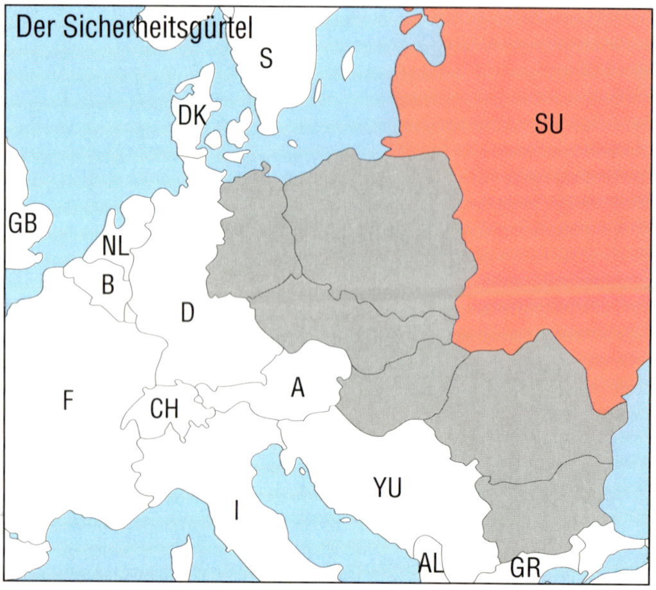

Ausdehnung des sowjetischen Machtbereichs nach 1945

War es Sicherheits- oder Machtstreben? Die UdSSR ließ nach Ende des Zweiten Weltkriegs 4,5 Millionen Mann an Truppen in den von ihr eroberten Gebieten westlich ihrer Grenzen stehen. In fünf Staaten und in ihrer Besatzungszone in Deutschland schuf sie Verhältnisse, die ihr dauerhaften Einfluss sichern sollten. Der Sowjetische Diktator Stalin (1924 – 1953) ließ hier freie und unbehinderte Wahlen nicht zu und förderte mit Druck das Entstehen kommunistischer Einheitsparteien.
Die UdSSR begründete ihr Verhalten in den westlichen Randstaaten stets mit ihrem Bedürfnis nach Sicherheit. Der Westen sah darin ein Streben nach Ausdehnung und Erhaltung der Macht weit nach Mitteleuropa hinein.

Frieden und Sicherheit, Köln 1991, S. 21

NATO-Mitglieder ab 1949

Belgien, Dänemark, Frankreich, Großbritannien, Island, Italien, Kanada, Luxemburg, Niederlande, Norwegen, Portugal, USA

ab 1952: Griechenland, Türkei
ab 1955: BR Deutschland
ab 1982: Spanien

Frankreich zieht sich 1959 aus der militärischen Zusammenarbeit zurück.

1. Wie heißen die Staaten, die die UdSSR in Europa als „Sicherheitsgürtel" angesehen hat und in ihre Abhängigkeit gebracht hat?
2. Beschreiben Sie den Sinn eines solchen Sicherheitsgürtels. Aufgrund welcher Erfahrungen hat die Sowjetunion ein solch großes Bedürfnis nach Sicherheit?

Die Gründung der NATO und des Warschauer Paktes

Die UdSSR versucht in allen Ländern, in denen sie Einfluss hat, kommunistische und moskauhörige Regierungen einzusetzen. Der Westen sieht darin ein Streben nach Ausdehnung der kommunistischen Herrschaft. Die Berlin-Blockade von 1948/49 und die durch einen Putsch erfolgte kommunistische Machtergreifung in Prag 1948 verschärfen den Ost-West-Konflikt. Im Westen wird ein militärischer Verteidigungspakt gegründet, die **NATO**, die den sowjetischen Ausdehnungsdrang stoppen soll. Wenige Jahre später entsteht als Gegenstück dazu ein Militärpakt im Osten, der so genannte **„Warschauer Pakt"**.

Mitglieder des Warschauer Pakts

Bulgarien, CSSR, DDR, Polen, Rumänien, Ungarn, UdSSR

Albanien gehört anfangs ebenfalls zum Warschauer Pakt, scheidet aber 1968 aus.

NATO-Vertrag vom 4.4.1949

Artikel 5: Die Parteien vereinbaren, dass ein bewaffneter Angriff gegen eine oder mehrere von ihnen in Europa oder Nordamerika als ein Angriff gegen sie alle angesehen werden wird, sie vereinbaren daher, dass im Falle eines solchen bewaffneten Angriffs jede von ihnen [...] der Partei oder den Parteien, die angegriffen werden, Beistand leisten [...]

Warschauer Vertrag vom 5.5.1955

Artikel 4: Im Falle eines bewaffneten Überfalls in Europa auf einen oder mehrere Teilnehmerstaaten des Vertrags [...] wird jeder Teilnehmer des Vertrags [...] dem Staat oder den Staaten, die einem solchen Angriff ausgesetzt sind, sofortigen Beistand. [...] mit allen Mitteln, [...] einschließlich der Anwendung militärischer Gewalt, erweisen.

Es entsteht ein Klima des Misstrauens und der Feindschaft. Als Folge davon wird Europa in zwei Blöcke gespalten und durch einen **„Eisernen Vorhang"** geteilt. Es kommt zu einem gewaltigen Wettrüsten mit immer schlimmeren Waffen, wie Atom- und Wasserstoffbomben, Interkontinentalraketen und mobilen Abschussbasen auf Unterseebooten. Beide Bündnissysteme besitzen schließlich „Overkill-Kapazitäten", d. h. jede Seite ist in der Lage, einen möglichen Gegner vielfach auszulöschen. Da dieses Wettrüsten immer teurer wird und nicht wirklich ein Mehr an Sicherheit bringt, beginnt in Ost und West ein Umdenkungsprozess.

Erfolge bei der Sicherheits- und Abrüstungspolitik seit 1985

Mit dem Amtsantritt des Generalsekretärs der KPdSU Michael Gorbatschow beginnt eine neue Ära. Die Entspannungspolitik macht rasche Fortschritte und bei den jahrelang verschleppten Abrüstungsverhandlungen kommt es zu früher nicht für möglich gehaltenen Erfolgen.

Erfolgreiche Abrüstungsvereinbarungen

- 1987 wird die weltweite Beseitigung aller amerikanischen und sowjetischen landgestützten Mittelstreckenraketen vereinbart. Bereits Mitte Mai 1991 sind alle 846 amerikanischen und 1846 sowjetischen Raketen verschrottet. Die Zerstörung wird jeweils von Beobachtern aus dem anderen Land überwacht.
- 1990 wird die Reduzierung der konventionellen Streitkräfte in Europa beschlossen (VKSE-Vertrag). Gemäß diesem Vertrag müssen die NATO-Staaten z. B. 4.400 Kampfpanzer und 4250 gepanzerte Fahrzeuge vernichten, während es bei den Staaten des ehemaligen Warschauer Paktes 11.000 bzw. 11.900 Fahrzeuge sind.
- 1991 START I-Vertrag. Die strategischen Waffen (Raketen mit Reichweiten über 5500 km) werden in ihrer Zahl um etwa ein Drittel reduziert.
- 1993 START II-Vertrag. Die strategischen Waffen werden im Vergleich zum START I-Vertrag nochmals um die Hälfte verringert. Als Folge davon müssen 20.000 atomare Sprengköpfe zerstört werden. Vertragspartner sind die USA und Russland.

Eine neue Rolle für die NATO

Auf dem Trockenen *Zeichnung: Jupp Wolter*

- Interpretieren Sie die Karikatur.

Eiserner Vorhang

Damit ist die stark befestigte und undurchlässige Grenze gemeint, die Europa in der Zeit des Ost-West-Konflikts in zwei Teile teilt.

Gemeinsame Erklärung von 22 Staaten der NATO und des Warschauer Paktes am 19. November 1990 in Paris (Auszug)

Die Unterzeichnerstaaten erklären feierlich, dass sie in dem anbrechenden neuen Zeitalter europäischer Beziehungen nicht mehr Gegner sind, sondern neue Partnerschaften aufbauen und einander die Hand zur Freundschaft reichen wollen [...]

START-Vertrag

START = Strategic Arms Reduction Talks
Im Gegensatz zu den SALT-Verträgen, wo es nur um eine Begrenzung strategischer Waffen geht, werden bei START diese Waffen reduziert.

Als eine Folge der Entspannungspolitik setzen sich in vielen Staaten Osteuropas westliche Demokratievorstellungen durch, was letztlich zur Auflösung der Sowjetunion und des von ihr kontrollierten Warschauer Pakts führt. Damit verschwindet die militärische Bedrohung der Völker Westeuropas, sodass die NATO ihre Hauptaufgabe verliert.
Manche Politiker fordern daher, dass man die NATO ebenfalls auflösen solle. Bei einem Gipfeltreffen wird jedoch vereinbart, dass die NATO neue Aufgaben übernehmen soll.

Gipfeltreffen zum Jubiläum in Washington

Nato erweitert ihre militärische Strategie

Vermeidung und Beilegung von Krisen zählen künftig ausdrücklich zu den Kernaufgaben der Allianz

Washington (SZ) – **Mit einem neuen strategischen Konzept für das 21. Jahrhundert erweitert die NATO ihren Auftrag von einer reinen Verteidigung des Bündnisgebietes auf eine Krisenbewältigung im euro-atlantischen Raum. Die Staats- und Regierungschefs der Allianz verabschiedeten das Programm auf ihrem Jubiläumsgipfeltreffen in Washington.**

Das neue Konzept:
Das neue Dokument stellt auch weiterhin den gegenseitigen Schutz der Mitglieder vor Angriffen von außen in den Mittelpunkt. Neu ist allerdings die Hervorhebung von Werten und Interessen wie Demokratie, Freiheit und Menschenrechten, die das Bündnis zu verteidigen bereit ist. Auch das Bedrohungsspektrum ist drastisch erweitert: Die Nato sieht künftig Terroristen, Saboteure, die Handlanger des organisierten Verbrechens oder die Händler von Massenvernichtungswaffen als ihre Feinde an. Kernaufgabe der Nato ist also nicht mehr nur die Verteidigung des Bündnisgebietes, sondern auch Krisenmanagement und Friedenssicherung außerhalb der Grenzen der Mitglieder.

Süddeutsche Zeitung, 26.4.1999, S. 1 und 2

- 1. Nennen Sie die zusätzlichen Aufgaben, die sich die NATO vorgibt.
- 2. Wie bewerten Sie die Folgen für Deutschland und die Bundeswehr?

Die Staats- und Regierungschefs der NATO-Mitgliedsländer legen 1999 fest, dass die NATO fortbestehen und in Zukunft nicht nur Verteidigungsaufgaben, sondern auch politische Aufgaben übernehmen solle. Sie soll zu einer Ordnungsmacht für ganz Europa werden, die die Demokratie, Freiheit und die Menschenrechte schützt, auch außerhalb der Mitgliedsstaaten. Diese neue Zielsetzung zeigt sich erstmals beim Luftkrieg gegen Jugoslawien, da die NATO hier außerhalb ihres Bündnisgebietes als Ordnungsmacht eingreift. Dieser Einsatz ist völkerrechtlich problematisch, da er ohne UN-Mandat stattfindet, denn Russland hat im Sicherheitsrat vorher mit einem Veto einen Beschluss der UN verhindert.

Staaten, die der NATO 2004 beitreten

Bulgarien
Estland
Lettland
Litauen
Rumänien
Slowenien
Slowakei

Die neue Rolle der NATO wird auch im Kampf gegen den Terrorismus erkennbar. Der Terroranschlag vom 11. September 2002 in New York wird als Angriff von außen auf die USA angesehen, so dass der Bündnisfall gegeben ist. Die NATO-Partner, darunter die Bundesrepublik, unterstützen die USA im Kampf gegen die Taliban-Regierung in Afghanistan, da diese den Terroristen nachweislich Unterstützung gewährt hat.

Im Rahmen der Terrorbekämpfung wird eine „Schnelle Eingreiftruppe" aufgebaut, die kurzfristig einsetzbar sein soll, auch außerhalb des Bündnisgebietes. Die deutschen Soldaten dürfen allerdings nur nach vorheriger Zustimmung des Bundestages an solchen Einsätzen teilnehmen.

Die NATO wird größer und damit auch die Region der Stabilität

Nach dem Ende des Ost-West-Konflikts bietet die NATO den ehemaligen kommunistischen Staaten in Mittel- und Osteuropa die Mitgliedschaft im Bündnis an. 1999 treten Polen, Ungarn und Tschechien der NATO bei. 2004 kommen Bulgarien, Estland, Lettland, Litauen, Rumänien, Slowakei und Slowenien dazu. Russland und anderen Staaten werden Kooperationen angeboten. Damit entsteht in Europa eine große Region der Stabilität und Sicherheit, da Kriege zwischen den NATO-Mitgliedern aller Wahrscheinlichkeit nach nicht mehr möglich sind.

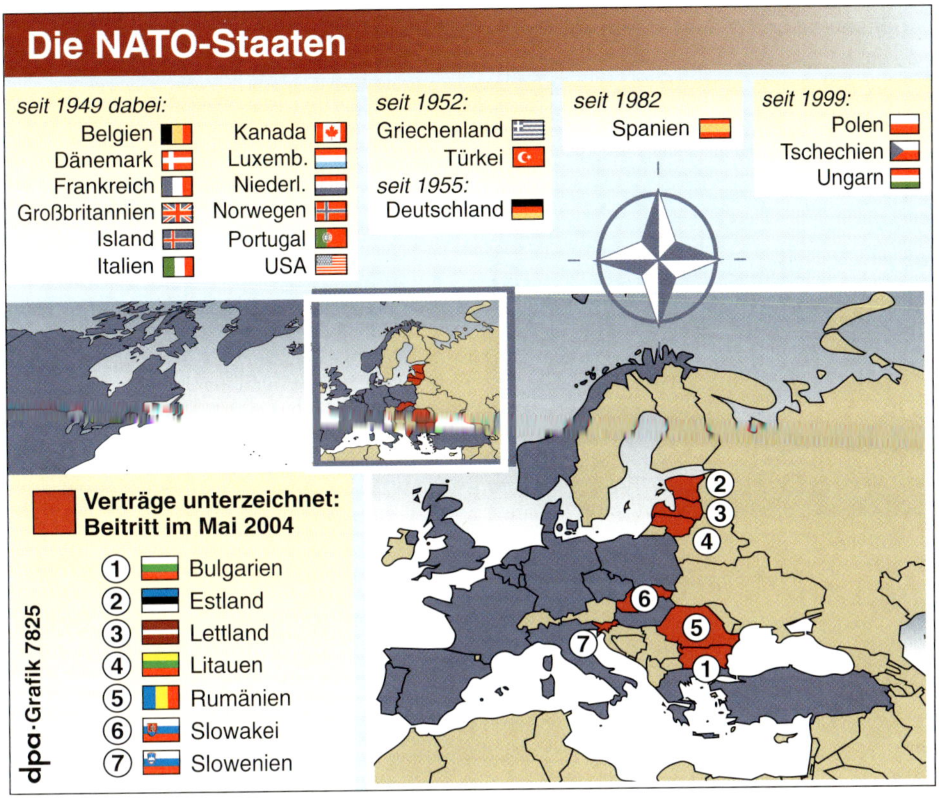

2.3 Friedenssicherung durch die Bundeswehr

Im Jahr 1955 wird in der Bundesrepublik die Bundeswehr neu aufgebaut und die allgemeine Wehrpflicht wieder eingeführt. Im selben Jahr tritt die Bundesrepublik der NATO bei (siehe S. 338). Der Hintergrund für diese Entscheidungen ist der Ost-West-Konflikt. Die westlichen Siegermächte fordern von der souverän gewordenen Bundesrepublik einen militärischen Beitrag zur Friedenssicherung in Europa.

Die Aufgabe der Bundeswehr besteht darin, die Bundesrepublik sowie die Bündnispartner gegen Angriffe von außen zu verteidigen. Mit dem Ende des Ost-West-Konflikts und der Auflösung des östlichen Militärbündnisses, dem Warschauer Pakt, schwindet die bis dahin angenommene äußere Bedrohung.

Nach der Vereinigung der beiden deutschen Staaten im Jahr 1990 wird die Bundeswehr deutlich verkleinert; manche Politiker fordern sogar die Auflösung der als nicht mehr notwendig empfundenen militärischen Strukturen. Es kommt jedoch nicht zur Selbstauflösung. Nach dem Willen der Staats- und Regierungschefs des NATO-Bündnisses sollen NATO und die nationalen Streitkräfte neue, diesmal auch politische, Aufgaben übernehmen (siehe S. 340).

Bundeswehr und Grundgesetz

Durch das Grundgesetz ist der Auftrag der Bundeswehr klar bestimmt:
Der Bund stellt Streitkräfte zur Verteidigung auf. (Artikel 87a Absatz 1)

Aufgabe ist also allein die Verteidigung nach außen.

Stärke der Bundeswehr

1989 hatte die Bundeswehr eine Stärke von 480 000 Mann. Ende 2000 waren es nur noch 315 000. Eine weitere Reduzierung auf 250 000 Soldatinnen und Soldaten ist geplant.

Bundeswehr im Wandel – neue Aufgaben kommen hinzu

Auftrag der Bundeswehr

Die Bundeswehr

- schützt Deutschland und seine Staatsbürger vor politischer Erpressung und äußerer Gefahr,
- verteidigt Deutschland und seine Verbündeten,
- trägt zur Sicherung von Frieden und Stabilität im europäischen Raum bei,
- fördert den Weltfrieden und die internationale Sicherheit im Einklang mit der Charta der Vereinten Nationen,
- hilft bei Katastrophen, rettet aus Notlagen und unterstützt humanitäre Aktionen.

■ Welche Aufgaben sind neu gegenüber der ursprünglichen Zielsetzung der Bundeswehr?

Rechtliche Grundlagen

Die Bundeswehr im Bündnis

Der Bund kann sich zur Wahrung des Friedens einem System kollektiver Sicherheit einordnen [...] (Artikel 24 Absatz 2 GG)

Das Grundgesetz beschreibt die Voraussetzungen, nach denen die Bundeswehr tätig werden darf. Die Hauptaufgabe der Bundeswehr ist die Verteidigung gegen einen Gegner, der unser Land von außen mit Waffengewalt angreift (Artikel 87a GG). Andererseits ist die Bundesrepublik verschiedenen internationalen Organisationen beigetreten und musste die daraus erwachsenen Bündnisverpflichtungen erfüllen, z. B. bei der UNO oder der NATO (Artikel 24 Absatz 2 GG). Das Bundesverfassungsgericht hat entschieden, dass es keinen Widerspruch zwischen den beiden Artikeln im Grundgesetz gibt und dass die Bundeswehr unter bestimmten Bedingungen auch außerhalb der Bundesrepublik eingesetzt werden darf.

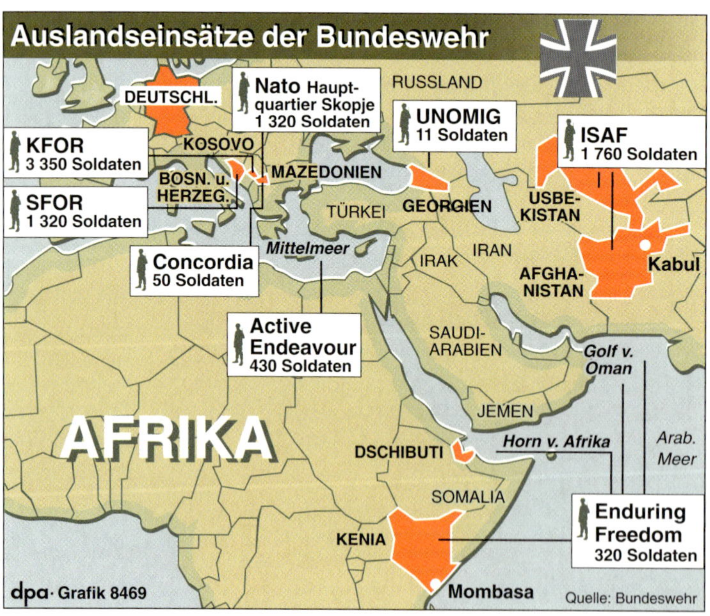

Der Schutz der inneren Sicherheit ist grundsätzlich Aufgabe von Polizei und Bundesgrenzschutz (BGS). Im Innern der Bundesrepublik darf die Bundeswehr deshalb nur ausnahmsweise eingesetzt werden, z. B. zur Bekämpfung von Naturkatastrophen und besonders schweren Unglücksfällen wie zum Beispiel beim ICE-Eisenbahnunglück in Eschede 1999 und bei der Elbe-Überschwemmungskatastrophe 2002.

Friedensschaffende und friedenserhaltende Einsätze im Ausland dürfen grundsätzlich nur im Rahmen internationaler Bündnisse stattfinden. Die Charta der Vereinten Nationen und der NATO-Vertrag liefern die rechtlichen Grundlagen. Einem Auslandseinsatz der Bundeswehr muss zudem stets der Deutsche Bundestag zustimmen. Seit 1990 nimmt die Bundeswehr in größerem Umfang an der ganzen Bandbreite internationaler Einsätze teil. Darin spiegelt sich die gewachsene Bereitschaft Deutschlands, außenpolitische Verantwortung zu übernehmen.

Frieden und Sicherheit, Ein Heft für die Schule, Hg. Arbeitsgemeinschaft Jugend und Bildung e. V., Wiesbaden, Universum Verl.-Anst., 2003

Aufgrund dieser Entwicklung gewinnt die Frage an Bedeutung, ob eine Berufsarmee für solche Einsätze nicht besser geeignet ist als eine Armee mit Wehrpflicht.

Wehrpflicht oder Berufsarmee

Staaten mit Berufsarmeen

Belgien
Frankreich
Großbritannien
Irland
Italien (ab 2005)
Niederlande
Portugal
Spanien

Pro Wehrpflicht

„(Die Wehrpflicht hat sich in 50 Jahren bewährt) […] Es kommen weitere Punkte hinzu: Das Demokratieverständnis, die Tatsache, dass wir durch die Wehrpflicht einen viel engeren Bezug zwischen der Bundeswehr und der Gesellschaft haben. Ich glaube nicht, dass dieser intensive Austausch so gewährleistet wäre, wenn wir eine Berufsarmee hätten. Außerdem wäre eine Berufsarmee unter dem Strich teurer, wie die Erfahrungen bei unseren westlichen Nachbarn zeigen."

Reinhold Robbe, Vorsitzender des Verteidigungsausschusses des Deutschen Bundestages, am 21.11.2002 im Interview mit „bundeswehr aktuell"

Pro Berufsarmee

„Die Anforderungen an heutige europäische Armeen haben sich stark gewandelt. Gut ausgebildete Spezialisten sind gefragt. Schon heute spielen Wehrpflichtige für die wesentlichen Aufgaben der Bundeswehr fast keine Rolle mehr. Was wir in Zukunft brauchen, ist eine gemeinsame europäische Verteidigungspolitik, basierend auf einer gemeinsamen Berufsarmee. Beim Absolvieren des Wehrdienstes hierzulande gibt es längst keine Gerechtigkeit mehr. Der eine muss dienen, der andere kommt davon. Auch das unterhöhlt die Legitimation der Wehrpflicht."

Christoph Matschie (SPD), Mitglied des Bundestages, in: Stuttgarter Nachrichten, 5.4.2002

■ 1. Welche Hauptargumente werden für bzw. gegen die Wehrpflicht vorgetragen?
■ 2. Nennen Sie weitere Pro- und Kontraargumente.

Zivildienst als Alternative zur Bundeswehr

Die schlimmen Erfahrungen mit der Herrschaft der Nationalsozialisten sind der Grund, dass im Grundgesetz bereits 1949 ein Recht auf Kriegsdienstverweigerung festgelegt wird. Dieses Grundrecht wird bedeutsam, als in der Bundesrepublik mit der Gründung der Bundeswehr die allgemeine Wehrpflicht wieder eingeführt wird.

Grundgesetz der Bundesrepublik Deutschland

Artikel 4
(1) Niemand darf gegen sein Gewissen zum Kriegsdienst mit der Waffe gezwungen werden. Das Nähere regelt ein Bundesgesetz.

Artikel 12a
(2) Wer aus Gewissensgründen den Dienst mit der Waffe verweigert, kann zu einem Ersatzdienst verpflichtet werden.

Anträge auf Kriegsdienstverweigerung

1977	69 969
1988	77 048
1998	171 657
2002	189 644
2003	170 726

Informationen zu den genannten Diensten

www.zivildienst.de
www.friedensdienst.de
www.bmfsfj.de
www.ziviausland.de
www.eak-online.de

Finanzierung der Zivildienstplätze (Stand 2004)

Das Bundesamt für den Zivildienst erstattet den Verbänden, die Plätze für Zivildienstleistende zur Verfügung stellen, etwa 70 % der Kosten. Zusätzlich werden die Sozialversicherungsbeiträge übernommen.

Das Verfahren für die Anerkennung als Kriegsdienstverweigerer ist vereinfacht worden. Es genügt jetzt, die Gründe für die Verweigerung glaubhaft schriftlich darzulegen.

Etwa 40 % der wehrdiensttauglichen jungen Männer eines Jahrgangs wählen den Zivil- oder Ersatzdienst (Stand 2003). Sie erbringen in vielen Bereichen der Gesellschaft einen wichtigen Beitrag, vor allem bei der Pflege und Versorgung Hilfsbedürftiger. Der Zivildienst dauert zurzeit zehn Monate, eine Verkürzung auf neun Monate ist vorgeschlagen. Das entsprechende Gesetzgebungsverfahren ist eingeleitet.

Anstelle des Zivildienstes können anerkannte Kriegsdienstverweigerer auch ein „Freiwilliges soziales Jahr" oder ein „Freiwilliges ökologisches Jahr" bei den dafür anerkannten Verbänden ableisten. Etwa 3-4 % wählen diese Möglichkeit. Seit 2002 ist es auch erlaubt, dieses Jahr im Ausland abzuleisten. Es besteht zudem die Möglichkeit, einen so genannten „Anderen Dienst im Ausland" von mindestens einem Jahr oder einen Dienst als Helfer im Katastrophenschutz von zurzeit mindestens sechs Jahren abzuleisten.

Einsatzfelder von Zivildienstleistenden

Verbände (Zahl der angebotenen Plätze)		**Zivildienstplätze nach Tätigkeitsgruppen**	
Arbeiterwohlfahrt	7 935	Pflegehilfe und Betreuung	61,6 %
Deutscher Caritasverband	26 015	Handwerkliche Tätigkeiten	13,2 %
Deutsches Rotes Kreuz	14 840	Gärtnerische und landwirtschaftliche Tätigkeiten	2,2 %
Dt. Paritätischer Wohlfahrtsverband	28 729	Versorgungstätigkeiten	5,4 %
Diakonisches Werk	28 633	Tätigkeiten im Umweltschutz	3,1 %
Dt. Krankenhausgesellschaft	10 823	Kraftfahrdienste	1,4 %
Dt. Sportbund	448	Krankentransporte	4,5 %
Keinem Spitzenverband angeschlossen	38 813	Betreuung Schwerstbehinderter	3,5 %
Sonstige	53	Sonstige	5,1 %
insgesamt	156 369		
davon belegt	66 842		

www.zivildienst.de, 15.06.2004

- **Halten Sie es für richtig, dass junge Männer, die als nicht wehrdiensttauglich eingestuft werden, auch keinen Zivildienst leisten müssen?**

2.4 Die OSZE – Sicherheitspolitik ohne militärische Mittel

Umbenennung: Aus KSZE wird OSZE

1995 erfolgt eine Umbenennung von KSZE in OSZE (Organisation für Sicherheit und Zusammenarbeit in Europa). Außerdem erhält die OSZE eine feste Organisationsstruktur.

Noch während des Ost-West-Konflikts (siehe S. 338/339) verhandeln 35 Staaten in Helsinki, um auf friedlichem Wege das Misstrauen und Spannungen zwischen den europäischen Staaten zu verringern. Diese **Konferenz für Sicherheit und Zusammenarbeit in Europa (KSZE)** hat einen wesentlichen Beitrag zur Überwindung der Spaltung Europas geleistet. Mit der gemeinsamen Erklärung von 22 Staaten der NATO und des Warschauer Paktes vom 19. November 1990 in Paris (siehe S. 339) wird der Ost-West-Konflikt für beendet erklärt und zugleich werden der KSZE neue Aufgaben zugeteilt:

- vorbeugende Konfliktvermeidung und Hilfen bei der Krisenbewältigung
- Förderung der Demokratisierung
- Schutz der Menschenrechte
- Schutz nationaler Minderheiten
- Erkundungs- und Überwachungsmissionen in Krisengebieten

Informationen zur politischen Bildung, Heft 274, 2002, S. 15

ZUSAMMENFASSUNG

Nach 1945 zerbricht die Anti-Hitler-Koalition der Siegermächte des Zweiten Weltkriegs und es entsteht der so genannte Ost-West-Konflikt. Als Folge davon werden Deutschland und Europa in zwei Lager gespalten; auf der westlichen Seite wird 1949 als Verteidigungspakt die NATO gegründet, auf östlicher Seite als Gegenstück der Warschauer Pakt. Es setzt ein jahrelanges Wettrüsten zwischen den beiden Militärblöcken ein. Ab 1969 beginnt allmählich die Entspannungspolitik.

Die Konferenzen für Sicherheit und Zusammenarbeit in Europa (KSZE) tragen zum Abbau des gegenseitigen Misstrauens bei. 1990 wird der Ost-West-Konflikt für beendet erklärt. Der Warschauer Pakt löst sich auf, die NATO bietet den Staaten Osteuropas Freundschaft und Kooperation an und setzt sich neue Aufgaben bei der Terrorbekämpfung und der Friedenssicherung auch außerhalb des Bündnisgebietes. Viele ehemals kommunistische Staaten treten der NATO bei. Aus den Konferenzen der KSZE entwickelt sich eine ständige Einrichtung, die sich zum Ziel setzt, die Zusammenarbeit zwischen den west- und osteuropäischen Staaten zu fördern. Ihr neuer Name lautet OSZE.

Die Bundeswehr wird verkleinert und muss sich darauf vorbereiten, in Zukunft verstärkt zu Einsätzen bei UN-Missionen herangezogen zu werden. Wegen dieser neuen Aufgaben wird von vielen Seiten gefordert, die Wehrpflichtarmee in eine Berufsarmee umzuwandeln.

Fachbegriffe

NATO – Warschauer Pakt – Eiserner Vorhang – KSZE – OSZE – START-Verträge – Zivildienst

AUFGABEN

1. **Suchen Sie nach Gründen für das Einschwenken der Sowjetunion ab 1985 auf einen Entspannungskurs gegenüber dem Westen.**
2. **Beschreiben Sie die Aufgaben von NATO und OSZE.**

3 Entwicklungspolitische Zusammenarbeit – eine zentrale Aufgabe internationaler Politik

3.1 Der Nord-Süd-Gegensatz

Bilder des Schreckens:

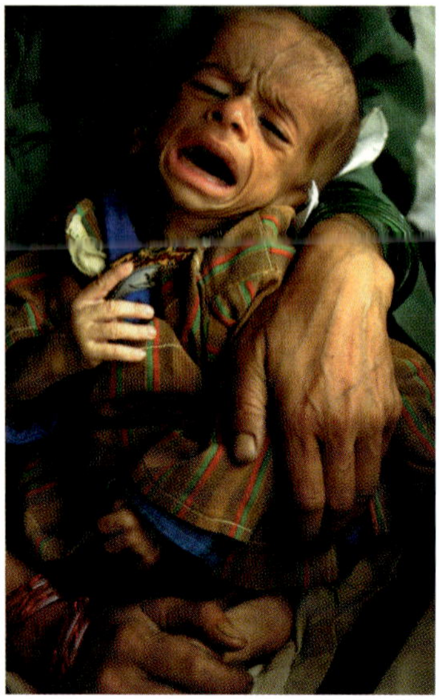

■ Äußern Sie spontan Ihre Gedanken zum Thema Hunger und Armut.

Bevölkerung, Lebenschancen und Einkommen sind auf der Erde sehr ungleich verteilt. Im Norden die reichen Industrieländer, Europa, Nordamerika und Japan, im Süden das „Armenhaus" der Welt.

In Süd- und Mittelamerika, in Afrika und in Asien kämpfen Hunderte Millionen Menschen um das tägliche Überleben. Ihnen zu helfen sollte eigentlich selbstverständlich und ein Gebot der Menschlichkeit sein.

Auch wenn es zunächst nicht den Anschein hat, die Probleme im Norden und im Süden der Welt sind miteinander verknüpft und können letztlich nur gemeinsam gelöst werden. Die Solidarität bzw. das Helfen des Nordens sind somit verbunden mit Eigeninteresse.

Umweltgefahren, wie Klimaveränderungen oder das Ozonloch bedrohen den Norden gleichermaßen wie den Süden. Eine stärkere Zusammenarbeit zwischen den Industrie- und den Entwicklungsländern wird deshalb immer notwendiger, wie in der Agenda 21 gefordert.

Die Agenda 21 – das unbekannte Wesen

Der Begriff Agenda bedeutet sinngemäß: „Was zu tun ist!" Die 21 kennzeichnet das 21. Jahrhundert. Die Agenda 21 ist also, vereinfacht gesagt, die Tagesordnung oder das Aktionsprogramm für unsere Zukunft. Sie gibt Richtlinien für eine nachhaltige, zukunftsfähige Entwicklung von Umwelt, Wirtschaft und Gesellschaft. Nachhaltigkeit bedeutet: Solidarität innerhalb der Gesellschaft, zwischen den Gesellschaften der Erde, vor allem zwischen armen und reichen Ländern, und zwischen heutigen und künftigen Generationen.

aus: Wasserland Bayern, Bayerisches Staatsministerium für Landesentwicklung und Umweltfragen, 3/2002

Erste Welt – Zweite Welt – Dritte Welt

Das Ende des Ost-West-Konflikts hat die Dreiteilung der Welt in Erste, Zweite und Dritte Welt brüchig werden lassen. Die Zweite Welt (der ehemalige sozialistische Staatenblock) existiert nicht mehr; und die Dritte Welt hat als Einheit allenfalls in der Endphase der Kolonialzeit bestanden, als alle Kolonialländer einig waren in ihrem Streben nach Unabhängigkeit.

Karl Engelhard, Welt im Wandel, 2000

Entwicklungsländer

Die Länder der Dritten Welt, die Entwicklungsländer, sind nach ihrer kulturellen Herkunft, ihrer wirtschaftlichen Entwicklung, ihren politischen Strukturen und ihrer sozialen Schichtung untereinander sehr verschieden und diese Unterschiede haben in den letzten Jahrzehnten eher noch zugenommen.

Karl Engelhard, Welt im Wandel, 2000

Weitere Gesichtspunkte, bei denen sich Entwicklungshilfe und Eigeninteresse verknüpfen, sind die Friedenssicherung und langfristige ökonomische Perspektiven, d. h. es geht auch um zukünftige Märkte und Handelspartner.

Armut und Hoffnungslosigkeit gelten auch als Nährboden für zunehmenden internationalen Terrorismus und für Wanderungen. Millionen Menschen verlassen ihre Heimat. Sie sind auf der Flucht, werden politisch verfolgt oder träumen von mehr Lebensglück in fernen Ländern. Gerade diese aktuellen Problemfelder stellen eine existenzielle Herausforderung der internationalen Staatengemeinschaft dar. Es gilt, die Probleme der Unterentwicklung nachhaltig zu lösen und wirksame Konzepte zu entwickeln.

„Eine Welt" statt drei Welten?

Die „Eine Welt" ist eine Welt voller Ungleichheiten, voller Widersprüche, Konflikte und Gegensätze. Die „Eine Welt"-Idee hat ihre zentrale Wurzel im globalen ökologischen und sozialen Bedrohungspotenzial und der daraus abgeleiteten Erkenntnis, dass nur das gemeinsame Handeln der Menschen aller Staaten, sowohl im Süden und Osten als auch im Norden, die Zukunft der Menschheit auf Dauer sichern kann.
Freilich ist die Vorstellung davon, was vordringlich getan werden muss, unterschiedlich, je nachdem, welche Probleme existenziell als besonders bedrohlich empfunden werden: Für Menschen im Wohlstand liegt der Schwerpunkt auf der Bewältigung von Umwelt- und Beschäftigungsproblemen, während für Menschen in Armut der Kampf gegen Hunger und Existenznot Vorrang hat, auch wenn dadurch Umweltschäden entstehen können. In dem Begriffspaar Umwelt und Entwicklung liegt für Europäer die Betonung mehr auf „Umwelt", für Menschen in armen Regionen dieser Erde auf „Entwicklung". Aber: Beide Aspekte lassen sich nicht voneinander trennen.

Herstellung multikausaler Bezüge

Was jeder Einzelne subjektiv an Entwicklungsproblemen wahrnimmt, ist nur eine Sicht der Problematik. Wir neigen dazu, diese Sicht als die einzige oder einzig mögliche oder einzig wahre anzusehen und daraus unsere Schlussfolgerungen zu ziehen. Wenn wir versuchen, Entwicklungsprobleme aus der Perspektive anderer, insbesondere aus der Sicht von Betroffenen, wahrzunehmen, können wir vermeiden, die eigene Sichtweise zu überschätzen und als die allein richtige und gültige zu betrachten.

Karl Engelhard, Welt im Wandel: Die gemeinsame Verantwortung von Industrie- und Entwicklungsländern. Stuttgart: Omnia Verlag, 2000, S. 4–6 (Auszug)

1. Weshalb wird immer seltener von drei Welten, sondern zunehmend von einer Welt gesprochen?
2. Die Vorstellung des Nordens und des Südens über existenzielle Bedrohungen sind offenbar sehr unterschiedlich. Warum lassen sich diese beiden Sichtweisen nicht von einander trennen?

Millionen Menschen in Entwicklungsländern müssen mit einfachsten Mitteln versuchen, das Nötigste fürs Leben zu verdienen – wie diese Schneider in Ecuador, die ihre Nähmaschinen auf die Straße stellen und Flickarbeiten machen.

Die Bundesrepublik Deutschland ist seit Jahrzehnten entwicklungspolitisch tätig. Alleine (bilateral) und zusammen mit anderen Staaten oder Organisationen (multilateral) soll die Entwicklung der Länder der Dritten Welt unterstützt werden.

Die entwicklungspolitische Zusammenarbeit der letzten Jahrzehnte hat gezeigt, dass die Vorstellungen darüber, was Entwicklung letztlich bedeutet, sehr unterschiedlich sind und sich auch gewandelt haben.

Das Scheitern vieler Entwicklungsprojekte hat deutlich gemacht, dass Hilfen auf die Situationen und die Bedürfnisse der Menschen in der Dritten Welt abgestimmt sein müssen. Deshalb ist es Grundvoraussetzung für eine wirkungsvolle entwicklungspolitische Zusammenarbeit, sich zunächst ein Bild über Unterentwicklung und die Probleme der Dritten Welt zu machen.

3.2 Armut hat viele Gesichter – Merkmale der Unterentwicklung

Die Merkmale der Unterentwicklung sind sehr vielschichtig, bedingen sich gegenseitig und treffen nicht auf jedes Land gleichermaßen zu.

Merkmale der Unterentwicklung:
- hohes Bevölkerungswachstum
- geringes durchschnittliches Pro-Kopf-Einkommen
- extrem ungleiche Verteilung der Einkommen, z. B. zwischen dem Plantagenbesitzer und seinen Arbeitern
- es wird wenig gespart und wenig in die Wirtschaft investiert; Tendenz zur Kapitalflucht, d. h. Geld wird im Ausland angelegt
- unzureichende Infrastruktur, z. B. schlecht ausgebaute Verkehrsnetze
- hohe Analphabetenquote
- Mängel in der Ausbildung und dadurch fehlendes Know-how
- geringe Produktivität (z. B. Leistung pro Arbeitsstunde)
- geringer Grad der Industrialisierung
- hohe Arbeitslosigkeit
- unzureichende Ernährung
- Gesundheitsmängel und unzureichende medizinische Versorgung
- geringere Lebenserwartung (im Vergleich mit den Industrieländern)

und speziell im Bereich der Außenwirtschaft:
- starke Ausrichtung der Wirtschaftsstrukturen an den Bedürfnissen der Industrieländer; Beispiel: Blumen oder Futtermittel für Europa, vielfach in Monokultur angebaut
- Abhängigkeit von wenigen Exportprodukten, insbesondere von Rohstoffen (Erze, Erdöl, ...) oder Agrarprodukten (Kaffee, Bananen, ...), wenig Industrieerzeugnisse
- Verschlechterung des Austauschverhältnisses von Exporten und Importen („Terms of Trade") zu Lasten des Entwicklungslandes
- hohe Auslandsverschuldung

Verschwendung im Norden

Die eigentliche Last, die der blaue Planet zu tragen hat, sind die Reichen. Vor allem sie haben durch ihre anspruchsvolle, verschwenderische Lebensweise die globale Ökologiekrise verursacht. In den industrialisierten Ländern lebt rund ein Fünftel der Weltbevölkerung.

Diese 20 Prozent verbrauchen

86 %	des Aluminiums und der Chemiekalien,
81 %	des Papiers,
80 %	des Eisens und Stahls,
75 %	der Energie,
61 %	des weltweit verfügbaren Fleisches.

nach: R. Hermle, Entwicklung für den Norden, in: Karl Engelhard, Welt im Wandel, Stuttgart: Omnia Verlag, 2000

Der afrikanische Alptraum

- Über die Hälfte aller Schwarzafrikaner müssen mit weniger als einem Dollar pro Tag auskommen. Über ein Drittel aller Kinder ist unterernährt; die Mehrheit der Bevölkerung hat keinen Zugang zu medizinischer Versorgung. Eine Million Menschen sterben im Jahr allein an Malaria. Zudem rafft Aids die wirtschaftlich aktive Generation ganzer Regionen dahin.
- Die Wirtschaftsleistung pro Kopf sinkt seit über zehn Jahren. Der Anteil am Welthandel beträgt knapp 1,5 Prozent, obwohl 12 Prozent der Weltbevölkerung in Afrika zu Hause sind. 53 afrikanische Staaten erwirtschaften gemeinsam gerade halb so viel wie Italien.

Ulrich Deupmann, Harald Schumann, Birgit Schwarz: Afrikas letzte Chance, Der Spiegel, 27/2002, S. 110–115 (Auszug).

3.3 Probleme der Dritten Welt

Um den Entwicklungsländern wirkungsvoll helfen zu können ist es wichtig, sich mit den Gründen der Unterentwicklung auseinander zu setzen und die jeweiligen Probleme zu untersuchen; eine durchaus schwere Aufgabe, zu der selbst den Experten nicht immer alle Hintergrundinformationen bekannt sind.

Was wissen wir voneinander?

Das meiste von dem, was wir über Entwicklungsländer wissen, erfahren wir von europäischen Journalistinnen und Journalisten. Sie wählen aus, was ihnen wichtig genug erscheint, um Platz zu finden in unseren Medien. Nachrichten aus anderen Kontinenten müssen also schon besonders wichtig oder sensationell sein, um zu uns zu gelangen.
Unser Bild vom Leben der Menschen in Entwicklungsländern ist deshalb einseitig, zufällig, verzerrt. Aber dieses Bild ist gerade deshalb auch eindrucksvoll, widerstandsfähig, zäh.

Sind wir ein Vorbild?
Wir ziehen überhaupt nicht in Zweifel, dass unsere Art zu leben das erstrebenswerte Vorbild aller Menschen auf Erden sei. Wir sind überzeugt, dass unsere Art zu denken, zu fühlen die Grundlage des Denkens und Fühlens der Menschen auch in Indien oder Tansania sein muss. Wenn wir von „Entwicklung" reden, steht für die meisten von uns außer Frage: Das Ziel der Entwicklung ist ein Leben, wie wir es führen. Das ist Ursache vieler Missverständnisse über Entwicklungsländer und es ist Ursache mancher Misserfolge in der Entwicklungszusammenarbeit.

Wir kennen nur Ausschnitte
Unser Bild von Entwicklungsländern, es ist geprägt von unserer europäischen Erziehung, von unserer Lebenserfahrung, es wird gefärbt von einseitigen Eindrücken aus dem Urlaub, von Bildern, die zu Spenden aufrufen – oder vom Luxus und der Machtgier der Reichen zeugen. Kurzum: Wir kennen nur Ausschnitte – und verallgemeinern sie.

Claus D. Grupp, Welt im Wandel: Armut im Süden – Verschwendung im Norden, Köln: Omnia, 1996

Endogen oder exogen?

Die Ursachen der Unterentwicklung lassen sich mit diesen Begriffen zuordnen.
- endogen: nationale Ursachen
- exogen: internationale Ursachen

■ 1. Auf welche Weise entsteht unser Bild über Entwicklungsländer?
■ 2. Vor welcher Gefahr warnt der Text?

Schwierig und umstritten ist es, die Ursachen der Unterentwicklung zweifelsfrei und umfassend zu erklären. Wissenschaftler bieten viele Theorien und Erklärungsmodelle an. Es ist aber davon auszugehen, dass erst das Zusammenwirken verschiedener Ursachen den Grad der Unterentwicklung bestimmt.

Eines der Hauptprobleme ist das enorme **Bevölkerungswachstum**. Aufgrund des medizinischen Fortschritts sind Seuchen besser zu bekämpfen, die Kindersterblichkeit sinkt und die Lebenserwartung steigt an. Allerdings fehlt in vielen Entwicklungsländern das notwendige Geld, um z. B. die Immunschwächekrankheit AIDS zu bekämpfen.

Armut verschärft auch die **Umweltbelastungen** in vielen Entwicklungsländern. Urwälder werden gerodet, um Ackerland zu gewinnen. Kurzfristig kann so der Hunger bekämpft werden. Die meist wenig ertragreichen Böden veröden, der ökologische Schaden ist enorm. Im Bereich der Schadstoffbelastung des Wassers und der Luft fehlt es ebenfalls häufig am notwendigen Kapital. Auch der Massentourismus kann die Umweltbelastungen der Länder der Dritten Welt verschärfen und Fehlentwicklungen auslösen.

Die Metropolen der Entwicklungsländer wachsen ständig. Menschen aus armen, ländlichen Regionen ziehen in die Großstädte **(Landflucht)** und erhoffen sich mehr Arbeitsmöglichkeiten und bessere Lebensbedingungen.
Bestehende **Macht- und Herrschaftsverhältnisse** behindern die Entwicklung in vielen Ländern der Dritten Welt. Die Einkommen, das Kapital oder der Besitz von Grund und Boden sind oft extrem ungerecht verteilt. In den meist riesigen Großstädten (Metropolen) haben vielfach kleine Führungseliten die Macht an sich gezogen.

Das Wachstum der Menschheit

Weltbevölkerung in Millionen	1991	2025
Nordamerika	276	332
Sowjetunion*	289	352
Lateinamerika	448	516
Europa	498	757
Afrika	642	1579
Asien	3113	4913
Gesamt	5292	8504

*bzw. heutige Nachfolgestaaten

Etwa sechs Milliarden Menschen leben derzeit auf der Welt. Nach Schätzung der Vereinten Nationen wird sich die Zahl der Erdbewohner bis zum Jahr 2025 auf 8,5 Milliarden erhöhen. Die stärkste Zunahme wird es auf dem afrikanischen Kontinent geben.

Nahezu 200 Kriege seit 1945

Regionale Verteilung

Kriege und z. T. enorm hohe Ausgaben für Rüstung und Machterhalt führen viele Entwicklungsländer noch tiefer in die Armut.

Welt im Krieg

Nicht genug damit, dass die Entwicklungsländer mit großen wirtschaftlichen und sozialen Problemen zu kämpfen haben – sie sind auch noch zum größten militärischen Kampfplatz geworden.

Allerdings: Kriege heute und in Afrika oder Asien unterscheiden sich erheblich von denen, die Europas Geschichtsbücher füllen. Nur ein Fünftel aller Kriege seit 1945 wurde zwischen zwei oder mehr Staaten geführt, vier Fünftel wurden innerhalb eines Landes ausgetragen: Bürgerkriege, Befreiungskriege, Revolutionskriege, Stammeskriege.

Heute geht es bei innerstaatlichen Konflikten zum Beispiel um:
- den Sturz der eigenen Regierung;
- Unabhängigkeit für Volksstämme oder für religiöse Gruppen (so z. B. in Indien, Sri Lanka, Sudan, Äthiopien);
- Widerstand gegen Fremdherrschaft [...]

Bei zwischenstaatlichen Konflikten geht es in der Regel um:
- religiöse Auseinandersetzungen;
- Grenzstreitigkeiten als Spätfolge unkluger Grenzziehungen in der Kolonialzeit;
- Unterstützung stammesverwandter Rebellen in benachbarten Ländern.

Claus D. Grupp, Welt im Wandel: Armut im Süden – Verschwendung im Norden, Köln: Omnia, 1996

Frauen in Burkina Faso beim Schälen von Kassava. Frauen sind, neben Kindern, die am meisten benachteiligten Bevölkerungsgruppen in Entwicklungsländern: Sie haben die meiste Arbeit und das geringste Einkommen. Entwicklungspolitische Projekte sollen deshalb künftig mehr als bisher die Belange der Frauen berücksichtigen.

Korruption und Misswirtschaft – wessen Schuld?

Als die Kolonialmächte in Afrika abzogen, hinterließen sie Staaten ohne funktionierende Verwaltung. Heimische Eliten waren nicht in hinreichendem Umfang ausgebildet worden, die Wirtschaftsstruktur war allein auf die Ausbeutung von Rohstoffen ausgelegt.

So fehlte von Beginn an beinahe überall jene soziale Schicht von Unternehmern, Akademikern und politischen Köpfen, ohne die keine Nation florieren kann. Im Zentrum der afrikanischen Dauerkatastrophe steht darum das Fehlen funktionierender Staatswesen. Die Vorstellung von einem Staat, dessen Beamte dem Wohl der Allgemeinheit dienen, ist in den meisten Ländern nie angekommen. Stattdessen eroberten Rebellenführer und Armeegeneräle die Macht, die den Staat als ihr Eigentum betrachteten. Sie ließen Ressourcen zur eigenen Bereicherung ausbeuten; im Amt hielten sich die neuen Herren mittels Günstlingswirtschaft. Darum schrieben vor allem skrupellose Diktatoren wie Mobutu Sese Seko (Zaire), Sani Abacha (Nigeria) oder José Eduardo dos Santos (Angola) die jüngere afrikanische Geschichte. Sie transferierten Staatsgelder in Milliardenhöhe auf private Auslandskonten, während die Bevölkerung immer tiefer ins Elend sank. Bis heute gibt es kaum einen Minister oder Beamten, der seine Position nicht ausnutzt, um das eigene Gehalt aufzubessern.

Korruption und schlechte Regierungsführung sind darum die Geißeln der afrikanischen Wirtschaft, ihre Bekämpfung die größte Herausforderung für Afrikas Reformer.

Ulrich Deupmann, Harald Schumann, Birgit Schwarz: Afrikas letzte Chance, Der Spiegel, 27/2002, S. 110–115 (Auszug).

1. Worin unterscheiden sich heute Kriege, z. B. in Afrika oder Asien, von denen Europas früherer Epochen?
2. Korruption und Misswirtschaft – wer trägt Schuld? Beantworten Sie diese Frage aus Ihrer Sicht.

Die meisten Entwicklungsländer sind reich an Rohstoffen. Deren Verkauf am Weltmarkt ist für viele dieser Länder die wichtigste Einnahmequelle. **Fallende Rohstoffpreise** haben in den vergangenen Jahren die Lage in der Dritten Welt verschärft.

Die Ursachen für den Verfall der Rohstoffpreise sind ganz unterschiedlich. Grundsätzlich gilt: Überangebote auf dem Weltmarkt bzw. sinkende Nachfrage führen zum Preisverfall. Einige Beispiele: Natürliche Rohstoffe wie Sisal oder Baumwolle werden z. T. durch synthetische Produkte ersetzt. Neue Technologien führen zu billigeren und überall verfügbaren Rohstoffen. Durch Recycling werden heute bereits viele teure Metalle eingespart.

Aufgrund sinkender Rohstoffpreise verschlechtern sich auch die **„Terms of Trade"**, die Austauschrelation zwischen Einfuhr und Ausfuhr.
Die **Auslandsverschuldung** ist ein weiteres Hauptproblem der Entwicklungsländer. Eine Reihe dieser Länder gilt als zahlungsunfähig. Vielfach muss mehr als die Hälfte der Exporterlöse für Zins und Tilgung aufgebracht werden. Derart belastet ist eine Überwindung der Unterentwicklung nahezu unmöglich.

Terms of Trade

Englische Bezeichnung für den Begriff „Austauschrelation". Die Terms of Trade verschlechtern sich besonders stark, wenn z. B. die Preise für Rohstoffe sinken und gleichzeitig noch die Preise für Importgüter steigen. Betroffene Länder können dann mit der gleichen Ausfuhrmenge weniger Einfuhren finanzieren.

Die meisten Entwicklungsländer führen ihre Schulden auf eine ungerechte Weltwirtschaftsordnung zurück. In den vergangenen Jahrzehnten haben viele Länder auf rasches Wirtschaftswachstum gesetzt. Das geliehene Geld sollte zurückgezahlt werden, sobald man auf „eigenen Beinen" stehen könne. Doch die Hoffnungen haben sich nicht erfüllt. Kredite werden häufig falsch eingesetzt, d. h. für Rüstung oder teure Prestigeobjekte statt für Investitionen. Die Preise für Rohstoffe und Produkte aus der Dritten Welt sind in den vergangenen Jahren laufend gefallen. Industrieprodukte müssen immer teurer bezahlt werden. Hohe Zinsen, steigende Rohölpreise und der schwankende Dollarkurs wirken sich zusätzlich negativ aus.

Der **Zugang zu den Märkten der Industrieländer** wird den Entwicklungsländern erschwert. Ein Beispiel sind Subventionen für Agrarprodukte. So werden Landwirte in Industrieländern unterstützt, d. h. der heimische Agrarmarkt wird geschützt. Produkte von außerhalb können sich nicht oder nur bedingt auf dem Markt halten. Ähnliches gilt für Kohle und Stahl. Um die Standorte im Norden zu halten und um Arbeitsplätze zu sichern, werden auch diese Preise z. T. subventioniert – zu Lasten der zunächst billigeren Angebote aus Ländern der Dritten Welt.

Die Schuldner der Welt (Schulden in Mrd. Dollar):	
Brasilien	183
Argentinien	169
Mexiko	154
China	137
Südkorea	132
Indonesien	120
Russland	114
Stand Ende 1999	

OECD

3.4 Wanderungen – auch eine Folge der Unterentwicklung

Ruandische Flüchtlinge in Zaire fliehen vor Rebellen

Flüchtlinge

Rund 50 Millionen Menschen sind derzeit weltweit auf der Flucht – Flüchtlinge, die Sicherheit und Zuflucht in einem anderen Land gesucht haben, und so genannte Binnenvertriebene, die innerhalb ihres Heimatlandes fliehen mussten. Zwischen 75 und 80 Prozent von ihnen sind Frauen und Kinder.

Quelle: UNHCR, Flüchtlinge, Nr. 1/2002

Weltweit entschließen sich Millionen Menschen zur **Wanderung (Migration)** in die Regionen mit (vermeintlich) größerem Wohlstand. Nicht mehr in Armut und unter z. T. menschenunwürdigen Verhältnissen zu leben, dafür Freiheit und endlich ein Stück vom ersehnten Lebensglück – dies sind gängige Motive. Doch viele werden zur Wanderung gezwungen, sie sind auf der Flucht.

AUF DER FLUCHT

1. ... vor Krieg
Im 20. Jahrhundert:
- zwei Weltkriege,
- Hunderte kriegerischer Auseinandersetzungen auf der ganzen Welt,
- im Europa der 90er Jahre: Bürgerkrieg in Jugoslawien, Konflikte in Armenien und Aserbeidschan.

Am Ende des Zweiten Weltkrieges werden über 12 Millionen Deutsche aus dem ehemaligen Osten Deutschlands vertrieben. Viele fliehen aus Angst vor den russischen Truppen und vor einer kommunistischen Machtübernahme. Die Vertriebenen haben kaum Zeit und Gelegenheit, notwendige und persönliche Dinge mitzunehmen. Zu Fuß oder im Viehwaggon geht es in den Westen, in eine ungewisse Zukunft. Die Vertriebenen leiden unter Hunger und Krankheiten. Viele werden aus Rache oder ähnlichen Motiven ermordet. Es wird geschätzt, dass rund zwei Millionen Menschen auf der Flucht ums Leben kamen.

2. ... vor Verfolgung
Im 20. Jahrhundert:
- Während der nationalsozialistischen Diktatur werden in Deutschland Millionen Menschen verfolgt und ermordet, vor allem Juden, Sinti und Roma.

In vielen Teilen der Welt werden verfolgt:
- religiöse Minderheiten,
- Bevölkerungsminderheiten z. B. viele Stammesangehörige in Afrika sowie politisch Andersdenkende, Mitglieder von Freiheitsbewegungen u. v. a. Menschen werden wegen ihrer Rasse diskriminiert.

Ein Bild und seine Geschichte
Unter dem Verdacht, die Regierung zu unterstützen, wird ein liberianischer Student von Soldaten des Rebellenführers Charles Taylor wahllos aus einer Flüchtlingsgruppe herausgegriffen. Das brutale „Verhör" endet mit der Exekution des Studenten am Straßenrand.

Hintergrund: In Liberia (Afrika) herrscht seit 1990 ein blutiger Bürgerkrieg, der allein im ersten Jahr mindestens 20 000 Zivilisten das Leben gekostet hat. Auch in anderen Staaten Afrikas gibt es kriegerische Auseinandersetzungen. Hunderttausende Menschen werden ermordet bzw. sterben an den Folgen der Kriege.

3. ... vor Hunger und menschenunwürdigen Lebensverhältnissen
- Jährlich verhungern Millionen Menschen, insbesondere kleine Kinder.
- Die Lebensbedingungen sind vielerorts katastrophal.
- Selbst menschliche Grundbedürfnisse, wie sauberes Wasser, Nahrung, Wohnung, ärztliche Versorgung oder Bildung können nicht befriedigt werden.

4. ... vor Katastrophen
- Naturkatastrophen, wie Vulkanausbrüche oder Überschwemmungen zerstören ganze Dörfer, vernichten Felder und Ernten.
- Umweltkatastrophen, von Menschen verursacht, werden immer häufiger.

■ Welche Gemeinsamkeiten haben diese Beispiele?

Aus der Geschichte ist bekannt, dass Menschen zu allen Zeiten ihre Heimat verließen – aus welchen Gründen auch immer. Wanderungen sind daher ein Thema der Menschheitsgeschichte. Insbesondere im 19. und 20. Jahrhundert wandern Millionen Europäer aus. Amerika oder Australien sind für viele das Ziel. Auch Deutschland erlebt in dieser Zeit mehrere Auswanderungswellen. Armut, fehlende Lebensperspektiven und Kriege im damaligen Europa sind meist die Beweggründe und die Auswanderer träumen von Freiheit, Glück und Reichtum.
Heute ist Deutschland eher zum Ziel für Einwanderungswillige geworden. Viele dieser Menschen sind politisch verfolgt und beantragen daher Asyl.

Aus dem Statistischen Jahrbuch des UNHCR:

- **86 Prozent aller Flüchtlinge weltweit** stammten im vergangenen Jahrzehnt **aus Entwicklungsländern**, doch gewährten sie auch sieben von zehn Flüchtlingen Asyl. „Dies unterstreicht die Pflicht der Industrieländer, sich am internationalen Flüchtlingsschutz zu beteiligen", heißt es in dem Jahrbuch.
- **Pro Kopf der Bevölkerung** hat im letzten Jahrzehnt von den Industrieländern die **Schweiz** die größte Zahl von Flüchtlingen aufgenommen (23,4 je 1 000 Einwohner), gefolgt von Schweden mit 16,6 und Dänemark mit 13,8.
- Von den schätzungsweise **1,2 Millionen Flüchtlingen**, die in dem Jahrzehnt seit 1992 insgesamt zur dauerhaften Ansiedlung in Industrieländern weiterwandern konnten, wurden 77 Prozent von den Vereinigten Staaten, zehn Prozent von Kanada und acht Prozent von Australien aufgenommen.

Freiheitsstatue

am Hafeneingang von New York, aufgestellt 1886, Symbol der Freiheit und der Hoffnung für Millionen Einwanderer

Wanderungen bringen neue Probleme

Da insbesondere die jüngeren, leistungsfähigen und besser gebildeten Menschen ihre Heimat verlassen, werden die Herkunftsländer in der Dritten Welt oder im Osten Europas durch Wanderung nachhaltig in ihrer Entwicklung geschwächt. Viele der in Deutschland lebenden ausländischen Studenten stehen am Ende ihrer Ausbildung vor der Gewissensfrage, entweder ins Heimatland zurückzukehren und den dortigen Menschen zu helfen oder hier zu bleiben, mit den vielleicht besseren persönlichen Lebensperspektiven.

Durch die Zuwanderung ergeben sich in den Zuzugsländern vielfältige und z. T. ganz neue Probleme.

UNHCR

Der Hohe Flüchtlingskommissar der Vereinten Nationen
www.unhcr.de

Die Integration ausländischer Mitbürgerinnen und Mitbürger
Diese Diskussion bewegt sich zwischen zwei Polen:

Völlige Eingliederung und „Einschmelzung" der Ausländer

oder

Erhalt der Eigenständigkeit in
- Kultur
- Religion
- und Lebensweise

Zur Situation in Deutschland

Nach dem Zweiten Weltkrieg beginnt eine lange Periode der Wanderung nach Deutschland.

Der Bedarf an Arbeitskräften führt ab den 50er Jahren zur Anwerbung ausländischer Arbeitnehmer. In den folgenden Jahrzehnten wandern Hunderttausende in die Bundesrepublik Deutschland.

Seit den 80er Jahren nimmt der Zustrom an Aussiedlern (Deutsche, insbesondere aus osteuropäischen Ländern) und Asylbewerbern deutlich zu. Heute leben über 7 Millionen Ausländer in Deutschland, etwa 9 Prozent der Gesamtbevölkerung.

Max Frisch

„Wir suchten Arbeiter und es kamen Menschen."

Schweizer Schriftsteller, 1911 bis 1991

Der entscheidende Satz in Artikel 16 a, GG

„Politisch Verfolgte genießen Asylrecht."

Neues Asylrecht

Kurze Zeit nach der Deutschen Vereinigung bestimmen zwei Themen die innenpolitische Auseinandersetzung, die Ausländerfeindlichkeit und die Asylpolitik. Im Mittelpunkt steht nicht so sehr die Frage, ob und wie ausländische Mitbürgerinnen und Mitbürger politisch in unserem Staat mitwirken sollen oder die Frage nach Einbürgerung oder einer doppelten Staatszugehörigkeit – es ist vielmehr Artikel 16 des Grundgesetzes.

Das neue Asylrecht, ein Thema, nicht nur für Karikaturisten:

- Interpretieren Sie die Karikatur. Welche Gesichtspunkte werden hier thematisiert?

Zuwanderinnen in Deutschland

Staatsbürgerschaftsrecht

Im Mai 1999 modernisiert der Bundestag das Staatsbürgerschaftsrecht. Dieses ermöglicht ab dem 1. Januar 2000 zwei Pässe für in Deutschland geborene Ausländerkinder, deren Eltern seit mindestens acht Jahren rechtmäßig in Deutschland leben. Bis zum 23. Lebensjahr müssen sich diese Ausländerkinder für eine Staatsbürgerschaft entscheiden. Eine derartige Regelung ist auch in vielen europäischen Ländern zugelassen.

Neugestaltung der Zuwanderung – ein schwieriger Weg

Unter der Leitung der Ex-Bundestagspräsidentin Rita Süssmuth (CDU) erstellt eine Expertenkommission einen Bericht zum Thema „Zuwanderung gestalten – Integration fördern". Dieser wird Sommer 2001 veröffentlicht und von Verbänden, Kirchen, Arbeitgebern und Gewerkschaften durchaus begrüßt.

Auf der Grundlage des „Süssmuth-Berichtes" erarbeitet Innenminister Otto Schily (SPD) ein Einwanderungsgesetz, das der Zustimmung von Bundestag und Bundesrat bedarf. Bei der Abstimmung im Bundesrat im März 2002 entscheiden aufgrund der damaligen Mehrheitsverhältnisse die Stimmen des Landes Brandenburg (große Koalition zwischen SPD und CDU). Strittig ist, ob die vier Stimmen Brandenburgs einheitlich abgegeben worden sind, wie es Artikel 76 des GG vorschreibt.
Aufgrund einer Klage der Union kommt das Bundesverfassungsgericht im Dezember 2002 mehrheitlich zu dem Urteil, dass die Stimmabgabe und somit die Verabschiedung des Gesetzes verfassungswidrig gewesen sei. Damit äußert sich das Bundesverfassungsgericht nicht zu den Inhalten des beabsichtigten Gesetzes.
Die rot-grüne Koalition bringt das Einwanderungsgesetz erneut in den Bundestag ein und erwartet eine zügige Einigung, die Union fordert erhebliche Nachbesserungen.

Mit Ausländern verheiratet

In Deutschland bestehen derzeit etwa 806 000 ausländisch-deutsche Ehen, dies sind ca. vier Prozent aller Ehen.

Herkunft der ausländischen Ehefrauen und Ehemänner:

Mitgliedstaaten der EU	54 %
Europäer aus Nicht-EU-Staaten (mit Türkei und GUS-Staaten)	23 %
Asien	10 %
USA	7 %
Afrika	5 %
Sonstige	1 %

Quelle: nach Globus 7365

3.5 Terrorismus als weltweite Bedrohung

Der 11. September 2001 gilt als ein Datum des Schreckens. Terroristen greifen Ziele in den USA an, Tausende sterben. Die politische Gewalt und der Terrorismus nimmt damit eine bislang ungeahnte Dimension an.

11. September 2001

Ein Drehbuch des Terrors

7:58 Uhr (US-Ortszeit)
Auf den Flughäfen von Boston, Newark, New Jersey und Washington (Dalles) checken Kidnapper für vier verschiedene Flüge nach Los Angeles und San Francisco ein. Das FBI geht von je drei Tätern pro Maschine aus. Sie passieren unbehelligt die Sicherheitskontrollen.

8:10 Uhr bis 8:40 Uhr
Alle vier Maschinen sind normal abgehoben und befinden sich voll aufgetankt in der Luft. Nach etwa einer halben Stunde Flugzeit übernehmen die Terroristen das Kommando. Sie sind mit Messern und Teppichschneidern, eventuell auch mit Sprengstoff bewaffnet. Alle vier Flugzeuge ändern ihren Kurs. [...]

8:45 Uhr
New York. Der American-Airlines Flug 11 (Boston-Los Angeles) rast mit 92 Menschen an Bord in den nördlichen Turm des World Trade Center (Höhe 412 Meter) in New York. [...]

9:03 Uhr
Die zweite Maschine (United Airlines Nr. 175) kracht in den Südturm des World Trade Center. Die Boeing 767 mit 65 Menschen an Bord explodiert sofort. [...]

9:26 Uhr
New York. Beißender Qualm. Hitze bis 2000 Grad. Panik. Tausende von Menschen in den brennenden Bürotürmen begreifen, dass sie sterben müssen. Kameras halten fest, wie sich Verzweifelte aus den Fenstern stürzen. [...]

9:43 Uhr
Washington. Die dritte entführte Maschine, eine Boeing 757 mit 58 Passagieren, stürzt in den Südflügel des Pentagon. [...]

10:05 Uhr
New York. Der Südturm des World Trade Centers sackt in sich zusammen. Die Stahlkonstruktion des 110 Stockwerke hohen Gebäudes hält der Hitze nicht stand. [...]

10:06 Uhr
Pittsburgh. Die vierte Boeing 757, die aus Newark gestartet ist und auf Camp David umgeleitet wird, stürzt nahe Pittsburgh ab. Später bestätigt sich: An Bord hat ein Kampf stattgefunden zwischen einigen Passagieren und den Geiselnehmern. Dabei wurde offenbar das Flugzeug zum Absturz gebracht.

10:28 Uhr
New York. Auch der Nordturm sackt in sich zusammen. Manhattan versinkt in einer Wolke aus Asche und Staub. [...]

Bundeszentrale für politische Bildung, fluter, Nr. 1, Dezember 2001, S. 16, Zusammenstellung Volker Thomas

Osama bin Laden

Anführer des Terror-Netzwerkes Al-Qaida, geführt von Afghanistan aus, unter dem Schutz des Taliban-Regimes. Dies sind religiöse Fanatiker, die das Land mit brutaler Unterdrückung regieren.

Sturz des Taliban-Regimes

in Afghanistan im Herbst 2001 durch militärischen Einsatz der USA und afghanische Widerstandskämpfer.
Januar 2004: Afghanistan gibt sich eine neue, demokratische Verfassung.

Krieg gegen den Irak

unter Führung der USA, vom 20. März bis 1. Mai 2003 und Sturz des Machthabers Saddam Hussein. Dieser wird am 13. Dezember 2003 gefangen genommen. Eine neue staatliche Ordnung im Irak zu etablieren gestaltet sich höchst schwierig.

Der Terrorangriff auf die Vereinigten Staaten von Amerika löst weltweit Trauer und Bestürzung aus. Die USA und viele Staaten der westlichen Welt sehen sich mit einer neuen Bedrohung konfrontiert. Verantwortlich für die Anschläge ist das Terror-Netzwerk Al-Qaida und deren Anführer Osama bin Laden. Die Regierung der USA, geführt von Präsident George W. Bush, will die Verantwortlichen zur Rechenschaft ziehen und künftige Terrorattacken unterbinden.

Stimmen aus Amerika

Rudolf Giuliani, damaliger New Yorker Bürgermeister
erklärt am 1. Oktober 2001 vor der Vollversammlung der Vereinten Nationen, dass es sich nicht allein um einen Anschlag auf die Stadt New York oder die Vereinigten Staaten handelt, sondern um einen Anschlag „auf die Grundprinzipien der USA", auf die „ideellen Werte einer freien, offenen und zivilisierten Gesellschaft".

Rudolf Giuliani übersetzt von Dr. Konrad Watrin, in: Das Parlament, Nr. 15-16, 12./19.4.2002, S. 2

Präsident George W. Bush: Achse des Bösen
Rede zur Lage der Nation am 30. Januar 2002
[...] „Wir haben die Tiefe des Hasses unserer Feinde in Videos gesehen, in denen sie über den Verlust unschuldiger Menschenleben lachen. Und die Tiefe ihres Hasses entspricht dem Wahnsinn der Zerstörung, die sie aushecken." [...] Drei Länder nennt der US-Präsident namentlich: Nordkorea, Iran und Irak. „Staaten wie diese und ihre terroristischen Verbündeten bilden eine Achse des Bösen, und zielen darauf ab, den Weltfrieden zu bedrohen."

Übersetzt von Alexander Weinlein, in: Das Parlament, Nr. 15-16, 12./19.4.2002, S. 7

Stimme eines türkischen Schriftstellers

Trostlose Vertröstungen

Es ist vor allem Anderen das Gefühl der Erniedrigung in den islamischen Ländern, das dem Frieden im Weg steht

[...] Als die Zwillingstürme in New York brannten, saß ich in einem kleinen Istanbuler Raum, in einem Kaffeehaus neben einer Anlegestelle, dessen Kunden meistens Pferdekutscher, Tuberkulosekranke und Lastenträger sind, und fühlte mich vor dem Fernseher schrecklich allein. [...]

Wie die Leute an vielen Stellen der Welt sagen auch in der Türkei zunächst alle wie aus einem Mund, dass dieser Terror barbarisch ist und wie widerwärtig und schrecklich diese Taten sind. Nach diesen Worten, die die Ermordung unschuldiger Menschen verdammen, wird dann aber verschämte oder zornige Kritik hörbar, die mit einem „aber" beginnt. [...]

Was den Terrorismus nährt, der sich einer in der Menschheitsgeschichte einmaligen Barbarei und ebenso großer Kreativität bedient, ist weder der Islam noch die Armut selbst, sondern die Gefühle von Hilflosigkeit und Minderheit, die sich wie ein Krebsgeschwür über die Länder der Dritten Welt verbreitet haben. [...]

In der Geschichte der Menschheit war der Unterschied zwischen Arm und Reich nie so groß wie heute. [...] Der Westen hat leider kaum eine Vorstellung von diesem Gefühl der Erniedrigung, das eine große Mehrheit der Weltbevölkerung durchlebt und überwinden muss, ohne den Verstand zu verlieren oder sich auf Terroristen, radikale Nationalisten oder Fundamentalisten einzulassen. [...] Das Problem ist [...], die seelische Verfassung der armen, erniedrigten und stets im „Unrecht" stehenden Mehrheit zu verstehen, die nicht in der westlichen Welt lebt. [...]

Der Autor ist der bedeutendste Schriftsteller der Türkei.

Orhan Pamuk, Deutsch von Christoph K. Neumann, Süddeutsche Zeitung Nr. 224, 28.9.2001, S. 15

1. Erläutern Sie die Äußerungen Rudolf Giulianis an einem selbstgewählten konkreten Beispiel.
2. Welche Ursachen sieht der Schriftsteller Orhan Pamuk als Nährboden des Terrorismus? Nehmen Sie hierzu kritisch Stellung.

Was ist Terrorismus?

Versuch einer Begriffserklärung

Terror ≠ Terrorismus

Terror und Terrorismus sind überall – die Medien sind voll davon. Da werden die Begriffe schnell unscharf.

- Terror im eigentlichen Sinne meint jedoch systematische Gewalttätigkeit. Menschen werden bedroht, verletzt oder getötet – Sachwerte vernichtet.
- Terrorismus: Davon ist erst die Rede, wenn die Gewalt nicht nur vereinzelt und situationsbezogen von Einzeltätern und kleinen, spontan gebildeten Gruppen ausgeht, sondern politisch geplant und gelenkt ist.

Michael Bechtel, fluter Nr. 01, Dezember 2001, S. 8 ff.

Peter Waldmann, Professor für Soziologie an der Universität Augsburg, definiert Terrorismus als „planmäßige vorbereitete, schockierende Gewaltanschläge gegen eine politische Ordnung aus dem Untergrund. Sie sollen allgemeine Unsicherheit und Schrecken, daneben aber auch Sympathie und Unterstützungsbereitschaft erzeugen". Zugleich räumt Waldmann aber ein, dass „man sich auf eine einheitliche Definition dessen, was Terrorismus eigentlich ist, bisher nicht hat einigen können".

Das Parlament, Nr. 15-16, 12./19.4.2002, S. 2

„Terrorismus ist der Einsatz unberechenbarer Gewalt zur Erreichung eines politischen Zieles. Er ist die fatale Fortsetzung eines gescheiterten politischen Dialogs."
Peter Lock, Friedens- und Konfliktforscher, Hamburg

fluter Nr. 01, Dezember 2001, S. 8 ff.

„Terroristen interessieren sich für Publicity, nicht für das Töten."
Bruce Hoffmann, ein international bekannter Terrorismuskenner

fluter Nr. 01, Dezember 2001, S. 8 ff.

„Terroristen sind Fanatiker, aber nur selten Verrückte."
Aus einer Studie des FBI

fluter Nr. 01, Dezember 2001, S. 8 ff.

„Wer nicht für uns ist, ist gegen uns."

US-Präsident George W. Bush, über den Kampf der USA gegen den Terrorismus

11. März 2004, Terroranschlag in Madrid

Auf mehrere Züge in Madrid werden im morgendlichen Berufsverkehr Sprengstoffanschläge ausgeübt. Mehr als 200 Menschen werden getötet. Verantwortlich ist das Terror-Netzwerk Al-Qaida.

In Deutschland beginnt, ebenso wie in vielen westlichen Staaten, eine innenpolitische Auseinandersetzung darüber, wie sich offene, freiheitliche, demokratische Staaten gegen Terror besser schützen können. Die Forderung nach verbesserten staatlichen Kontrollmöglichkeiten wird erhoben. Gleichzeitig äußert sich die Sorge vor Einschränkungen der Freiheit und dem Verlust demokratischer Rechte und es wird angezweifelt, dass sich ein Staat wirkungsvoll und umfassend vor Terrorismus bewahren kann.

Nach dem 11. September 2001 wird auch zunehmend diskutiert, inwieweit der Terrorismus seinen Nährboden in der Armut und Hoffnungslosigkeit von Millionen Menschen findet. Entwicklungszusammenarbeit gewinnt vor diesem Hintergrund eine anscheinend neue, aber zumindest eine aktuelle Bedeutung. Ziel ist es, die Armut in der Welt zu überwinden und damit den Kampf gegen die Wurzeln und den Sumpf des Terrors zu unterstützen.

Politische Zeitbomben

„Wo soziales Elend mit religiösem Fanatismus zusammentrifft, entsteht eine der schlimmsten politischen Zeitbomben."
Alt-Bundeskanzler Helmut Kohl

fluter Nr. 01, Dezember 2001, S. 14

Uneingeschränkte Solidarität

„Ich habe dem amerikanischen Präsidenten das tief empfundene Beileid des gesamten deutschen Volkes ausgesprochen. Ich habe ihm auch die uneingeschränkte – ich betone: die uneingeschränkte Solidarität Deutschlands zugesichert."
Bundeskanzler Gerhard Schröder am 12. September 2001 vor dem Deutschen Bundestag

Stimmen aus Deutschland

Außenminister Joschka Fischer:
Ein zusammenbrechender Staat in Afrika geht nicht mehr nur Afrika an. Wir haben erlebt, dass vergessene Konflikte wie der in Afghanistan letztendlich zur Brutstätte einer „internationalen Gefahr für Frieden und Stabilität", wie es in den einschlägigen Sicherheitsrats-Resolutionen heißt, geworden sind. Man muss dem Terrorismus mit Härte entgegentreten, weil ich nicht sehe, dass es irgendeine Verhandlungsperspektive gibt. Man wird seine Netzwerke zerstören und seine Wurzeln austrocknen müssen. Das setzt allerdings eine differenzierte Vorgehensweise voraus: Stabilisierung des Iraks, Stabilisierung von Afghanistan, ein Voranbringen der demokratischen Reformen in Iran, Lösung des israelisch-palästinensischen Konflikts, Europäisierung der Türkei. Das ist die Aufgabe der Politik.

Gabor Steingart und Ralf Beste: „Heilsamer Schock", Der Spiegel, 52/2003, S. 28

Entwicklungsministerin Heidemarie Wieczorek-Zeul:

„Computer statt Kalaschnikow"

FOCUS: Wie ist dem Bürger in Zeiten leerer Staatskassen zu vermitteln, dass viel Geld für Entwicklungsarbeit ausgegeben wird?
Wieczorek-Zeul: Ich glaube, es ist für jeden einsichtig, dass wir nicht auf einer Insel leben. Wir müssen dafür sorgen, dass in den Entwicklungsländern Menschen in weniger Armut leben, die Kinder Zukunftschancen haben, weil wir dann auch in einer friedlicheren und gerechteren Welt leben können. Es gibt 1,2 Milliarden Menschen, die von weniger als einem Dollar am Tag leben. Entwicklungszusammenarbeit ist die kostengünstigste Sicherheitspolitik – auch für uns selbst. Es ist besser, vorher zu helfen, als anschließend in Milliardenhöhe militärisch zu intervenieren oder Schäden zu beseitigen.
FOCUS: Hat im Umkehrschluss nachlässig betriebene Entwicklungspolitik zum Terrorismus beigetragen?
Wieczorek-Zeul: Nein, das kann man so nun wirklich nicht sagen. Wer so argumentiert, würde ja terroristische Anschläge noch entschuldigen! Terroristen sind immer Fanatiker. Deshalb muss entschlossen gegen Gewaltgruppen und Terroristen vorgegangen werden. Dazu kommt unsere Aufgabe, dem Terrorismus den Nährboden, nämlich Armut und Hoffnungslosigkeit, zu entziehen. Im Jahr 2015 wird die Hälfte der Weltbevölkerung jünger als 25 Jahre sein. Die Frage ist: Haben junge Leute in Armutsländern eine Chance, oder gibt es Millionen junger Männer ohne Perspektive, ohne Ausbildung, ohne eine ausreichend gesicherte Lebensgrundlage? Die Koalition gegen den Terror muss auch eine Koalition gegen Armut sein.
FOCUS: Was ist der Kern der Armutsbekämpfungsstrategien?
Wieczorek-Zeul: Wir sorgen dafür, dass Kinder in die Schule gehen können, dass sie lernen, den Stift oder Computer zu bedienen und nicht die Kalaschnikow, dass Mädchen weniger früh heiraten, weniger früh Kinder bekommen. In die Bildung von Mädchen zu investieren ist die wichtigste Investition für Entwicklungsländer.

Interview: M. Jach / S. Wagner (Auszug), FOCUS 44/2003, S. 230

1. Welche Vorgehensweise schlägt Außenminister Fischer vor, um den Terrorismus zu bekämpfen?
2. Begründen Sie die Ansicht von Entwicklungsministerin Wieczorek-Zeul, wonach Entwicklungszusammenarbeit die kostengünstigste Sicherheitspolitik sei.
3. Wie ist die Überschrift „Computer statt Kalaschnikow" Ihrer Auffassung nach zu verstehen?

Terrorismus und die wirtschaftlichen Folgen

Die weltweite Bedrohung durch Terrorismus und die Verunsicherung der Menschen bewirken auch negative wirtschaftliche Folgen. Am deutlichsten ist dies an den Börsenkursen abzulesen. Unmittelbar nach dem 11. September 2001 geben Aktienkurse dramatisch nach, Wertpapiere werden panikartig verkauft, die wirtschaftliche Stimmung sinkt. Als Folge fehlenden Vertrauens verschlechtert sich die wirtschaftliche Lage tatsächlich, Arbeitsplätze geraten zunehmend in Gefahr.
So sinkt beispielsweise der Deutsche Aktienindex (DAX) vom September 2001 bis zum Krieg im Irak im Frühjahr 2003 um etwa 50 Prozent auf ca. 2200 Punkte. Viele Menschen verlieren auf diese Weise erhebliche Werte ihrer Ersparnisse.
Erst allmählich kehrt Vertrauen in die Wirtschaft zurück und die Aktienkurse steigen erneut. Die Furcht vor wiederholtem Terror und erneuten wirtschaftlichen Rückschlägen bleibt.

3.6 Helfen – aber wie?

Egal, ob Nord, ob Süd, ob Ost, ob West, wir leben alle in der „Einen Welt" und sind von weltumfassenden Problemen letztlich alle betroffen. Entscheidend wird sein, dass die internationale Staatengemeinschaft diese Herausforderungen erkennt und annimmt. Ziel ist es, mit wirkungsvollen Konzepten Entwicklungsprozesse zu veranlassen, und zwar weltweit.

Mahatma Gandhi

Die Welt hat genug
für jedermanns Bedürfnisse,
aber nicht
für jedermanns Gier.

Entwicklungskonzepte im Wandel

In der Zeit nach dem Zweiten Weltkrieg bis etwa Mitte der 60er Jahre werden viele ehemalige Kolonien unabhängig, es entstehen neue Staaten. Parallel zu dieser Entwicklung beginnt der Prozess der Entwicklungspolitik.
Die Entwicklungskonzepte der 60er Jahre setzen auf ein verstärktes Wirtschaftswachstum, der Rückstand der Drittweltländer soll so rasch überwunden werden. Weltweit werden große Projekte verwirklicht, vielfach an den Bedürfnissen der Armen vorbei. Die Erwartungen haben sich häufig nicht erfüllt. Geblieben sind den Entwicklungsländern oft nur Schulden und Enttäuschungen.
Heute prägen andere Ideen und Begriffe die Diskussion. Entwicklung bedeutet: Herstellung menschenwürdiger Lebensgrundlagen für alle und Sicherung dieser Lebensgrundlagen für künftige Generationen (nachhaltige Entwicklung).

Nachhaltige Entwicklung (sustainable development) als Leitvorstellung

Mit der Erkenntnis der Belastbarkeitsgrenzen des globalen Ökosystems hat sich auch das Verhältnis zwischen Entwicklungsländern und Industrieländern grundlegend geändert: Die Industrieländer können in ihrer Lebensweise nicht mehr Vorbild sein; sie selbst sind zu veränderter Entwicklung und zu sozial und ökologisch verantwortlichem wirtschaftlichen Handeln herausgefordert.

Nachhaltige Entwicklung ist die der gesamten Menschheit gestellte Aufgabe; sie gilt für Industrie- und Entwicklungsländer, allerdings mit unterschiedlichen Schwerpunkten:

- Im Norden steht eine drastische Reduzierung der Umweltbelastungen und des Ressourcenverbrauchs an erster Stelle.
- Im Süden ist es die Bekämpfung der Armut und die Reduzierung des Bevölkerungswachstums. Beide Problembereiche sind Auslöser zunehmender Umweltzerstörung (Entwaldung, Erosion, Desertifikation [Ausbreitung von Wüsten]) und Umweltbelastung (Wasser, Luft, Boden).

Entwicklung heißt heute: Herstellung menschenwürdiger Lebensgrundlagen für alle und Sicherung dieser Lebensgrundlagen für künftige Generationen.
Entwicklung konzentriert sich heute auf die weltweiten Kernaufgaben Bildung, Gesundheit, Armutsbekämpfung, Eindämmung des Bevölkerungswachstums, Friedenssicherung, Abbau der internationalen Verschuldung, Organisation der Weltwirtschaft sowie Umwelt- und Ressourcenschonung.

Karl Engelhard, Welt im Wandel: Die gemeinsame Verantwortung von Industrie- und Entwicklungsländern. Stuttgart: Omnia Verlag, 2000, S. 39

*Armut kann die Umwelt schädigen:
Brennholz – die einzige Energiequelle vieler Armer (hier in Mosambik) lässt die Wälder schwinden.*

*Reichtum kann die Umwelt schädigen:
Verschwendung von Energie in Industrieländern (hier: Kohlekraftwerk in Deutschland) kann unser Klima verändern.*

- 1. Weshalb betrifft das Konzept der nachhaltigen Entwicklung den Norden wie den Süden?
- 2. Welche Aufgabenschwerpunkte gelten für die Industriestaaten, welche für die so genannte Dritte Welt?
- 3. Nachhaltige Entwicklung könnte auch bei der Bekämpfung des Terrorismus ein sinnvolles und hilfreiches Konzept sein. Diskutieren Sie diese Behauptung.

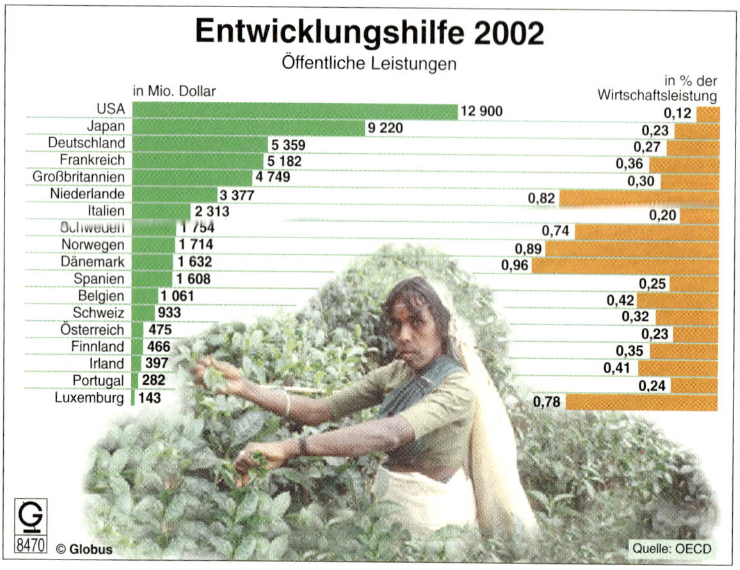

Bilaterale und multilaterale Hilfen

Im Auftrag der Bundesregierung betreut das Bundesministerium für wirtschaftliche Zusammenarbeit (BMZ) viele Projekte. Die Gesichtspunkte für die Vergabe von Entwicklungshilfe unterliegen einem Wandel und müssen politisch entschieden werden.

Neben der staatlichen Hilfe gibt es private und kirchliche Organisationen, wie „Brot für die Welt" oder „Misereor", die gezielt Projekte betreuen, finanzielle Unterstützung gewähren oder beratend tätig sind.

Doch auch viele Bürgerinnen und Bürger unterstützen mit ihren Spenden oder ihrer direkten Arbeitsleistung die Menschen in der Dritten Welt. Gerade die Arbeit im Entwicklungsdienst „vor Ort" kann viel zum Informationsaustausch und somit zum gegenseitigen Verständnis beitragen.

- 4. Vergleichen Sie die staatliche Entwicklungshilfe Deutschlands mit der anderer Staaten.
- 5. Entwicklungshilfe „fließt" in vielen Fällen in die Industrieländer zurück, z. B. für den Kauf von Maschinen und sichert so Arbeitsplätze im Norden. Nehmen Sie Stellung zu dieser Situation.

Verbesserung der internationalen Rahmenbedingungen

Damit die Probleme der Entwicklungsländer wirkungsvoll gelöst werden können, wird von verschiedenen Seiten eine Änderung der Weltwirtschaftsordnung gefordert. Die Schuldenlast verhindert in vielen Ländern künftige Entwicklungsmöglichkeiten. Ein Zahlungsaufschub und z. T. sogar der Erlass von Schulden sind in manchen Fällen die einzige Lösung.

Schuldenerlass oder Zahlungsaufschub?

Ein Bischof aus Bolivien

[...] Die Folgen der Auslandsverschuldung lasten so schwer auf unserem Volk, besonders auf den Ärmsten, dass die Kirche aufgerufen ist, zu der moralischen Dimension der Schulden Stellung zu nehmen [...]
Den Armen fehlt das tägliche Brot, und Lebensmittel werden ins Ausland exportiert, um unsere Schulden zu bezahlen.

Eine bolivianische Landarbeiterin

[...] Durch eine furchtbare Dürre verdursteten unsere Tiere und unsere Ernte vertrocknete. Wir verloren alles [...]
Im Radio haben sie gesagt, dass das Ausland die Rückzahlung der Schulden fordert, und dass wir alle dazu beitragen müssen. Aber was haben wir mit diesen Schulden zu tun? Wir haben keinen Cent dieser Gelder gesehen. Wir haben kaum genug, um den nächsten Tag zu überleben. Wir können nichts abgeben.

Der Vertreter einer deutschen Großbank

Jeder von uns, meine Damen und Herren, muss für die Schulden, die er gemacht hat, gerade stehen. Weshalb soll das für Regierungen der Dritten Welt anders sein. Länder, die die Rückzahlung der Kredite einseitig einschränken, setzen ihre Kreditwürdigkeit und ihr Ansehen als seriöser Handelspartner aufs Spiel [...]

Evangelisches Missionswerk in Deutschland / Missio / Misereor (Hrsg.), „...und wer borgt, ist des Gläubigers Knecht". Breklum 1999, S. 79–82

- 6. Äußern Sie Ihre Meinung zu dem Problem: Schuldenerlass oder Zahlungsaufschub.

Kann Afrika den Teufelskreis aus Staatszerfall und Massenelend durchbrechen?

Beim G-8-Gipfel schlossen die Reichsten und Ärmsten der Welt einen Vertrag: Afrikas Regenten geloben Rechtsstaatlichkeit und Demokratie, die Wohlstandsnationen geben Milliarden.

Der Vertrag besteht aus einer gegenseitigen Verpflichtung, die neue Hoffnung auslöst und verhindern soll, dass sich der lange abgeschriebene Erdteil zum globalen Sicherheitsrisiko entwickelt. Die afrikanischen Staaten verpflichten sich zur Demokratisierung ihrer Gesellschaft, zur Achtung der Menschenrechte, zu Transparenz der öffentlichen Finanzen und Garantie von Rechtsstaat und Eigentum.

Im Gegenzug versprechen die G-8-Staaten in einem "Afrika-Aktionsplan" rund sechs Milliarden Dollar pro Jahr zusätzlich für die Förderung von Frieden, Wachstum, Bildung und Gesundheit – aber nur für jene, die mit der Umsetzung der Selbstverpflichtungen tatsächlich ernst machen.

Nepad, „New Partnership for Africa´s Development", heißt das von 52 der 53 afrikanischen Staatschefs verabschiedete Programm, das, statt um Entwicklungshilfe zu betteln, Läuterung verspricht und Vertrauen schaffen soll bei Investoren und Handelspartnern.

Ulrich Deupmann, Harald Schumann, Birgit Schwarz: Afrikas letzte Chance, Der Spiegel, 27/2002, S. 110–115 (Auszug).

G-8-Staaten

Damit sind die so genannten führenden Industrieländer gemeint, und zwar

Deutschland,
Frankreich,
Großbritannien,
Italien,
Japan,
Kanada,
Russland,
USA.

Die G-8-Staaten treffen sich regelmäßig (G-8-Gipfel), um aktuelle Themen zu beraten und um sich in ihrem politischen Handeln abzustimmen.

Afrikas Zukunft liegt in Afrikas Händen

Wenn der Kontinent zu seiner Eigenverantwortung steht, werden ihm die Industrienationen helfen/Von Bundeskanzler Gerhard Schröder

Wir brauchen eine intensive Partnerschaft mit Afrika – einem Kontinent, der das Potenzial zu großem Reichtum hat, dessen Wirklichkeit aber von Unterentwicklung, Armut und Hunger geprägt ist.

Wir brauchen mehr Partner und weniger Verlierer; nur dann wird unsere Welt auch insgesamt sicherer. Schon deshalb müssen wir Wachstum und Wohlstand in Afrika fördern.

Afrikas Politiker haben erkannt, dass sie für die Lösung der politischen, sozialen und wirtschaftlichen Probleme ihrer Länder in erster Linie selbst verantwortlich sind. Nepad betont nachdrücklich die Eigenverantwortung Afrikas für seine Zukunft.

Afrika kann sich nur weiterentwickeln, wenn es seine Produkte auf den Weltmärkten zu fairen Bedingungen anbieten kann. Deshalb müssen wir Schluss machen mit marktverzerrenden Subventionen in Industrieländern, wir müssen Handelshemmnisse abbauen und Zölle reduzieren, um den Entwicklungsländern den Zugang zu den Märkten der Industrieländer zu erleichtern.

Der europäische Integrationsprozess, gegründet auf Interessenausgleich, soziale Verantwortung und Zusammenarbeit, könnte als Modell für Afrika dienen, ohne dass wir den afrikanischen Ländern bestimmte Modelle vorschreiben wollen.

Süddeutsche Zeitung, 26.6.2002, S. 5

Die Staaten der Nepad-Initiative

Die Neue Partnerschaft für die Entwicklung Afrikas (Nepad) ist ein Programm zur Überwindung der politischen, ökonomischen und sozialen Rückständigkeit des Kontinents. Ins Leben gerufen wurde sie im Oktober 2001 von Ägypten, Algerien, Nigeria, Senegal und Südafrika.

Süddeutsche Zeitung, 28.6.2002

- 1. Welche Verpflichtungen gehen die beiden Vertragsparteien bei der Nepad-Initiative ein?
- 2. Diskutieren Sie über die Aussage „Afrikas Zukunft liegt in Afrikas Händen."

Der nigerianische Staatspräsident Olusegun Obasanjo spricht am 27.6.2002 bei der Abschlusszeremonie auf dem G-8-Gipfel in Kananaskis (Kanada).

Protektionismus

Schutz der Wirtschaft im eigenen Land, z. B. durch Zölle oder Subventionen (finanzielle Unterstützungen).

Fairer Handel und gerechte Preise

In einer neuen Weltwirtschaftsordnung sind gerechte Preise notwendig. Preise, die den Erzeugern im Süden ein menschenwürdiges Leben ohne Armut ermöglichen und die für die Verbraucher im Norden noch akzeptabel sind.

Fairer Handel und gerechte Preise sind jedoch stark anhängig von politischen wie wirtschaftlichen Entscheidungen und insbesondere auch vom Verbraucherverhalten. Dieser Zusammenhang lässt sich am Beispiel des Kaffees aufzeigen, einem der wichtigsten Welthandelsprodukte.

Protektionismus der Industrieländer

Kaffee-Exporteure wollen selber rösten

Ausfuhrländer fordern gerechtere Regeln im Welthandel/Dramatischer Preisverfall durch Überproduktion

Buenos Aires Angenehm für die Verbraucher – eine Katastrophe für die Farmer: Die Preise für Kaffee sind so niedrig wie seit langem nicht mehr. [...] Wegen des dramatischen Preisverfalls für Rohkaffee drohe Millionen von Kleinbauern in den Anbauländern der Ruin, warnte Kolumbiens Präsident Alvaro Uribe. „Die Konsequenzen reichen weit über unsere Grenzen hinaus", so Uribe. Der Preisverfall habe vor allem in den Anbauländern Lateinamerikas und Westafrikas einen höheren Auswanderungsdruck zur Folge. [...]
[S]eit über fünf Jahren stecken die Kaffeeexporteure in einer schweren Krise. Kostete in den achtziger Jahren ein Pfund Kaffee auf dem Weltmarkt noch 1,20 Dollar, so liegt der Preis dafür gegenwärtig bei etwa 50 Cent. [...] Verursacht wurde der Preisverfall durch die Überproduktion in den Anbauländern. [...] Kaffee [wird] zwar in Lateinamerika, Asien und Afrika angebaut[, ... g]eröstet wird er allerdings in den Vereinigten Staaten und in Europa. Die Hauptkonsumländer schützen sich vor dem Import von geröstetem Kaffee mit Einfuhrzöllen. [...] Brasiliens Präsident Luiz Ignacio da Silva [... :] „Es ist inakzeptabel, dass nur ein Teil der Produktionskette Gewinne macht: Die Röstereien der entwickelten Länder, die Kaffeehändler und die Zwischenhändler." Lula da Silva appellierte an die Importländer, die Zölle für Kaffee zu beseitigen [...]. Kaffee ist nach Erdöl das zweitwichtigste Welthandelsprodukt. [...]

Ingo Malchers, Süddeutsche Zeitung, 29.9.2003, S. 22

Weiterverarbeitung bringt mehr Geld

Für Erzeugnisse, die in Ländern der Dritten Welt weiterverarbeitet werden, ist auf dem Weltmarkt in der Regel mehr zu erlösen als für die Rohstoffe selbst.

Werbung für fairen Handel, unterstützt durch das Bundesministerium für wirtschaftliche Zusammenarbeit und Entwicklung.

IWF

Internationaler Währungsfonds, gegründet um Staaten bei kurzfristigen Devisenschwierigkeiten zu helfen. Mittlerweile ist der IWF die wichtigste internationale Organisation zur Bekämpfung der Schuldenkrise. Die USA verfügen zusammen mit den anderen Industrienationen über die Stimmenmehrheit.

1. Welche Auswirkungen hat der Preisverfall von Rohkaffee
   a) für die Anbauländer, b) für die Verbraucher?
2. Wie stehen Sie zu der Forderung der Kaffee-Exporteure, künftig selbst zu rösten?
3. Wie beurteilen Sie die Aktion „TransFair"?
4. Wie verhalten Sie sich beim Kauf von Kaffee?

Gerade im Zusammenhang mit einer sich verändernden Weltwirtschaftsordnung zeigt sich, dass viele entwicklungspolitische Probleme nur durch internationale Zusammenarbeit gelöst werden können.

Dabei gilt das Prinzip der **nachhaltigen Entwicklung**. Dieser Entwicklungsaufgabe muss sich die gesamte Menschheit stellen, im Norden wie im Süden, im Osten wie im Westen.

ZUSAMMENFASSUNG

In den Industrieländern im Norden der Erde leben die meisten Menschen im Wohlstand, in den Entwicklungsländern im Süden herrscht bittere Not, viele Menschen kämpfen ums tägliche Überleben. Das enorme Bevölkerungswachstum ist eines der Hauptprobleme der Entwicklungsländer. Die bestehenden Macht- und Herrschaftsverhältnisse, Kriege – vielfach im eigenen Land – Landflucht oder bestechliche Führungskräfte sind häufig verantwortlich für Armut und Fehlentwicklungen und zählen zu den endogenen (inneren) Ursachen. Sinkende Rohstoffpreise, z. T. wegen eines Übergangsgebots auf dem Weltmarkt, sich ständig verschlechternde Austauschrelationen (Terms of Trade), die z. T. enorme Auslandsverschuldung oder Hemmnisse beim Zugang zu den Märkten der Industrieländer sind exogene (äußere) Ursachen für Not und Unterentwicklung.

Fachbegriffe

Agenda 21 – Nord-Süd-Gegensatz – Dritte Welt – Bevölkerungswachstum – Terms of Trade – Auslandsverschuldung – Wanderungen (Migration) – Einwanderungspolitik – Terrorismus – Entwicklungskonzepte – entwicklungspolitische Zusammenarbeit – Weltwirtschaftsordnung – Nachhaltige Entwicklung

Unterentwicklung gilt als eine zentrale Ursache für weltweite Wanderungen (Migration). Krieg, Verfolgung, Hunger, ein menschenunwürdiges Leben oder Katastrophen veranlassen Millionen Menschen weltweit zur Flucht. Die Hoffnung auf ein besseres Leben in der Fremde ist ein weiteres Motiv. Wenngleich nur ein kleiner Teil der Migranten von den Entwicklungsländern in die Industriestaaten gelangt, so ist festzustellen, dass heute die Bundesrepublik Ziel vieler Zuwanderer aus der ganzen Welt geworden ist.

Wanderungen sollen Probleme lösen und schaffen doch gleichzeitig neue. Den Herkunftsländern fehlen junge und tatkräftige Menschen. In den Zuzugsländern bilden sich häufig Spannungen und Konflikte. Die Integration ausländischer Mitbürgerinnen und Mitbürger ist eine wichtige humanitäre und politische Aufgabe.

Die Agenda 21 bildet eine zentrale Grundlage der entwicklungspolitischen Zusammenarbeit. Das Konzept der nachhaltigen Entwicklung bedeutet, dass es Aufgabe der gesamten Menschheit ist, eine menschenwürdige Lebensgrundlage für alle anzustreben und diese auch für künftige Generationen zu sichern. Dabei gibt es verschiedene Kernaufgaben, wie Bildung, Gesundheit, Armutsbekämpfung, Friedenssicherung, aber auch Umweltschutz.

An diesen Aufgaben arbeitet die Bundesrepublik Deutschland, im Rahmen ihrer Gesamtpolitik, zusammen mit anderen Staaten und vielen Organisationen und Privatleuten.

AUFGABEN

1. Diskutieren Sie Möglichkeiten, wie die Bevölkerungsexplosion in der Dritten Welt eingedämmt werden könnte.
2. „Global denken – lokal handeln!" – Diskutieren Sie Möglichkeiten, wie jeder Einzelne zur Überwindung des Nord-Süd-Gegensatzes beitragen kann.
3. Sammeln Sie Informationen zur sozialen Situation ausländischer Mitbürgerinnen und Mitbürger. – Befragen Sie dazu Ihre ausländischen Mitschülerinnen und Mitschüler. Die Ergebnisse könnten z. B. in der Schülerzeitung abgedruckt werden.
4. Eine sinnvolle Entwicklungshilfe und eine umfassende Friedenspolitik bewirken weniger Wanderungen.
   Begründen Sie diese Aussage.
5. Suchen Sie nach Möglichkeiten, um im Pausenverkauf Produkte aus Ländern der Dritten Welt anzubieten – zu einem fairen Preis.

Airbus: 237 rechts, 310 oben Mitte
AOK-Mediendienst: 66 (2x)
Archiv fesa: 288
Archiv für Kunst und Geschichte, Berlin: 52, 83, 285, 292
BAUHAUS, Mannheim: 16 unten
Bilderbox, Thening/Österreich: 42, 50 Mitte, 79 oben rechts, 123, 133, 216 oben (2x), 219 (2x), 234, 260, 263, 354
Bosch: 29 oben rechts, 32 links
Bundesbildstelle: 147 unten rechts, 170, 171 (7x), 275 oben
Bundesministerium der Finanzen: 286
Bundesministerium der Verteidigung: 131, 342
Bundesministerium für Umwelt, Naturschutz und Reaktorsicherheit: 310 unten Mitte
Bundesministerium für wirtschaftliche Zusammenarbeit und Entwicklung: 348, 350
Das Fotoarchiv/Vollmer: 38
Deutscher Bundestag: 147 links, 165
Deutscher Entwicklungsdienst: 323 oben rechts
Deutsches Museum, München: 30 oben
Dreikönigsaktion Österreich: 14
dpa, Frankfurt: 9 unten rechts, 49 unten rechts, 53, 125 unten rechts, 134 oben rechts, 144, 147 oben rechts, 147 unten rechts, 161, 171 unten, 179 links, 184, 186, 187 (2x), 208 oben rechts, 208 unten rechts, 243, 292 rechts, 310 unten, 328 (3x), 346 (2x), 351, 355, 359 links, 361
ESA: 237 links
Europäische Union: 241
Globus Infografik, Hamburg: 21, 24, 34 (3x), 35, 37, 39, 40 (2x), 45, 51, 55, 58, 59, 64, 75, 112, 129, 130, 133, 143, 157, 188, 193, 238, 239, 240, 248, 252, 268, 283, 290, 294, 299, 302, 311, 317, 325, 341, 342, 360
IBM Deutschland GmbH: 29 unten rechts
Keystone: 352
Mehr Demokratie e.V.: 205 unten rechts
MEV Verlag, Augsburg: 9 (2x), 10 (2x), 12, 19, 25 (2x), 29 links, 31, 32 (3x), 33, 37, 43, 49 (2x), 50 oben, 50 unten, 54, 57 links, 59, 62 (2x), 72, 74 (2x), 75, 79 (2x), 92 (3x), 101 (3x), 102, 105 (2x), 107, 108 (3x), 119, 121 (4x), 124, 125 (2x), 127, 132, 148 (3x), 151, 179 unten rechts, 203, 206, 208 oben links, 214, 216 unten, 231 (2x), 251 rechts (2x), 254, 255 (2x), 267, 268, 275 unten, 277 (2x), 278, 293 (2x), 294, 298 links, 301 rechts, 301 unten, 310 oben, 313 (2x), 323 links, 344, 353, 359 rechts
NATO: 323 unten rechts
Nestlé Erzeugnisse GmbH, Frankfurt: 298 rechts
Project Photos, Augsburg: 16 oben (2x), 121 Mitte links, 121 oben rechts, 216 Mitte (2x), 218, 231 unten rechts, 236 oben, 251 links, 301 links, 307 (3x)
Egon Schad: 278 unten (4x), 292 links
Erich Schmidt Verlag, Berlin: 20, 22, 55, 84, 168 (2x), 173, 181, 220, 235, 240, 268, 291, 299, 324, 334
Jürgen Seidel, Köln: 57 rechts, 179 oben rechts, 205 links, 205 oben rechts
Süddeutscher Verlag, München: 154, 177
Telekom: S. 301 oben
Peter Thiel: 232 (2x)
TransFair: 362
Ullstein Bilderdienst, Berlin: 304
UN: 332
Volkswagen: 30 unten (2x)
Hermann Wesseling, Polizeipräsidium Köln: 130
www.gruene-service.de: 329
ZDF/Berlin Mitte: 213

Zeichnungen/Karikaturen

Burkhard Fritsche: 77
Horst Haitzinger: 63, 138, 266
Walter Hanel: 195
Hans-Hermann Kropf: 333
Cornelia Kurtz: 18, 110 (6x)
Peter Leger: 246
Erik Liebermann: 34
Reinhold Löffler: 207
Gerhard Mester: 318, 347
Felix Mussil: 195
Oberhofer: 80, 196, 223
Andreas Rulle: 70
Jochen Schmidt: 31, 293
Karl Gert Striepecke: 142
Jürgen Tomicek: 67
Oliver Wetterauer: 102
Jupp Wolter: 65, 200, 221, 222, 339

Leider konnten nicht alle Rechteinhaber ermittelt werden. Bitte melden Sie sich deshalb im Verlag, wenn wir Abbildungen von Ihnen in diesem Schulbuch veröffentlicht haben.